FORMAZIONE DOCENTI

Insegnare storia nella scuola secondaria

Il laboratorio storico e altre pratiche attive

a cura di
Francesco Monducci, Agnese Portincasa

Quarta edizione

UTET UNIVERSITÀ

UTET UNIVERSITÀ

www.utetuniversita.it

UTET Università ® è un marchio registrato e concesso in licenza da De Agostini Editore SpA

La collana Formazione Docenti è curata da Barbara Villani.

In copertina:
Grafico: Erika Barabino
Art Director: Carla Nadia Maestri

Stampa: Stampatre – Torino

Ristampe:	2 3	4 5	6 7	8 9
Anno:	2024	2025	2026	2027

Indice

L'editore ringrazia

Matteo Al Kalak, *Università degli Studi di Modena e Reggio Emilia*
Cinzia Cremonini, *Università Cattolica del Sacro Cuore*
Cinzia Crivellari, *Università Ca' Foscari Venezia*
Fabrizio D'Avenia, *Università degli Studi di Palermo*
Beatrice Giovanna Maria Del Bo, *Università degli Studi di Milano*
Andrea Di Michele, *Libera Università di Bolzano*
Davide Ambrogio Faoro, *Università degli Studi di Firenze*
Rosanna Lamboglia, *Università degli Studi della Basilicata*
Erika Joy Mannucci, *Università degli Studi di Milano-Bicocca*
Andrea Micciché, *Università degli Studi di Enna « Kore »*
Elena Musci, *Università degli Studi della Basilicata*
Deborah Paci, *Università degli Studi di Modena e Reggio Emilia*
Daniele Palermo, *Università degli Studi di Palermo*
Lavinia Pinzarrone, *Università degli Studi di Palermo*
Andrea Savio, *Università degli Studi di Padova*
Antonella Tiburzi, *Libera Università di Bolzano*
Andrea Tilatti, *Università degli Studi di Udine*

I loro preziosi suggerimenti in fase di referaggio hanno contribuito alla realizzazione di questa edizione di *Insegnare storia nella scuola secondaria. Il laboratorio storico e le altre pratiche attive.*

Nota dei curatori

Francesco Monducci e Agnese Portincasa

Perché una quarta edizione di *Insegnare storia*, a non molti anni dalla precedente? Le motivazioni sono molteplici.

In primo luogo, lo stesso successo del libro ha spinto l'Editore e i curatori a voler essere sempre più vicini alle richieste e ai bisogni dell'utenza. Questo spiega, tra l'altro, lo sdoppiamento dell'opera in due volumi, uno – il presente - dedicato alla didattica della storia nella scuola secondaria, l'altro, che sviluppa le stesse tematiche in relazione alle esigenze specifiche della scuola primaria, meno trattate nelle edizioni precedenti.

Si è poi manifestata la necessità di aggiornare alcuni saggi, i cui contenuti per diverse ragioni erano andati soggetti a una rapida obsolescenza: ci riferiamo in particolare al saggio sugli strumenti digitali, materia in continua evoluzione, e a quello sull'alternanza scuola/lavoro, attività che ha conosciuto importanti aggiustamenti legislativi, essendo sostituita dai PCTO, Percorsi per le Competenze Trasversali e l'Orientamento[1].

Infine, la riflessione sull'insegnamento della storia, i suoi contenuti, i suoi fini e le sue modalità, ha molto risentito di eventi recenti, quali l'avanzata dei movimenti sovranisti in Europa, e ancor più l'inizio della guerra in Ucraina, che hanno messo in evidenza il problema del ruolo della propaganda e della manipolazione della storia, o l'avvento della pandemia del Covid 19 e le sue ripercussioni sull'insegnamento e la didattica. In diverse occasioni[2] sono state così evidenziate

[1] Cfr. Legge 30 dicembre 2018, n. 145 e relative linee guida, adottate con DM 774 del 4 settembre 2019.

[2] Segnaliamo qui il ruolo centrale avuto da associazioni di insegnanti, come Clio '92, e dalla rete di istituti legati all'Istituto Nazionale Parri. A titolo puramente indicativo ricordiamo qui i temi svi-

alcune necessità: valorizzare e approfondire a fini didattici problematiche in precedenza trascurate e poco studiate, come il rapporto fra la storia e i suoi usi pubblici (contemplato nella public history); tenere maggior conto dei fattori naturali, come le malattie, e, più in generale, dei vari aspetti dell'interazione uomo/ambiente; porre la storia al centro di attività finalizzate alla formazione del cittadino, le cosiddette «educazioni», in primo luogo l'educazione civica, disciplina trasversale istituita per tutti i cicli scolastici con la Legge 20 agosto 2019, n. 92; ancora, l'urgenza di una vera alfabetizzazione digitale, sia per le esigenze della DaD (Didattica a Distanza), una delle conseguenze della diffusione del Covid-19, sia per permettere agli allievi di riconoscere ed evitare le insidie del Web, dalle fake news al cyberbullismo, e infine il bisogno di un insegnamento sempre più inclusivo, tanto nei modi (pensiamo in particolare agli allievi con bisogni educativi speciali, i BES) quanto nei contenuti, come una storia generale aperta anche alle storie dei soggetti finora trascurati, come ad esempio le donne o i popoli extraeuropei.

Questa attività di riflessione ha portato a una rinnovata attenzione al laboratorio storico, nelle molteplici forme che può assumere, e alla didattica attiva in generale, con l'introduzione e la diffusione, fra l'altro, di nuove pratiche, quali, per dare degli esempi, la didattica controversiale o la didattica capovolta (note anche con i termini inglesi di *debate* e *flipped classroom*).

Di tutti questi elementi di novità abbiamo tenuto conto nell'ideazione di questo volume, che mantiene la struttura del precedente, conservando in particolare la parte teorica, aggiornata però e arricchita da nuovi saggi legati alle problematiche appena citate; per quanto riguarda la parte delle esemplificazioni, abbiamo confermato alcuni saggi che hanno mantenuto tutta la loro validità, rinnovato e aggiornato altri (in particolare quelli sull'uso degli strumenti digitali e sull'alternanza scuola/lavoro), ma soprattutto abbiamo inserito molti nuovi esempi, che allargano il campo sia a laboratori con fonti trascurate nella precedente edizione

luppati nelle ultime edizioni della Summer School dell'Istituto Nazionale Parri (Summer School 2019: La didattica della Shoah; 2020: Emergenze e nuove normalità; 2021: Ambiente e storia. Una nuova frontiera) e della Scuola Estiva di Arcevia dell'associazione Clio '92 (SEA 2019: Prendiamoci cura delle conoscenze storiche per formare cittadini competenti; 2020: Insegnare meno, insegnare meglio la storia, anche a distanza. Una questione di qualità e di organizzazione del sapere storico; 2021: Storia, crocevia di discipline).
Sul lavoro di questi enti e associazioni, nonché di altri soggetti impegnati nella ricerca sulla didattica della storia, si tornerà più avanti nel testo. Per una breve presentazione di queste e di altre associazioni disciplinari italiane ed europee si rimanda all'appendice in calce a questa nota dei curatori.

(le fonti iconografiche, le fonti filmiche ecc.) sia a nuove pratiche attive, come i citati *debate* e *flipped classroom*.

Il volume dedicato all'insegnamento della storia nella scuola secondaria risulta così più corposo, rispetto alla precedente edizione, proprio perché si è voluto rendere conto nel modo più completo e aggiornato della complessità delle problematiche collegate alla didattica, della molteplicità dei laboratori e delle pratiche attive, nonché della varietà di approcci presenti attualmente nel panorama italiano.

Al centro della nostra proposta permane una rinnovata fiducia nel laboratorio e nelle pratiche attive in generale, basate sul fare e sul coinvolgimento attivo degli studenti, chiamati ad affrontare, singolarmente o in gruppo, problemi concreti e a elaborare, sotto la guida dell'insegnante, le più opportune strategie per trovare soluzioni adeguate. La validità di tali pratiche consiste nel porre l'accento sulla costruzione della conoscenza, sulla motivazione, sulla curiosità, e nel favorire la problematizzazione e la riflessione sia sui contenuti sia sulle modalità del lavoro che si sta svolgendo. In particolare, il laboratorio di storia intende condurre gli studenti all'interno delle procedure che portano alla costruzione della stessa conoscenza storica a partire dalle fonti più disparate, promuovendo così una conoscenza attiva e consapevole degli eventi e dei processi storici. Al di là dell'aspetto cognitivo, bisogna poi ricordarne la valenza formativa in senso lato: il laboratorio e le altre pratiche attive, normalmente attuati sotto forma di lavoro di gruppo (*cooperative learning*), sviluppano il dialogo e il confronto fra gli allievi e fra gli allievi e l'insegnante, realizzando in questo modo finalità di formazione personale e civile, e favorendo anche l'inclusione di allievi svantaggiati e disabili.

La nostra proposta si sostanzia su un'esperienza concreta ormai storicamente realizzata. L'introduzione e la progressiva diffusione delle pratiche laboratoriali, con particolare riferimento al laboratorio di storia, sono infatti il frutto del lavoro di ripensamento della didattica e di sperimentazione di nuove pratiche attuato, soprattutto negli ultimi quarant'anni, da studiosi quali Raffaella Lamberti, Scipione Guarracino, Ivo Mattozzi, Antonio Brusa e altri, alcuni dei quali hanno collaborato anche a questo libro, e da associazioni d'insegnanti come il Movimento di Cooperazione Educativa, il Landis (Laboratorio Nazionale di Didattica della Storia), Clio'92, IRIS e Historia Ludens. Tale sforzo di rinnovamento della didattica ha avuto un riscontro anche a livello ministeriale, sia pure in modo non sempre coerente e lineare, a causa dei diversi indirizzi politici, spesso contrapposti, che hanno caratterizzato i governi succedutisi dagli anni Novanta a oggi.

Dal punto di vista storico possiamo individuare un punto d'inizio nell'introduzione a livello ufficiale delle pratiche laboratoriali nei programmi delle scuole elementari del 1985 e nei programmi per i licei e gli istituti tecnici elaborati dalla Commissione Brocca nel 1988, seguito da una fase di accellerazione nei progetti di riforma tentati dai ministri Berlinguer e De Mauro (1996-2001), stagione durante la quale si è operato un profondo ripensamento dell'organizzazione e della trasmissione del sapere in ambito scolastico: si sono individuate nuove ipotesi curricolari «di area», si è sottolineata sempre più l'importanza dell'«apprendimento attraverso l'esperienza» (cfr. Maragliano 1997), ed è stata introdotta la nozione di «competenza». Nel XXI secolo, nonostante forti spinte conservatrici tendenti a rivalutare la tradizionale pedagogia trasmissiva, che si sono manifestate soprattutto nella Riforma Gelmini (in particolare, la Legge 30 ottobre 2008, n. 169 e i DPR 15 marzo 2010, nn. 87, 88, 89), si può dire che certe acquisizioni hanno resistito, trovando, anzi, un importante sostegno nei documenti europei, in particolare nella raccomandazione del Parlamento Europeo e del Consiglio d'Europa pubblicata il 18 dicembre 2006, in cui sono enunciate le «competenze chiave per l'apprendimento»[3], dette spesso, per semplificare, «competenze europee». La raccomandazione invitava tutti gli Stati membri dell'Unione Europea a sviluppare l'offerta di tali competenze, ritenute essenziali per la realizzazione e lo sviluppo personali, la cittadinanza attiva, l'inclusione sociale e l'occupazione. In Italia tale raccomandazione è stata celermente recepita dal DM 22 agosto 2007, n. 139 (con il ministro Fioroni) che, per altro, ha suddiviso le competenze, ripartendole per assi culturali[4]; sono nate così le «competenze di base», che ogni allievo deve aver conseguito al termine dell'obbligo scolastico e che sono oggetto di una specifica certificazione. Poiché inoltre non tutte le competenze europee rientravano negli assi culturali, sono state ideate le «competenze chiave per la cittadinanza»[5] dal carattere eminentemente trasversale, anch'esse da conseguire al termine dell'obbligo scolastico. Questa duplicità di contenitori costituisce un compromesso tutto italiano fra tradizione e innovazione, e tuttavia il recepimento delle raccomandazioni europee ha sicuramen-

[3] Comunicazione nella madrelingua; comunicazione nelle lingue straniere; competenza matematica e competenze di base in scienza e tecnologia; competenza digitale; imparare ad imparare; competenze sociali e civiche; spirito di iniziativa e imprenditorialità; consapevolezza ed espressione culturale.

[4] Gli assi culturali sono quattro: asse dei linguaggi, asse matematico, asse scientifico-tecnologico, asse storico-sociale.

[5] Le competenze chiave per la cittadinanza sono le seguenti: imparare ad imparare; progettare; comunicare; collaborare e partecipare; agire in modo autonome e responsabile; risolvere problemi; individuare collegamenti e relazioni; acquisire e interpretare l'informazione.

te contributo a garantire il mantenimento dei riferimenti alle attività laboratoriali nelle successive Indicazioni Nazionali e Linee Guida (2012).

La nozione di competenza può intendersi come correlata strettamente alle pratiche attive. Essa è stata definita in vari modi, ma tutte le definizioni concordano nel differenziare la competenza dalla semplice conoscenza o abilità per i caratteri di autonomia e responsabilità che essa presuppone. Aver competenza significa infatti non solo possedere conoscenze e abilità, ma saperle organizzare e utilizzare in modo autonomo e consapevole. E questo è esattamente quanto il laboratorio storico si propone di far acquisire.

Vorremmo qui intervenire sulla diffidenza nutrita dai difensori della pedagogia tradizionale[6], imperniata sulla trasmissione di conoscenze, che in modo ricorrente imputano alle pratiche attive e all'introduzione della didattica per competenze la scarsa preparazione e i ritardi formativi dei nostri allievi, così come rilevato negli ultimi anni dalle indagini Invalsi[7]. Spesso tali critiche si risolvono semplicemente nel rimpianto della scuola di un tempo, dove gli allievi stavano seduti compostamente nei loro banchi, dediti ad ascoltare la lezione dell'insegnante, che poi avrebbero ripetuto in occasione dell'interrogazione.

Noi riteniamo, al contrario, che la pratica laboratoriale induca un sapere profondamente umanistico e significativo, proprio in quanto non acquisito passivamente dai discenti, che sono spinti invece a porsi questioni, a cercare soluzioni, a confrontarsi con la problematicità dei processi e la complessità dei contenuti; essa inoltre favorisce l'assunzione di responsabilità e spinge gli studenti a confrontarsi e collaborare fra loro, a crescere, quindi, come persone e cittadini.

La didattica laboratoriale ha comportato una sorta di rivoluzione copernicana nell'ambito dell'insegnamento, perché pone al proprio centro non più i contenuti, ma il processo di apprendimento degli allievi[8]. In questa rivoluzione muta profondamente anche il ruolo del docente. Per quanto riguarda l'organizzazione

---

6 Come esempio recente di tali critici, possiamo citare Mastrocola, Ricolfi 2021.

7 Si confrontino, ad esempio, i risultati delle prove Invalsi per il 2021, in https://www.invalsiopen.it/risultati/risultati-prove-invalsi-2021/

8 Corre obbligo qui una nota a proposito del manuale di storia e del suo impiego. Pur non essendo contrari all'uso del manuale – comunque indispensabile per la conoscenza dei quadri d'insieme all'interno dei quali inserire le pratiche laboratoriali – riteniamo che dello stesso si possa fare un impiego più attivo, non solo come contenitore di informazioni da memorizzare, ma anche quale strumento per l'acquisizione e l'applicazione di abilità trasversali, come la ricerca di informazioni e la loro riorganizzazione. È importante sottolineare che sul tema dell'impiego del manuale esistono in Italia posizioni spesso divergenti, riprodotte anche fra le pagine di questo volume, che danno conto dell'attuale dibattito nell'ambito della didattica della storia.

e la preparazione del lavoro, la didattica laboratoriale comporta la costruzione di unità di apprendimento incentrate non più sulla semplice acquisizione di contenuti, ma anche sull'acquisizione o applicazione di abilità, e in cui a essere valutato non è solo il prodotto finale, ma il modo in cui il singolo allievo è pervenuto a tale risultato; spinge inoltre non solo verso la costruzione di un curricolo verticale, cioè la costruzione di un percorso didattico-educativo finalizzato alla graduale acquisizione di conoscenze, abilità e comportamenti nell'arco dei cicli scolastici, ma promuove anche, per il carattere trasversale delle competenze medesime, la costruzione di curricoli orizzontali, ovvero la progettazione di attività interdisciplinari, che coinvolgano, attorno allo stesso tema, più discipline (sono quelle attività chiamate «compiti di realtà» nei documenti ministeriali). Ancora più importanti, però, sono i cambiamenti nella relazione fra studenti e docente, che è chiamato sempre più a essere una guida esperta, un consigliere, un mediatore, piuttosto che l'antico dispensatore di narrazioni compiute e chiuse in sé stesse.

Quanto enunciato rimanda a un problema cruciale, quello della formazione iniziale e di quella in servizio degli insegnanti. Abbiamo accennato poco fa alla scarsa diffusione delle pratiche attive nella scuola secondaria; effettivamente la diffusione di tali pratiche presso gli insegnanti è ancor oggi a pelle di leopardo: si può dire che siano comuni nella scuola primaria, abbastanza diffuse nella scuola secondaria di primo grado, ancora minoritarie nella scuola secondaria di secondo grado. Questa situazione diseguale è dovuta in gran parte a motivi cronologici (le riforme che hanno interessato la scuola primaria hanno preceduto anche di parecchi anni quelle degli altri gradi scolastici), ma vi hanno avuto una certa responsabilità anche le politiche discontinue per l'informazione e la formazione dei docenti. In particolare, gli insegnanti in servizio si sono spesso visti imporre continui e, talvolta, contraddittori cambiamenti, senza essere adeguatamente coinvolti e senza che il ministero, soprattutto dopo l'inizio del nuovo secolo, organizzasse adeguate attività di formazione e aggiornamento, a eccezione delle campagne di formazione a distanza gestite dall'Indire in collaborazione con le associazioni disciplinari[9]. Tutto questo ha reso difficoltosa l'introduzione delle nuove pratiche, quando non ha provocato una sorta di resistenza passiva da parte degli insegnanti, insofferenti di dover affrontare da soli l'onere di integrare e applicare tanti cambiamenti, all'interno di una realtà scolastica sempre più complessa, stretti fra i mutamenti profondi della disciplina e i bisogni di

---

[9] È da questa esperienza, fra l'altro, che traggono origine molti dei contributi presenti in Bernardi, 2004, e in Bernardi, Monducci 2012

un'utenza sempre più eterogenea, cui si sono spesso aggiunte polemiche di natura più ideologica che storiografica o pedagogica, alimentate sapientemente dai mass media.

Per quanto riguarda la formazione iniziale, dopo l'abolizione delle SSIS (2009), che avevano avuto il merito di proporre agli specializzandi, nel secondo anno di corso, un'area dedicata ai «laboratori», come spazi virtuali in cui progettare attività di classe, e dopo la discussa esperienza dei TFA (Tirocini Formativi Attivi) e dei PAS (Percorsi Abilitanti Speciali), istituiti dal DM 249/2010[10] (ministra Gelmini), essa è stata nuovamente riformata dalla Legge 13 luglio 2015, n. 107 (ministra Giannini), comunemente nota come «La Buona Scuola». Questa legge, che pur ha suscitato numerose critiche e polemiche, ha quanto meno posto nuovamente al centro dell'attenzione il tema della formazione dei docenti, sia iniziale sia in servizio. È inoltre da rilevare come essa sia stata strettamente connessa al reclutamento, nel tentativo di evitare il riformarsi del fenomeno del precariato. Il Dlgs 13 aprile 2017, n. 59, decreto attuativo che trattava in particolare questo tema, ha istituito il percorso FIT (Formazione Iniziale e Tirocinio), cui si accedeva tramite concorso, bandito ogni due anni, e che inizialmente comportava tre anni di formazione per i futuri insegnanti, al termine dei quali, in caso di valutazione positiva, si aveva la nomina a tempo indeterminato. Tale percorso è stato poi ridotto a un anno dalla successiva Legge 30 dicembre 2018, n. 145. Nuove regole sono state infine introdotte tramite il recente DL 36 per l'attuazione del PNRR (Piano Nazionale di Ripresa e Resilienza), convertito definitivamente in legge il 29/06/2022[11]. Tali nuove regole prevedono, per la formazione iniziale e il reclutamento, un percorso universitario abilitante di formazione iniziale (corrispondente ad almeno 60 crediti formativi), con prova finale; un concorso pubblico nazionale con cadenza annuale; un periodo di prova in servizio di un anno con test finale e valutazione conclusiva. Per quanto riguarda invece la formazione in servizio, viene istituito un sistema di aggiornamento e formazione con una pianificazione su base triennale, con il coinvolgimento di docenti di ruolo e figure di sistema, dedicate alla progettualità scolastica. Il decreto istituisce infine presso il Ministero una Scuola di alta formazione, con il compito di pianificare a livello nazionale le attività di formazione e certificare gli enti formatori.

---

[10] Questo doppio canale riguardava gli aspiranti all'insegnamento nella scuola secondaria, mentre rimaneva – e rimane tuttora – il valore abilitante della laurea in Scienze della Formazione Primaria per l'insegnamento nella scuola dell'infanzia e primaria, ai sensi del Dlgs 297/94.

[11] Cfr. GU Serie Generale n° 150 del 29/06/22, in https://www.gazzettaufficiale.it/atto/serie_generale/caricaDettaglioAtto/originario?atto.dataPubblicazioneGazzetta=2022-06-29&atto.codiceRedazionale=22A03859&elenco30giorni=false

Balza agli occhi come il problema della formazione iniziale degli insegnanti abbia conosciuto negli ultimi anni un percorso a singhiozzo, fatto di stop and go, che ha risentito moltissimo degli orientamenti ideologici dei governi che si sono succeduti, nonché delle disponibilità di bilancio, all'interno del quale tale problema non si può dire che sia mai stato collocato fra le priorità. E così ancora oggi molti giovani insegnanti sono immessi nella scuola senza un'adeguata preparazione, soprattutto didattica. Le stesse attività di formazione continua, rese obbligatorie dalla Legge 108/2015, hanno sofferto nei primi anni di una certa improvvisazione, a causa anche dello scarso coinvolgimento delle associazioni d'insegnanti, col risultato che solo pochi corsi hanno riguardato la didattica disciplinare[12]. In realtà, l'accusa di frettolosità si può estendere a tutta l'applicazione iniziale della Legge 107/2015: la sovrapposizione di una molteplicità di interventi e iniziative, infatti, ha finito spesso per suscitare un clima di incertezza, se non di confusione, oscurando le potenzialità positive di questa legge a nostro avviso non poche. Limitandoci all'ambito della disciplina storica, l'introduzione dell'Alternanza scuola/lavoro, poi modificata, come si è detto, in PCTO (210 ore negli istituti professionali, 180 ore negli istituti tecnici, 90 ore nei licei), ha aperto interessanti prospettive per la progettazione e la realizzazione di «compiti di realtà» implicanti l'acquisizione e l'impiego da parte degli studenti di conoscenze e abilità proprie della disciplina storica, ad esempio nel campo del patrimonio museale-archivistico o storico-artistico. Ancora, l'istituzione dell'organico potenziato apre a sua volta nuove opportunità per chi possieda le competenze necessarie all'insegnamento della disciplina in una lingua straniera, e può quindi essere chiamato a operare in ambito CLIL o EsaBac (a tutt'oggi, non esiste infatti una classe di concorso specifica per tali insegnanti; del resto, non esiste neppure una classe di concorso specifica per la storia, il cui insegnamento è sempre abbinato alle materie letterarie o, nel triennio dei licei, alla filosofia).

Ci sarebbe da augurarsi che, essendo ormai terminata la fase dell'emergenza sanitaria, sarà possibile utilizzare al meglio le risorse messe a disposizione dall'UE, per sfruttare adeguatamente gli aspetti positivi di questa legge. A tal fine, e con riferimento soprattutto al tema della formazione iniziale e in servizio, riteniamo cruciale l'apporto delle associazioni disciplinari. Lo stesso testo de «La Buona Scuola», ripreso sotto questo aspetto anche dal DL 30 aprile 2022, n. 36, sottolinea la centralità degli insegnanti nei processi d'innovazione, e quegli insegnanti che da anni operano ai fini di rinnovare la didattica della storia, distaccati presso gli istituti della rete dell'Istituto Nazionale Ferruccio Parri o aderenti ad associazioni disciplinari come Clio'92, IRIS e Historia Ludens, sono gli «inno-

[12] A questo proposito, cfr. Bagni, Brusa 2017.

vatori naturali» di cui appunto parla il documento de La Buona Scuola. E non a caso molti di loro sono autori o curatori dei contributi presenti in quest'opera, che si indirizza a quanti, attuali o futuri insegnanti, credono nella significatività della conoscenza storica, come elemento imprescindibile per la formazione della persona e del cittadino.

Bibliografia

- Baiesi N., Guerra E. (a cura di), 1997, *Interpreti del loro tempo. Ragazzi e ragazze tra scena quotidiana e rappresentazione della storia*, CLUEB, Bologna.
- Bernardi P. (a cura di), 2006, *Insegnare storia, Guida alla didattica del laboratorio storico*, UTET, Torino.
- Bernardi P., Monducci F. (a cura di), 2012, *Insegnare storia, Guida alla didattica del laboratorio storico*, UTET, Torino.
- Bravin R., Crivellari C., 2019, *La storia a scuola. Guida metodologico-didattica all'insegnamento della storia nella scuola secondaria*, CLEUP, Padova.
- Cornacchioli T., 2002, *Lineamenti di didattica della storia. Dal sapere storico alla storia insegnata; la mediazione didattica*, Pellegrini, Cosenza.
- De Martino G., 2017, *La didattica della storia. Introduzione alla libertà di insegnare e sperimentare*, Liguori, Napoli.
- Delmonaco A. (a cura di), 2010, *Fare storia, crescere cittadini. Cittadinanza, Costituzione, Insegnamento della Storia: percorsi e prospettive*, Editrice Zona, Civitella in Val di Chiana (AR).
- Guerra E., Mattozzi I. (a cura di), 1994, *Insegnanti di storia tra istituzioni e soggettività*, CLUEB, Bologna.
- Guerra E., Rosso E. (a cura di), 2005, *Quale storia per una società multietnica? Regione Emilia-Romagna*, Assessorato alle Politiche Sociali, Bologna.
- Lamberti R., 1978, *Per un laboratorio di storia*, in «Italia Contemporanea», 132.
- Lastrucci E., 2020, *Insegnare a pensare la storia*, Armando editore, Roma.
- Maragliano R. (a cura di), 1997, *Le conoscenze fondamentali su cui si baserà l'apprendimento dei giovani nella scuola italiana nei prossimi decenni*, Sintesi dei lavori della Commissione tecnico-scientifica incaricata dal MPI.
- Marostica F., 2009, *Il fuso e la rocca. Strumenti per insegnare ad apprendere e ad «imparare ad imparare» storia*, IRRE Emilia-Romagna, Format Libri, Bologna.
- Mastrocola P., Ricolfi L., 2021, *Il danno scolastico. La scuola progressista come macchina della disuguaglianza*, La nave di Teseo, Milano.
- Mattozzi I., Di Tonto G., 2000, *Insegnare storia. Corso ipertestuale per l'aggiornamento in didattica della storia* (in CD-rom), MIUR – Università degli studi di Bologna, Dipartimento di Discipline storiche, Bologna-Roma.
- Mattozzi I., 2003, *La didattica laboratoriale nella modularità e nel curricolo di sto-*

ria, in P. Bernardi (a cura di), *Insegnare le storia con le situazioni problema*, I quaderni di Clio '92, n. 4.
- Monducci F. (a cura di), 2018, *Insegnare storia. Il laboratorio storico e altre pratiche attive*, UTET, Torino.
- Montefusco T., 2015, *La didattica laboratoriale. Manuale di buone pratiche. Cosa fare. Come fare. Con Cd-rom*, Edizioni del Sud, Bari.
- Musci E., Impellizzeri F., 2014, *Didattica della Storia. Metodi e strumenti per l'insegnamento e l'apprendimento della storia*, EdiSES, Napoli.
- Panciera W., Zanini A., 2013, *Didattica della storia. Manuale per la formazione degli insegnanti*, terza edizione aggiornata, Mondadori, Milano.
- Tedesco L., 2018, *Didattica della storia. Un manuale per la scuola primaria e dell'infanzia*, Mondadori, Milano.
- Zecca L., 2016, *Didattica laboratoriale e formazione. Bambini e insegnanti in ricerca*, FrancoAngeli, Milano.

Sitografia

- Appari P., 2020, *La didattica laboratoriale per imparare la complessità della società odierna*, in http://www.laboratorioformazione.it/index.php?option=com_content&view=article&id=494:la-didattica-laboratoriale-per-imparare-la-complessitella-societdierna&catid=13:mondo-scuola&Itemid=546.
- Bagni G., Brusa A., 2017, *La falsa partenza del Piano Nazionale di Formazione degli insegnanti*, in http://www.historialudens.it/diario-di-bordo/298-la-falsa-partenza-del-piano-nazionale-di-formazione-degli-insegnanti-3.html.
- Invalsi, 2021, *I risultati delle prove Invalsi 2021*, in https://www.invalsiopen.it/risultati/risultati-prove-invalsi-2021/.
- MIUR, 2017, *La Buona Scuola. I decreti attuativi. Schede di approfondimento*, in https://www.istruzione.it/allegati/2017/La_Buona_Scuola_Approfondimenti.pdf.

Appendice

Associazioni disciplinari italiane e internazionali, portali e riviste

AIRDHSS (Association Internationale de Recherche Didactique en Histoire et Sciences Sociales)
L'AIRDHSS (IRAHSSE in inglese) è un'associazione nata nel 2012, con sede a Friburgo (Svizzera), che raggruppa insegnanti e ricercatori nell'ambito della storia e delle scienze sociali. Intende promuovere la ricerca didattica nell'ambito di tali discipline, con particolare riguardo ai temi attuali, come l'educazione alla pace e allo sviluppo sostenibile. Pubblica online la rivista Revue internationale de didactique de l'histoire et des sciences sociales (http://www.irahsse.eu/revue/), con articoli in francese, inglese, tedesco, italiano.

ATIS (Associazione Ticinese degli Insegnanti di Storia)
L'ATIS, nata nel 2003, intende promuovere la cooperazione tra docenti di storia appartenenti a diversi ordini di scuola. Intende promuovere un insegnamento della storia che sensibilizzi ai valori democratici, alla convivenza civile e alla tolleranza. Pubblica sul suo portale (https://www.atistoria.ch/) materiali didattici ed esempi di buone pratiche Insieme con le altre associazioni svizzere di insegnanti di storia, riunite nella CODHIS (Coordinationation nationale des associations des enseignants d'histoire), e ha pubblicato fino al 2013 la rivista cartacea «Le Cartable de Clio, revue suisse sur les didactiques de l'histoire», in seguito sostituita dalla rivista Didactica Historica, con articoli in tedesco, francese, italiano.

Clio '92
Clio '92 è un'associazione di insegnanti e ricercatori in didattica della storia che si è data la missione di rinnovare sia la storia da far apprendere sia i modi e gli strumenti dell'insegnamento. Attualmente si è dedicata a ricerche su un nuovo curricolo di storia generale, sulla storia crocevia di discipline, sulla scrittura in storia. I risultati delle ricerche sono proposti annualmente mediante relazioni e laboratori nella Scuola Estiva di Arcevia (AN) e appaiono nel «Bollettino di Clio» (https://www.clio92.org/bollettini/).

Didattica della Storia - Journal of Research and Didactis of History
La rivista online, pubblicata a cura del Dipartimento di Scienze Dell'Educazione «Giovanni Maria Bertin» – Alma Mater Studiorum – Università di Bologna, si propone come strumento di approfondimento e di diffusione delle ricerche ed esperienze nell'ambito della didattica della storia, anche in chiave multidisciplinare. Pubblica articoli in diverse lingue (italiano, inglese, castigliano, portoghe-

se). Condivide gratuitamente contributi scientifici su tutti gli aspetti dell'età storiche e delle tematiche connesse alla didattica e alla divulgazione della conoscenza storica (https://dsrivista.unibo.it/).

Euroclio (European Association of History Educators)
Euroclio (http://euroclio.eu), associazione sorta nel 1992 su iniziativa del Consiglio d'Europa e di 14 associazioni disciplinari, raccoglie oggi più di 80 associazioni di 50 Paesi europei, operanti nell'ambito dell'insegnamento della storia, dell'educazione alla cittadinanza e al patrimonio. Ha sede all'Aja (Paesi Bassi). La sua missione è di sostenere lo sviluppo di un insegnamento responsabile e innovativo della storia, promuovendo il pensiero critico, la pluralità di prospettive, il rispetto reciproco, con particolare riguardo ai «temi sensibili» (*controversial issues*). Euroclio gestisce la piattaforma di e-learning Historiana (https://historiana.eu/), ricca di materiali didattici, per lo più in lingua inglese, e svolge un ruolo centrale nelle attività svolte dall'Osservatorio sull'insegnamento della storia in Europa, sorto per iniziativa della presidenza francese del Consiglio d'Europa nel 2019, il cui compito è condurre studi su come la storia, e in particolare certi temi sensibili, sono insegnati nei vari paesi europei, senza per altro pretendere di armonizzare i vari curricoli.

Historia Ludens
Historia Ludens è un'associazione fondata a Bari nel 1995 da docenti e laureati in Didattica della Storia e in discipline storiche; favorisce lo scambio di analisi, materiali ed esperienze fra insegnanti; si è specializzata nella progettazione di giochi e laboratori di storia. Il suo portale è: http://www.historialudens.it/.

Insegnare/Apprendere storia
Insegnare/Apprendere storia (https://www.storiairreer.it/), già portale satellite dell'Istituto Regionale Ri-cerca Educativa Emilia-Romagna (IRREER) è un sito ricco di materiali (recensioni di libri, abstract di convegni, normativa) sulla didattica di storia, geografia ed educazioni (cittadinanza, patrimonio ecc.).

IRIS (Insegnamento e Ricerca Interdisciplinare di Storia)
IRIS è un'associazione nata a Milano nel 1999; si occupa principalmente di didattica della storia e dell'area geo-storico-culturale, della costruzione di percorsi didattici interdisciplinari in funzione delle «educazioni» (interculturale, alla cittadinanza, al patrimonio, alle pari opportunità, alla pace...), all'uso di letteratura, cinema, musica, arti figurative e fotografia come fonti storiche, della formazione degli insegnanti e degli operatori culturali, nonché di educazione permanente. Il suo portale è: https://www.storieinrete.org/.

Istituto Nazionale Parri
L'Istituto Nazionale Parri (https://www.reteparri.it/), ente fondato da Ferruccio Parri nel 1949 con lo scopo di raccogliere, conservare e studiare il patrimonio documentario del *Corpo Volontari della Libertà* e del *Comitato di Liberazione Nazionale Alta Italia*, coordina l'attività della rete degli Istituti di storia della Resistenza e dell'età contemporanea, diffusi in tutta Italia. Sul piano didattico, ha raccolto l'eredità del Landis (Laboratorio Nazionale per la Didattica della Storia), associazione di insegnanti nata in seno a tale rete e attiva dal 1983 al 2014; in particolare, attraverso attività di formazione degli insegnanti e interventi nelle scuole, ne prosegue la promozione delle pratiche attive legate a una concezione della didattica della storia strettamente unita all'educazione alla cittadinanza. Dal 2014 pubblica la rivista on line Novecento.org, specializzata nella didattica della storia (https://www.novecento.org/).

MCE (Movimento di Cooperazione Educativa)
Il MCE è un'associazione professionale nata nel 1951, aderente alla Fédération Internationale de l'Ecole Moderne, cioè il movimento delle scuole che si rifanno all'attivismo e alla pedagogia popolare. Ha avuto in quest'anni un ruolo centrale nel promuovere il rinnovamento delle pratiche didattiche, nel segno dell'attenzione data alla cooperazione, all'inclusione e all'apprendimento attraverso il fare. Il suo portale, sul quale sono pubblicati anche articoli di pedagogia e didattica sul Web è: http://www.mce-fimem.it/.

SiDidaSt (Società Italiana di Didattica della storia)
La Società italiana di Didattica della storia è stata fondata il 13 aprile 2022 con l'obiettivo di essere un punto di riferimento e di aggregazione per le diverse realtà che lavorano sulla Didattica della storia in Italia. Ambisce a offrire occasioni di confronto, discussione, formazione e aggiornamento. https://www.sididast.it/.

Insegnare storia nella scuola secondaria

Parte prima

Le questioni

1
Le questioni dell'insegnare storia

di Scipione Guarracino

1.1 «Perché» e «Come»

1.1.1 ...*Perché insegnare la storia*

Comincerò col distinguere due diverse questioni. La prima, «perché insegnare la storia?», rimanda ai grandi temi della formazione umana e culturale, ovvero alla sua essenza e al suo valore. La seconda, «come insegnare la storia?», introduce al campo di ciò che comunemente si chiama «didattica».

L'insegnamento scolastico ha certo una dimensione pratica, in qualche misura pre-professionale ma ben lontana dall'esaurire ciò che da esso dobbiamo aspettarci. Si concorderà sulla maggiore importanza da accordare alla formazione che si intende promuovere, cosa che dà subito una rilevanza speciale alla domanda «a che serve la storia?», domanda cui viene da rispondere «a niente» se pensiamo in termini di utilità diretta. Una cosa serve quando riesce a soddisfare una necessità, un bisogno, che non in tutte le condizioni viene avvertito. Per dire che una cosa «serve», in tutti i significati dell'espressione (attrezzo operativo e attrezzo mentale), occorre essere arrivati a sentirne il bisogno e a scoprire che quella cosa lo soddisfa adeguatamente. Riconosco che il martello mi serve quando si impone il bisogno di piantare un chiodo. La questione diventa allora se e come si impone il bisogno di storia (con storia, in modo sanamente antiquato, intendo «ciò che è realmente successo»). Certo, è difficile immaginare che un adolescente senta un gran bisogno di sapere i dettagli della Guerra dei Cent'anni o della Guerra delle Due Rose. Le questioni che sorgono come primarie hanno un'altra natura. Esiste una urgenza climatica? Diventa necessario, fra l'altro, rivolgersi alla storia della produzione e dei consumi, almeno negli ultimi settant'anni. Esiste un problema dell'immigrazione? Occorre anche conoscere la storia della decolonizzazione e le ragioni molteplici della povertà e dell'insicurezza nel mondo. Quanto influiscono sul nostro presente e perfino nella vita quotidiana, che li si conosca o meno, le due guerre mondiali e gli anni 1945-1991? Con ciò non si vuole dare un primato assoluto alla storia contemporanea, ma cercare di sottrarsi alla tirannia dello «storia generale» esposta in ordine strettamente cronologico. Le strutture statali, le forme della guerra e della pace, l'inserimento degli individui nella vita pubblica sono tutte cose che hanno una storia che chiede di essere conosciuta da chi vuole evitare di essere solo uno spettatore passivo o perfino una vittima degli eventi.

Per quali vie si può far apprezzare come il prodotto di lotte e conquiste, ma anche di perdite e sconfitte, cose che sembrano invece semplicemente esistere da sé? Non si dà bisogno di storia se non si avverte nemmeno l'esistenza del passato; e, anche se vagamente si sa che un passato esiste, quando questo è percepito come una sorta di preistoria divenuta una curiosità di poco conto di fronte al fatto che tutto è percepito come perfetto così come appare ora. La storia si insegna perciò per far sorgere le domande che danno vita al possesso del senso storico, una sorta di sesto senso supplementare che fa scorgere e valutare tutti i segni del passato, con il loro potere condizionante ben presente e attivo intorno a noi.

1.1.2 *Come insegnare la storia*

La seconda domanda posta in principio ha a che fare con gli strumenti e le procedure sia dell'insegnamento in sé sia della ricerca storica. Tutte le discussioni degli ultimi decenni hanno reso ovvio che la didattica della storia, l'insegnamento condotto con metodo, non consiste nei piccoli espedienti cui spesso ricorrono i manuali, con i loro schemi riassuntivi ed esplicativi, per far entrare in testa agli studenti fatti, nomi, date, luoghi, relazioni elementari; questi sono solo comodi promemoria da consultare all'occorrenza. Si può dire invece che la capacità raggiunta dallo studente di costruire da sé mappe cronologiche ragionate e reti concettuali è uno dei portati di una didattica che ha ben operato. Quest'ultima è legata allo stesso tempo ai processi generali dell'apprendimento e ai metodi specifici della ricerca storica, cioè a quel difficile appuntamento in cui consiste la scommessa giocata nell'insegnamento: evitare gli inconvenienti che sorgono quando la prospettiva del pedagogista e dello storico agiscono del tutto indipendentemente una dall'altra.

Le due questioni, il «perché» e il «come» (nella sua doppia dimensione), possono essere distinte, dato che si presentano ciascuna con la sua autonomia, ma in ultima analisi sono fra di loro complementari: diversamente, come mostrerò nel successivo paragrafo, si perviene a istruttivi paradossi.

1.2 Finalità etico-politiche e regole del mestiere di storico

1.2.1 *La storia ha le sue regole*

Nella tradizione umanistica l'insegnamento della storia è stato connesso alla formazione del carattere, con gli ammaestramenti senza tempo forniti da personaggi ed eventi esemplari, e a finalità etico-politiche; in entrambi i casi valeva il detto *historia magistra vitae*. Più tardi la storia ha avuto il compito di rafforzare il senso di appartenenza alla propria «patria-nazione». Ai tempi nostri ciò di cui abbiamo sempre ricorrente esperienza è la sua subordinazione alla contingenza politica o più banalmente a scopi governativi o partitici (per un confronto internazionale, Procacci 2005; Flores 2020, capp. VII-IX; in precedenza Ferro 1981 e 2003). Vale come esempio quanto è accaduto non molti anni fa (nel 2005) in Francia con la legge sui francesi rimpatriati a suo tempo dalle colonie che, in uno dei suoi articoli, chiedeva agli insegnanti di valorizzare il «ruolo positivo» del colonialismo francese, ossia di non tralasciare nell'insegnamento della storia la coltivazione del legittimo orgoglio nazionale. L'articolo di legge, fortemente contestato, fu alla fine soppresso, ma un punto resta acquisito: quand'anche fosse vero che sia mai esistito un simile «ruolo positivo» (lo stesso vale per qualsiasi altro aspetto del passato nazionale), non è per intervento di un organo legislativo che una qualunque asserzione diventa una verità storica, ovvero se ne dichiara la falsità.

Il ragionamento si può trasferire anche al di fuori dell'ambito scolastico e su cause più meritevoli della riabilitazione tutta politica del colonialismo. La legge in questione fu in Francia l'occasione per spingere molti studiosi a chiedere che si ponesse fine alla moltiplicazione delle «leggi sulla memoria», che rischiano di approdare a una storia di Stato (Rémond 2006). Più di recente in Italia ha incontrato fra gli storici pieno sfavore o almeno forti perplessità (Prosperi 2013) la modifica del codice penale (giunta in porto dopo una lunga gestazione con la legge del giugno 2016) che eleva a reato la negazione dei crimini di genocidio (Fiori 2016; Pisanty 2019, cap. 6).

Benché questa specifica discussione non sia del tutto risolta, essa (come quella più generale sul perché si insegna storia) è tenuta a prendere atto che la storia stessa è un tipo di conoscenza dotato di propri statuti, metodi, regole, con una sua professionalità e anche una sua dignità (Evans 2001). Anche non considerando il fatto che dignità e regole della ricerca storica non sono ovunque ugualmente rispettate, è vero che tre dati di fatto vanno in ogni caso ammessi: non tutti gli storici sentono in ugual misura l'esigenza di fondarsi su una metodologia rigorosa; anche fra chi la ritiene necessaria non esiste un accordo totale su quella raccomandata; gli storici, se anche convergono sugli stessi canoni di ricerca, di fatto arrivano a conclusioni molto divergenti. Ma è illegittimo trarre da questi riconoscimenti l'idea che chiunque possa arrivare a qualsiasi conclusione sulla base documentaria esistente. Meno che mai si può riproporre la rudimentale convinzione che nella storia bisogna sempre sentire « anche l'altra campana » e che la verità viene alla fine scelta in base a criteri del tutto esterni alla logica della ricerca (Guttenplan 2011), persino con un patteggiamento fra parti opposte. Se le cose stessero così, non ci sarebbe grandi motivi per introdurre la storia fra gli insegnamenti e sorgerebbero seri dubbi sulla insegnabilità di una disciplina che la sua anarchia condanna all'inesistenza o all'irrilevanza (importanti osservazioni si trovano in Shermer, Grobman 2002, pp. 35-74, e Evans 2003, pp. 24-65).

1.2.2 *Paradosso numero uno: buone finalità che possono anche fare a meno della storia*

Avendo precisato fin qui la tesi che la storia, libera da condizionamenti politici, è se non una vera scienza almeno una disciplina costituita, posso arrivare all'ulteriore tesi che intendo difendere. Quando si vuole definire « perché studiare la storia » senza anche tener conto del « come si studia la storia », in effetti si sta anche proponendo di insegnare la storia ignorando, accanto alle procedure di ogni insegnamento, i tratti specifici di questa disciplina; ovvero senza tener conto di quel che gli storici hanno da dire su come funziona il loro mestiere. Dico questo anche pensando all'eventualità che le grandi finalità da privilegiare siano particolarmente degne di rispetto e perfino universali, come la formazione di atteggiamenti etico-politici orientati verso la pace, la libertà, la tolleranza e simili. È innegabile che tali finalità si possono perseguire anche senza fare ricorso all'educazione storica e a qualsiasi contesto o processo storico. Senza essere uno storicista intransigente, è davvero un controsenso lodare, poniamo, il valore educativo della storia, sottintendendo però che sceglieremo tra i fatti solo quanto è in grado di suonare edificante e di ammonimento e che, se ciò che risulta « realmente accaduto » non si presta ai nostri scopi, allora tanto peggio per la storia e i suoi metodi. Così, per limitarci a un unico esempio, parleremo in difesa della tolleranza, ma tralasceremo di ricordarne le variabili disavventure nel tempo e nello spazio.

1.2.3 *Paradosso numero due: competenze prive di sensibilità*

D'altra parte, non si può neanche affermare che la storia figura nella scuola con lo scopo primario di formare una piena padronanza dei metodi della ricerca. La mia opinione, come ho già accennato nel par. 1.1, è che la storia si insegna in primo luogo per far sorgere negli studenti un adeguato « senso storico », portandoli a percepire nella realtà che ci circonda un modo peculiare di esistenza oggettiva, indipendente da noi: la dimensione della storicità (Petter 2002, pp. 117-136; Guarracino 2021, cap. IV).

A questo scopo l'insegnamento non si limita alla storia contemporanea e alle sue più dirette premesse, ma si estende anche a quanto è più o meno «altro» da noi e che dobbiamo sforzarci di comprendere nella sua storicità. In secondo luogo, la storia si insegna per far sorgere ciò che, con una variante verbalmente leggera ma concettualmente impegnativa, chiamerei «coscienza storica»: un'applicazione al presente (inteso non come banale attualità) del senso storico stesso e insieme una precondizione se non anche un aspetto di ogni agire razionale nel presente e sul presente.

L'insistenza sul solo «come» separato dal «perché» conduce a una precettistica assai esteriore seppure tecnicamente ineccepibile. Ha nuovamente tutta l'aria di un paradosso un insegnamento che produce studenti capaci, poniamo, di compiere operazioni complesse sui documenti ma privi di sensibilità storica, incapaci di percepire cosa gli attori di una determinata epoca potevano pensare, progettare o fare (e cosa no). Una analogia appena un po' forzata spiegherà cosa intendo dire. Nello studio delle scienze non è un gran successo giungere a possedere le competenze e pratiche adeguate, mostrandosi poi di fronte a eventi drammatici e imprevedibili (come è successo al tempo della pandemia degli ultimi anni) privi di uno specifico *habitus* di percezione del mondo, incapaci di saper riconoscere ciarlatani o disposti ad attendersi miracoli.

1.3 I manuali in discussione

1.3.1 *Il metodo della denuncia*

Da diversi decenni la discussione e la sperimentazione in fatto di insegnamento della storia (Brusa 2020; «Il Bollettino di Clio» n. 15, 2021) si sono svolte in Italia con piena consapevolezza di tutta la problematica circa le finalità e i metodi e i loro rapporti. Lo mostrano bene i saggi che compongono questo volume stesso.

È accaduto ogni tanto in passato che i *mass media* siano soffermati sull'insegnamento scolastico della storia (Anselmo 1999); ma per lo più si sono limitati a fare da eco alle accuse di faziosità rivolte ai manuali. Dopo l'epoca delle denunce condotta «da sinistra» la contestazione è venuta «da destra» quando un gruppo di deputati è arrivato a chiedere la creazione di una commissione parlamentare d'inchiesta (ne parla Galli 2011). È vero che talora gli autori di manuali non hanno saputo resistere alla tentazione di pronunciare, in materia di storia recente o recentissima, giudizi troppo legati alla più effimera attualità. Ma ancor meno accettabile è che i critici chiedano riabilitazioni o riscritture che hanno poco a che fare con l'avanzamento storiografico e la «coscienza storica». Si possono riconoscere eccezioni o casi aberranti, ma dove esistono libere comunità scientifiche i soli abilitati a giudicare gli storici sono altri storici (o, per essere più precisi, chi si adegua alle regole del mestiere) e i soli abilitati a giudicare i libri di storia per la scuola sono gli insegnanti, visto che li si considera abilitati a insegnare.

La cosa più interessante è però un'altra. Per quanto mi risulta, è da molto tempo gli insegnanti sono poco coinvolti in questo genere di polemiche, il cui carattere pretestuoso e intellettualmente limitato è evidente. Molto maggiore è l'influenza che hanno avuto su di loro, non solo sui capifila dell'innovazione ma anche semplicemente nel mutare della *communis opinio* e delle pratiche didattiche ordinarie, le discussioni e sperimentazioni più sopra richiamate.

1.3.2 *Venire a sapere e imparare*

Ciò si può vedere bene esaminando l'evoluzione avvenuta nei manuali scolastici e nei requisiti che vengono loro richiesti per figurare come autorevoli strumenti didattici (Gualtiero *et al.*, 2010). In primo luogo, essi non devono presentare giudizi evidentemente di parte o contenere omissioni interessate. Ma più ancora il loro compito non è nulla più che rendere conto dello stato attuale delle conoscenze e delle questioni che sono oggetto di un dibattito fondato e non futilmente polemico. Una volta verificato che i manuali assolvono questi e altri simili doveri minimi, tocca ai loro apparati didattici essere esposti al vaglio degli insegnanti.

Vale la pena osservare che la stesura di un manuale deve guardarsi da due scivolamenti involontari e inconsci. Nel primo caso il manuale diventa un repertorio-compendio con la presenza di tutto ciò che ci si aspetta, il puro atto di presenza della «storia generale», quel che ci deve essere, più o meno atteso e obbligatorio, con i suoi titoli e le sue ordinate successioni. Non c'è né spazio nel libro né tempo scolastico né iniziativa dell'insegnante per andare molto oltre. Nel secondo caso il canone viene riconosciuto come obsoleto e quindi maltrattato con il ridimensionamento anche drastico di temi consolidati e l'apertura su universi avventurosi, illimitati e informi di nuovi temi e problemi. L'accomodante via di mezzo ha il difetto di voler dar ragione a tutti e, in negativo, si guarda solo dagli estremi.

Pare più promettente tentare una via positiva, che diventa così una terza cosa e porta ad aggiungere al puro «venire a sapere» ciò che propriamente costituisce un «imparare». Come vengono ricavate le conoscenze storiche? Come funzionano la ricerca e il ragionamento storico? In che misura è aperto il dubbio su ciò che sappiano? Cosa non sappiamo e magari non sapremo mai? Tutto ciò richiede il passaggio dalla semplice lettura a quanto da tempo è definito come «costituire dei laboratori» che includono diverse operazioni storiografiche di vario genere (ne riparlo più avanti al paragrafo 5.2).

1.4 La storia che vale la pena insegnare

1.4.1 *Questioni preliminari*

Accanto al «perché» e al «come» i discorsi sull'insegnamento devono riservare la dovuta parte anche al «che cosa». È innegabile che l'interesse metodologico a «sapere come si fa a saperlo» sorge solo intorno a qualcosa che davvero vale la pena di sapere. Cosa vale la pena di imparare? Peccato che i contenuti idonei a fornire una risposta siano innumerevoli e che si ricavino male solo restando sul piano delle grandi finalità.

La storia scolastica è sempre sottoposta a forti sollecitazioni. In particolare, si dice che non c'è abbastanza storia contemporanea, o che ce n'è troppa. Ciascuno ha da proporre un paio di nomi o eventi imprescindibili, la cui ignoranza da parte degli studenti dimostra che l'insegnamento, vecchio o nuovo che sia, ha fallito nei suoi intenti. Personalmente non sono molto sensibile al senso di scandalo o all'ironia sollevati in questi casi («gli studenti non sanno nemmeno...»). È vero che negli adolescenti emerge facilmente l'ignoranza più estrema intorno all'ordine e alla connessione fra eventi anche assai recenti, cosa che lascia nel più profondo sconcerto. Va precisato però che il nome, l'evento o la data trovano l'ottima collocazione venendo non per primi ma per ultimi, a riempire una casella avvertita come vuota, a completare la sensibilità per un problema e la padronanza di un contesto; presi da soli sono soltanto erudizione.

È innegabile che in molti casi i temi che vanno trattati sembrano imporsi da sé per la loro indiscutibile importanza. Ma se pensiamo a come sono mutati nel tempo i programmi in Italia o a come sono definiti in altri paesi, vediamo facilmente che la questione è più complessa e non si riduce a nomenclature ed eventografie. Bisogna insegnare storia nazionale, europea o mondiale? O bisogna invece pensare a una qualche combinazione delle tre? Si deve o no attribuire alla storia contemporanea un peso relativo in qualche modo privilegiato? E come vanno dosate e articolate le dimensioni del politico, dell'economico, del sociale e così via per avvicinarsi, almeno, al pur inattingibile ideale della «storia globale»? Una volta posta l'ovvia verità che insegnare «tutta» la storia è una illusoria pretesa, si potrebbe pensare in prima istanza che la determinazione del «che cosa insegnare» venga fatta tenendo conto delle altre due funzioni del «perché» e del «come».

Una buona risposta è perciò la seguente: va insegnato ciò che contribuisce davvero a costituire il senso della storia in unione con il possesso dei buoni metodi.

1.4.2 *Il « che cosa » alla luce del « perché »*

Cominciamo con il «perché» si insegna storia. Fra i possibili contenuti meritano di essere preferiti quelli che meglio si prestano alla formazione del senso della storia nonché della coscienza storica. È questo il criterio decisivo, anche se la sua applicazione è meno scontata di quanto sarebbe desiderabile; esso presenta in più il rischio di essere distorto invitando a preferire i contenuti più « educativi » e riaprendo la porta a visioni desuete o sospette. Messa da parte « la » storia universale con la sua unità e le sue periodizzazioni, ciò che si ricava (soggetto a variare nel tempo ma certo non al minino mutare della contingenza) è costituito da centri maggiori di focalizzazione che non hanno un ordine evolutivo come gli « evi » ma la peculiarità di svilupparsi su ampie e coerenti cronologie e intorno a un numero di temi gestibili nei tempi scolastici. Centri di questo genere sono certamente la vita materiale (come sono cambiate nei secoli le condizioni e i tempi della vita e della morte?) e la vita mentale (la rappresentazione del tempo, dello spazio, dell'aldilà); la forma politica « Stato » e la sua variante « Stato nazionale » (come funzionavano le comunità politiche prima di diventare nazioni?); la guerra (come è cambiata la guerra almeno dal Settecento a oggi?) e la pace (il contenuto dei trattati di pace è più interessante dei pretesti per fare la guerra); la storia comparata del mondo (fino a quanto l'Europa è stata un mondo di barbari?) e meglio ancora la storia del mondo come interazioni successive (come ha fatto l'Europa a dominare il mondo?).

1.4.3 *Considerazioni su passato e presente*

Conviene a questo punto riprendere l'idea di senso storico. Mi sono azzardato a definirlo (§ 2.3) come la capacità di percepire la « circostanza » non solo come un dato naturale e non solo secondo imperiose categorie morali, religiose, estetiche, politiche. Affermare che proprio tutto è storia e cadere nella disposizione storicista che non lascia spazio per valutazioni di altro genere non è una scelta raccomandabile. Ma ugualmente induce a pericolose via di fuga essere privi del senso della storia e non riconoscere la realtà intessuta di tempo umano. Aggiungo che questo non vuol dire privilegiare il punto di vista del presente, o di una storia che incombe nel presente. Del passato non ci riguarda solo quanto incombe fino al presente in atto. Ci sono dei « passati » con scarsi o nulli rapporti con il presente e che pure contribuiscono al senso storico. Anche lo studio del passato (senza perdersi nei dettagli) concorre a formare la peculiare sensibilità con cui riusciamo a orientarci correttamente nel presente, a viverlo con opportuna consapevolezza.

La questione si complica un po' di fronte a una ricorrente e ansiosa domanda: è vero che gli adolescenti non hanno più il senso della prospettiva storico-temporale? Pare una domanda con buoni fondamenti e si può aggiungere: la rapidità dei cambiamenti in tutti i settori della realtà non li giustifica in questo? Ancora alla fine del «secolo breve» gli adolescenti si trovavano immersi in una realtà che per essere compresa costringeva a guardare indietro e anche molto indietro. Di fronte a cambiamenti rapidi e radicali diminuisce invece la propensione a cercare la continuità del passato storico e a considerare la storia come uno strumento per prendere atteggiamenti di fronte al presente, fino al punto che ci si può chiedere: «Abbiamo ancora bisogno della storia?» (Gruzinski 2015). Lascio la questione in sospeso e mi limito a constatare che su un punto almeno chi è nato dopo il 2000 potrebbe trovarsi perfino avvantaggiato: è libero dalla lettura del presente attraverso le categorie adatte per il XX e il XIX secolo.

1.5 Dal «che cosa» al «come»

1.5.1 *Oggetti sfuggenti*

Veniamo, per ultima cosa, al rapporto fra il «che cosa» e il «come». Qualunque sia il sistema dei contenuti sulla quale ci siamo trovati d'accordo, la storia appare più esposta di quasi tutti gli altri insegnamenti al pericolo del verbalismo. Si rischia sempre di imbattersi nella catena costituita dallo studente a cui è richiesto di ripetere quel che ha detto l'insegnante, che ha sua volta ha «spiegato» il manuale, il quale sintetizza libri di storia generale, che sistematizzano il procedere della ricerca storica. Più facile è riconoscere l'assurdità di un insegnamento letterario o artistico che non arrivasse mai almeno a far leggere dei testi o a far vedere delle opere, oppure di un insegnamento scientifico che non facesse mai sorpassare la soglia di un laboratorio sperimentale.

La realtà del passato è molto peculiare: non è un oggetto che si possa esibire, ma non è neppure fatta solo di quello che è scritto nei libri. Per evitare all'insegnamento di diventare manualistico nel cattivo senso della parola dobbiamo valorizzare al massimo la capacità di leggere le tracce del mondo che pare non esserci più: un insieme più ampio delle fonti scritte, includente quelle visive (dalla pittura alle stampe, dalla fotografia ai film) e sonore e quelle materiali di ogni genere; del resto anche le fonti scritte vanno considerate nella loro materialità (scritte su quale supporto? in che lingua e con quale scrittura? trasmesse e conservate come e dove?).

La lettura di un documento scritto per confermare quanto il manuale ha già asserito da qualche parte, come accadeva con le «letture storiche» di un tempo, è ancora troppo poco. Le affermazioni con maggiore portata e complessità che sorgono nell'insegnamento non si ricavano dalla semplice lettura di un singolo documento. Anche senza considerare che molto spesso una adeguata lettura richiede il ricorso a linguaggi speciali che vanno preliminarmente appresi, i documenti devono essere variamente elaborati con una analisi intensiva che tocca il linguaggio verbale e iconico, i segni-chiave, la determinazione dei fatti e delle istituzioni, l'integrazione, la comparazione e via dicendo. Le procedure in proposito costituiscono una parte dei metodi dalla cui bontà deriva la capacità della storiografia di avvicinarsi al suo sfuggente oggetto, il passato che non esiste più (Traverso 2005). Il punto essenziale è che l'insegnamento della storia non può ridursi a trasmettere conoscenze senza anche far accedere alle procedure che hanno fatto quelle conoscenze.

1.5.2 *Contenuti e metodi*

Certamente nessuno può immaginare di documentare e provare ogni singola affermazione contenuta nei manuali o fatta dall'insegnante e di far apprendere in poco tempo abilità che richiedono ai ricercatori anni di addestramento. Da un *corpus* originario di documenti un insegnante compie inevitabilmente una selezione e non può sottrarsi in assoluto al dubbio di averlo fatto in maniera funzionale a quanto intende dimostrare. Normalmente, però, ci contentiamo di una buona certezza relativa. Ci sono casi in cui la didattica del laboratorio è effettivamente in grado di operare un'efficace mediazione fra la conoscenza già sistemata e le procedure che l'hanno prodotta. E non c'è nessun motivo per colpire l'insegnante di storia con un sospetto pregiudiziale, cosa che non faremmo con un insegnante di fisica o di matematica. Il caso più normale sarà piuttosto quello della capacità professionale di scegliere documenti significativi, di stabilire un rapporto di rappresentanza fra i documenti scelti per l'uso didattico e l'intero universo da cui derivano, di condurre gli studenti a costruire le minime competenze critiche (in che misura sono attendibili e così via) e operazionali, nonché la capacità di trasferirle su materiali diversi da quelli del primo apprendistato. Si può dire allora che un tema storico che, oltre a possedere un'oggettiva «importanza» in sé, si presta meglio a rendere trasparente il suo «come», ha una ragione supplementare per entrare a far parte dei contenuti dell'insegnamento.

Bibliografia

- Anselmo M., 1999, *Ma che storia è questa? Che cosa insegnano nelle nostre scuole*, in «Panorama», 11 novembre, pp. 37-45.
- Il Bollettino di Clio, 2021, n. 15, *Utilità e inutilità della storia*, clio 92.org/wp-content/uploads/2021/07/Bollettino15NS_defgiugno2021.pdf.
- Brusa A., 2020, *I libri che insegnano a insegnare. Manuali e modelli di formazione nel dopoguerra italiano*, in R. Del Prete (a cura di), *Saperi, parole, mondi. La scuola italiana tra permanenza e mutazione, secc. XIX-XXI*, Kinetés, Benevento, pp. 505-530.
- Evans R.J., 2001, *In difesa della storia*, Sellerio, Palermo.
- Evans R.J., 2003, *Negare le atrocità di Hitler. Processare Irving e i negazionisti*, Sapere 2000, Roma.
- Ferro M., 1982, *Comment on raconte l'histoire aux enfants à travers le monde*, Payot, Paris (trad. it., *Uso sociale e insegnamento della storia*, SEI, Torino, 1982); edizione rivista con il titolo *The Use and Abuse of History, or How the Past is Taught to Children*, Routledge, London-New York, 2003.
- Fiori S., 2016, *Negazionismo. La legge che fa litigare gli storici*, in «La Repubblica», 10 giugno.
- Flores M., 2020, *Cattiva memoria. Perché è difficile fare i conti con la storia*, Il Mulino, Bologna.
- Galli C., 2011, *Il grottesco paradosso dei «manuali di Stato»*, in «La Repubblica», 22 aprile.
- Gruzinski S., 2015, *L'histoire pour quoi faire?*, Fayard, Paris (trad. it. *Abbiamo ancora bisogno della storia? Il senso del passato in un mondo globalizzato*, Raffaele Cortina Editore, Milano, 2016).
- Guarracino S., 2021, *Senza storia. Ricominciamo da uno*, Clueb, Bologna.
- Gualtiero *et al.*, 2010, *C'è manuale e manuale. Analisi dei libri di storia per la scuola secondaria superiore*, Sette Città, Viterbo.
- Guttenplan D.D., 2011, *Se la storia cambia sempre padrone. La sfida tra professori sui programmi di storia*, in «La Repubblica», 10 dicembre.
- Petter G., 2002, *Ragionare e narrare. Aspetti psicologici dell'insegnamento della storia*, La Nuova Italia, Firenze.
- Pisanty V., 2019, *I guardiani della memoria*, Bompiani, Milano.
- Procacci G., 2005, *Carte d'identità: revisionismi, nazionalismi e fondamentalismi nei manuali di storia*, Carocci, Roma.
- Prosperi A., 2013, *Se una legge vuol punire chi cancella la Shoah*, in «La Repubblica. Diario», 24 ottobre.
- Rémond R., 2006, *Quand l'état se mêle de l'histoire*, Stock, Paris.
- Shermer M., Grobman A., 2002, *Negare la storia. L'olocausto non è mai avvenuto: chi lo dice e perché*, Editori Riuniti, Roma.
- Traverso E., 2005, *Il passato: istruzioni per l'uso*, Ombre Corte, Verona.

Parte seconda

Le cornici

2
Il laboratorio di storia

di Aurora Delmonaco

2.1 Che cos'è un laboratorio didattico per la storia

Si cominciò nel 1978 a parlare del laboratorio di storia, quando Raffaella Lamberti, che insegnava appunto storia nei licei, scriveva in un articolo:

> La specificità dell'apprendimento umano è di essere innovativo e insieme fondato su regole. Il laboratorio è il luogo e il modo in cui apprendere operativamente le *regole del giuoco* e, insieme, la possibilità di modificarle[1].

Nei primi anni Ottanta, per iniziativa sua e di altri, a Bologna nacque il LANDIS, Laboratorio Nazionale per la Didattica della storia, da cui partirono riflessioni, dibattiti, convegni, gruppi di lavoro, un passa-parola che diffuse pratiche e sperimentazioni sull'apprendimento operativo.

La riflessione riguardò anche il setting d'aula. Le aule attrezzate erano, e sono ancora, rarissime per le generali carenze edilizie, ma soprattutto perché in troppe scuole non si ritiene opportuno investire risorse su una materia considerata *orale*, dunque non bisognosa di attrezzature specifiche. In realtà il **modo**, la didattica laboratoriale, può anche fare a meno del **luogo**, il laboratorio fisico, ma la pratica che ne deriva finisce comunque per creare l'esigenza di uno spazio dotato di strumenti, sussidi, materiali a cui in molti casi si è cercato di supplire in qualche modo, come gli insegnanti sono troppo spesso abituati a fare.

L'attività didattica laboratoriale fin dal primo momento ha avuto di fronte l'alternativa fra due logiche: praticare laboratori sporadici di rinforzo al currico-

[1] Lamberti R., 1978, *Per un laboratorio di storia*, in «Italia Contemporanea», n. 132.

lo, o centrare il curricolo su percorsi innovativi rinunciando all'organizzazione canonica della disciplina. Andò definendosi una terza possibilità: esperienze di laboratorio limitate come numero, ma giustificate da una logica interna in coerente relazione tra gli obiettivi fissati e il tempo da spendervi[2].

2.2 Le ragioni di una scelta

L'idea centrale del laboratorio di storia nasce dall'incrocio di ragioni pedagogiche, didattiche e storiografiche che, in un quadro logico complessivo, danno un senso e un metodo alla pratica laboratoriale della disciplina e alla ricchezza della sua realtà formativa.

2.2.1 *... quelle della didattica*

Esistono particolari difficoltà nell'insegnamento della storia che gli insegnanti più attenti al risultato del loro lavoro hanno spesso denunciato.

In Italia quasi tutti hanno ripetuto due volte o tre un corso sistematico di storia, ma se l'obiettivo è quello di fondare una **conoscenza** duratura, siamo di fronte a un **insuccesso palese** da cui si deve partire. Ciò è verificabile a scuola, in cui la memoria di quanto si è appreso svanisce presto; nella società, in cui persone mediamente colte dimostrano poche e sconnesse nozioni storiche; nel paese, in cui spesso l'uso pubblico distorto della storia si giova di una diffusa dimenticanza delle conoscenze di base[3]. Nel 1995 la Commissione Europea affermava: «l'amnesia storica si paga socialmente con la perdita dei riscontri e dei punti di riferimento comuni»[4].

Diverse ricerche hanno dimostrato quanto sia forte il **disinteresse** degli studenti per la storia: difficoltà, noia e incomprensione del senso della materia sono stati denunciati troppo spesso anche da studenti disponibili verso l'apprendimento. Qualcosa, dunque, non funziona nella trasmissione della storia, ed è grave.

Il tempo destinato alla disciplina appare sempre più **insufficiente**, con un rapporto sbilanciato tra il monte-ore delle lezioni e l'enciclopedia delle conoscenze storiche. C'è bisogno di trovare una nuova logica di organizzazione del progetto

---

[2] Girardet H., 2004, *Vedere, toccare, ascoltare. L'insegnamento della storia attraverso le fonti*, Carocci, Roma.

[3] Gallerani N., 1995, *L'uso pubblico della Storia*, FrancoAngeli, Milano.

[4] Commissione Europea, 1995, «Libro bianco Cresson», *Insegnare ed apprendere – Verso la società conoscitiva*», Bruxelles-Lussemburgo.

complessivo, un'analisi della disciplina e delle attività che non può avvenire, evidentemente, nel vuoto pedagogico e storiografico.

Nel mondo attuale esistono diversi codici linguistici e nella storia, parallelamente, si apre l'accesso a **nuove tecniche di comunicazione**. Tale ricchezza, però, può diventare dannosa[5] per l'opacità della nebbia mediatica, l'eccesso di informazioni e la loro tendenza all'esclusività comunicativa. E necessario dunque governare i linguaggi multipli della storia con una didattica che nello spazio del laboratorio insegni a gestire le nuove possibilità.

2.2.2 *...quelle della pedagogia*

Dopo Dewey, Piaget, Vygotskij, Bruner insegnare non significa più fornire nozioni da imprimere nella memoria, ma attivare in ogni allievo lo sviluppo cognitivo, creando nessi tra le informazioni, reti di significati fra le unità di pensiero che chiamiamo concetti e una ristrutturazione continua dei campi di conoscenza. Tale processo pone l'individuo in relazione con la realtà in cui vive e rafforza la sua singolarità: si forma, come sostiene Edgar Morin citando Montaigne, una « testa ben fatta ».

Non essendo più accettabile la strategia didattica che, fissati i livelli di richiesta, selezionava i « prodotti di scarto » dell'insegnamento, ne esistono sostanzialmente due: ci si adegua alle capacità dell'allievo aggiustando su di esse l'intervento dell'insegnante; si aiuta l'allievo a colmare la distanza tra le sue prestazioni attuali e quelle attese. Il riferimento obbligato, in quest'ultima prospettiva, è a Lev Vygotskij: « l'unico buon insegnamento è quello che precorre lo sviluppo »[6]. Il laboratorio insegna a protendersi per cogliere frutti più lontani della propria mano.

Che cosa succede troppo spesso, invece, quando s'insegna la storia? Di ogni capitolo si privilegiano i contenuti fidando nella virtù formativa dell'esposizione, e si fa un atto di fede sulla possibilità che insieme ai dati proposti si apprendano anche i nessi fra i loro significati. Ciò avviene attraverso comunicazioni fondate su due tipi di rapporti: uno-a-uno (l'insegnante e ogni singolo allievo a cui si chiedono prestazioni individuali) e uno-a-molti (l'insegnante offre una sola comunicazione e un solo tipo di compito a tutta la classe).

---

5 Postman N., 1998, *Ecologia dei media. L'insegnamento come attività conservatrice*, Armando, Roma.

6 Vygotskij L.S., Lurija A.R., Leontjev A.N., 1969, *Psicologia e pedagogia*, Editori Riuniti, Torino, p. 36.

Nel laboratorio si crea un rapporto molti-a-molti, in cui gli alunni comunicano tra loro e con l'insegnante in gruppi sempre ricombinati secondo le esigenze.

La **didattica cooperativa** (*molti a molti*) ha dato vita in Italia a diverse pratiche, da Freinet al Movimento di Cooperazione Educativa, a don Milani e oltre. La stessa didattica delle nuove tecnologie è passata dalla teoria dell'*istruzionismo* eterodiretto, del *costruttivismo* di elaborazioni informatiche soggettive, da cui può derivare la struttura debole e asistematica del processo di apprendimento, al *costruttivismo sociale* di Seymour Papert, collaborativo ma non competitivo, comunità di pratica per l'elaborazione di significati.

E tuttavia, anche quando è stato necessario l'uso del digitale per la Didattica a Distanza (DaD) durante l'emergenza coronavirus, si è visto l'uso maggioritario di un approccio staticamente trasmissivo. Mentre l'uso generalmente diffuso degli strumenti informatici ha modificato nei giovani il rapporto col mondo e con se stessi, il loro modo di rappresentare la realtà e la conoscenza, solo una minoranza di insegnanti si è avvalsa della possibilità di gestire gruppi e laboratori on-line con interazioni collaborative; molti hanno scelto di riprodurre la dinamica della lezione frontale d'aula anche all'interno del nuovo contesto.

« La Didattica a Distanza non ha favorito strategie didattiche diverse da quelle tradizionali. Le maggiori difficoltà in questo senso sono ricadute sulla scuola dell'infanzia e sulla primaria, che tradizionalmente sono più attive della scuola secondaria »[7]. In troppi casi la DaD ha ingigantito i limiti della didattica trasmissiva *uno a molti*.

Se è vero che l'**interazione si pone a fondamento del comprendere**, va colmata la distanza fra il necessario punto di riferimento del sapere esperto e quello spontaneo, perché, se il web è un giacimento di tracce/documenti/fonti, è anche un'enorme trappola con falsi riferimenti, narrazioni storiche banalizzate, manipolate, artefatte. Scriveva Antonio Tabucchi: « C'è una rete in cui pare sia ormai impossibile non essere catturati, ed è una rete a strascico. Io in questa rete insisto a cercare buchi »[8]. Perché la conoscenza diffusa nel web non sia « a strascico » bisogna imparare a governarla, e la « scuola è l'unica agenzia culturale in grado di smontare i media e di fornire senso critico »[9].

---

[7] *Ricerca nazionale 2020 SIRD* – Società Italiana di Ricerca Didattica; https://www.sird.it/wp-content/uploads/2021/01/2.-Batini-et-al. Dati diversi risultano dal Report Indire (*Impatto della pandemia sulle pratiche didattiche e organizzative delle scuole italiane nell'anno scolastico 2020/21*) dopo il primo anno scolastico di confinamento, ma la percentuale di docenti che ha risposto all'indagine è piuttosto bassa, e si può ritenere in certo modo auto-selezionata.

[8] Tabucchi A., 2001, *Si sta facendo sempre più tardi*, Feltrinelli, p. 13.

[9] Vajola P., *Nuove tecnologie e didattica della storia*, https://www.davinciripamonti.edu.it/wp/wp content/uploads/pof/formazione-docenti/tic_storia.pdf.

2.2.3 ...e quelle della storiografia

Sul rapporto fra la storia-materia e la storia-scienza persiste un paradosso che non sempre viene avvertito: la materia scolastica si presenta come una sintesi cronologica del «passato umano», mentre qualunque storico negherebbe la possibilità scientifica di costruirla sul semplice dato della successione diacronica perché i nessi tra i fenomeni, gli eventi e i processi storici sono un intreccio che rimanda ad altri intrecci, includendo diversi punti di vista e diverse dimensioni del reale.

Se dunque esistono due livelli, il «sapere sistematico» della scuola e la «conoscenza esperta» della storiografia, è accettabile lo scarto senza che l'insegnamento perda qualunque senso? Se il sapere scolastico è una struttura stabile di dati (il **canone**), come si determina tale struttura? Quale relazione c'è fra la matrice scientifica e la finalità didattica? Se rimane un distacco epistemologico tra i due livelli, non è risolto il problema di quale tipo di sapere sia la storia scolastica.

L'idea che si possa eludere la difficoltà collegando direttamente il campo didattico a quello scientifico, e riproducendo a scuola pari pari il lavoro dello storico, non tiene conto della differenza tra le finalità della ricerca e quelle dell'apprendimento: la storiografia non è un terreno pianeggiante su cui la storia scolastica possa muoversi con tranquilla sicurezza. Il rapporto fra il «canone», la storia esperta e il mutamento in atto nelle generazioni che vivono un presente senza passato ha aperto una frontiera del tutto nuova all'insegnamento.

Diversi manuali hanno tentato di dare maggiore efficacia all'impianto narrativo con l'estensione e l'arricchimento di apparati documentari e iconografici, «schede di lettura», cosiddetti «laboratori», che spesso sono soltanto questionari di verifica. Ma ciò non toglie che «l'introduzione degli allievi ai fatti della storia è molto simile a un viaggio nel regno dei morti. Si chiede ai ragazzi di intraprendere questa discesa agli inferi, ma senza nessun tremore né emozione. I morti da interrogare sono proprio stecchiti e non comunicano neppure il fremito eccitante della paura. La storia che si insegna nella scuola italiana è la storia dei manuali, vale a dire la storia dei fatti»[10]. È un canone narrativo che non riesce a rendere conto del **rapporto fra il passato e il presente**, e dunque la dimensione totalizzante del suo oggetto è incapace di rispondere a domande su «questioni socialmente vive».

Esiste poi tutta una serie di sollecitazioni che vengono dall'esterno: la storia servirebbe a ritrovare le proprie «radici identitarie» nella profondità del tempo. Ma esistono le «radici storiche»? La storiografia solleva moltissimi dubbi e c'è

---

[10] Bevilacqua P., 1997, *Sull'utilità della storia per l'avvenire delle nostre scuole*, Donzelli, Roma.

un vivace dibattito sul concetto stesso di «**identità**». Oppure bisogna dare alla storia moderna e contemporanea una **funzione pacificatrice** risarcendo la memoria delle vittime di troppe conquiste, di troppi massacri e ponendo le basi di una storia riconciliata (ma ha senso una storia che rinunciando al giudizio coniuga memorie opposte?). È stato Krzysztof Pomian a segnalare il cambiamento avvenuto quando la memoria da strumento della storia è diventata problema, e oggetto di cui la storia si occupa[11].

La funzione della scuola non è quella di prestarsi alla costruzione di riti e religioni laiche, né quella di azzerare il distacco epistemologico tra i livelli del sapere storico, ma di creare le **mediazioni necessarie**, poiché è difficile muoversi se mancano idee sui processi di costruzione della storia, anche di quella presente. Non è impossibile realizzare un'impalcatura – *scaffolding* nel linguaggio pedagogico di marca anglosassone – che regga tale complessa arrampicata verso il sapere storiografico, il suo impianto concettuale, l'attendibilità della ricerca storica, ma occorre che l'apprendimento proceda per consolidamenti successivi, e serve uno spazio didattico, anche orario, che sorregga le potenzialità. Oltre a una buona capacità laboratoriale che tenga insieme le ragioni della didattica, quelle della pedagogia e quelle della storiografia.

2.3 Laboratorio – laboratori

Lo spazio dedicato a costruire la storia, aula di classe o laboratorio specifico, è il luogo in cui la metafora dell'**officina come modello di apprendimento** diventa realtà. I compiti possono essere di diversa natura, con gruppi di competenze che poi si confrontano, discutono la logica e il montaggio del risultato che ne consegue.

I ragazzi e le ragazze che operano in laboratorio, anche se usano alcuni strumenti della ricerca, non sono storici: non affrontano un problema conoscendo il contesto in cui si colloca, la loro domanda cognitiva non ha compiuti parametri di riferimento; non sanno muoversi fra i documenti e gli archivi in cui annaspano infruttuosamente. È necessario quindi offrire loro un ambiente didattico adeguato alle loro possibilità e un rapporto paragonabile a quello tra il maestro e l'apprendista che consente un doppio livello di operazioni: il **maestro** promuove lo sviluppo delle potenzialità dell'allievo mentre guida il lavoro sull'oggetto cognitivo che si costruisce e media tra le possibilità e le difficoltà; l'**apprendista**, tra l'atto operativo e l'intelligenza che lo governa amplia le sue reti cognitive, crea

[11] Pomian K., 2001, *Che cos'è la storia*, Bruno Mondadori, Milano.

scambi con i suoi pari e si rapporta con il mondo adulto, quello vicino del maestro e quello lontano degli storici.

Nel fare storia in laboratorio, oltre alle attività svolte in comune, ci sono momenti per la riflessione individuale, l'ascolto, la lettura intensiva, la lezione frontale, la scrittura, il confronto, le verifiche di vario grado e le valutazioni del lavoro svolto. Le possibilità didattiche sono multiple e potranno essere sfruttate se l'insegnante avrà la scelta fra diversi tipi di mediazione e diverse opportunità, dall'aula al territorio, dal documento alla biblioteca storica, dai sussidi ai media. La scelta, la realizzazione e l'eventuale diffusione dei **prodotti** del lavoro, dall'ipertesto alla mostra, dall'opuscolo alla rappresentazione, è sotto diversi aspetti parte del processo cognitivo.

Ogni esperienza di laboratorio può essere valutata tendendo conto di vari elementi: a) l'**ambito** scolastico in cui si inserisce (curricolare o extra-curricolare); b) il **contesto** educativo (approfondimento, nodo cognitivo orientante, occasioni specifiche come la Giornata della memoria...); c) la **motivazione** (cognitiva, affettivo-valoriale...); d) l'**organizzazione** (lavori individuali, di gruppo, collettivi; direttività e autonomia; tempi e spazi; tipologie d'attività...); e) la «**consegna del compito**» e le sue regole; f) **strumenti e materiali** (forniti, ricercati; tipologia; istruzioni d'uso...); g) **prodotto/i**; h) la **valutazione** (*in itinere*, finale; individuale, collettiva; orizzontale tra pari, verticale da parte della guida didattica, esterna; finalizzata a ulteriori operazioni, conclusiva).

2.4 Prima attenzione: la rilevanza della domanda

Scriveva nel 1978 Raffaella Lamberti nel saggio citato in precedenza: « Una delle situazioni più imbarazzanti della scuola [...] consiste proprio in un fingere di capire e di capirsi prima ancora di avere posto dei problemi. »

Chiedere agli studenti di adeguarsi a un'immagine del passato precostituita significa offrire **una risposta a una domanda mai concepita**.

Prima dell'elaborazione dei contenuti, prima delle fonti, prima delle attività di ricerca c'è la domanda che si rivolge dal presente al passato mentre la risposta giunge dal passato al presente: in tale movimento circolare si può trovare la propria collocazione nel mondo. Spesso le domande dei giovani non sono rivolte al passato perché essi vivono un presente che ha la dimensione dell'immediato, ma se la scuola è, come dev'essere, una palestra di cittadinanza attiva, la messa a fuoco di domande significative è un momento fondante in cui si intrecciano aspetti cognitivi e metacognitivi su un percorso capace di scardinare l'estraneità della storia. È il momento in cui si comprende che la storia non è neutra analisi, ma riguarda molto da vicino la soggettività che l'indaga e che l'accoglie, e non ha un solo **genere**, quello maschile, una sola struttura sociale, quella **gerarchica autoritaria**, una sola dimensione geopolitica, quella **eurocentrica**.

La guida dell'insegnante evita tentennamenti vani nel formulare ipotesi, fa disegnare schemi di percorsi possibili, costruire mappe di orientamento, definire griglie d'attenzione. Si divide il lavoro nelle sue fasi, si distribuiscono compiti, si verifica il percorso misurandone gli esiti sulla congruità con i problemi posti, si valuta, infine, il senso stesso della domanda iniziale, che spesso svela insufficienze ed ingenuità, quando non distorsioni cognitive: **giungere a una domanda significativa nel campo della storia è il segno del successo dell'apprendimento**.

Esistono domande di vario tipo, dalla leggerezza delle curiosità bambine alle più incalzanti richieste di senso. In ogni caso, si fa chiarezza sull'**oggettività e la neutralità** della ricerca storica: porsi di fronte al passato in atteggiamento di domanda significa entrare in laboratorio con ciò che si è, con il proprio genere, la propria età, con i sentimenti e le speranze, i dubbi e le certezze; significa tentare le risposte con tutti i mezzi a disposizione mettendo in campo la definizione dei valori attraverso cui si guarda al passato, accettandoli («scegliendo i propri antenati») o ridefinendoli alla luce della razionalità e dei sentimenti; significa condividere tale esperienza con altri, arricchendo di socialità la propria vita.

2.5 Seconda attenzione: la rilevanza dell'oggetto

Definita la domanda cognitiva, la risposta può condurre ad affrontare in laboratorio un ***nodo cruciale*** *della disciplina, la cui rilevanza si misura sulle sue implicazioni (****principio di potenza****), sull'integrazione con le conoscenze già possedute (****principio di continuità****), sulla sua sintonia con altri campi del sapere (****principio di risonanza****). Messo a fuoco l'oggetto, inizia la pratica necessaria per raggiungerlo superando il dilemma infecondo fra «conoscenze» e «competenze*[12].

Per le conoscenze di base si può anche partire dall'uso critico del manuale, o del web. Per Antonio Brusa «le prime abilità di studio consistono nell'autonomia nel reperire le informazioni. Sfogliare un libro cercando da soli notizie utili per risolvere determinati problemi sconvolge le abitudini fin dalla prima media»[13].

Le competenze si esercitano partendo dalle iniziali conoscenze verso piste di

---

[12] Adorno S., Ambrosi L., Angelini M. (a cura di), 2022, *Pensare storicamente. Didattica, laboratori, manuali*, FrancoAngeli, Milano.

[13] Brusa A., 1999, *Storia contemporanea e storia attuale*, in «Strumenti Cres» n. 22, supplemento a «Mani Tese», n. 360, 1999. Si trova in *Storie in rete* www.storieinrete.org.

lavoro nuove – documenti, *dossier* o altro materiale – per analisi, confronti, connessioni, ipotesi e apertura di nuove problematiche. Se tutto ciò non conduce a un apprendimento superiore alle prime informazioni, si tratta di semplici ridondanze rispetto al manuale, se invece si arriva a un'attività anche in parte autonoma, allora la distanza dalla storiografia e dalla ricerca ha cominciato a ridursi.

2.6 Ricerche aperte

L'apprendistato nell'officina della storia ha un « grado zero » molto coinvolgente quando si scoprono o si costruiscono fonti, come nel caso delle fonti orali. È un passaggio in cui si comprende che la storia non è tutta e solo nei libri e, se da un lato si acquista fiducia nella proprie capacità di leggere il passato, dall'altro si rivela il bisogno dell'appoggio esperto, perché nessuna ricerca in qualunque scienza può svolgersi all'insegna della curiosità ingenua.

La ricerca è un'esperienza antiautoritaria nell'autonomia dell'esplorazione, ma è anche una lezione d'umiltà intellettuale perché per rendere costruttivo il lavoro occorre adeguarsi alle regole d'uso della storiografia, che pongono un limite alle bizzarrie delle ipotesi. Il confronto necessario con gli storici e i loro punti di vista fa giustizia delle false opinioni sull'**oggettività assoluta** della storia come rispecchiamento automatico della realtà, e sulla sua **neutralità**, perché ciò che guida lo storico non è mai un'olimpica indifferenza, ma la capacità di assumere e giustificare con le prove e gli strumenti del mestiere un punto di vista fra gli altri.

Un risultato della ricerca è quasi sempre la scoperta della **soggettività**, o dell'**intersoggettività** delle varie aggregazioni collettive, il genere, le generazioni, i rapporti di potere, quelli economici o culturali. Negli scenari generali non solo si muovono, fisicamente percepibili, corpi e vite di uomini e donne, ma le loro presenze avvertite modificano anche i punti di vista della ricerca. La soggettività è un indicatore che va **dalla storia alle storie** e che, per non cedere alla frantumazione, ritorna **dalle storie alla storia**, dimensione comune del tempo, condivisione di spazi, intreccio e confronto di relazioni e di appartenenze.

Un campo che genera molti interessi a scuola è la **ricerca locale** in cui si seguono le tracce del passato nell'ambiente, si scopre l'importanza storica del territorio, si compiono a diversi gradi operazioni di periodizzazione, di tematizzazione, di sintesi fra diverse discipline, si rompe la presunta omogeneità della « grande storia » cogliendo nello stesso tempo la sua **pervasività**. E, nel tentativo di comunicare fra generazioni diverse, si scopre il bisogno di una riflessione acuta sul presente.

Un altro cantiere di ricerca si trova, ad esempio, negli **archivi scolastici**, che consentono l'accesso a documenti di prima mano su scuole che hanno visto nel Novecento docenti ed alunni ebrei espulsi in seguito alle leggi razziali, hanno ospitato profughi e sfollati, hanno compreso differenze e disparità, ma anche l'affermazione dei diritti di cittadinanza[14]. Da questo punto di vista si aprono grandi domande sulla Costituzione.

Spesso si lavora **sulla memoria e per la memoria**, con il passaggio dalla storia-scenario a una storia-esperienza che può essere evocata e rivissuta empaticamente, rivelando nell'astratta geometria di avvenimenti lontani il nervo scoperto di vicende vissute.

È un giacimento molto ricco, ma nella sua ricchezza emergono problemi che il senso comune del ricercatore ingenuo non mette in conto: i complessi rapporti fra storia e memoria, fra i meccanismi rituali e le debolezze della memoria pubblica, fra i diversi livelli di memorie, da quelle adottate a quelle bifronti[15], fra memoria e senso, fra memoria e interferenze del presente. Perché la memoria è un corpo fragile che deve essere sostenuto con la conoscenza della storia, e non può sostituirsi ad essa[16].

> Il dovere di memoria seleziona, isola un evento del passato per metterlo in evidenza e per fissarlo attraverso una rievocazione: il lavoro della storia, invece, è quello di rendere l'evento dotato di senso, il che presuppone inserire l'evento stesso in una trama storica più ampia. Mentre la memoria chiude l'evento e lo congela, la storia lo apre al confronto con altri eventi, lo interroga di continuo, lo sottopone a critica e a riletture. La storia è costruzione di un racconto che dà coerenza ai fatti nella loro concatenazione, e ciò crea senso e intelligibilità[17].

2.7 Il laboratorio di storia e la post-verità

Siamo nell'epoca in cui la critica radicale alla «verità fattuale» è scesa dall'alta teorizzazione delle scuole di pensiero alla pubblicistica dei correnti populismi per cui, se la narrazione della storia è in realtà soltanto la voce del potere, se «la storia la scrivono i vincitori», può essere riscritta sulla base di «fatti alternativi»: la congiura giudaico-massonica ieri, la negazione della Shoah oggi, fino all'uso politico della memoria pubblica, alle attuali teorie dei «grandi complotti» e alla

[14] Sega M.T. (a cura di), 2002, *La scuola fa la storia. Gli archivi scolastici per la ricerca e la didattica*, Edizioni nuova dimensione – Ediciclo editore, Perugia.

[15] Wieviorka A.,1999, L'era *del testimone*, Raffaello Cortina Editore, Milano.

[16] Bidussa D., 2009, *Dopo l'ultimo testimone*, Einaudi, Torino.

[17] Prost A., 2010, *Come la storia costruisce lo storico?*, in «Il bollettino di Clio», n. 29.

miseria del Risorgimento negato. Si può accettare che sia lo Stato democratico in quanto tale a stabilire con leggi e tribunali i criteri assoluti della verità?

Su questo problema nel 2005 si era pronunciata l'associazione francese *Liberté pour l'Histoire*: «Lo storico non accetta alcun dogma, non rispetta alcun divieto, non conosce tabù. Il ruolo dello storico non è quello di esaltare o condannare, ma di spiegare. La politica dello Stato, anche se è animata delle migliori intenzioni, non è la politica della storia». La storiografia dunque, e non i tribunali, ha il compito di smascherare nel merito il negazionismo e le sue pericolose stoltezze.

Ma il passato ricostruito dagli storici non è loro patrimonio esclusivo; esso pervade la vita pubblica nelle forme specifiche delle comunicazioni di massa in cui può anche essere sommerso dalle post-verità dei «fatti alternativi».

«È la società civile, attraverso una costante battaglia culturale, etica e politica, che può creare gli unici anticorpi capaci di estirpare o almeno ridimensionare ed emarginare le posizioni negazioniste. Che lo Stato aiuti la società civile, senza sostituirsi ad essa con una legge», scrissero duecento storici italiani nell'appello al Consiglio dei ministri *Contro il negazionismo, per la libertà della ricerca storica*, quando all'inizio del 2007 si affacciò nel Parlamento italiano l'ipotesi di introdurre nell'ordinamento giuridico il reato di negazionismo.

Ci si aspettava dunque una «costante battaglia culturale» per una diffusa consapevolezza della verità fattuale sulla base delle prove storiche: ma è possibile raggiungere questo obiettivo se fin dai banchi di scuola non sono forniti alla società civile gli strumenti storiografici fondamentali per comprendere l'abisso fra verità e menzogna?

Bibliografia

- Associazione Clio '92, 2000, *Oltre la solita storia*, Polaris, Faenza.
- Bani S., 2008, *Passato sullo schermo. Nuova vita didattica dei documentari storici*, in «Mundus», n. 2, pp. 199-206.
- Calvani A., Varisco B.M. (a cura di), 1995, *Costruire/decostruire significati. Ipertesti, micromondi e orizzonti formativi*, Cleup, Padova.
- Comoglio M., Cardoso M.A., 1998, *L'apprendimento cooperativo*, Las, Roma.
- Criscione A., 2001, *Criss-crossed landscapes. Laboratorio di storia e nuove tecnologie*, in C. Brigadeci, A. Criscione, G. Deiana, M. Gusso, G. Pennacchietti, *Il laboratorio di storia. Problemi e strategie per l'insegnamento nella prospettiva dei nuovi curricoli e dell'autonomia didattica*, Unicopli Milano, pp. 103-146.
- Damiano E., 1994, *Insegnare per concetti*, SEI, Torino.
- Delmonaco A., 1994, *Dove si costruisce la memoria. Il laboratorio di storia*, in *Dalla*

memoria al progetto. Seminario di formazione per docenti, Quaderni del Ministero della Pubblica Istruzione - Direzione classica, Quaderno n. 5.

- Delmonaco A., 2000, *Intrecci. Il laboratorio di storia*, in *Nuove parole, nuovi metodi. Soggettività femminile, ricerca e didattica della storia*, Atti del corso interdirezionale di aggiornamento per docenti, Ministero della Pubblica Istruzione, Direzione classica, Quaderno n. 32.
- Delmonaco A. (a cura di), 2010, *Fare storia, crescere cittadini. Cittadinanza, Costituzione, insegnamento della storia: percorsi e prospettive*, Zona Editore, Genova.
- Gardner H., 1987, *Formae mentis. Saggio sulla pluralità dell'intelligenza*, Feltrinelli Milano.
- Gardner H. ,1987, *Intelligenze multiple*, Anabasi, Milano, 1993.
- Girardet H., 2004, *Vedere, toccare, ascoltare. L'insegnamento della storia attraverso le fonti*, Carocci, Roma,
- Girardet H., 1999, *Aspetti cognitivi della didattica di laboratorio*, in L. Truffo (a cura di), *Il territorio, la memoria, le cose. Per un laboratorio di storia contemporanea al villaggio Leumann*, IRRSAE, Piemonte, Torino, p. 44.
- Guerra E., Rosso E. (a cura di), 2005, *Quale storia per una società multietnica? Rappresentazioni, timori e aspettative degli studenti italiani e non italiani: un percorso di ricerca*, Landis - Regione Emilia-Romagna, Bologna.
- Guido C., Mondelli G., 1999, *Didattica e metacognizione*, Anicia, Roma.
- Gusso M., Rabitti M.T. (a cura di), 2007, *Storia e musica in laboratorio*, volume I, Quaderni di Clio '92, n. 8, Polaris, Faenza (RA).
- Lamberti R., 1978, Per *un laboratorio di storia*, in «Italia Contemporanea» n. 132.
- Mattozzi I., 2001, *Modelli di ricerca storico didattica. Archivi simulati e didattica della ricerca storica: per un sistema formativo integrato tra archivi e scuole*, in AA.VV., *Archivi locali e insegnamenti storici*, Archivio Storico Comune di Modena, 2001.
- Morin E., 1999, *La testa ben fatta. Riforma dell'insegnamento e riforma del pensiero*, Raffaello Cortina Editore.
- Noiret S., 2008, *Lo storico digitale tra formazione e didattica*, in «Mundus» n. 2.
- Nowak D., Gowin D.B., 1984, *Imparando ad imparare*, SEI, Torino, 1992.
- Papert S., 1984, *Mindstorms. Bambini, computers e creatività*, Emme edizioni San Dorligo della Valle.
- Papert S., 1994, *I bambini e il computer - Nuove idee per i nuovi strumenti dell'educazione*, Rizzoli, Milano.
- Picciau D., Plaisant L.M. (a cura di), 2005, *L'archivio scolastico. Storia e didattica*, CUEC, Cagliari.
- Pontecorvo C. (a cura di), 1983, *Concetti e conoscenza*, Loescher, Torino.
- Pontecorvo C., Ajello A.M., Zucchermaglio C. (a cura di), 1991, *Discutendo s'impara. Interazione sociale e conoscenza a scuola*, La Nuova Italia, Firenze.
- Pontecorvo C., 1993, *La condivisione della conoscenza*, La Nuova Italia, Firenze.
- Ragazzini D. (a cura di), 2004, *La storiografia digitale*, UTET Università, Torino.
- Sega M.T. (a cura di), 2002, *La scuola fa la storia. Gli archivi scolastici per la ricerca e la didattica*, Edizioni nuova dimensione - Ediciclo editore, Portogruaro.
- Vygotskij L.S., Lurija A.R., Leontjev A.N., 1969, *Psicologia e pedagogia*, Editori Riuniti, Roma.

3
Pensare storicamente: sei capacità su cui lavorare in classe

di Lucia Boschetti

> Una conoscenza storica matura ci insegna [...] ad andare oltre l'immagine di noi stessi, oltre la nostra breve esistenza, oltre quell'effimero momento della storia umana nel quale siamo nati.
>
> (Wineburg 2001)

Introduzione

Questo capitolo non offre una panoramica normativa sulla didattica per competenze, per la quale si rimanda alla letteratura già esistente in lingua italiana. Tuttavia esso propone un modello di insegnamento che rispetta i requisiti normativi e che affronta la questione della didattica per competenze a partire dalla ricerca internazionale, soprattutto americana e canadese. Nella prima parte del capitolo chiarirò alcuni dei termini chiave del dibattito internazionale sorto attorno alla domanda «cosa significa insegnare e imparare storia?», mentre nella seconda approfondirò le sei capacità che caratterizzano uno studente capace di pensare storicamente, fornendo per ciascuna di esse alcuni esempi concreti sul lavoro da fare in classe.

La necessaria premessa a questo discorso è che la risposta alla domanda «cosa significa insegnare e imparare storia?» è cambiata nel corso del tempo. Nel Novecento si sono delineate chiaramente due alternative, che danno corso a pratiche didattiche profondamente diverse.

Il primo modo di intendere l'insegnamento della storia è attribuirgli il compito di costruire e trasmettere alle nuove generazioni un canone narrativo in grado di sorreggere il senso di appartenenza a una comunità. Oppure, ci si può concentrare sulla disciplina e chiedersi quali modi di ragionare, di scrivere e di interrogare la realtà e le sue narrazioni si perderebbero se non si insegnasse storia. In questo caso l'insegnamento della storia è paragonabile a un processo di alfabetizzazione, nel quale gli studenti acquisiscono i rudimenti della disciplina – la sua grammatica – e si confrontano con alcuni modelli di riferimento, rappresentati dalla produzione degli storici di professione.

La proposta che avanzo nella seconda parte del saggio si rifà a questo secondo approccio, che si è consolidato a partire dagli anni Settanta del Novecento grazie all'integrazione tra ricerche sull'epistemologia della storia e sulla psicologia dell'apprendimento[1]. Negli ultimi anni, il processo di definizione di standard internazionali per la comparazione tra i sistemi educativi ha ulteriormente rafforzato la spinta a definire sempre più precisamente le componenti della capacità di pensare storicamente e i tipi di esercizi adeguati a dimostrarne la padronanza. Benché non vi sia per la storia un test analogo a quelli PISA[2] o TIMMS[3], l'esistenza di questi ultimi è servita da stimolo per confrontare diverse tradizioni nazionali nel campo della didattica della storia, valutare fino a che punto si possano sovrapporre e cercare di definire un linguaggio condiviso[4]. Anche se permangono alcune differenze nel lessico e nei programmi delle diverse équipe di ricerca didattica, vi è un crescente consenso attorno all'idea che l'insegnamento della storia abbia come obiettivo equipaggiare gli studenti affinché possano comprendere e organizzare le informazioni che riguardano il passato, riconoscendo la storia come specifica forma di conoscenza e mostrandosi consapevoli del suo carattere interpretativo.

È bene chiarire subito che, in questa prospettiva, la contrapposizione tra contenuti e competenze, tra «sapere la storia» e «fare storia», è del tutto inadeguata per comprendere il significato dell'alfabetizzazione storica che si incentra sull'epistemologia, cioè sulla definizione degli oggetti, dei metodi di indagine e delle forme di comunicazione condivisi dalla comunità degli studiosi che praticano una disciplina[5].

---

[1] In Italia sono andate in questa direzione esperienze innovative come quelle della Commissione Brocca, in particolare per quanto riguarda i programmi per il biennio superiore, e i lavori nati nell'ambito della casa editrice Bruno Mondadori, come la rivista «I viaggi di Erodoto» e il manuale *L'operazione storica*. Nel nostro paese, tuttavia, esauritasi la discussione attorno al progetto di riforma Berlinguer-De Mauro, l'interesse per la didattica della storia non si è istituzionalizzato, a differenza di quanto avvenuto negli Stati Uniti e in Canada.

2 *Programme for International Student Assessment*, somministrato dal 1997 nei paesi dell'OCSE per la valutazione di capacità di lettura, ragionamento matematico e scientifico degli studenti quindicenni.

[3] *Trends in International Mathematics and Science Study*, somministrato con cadenza quadriennale dal 1995, nell'ultima edizione ha coinvolto gli studenti dell'ultimo anno delle superiori in 64 paesi.

[4] La ricerca di un quadro di riferimento globale per la didattica della storia è tuttora in corso, come testimoniano la raccolta *New Directions in Assessing Historical Thinking* del 2015 e la conferenza *Historical consciousness – historical thinking – historical culture* tenutasi a Graz nel 2020.

[5] In questa direzione si muove anche la didattica della filosofia, cfr. A. Caputo, *Ripensare le competenze filosofiche a scuola*, Carocci, Roma 2019. Per una recensione su una recente collettanea inglese su questi temi, si veda l'articolo di C. Villani *La storia come* Powerful Knowledge. *Per uscire dal dibattito fra competenze e conoscenze* (http://www.historialudens.it, sito visitato il 15 gennaio 2022).

Alla luce degli studi di psicologia dell'apprendimento della storia, infatti, possiamo dire che è impossibile insegnare a pensare storicamente senza contenuti, come puro esercizio formale. Ugualmente inefficace appare una scelta di contenuti che sia basata su criteri che non tengono conto di *tutte* le operazioni che caratterizzano la pratica della disciplina storica e la necessità di farle comprendere a dei non professionisti, quali sono gli studenti. Da un lato, quindi, servono dei contenuti, dall'altro non basta un qualunque aspetto del passato, individuato senza avere un quadro di riferimento degli obiettivi didattici e dello sviluppo del pensiero storico. Piuttosto, bisogna partire dall'evidenza che conoscenza fattuale e capacità di ragionamento storico proseguono di pari passo: non c'è ragionamento senza dati su cui esercitarlo, ma ciò non significa che la capacità di pensare storicamente possa essere un epifenomeno dell'acquisizione di nozioni né che possa essere aggiunta in un secondo momento, come se fosse possibile prima «insegnare la storia» e poi «insegnare a ragionare» sui contenuti.

3.1 Conoscenze, capacità, competenze e coscienza storica

I due concetti più influenti emersi nella letteratura internazionale per definire che cosa significa insegnare e imparare storia sono quello quello di *historical thinking*, adottato soprattutto in Canada e negli Stati Uniti, e quello tedesco di *Geschichtsbewusstsein* o coscienza storica.

Quest'ultimo è stato elaborato per descrivere, sul piano teorico, l'attività intellettuale con la quale tutti gli individui interpretano il passato, comprendono il presente e formulano aspettative sul futuro, collegando queste tre dimensioni temporali alla comprensione del cambiamento nel mondo umano (Rüsen, Kölb). La rielaborazione delle esperienze storiche avviene attraverso l'applicazione di diversi criteri di senso connessi tra loro che vanno dal pensiero storico tradizionale, basato sull'imitazione del passato, a quello critico, nel quale l'individuo riconosce l'esistenza di una pluralità di visioni del passato e di idee di futuro basate su di esse. Un individuo che orienta la propria vita con una coscienza storica coerente è consapevole del fatto che ciò che intendiamo per essere umano cambia nel tempo e che passato e presente sono marcati dalla discontinuità. Al contempo egli è cosciente del fatto che la sua comprensione del presente è condizionata da fenomeni e processi che gli hanno dato forma nel corso del tempo.

I teorici dell'*historical thinking*, invece, sottolineano che queste capacità (*skills*) sono tutt'altro che naturali e devono essere sviluppate attraverso precisi esercizi, modellati sulle operazioni cognitive compiute dagli storici. I loro studi derivano dalla tradizione empirica e psicologica anglo-americana e, fin dall'inizio, sono stati chiaramente orientati a costruire degli standard per valutare e supportare lo sviluppo cognitivo degli studenti. In questo ambito, la distinzione fondamentale è quella tra concetti di primo e di secondo ordine. La conoscenza di primo ordine include concetti di uso comune (per esempio «telegramma») e specifici del lessico storico («cancelliere», «feudalesimo»); informazioni fattuali («La Francia dichiarò guerra alla Germania il 19 luglio 1870») e associazioni concettualmente significative («guerra franco-prussiana»). I concetti di secondo ordine, o procedurali, si riferiscono invece al funzionamento della storia come disciplina e, dunque, includono i concetti di causa, interpretazione, rilevanza, fonte, prospettiva e cambiamento. La differenza tra conoscenze di primo e secondo ordine può essere riassunta affermando che le conoscenze di primo ordine riguardano «ciò di cui si occupa la storia», quelle di secondo ordine «il modo in cui si fa storia». L'apprendimento storico, in questo caso, è definito come la progressione nella capacità di padroneggiare i concetti di secondo ordine e applicarli alla comprensione del passato. Possiamo immaginare i concetti di secondo ordine come una cassetta degli attrezzi, il passato come il materiale grezzo e la storia come l'opera che l'artigiano ricava dal suo lavoro su di esso.

In Italia possiamo adottare la dicitura, recentemente proposta, di «capacità di pensare storicamente» o di «competenza storica» per indicare l'esecuzione di operazioni cognitive specifiche che differenziano una persona dotata di un'alfabetizzazione storica da una che non ce l'ha, nel momento in cui i due soggetti interpretano un'informazione. Queste capacità si riferiscono sia agli atti narrativi sia alle operazioni che ne costituiscono le premesse e che richiedono l'uso di concetti di primo e secondo ordine. In questo modo, la coscienza storica, nel senso attribuito al termine nella didattica tedesca, o la competenza storica, secondo il lessico adottato nelle *Indicazioni nazionali* in Italia, emerge quale risultato complesso del miglioramento nelle operazioni discrete di *historical thinking*. Tutto ciò che segue può dunque servire per programmare un curricolo di storia che risponda alle esigenze normative della didattica per competenze[6].

[6] Per averne la riprova, basta osservare che il Consiglio dell'UE, nella sua ultima raccomandazione sulle competenze chiave, dopo aver definito la competenza come «combinazione di conoscenze, abilità e atteggiamenti», si riferisce alla competenza alfabetica funzionale come «capacità di individuare, comprendere, esprimere, creare e interpretare concetti, sentimenti, fatti e opinioni, in forma sia orale sia scritta, utilizzando materiali visivi, sonori e digitali attingendo a varie discipline e contesti» (Raccomandazione del Consiglio dell'Unione europea del 22 maggio 2018 relativa alle competenze chiave per l'apprendimento permanente). Allo stesso modo, nei prossimi paragrafi mi riferisco alla competenza storica come al risultato della capacità di compiere alcune operazioni che qualificano un ragionamento come formato storicamente.

3.2 Nella mente di Clio: profilo dello studente che pensa storicamente

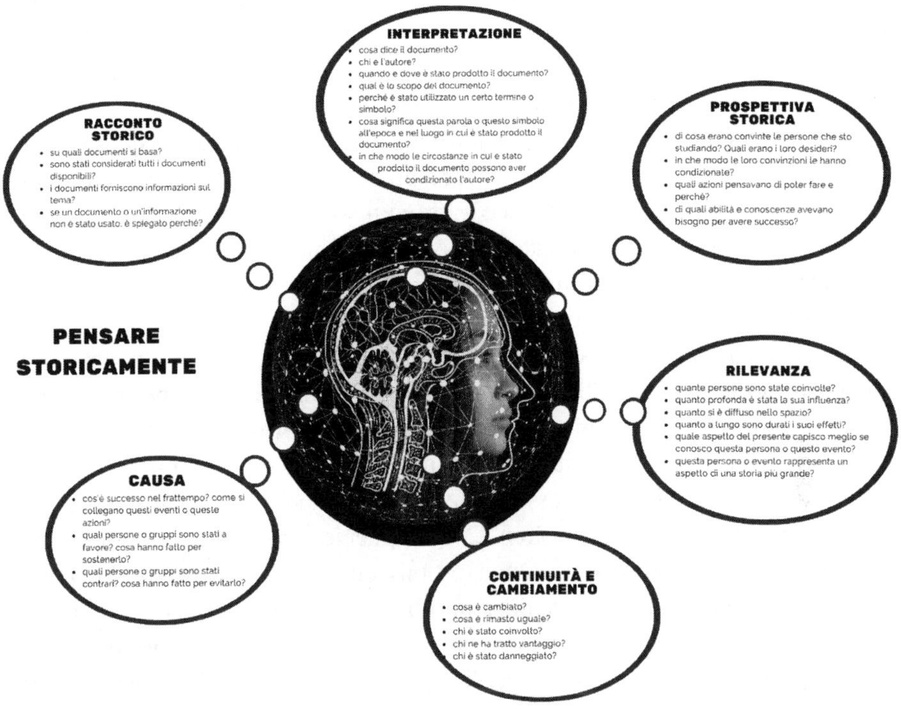

Figura 3.1 *Nella mente di Clio*[7].

3.2.1 *Racconti sul passato o racconti storici? Decodificare e costruire*

La storia si esprime attraverso racconti che, per un lungo periodo, hanno assunto la forma di testi scritti. A partire dalla seconda metà del Novecento, però, gli storici sono stati impegnati in misura crescente a diffondere i risultati delle proprie ricerche anche attraverso nuovi mezzi di comunicazione: la televisione, il cinema, il videogioco, i social media. La relazione tra la storia accademica e questi mezzi di comunicazione alternativi alla scrittura è spesso controversa[8], sia per i vincoli che il loro linguaggio impone, sia per la pressione derivante dalle logiche di mercato nelle quali sono, molto più di quanto non avvenga per la scrittura spe-

[7] L'immagine è disponibile in formato poster sul sito dell'Editore all'indirizzo http://www.utetuniversita.it/.

[8] Cfr. in questo volume il saggio di C. Villani.

cialistica, immersi. È un dato di fatto, però, che la produzione di contenuti storici per un pubblico di massa attraverso questi mezzi di comunicazione ha prodotto un aumento di racconti sul passato e di interesse nei confronti della storia. Il problema diventa, dunque, insegnare a distinguere un *racconto storico*, cioè una narrazione che ha per oggetto il passato e che è condotta seguendo rigorosamente le pratiche della disciplina storica, da un *racconto sul passato*, cioè una narrazione del passato prodotta saltando la mediazione del sapere esperto.

Il *racconto storico* è basato sull'interpretazione disciplinata – ossia, secondo i metodi propri della disciplina – dei documenti che lo storico tratta come fonti. Di conseguenza, se scomposto nelle sue parti componenti, esso rivela: 1. di essere basato su documenti, scritti o materiali; 2. che tutti i documenti disponibili sono stati considerati; 3. che se alcune informazioni sono state scartate, la loro esclusione dal racconto è stata motivata.

Comprendere la natura specifica della disciplina storica come costruzione di un racconto a partire da alcuni documenti che si sono preservati nel tempo comporta alcuni cambiamenti rispetto al modello trasmissivo-assimilativo della storia-canone. In primo luogo, il carattere della storia come interpretazione implica il riconoscimento del fatto che, quando si parla di esseri umani, non possiamo quasi mai essere assolutamente certi delle nostre conclusioni. Concretamente, ogni racconto storico si basa su documenti, ma questi documenti non restituiscono il passato «come effettivamente era»: forniscono solo una parte di esso, sulla quale lo storico costruisce il proprio racconto. Tanto più che gli archivi possono essere più o meno lacunosi: questo vale sia per lo storico di professione, sia per le esperienze che possono essere organizzate lavorando su dossier di documenti in classe. Ciò significa che è necessario abituarsi a riconoscere e reintrodurre nella scrittura gli indicatori lessicali di incertezza (i verbi modali, gli avverbi di dubbio), che sono solitamente espunti dai profili dei manuali.

In secondo luogo, però, è necessario comprendere che non tutti i racconti sono equivalenti: lo storico deve dichiarare i limiti delle sue fonti, giustificare le ipotesi che propone e indicare chiaramente perché non ci si può spingere oltre. L'analisi del racconto serve dunque a valutare gli usi della storia, distinguendo quelli scientificamente legittimi da quelli che hanno altre finalità – dall'intrattenimento al condizionamento dell'opinione pubblica – e riflettendo sul loro impatto sul nostro modo di rappresentarci il passato.

Come si può esercitare questa capacità? Saranno necessarie attività che presentino una progressione di difficoltà:

- si inizia leggendo un racconto e immaginando i documenti che possono sostenerlo, e poi andando a verificare se e in che misura il racconto trovi conferma nella disponibilità del tipo di fonti che si sono immaginate. Un esercizio del genere può essere condotto su un paragrafo del manuale: suppo-

niamo di voler lavorare sulla *pax mongolica*. Che tipo di documenti può aver utilizzato lo storico per la descrizione che ne fornisce il manuale?
- si collega il racconto all'analisi di un dossier di documenti (cfr. 3.2.2). In questo caso, dopo aver letto il testo si inseriscono le note, decidendo quale documento supporta quale affermazione: la ricchezza e la precisione delle note apposte indicheranno il livello di padronanza di questa operazione.
- un terzo livello è quello della ricerca e della spiegazione dell'utilizzo scarso o incoerente della documentazione in un racconto sul passato. Si può lavorare su un testo scritto, ma anche sulla clip di un film o di un videogioco.

Specularmente alla decodifica del racconto storico si collocano gli esercizi di scrittura. In questo caso, è fondamentale distinguere le operazioni legate alla narrazione storica dalla fluidità generale nell'utilizzo della lingua. La scrittura storica deve manifestare le stesse caratteristiche che sono state cercate nel racconto: l'uso delle fonti a sostegno di un'argomentazione del passato, che sia motivata da una valutazione della loro attendibilità. Ciò significa porre una domanda storica al centro del testo, scegliere le fonti che contengono informazioni utili per rispondere a essa e menzionarle nel punto opportuno.

Esercizi di base per sviluppare questa capacità consistono nel:

- riordinare e/o selezionare le affermazioni necessarie a costruire un racconto, che facciano già riferimento ad alcuni documenti tra quelli proposti dall'insegnante;
- espandere il testo, aggiungendo ulteriori affermazioni formulate in modo autonomo e inserite in modo pertinente nella struttura predefinita;
- costruire racconti a partire da un piccolo dossier di fonti, con l'impegno a citarle dove è opportuno[9].

Ogni lavoro di analisi e interpretazione delle fonti dovrebbe concludersi con un'attività di scrittura storica. Con l'utilizzo delle tecnologie digitali, i testi possono con grande facilità diventare ipertesti e oggetti multimediali, che rendono più semplice e immediato far emergere al di sotto del racconto visibile il sostrato di documenti sui quali esso si basa.

[9] Per stimolare il collegamento tra conoscenze pregresse e utilizzo delle fonti, negli esami di Advanced Placement e IB Diploma è stata sperimentata una consegna tipica in alcuni esercizi DBQ – Document-Based-Question. Si tratta di proporre agli studenti un dossier di brevi estratti, da 7 a 10, chiedendo loro «Fino a che punto i documenti proposti confermano o smentiscono ciò che sai su X?». In questo modo, l'esecuzione del compito richiede l'attivazione sia della conoscenza sia dell'analisi dei documenti. L'Advanced Placement Program consente di sostenere nel corso della scuola secondaria esami di livello avanzato in una o più materie, che vengono riconosciuti come crediti universitari in base agli accordi tra le università e l'istituzione che li somministra, il College Board. L'IB Diploma Programme è un programma di studi per la fascia 16-19 anni.

3.2.2 *Lucciole e lanterne: analizzare e interpretare i documenti*

La decodifica del racconto storico comporta già un confronto con i documenti che lo storico ha utilizzato come fonti. Si tratta, in questo caso, di riconoscere la corrispondenza tra alcune affermazioni e la base documentale sulla quale sono state formulate, ricercando all'interno dei documenti informazioni specifiche. Quando si lavora a partire dai documenti, l'attività di analisi consiste in una lettura attenta che ha per fine quello di classificare i documenti in base al tipo di informazioni che forniscono. Questa operazione ha bisogno di essere guidata da domande circostanziate nelle fasi iniziali dell'apprendimento, mentre progressivamente ci si può rifare a una lista più astratta di questioni, che costituiscono l'ossatura per lo sviluppo di ulteriori capacità, legate all'individuazione dei cambiamenti e al confronto tra situazioni e fenomeni.

Nella tabella seguente sono presentate due liste di domande, elaborate a partire dai lavori di Antonio Brusa e Luigi Cajani. La prima è una lista non esaustiva, costruita su un gruppo specifico di documenti, per avviare l'analisi a partire da questioni concrete. La seconda rappresenta, invece, un possibile punto di arrivo della pratica dell'analisi, perché sintetizza gli aspetti rilevanti per la comprensione di una società. In questo secondo caso il dossier dei documenti fornirà, verosimilmente, informazioni solo su alcuni dei punti indicati, ma al termine dello studio della società in questione, condotto sia mediante i laboratori sui documenti sia attraverso altre esperienze di apprendimento (inclusa la lezione frontale) gli studenti dovrebbero essere in grado di completare tutte le sezioni di questo schema. In entrambi i casi è utile avvertire gli studenti del fatto che alcuni documenti potrebbero contenere informazioni su più di un tema: la lettura analitica dovrà svolgersi prestando attenzione a questo dettaglio.

Supporti di questo tipo servono a organizzare le informazioni per rispondere alla domanda: di che cosa parla il testo che sto leggendo?

Per compilare questa tabella, gli studenti devono evidenziare nei documenti, eventualmente con l'utilizzo di colori diversi o con altri marcatori grafici, le porzioni di testo/i dettagli sui quali basano l'attribuzione del documento a uno o più temi. Questa operazione può essere fatta sia su documenti scritti sia su oggetti e immagini[10].

Nel caso di documenti scritti, un secondo esercizio riepilogativo riguarda l'origine dell'informazione raccolta: su che cosa l'autore del documento basa le sue affermazioni? Nel caso di testi, questa fase analitica richiede, infine, un'attenzione

---

[10] Per i metodi di analisi delle specifiche tipologie di fonti rimando ai capitoli del volume che se ne occupano. Mi limito a segnalare al lettore che ciascun tipo di documento deve essere analizzato in base alle regole della sua produzione. In questo capitolo propongo esempi di diverse tipologie allo scopo di evidenziare come la capacità di interpretare un documento, che è parte essenziale della competenza storica, valga per e possa essere esercitata lavorando su tutti i tipi di documenti.

Tabella 3.1 *Comprendere una società umana*[11].

Livello base	Doc. 1	Doc. 2	Doc. 3		Livello avanzato
Dove si vive				Cibo	Rapporto con l'ambiente
Come ci si sposta				Energia	
Cosa si produce				Tecnologia	
Chi non ha nessun potere				Potere	Struttura interna della società
Come si combatte				Stratificazione demografica	
Chi prende le decisioni				Divisione del lavoro	
Cosa si commercia con altre città				Rapporti di genere	
Quali armi si usano				Mezzi di comunicazione	Cultura
Come vivono le donne				Arti e musica	
				Filosofia	
				Rapporti con il soprannaturale	
				Scambi	Rapporti con le altre società
				Conflitti	

alla lingua utilizzata. Questa operazione introduce alla seconda operazione fondamentale da condurre sui documenti, cioè quella dell'interpretazione. A partire dai termini che il lettore non comprende è necessario, infatti, individuare che tipo di linguaggio l'autore utilizzi, per poi considerare l'insieme delle espressioni, dei simboli e delle metafore che utilizza. Tuttavia qui risiede una delle caratteristiche peculiari della storia: essa infatti si serve di termini in uso anche nel linguaggio comune che acquistano, però, un significato specialistico. Di conseguenza un'espressione linguistica, che può apparire assolutamente chiara, nasconde invece una polivalenza semantica che ha bisogno di essere portata all'attenzione degli studenti, evitando che proprio la proiezione spontanea di significati di senso comune sui termini trovati nei documenti sia all'origine di fraintendimenti profondi.

Pensiamo a due termini come «cittadino» e «guerra», che probabilmente gli studenti non individueranno tra quelli che non comprendono a una prima lettura del testo. A differenza di quello che potrebbero pensare proiettando il significato corrente dei due termini, i «cittadini» nel XVI secolo non hanno nulla a che fare con le elezioni politiche, mentre la guerra si svolge secondo un'etichetta che avrebbe categoricamente escluso un bombardamento a tappeto, a prescindere dall'assenza della tecnologia per condurlo.

[11] La tabella è scaricabile sul sito dell'Editore.

La lettura storica del documento, dunque, richiede un vero e proprio «corpo a corpo»:

- di cosa parla questo documento? (cfr. tabella)
- che cosa *non* mi sta dicendo?
- perché tace su questi punti?
- dove posso trovare ciò che mi manca per capire cosa significa davvero?

Questo significa che l'analisi, cioè l'operazione di ricavare informazioni *all'interno* dei documenti, non è sufficiente: è necessario collegarle ad altre che permettano di dare loro un significato. Queste informazioni supplementari, indispensabili per comprendere quelle ricavate dal testo, non provengono dalla fonte, ma *dall'esterno*:

- chi è l'autore?
- quando e dove scrive?
- cosa vuole fare questo documento?
- perché l'autore utilizza la parola/il simbolo x per riferirsi a y?
- che cosa significa x all'epoca e nel luogo in cui il documento è stato prodotto?
- in che modo le circostanze nelle quali il documento è stato prodotto possono aver influenzato l'autore?

Per rispondere alle domande che costruiscono un'interpretazione storica, nella medievistica si parla di utilizzo delle informazioni *extra fontes*, mentre la didattica della storia americana ha coniato il neologismo *sourcing* per indicare la presa in carico dell'autore, che considera un testo alla luce delle sue intenzioni e convinzioni, e si riferisce all'operazione di *contextualization* per indicare la considerazione dovuta al contesto sociale all'interno del quale scrive.

In ogni caso l'habitus mentale dello storico richiede che il significato di un documento emerga dall'interazione tra le espressioni che l'autore usa e le informazioni che lo storico possiede sul contesto nel quale è stato scritto. Ne consegue che l'interpretazione non può prescindere dalla conoscenza fattuale e, anzi, un esercizio di interpretazione di un breve documento esprime la capacità di utilizzare le conoscenze acquisite per attribuire a esso un significato. Si tratta di un'operazione complessa, che deve essere resa esplicita dall'esempio dell'insegnante e dalla reiterazione dell'esercizio.

In primo luogo l'insegnante dovrà progettare delle attività che rendano gli studenti consapevoli del fatto che l'analisi, non sorretta dall'interpretazione, cade facilmente nel fraintendimento. Attività di questo tipo possono essere avviate fin dalla scuola primaria, anche con l'utilizzo di documenti iconografici. Qual è la prima ipotesi che ciascuno può formulare sul documento dopo l'analisi? In che modo cambia alla luce di alcune informazioni di contesto?

Per fare un esempio, consideriamo una delle placche del Benin risalenti al XVI-XVII secolo e conservate al British Museum, che il direttore Neil MacGregor ha inserito nella sua *Storia del mondo in 100 oggetti*[12]. L'analisi dell'oggetto potrebbe mettere in evidenza un dettaglio curioso, cioè che alcuni dei personaggi indossano cinture di coccodrillo: le teste rimpicciolite degli animali pendono, infatti, ai loro fianchi. Ciò che l'oggetto «non ci dice» e che non potremmo mai ricavare dall'analisi, è che questo accessorio identifica i funzionari della corte del Benin autorizzati a gestire il commercio estero con gli europei. La storia «nascosta» dietro l'oggetto, che solo l'interpretazione dello storico può portare alla luce, è, dunque, quella di una corte organizzata e ben strutturata, inserita in un flusso di commercio internazionale del quale controllava direttamente alcuni aspetti essenziali[13].

L'introduzione delle informazioni sul contesto necessarie per l'interpretazione può avvenire con una breve lezione frontale, posta in apertura del laboratorio – e in questo caso, dopo l'analisi dei documenti, si chiederà agli studenti di andare a recuperare dagli appunti le informazioni utili – oppure successiva all'analisi. In alternativa, una volta formulata l'ipotesi ingenua di lettura dei documenti si possono indirizzare gli studenti alla lettura selettiva del manuale, individuando a partire dall'indice i paragrafi più promettenti e studiandoli con l'obiettivo di comprendere meglio i documenti. Una terza strategia è fornire agli studenti le informazioni attraverso delle apposite carte di contestualizzazione, introducendo un elemento ludico oppure mediante un testo storiografico opportunamente scelto. In tutti e tre i casi l'insegnante modulerà le informazioni che fornirà direttamente e quelle che richiederà agli studenti di cercare, in modo da assicurarsi di aver fornito loro tutti i dati necessari.

Una volta raccolte le informazioni necessarie, gli studenti dovranno scrivere il risultato dell'interpretazione, mettendo in luce le lacune dell'analisi e quali informazioni hanno permesso loro di superarle. Progressivamente, dimostreranno la capacità di trattenersi dall'esprimersi sulla base delle prime impressioni, maturando invece l'abitudine a individuare, per prima cosa, il contesto necessario per comprendere una qualunque espressione di comunicazione umana.

3.2.3 *Rinoceronti e unicorni: adottare una prospettiva storica*

Nella misura in cui l'interpretazione dei documenti costringe a confrontarsi con le intenzioni dell'autore e il suo universo mentale e linguistico, essa fornisce il materiale per lo sviluppo di una terza capacità, quella della prospettiva storica.

---

12 Si tratta del reperto numero Af1898,0115.23 (https://www.britishmuseum.org/collection/object/E_Af1898-0115-23, sito visitato a fine gennaio 2022).

13 Per un esempio di laboratorio su documenti scritti focalizzato sul passaggio dall'analisi all'interpretazione, cfr. A. Brusa, *La primavera delle donne romane* (http://www.historialudens.it, sito visitato a fine gennaio 2022).

L'adozione di una prospettiva storica è in netto contrasto con il presentismo e consiste nel tentativo di guardare al passato il più possibile con gli occhi dei suoi attori. Ciò significa tenere in considerazione il modo in cui il contesto sociale, culturale, politico ed emotivo può aver influenzato il loro giudizio sulla realtà. Prestare attenzione al sistema dei valori, alle convinzioni profonde, alle conoscenze disponibili agli agenti storici e ai loro limiti ci permette di mettere in evidenza lo iato esistente tra passato e presente. Si tratta di un paradosso che educa alla complessità della realtà: portato alle sue conseguenze estreme, ci dimostra che il nostro apparato concettuale può non essere adeguato a comprendere un altro essere umano, tanto diverso è (stato) il suo modo di vedere la realtà. È possibile che il mondo del passato rimanga per noi in parte incomprensibile: che sia stato un mondo popolato di unicorni. Al contempo la prospettiva storica ci permette di renderci conto di ciò che accomuna i membri della specie umana e del fatto che noi stessi osserviamo la realtà a partire da una prospettiva che è dovuta in parte ai condizionamenti, presenti e passati, nei quali viviamo.

Le domande chiave che guidano lo sviluppo di una prospettiva storica riguardano, dunque, il sistema dei valori e l'apparato concettuale degli esseri umani del passato:

- in che modo alcune convinzioni hanno condizionato le loro scelte?
- quali azioni consideravano alla loro portata e perché?
- di quali abilità e conoscenze avevano bisogno per aver successo?

Rendersi conto che ciò che alla nostra sensibilità può sembrare razionale o addirittura naturale può essere stato inconcepibile o insensato per qualcun altro – per esempio, che il matrimonio si basi sull'amore – ha un'importante implicazione per il modo in cui concepiamo la storia. Diventa impossibile, infatti, fare appello alla storia come *maestra*, se intendiamo che il passato o la tradizione ci indicano che cosa è giusto fare oggi: appellandosi al fatto che qualcosa è parso legittimo in passato, possiamo giustificare praticamente tutto. Ciò significa che non possiamo scaricare la responsabilità delle nostre scelte sul passato: la nostra apertura alla varietà delle esperienze umane comporta l'assunzione di responsabilità rispetto ai valori e ai comportamenti che poniamo alla base della nostra convivenza.

3.2.4 *Perché dovrebbe interessarmi? La rilevanza storica*

Se il passato fosse un luogo completamente estraneo e incomprensibile, verrebbe da chiedersi perché mai dovrebbe interessarci. Interrogarsi anche a scuola sulla rilevanza storica di un evento, fenomeno o processo che si intende studiare è fondamentale per comprendere la storia come disciplina.

In primo luogo, la scelta dei documenti attendibili usati per costruire un racconto storico dipende dalla domanda di ricerca. La storia che raccontiamo, infatti, cambia, anche profondamente, a seconda della domanda alla quale risponde: attribuiremo un peso diverso ai vari attori, singoli e collettivi, e alle loro dinamiche di interazione. Per rendersene conto può essere utile confrontare testi storiografici che rispondono agli stessi criteri di scientificità, ma che si pongono questioni diverse. A seconda che si indaghi la storia politica, economica, culturale o della vita quotidiana ha senso interrogare documenti differenti e porre al centro della narrazione soggetti diversi. La storia di genere e quella delle civiltà extraeuropee sono due esempi che chiariscono questo punto.

Sulla scorta della risonanza della storia delle donne a partire dagli anni Sessanta e, più recentemente, della crescente sensibilità pubblica verso la parità di genere, molti manuali includono delle schede o dei box di approfondimento su alcune personalità femminili del passato o sulla vita delle donne in una determinata società. Tuttavia, questi inserimenti sono formulati secondo paradigmi denominati « storia compensativa o « storia contributiva ». In entrambi i casi, la rilevanza della storia politica – o, al massimo, di quella economica – rimane inalterata: il filo della narrazione non è modificato, ma uno spazio più o meno marginale è attribuito ai contributi delle donne, solitamente riferiti a singole esperienze notevoli o a episodi di attività collettiva che si rendono visibili all'interno di un sistema che continua a trarre il suo senso e le sue regole di funzionamento da interazioni maschili. Tipico è il caso del box sulla conquista del diritto di voto femminile. Questo tipo di integrazione della narrazione storico-politica è adottato per la storia delle donne rispetto all'impostazione androcentrica, per quella delle minoranze rispetto alla storia della maggioranza e per quella delle società extraeuropee rispetto alla narrazione eurocentrica. L'aggiunta di questi temi a margine della narrazione principale non incide sulla convinzione profonda che la « storia che conta » sia quella tradizionale. Nel caso della storia di genere, per esempio, gli studenti continuano ad immaginare un passato che non è popolato di donne o di modi diversi di vivere il maschile, salvo alcune rare eccezioni che appaiono significative proprio per la rottura della situazione « normale ».

Se ci si chiede quali siano le attività che meritano la nostra attenzione è necessario argomentare in modo ragionato e condivisibile il punto di partenza della narrazione e, di conseguenza, tutta la sua impostazione. La risposta alla domanda sulla rilevanza mette in gioco diversi elementi:

- il numero di persone coinvolte da un evento/processo nel passato, direttamente o perché la singola istanza è esemplificativa di una categoria;
- l'ampiezza dei suoi effetti nel tempo o nello spazio;
- il suo effetto sul presente;
- la sua capacità di rendere più comprensibile la propria esperienza personale.

Questi quattro criteri mettono in evidenza la seconda ragione per la quale è così importante interrogarsi sulla rilevanza storica, ossia il fatto che le nostre domande al passato cambiano con il tempo: la disciplina storica stessa è un'impresa intellettuale collettiva che va storicizzata. Il nostro presente cambia, rendendo più significative per noi alcune questioni rispetto ad altre, e i documenti a nostra disposizione possono cambiare, perché vengono fatte nuove scoperte o adottati nuovi metodi di indagine. Per queste ragioni, la storia non è il passato, ma la sua interpretazione a partire dal presente.

3.2.5 *Panta rei/Nihil sub sole novi: continuità e cambiamento*

Tra i concetti di secondo ordine che caratterizzano il pensiero storico, quelli di continuità e cambiamento servono a organizzare la cronologia superando una memorizzazione di date scollegate tra loro e insignificanti per lo studente. Gli storici cercano di capire *che cosa* a un certo punto cambia in una società umana (al suo interno, nelle sue relazioni con l'ambiente o con altre società), *come* questo avviene e *perché*, ma anche quali individui o gruppi traggono vantaggio o sono danneggiati dal cambiamento. Lo stesso rapporto dello storico con il passato comporta, come abbiamo visto, una certa dose di estraneità, che deriva dai cambiamenti che sono intercorsi, ma anche di continuità, che gli permette di entrare in relazione con esso.

La comparazione, sia sincronica, cioè tesa a mettere in evidenza somiglianze e differenze tra società coeve, sia diacronica, cioè finalizzata a individuare gli elementi di continuità e cambiamento in un arco di tempo, non è un'attività che gli studenti conducono spontaneamente. È necessario abituarli e guidarli in questa direzione, per evitare che il confronto sia sostituito dalla giustapposizione, che si esprime in due descrizioni scollegate e semplicemente proposte in successione.

Per comparare due società si dovranno:

- individuare i criteri in base ai quali condurre il confronto. All'inizio, questi ultimi possono essere forniti dall'insegnante, che progressivamente deve ridurre la sua presenza. Un'acquisizione graduale di questa capacità comporta che si inizi con esercizi che richiedono di individuare solo gli aspetti comuni o quelli diversi, per poi tenerli in considerazione entrambi. Inoltre, per evitare che una comparazione estesa su numerosi aspetti perda in intensità e qualità argomentativa, è preferibile circoscriverla a un ambito e concentrarsi su riferimenti puntuali ai dati;
- classificare le informazioni disponibili in base a questi criteri e riportare, per ciascuna, gli elementi rilevanti che emergono dalle fonti. La tabella proposta nel paragrafo sull'analisi delle fonti può essere utilizzata anche come modello di riferimento per la comparazione;
- acquisire dimestichezza con uno stile bibliografico nel riportare le notizie dalle fonti.

Il fatto che le dinamiche di mutamento possano coinvolgere solo alcuni individui o gruppi all'interno di una società implica, infine, un'attenzione sempre viva alla coesistenza di diverse prospettive.

Consideriamo l'esempio dell'introduzione della stampa a caratteri mobili: si tratta di un cambiamento rapido dal punto di vista tecnologico, ma che coinvolge in modo immediato la platea dei lettori europei e solo successivamente i gruppi che progressivamente si alfabetizzano anche grazie alla disponibilità crescente di libri a prezzo contenuto. La diffusione della stampa, inoltre, dipende dagli interessi alla rapida diffusione di alcuni testi o, al contrario, alla sua limitazione, dalla presenza o meno di un'ampia classe di copisti e dall'esclusione dall'uso della tecnologia o di alcune categorie di libri di specifici gruppi: fattori che spiegano perché il cambiamento si diffonde con ritmi diversi nell'Europa del Nord, del Sud e nell'Impero ottomano o ha un impatto diverso su uomini e donne anche all'interno dello stesso paese.

Il fatto che i cambiamenti possano avvenire in momenti diversi per differenti gruppi sociali, oppure riguardare un aspetto, per esempio politico, rispetto ad altri, per esempio sociali, culturali o economici, è un'acquisizione che spinge a considerare in modo critico le periodizzazioni. Ciò significa saperne spiegare le ragioni, l'utilità e i limiti, dimostrando consapevolezza del valore simbolico di alcune date. Come è emerso in relazione alle altre capacità finora presentate, la conoscenza fattuale è indispensabile, ma costituisce solo il materiale grezzo sul quale si esercita il ragionamento: collocare l'arrivo di Colombo in America nel 1492 è di per sé irrilevante se questa data non è collegata all'avvio di una trasformazione radicale dei rapporti tra le diverse aree di civiltà del pianeta.

3.2.6 *Perché? Cause senza determinismo*

La costruzione di una spiegazione, ossia l'individuazione delle cause di un fenomeno, un'azione o un processo, è una parte centrale del lavoro dello storico. Essa è anche, però, una capacità ostica da acquisire, perché ammette diverse possibilità che possono essere argomentate in modo ragionevole. Quando questo aspetto della disciplina viene portato all'attenzione degli studenti, il rischio è quello di trovarsi di fronte a sguardi confusi che, alla meglio, finiscono per credere che qualunque risposta sia accettabile. In alternativa studenti e docenti possono rifugiarsi in una concezione descrittiva della causalità, che ne contraddice il significato: ecco allora gli elenchi di cause, prossime e remote, della Prima guerra mondiale, del consolidamento del fascismo o della caduta dell'Impero romano. Che cosa significa, invece, utilizzare il concetto di causa?

Si inizia scegliendo un insieme di fattori che riflettano la complessa rete di relazioni che hanno influenzato l'oggetto di studio. Per ciascuno di essi, però, è necessario anche valutare l'attendibilità delle fonti che lo attestano e la sua importanza relativa rispetto agli altri fattori in gioco. Quest'ultimo aspetto può essere fatto emergere con ipotesi controfattuali, ciascuna delle quali dovrà essere suffragata facendo riferimento agli altri fattori. Di conseguenza, non avremo una descrizione o un elenco delle cause, bensì una loro discussione, incentrata attorno alcune ipotesi e all'argomentazione della loro validità.

La discussione dovrà prendere le mosse dal cambiamento, oppure dalla sua assenza là dove ce lo saremmo aspettato: perché, per esempio, la stampa si diffuse nell'Impero ottomano nel Settecento e non prima?

Oltre a considerare che cosa è – o non è – cambiato e chi ne ha tratto beneficio o ne è stato danneggiato, la discussione delle cause indaga chi ha supportato il cambiamento o lo ha avversato e in che modo ciò è avvenuto, quali erano gli effetti attesi dai suoi sostenitori e se c'è stato uno scarto rispetto a quelli che hanno avuto luogo: quali effetti desiderati si sono verificati e quali sono stati disattesi? Ci sono stati effetti inattesi?

Per ricostruire i diversi fattori che hanno influenzato un fenomeno storico, una spiegazione ragionevole richiederà, inoltre, che si tengano in considerazione i diversi gruppi coinvolti, ciascuno dei quali mosso da interessi, convinzioni e limiti particolari: essa sarà necessariamente legata, dunque, alla capacità di adottare una prospettiva storica. L'attenzione agli agenti particolari e alle loro motivazioni reintroduce nella spiegazione causale un equilibrio tra le forze sociali, politiche ed economiche impersonali e le scelte compiute dagli individui coinvolti.

3.3 Conclusioni

La coscienza storica non coincide con un repertorio, più o meno ampio o preciso, di conoscenze fattuali, ma è una struttura mentale legata alla costruzione di un racconto sul passato. All'origine e al termine di questo racconto si pone il presente, perché è nel presente che si trovano le domande alle quali si cerca una risposta e i documenti che permettono di costruirla. Nel presente si dispiegano anche gli effetti dell'alfabetizzazione storica, che contribuisce all'educazione alla cittadinanza democratica nella misura in cui insegna a formulare e argomentare ipotesi sulla base di procedure condivise da una comunità di esperti.

Al centro della costruzione del racconto storico c'è l'interpretazione dei documenti che richiede necessariamente un bagaglio di conoscenza fattuale. Tuttavia, è solo lavorando a partire dai documenti che si sviluppa la capacità di pensare storicamente, ossia di individuare il bisogno di questa conoscenza per dare un senso a ciò che ci si trova di fronte, per leggere, andando oltre la superficie del documento, le interazioni sociali che lo hanno prodotto. Spetta agli insegnanti stimolare questo andirivieni, evitando di incorrere in un uso dei documenti che premia la capacità di riassumerne piuttosto che di interpretarne i contenuti. Non c'è bisogno, però, di ricominciare da zero ogni volta che un nuovo insegnante entra in classe: la ricerca su questi temi è ampia e ben documentata, anche se ancora poco conosciuta in Italia, dove punte avanzate e precoci di riflessione sono rimaste collegate a esperienze minoritarie a causa della mancata istituzionalizzazione della ricerca sulla didattica della storia. Lo scambio crescente tra diversi indirizzi di ricerca rappresenta l'occasione per colmare questo divario e promuovere un insegnamento capace di dare un contributo specifico al funzionamento di una società democratica.

Bibliografia

- Adorno S., Ambrosi L., Angelini M., 2020, *Pensare storicamente*, FrancoAngeli, Milano.
- Brusa A. 2021, *L'alfabetizzazione storica. leggere storia e pensare storicamente*, in «Il Bollettino di Clio» Giugno 2021, Anno XXI, Nuova serie, numero 15, pp. 51-58.
- Cajani L., 2019, *Le vicende della Didattica della storia in Italia*, in E. Valseriati, *Prospettive per la Didattica della storia in Italia e in Europa*, New Digital Frontiers, Palermo.
- Chapman A., 2021, *Knowing History in Schools. Powerful Knowledge and the Powers of Knowledge*, UCL Press, Londra.
- Ercikan K., Seixas P. (eds.), 2015, *New Directions in Assessing Historical Thinking*, Routledge, New York.
- Grever M., Adriaansen R.-J., 2019, *Historical Consciousness: the Enigma of Different Paradigms*, in «Journal of Curriculum Studies», 2019, 51/6, pp. 814-830.
- Rüsen J., 2021, *Sulla formazione della coscienza storica. Fondamenti di una didattica umanistica della storia*, in «Dimensioni e problemi della ricercar storica», 1.
- Seixas P., 2017, *Historical Consciousness and Historical Thinking*, in M. Carretero, S. Berger, M. Grever (eds.), *Palgrave Handbook of Research in Historical Culture and Education*, Palgrave MacMillan, Londra, pp. 59-72.
- Seixas P., 2018, *History in Schools*, in B. Bevernage, N. Wouters (eds.), *The Palgrave Handbook of State-Sponsored History After 1945*, Palgrave Macmillan, Londra, in https://doi.org/10.1057/978-1-349-95306-6_14.
- Stearns P., Seixas P., Wineburg S. (eds.), 2000, *Knowing, Teaching, and Learning History: National and International Perspectives*, New York University Press, New York.
- Wineburg S., 2001, *Historical Thinking and Other Innatural Acts. Charting the Future of Teaching the Past*, Temple University Press, Philadelpia (PA).

- Wineburg S., 2018, *Why Learn History (When It's Already on your Phone)*, University of Chicago Press, Chocago (IL).

Sitografia

- Körber A., 2015 *Historical Consciousness, Historical Competencies – and beyond? Some Conceptual Development within German History Didactics*, in https://doi.org/10. 25656/01:10811 (ultimo accesso: 15 gennaio 2022).
- *Historical Thinking Project*, in www.historicalthinking.ca (ultimo accesso: 15 gennaio 2022).
- *Stanford History Education Group*, in https://sheg.stanford.edu/ (ultimo accesso: 15 gennaio 2022).
- Villani C., *La storia come* Powerful Knoledge. *Per uscire dal dibattito fra competenze e conoscenze*, in http://www.historialudens.it/didattica-della-storia/436-la-storia-come-powerful-knowledge-per-uscire-dal-dibattito-fra-competenze-e-conoscenze.html (ultimo accesso: 15 gennaio 2022).

4
Insegnamento della storia e inclusione

di Antonella Olivieri

> La didattica diventa sempre più speciale e inclusiva se riesce a differenziarsi in funzione dei diversi stili cognitivi e di apprendimento degli alunni e in funzione delle diverse qualità dell'intelligenza di chi apprende.
>
> Gardner 2005

Introduzione

Nella normativa e nella didattica degli ultimi anni il termine inclusione ricorre spesso. Alcuni lo considerano l'ennesima ridenominazione di termini come integrazione, accoglienza. Non è così: l'inclusione è il punto di arrivo di un dibattito e di una crescita della ricerca pedagogica e didattica che si rispecchia nella normativa.

Nei primi due paragrafi di questo contributo si ricostruisce questo percorso dal 1962 al 2019.

Nell'ultimo paragrafo si entra nel merito dei problemi connessi all'insegnamento e all'apprendimento della storia in prospettiva inclusiva e si avanzano alcune proposte.

4.1 Dalla separazione all'integrazione (1962-1992)

L'ideale di una scuola capace di accogliere nelle sue aule tutte le ragazze e i ragazzi ispirava probabilmente già i promotori della **Istituzione e ordinamento della scuola media statale** nata con la Legge **31 dicembre 1962 n. 1859**, entrata in vigore il 1° ottobre dell'anno successivo. La riforma aboliva la divisione tra scuola media, riservata a chi avrebbe continuato a studiare, e scuola di avviamento professionale, per chi sarebbe entrato precocemente nel mondo del lavoro[1]. Restavano esclusi in gran parte i ragazzi con disabilità, mentale, fisica e sensoriale, indirizzati alle scuole speciali, attivate fin da fine Ottocento o ai primi del Novecento in molte città da comuni, province o enti filantropici.

Le resistenze alla scuola media unificata, comunque, si manifestarono subito, tant'è vero che il successivo **DPR 1518 del 22 dicembre 1967** stabilisce all'art. 30 che

> I soggetti che presentano anomalie o anormalità somatopsichiche che non consentono la regolare frequenza nelle scuole comuni e che abbisognano di particolare trattamento ed assistenza medico-didattica sono indirizzati alle scuole speciali. [...] I soggetti ipodotati intellettuali non gravi, disadattati ambientali, o con anomalie del comportamento, per i quali possa prevedersi il reinserimento nella scuola comune sono indirizzati alle classi differenziali.

La logica, quindi, era che gli alunni non in grado di seguire le lezioni *normali* fossero inviati a scuole e classi **separate**. Nelle scuole speciali c'erano in effetti competenze molto avanzate nella prospettiva del trattamento, mentre nelle classi differenziali prevaleva la logica dell'isolamento dei ragazzi *difficili*[2].

Pochi anni dopo si arrivò alla **Legge 118 del 30 marzo 1971**, che stabiliva l'inserimento degli allievi con disabilità nelle classi «normali», salvo handicap di particolare gravità, e prevedeva facilitazioni per l'accesso all'istruzione di «invalidi e mutilati civili».

Nel 1975 ci fu una tappa importante: la Commissione parlamentare guidata dalla senatrice democristiana Franca Falcucci pubblicò una relazione in cui si facevano affermazioni significative. Riconoscendo che anche nei

---

[1] Nella scuola media unificata permanevano comunque differenze tra chi seguiva lezioni di Latino e chi seguiva quelle di Applicazioni tecniche. Solo con la riforma del 1977 i programmi furono rivisitati: l'insegnamento del Latino fu eliminato, le Applicazioni tecniche divennero Educazione tecnica, obbligatoria e non più differenziata tra maschi e femmine, l'Educazione musicale venne estesa a tre anni. L'orario settimanale fu così portato a 30 ore. La Riforma Moratti (legge 53 del 28 marzo 2003) confermata dalla successiva riforma Gelmini, introdusse nella scuola media la seconda lingua comunitaria.

[2] Testimonianza sulle resistenze alla scuola media unica è il famoso testo *Lettera a una professoressa* del 1967, elaborato don Milani con i suoi studenti nella scuola di Barbiana, in cui la professoressa alla quale il libro è indirizzato è appunto esponente di pratiche e contenuti selettivi che permanevano nonostante la riforma. Negli anni successivi il testo ispirerà le pratiche innovative di migliaia di insegnanti progressisti.

> [...] soggetti con difficoltà di sviluppo, di apprendimento e di adattamento [...] esistono potenzialità conoscitive, operative e relazionali spesso bloccate dagli schemi e dalle richieste della cultura corrente e del costume sociale. [...] è tutta la struttura scolastica, particolarmente quella della fascia dell'obbligo, che può e deve contribuire in modo decisivo al superamento di ogni situazione di emarginazione umana culturale e sociale [...] Il superamento di qualsiasi forma di emarginazione degli handicappati passa attraverso un nuovo modo di concepire e di attuare la scuola [...].

La Commissione passava quindi a individuare le caratteristiche che dovrebbe avere il *Prototipo di scuola comune per l'integrazione:* tempo pieno con un'autentica coordinazione tra le attività del mattino e quelle del pomeriggio; riduzione del numero di allievi a 15-20 nelle classi in cui è inserito un allievo con handicap; ingresso dei nuovi linguaggi nella scuola e allargamento del concetto di apprendimento non limitato alle conoscenze logico-astratte; criteri di valutazione che devono fare riferimento al grado di maturazione complessivo; continuità didattica con docenti aggiornati e presenza dell'insegnante specializzato, in collegamento con un'équipe composta almeno da assistente sociale, psicologo, pedagogista, tecnici riabilitativi e specialisti clinici.

I principi enunciati dalla Commissione Falcucci furono alla base della successiva **Legge 517 del 4 agosto 1977 «Norme sulla valutazione degli alunni e sull'abolizione degli esami di riparazione nonché altre norme di modifica dell'ordinamento scolastico»**, che abolì le classi differenziali, (art. 7.10), individuò forme più articolate d'integrazione e istituì la figura dell'insegnante di sostegno.

Il docente di sostegno, da allora, è assegnato alla classe proprio per favorire l'integrazione, ma sappiamo che è spesso considerato il collega al quale delegare interamente la gestione dell'allievo in difficoltà in un rapporto 1 a 1.

Le scuole speciali nel 1975 non furono abolite, ma negli anni successivi esaurirono via via la propria funzione: alcune disseminando le competenze maturate, grazie all'inserimento dei bambini e dei docenti specializzati nelle scuole normali, alcune aprendo le porte agli alunni normodotati e trasformandosi così esse stesse in scuole normali, accessibili a tutti[3]. Poche sono quelle tuttora esistenti riservate agli studenti con disabilità gravissime.

Le scelte di politica scolastica orientate all'integrazione giunsero infine a una sintesi normativa e organizzativa con la **Legge 5 febbraio 1992 n. 104: Legge-quadro per l'assistenza, l'integrazione sociale e i diritti delle persone handicappate**.

---

[3] Permangono tuttora scuole speciali, con personale altamente specializzato, interne a strutture di cura e riabilitazione, nei casi di handicap gravissimi.

Tale legge ha lo scopo di garantire «il pieno rispetto della dignità umana e i diritti di libertà e di autonomia della persona handicappata e ne promuove la piena integrazione nella famiglia, nella scuola, nel lavoro e nella società (art. 1)». Nei primi articoli dà una definizione della persona handicappata e negli articoli successivi dà indicazioni per l'integrazione in tutti gli ambiti della vita sociale.

Gli articoli in cui si entra nel merito dell'integrazione nelle scuole dall'asilo nido all'università sono sette: Art. 8-D, Art. 12, Art. 13, Art. 14, Art 15, Art.16, Art. 17.

La legge recepisce la normativa precedente, precisa il ruolo dell'insegnante di sostegno e la sua formazione, dà indicazioni per la formazione dei docenti di classe, definisce la composizione dei gruppi di lavoro a livello provinciale e di singolo istituto che devono progettare le migliori strategie di integrazione. Prescrive che si proceda ogni anno all'elaborazione del **Piano Educativo Individualizzato** (**PEI**) per ciascun allievo sulla base della diagnosi, del profilo funzionale dei contributi di famiglia, sanitari, docenti della classe e di tutte le figure coinvolte (educatori, assistenti ecc.). Il PEI può prevedere una riduzione o una modifica significativa degli obiettivi didattici previsti per la classe. La legge 104/92 stabilisce anche i criteri per la valutazione dell'allievo che deve essere coerente con il PEI. Debitamente aggiornato di anno in anno, il PEI accompagna la persona handicappata dall'asilo nido agli studi superiori, costituendo un vero e proprio progetto di vita.

Individualizzazione e personalizzazione sono le due linee di ripensamento della didattica che si diffondono grazie all'impulso e alla progressiva attuazione della Legge 104/92.

L'**individualizzazione** si riferisce alle strategie didattiche volte ad assicurare a tutti gli allievi il raggiungimento delle competenze fondamentali previste dal curricolo, attraverso una diversificazione dei percorsi di apprendimento. Si tratta perciò di strategie e interventi volti al recupero.

La **personalizzazione** è l'azione formativa volta a valorizzare la specificità dell'alunno, sensibile cioè alle differenze della persona in tutte le sue dimensioni individuali, cognitive, affettive e sociali (l'ambiente familiare e il contesto socioculturale). Queste tipologie di strategie e interventi sono centrate sull'alunno, anche in funzione di orientamento.

4.2 Dall'integrazione all'inclusione (1992-2019)

La Legge 104/92 tutela gli allievi con handicap, o disabilità, come si preferisce dire oggi. Dalla tutela di quella legge restano però esclusi gli altri studenti che, pur con difficoltà a seguire l'attività didattica comune, non pervengono a una diagnosi di handicap.

Un passo avanti si ha con la **Legge 8 ottobre 2010, n. 170** «Nuove norme in materia di disturbi specifici di apprendimento in ambito scolastico».

La legge è stata fortemente voluta dall'**Associazione Italiana Dislessia** (AID) che tutela i diritti degli studenti con **Disturbi Specifici dell'Apprendimento** (**DSA**), quasi il 5% della popolazione scolastica (dati MIUR per l'a.s. 2018-2019).

Le ***Linee guida per il diritto allo studio degli alunni e degli studenti con disturbi specifici di apprendimento***, pubblicate il **12 luglio 2011**, sono volte alla corretta interpretazione e applicazione della legge 170/10. Indicano prescrizioni e vincoli per i diversi ordini di scuola, compresa l'università. Propongono inoltre suggerimenti didattici specifici per le diverse discipline dalla scuola dell'infanzia alle scuole secondarie. Negli anni successivi sono poi state emesse periodicamente circolari e decreti che hanno precisato la corretta interpretazione della legge in funzione degli esami, delle prove INVALSI ecc.

La scuola ha un ruolo significativo nell'individuare gli alunni con difficoltà che inducano a pensare di essere in presenza di un DSA: deve mettere in atto percorsi di recupero e, nel caso le difficoltà persistano, segnalare alla famiglia il problema, suggerendo di chiedere la valutazione specialistica presso i reparti di Neuropsichiatria dell'infanzia e dell'adolescenza degli ospedali (UONPIA) o presso le strutture private riconosciute dalle Regioni (la diagnosi di dislessia può avvenire già alla fine della classe seconda della primaria, quella di discalculia dalla classe terza). Da alcuni anni poi, affinatisi i protocolli diagnostici, sono diventate frequenti anche diagnosi tardive, negli anni della scuola secondaria di primo e secondo grado.

I DSA sono diagnosticati quando si evidenzia una discrepanza significativa tra efficienza intellettiva e prestazioni nella lettura, nella scrittura o nel calcolo. L'accertamento del disturbo avviene con esami clinici eseguiti secondo i protocolli definiti dalla comunità scientifica, che nelle diverse regioni adotta i protocolli più idonei, a volte differenti da una regione all'altra. I diversi codici identificativi dei disturbi sono solitamente citati nelle diagnosi. La revisione della Consensus Conference che registra l'accordo tra le associazioni specialistiche coinvolte nelle diagnosi è stata pubblicata il 20 gennaio 2022 dall'Istituto Superiore di Sanità (ISS).

Si ha un DSA quando si rilevano due deviazioni standard inferiori alla media dei soggetti di pari età, cioè –2DS, che collocano il soggetto nel ≤ 5 percentile. Gli esami prendono in considerazione diversi aspetti: intelligenza (QI), memoria di lavoro, volontà, motivazione e accertano l'assenza di deficit sensoriali (uditivi e visivi). Nel profilo funzionale si segnalano gli aspetti deficitari, ma anche i punti di forza del soggetto.

Alla ricezione della diagnosi, redatta dagli specialisti e consegnata dalla famiglia, la scuola deve redigere il **Piano Didattico Personalizzato** (**PDP**) nel quale vanno indicate le strategie didattiche atte a includere l'allievo (ad esempio frequente lavoro di gruppo, utilizzo di film nelle lezioni ecc.), le **misure dispensative** e gli **strumenti compensativi** suggeriti dagli specialisti alla luce della legge 170/10. Per misure dispensative s'intende l'esonero da quelle prestazioni che non sono possibili per un allievo con DSA (correttezza ortografica, lettura ad alta voce, scrittura sotto dettatura, calcolo a mente ecc.). Per strumenti compensativi s'intendono quei dispositivi, cartacei o tecnologici, che permettono all'allievo di compensare le prestazioni deficitarie: computer con programmi di correzione ortografica, lettura con sintesi vocale, tablet, audiolibri, dizionari e manuali digitali, calcolatrici, tavola pitagorica, nonché formulari, mappe e schemi per compensare le difficoltà della memoria.

Il problema che si è aperto tra gli specialisti è come interpretare la natura della **discrepanza**: si tratta di un «disturbo», di una «disabilità» o di una «**caratteristica**»[4]?

Il termine **disabilità** implica un approccio socio-sanitario che rimanda a pratiche riabilitative e invia a una certificazione in base alla legge 104/92. La Legge 170/10 ad esempio parla di **disturbi**, indicando i quattro più noti: dislessia, disortografia, disgrafia e discalculia, per i quali rimanda alla certificazione rilasciata da équipe multidisciplinari: neuropsichiatra, psicologo, logopedista.

Alcuni specialisti preferiscono parlare di **caratteristica**, su base neurologica, il che consente di ascrivere le difficoltà dell'allievo a una condizione di neurodiversità, non quindi a una patologia, ed evoca condotte di adattamento e flessibilità corrispondenti, in ambito scolastico, a pratiche di didattica inclusiva. Proprio la neurodiversità è il terreno di ricerca più recente degli specialisti che studiano il rapporto fra le funzioni esecutive e l'apprendimento[5].

Il riferimento alla neurodiversità fa capire che i DSA hanno una base genetica. Non a caso le manifestazioni del disturbo non «guariscono» in quanto non derivano da una malattia, ma nel tempo possono essere compensate da interventi di logopedia, nei primi anni, o da strategie dette appunto compensative.

---

[4] «La dislessia è una caratteristica dell'individuo, fondata su base neurologica che espone al rischio della non completa valorizzazione delle potenzialità personali. È interesse della società includere le persone con DSA e metterle in condizione di sviluppare le proprie potenzialità con beneficio di tutti.» [Ciro Ruggerini - 2010]

[5] Sono chiamate funzioni esecutive i processi che permettono l'azione mirata e consapevole di problem solving, scartando distrazioni e informazioni inutili (inibizione), passando da un compito a un altro (*shifting*), utilizzando la memoria di lavoro e con un adattamento all'ambiente. Le funzioni esecutive iniziano a svilupparsi nella prima infanzia e hanno una significativa crescita tra i 10 e i 15 anni.

Meno di due anni dopo la promulgazione della Legge 170/10 vengono messi a fuoco anche in ambito ministeriale altri disturbi evolutivi (del linguaggio, dell'apprendimento, dell'attenzione...). Nella Direttiva «Strumenti d'intervento per alunni con Bisogni Educativi Speciali e organizzazione territoriale per l'inclusione scolastica» del **27/12/2012** si fa riferimento ai diversi disturbi e alle disabilità con l'acronimo **BES** (Bisogni Educativi Speciali) e, nella consapevolezza che non si possono individuare misure specifiche per ogni BES, la direttiva dichiara: «Per questo è sempre più urgente adottare una didattica che sia "denominatore comune" per tutti gli alunni e che non lasci indietro nessuno: una didattica inclusiva più che una didattica speciale.»[6]

Questi provvedimenti sono tanto più significativi in quanto l'affinamento dei metodi di test e diagnosi porta spesso a diagnosticare una condizione di **comorbilità**, cioè la presenza nello stesso soggetto di diversi disturbi dell'apprendimento: un'eventualità già prospettata nella legge 170/10 per i quattro principali DSA e ormai ulteriormente allargata.

Ancora alcuni anni e il MIUR recepisce la ricerca scientifica sugli alunni plusdotati e con la **Nota 562 del 3 aprile 2019** li inserisce tra gli allievi con BES, riconoscendo come corretta la prassi già in uso in molte scuole.

Anche per gli allievi plusdotati vanno quindi predisposti dei PDP.

Gli alunni plusdotati hanno in genere un QI alto (pari o superiore a 130) e caratteristiche specifiche: curiosità e interessi intellettuali sviluppati, capacità di pensiero astratto e di osservazione elevate, ottima memoria, buone abilità verbali

---

[6] I BES, in ambito scolastico, sono riconducibili a tre/quattro tipologie:

1. **1^ fascia – Disabilità**. Gli allievi sono certificati dall'ASP e tutelati dalla legge 104/92. Hanno diritto all'insegnante di sostegno. I docenti devono obbligatoriamente redigere ogni anno il PEI.
2. **2^ fascia – Disturbi Specifici dell'Apprendimento** (**DSA**). Gli allievi sono certificati dall'ASP e tutelati ai sensi della legge 170/10. Non hanno l'insegnante di sostegno, ma i docenti devono redigere annualmente il PDP in cui si indicano gli interventi personalizzati e individualizzati concordati, le misure dispensative e gli strumenti compensativi, nonché le strategie didattiche più utili.
3. **3^ fascia – Disturbi evolutivi specifici**: Disturbi specifici del linguaggio (DSL), Disturbo della coordinazione motoria (DCM), Disturbo dello spettro autistico lieve, Disturbo Attenzione e Iperattività (ADHD) di tipo lieve, Funzionamento cognitivo limite (borderline cognitivo), Disturbo oppositivo provocatorio. Sono individuati dal Consiglio di Classe sulla base di diagnosi specialistiche. Non hanno insegnante di sostegno ma è prevista la redazione del PDP ai sensi della D.M. 27-12-2012, della CM 8/2013 e della Nota 22/11/2013.
4. **4^ fascia – Svantaggio**. Sono gli allievi in condizione di svantaggio socioeconomico o linguistico-culturale. Sono individuati e verbalizzati dal Consiglio di Classe in base alle osservazioni dirette dei docenti o alla segnalazione dei servizi sociali. La condizione può essere temporanea, come ad esempio nel caso di allievi stranieri o di allievi in difficoltà emotive per un lutto. Non hanno l'insegnante di sostegno, ma per essi il Consiglio di Classe stila un PDP.

tra cui un linguaggio ricco, immaginazione, intuizione e creatività vivaci. Apprendono quindi con facilità. Sono sensibili alle critiche e allo stesso tempo perfezionisti. Queste potenzialità, se non adeguatamente riconosciute e sostenute con gli opportuni stimoli, possono trasformarsi in frustrazioni e dar luogo a comportamenti oppositivi, distrazione, irrequietezza, suscettibilità, tendenza ad annoiarsi e di conseguenza a isolarsi. Possono infine sfociare in difficoltà di relazione con i compagni di classe e con i docenti. Possono essere invece una risorsa da valorizzare e riconoscere in un lavoro di classe inclusivo e coinvolgente.

È utile a questo punto mettere a fuoco la differenza tra l'**integrazione** (leggi 517/77 e 104/92) e l'**inclusione** prevista dalla normativa attuale.

L'**integrazione** consiste nell'inserire un allievo o un'allieva in una classe (e per estensione in una squadra, un gruppo) assimilandolo nel modo migliore. Il riferimento è quindi il collettivo al quale l'individuo si deve adattare per inserirsi.

L'**inclusione** mira a far superare le barriere alla partecipazione e all'apprendimento. Prende in considerazione tutti gli alunni e le alunne con tutte le loro potenzialità. Per includere si deve intervenire prima sul contesto per creare le condizioni più accoglienti per la partecipazione di ogni individuo. Il riferimento è l'individuo, o meglio gli individui che costituiscono la classe.

Per includere gli allievi con BES, in particolare DSA, sono necessari cambiamenti metodologici e di gestione della classe che si rivelano di fatto utili a tutti gli allievi: rendono più efficace la pratica didattica dei docenti, più consapevole il metodo di studio oltre che più duraturi, profondi gli apprendimenti. Le difficoltà degli studenti con BES sono infatti spesso condivise, in diversi gradi, anche dagli allievi che non presentano disturbi rilevanti dal punto di vista clinico.

L'ampia ricostruzione fatta in questi paragrafi permette di chiarire che parlare di inclusione non è una moda degli ultimi tempi, ma il portato di una ricerca pedagogico-didattica di molti anni.

Nel momento di scegliere la scuola secondaria di secondo grado si ripropone la differenziazione tra gli studenti che studiano senza problemi, o sono sostenuti dalle famiglie con lezioni private, orientati a percorsi liceali o tecnici, e studenti con vari tipi di difficoltà orientati spontaneamente o su indicazioni della scuola secondaria di primo grado a percorsi di istruzione o formazione professionale. L'estensione dell'obbligo scolastico al primo biennio delle scuole secondarie di secondo grado ha spostato la differenziazione di poco, perché a volte, di fronte all'emergere di difficoltà nel seguire i percorsi attesi dai docenti, la soluzione individuata dai Consigli di Classe prevede un riorientamento dello studente a scuole «più facili» piuttosto che un intervento di recupero.

In questa logica molti docenti lamentano l'aumento delle diagnosi di studenti con DSA durante gli anni della scuola superiore, attribuendo queste diagnosi tardive al tentativo degli studenti e delle famiglie di sottrarsi alla normale fatica dello studio e ottenere valutazioni e diplomi *eccessivamente facilitati*. Le diagnosi tardive rispecchiano invece una situazione di difficoltà che, tenuta faticosamente sotto controllo durante il primo ciclo, giunge a crisi con l'aumento del carico di lavoro nella scuola secondaria di secondo grado. Spesso chi perviene a una diagnosi tardiva presenta DSA medi o lievi (di qui la speranza delle famiglie che i problemi fossero risolvibili solo con l'impegno), ma ha un'intelligenza viva che rischia di essere penalizzata dal carico di lavoro e studio richiesto. È quindi necessario trovare nuovi modi, veramente inclusivi, di gestire la didattica.

Un contributo importante per sviluppare una didattica inclusiva è venuto dalla diffusione anche in Italia dei principi dell'**Universal Design for Learning** (UDL o PUA, **Progettazione Universale dell'Apprendimento**, traduzione italiana dell'UDL)[7].

Nelle Linee guida sulla **Progettazione Universale dell'Apprendimento**, la cui ultima revisione risale al 2018, i principi idonei alla progettazione dell'attività didattica sono soprattutto tre:

I. proporre **molteplici mezzi di coinvolgimento** (il «perché» dell'apprendimento), per attingere agli interessi degli allievi, stimolarli in modo appropriato e motivarli a imparare. La motivazione e il coinvolgimento sono fondamentali per alimentare il senso di autoefficacia degli allievi e facilitare un impegno continuativo;
II. fornire **molteplici mezzi di rappresentazione** (il «cosa» dell'apprendimento), per offrire agli studenti vari modi di acquisire informazioni e conoscenze. Allievi e studenti hanno modi diversi di accedere alle informazioni: modalità visive, uditive, esperienziali, corporee. Per questo è importante affiancare alla lezione espositiva basata sul codice verbale anche film, documentari, visite che utilizzano codici visivi ed esperienziali;
III. consentire **molteplici mezzi di espressione** (il «come» dell'apprendimento), per fornire agli studenti alternative per dimostrare ciò che conoscono.

[7] Il termine «Universal Design» (coniato nel 1985 dall'architetto Ronald L. Mace) definisce la progettazione di prodotti e ambienti utili per tutti ma indispensabili per qualcuno senza necessità di adattamenti o ausili speciali. Il gruppo di ricerca americano CAST (Center for Applied Special Technology) è il movimento culturale che estende anche al campo pedagogico e didattico l'intervento per rendere i curricoli più accessibili a tutti gli studenti con le specifiche differenze individuali. I principi si possono scaricare al seguente link: https://www.aiditalia.org/it/news-ed-eventi/news/udl-la-progettazione-universale-per-lapprendimento. In italiano i principi dell'UDL sono noti come Progettazione Universale dell'Apprendimento (PUA). La versione del 2018 è scaricabile al seguente link: http://udlguidelines.cast.org/more/downloads.

Questo principio riguarda la partecipazione alla lezione e la verifica degli apprendimenti. Consentire l'utilizzo di mappe, schemi, tabelle, presentazioni visuali, come ad esempio i Power Point, aiuta ciascun allievo a esprimere secondo i propri codici preferenziali quanto ha appreso.

4.3 Flessibilità didattica e inclusione in ambito storico

Vediamo ora quali sono le principali difficoltà che l'insegnamento e lo studio della storia presentano in una prospettiva inclusiva.

La storia è tra le materie meno apprezzate dagli studenti che, a volte, non ne colgono l'importanza per la loro formazione culturale complessiva, a volte, invece, sono scoraggiati dal linguaggio arido e da una didattica ancora troppo centrata su avvenimenti, date, nomi. Proprio i tre principi dell'UDL suggeriscono prassi più flessibili che valorizzino una comunicazione basata non solo sul linguaggio verbale scritto dei manuali e sulla lezione frontale.

La flessibilità della didattica implicita nei principi dell'UDL è resa possibile anche dal parziale abbandono fin dal 2010 dei programmi ministeriali prescrittivi per i Licei e gli Istituti Tecnici e dall'adozione nel 2012 delle *Indicazioni nazionali per il curricolo della scuola dell'infanzia e del primo ciclo d'istruzione* (ricalibrate poi nel 2018 dalle *Indicazioni nazionali e nuovi scenari*, in relazione ai 17 obiettivi dell'ONU e alle 8 competenze chiave dell'Unione Europea).

4.3.1 *Le difficoltà del linguaggio e del lessico*

La legge 170/10 (art.1.2) «intende per dislessia un disturbo specifico che si manifesta con una difficoltà nell'imparare a leggere, in particolare nella decifrazione dei segni linguistici, ovvero nella correttezza e nella rapidità della lettura». Nello studio la velocità di lettura ridotta è l'ostacolo maggiore perché la dislessia crea nello studente dislessico affaticamento e tempi di lettura e studio più lunghi di quelli dei compagni: tanto più aumenta il numero delle pagine da studiare tanto più aumenta anche l'affaticamento dello studente dislessico.

In uno studente della scuola secondaria di secondo grado la dislessia può non risultare evidente durante la lettura ad alta voce di un brano: la reiterata esposizione a testi scritti durante il percorso scolastico precedente riduce gli errori e la lettura può sembrare semplicemente lenta e poco espressiva. Richiesto però di spiegare di cosa parlava il brano letto, lo studente dà spesso risposte incerte. Di qui l'equivoco che abbia problemi di comprensione, d'intelligenza. Questo deriva dal fatto che tutte le energie sono state impegnate nella decodifica. Poche ne sono rimaste per la comprensione. Di qui d'altro canto l'utilità della lettura con sintesi vocale che permette di «leggere con le orecchie», cioè di evitare la decodifica, liberando energie per la comprensione.

Il linguaggio storiografico e lo stile degli autori dei manuali possono creare ulteriori ostacoli qui di seguito sommariamente elencati:

- presenza di metafore, personificazioni;
- termini «densi» che sintetizzano in una sola espressione molte operazioni come economia, agricoltura, burocrazia...;
- iperonimi come artigiano, intellettuale, borghese...;
- termini polisemici come rivoluzione, volume...;
- termini riferibili alle istituzioni che richiedono una spiegazione specifica: il termine Stato, per esempio, è percepito dai più come sinonimo di Paese, mentre nella trattazione storica spesso indica precise istituzioni, diverse da un'epoca all'altra e da un Paese all'altro;
- termini, apparentemente di uso comune, quali ad esempio popolo, che possono però assumere nelle diverse epoche storiche significati differenti;
- termini riconducibili ad altre discipline: demografia, economia, statistica, arte, scienze.

Si aggiunga che gli studenti dislessici in genere amano poco la lettura e questo può determinare un lessico più limitato di quello dei compagni, soprattutto per i termini specialistici a bassa frequenza. Se poi si utilizzano documenti storici di secoli lontani può essere necessario anche un lavoro di traduzione linguistica da un linguaggio che suona antiquato a uno più attuale e comprensibile. La difficoltà può non essere significativa per quegli studenti dislessici che hanno un buon background familiare e scolastico, mentre può rivelarsi significativa per gli studenti stranieri, di recente immigrazione.

Per supportare la comprensione e la memorizzazione dei termini ambigui o specialistici è utile, oltre al normale lavoro di spiegazione, costruire con gli allievi, almeno nella scuola secondaria di primo grado, un glossario analitico e *in progress* da conservare nel quaderno o nel PC degli studenti stessi.

È poi l'insieme dell'esposizione che a volte crea difficoltà, perché l'autore concentra in poche righe molte informazioni, anche secondarie, ricorrendo a incisi, subordinate, parentesi. L'esposizione diventa ricca, complessa, ma rischia di creare un carico cognitivo eccessivo. Spesso occorre anche verificare che le inferenze ad altre parti del testo, rese necessarie dallo stile dell'autore o dall'intreccio tra sviluppo cronologico della narrazione e trattazione tematica, siano comprese dagli studenti. Lavoro che sarà facilitato se si dà spazio, nelle prime lezioni, all'analisi della struttura del manuale e dei suoi apparati didattici, analisi che non sempre gli studenti fanno autonomamente.

Alcune case editrici propongono testi semplificati e ridotti destinati agli studenti con BES e DSA, purtroppo non sempre adeguati[8].

4.3.2 *Le difficoltà di datazione e le cronologie*

Molti studenti incontrano specifiche difficoltà quando devono rapidamente padroneggiare il sistema di denominazione dei secoli. In italiano i secoli sono indicati in modi diversi: a volte con il nome del secolo senza il «mille», ad esempio il Seicento, oppure con l'aggettivo ordinale, ad esempio il Diciannovesimo secolo. In alcuni saggi si trova il secolo scritto con cifre arabe precedute da un apostrofo: '200, '600. Il modo più frequente di indicare i secoli è però il ricorso ai numeri romani, ad esempio XVI secolo. Questo sistema richiede allo studente la conoscenza del codice specifico.

C'è poi un'ulteriore difficoltà: le date dei fatti storici «avanti Cristo» corrispondono a numeri negativi e la data più recente è espressa con un numero più piccolo di quella più antica: Pericle, ad esempio, nasce nel 495 a.C. e muore nel 429 a.C. Questo contrasta con il «buon senso comune».

I diversi modi di indicare i secoli creano disorientamento soprattutto nella scuola secondaria di primo grado e nei primi mesi spesso si deve fare un lavoro di allenamento per aiutare gli studenti a usare con sicurezza i diversi sistemi di datazione e denominazione.

La difficoltà può essere persistente negli studenti con DSA. Le date, infatti, sono pur sempre numeri indicanti grandezze e gli studenti con discalculia possono avere problemi. La legge 170/10 intende «per discalculia un disturbo specifico che si manifesta con una difficoltà negli automatismi del calcolo e dell'elaborazione dei numeri». Per uno studente discalculico quindi può essere difficile memorizzare sequenze ordinate di termini numerici e calcolare intervalli di tempo e durate, compiere cioè operazioni aritmetiche.

Per tali studenti può essere necessario costruire strumenti compensativi come una tavola di corrispondenza simile a quella sottostante da tenere nel quaderno di storia.

XIII sec.	XIV sec.	XV sec.	XVI sec.	XVII sec.	XVIII sec.	XIX sec.	XX sec.
1201-1300	1301-1400	1401-1500	1501-1600	1601-1700	1701-1800	1801-1900	1901-2000
Duecento	Trecento	Quattrocento	Cinquecento	Seicento	Settecento	Ottocento	Novecento
'200	'300	'400	'500	'600	'700	'800	'900

[8] Tali testi presentano comunque delle difficoltà: l'obiettivo di ridurne la lunghezza porta la redazione incaricata della rielaborazione a incorrere in errori che minano l'obiettivo stesso. Nella sintesi vengono tagliati i brani descrittivi e narrativi, proprio quelli che aiuterebbero a creare immagini e scenari mentali. Il ricorso a termini riassuntivi, come gli iperonimi, diventa troppo frequente. Il risultato è un riassunto povero e astratto.

Gli studenti con discalculia possono anche comprendere con maggiore lentezza espressioni frequenti delle informazioni economiche e demografiche presenti nei manuali, quando l'autore ricorre a termini come «il doppio», «un terzo» ecc. o fa riferimento a statistiche e percentuali. In questo caso occorre verificare che nel capitolo siano presenti grafici e istogrammi che rappresentano in modo visuale il dato statistico.

Oltre alla tabella di corrispondenza tra le varie denominazioni dei secoli e alle date comprese nell'intervallo temporale è importante valorizzare le **linee del tempo** presenti nei manuali o, in particolare nella scuola secondaria di primo grado, costruire una grande **linea del tempo**, appesa su una parete dell'aula. Su tale linea saranno via via collocate, supportate da immagini e simboli, le date utili a comprendere la successione e/o la contemporaneità nonché la durata dei fatti storici oggetto di studio.

4.3.3 *La gestione inclusiva della lezione e il lavoro di gruppo*

Si è già accennato alla necessità di superare il modello «lezione frontale + studio sul manuale» come modalità unica della didattica; da superare è anche la pratica di dettare appunti integrativi o riassuntivi[9]. La lezione ha comunque rilevanza per ricostruire quadri generali di un periodo o per dare una visione chiara di fatti complessi. Nella spiegazione non si dovrebbe utilizzare solo il linguaggio informativo e argomentativo, ma affiancare pagine narrative e descrittive che aiutino lo studente (soprattutto della scuola secondaria di primo grado) a crearsi immagini e scenari mentali, a calarsi nelle epoche e nei fatti storici.

La motivazione degli studenti, la cui importanza è sottolineata dal principio I dell'UDL, sarà in questo modo favorita, soprattutto se la lezione si svolge in maniera partecipata con ampio spazio a domande, ipotesi e dibattito tra il docente e gli studenti. Si possono motivare gli studenti anche partendo dalle loro conoscenze spontanee o pregresse con un brainstorming.

Un altro modo per coinvolgere gli studenti e allo stesso tempo proporre già parte delle informazioni (principi I e II dell'UDL) è quello di presentare film, documentari, fotografie, quadri, stampe, canzoni o altre composizioni musicali, racconti, romanzi, poesie che fungano da stimolo, per avviare la lezione. Possono inoltre costituire una fonte secondaria e permettono anch'essi di calarsi in un'epoca, una cultura. È necessaria in ogni caso la mediazione del docente perché gli autori delle opere artistiche non hanno semplicemente cercato di rappresentare

[9] Le Linee guida del 2011 prescrivono l'esonero dallo scrivere sotto dettatura per gli studenti con DSA.

un fatto storico, hanno espresso idee o ideologie, hanno operato scelte di documentazione e di rappresentazione[10].

Altre strategie didattiche proposte nei paragrafi che seguono si basano prevalentemente sul lavoro di gruppo, che è una modalità efficace per l'inclusione degli allievi con DSA, perché permette loro di far valere la propria intelligenza e al contempo ottenere nel gruppo l'aiuto per le attività più ostiche (lettura e scrittura). Può essere di aiuto anche a superare preclusioni e a creare un clima di collaborazione in classe.

4.3.4 *Flipped classroom e laboratori*

Il docente non è il solo *motore* della lezione. Gli studenti possono assumere un ruolo da protagonisti (principio II UDL). Questo capovolgimento della didattica è particolarmente evidente nelle esperienze di *classe capovolta* (in inglese *flipped classroom*) frequenti[11].

Secondo questa impostazione, agli studenti vengono proposti materiali di studio e consegne di lavoro per acquisire le conoscenze basilari su un certo tema e preparare a casa individualmente, in coppia o in gruppo contributi orali o digitali che saranno poi oggetto di confronto e approfondimento durante la lezione in classe.

Particolarmente utile per questa metodologia di lavoro è lo **studio di casi**[12]. Diversi casi attinenti a uno stesso periodo storico possono essere analizzati nel loro sviluppo dai diversi gruppi o coppie. Il docente ha la possibilità di variare e calibrare i materiali proposti in funzione delle caratteristiche dei singoli studenti o dei piccoli gruppi: fonti visive[13] e scritte con ampiezze più o meno lunghe e linguaggio più o meno complesso. Il confronto tra i diversi casi porterà a cogliere somiglianze e differenze dei processi analizzati, a generalizzare, individuando un **modello**, a consolidare le categorie di analisi.

A titolo di esempio per l'applicazione di questa metodologia si possono citare il processo di costruzione degli Stati nazionali, il passaggio da Comune a Signoria nelle città italiane (XIV-XV secolo), la costruzione degli imperi coloniali, lo

---

[10] Su queste opzioni didattiche vedi con più dettaglio i saggi 13, 14, 15, 16, 17 del presente volume.

[11] Su questa metodologia consulta il capitolo 23 nel presente volume.

[12] Lo studio di casi è un metodo di ricerca usato sin dalla fine del XIX secolo in USA negli studi di diritto, economia, medicina. È in uso oggi in molte università, applicato anche ad altre discipline e integrato con l'uso di modelli di analisi. Sullo studio di caso in ambito didattico vedi anche il capitolo 21 in questo volume.

[13] Le immagini in storia sono da valorizzare soprattutto come fonti per la conoscenza di fatti, mentalità, piuttosto che come oggetti di analisi formale e artistica, che può però suggerire percorsi interdisciplinari con l'insegnante di arte.

sviluppo dell'Assolutismo e più tardi del Dispotismo illuminato nell'Europa dell'età moderna, i processi d'industrializzazione, i moti liberali o i Risorgimenti nazionali nell'Ottocento.

Nella scuola secondaria di primo grado gli studenti hanno una minore autonomia nello studio e una padronanza delle categorie di analisi ancora in formazione. Sarà quindi utile adottare, su temi analoghi a quelli qui sopra accennati, una didattica di **laboratorio**, sviluppata prevalentemente in classe, combinando lavoro a classe intera e lavoro di gruppo. Con tutta la classe si analizzerà il caso più emblematico, individuando le variabili in gioco. Applicando le stesse variabili, i gruppi analizzeranno poi gli altri casi, lavorando in classe in modo che il docente possa via via affiancare i diversi gruppi sciogliendo i dubbi e facilitando la comprensione. Come nella scuola secondaria di secondo grado il docente potrà calibrare i materiali per ciascun gruppo e aiutare la classe nel lavoro di confronto e sintesi finale[14].

La fase finale implica la partecipazione (II principio dell'UDL) e anche la dimostrazione da parte degli studenti di quanto appreso nella modalità preferita (esposizione orale o multimediale come suggerisce il III principio UDL). Può condurre anche a una riflessione metacognitiva sul metodo seguito, preziosa per il consolidamento del metodo di studio.

4.3.5 *La conoscenza e lo studio del territorio*

Studiare il territorio nelle sue dimensioni paesaggistiche, urbanistiche, architettoniche e artistiche può favorire la partecipazione di tutti gli studenti, anche quelli con BES. È un'attività didattica da organizzare in gruppi, anche individuando ruoli e incarichi specifici[15]. Può inoltre favorire l'incontro con le istituzioni amministrative e culturali in una prospettiva di educazione alla cittadinanza, soprattutto durante i progetti dei Percorsi per le Competenze Trasversali e l'Orientamento (PCTO)[16].

La rilevanza dei singoli monumenti, della struttura urbana e la stratificazione del paesaggio saranno oggetto dell'analisi storica, ma possono anche favorire un approccio interdisciplinare[17].

---

[14] Sulla tematica del laboratorio di storia vedi anche il capitolo 2 in questo volume.

[15] Fotografo, cronista, intervistatore, cineoperatore.

[16] I Percorsi per il Conseguimento di Competenze Trasversali sono stati definiti con chiarezza dalle linee-guida formulate dal MIUR ai sensi dell'articolo 1, comma 785, legge 30 dicembre 2018, n. 145, che modificava in parte l'alternanza scuola-lavoro, così come definita dalla legge 107/2015. Su questa tematica vedi anche il capitolo 25 in questo volume.

[17] Sullo studio del territorio e l'approccio interdisciplinare vedi anche i capitoli 7, 18, 19, 20 in questo volume.

Anche in questi lavori la condivisione a classe intera dei contributi dei gruppi può avvenire con un'esposizione orale o con un lavoro multimediale e può sostituire verifiche e interrogazioni tradizionali (III principio dell'UDL).

4.3.6 *Il metodo di studio e gli strumenti per promuoverlo*

Il metodo di studio non è un prerequisito. Con gli anni cambiano le capacità logiche dello studente, lo sviluppo delle funzioni esecutive, le motivazioni, oltre all'ampiezza del materiale da studiare. Le operazioni che compiva il bambino della scuola primaria per assimilare le conoscenze non sono quelle che deve compiere lo studente della secondaria. Leggere più volte il manuale e ripeterlo è improponibile per uno studente dislessico (e forse per tutti!). Studiare significa manipolare, selezionare il testo e riorganizzarlo mentalmente (Cornoldi *et al.* 2010).

Tutte le strategie di studio, anche le più semplici come sottolineare e paragrafare, hanno lo scopo di individuare le parti essenziali da assimilare: consistono cioè in una **lettura selettiva**. Compito del docente, esperto della disciplina, è quello di aiutare gli studenti ad acquisire criteri di selezione, non di fornire selezioni del testo già pronte.

Per gli studenti con DSA è consigliato il ricorso alle **mappe concettuali**[18]. Una mappa è un *testo discontinuo* che permette di concentrare in una pagina le informazioni presentate in modo discorsivo in un *testo continuo* di più pagine. Il vantaggio per uno studente con DSA è evidente: si riduce la quantità di materiale scritto da rileggere. Non solo: nella mappa diventano più evidenti i concetti-chiave e le relazioni tra questi, in una rete sintetica delle conoscenze essenziali in relazione a un tema, un processo. Nei **nodi** della mappa si inseriranno tutti i concetti (nomi, date, eventi, eventualmente supportati da simboli o immagini), spesso suggerite dalle parole chiave in grassetto o colorate presenti nel testo. Le relazioni, i **legami** che collegano i nodi saranno evidenziati nelle **linee** tra un nodo e l'altro. Per facilitare la selezione dei concetti chiave da inserire nei nodi e le relazioni cruciali da inserire nelle linee sarà utile una domanda focale da scrivere come promemoria nella pagina, in alto a sinistra, su cui si scrive la mappa. In una mappa concettuale le informazioni sono organizzate in modo gerarchico e quindi si strutturerà la mappa dall'alto in basso.

Una buona mappa è sintetica: in ogni nodo ci sono poche parole, non certo

[18] Le mappe concettuali, le più idonee allo studio, sono state introdotte nella didattica da Joseph Novak e dalla sua équipe della Cornell University negli anni Sessanta, partendo dalla teoria dell'apprendimento significativo di David P. Ausubel. Oltre alle mappe concettuali in classe sono utili anche le mappe mentali, teorizzate dallo psicologo cognitivista Tony Buzan, adatte a raccogliere le idee in un brainstorming, prendere appunti o progettare un tema.

frasi o riassunti. I legami hanno chiari significati: di analisi delle componenti di un termine, o di conseguenze e obiettivi di un fatto. Le parole legame sono solitamente verbi o connettivi, preposizioni, congiunzioni. Ogni insieme **nodo-legame -nodo** deve poter formare una proposizione di senso compiuto. Rileggendo una mappa lo studente, infatti, deve riuscire a trasformare di nuovo nella sua mente il *testo discontinuo* in un *testo continuo*. La costruzione di mappe è utile a tutti gli studenti, proprio per la sua sinteticità, ma richiede allenamento: inutile fornire istruzioni scritte, è più utile usare una mappa nel fare lezione, fornire mappe semistrutturate da completare a casa e a scuola discutendone insieme, avviare la costruzione delle mappe in coppia in classe con carta e penna, con post-it e infine con uno dei tanti programmi, alcuni gratuiti, per realizzarle al computer. Il lavoro in coppia favorisce il confronto e aiuta la scelta di concetti e legami e la strutturazione pertinente della mappa. È importante sconsigliare di scaricare mappe già fatte da uno dei tanti siti web di aiuto allo studio. La mappa deve essere frutto del lavoro di rielaborazione in prima persona, altrimenti resterà una semplice immagine.

Le mappe concettuali supportano gli studenti con difficoltà di memoria sia a breve che a lungo termine, aumentano il senso di autoefficacia, favoriscono la riflessione metacognitiva sul metodo di studio e l'acquisizione delle categorie dell'analisi storica.

Oltre alle mappe concettuali, comunque, ci sono altri **organizzatori grafici** utili nello studio della storia: i **diagrammi di flusso**, che richiedono peraltro operazioni mentali simili a quelle per costruire mappe, le **tabelle a doppia entrata**, particolarmente utili quando si devono riepilogare in senso cronologico delle informazioni o si devono confrontare in modo analitico fatti storici, tenendo conto dei soggetti implicati, dei rispettivi obiettivi e degli esiti.

È evidente, in relazione a quanto detto, l'utilità dei manuali digitalizzati in formato pdf aperto. Tali manuali, che ormai tutte le case editrici sono tenute a fornire, consentono sia la lettura con sintesi vocale, sia la manipolazione (sottolineatura, copiatura, selezione) e il trasferimento in mappe o altri organizzatori grafici.

Alla luce del II principio dell'UDL è importante che il docente suggerisca nel corso dell'anno l'utilizzo di diversi strumenti di lettura selettiva in modo che ciascun studente possa sperimentare e individuare quelli più adatti al proprio stile di apprendimento e si costruisca un metodo di studio efficace.

4.4 Verifiche e valutazione

La valutazione è una parte stessa della programmazione didattica ed è un'operazione più complessa che non la media dei voti nelle verifiche e nelle interrogazioni. Per valutare uno studente occorre prendere in esame i contributi da lui portati durante le discussioni, nei lavori di gruppo e nelle attività di laboratorio.

Le prove di verifica, le interrogazioni e la valutazione complessiva creano nei soggetti con BES molte ansie. L'ansia deriva dalla consapevolezza dei propri limiti, dalla preoccupazione costante di non essere in grado di corrispondere adeguatamente alle richieste dei docenti. Se le prove sono scritte (test strutturati, domande aperte o la redazione di trattazioni discorsive), interferiscono anche due specifici DSA: la **disgrafia** e la **disortografia**. La legge 170/10 «intende per disgrafia un disturbo specifico di scrittura che si manifesta in difficoltà nella realizzazione grafica [...], intende per disortografia un disturbo specifico di scrittura che si manifesta in difficoltà nei processi linguistici di transcodifica».

Per i testi discorsivi occorrerà attenersi alla legge 170/10 e alle Linee guida del 2012 che prescrivono che non si deve tener conto della correttezza formale, ma del contenuto, si valuterà cioè la pertinenza della risposta e non la forma.

Nei test a risposta multipla occorre evitare di proporre risposte alternative molto lunghe che, dovendo essere lette e rilette più volte, rallenterebbero la possibilità di risposta.

Per le prove scritte le Linee guida del 2011 consentono allo studente con DSA dei tempi aggiuntivi, fino al 30%. Prescrizione valida anche per gli esami universitari, ribadita da più circolari ed estesa alle prove INVALSI e anche agli esami per la patente di guida. Altra modalità inclusiva di effettuare la verifica è quella di ridurne l'ampiezza suddividendo gli argomenti fra più prove. Ulteriore possibilità è quella di distinguere tra domande vincolanti, a cui si deve dare risposta, e domande opzionali lasciate alle preferenze dello studente.

Nelle verifiche e nelle interrogazioni orali lo studente ha diritto di usare le mappe, gli schemi e le immagini che usa abitualmente e di portare relazioni multimediali. Verifiche e interrogazioni inoltre devono essere programmate.

In vista degli esami di Stato o di licenza molti docenti chiedono di vedere in anticipo le mappe per controllare che non siano troppo scritte. È una richiesta che può certamente irritare gli studenti, ma che può essere gestita in modo collaborativo e inclusivo. Non è solo un'occasione di controllo. La supervisione da parte del docente delle mappe via via costruite dallo studente può essere l'occasione per interventi individualizzati di incoraggiamento e correzione, anche nel corso di colloqui tra docente e studente.

Sia nel III principio dell'UDL sia nelle linee guida del 2011 si raccomanda di consentire allo studente una verifica in modalità consone al suo stile preferenziale: scritto o orale e in ogni caso il recupero di prove scritte con prove orali sugli stessi temi, il cui voto sostituirà il voto della prova deficitaria.

A conclusione fin troppo sintetica di questo saggio si può dire che l'adozione di una didattica inclusiva è fondamentale per aiutare uno studente con BES a raggiungere il successo formativo e ad affrontare i problemi di autostima e autoefficacia connessi alle sue difficoltà, oltre che a fronteggiare i giudizi dei coetanei, non sempre benevoli, ma indispensabili per una sana crescita nelle relazioni. Una buona didattica coinvolgente e inclusiva è importante non solo per evitare ripetuti insuccessi e l'abbandono scolastico degli studenti con BES, ma, come già detto, risulta anche efficace per tutti gli studenti.

Bibliografia

- Amoruso C., 2010, *In parole semplici*, Palumbo, Palermo.
- Calvani A., 2011, *Principi dell'istruzione e strategie per insegnare. Criteri per una didattica efficace*, Carocci, Roma.
- Capuano A., Olivieri A., 2020, *Insegnare storia agli studenti con DSA*, Erickson, Trento.
- Capuano A., Storace F., Ventriglia L., 2013, *BES e DSA. La scuola di qualità per tutti*, Libri Liberi, Firenze.
- Capuano A., Storace F., Ventriglia L., 2014, *Viaggio nel testo... orientarsi con le mappe. Percorsi didattici inclusivi*, Libri Liberi, Firenze.
- Capuano A., Storace F., Ventriglia L., 2018, *Apprendimento significativo. Utilizzo didattico delle mappe concettuali*, Lattes, Torino.
- Cornoldi C., Vio C., Tretti M.L., Tressoldi P.E., 2010, Il *primo strumento compensativo per un alunno con dislessia. Un efficiente metodo di studio*, in «Dislessia», n. 1, pp. 77-84.
- Da Re F., Guasti L., 2015, *La valutazione come processo*, in F. Zambotti (a cura di), *BES a scuola. I 7 punti chiave per una didattica inclusiva*, Erickson, Trento, pp. 322-325.
- Fasola A., Bindelli D., Depretis D., Marzorati D., Profumo E., Torcellini F., Folisi K., Serafino R., 2009, *La comorbidità tra dislessia, disortografia, disgrafia, discalculia nella scuola secondaria di secondo grado*, in «Dislessia», vol. 6, n. 1, pp. 59-76.
- Gardner H., 2005, *Educazione e sviluppo della mente. Intelligenze multiple e apprendimento*, Erickson, Trento.
- Gineprini M., Guastavigna M., 2004, *Mappe per capire. Capire per mappe. Rappresentazioni della conoscenza nella didattica*, Carocci, Roma.
- Ianes D., Cramerotti S. (a cura di), 2013, *Alunni con BES*, Erickson, Trento.
- Johnson D.W., Johnson R.T., Holubek E.J., 1994-2010, *Apprendimento cooperativo in classe*, Erickson,Trento.

- MIUR – Ministero dell'Istruzione, dell'Università e della Ricerca, 2011, *Linee guida per il diritto allo studio degli alunni e degli studenti con DSA*, Roma.
- MIUR – Ministero dell'Istruzione, dell'Università e della Ricerca, 2012, *Indicazioni nazionali per il curricolo della scuola dell'infanzia e del primo ciclo d'istruzione*, Roma.
- MIUR – Ministero dell'Istruzione, dell'Università e della Ricerca, 2018, *Indicazioni nazionali e nuovi scenari*, Roma.
- Novak J.D., 2001, *L'apprendimento significativo. Le mappe concettuali per creare e usare la conoscenza*, Erickson, Trento.
- Olivieri A., 2016, *Come includere tutti nel lavoro di Classe – Italiano – Storia e geografia*, in *Oltre la dislessia – La scuola per i DSA è la scuola per tutti*, a cura del Gruppo di lavoro di Brescia, Vannini, Brescia, pp. 165-176.
- Olivieri A., 2015, *Storia – schede per attività di didattica inclusiva – Strumenti per BES e DSA*, Pearson, Torino.
- Ventriglia L., Olivieri A., 2012, *DSA. Strumenti per una didattica inclusiva*, A. Mondadori Scuola, Milano.
- Ventriglia L., Storace F., 2015, *La didattica inclusiva. Proposte metodologiche e didattiche per l'apprendimento*, Loescher, Torino.
- Ventriglia L., Storace F., Capuano A., 2017, *DSA e strumenti compensativi*, Carocci, Roma.
- Vygotskij L.. 2008, *Pensiero e linguaggio*, Firenze, Giunti.

Sitografia

- CAST, 2019, UDL Guidelines – Version 2.2, http://udlguidelines.cast.org/more/downloads; https://udlguidelines.cast.org/binaries/content/assets/udlguidelines/udlg-v2-2/udlg-graphicorganizer-v2-2-italian-nonumbers.pdf; https://www.aiditalia.org/.../udl-la-progettazione-universale-per-lapprendimento.
- « CLIO '92 » Associazione di Gruppi di Ricerca sull'Insegnamento della storia (1999), *Tesi sulla didattica della storia*, https://www.clio92.it/?area=2&menu=9.
- Consiglio dell'Unione europea, 2018, *Raccomandazione del Consiglio dell'Unione europea del 22 maggio 2018*, relativa alle competenze chiave per l'apprendimento permanente, https://eur-lex.europa.eu/legal-content/IT/TXT/PDF/?uri=CELEX:32018H0604(01).
- Cornoldi C. *et al.*, 2010, *Il primo strumento compensativo per un alunno con dislessia: un efficiente metodo di studio*, https://rivistedigitali.erickson.it/dislessia/archivio/vol-7-n-1-2/il-primo-strumento-compensativo-per-un-alunno-con-dislessia-un-efficiente-metodo-di-studio/.
- Fasola A. *et al.*, 2009, *La comorbidità tra dislessia, disortografia, disgrafia, discalculia nella scuola secondaria di secondo grado*, https://rivistedigitali.erickson.it/dislessia/archivio/vol-6-n-1-2/la-comorbidita-tra-dislessia-disortografia-disgrafia-discalculia-nella-scuola-secondaria-di-secondo-grado/.
- Medi M. (a cura di), 2011, *Competenze storiche e loro articolazioni e Nuclei fondanti*

di storia: conoscenze/campi semantico-concettuali e abilità/operazioni cognitive, https://www.storieinrete.org/storie_wp/?p=7036.

- Medi M., 2021, *Proposte per l'insegnamento/apprendimento della storia*, https://www.storieinrete.it/2654-2/.
- Olivieri A., 2021, *Insegnare storia agli studenti con DSA e non solo. Spunti per una didattica inclusiva*, https://www.storieinrete.it/didattica-viva/2356-2/.

5
Per una nuova storia generale

di Maria Teresa Rabitti

5.1 Cosa intendere per storia generale

Da molto tempo sono in atto da parte degli esperti di didattica ricerche sul sapere storico da insegnare: trattandosi di storia scolastica generale, è necessario chiarire cosa si debba intendere per storia generale e per sistema di conoscenze, e nel contempo intersecare le stesse con la ricerca sui processi di apprendimento di allievi bambini e adolescenti. Si tratta di proporre agli insegnanti «una nuova storia generale» che superi la rigida e tradizionale impostazione manualistica. L'obiettivo è quello di indicare temi, processi di trasformazione, problemi che costruiscano nella mente degli studenti un sistema di conoscenze significative per comprendere il mondo di oggi e superare così l'estraneità, il disagio e spesso la riluttanza che gli alunni provano nell'affrontare la disciplina storia.

La storia generale spesso viene identificata con quella esposta e trattata nei manuali scolastici, come se non esistessero altre storie generali possibili. I manuali propongono un modello di storia generale sistemando in ordine cronologico eventi politici, istituzionali o sociali in successione, eventi ritenuti importanti dall'estensore del testo, disposti in una narrazione da cui non emerge la rilevanza tematica, senza costituire perciò un sistema di conoscenze in relazione tra loro.

Nonostante nel 2012 il Ministero dell'Istruzione abbia emanato indicazioni in parte «innovative», e volte a ridurre la sovrabbondanza di contenuti, lasciando agli insegnanti una certa libertà di scelta, la maggioranza degli insegnanti continua a seguire le scelte tematiche dei libri di testo senza metterle in discussione, senza preoccuparsi di verificare se gli allievi, oltre alle conoscenze, abbiano sviluppato capacità valutative, critiche, concettualizzazioni e competenze specifiche.

Le Indicazioni ministeriali indicano, come finalità della storia, quella di contribuire, assieme ad altre discipline, alla formazione del cittadino consapevole e attivo. Risulta evidente che la storia generale manualistica, fornendo in ordine cronologico informazioni prevalentemente politiche e istituzionali su Stati, forme di governo, successioni dinastiche, guerre, fatti del passato non posti in relazione con il presente e la vita degli allievi, si presenta del tutto inadeguata alla loro formazione e all'educazione alla cittadinanza.

Altra sollecitazione presente nelle Indicazioni nazionali è usare la ricchezza del patrimonio culturale, paesaggistico, monumentale presente sul territorio per formare conoscenza storica, consapevolezza del valore del patrimonio, come traccia ineludibile per ricostruire la storia a scala diversa: storia locale, nazionale, e, con i collegamenti debiti, storia mondiale.

> Per educare a questa cittadinanza unitaria e plurale a un tempo, una via privilegiata è proprio la conoscenza e la trasmissione delle nostre tradizioni e memorie nazionali: non si possono realizzare appieno le possibilità del presente senza una profonda memoria e condivisione delle radici storiche. A tal fine sarà indispensabile una piena valorizzazione dei beni culturali presenti sul territorio nazionale, proprio per arricchire l'esperienza quotidiana dello studente con culture materiali, espressioni artistiche, idee, valori che sono il lascito vitale di altri tempi e di altri luoghi[1].

Al termine della classe terza della scuola secondaria di primo grado l'allievo deve: «Conoscere alcune procedure e tecniche di lavoro nei siti archeologici, nelle biblioteche e negli archivi – Usare fonti di diverso tipo (documentarie, iconografiche, narrative, materiali, orali, digitali ecc.) per produrre conoscenze su temi definiti»[2].

Una storia che formi non solo cittadini italiani, ma d'Europa e del mondo, i quali sappiano collegare le conoscenze locali con altre, creando una continua messa in relazione con il mondo. Oggi ogni evento, ogni trasformazione che si verifica sulla terra, coinvolge l'umanità intera e una visione eurocentrica, o, peggio, soltanto nazionale, è inadeguata, inefficace per comprendere, anche parzialmente, il mondo di oggi così contemporaneo.

I manuali tuttavia non aiutano ad acquisire una visione eurocentrica né tantomeno mondiale, non affrontano le tematiche partendo dalle situazioni del presente, né le trasformazioni succedutesi nel tempo con uno sguardo planetario; si narrano la storia politica dell'Italia, cenni della storia di Spagna, Francia, Germania e Inghilterra, ovvero sempre le vicende delle monarchie d'Europa senza metterle in relazione con la storia di Stati o civiltà lontane spazialmente. La storia mondiale

---

[1] *Indicazioni nazionali scuola dell'obbligo*, 2012.

[2] Ibidem.

appare per cenni generici, limitatamente e in concomitanza con la trattazione delle fasi della colonizzazione europea dei continenti e delle due guerre mondiali.

Fortemente lacunosa nel considerare il passato in relazione con il presente, vale a dire con la realtà in cui gli allievi vivono, l'organizzazione della storia generale manualistica non fornisce nemmeno una visione d'insieme delle conoscenze, ma soprattutto non stimola considerazioni che permettano di comprendere come il presente sia il frutto della realtà dei fatti accaduti nel passato, o come il passato sia presente nella realtà e nel contesto dell'oggi.

> La scuola è luogo in cui il presente è elaborato nell'intreccio tra passato e futuro, tra memoria e progetto[3].

L'impostazione narrativa dei manuali è strutturale, va quindi stravolta: lo studio dovrebbe partire dalla descrizione del presente, ciò che è irrinunciabile per cogliere i problemi dell'oggi e condizionare la scelta delle conoscenze da recuperare nel passato. I temi trattati vanno modificati, aggiornati con produzioni storiografiche recenti, lo sguardo ai fatti deve essere il più possibile mondiale per cogliere relazioni, interdipendenze e conseguenze. Per realizzare i suggerimenti delle Indicazioni «occorre [...] che la storia nelle sue varie dimensioni – mondiale, europea, italiana e locale – si presenti come un continuo intreccio di persone, culture, economie e religioni»[4].

Una storia nuova che proceda, con coraggio e motivazioni storiografiche, alla selezione delle informazioni, che presenti varietà di temi che abbiano attinenza con la vita dell'allievo, che proceda per processi di trasformazione significativi «fondanti», quei processi che hanno fatto assumere all'umanità e al mondo le sembianze che oggi conosciamo e che caratterizzano il tempo presente.

Affinché gli insegnanti possano trovare nei manuali i materiali conoscitivi adeguati alla ricostruzione di un sapere correlato, occorre «che le conoscenze del presente e del passato diventino interessanti, comprensibili, apprendibili in quanto ben strutturate sia nelle descrizioni di quadri di civiltà, sia nella rappresentazione di processi di trasformazione decisive, sia nelle argomentazioni esplicative sia nella ristrutturazione delle conoscenze in sistemi di sapere»[5].

La produzione storiografica è ricca di storie generali che possono riguardare un tema specifico; per citarne alcune: la storia delle donne in Occidente nel perio-

---

[3] Mattozzi I., *Insegnare ed apprendere la storia con le Indicazioni*, in Loiero S. e Spinosi M. (a cura di), *Fare scuola con le Indicazioni*. Didattica e spunti operativi, Giunti-Tecnodid, Napoli, 2012, pp. 61-71.

[4] *Indicazioni nazionali*, op. cit.

[5] Mattozzi I., presentazione del seminario di Clio '92, tenuto a Bologna nel 2019.

do medievale, la storia della navigazione nel Mediterraneo, la storia della coltivazione del riso nell'alta Italia e molte altre storie che possono trattare temi di storia locale o nazionale o macroregionale o mondiale.

Storia generale, quindi, non significa una storia onnicomprensiva, che abbia, per esempio, lo scopo di raccontare la storia dell'umanità dalle origini ai giorni nostri, facendo intendere implicitamente che tutta la storia dell'uomo sia riducibile ai tre volumi del manuale da studiare negli anni della scuola. La storia generale fatta dagli storici, in gran parte costruita con documenti, ha invece lo scopo di fare una sintesi di una molteplicità di conoscenze per costruire una rappresentazione di un certo passato di un territorio: «Storia generale d'Italia», «Storia dell'Europa». Esistono dunque tanti tipi di storia generale.

> *La storia generale.* Va da sé che si tratta di una categoria molto ampia. Essa differisce dalle monografie perché riguarda argomenti molto più generali. Essa differisce poi dal testo scolastico di storia in quanto si prefigge di recare un contributo conoscitivo positivo e sostanziale, mentre un libro scolastico si prefigge sostanzialmente di trasmettere quello che già si sa nel modo più lucido e avvincente. Una storia generale contiene ricerche sulle fonti primarie, ma si propone anche di raccogliere in sintesi e di interpretare ciò che hanno scritto gli altri storici. Si tratta, insomma, di un genere di storia basato sulla ricerca di una «sintesi interpretativa» la quale consiste in una nuova idea di carattere generale che spiega un'area storica abbastanza vasta[6].

L'intenzione, quindi, è di costruire proposte per modificare la storia generale scolastica e renderla interessante per gli studenti di oggi, una storia che li aiuti a comprendere il presente in cui vivono cogliendo nel passato le radici dei problemi e delle realtà dell'oggi. Si tratta di inventare un tipo di storia generale tale da costruire un sistema di conoscenze interconnesse, adatta a soddisfare le esigenze formative della scuola secondaria di primo e secondo grado.

5.2 Cosa intendere per sistema di conoscenze

Un esempio di sistema di conoscenze viene fornito da Fernand Braudel quando parla del Mediterraneo.

---

[6] Marwick A., *Che cos'è questa storia? Come si studia e come si scrive la storia*, Mondadori-The Open University, 1979, p. 101, in Mattozzi I., *Ricerca sul rinnovamento della storia generale nel curricolo*, seminario di Clio '92, 2019.

> La storia non è altro che una continua serie di interrogativi rivolti al passato in nome dei problemi e delle curiosità - nonché delle inquietudini e delle angosce del presente che ci circonda e ci assedia. Più di ogni altro universo umano ne è prova il Mediterraneo [...]. Che cosa è il Mediterraneo? Mille cose insieme. Non un paesaggio, ma innumerevoli paesaggi. Non un mare, ma un susseguirsi di mari. Non una civiltà, ma una serie di civiltà accatastate le une sulle altre [...]. Nel paesaggio fisico come in quello umano, il Mediterraneo crocevia si presenta al nostro ricordo come un'immagine coerente, un sistema in cui tutto si fonde e si ricompone in un'unità originale. Come spiegare l'essenza profonda del Mediterraneo?[7]

Un sistema di conoscenze si crea quando le informazioni fornite sono tra loro interconnesse, e tutte si «fondono» in un'unità dando vita a un sistema organico.

Il termine sistema, anche nell'accezione comune, definisce un aggregato di parti, di cui ciascuna può esistere isolatamente, ma che dipendono le une dalle altre secondo leggi e regole fisse, e tendono ad un medesimo fine.

Per costruire sistema è necessario che i vari settori della conoscenza storica abbiano tra loro un legame organico, non solo basato sulla successione cronologica, ma costituito da correlazioni spaziali e temporali, e da interferenze sensate fra conoscenze, tra gli elementi costitutivi delle stesse.

Anche una singola conoscenza può essere costruita in modo sistemico e costituire un sistema di conoscenze.

> Intuivo soprattutto che una società, come un paesaggio, è un sistema di cui molteplici fattori determinano la struttura e l'evoluzione; che i rapporti tra tali fattori non sono di causa e effetto ma di correlazione, di interferenze; che è metodologicamente opportuno esaminare uno per uno quei fattori in un primo tempo, poiché ciascuno di essi agisce e si evolve secondo il proprio ritmo, ma che, se si vuole comprendere il funzionamento del sistema, bisogna tassativamente considerarli nell'indissociabile coesione che li riunisce[8].

5.3 Sistemi/storie generali possibili

Esistono vari sistemi, quello che meglio conosciamo e che sembra insostituibile è il sistema manualistico cronologico, ma da decenni ormai la scuola primaria, an-

---

[7] F. Braudel, *Il Mediterraneo. Lo spazio la storia gli uomini le tradizioni*, Bompiani, Milano, 1994, pp. 7-9

[8] Duby G., *La storia continua*, p. 11, in Mattozzi I., *Storia generale e sistemi di conoscenze*, seminario di Clio '92, Rimini, 2020.

che su indicazione del Ministero dell'Istruzione, propone una organizzazione del sapere per quadri di civiltà.

I quadri di civiltà sono descrizioni di Stati del mondo, quadri descrittivi costruiti con la messa in relazione di vari indicatori tematici (ambiente, vita materiale, religione, organizzazione sociale, organizzazione politica ecc.) che ricostruiscono la vita quotidiana del popolo/civiltà preso in esame, in un determinato spazio e momento storico. I quadri di civiltà sono statici, escludono pertanto il racconto di fatti ed eventi. Il confronto fra vari quadri di civiltà che si sono sviluppate in luoghi diversi o in tempi diversi, o il confronto e il continuo riferimento al quadro della civiltà dell'oggi che l'allievo conosce e vive, favoriscono e ampliano la possibilità di creare relazioni e inferenze, di cogliere somiglianze e differenze e quindi di costruire un ampio sistema di conoscenze.

Le conoscenze possono essere riorganizzate in un sistema organico, in modo sensato e comprensibile agli allievi, se si adotta una pluralità di strategie sistemiche: si possono costruire, oltre ai quadri di civiltà, processi di trasformazione che mettono in relazione le azioni, i contesti, i soggetti, le temporalità, per comprendere i principali mutamenti avvenuti nella storia dell'umanità. Il procedimento metodologico di riorganizzazione delle conoscenze per processi di trasformazione, sul quale si insisterà particolarmente offrendo anche esempi operativi, costruisce un sistema in cui tutte le informazioni, ben selezionate, confluiscono in un unico obiettivo: fornire elementi per comprendere le trasformazioni avvenute, i contesti di origine e di fine del processo tematizzato.

Per esempio, la scelta del tema, un tema complesso: «Dalla caduta dell'Impero romano d'Occidente alla formazione del Sacro Romano Impero, V-IX secolo», comporta la definizione dello spazio e del tempo, l'ambito da privilegiare, sia esso economico, politico, sociale o della mentalità; comporta descrivere la situazione di decadenza dell'Italia e dell'Impero romano d'Occidente, delle terre europee nel V secolo, per tracciarne un quadro ben definito, un'analisi della situazione iniziale del processo di trasformazione. L'operazione seguente, secondo passaggio nel percorso metodologico, contempla la descrizione della situazione negli stessi spazi alla fine del processo: la situazione dell'Europa nell'800 circa, durante il regno di Carlo Magno. I due quadri messi a confronto dimostrano la grande differenza fra le due situazioni prese in esame, la trasformazione avvenuta in quello spazio temporale, ma anche gli elementi di continuità tra i due imperi. Dal confronto si originano le domande, i problemi riguardo alle modalità della trasformazione, agli elementi che l'hanno favorita, ai protagonisti ecc. Solo a questo punto, risvegliati l'interesse e la motivazione degli allievi, può iniziare la fase narrativa: il racconto degli eventi intercorsi tra la situazione iniziale e quella finale, dalle prime invasioni/migrazioni ai regni romano barbarici, all'intervento dell'imperatore d'Oriente Giustiniano, alle guerre gotiche. La ricostruzione consente di capire cosa è accaduto, in che contesti ambientali e sociali, quali fatti sono stati decisivi per la caduta dell'Impero romano e la costituzione dell'Impero carolingio.

Il rapporto con il presente è immediato e sostanziale, noi viviamo in una Europa che si è costituita di recente e che in tendenza dovrebbe unire le varie nazioni dell'area europea. Quali somiglianze o relazioni tra l'Europa di Carlo Magno e l'Europa moderna? Perché alcuni storici definiscono Carlo Magno il *padre dell'Europa*, quali elementi di continuità dal IX secolo a oggi?

Più impegnativa, ma essenziale e motivante per le classi della scuola secondaria di secondo grado, è la proposta della riorganizzazione del sapere procedendo per problemi storici, per reti di conoscenze, come una serie di sistemi di entità interconnesse. Procedere per problemi significa compiere un'analisi del presente, precisa e consapevole, individuarne i problemi essenziali, scegliere una tematizzazione individuando spazi e tempi dell'origine del problema, e stabilirne periodizzazioni possibili dal passato al presente.

Prendendo in considerazione il processo precedente, si tratterebbe di strutturare un percorso che dia risposte ad alcuni problemi dell'oggi. Per esempio: quale differenza tra i paesi europei mediterranei e quelli del centro Europa? Perché si parla oggi di una Unione Europea a trazione nordica? Quali nazioni possono entrare a far parte dell'Europa? Quale significato ha assunto la Brexit all'interno dell'originario progetto dell'Europa unita economicamente e politicamente? Nel percorso storico, nel passare dei secoli da Carlo Magno in poi come e quando si è venuta formando l'idea di unità economica e politica tra gli Stati dell'area europea? In che modo la persistenza del Sacro romano impero germanico nell'Europa centrale ha influenzato questi processi? Che peso hanno avuto nello sforzo di dar vita ad un progetto di integrazione europea le guerre frequenti tra gli Stati europei e le distruzioni conseguenti alle guerre mondiali?

L'offerta da parte dell'insegnante di vari testi storiografici adeguatamente ridotti e selezionati, permette all'allievo di cogliere il problema nelle sue varianti interpretative, di argomentare e scegliere possibili spiegazioni, di recuperare il valore e la significatività del passato, esercitando così il pensiero critico. I problemi proposti sono complessi e gli allievi non devono essere lasciati soli con manuali e testi storiografici, ma vanno fatti lavorare in gruppo in ore di laboratorio per insegnare loro a usare i testi, anche cartografici o visivi, testi filmici, documenti scritti, risorse digitali. Gli allievi dovrebbero apprendere a dedurre dai testi: schemi, scalette tematiche, grafici temporali, mappe concettuali; dovrebbero esercitarsi a mettere in relazione conoscenze del presente e conoscenze del passato, a connettere le conoscenze apprese in sistemi di rappresentazione del passato.

5.4 Criteri di rilevanza

Per progettare un percorso di storia generale nuovo, alternativo, ma non escludente il manuale, è necessario compiere delle scelte, tralasciare le conoscenze non rilevanti, non essenziali per la formazione degli studenti di oggi, e fare proposte che tengano conto delle produzioni storiografiche recenti. Allo scopo di compiere scelte motivate è opportuno che l'insegnante definisca dei criteri e stabilisca quando una conoscenza è irrinunciabile per interpretare il mondo di oggi e quindi sia conveniente trattarla in classe.

Quali sono le conoscenze significative, irrinunciabili, con quali criteri selezionare le conoscenze, quali sono i concetti fondanti da tener presente nel processo di insegnamento? Devono essere criteri che permettono di formare le abilità a ragionare storicamente e a fondare il pensiero storico critico.

Le conoscenze sono rilevanti se connettono aspetti e processi del passato con aspetti del mondo attuale. Le conoscenze rilevanti per la comprensione del mondo attuale sono rilevanti anche per la conoscenza e la comprensione dei mondi passati.

Enunciamo alcuni criteri di rilevanza che hanno guidato le scelte dei repertori che seguiranno.

1. Le conoscenze rilevanti e significative utili ai nostri allievi sono quelle *che connettono aspetti e processi del passato con aspetti del mondo attuale*.
2. Sono le conoscenze che promuovono la costruzione di *concetti fondanti* adeguati alla comprensione delle radici storiche dei processi in atto nel presente. Concetti fondanti quali: *Presente*, *Tempo/spazio*, *Storia/ storiografia*, *Tracce*, *Ambiente/Territorio*, *Tecnologia/Società*, *Religione/Cultura*, *Stato/Economia*, *Civiltà*. I concetti vanno costruiti, non enunciati o definiti preventivamente.
3. Generalmente le conoscenze rilevanti si riferiscono a territori e spazi ampi, superano la visione eurocentrica privilegiando la visione della storia a scala mondiale o macroregionale, per comprendere meglio le relazioni, gli effetti, le conseguenze degli eventi trattati.
4. La storia significativa va oltre le narrazioni di eventi di breve durata, privilegia *la lunga durata* per cogliere le permanenze e i cambiamenti. La visione di lunga durata serve per comprendere le trasformazioni e costruire una rete di saperi, un sistema.
5. Le conoscenze risultano rilevanti se trattate come *episodi/ parti di processi di trasformazione* e se mettono in rilievo la pluralità dei soggetti coinvolti nello svolgimento dei processi.
6. Significante è mettere a fuoco le *contemporaneità dei fenomeni* in quanto permette agli alunni di avere del mondo una visione di insieme.

I criteri di rilevanza enunciati non sono gli unici possibili, se ne possono individuare altri, ma è comunque essenziale che la scelta venga esplicitata e condivisa con gli allievi; così pure i temi scelti come irrinunciabili.

5.5 Cosa intendere per processi di trasformazione

I processi di trasformazione, più volte citati, sono una efficace metodologia di riorganizzazione del sapere che permette di rendere le conoscenze sensate e comprensibili. La comprensione di un fenomeno storico si attua in modo più sicuro se il fatto viene inserito in un contesto ed espresso con una corretta tematizzazione (scelta di tema, spazio e tempo). La situazione iniziale di un processo va descritta con chiarezza, utilizzando indicatori tematici significativi; con gli stessi criteri si descrive la situazione finale, quando la trasformazione si è conclusa a distanza di tempo. Dal confronto della situazione iniziale e finale nascono i problemi, le domande. La narrazione dei fatti accaduti pertinenti il tema, non certo tutti i fatti indicati dal manuale, vanno recuperati e proposti in ordine cronologico, favorendo così la spiegazione del processo di trasformazione.

Uno schema grafico ad uso didattico può servire a visualizzare il percorso per la costruzione di processi di trasformazione:

TEMATIZZAZIONE

↓ Conoscenza della situazione iniziale del processo — ↓ Conoscenza della situazione finale del processo

↓

Confronto e rilevazione di mutamenti e permanenze

↓

Problematizzazione e periodizzazione

↓

narrazione 1° fatto — narrazione 2° fatto — narrazione 3° fatto

↓

Ricostruzione del processo e spiegazione

5.6 Repertori per cambiare la storia generale da insegnare

Nel percorso di ricerca metodologica dell'Associazione Clio '92, la necessità di superare il consueto sistema di sapere manualistico e di proporre una nuova storia generale, è sempre stato presente. Nelle pubblicazioni e nei numerosi seminari organizzati negli ultimi anni, sono stati formulati dei *repertori* con tematizzazioni alternative, o con temi usuali riproposti come processi di trasformazione, per suggerire agli insegnanti temi e percorsi cui attingere secondo le esigenze delle classi.

Quali temi suggeriscono le Indicazioni nazionali? Come possiamo procedere a costruire conoscenze alternative pur restando nell'ambito del dettato ministeriale?

Esaminiamo dunque i temi elencati nelle Indicazioni per la scuola secondaria di primo grado e cerchiamo di selezionare le conoscenze significative da proporre, rintracciabili nei manuali. Cerchiamo di riformularle secondo l'organizzazione del sapere per processi di trasformazione. Si procede in tal caso a una drastica selezione delle informazioni relative ai temi da trattare, tenendo conto dei tempi ridotti che nell'orario scolastico sono assegnati all'insegnamento della storia.

Repertorio: a)

Le parole del testo delle Indicazioni nazionali	Conoscenze storiche significative tra cui selezionare
Scuola secondaria di primo grado	
Dalla progressiva strutturazione dei territori alla nascita di una società ricca per i diversi apporti di genti e di culture nel Medioevo	• Il processo di formazione dell'Europa dal V al XII secolo • L'Islam: dalla nascita all'espansione e formazione del mondo islamico • La civiltà europea nei secoli XII-XV
Dall'Umanesimo al Rinascimento	• Processi di trasformazione dei mezzi di comunicazione, diffusione e rinnovamento della cultura in Europa
Dalle scoperte geografiche all'espansione europea	• Il processo di espansione della civiltà europea e la mondializzazione dell'economia dal 1400 al 1750
Dalla Riforma protestante alla costruzione degli stati moderni	• Il processo di formazione e diffusione delle Chiese protestanti • Il processo di riforma e organizzazione della Chiesa e della società cattoliche • Trasformazioni tecnologiche (carta, stampa, armi da fuoco) • Formazione degli stati accentrati
Dalla Rivoluzione scientifica all'Illuminismo e alla formazione di Stati di diritto	• Le rivoluzioni scientifiche nel Cinquecento e Seicento • Le rivoluzioni politiche (inglese, americana e francese) e la formazione degli Stati di diritto

Dalla colonizzazione alla formazione degli Stati nazionali, in particolare quello italiano	• Gli europei fuori dall'Europa e gli altri paesi • Nascita delle ideologie nazionaliste e formazione di Stati nazionali nel XIX secolo
Dall'industrializzazione al diffondersi della società di massa e all'emancipazione femminile	• Le trasformazioni economiche nel XIX secolo • La formazione delle società di massa • L'emancipazione femminile
Dai conflitti mondiali all'affermazione di dittature e all'espansione della democrazia	• Le guerre mondiali e le trasformazioni geopolitiche mondiali • I processi di formazione di regimi dittatoriali • I processi di formazione e diffusione dei regimi democratici
Dai movimenti di resistenza alla formazione della Repubblica italiana	• La formazione della Repubblica democratica italiana
Dalla decolonizzazione all'avvento della globalizzazione	• Il processo di formazione del mondo globalizzato
Dalle rivoluzioni scientifiche alla rivoluzione digitale	• Le trasformazioni scientifiche nel corso del XX secolo • Una rivoluzione in corso: comunicazione, scienza, cultura, democrazia, scienza nell'era digitale

Volendo ampliare le proposte fatte, viene di seguito presentato un esempio, un'ipotesi di curricolo, per la classe prima della scuola secondaria di primo grado, ma proponibile anche, con approfondimenti adeguati, alla secondaria di secondo grado. Si tratta di una sequenza di temi proposti dalla storiografia contemporanea che permettono una visione meno eurocentrica e in molti casi mondiale.

Repertorio: b)

Proposta di alcuni temi ritenuti essenziali per una nuova storia generale nel periodo V-XV secolo, nella classe prima secondaria di primo grado.

1. Quadri descrittivi del mondo nel V secolo e nel XV secolo (l'Europa e il Mediterraneo nel V e nel XV secolo: situazione politica da descrivere con l'ausilio di carte geostoriche, dati/tabelle delle situazioni economiche, dati o immagini della situazione sociale e della modalità di vita della popolazione nei periodi indicati ecc.). È possibile così fare riferimento e confronti con l'oggi.
2. Narrazione e confronto, con l'uso di carte geostoriche mondiali, degli spostamenti di popoli dal V al XV secolo, nel mondo euroasiatico, con attenzione all'Europa e al Mediterraneo.
3. Europa meticcia: interazioni etniche e linguistiche culturali, circolazione della cultura, invenzioni, tecniche (diffusione dei mulini a vento, l'invenzione e diffusione della carta, le armi da fuoco e le trasformazioni sociali, economiche e politiche, origine e diffusione della stampa a caratteri mobili).
4. I commerci nel mondo: le interazioni commerciali tra Europa, Asia e Africa,

una economia mondiale prima della globalizzazione (percorsi delle merci da oriente a occidente, la via della seta, le tratte carovaniere, i mezzi di trasporto, i prodotti trasportati, le condizioni dello scambio. Le sponde del Mediterraneo, i fondaci di Venezia e Genova, i commerci con l'Europa del Nord, investitori, banche).
5. Aspetti della vita materiale: scelta di alcuni soggetti sociali (contadini, artigiani, uomini di Chiesa, badesse, commercianti, nobili) nell'ambiente e nei luoghi di vita.
6. Dal cristianesimo delle origini alla riforma della Chiesa nei secoli X-XII, al papato universale, allo Stato della Chiesa nei secoli XII-XIV.
7. Modalità di esercizio del potere e della sovranità nel mondo: imperi, regni, Comuni.
8. La peste nel mondo e in Europa; la ripresa nel XV secolo.

Repertorio: c)

Per quanto riguarda il periodo XV- XX secolo, quello relativo alla storia moderna, i temi irrinunciabili in una seconda classe possono concernere:

1. Il mondo alla fine del XV e nel XVII secolo: la conoscenza di mondi nuovi, le esplorazioni geografiche europee, la scoperta delle Americhe e i mutamenti commerciali, economici, culturali conseguenti; i commerci dal Mediterraneo all'oceano Atlantico nel XVI e XVII secolo; il commercio delle spezie dall'India al Mediterraneo, all'Europa, all'America (lo scambio colombiano: oro, argento, prodotti coloniali, lo scambio agricolo). La mondializzazione dei commerci.
2. La trasformazione politica del potere: dallo Stato feudale alla formazione dello Stato assoluto.
3. La formazione delle Chiese protestanti e la rottura dell'unità della Chiesa cattolica romana. La Riforma protestante e cattolica.
4. Le rivoluzioni scientifiche: dal sistema tolemaico al sistema galileiano eliocentrico; Newton e la scienza moderna.
5. Il mondo nel XIX secolo: da un mondo agricolo artigianale allo sviluppo industriale: le nuove fonti energetiche, la rivoluzione dei mezzi di produzione e di trasporto, invenzione e diffusione delle ferrovie (1790-1850).
6. La rivoluzione nelle comunicazioni: macchina fotografica, telegrafo, cinema, automobile, aereo (1850- 1914).
7. Il mondo tra i due secoli fino all'inizio del Novecento circa.

Una proposta interessante e innovativa è quella che Ivo Mattozzi ha presentato a un seminario di formazione dall'Associazione Clio '92, tenuto a Bologna nel

2019: un repertorio di storia moderna suddiviso per ambiti tematici adatto alle scuole secondarie di primo e di secondo grado. Il repertorio dovrebbe servire come stimolo all'insegnante per scegliere alcuni temi da inserire nel curricolo annuale.

1	Conoscenze politiche	Il particolarismo statale italiano e le forme statali nel mondo
		La formazione dello Stato assoluto
		Le rivoluzioni inglese, americana, francese
		La formazione dello Stato di diritto e la formazione di nuove élites
		I nazionalismi e la formazione dello Stato unitario italiano. La questione meridionale e le rivendicazioni neoborboniche

2	Conoscenze geopolitiche	L'espansione europea e la formazione di imperi coloniali
		L'impero ottomano e la sua multiculturalità
		La formazione delle nazioni e le contrapposizioni geopolitiche che preparano lo scoppio della Prima guerra mondiale
3	Conoscenze scientifiche	La rivoluzione scientifica
		La rivoluzione della conoscenza dell'origine del mondo e dell'umanità
4	Conoscenze culturali	La formazione del patrimonio culturale nell'età moderna
		La formazione del mondo cristiano protestante 1500-1648
		Lo sviluppo della scolarità e dell'alfabetizzazione
		L'*Encyclopédie* di Diderot e d'Alembert e le trasformazioni delle idee nel Settecento
5	Conoscenze sociali	Le donne nella storia dell'età moderna
		Le donne nello sviluppo industriale
		La questione del suffragio universale
		I movimenti popolari e le organizzazioni socialiste
		L'emancipazione e l'integrazione delle comunità ebraiche

Repertorio: d)

Conoscenze rilevanti per la formazione del pensiero e della cultura degli alunni dell'ultimo anno della scuola secondaria di primo e secondo grado, dedicato allo studio del Novecento fino ai giorni nostri.

Tra i possibili processi di trasformazione politico-economica che nel Novecento hanno modificato profondamente la nostra vita materiale e le relazioni tra i soggetti nel mondo, ne enumeriamo alcuni ritenuti essenziali e rintracciabili nei manuali.

1. Dalla colonizzazione di Asia e Africa tra XIX e XX secolo alla decolonizzazione e formazione degli Stati nazionali al neocolonialismo.
2. Le guerre mondiali e le trasformazioni geopolitiche (carte a confronto): dagli imperi alla formazione degli Stati nazionali in Europa.
3. L'Europa dall'egemonia politico-economica mondiale al declino dopo le guerre mondiali.
4. Russia: dall'Impero degli zar a struttura feudale al primo Stato socialista della storia.
5. La formazione dei regimi totalitari in Germania e in Europa dalla repubblica al totalitarismo.
6. L'organizzazione politica italiana: dallo Stato liberale allo Stato totalitario.
7. Nel XX secolo il mondo diventa globale: le innovazioni scientifiche in campo meccanico, ottico, sanitario, nella fisica e nella chimica: dall'automobile, agli aerei supersonici, alle navette spaziali, la robotizzazione del lavoro, la rivoluzione nelle comunicazioni, dal telefono ai cellulari, internet, i computer, le esplorazioni dello spazio ecc.

Repertorio e)

La tabella seguente, presentata da Ivo Mattozzi nel seminario già citato, riorganizza l'indice di un manuale, individuando nel Novecento possibili processi di trasformazione. La proposta contiene molti temi simili al repertorio precedente, li organizza, ne indica la periodizzazione e suggerisce il rapporto con il presente, aggiungendo possibili domande storiche per cogliere il nesso passato-presente.

Processi di trasformazione	Periodo	Spazio	Connessioni tra presente e passato	Domande storiche
1. L'Europa dall'egemonia politico-economica mondiale al declino	1875-1965	Europa	Il processo di integrazione europea in corso risponde alla volontà di restituire centralità politica e forza economica al vecchio continente	Cosa ha determinato il declino dell'Europa come potenza mondiale? Quali strategie deve attivare l'Unione europea per recuperare un ruolo di leadership e dialogare alla pari con gli Stati Uniti?
2. L'organizzazione politica italiana: dallo Stato liberale allo Stato totalitario	1876-1922	Italia	Le vicende italiane e del Secondo dopoguerra (ad esempio la divisione della Germania) trovano la giusta chiave di lettura nel grande timore di un ritorno del fascismo (divieto per i partiti fascisti nella Costituzione)	Quali cause hanno favorito l'affermazione dei regimi fascisti in Italia, Germania, Spagna, mentre altrove in Europa rimasero in piedi le strutture liberali, pur caratterizzate da un'involuzione autoritaria? Quali le conseguenze dell'esperienza fascista sulla storia del Novecento?
3. Asia e Africa: dalla sottomissione coloniale all'indipendenza	Data di inizio: Fine secolo XIX (imperialismo) Data di fine: il processo si conclude verso la fine degli anni Settanta del Novecento	Asia, Africa	Il peso della prolungata sottomissione si riflette nella difficoltà manifestata da molte ex-colonie a dotarsi di strutture amministrative democratiche e di una competitiva economia di mercato	Quali le cause della decolonizzazione? L'indipendenza dai paesi europei può dirsi completamente raggiunta? Perché in alcuni casi è stata pacifica e in altri no?
4. La cartina politica dell'Europa prima e dopo la Grande guerra: dagli imperi multinazionali di Austria-Ungheria, Turchia, Russia, alla formazione di nuovi Stati nazionali	Inizio secolo XX (imperi multinazionali ancora esistenti) - 1919 Trattato di Parigi	Europa, Medio-Oriente	Molti Stati nazionali istituiti dopo lo smembramento esistono tuttora (ad esempio Polonia) oppure sono rimasti invariati per buona parte del Novecento (ad esempio Iugoslavia)	Che cosa ha determinato la crisi degli imperi multinazionali?
5 La Russia: dall'Impero degli zar a struttura per molti aspetti feudale al primo Stato socialista della storia	Inizio secolo. XX-1917	Russia	L'URSS giocherà un ruolo da protagonista sulla scena mondiale fino alla fine degli anni Ottanta del Novecento	Che cosa ha favorito l'affermazione del socialismo in un paese quasi privo di classe operaia?

6. L'organizzazione politica della Germania: dalla Repubblica allo Stato totalitario	1919-1945	Germania	La vicenda del nazismo segna profondamente tutta la storia della Germania del Novecento (divisione); questione ebraica	Quali cause hanno favorito l'affermazione dei regimi fascisti in Italia, Germania, Spagna, mentre altrove in Europa rimasero in piedi le strutture liberali, pur caratterizzate da un'involuzione autoritaria?
7. L'ordinamento politico italiano: dalla dittatura alla Repubblica	1922-1948	Italia	Passaggio fondamentale per conoscere l'attuale ordinamento	Attraverso quali vicende è avvenuto tale fondamentale passaggio per la storia italiana?
8. Il comunismo in Europa orientale: dall'espansione al declino	1945-1989	Europa orientale	Attualmente molti Stati dell'Est europeo stanno ancora scontando le difficoltà legate alla transizione verso l'economia di mercato	Quali cause hanno determinato il crollo del comunismo? In che modo è avvenuta (sta avvenendo), sul piano politico-economico, la transizione?
9. La crisi dell'URSS: da potenza mondiale nel secondo dopoguerra alla disgregazione dell'unione	1945-1991	Russia	Conoscere i grandi rivolgimenti della storia russa novecentesca (dal regime zarista semi-feudale al socialismo all'economia di mercato) è fondamentale per capire l'attualità	Quali conseguenze sull'attuale assetto dei paesi ex-sovietici ha avuto il rapido passaggio dal comunismo all'economia di mercato?
10. La Germania: dalla divisione alla riunificazione	1945-1990	Germania	Passaggio fondamentale per conoscere l'attuale ordinamento della Germania	Perché esiste tuttora uno squilibrio fra le due ex Germanie indipendenti? Quali conseguenze ha avuto tale passaggio sull'assetto politico ed economico dell'Europa?
11. Il miracolo economico italiano e tedesco: dalla grave depressione del secondo dopoguerra al benessere economico	1945-1973	Italia e Germania	Il tenore e lo stile di vita italiani attuali sono inscindibili da tale fase di crescita accelerata	Quali cause hanno determinato tale rapido sviluppo?

12. Dal bipolarismo USA-URSS alla supremazia statunitense	1945- anni Novanta del XX secolo.	Intero pianeta	Attuale assetto degli equilibri mondiale; imprescindibile per comprendere l'attualità	Come si spiega l'attentato alle Torri di New York del settembre 2001? Quali nuovi tensioni e conflitti sta scatenando nel mondo il primato americano?
13. L'Europa: dalla suddivisione in Stati nazionali all'unificazione economica e monetaria	1947-2002	Europa Occidentale e Orientale	Il processo di integrazione europea non può considerarsi concluso, tuttavia le date 2002/2004 risultano molto significative e spendibili per spiegare ai ragazzi l'integrazione europea del secondo Dopoguerra	Come e perché è nata l'Unione europea? Quali ostacoli devono essere superati perché l'Europa possa giocare efficacemente il suo ruolo di potenza multinazionale sullo scacchiere mondiale?

Nella tabella mancano le indicazioni per una storia sociale, culturale, di sviluppo industriale, scientifico ecc., ma i manuali presentano essenzialmente una storia politico-istituzionale.

Repertorio f)

Per quanto riguarda la storia dell'Italia nel Novecento e all'inizio del Ventunesimo secolo sono irrinunciabili alcuni temi specifici

1. L'organizzazione politica italiana: dallo Stato liberale allo Stato totalitario, 1876-1922
2. L'organizzazione politica italiana: dallo Stato totalitario alla Repubblica, 1922-1948
3. Il miracolo economico italiano: dalla grave depressione del secondo dopoguerra al benessere economico, 1945-73
4. L'Italia nel mondo: da una stagione riformista, 1992-2001, all'instabilità e crisi economica e politica di oggi.
5. Dall'unità economica europea alla Brexit all'antieuropeismo e ai populismi di oggi, 2022.

5.7 La funzione dei repertori delle conoscenze significative

Le Indicazioni non sono prescrizioni assolute, certo questo non era nell'intenzione dell'estensore ministeriale; esse vanno interpretate e sta nella competenza dell'insegnante decidere quali conoscenze scegliere e come coniugarle, costruendo un curricolo adeguato ai suoi allievi. Per questo motivo abbiamo proposto vari repertori a cui attingere.

I repertori vanno intesi come suggerimenti di riorganizzazione del sapere, per mostrare conoscenze possibili, tematizzazioni adeguate a rendere più avvincenti e coinvolgenti le conoscenze. Nei repertori vengono segnalate le connessioni tra temi per costruire un sistema di sapere. La struttura stessa del processo di trasformazione stimola ai confronti e alla riflessione sui fatti accaduti e sollecita questioni e problemi. La storia così impostata dovrebbe coinvolgere gli allievi a partecipare attivamente alla ricostruzione, attivandone la capacità di fare ipotesi, di valutare l'importanza o meno dei fatti in un dato percorso storico e la loro reciproca connessione.

5.8 Suggerimenti per costruire un percorso didattico di storia generale « nuova »

La trattazione didattica di qualsiasi tema di storia generale deve corrispondere in qualità e correttezza all'opera storiografica « alta » scelta come testo di riferimento, tralasciando i criteri espostivi dei manuali. L'insegnante che sceglie uno o più testi storiografici come modelli di riferimento, deve essere in grado di coglierne ed evidenziarne il tema, contenuti, cronologia e periodizzazioni, le problematizzazioni e le spiegazioni, gli incroci disciplinari, le trame concettuali. L'operazione dell'insegnante consiste, dunque, nel compiere una mediazione didattica tra un testo « alto » e necessità e capacità cognitive degli allievi.

L'operazione indicata è fattibile ad ogni livello scolastico riducendo fortemente il testo storiografico, o riscrivendone parti essenziali, adeguando il testo alla classe.

Per costruire un percorso di storia generale è necessario tener presente alcuni fattori importanti quali quelle presentate di seguito.

- La relazione tra presente e passato deve essere chiara, evidente. L'analisi del percorso di conoscenza deve partire dal presente per poi motivare la ricerca nel passato di possibili fattori che abbiano favorito la situazione dell'oggi: in un procedimento dal presente al passato – dal passato al presente.
- Le conoscenze devono essere tematizzate in modo che il fatto scelto sia cono-

sciuto in tutto il suo svolgimento. La trasformazione va presentata, nominata, analizzata sia nella situazione iniziale sia in quella finale. Ad esempio: «L'ordinamento politico italiano: dalla dittatura alla Repubblica, 1922-48»; «La trasformazione politico-economica in Europa: dalla suddivisione in Stati nazionali all'unificazione economica e monetaria; 1947-2002».

- Durante la ricostruzione del processo vanno rilevati i mutamenti e le permanenze intercorsi tra la situazione iniziale e quella finale del processo, attraverso il confronto. Deve essere evidenziata la problematizzazione; le informazioni attinenti vanno selezionate in base al tema e organizzate temporalmente in periodi per rendere esplicita la spiegazione.
- I temi scelti per formare un sistema coerente devono essere in relazione tra loro, in primo luogo superando il sistema cronologico di successione, ma mettendo a fuoco le contemporaneità dei fenomeni in modo da sviluppare il pensiero storico. La domanda guida per il montaggio in sequenza degli argomenti è: «quale è la conoscenza che mette in condizione di comprendere le conoscenze che seguiranno e che conterranno riferimenti alle precedenti informazioni?».
- Il montaggio delle conoscenze e il loro flusso possono avvenire per campi tematici, per esempio prendendo in considerazione l'economia o l'aspetto politico o religioso o la trasformazione nel campo della mentalità presso una civiltà.
- Nel piano di lavoro vanno introdotte conoscenze in campo sociale, economico, culturale, ignorate o spesso trattate in modo sommario nei manuali.

5.9 Biennio della scuola secondaria di secondo grado

Nel biennio della secondaria di secondo grado, il programma prevede lo studio della storia antica: dalla preistoria alla decadenza del mondo romano.

Per progettare una nuova storia generale riguardante questo vastissimo programma è necessario affrontare processi di trasformazione, sostenuti da domande precise a partire dal presente: «quali elementi del passato preistorico o delle antiche civiltà permangono nel nostro mondo di oggi?» Di seguito riportiamo alcuni esempi.

- Il processo di ominazione: abbiamo a che fare oggi con il processo di ominazione? La trasformazione dall'Australopiteco all'Homo Sapiens è un processo evolutivo che continua anche oggi? Gli studi di genetica e le scoperte paleontologiche, oltre a chiarire le evoluzioni avvenute tra gli ominidi e a stabilirne le parentele, chiariscono i meccanismi evolutivi in atto nel nostro organismo, l'origine delle malattie, contribuendo alla ricerca di possibili cure ancora in fase di sperimentazione.

- Il passaggio dal Paleolitico al Neolitico è stata la trasformazione più importante della storia dell'Umanità. Nel tempo l'umanità ha modificato le tecniche produttive e conservative del cibo, ma l'agricoltura è ancora la principale fonte del nostro sostentamento: in tal senso noi oggi siamo ancora uomini del Neolitico. Così pure persistono oggi l'allevamento conseguente all'addomesticamento degli animali, la lavorazione dei metalli ecc. Il rapporto passato-presente risulta evidente e facile da costruire.
- La nascita dell'agricoltura: la trasformazione dalla agricoltura secca a quella irrigua nel passato è essenziale per comprendere la produzione del surplus, la nascita delle società complesse, la divisione del lavoro e dei gruppi sociali.
- Il mondo del lavoro oggi, con le sue divisioni, stabilisce gerarchie di potere e di reddito. Le continue invenzioni tecnologiche applicate al lavoro modificano il modo di produrre e di consumare ecc.
- Dalla trasformazione economica e sociale dei villaggi alla invenzione della città nelle sue varie forme. Il tema delle città caratterizza le varie forme di organizzazione politica delle civiltà mediterranee e medio-orientali antiche e moderne.
- Le antiche civiltà presentate e analizzate in un continuo confronto tra loro e con il presente consentono di cogliere quali permanenze continuano ad esistere, con gli adeguamenti dovuti nel tempo, nelle strutture attuali della società, nella religione, nell'organizzazione. Che cosa, in ultima analisi, abbiamo appreso dalla civiltà greca, cosa da quella romana?
- Le connessioni create servono a costruire concetti sovraordinati, concetti fondanti trasversali alle varie discipline, essenziali come ordinatori delle conoscenze e del sapere.

Un continuo e attento aggiornamento storiografico, la volontà di modificare una falsa struttura cronologica imposta dalla manualistica, la fiducia nella didattica dei processi di trasformazione, il coraggio di provare a modificare, sono gli elementi per proporre e sperimentare una nuova storia generale scolastica.

Bibliografia

- Braudel F., 1994, *Il Mediterraneo. Lo spazio la storia gli uomini le tradizioni*, Bompiani, Milano.
- Brioni G., Coltri L., Rabitti M.T., 2016, *Insegnare e apprendere storia e geografia*, Giunti Scuola, Firenze.

- Guanci V., Rabitti M.T. (a cura di), 2017, *Storia e competenze nel curricolo*, Mnamon, Milano.
- Guanci V., Di Pofi M.C. (a cura di), 2020, *La storia a scuola. Conoscenze significative per curricoli di storia*, I parte, *Proposte e riflessioni*, in particolare i testi di I. Mattozzi, M.C. Sanpaolesi, M.T. Rabitti, E. Dondero, P. Lotti, Mnamon, Milano.
- Hassaniu-Idrissi M. (a cura di), 2013, *Mediterranée. Une histoire à partager*, Bayard, Paris.
- Mattozzi I., 2011, *Pensare la storia da insegnare*. Vol. 1, *Pensare la storia*, Cenacchi Editrice, Bologna.
- Mattozzi I., 2012, *Insegnare ed apprendere la storia con le Indicazioni*, in S. Loiero, M. Spinosi (a cura di), *Fare scuola con le Indicazioni. Didattica e spunti operativi*, Giunti-Tecnodid, Napoli.
- Perillo E. (a cura di), 2019, *Il presente e le sue storie. Come insegnare una nuova storia generale a scuola*, Prima parte *Temi e Proposte*, in particolare i testi di I. Mattozzi, M.T. Rabitti, M.C. Sanpaolesi, E. Monari, M. Gusso, Mnamon, Milano.
- Rabuiti S., 2011, *Storia e sistemi di conoscenze*, in «Bollettino di Clio '92», n. 30, gennaio 2011.

6
Storia e geostoria. Studiare lo spazio e il tempo

di Emanuela Garimberti

Si è arrivati a questo: siedo sotto un albero,
sulla sponda d'un fiume
in un mattino assolato.

È un evento futile
e non passerà alla storia.
Non si tratta di battaglie e patti
di cui si studiano le cause,
né di tirannicidi pieni di memoria.

Tuttavia siedo su questa sponda, è un fatto.
E se sono qui,
da una qualche parte devo pur essere venuta,
e in precedenza
devo essere stata in molti altri posti,
proprio come i conquistatori di terre lontane
prima di salire a bordo.
[...]

WISLAWA SZYMBORSKA, *Non occorre titolo*

6.1 La geostoria nella scuola italiana: limiti e potenzialità

La parola «geostoria» è entrata nel lessico della scuola italiana nell'a.s. 2012-2013, quando nella scuola secondaria riformata dal ministro Maria Stella Gelmini viene introdotta nei primi due anni dei licei una contrazione delle discipline della storia e della geografia in un'unica voce curricolare, con diminuzione delle ore dedicate a queste materie, da quattro a tre (due ore di storia e una di geografia nel biennio), per un totale di 99 ore annuali. Anche il sistema di valutazione prevede un unico voto, che deve sintetizzare le conoscenze e le competenze acquisite nelle due discipline. L'introduzione della nuova materia è tuttora limitata al solo biennio, anche se nelle indicazioni ministeriali si sottolineava come fosse «da sviluppare poi nell'arco dell'intero quinquennio» (Pezzella 2010; Bienna, Bortone 2014). Minata alla base da una riduzione del monte orario e da una riforma poco apprezzata dal mondo della scuola, la geostoria fu allora introdotta senza il necessario confronto con gli studiosi e i docenti delle due materie e, in questi ultimi anni, ha fatto fatica a essere percepita in modo diverso da una mera giustapposizione di due discipline con caratteristiche e programmi in realtà molto diversi.

Sia storici sia geografi, infatti, dissentono in modo categorico sul fatto che la geostoria possieda un proprio statuto indipendente, rivendicando ognuno l'identità specifica del proprio impianto disciplinare. L'accusa, pure non molto velata, è che l'introduzione di questa materia non sia stata frutto di una seria riflessione didattica, quanto l'ennesimo espediente per risparmiare sulle spese, riducendo le ore settimanali dei docenti e i relativi costi.

La scarsità di tempo a disposizione ha imposto in effetti agli insegnanti di ridimensionare il piano annuale di lavoro con selezioni drastiche di temi, rinunciando a priori a una visione unitaria della disciplina. In questi dieci anni i docenti sembrano infatti essersi (loro malgrado) dovuti rapidamente abituare a questo strano regime, definito da Antonio Brusa «di convivenza onirica e di separazione pratica», finendo con l'elaborare una vasta gamma di comportamenti consolatori e rassicuranti: in molti casi la complementarità fra storia e geografia si traduce in una elementare localizzazione degli eventi nello spazio e in una, altrettanto elementare, storia dei luoghi. In altri casi ci si è limitati, come nella manualistica, a uno scenario di apertura nel quale le due discipline si scambiano i ruoli, ciascuna prestandosi cortesemente a fare da introduzione all'altra (Coltri, Dalola, Rabitti, 2013; Brusa, 2011). I manuali e l'editoria scolastica, nella maggior parte dei casi, anziché progettare in modo veramente geo-storico, hanno risposto agli stimoli ministeriali assemblando, e a volte giustapponendo, in un unico volume il manuale di storia e quello di geografia, in cui un'ottica di rassicurante continuità col passato ha troppo spesso prevalso sull'aggiornamento degli studi di settore (Loré, Rao 2017).

D'altra parte, è evidente la sfasatura cronologica nelle due programmazioni: la geografia si occupa prevalentemente di contemporaneità, la storia del passato; pertanto, una tematizzazione unica non è un problema semplice da affrontare. Anche gli oggetti di studio specifici delle discipline restano intrinsecamente diversi e sarebbe urgente dedicare attenzione a costituire una metodologia comune e a predisporre strumenti di analisi condivisi.

Decisivo diventa pertanto per l'insegnante non rinchiudersi nella gabbia manualistica e strutturare le conoscenze in modo libero e indipendente dall'indice del libro di testo, concependo e potenziando un approccio laboratoriale e selezionando fra le conoscenze quelle che più delle altre si prestano ad approcci incrociati (Bussi, Minelle, Rocca 2016).

La posta in gioco è elevata e gli ostacoli numerosi, quindi ha ragione Antonio Brusa quando sottolinea come il vero «rischio di questa sbandata collettiva per la geostoria sia quello che il suo fallimento prevedibile porti all'abbandono definitivo di un serio ideale di didattica integrata delle due discipline» (Brusa 2011; Brusa 2019), ma è pur vero che questa sfida si è conquistata in questi anni un'attenzione anche al di fuori dello stretto ambito scolastico, come protagonista di sperimentazioni da parte di Università e di istituzioni di formazione didattica, attenzione che è stata di recente ulteriormente rilanciata dall'introduzione dell'educazione civica come disciplina curricolare e dal generale interesse per temi di ecologia storica e storia ambientale. Come vedremo, si tratta di due approcci che possono essere assunti con facilità all'interno della geostoria e che sicuramente rinverdiscono l'interesse metodologico e tematico per questa disciplina.

Non si può negare tuttavia che rimangano vivi alcuni dubbi e perplessità e il dibattito sull'unione della storia e della geografia in un'unica area disciplinare, o addirittura, come è accaduto nei Licei, in un'unica disciplina, è protagonista da alcuni anni di convegni, seminari, gruppi di riflessioni, che – come si è detto – hanno messo in evidenza le differenze epistemologiche, oltreché contenutistiche. A sottolineare le differenze sono anche i lessici specifici, le metodologie, la letteratura di riferimento e, in generale, l'intero approccio disciplinare («Il bollettino di Clio» 2012). La vera difficoltà nell'applicare un approccio interdisciplinare – come sottolineavamo convintamente in apertura – è costituita dall'esiguità delle ore di insegnamento dedicate alle due materie, soprattutto in relazione agli obiettivi che vengono indicati dal ministero. La scelta di unificare le due discipline avrebbe dovuto essere fatta non per ragioni di razionalizzazione economica e riduzione delle spese, ma per motivi funzionali, ma in tal senso questa impostazione dovrebbe essere coerentemente seguita lungo tutto il corso degli studi e non solamente per il biennio dei licei. Solo in questo modo si migliorerebbe l'apprendimento e si faciliterebbe il raggiungimento di obiettivi trasversali, in termini di conoscenze e competenze, allontanando i contenuti mnemonici, suggerendo nuove pratiche didattiche, nuove scelte tematiche e nuove riflessioni metodologiche.

6.2 Storia e geografia nella tradizione degli studi europei: una possibile via da seguire?

Introdotta la disciplina nel curricolo dei licei, in seguito anche la parola entra nell'uso della lingua italiana: nell'edizione del 2016 dello Zingarelli compare per la prima volta il lemma «geostoria», di cui si dà la seguente definizione: «disciplina che studia l'evoluzione delle caratteristiche di un territorio in relazione alla storia delle popolazioni che lo hanno abitato». Ma si trattava davvero di un neologismo, la cui introduzione nel dizionario celebrava la nascita di un nuovo concetto? In realtà, ben prima di essere utilizzata per definire una «nuova» materia scolastica, gli storici avevano già utilizzato questa parola, regalandole una storia ben più lunga e nobile. E proprio ripercorrere queste tappe storiografiche potrebbe indicarci oggi la via maestra per impostare una nuova didattica.

Fu Fernand Braudel a utilizzare per primo la parola «geostoria» nel suo libro *Storia, misura del mondo*, scritto tra il 1940 e il 1945, della cui fertilità concettuale darà conto anche nelle sue opere successive. Proviamo a seguire le sue considerazioni: «La geostoria è la storia che l'ambiente impone agli uomini condizionandoli con le sue costanti [...] ma è anche la storia dell'uomo alle prese con il suo spazio, spazio contro il quale lotta per tutta la vita di fatiche e di sforzi e che riesce a vincere – o meglio, a sopportare – grazie a un lavoro continuo e incessantemente ricominciato. La geostoria è lo studio di una duplice relazione che va dalla natura all'uomo e dall'uomo alla natura, lo studio di un'azione e di una relazione mescolate, confuse, ripetute senza fine nella realtà di ogni giorno». Quasi mezzo secolo prima che Braudel scrivesse queste parole, anche Paul Vidal de la Blache aveva affermato in modo forse lapidario, ma certo efficacissimo, che «la storia di un popolo è inseparabile dalla contrada in cui esso abita» (Mattozzi 2013).

Dunque, la storiografia della prima metà del Novecento aveva ingaggiato una doppia battaglia di rinnovamento perorando le due cause della geografia umana e della geografia storica. L'una e l'altra erano avvertite come l'orizzonte nuovo degli studi. I loro destini, agli occhi di un grande storico come Braudel, sembravano predisposti a incrociarsi in un legame di interdipendenza. Per l'autore de *La Mediterranée* infatti «disporre i fatti storici nello spazio significa per forza capirli meglio e porre con maggior precisione i veri problemi». Il passo successivo fu mettere in prima posizione il «legame fra il sociale e lo spazio» nel catalogo dei temi di cui lo storico avrebbe dovuto occuparsi.

È in questa prospettiva che nacque il concetto di «geostoria», non più come semplice alternativa alla geopolitica o alla geografia storica, ma come approccio metodologico che permettesse di analizzare e dare conto dei fattori fisici e biologici che plasmano la vita sociale, culturale, economica dell'uomo. Tutta la ricerca di Braudel appare infatti articolarsi intorno a tre parole cruciali: modello, struttura e durata. Ne *La Mediterranée* operò addirittura un'inversione volontaria del peso dell'oggetto studiato (il Mediterraneo, a scapito di Filippo II) rispetto ai canoni allora dominanti nella storia politica. Lo storico francese introdusse così anche una nuova periodizzazione, parlando di una «storia quasi immobile», le cui fluttuazioni sono quasi impercettibili e che riguarda le relazioni tra l'uomo e l'ambiente, una «storia lievemente più mossa», ovvero la storia sociale, riguardante i gruppi umani e, infine, la «storia degli avvenimenti» quella dell'agitazione di superficie, della politica e delle guerre. Braudel giungeva addirittura a teorizzare l'esistenza di due geostorie: «una degli uomini, l'altra della natura. In realtà due correnti che scorrono a velocità diverse», la cui interrelazione però avrebbe dovuto diventare oggetto centrale di studio. Egli non si limitò a definire e teorizzare concetti e metodologie, ma con grande frequenza passò dalle astrazioni alle concrete pratiche storiografiche che oggi possono suggerirci strade anche per l'applicazione didattica. Come ha fatto notare Ivo Mattozzi, la geostoria di Braudel assumeva infatti la sfumatura di un concetto «generativo» di altre idee e altri concetti (Mattozzi 2013).

Lo studio del ruolo della società nella costruzione del paesaggio è stato sollecitato anche da quella che negli ultimi cinquant'anni è stata definita «geografia culturale». Il riferimento è a quei geografi di fine Ottocento e inizio Novecento che, come Paul Vidal de la Blache, avevano integrato lo studio dell'ambiente, tradizionalmente al centro della geografia fisica, con quello dell'azione antropica. Con questa prima geografia culturale si cominciò dunque a indagare la capacità dell'uomo di condizionare l'habitat, di creare modi di vita e paesaggi, prestando attenzione ai fattori economici, sociali, politici di sviluppo. Una relazione profonda che si ritrova anche nella storiografia di Marc Bloch e nei primi studiosi di storia sociale della generazione delle «Annales».

La nuova geografia culturale che s'impose a partire dagli anni Settanta aveva invece insistito sulla necessità di indagare anche gli aspetti legati alla percezione del paesaggio, visto non solo nella sua dimensione oggettiva, ma anche in quella culturale e soggettiva (Rao 2015, pp. 20-21). Il geografo Lucio Gambi propose di distinguere il paesaggio visibile da quello invisibile: il secondo era secondo lui costituito proprio dai processi storici che hanno dato vita al primo. In sostanza la forma del paesaggio sarebbe solo la punta di un iceberg costituito in buona sostanza da una materia invisibile: la storia. Il compito della geografia è, per Gambi, quello di «esaminare l'intima armatura di una società in funzione dell'organizzazione che tale società ha dato agli ambienti dove si è stabilita ed opera» (Gambi 1973, p. 204). In seguito, Paola Sereno ha ulteriormente insistito sulla necessità di «storicizzare il rapporto tra società e natura» (Sereno 1983, p. 1255) e Rinaldo Comba ha suggerito di introdurre nelle ricerche storiche alcuni concetti formulati dalla nuova geografia culturale francese, come quello di «spazio vissuto», che è a suo dire innanzitutto un «tema di storia sociale» (Rao 2015, p. 22).

Gli storici e i geografi del Novecento hanno così indicato una strada maestra, che oggi insegnanti ed educatori potrebbero agevolmente seguire. Negli anni Settanta in effetti l'onda lunga di queste idee era riuscita a coinvolgere la scuola e l'editoria in una fertile stagione di sperimentazione e riflessione didattica. Un esito felice di questa sperimentazione può essere considerato il manuale di Giulio Mezzetti che, nelle sue diverse e successive edizioni, costituisce tuttora un esempio efficace dell'integrazione fra quadro storico e descrizione geografica nella manualistica scolastica (Mezzetti 1999).

6.3 Storia agraria, storia del paesaggio, geografia culturale: i «paesaggi della complessità»

Se parlando di «ambiente» assumiamo una prospettiva non antropocentrica in cui l'uomo è solo uno degli attori in gioco insieme a molti altri, la parola «paesaggio» implica una riflessione su come gli uomini trasformino e percepiscano il territorio in cui abitano. Tra le tante angolature attraverso cui è possibile indagare i paesaggi storici, quello più fertile è senza dubbio il taglio sociale: la storia sociale del paesaggio in effetti non si accontenta di guardare alle forme dei paesaggi e al loro aspetto esteriore, ma vuole analizzarne le trasformazioni, mettendone in risalto le relazioni profonde, anche immateriali, con le società che hanno contribuito a costruirli (Fumagalli 1976).

Si tratta di proseguire lungo la strada inaugurata negli anni Venti del Novecento da Marc Bloch e dalla rivista «Annales», che aveva portato a un modo nuovo di fare storia fondato sull'attenzione alla storia agraria e della cultura materiale, intese non più come discipline tecniche o sussidiarie, ma come una chiave di comprensione per le società del passato (Bloch 1971). Con la parziale eccezione del mondo anglosassone, tanto fu dirompente la novità, quanto fu tutto sommato di breve durata questo filone di ricerca che vide la stesura di sintesi a livello europeo solo fino alla fine degli anni Sessanta (Sereni 1961; Sereni 1981; Duby 1966; Slicher van Bath 1972). Negli ultimi trent'anni altri filoni di ricerche sui paesaggi rurali e urbani sono enormemente progrediti grazie soprattutto all'Archeologia classica e medievale: i dati provenienti dagli scavi consentono di sapere con sicurezza, per esempio, come si alimentavano gli uomini o quali essenze arboree erano presenti in una determinata area, anche per quelle epoche per le quali siano sopravvissute pochissime fonti scritte. L'introduzione dell'Archeologia nella narrazione didattica consente di uscire dal verbalismo di certa narrazione storica utilizzando fonti diverse, oltre a quelle narrative e documentarie, e introducendo dati quantitativi per la riflessione su aspetti importanti legati all'ambiente, al paesaggio antropico, al lavoro e agli scambi. Fra i suoi meriti c'è anche l'introduzione della nuova periodizzazione che fa del Tardo-Antico un'epoca di cerniera capace di evidenziare meglio gli aspetti di continuità, rispetto a quelli di frattura, tra mondo classico e medievale.

Si deve invece alla geografia culturale l'aver integrato lo studio dell'ambiente, tradizionalmente al centro della geografia fisica, con quello dell'azione antropica. Si indaga quindi la capacità dell'uomo di condizionare l'habitat, creare modi di vita e paesaggi, prestando attenzione ai fattori economici, sociali e politici di sviluppo. La New Cultural Geography, che s'impose a partire dagli anni Settanta e Ottanta del Novecento, proseguì sulla strada inaugurata da questo cambio di prospettiva: il paesaggio non ha soltanto una dimensione oggettiva, ma anche soggettiva e culturale e come tale va indagato (non a caso Rinaldo Comba introdusse il concetto di «spazio vissuto» [Comba 1981]). Tale approccio ha cambiato in modo decisivo il nostro modo di intendere il paesaggio e anche la nostra capacità di tutelarlo: fin dal 1992 l'UNESCO ha incluso i paesaggi culturali nel suo ambito d'azione. Questo aspetto, come vedremo, ci consente con facilità un collegamento tra geostoria e Educazione civica.

Gli studi capillari condotti, soprattutto in Italia, sul paesaggio storico mostrano oggi un quadro estremamente articolato e diversificato: si parla di paesaggi rurali, agrari, insediativi, urbani o caratterizzati da più specifiche realtà geografiche (ad esempio quelli montani o fluviali [Andreolli *et al.* 1985; Fumagalli 1988; Cortonesi, Pasquali, Piccinni 2002; Corona 2015]). La storia agraria, dell'agricoltura, delle campagne e delle società rurali è ormai parte integrante della storia economica e ambito fondamentale, almeno fino a tutto il XX secolo, della storia dei sistemi economici e dei gruppi sociali attori della produzione, della distribuzione e del consumo (Grohmann A., 2001, p. 147). D'altra parte, soprattutto per le società tradizionali (ma anche oggi) il paesaggio rurale si integra con quello urbano, in una rete indissolubile di relazioni e compenetrazioni. E anche quella fra storia agraria e storia delle istituzioni è una intersezione significativa, che per gran parte dell'età antica e medievale sfiora la piena sovrapposizione (Sergi 2001, p. 155). Le connessioni tra la storia del paesaggio e le forme della gestione sociale del territorio sono evidenti se si pensa a tecniche di messa a coltura, colonizzazione, disboscamento, controllo delle acque e bonifica, conquista del territorio e modelli insediativi [Montanari 2003]. La storia sociale del paesaggio suggerisce l'idea che quelli storici siano dunque «paesaggi della complessità» dove convivono realtà territoriali differenti e dinamiche contrastanti anche all'interno delle medesime fasi cronologiche (Rao 2015, p. 19).

Dal punto di vista didattico questo approccio consente un pensiero ampio sui legami tra storia locale e storia generale, tra storia istituzionale, economica, materiale e culturale; spinge alla complessità nella valutazione di cause ed effetti molteplici e introduce altresì una riflessione sulle differenti cronologie necessarie per indagare mutamenti repentini o persistenze di lunga durata nei modelli di riferimento.

6.4 Insegnare la nuova disciplina: metodi e temi interdisciplinari

I temi principali dei percorsi didattici integrati di storia e di geografia sono stati individuati dal Ministero nel «paesaggio, l'urbanizzazione, la globalizzazione e le sue conseguenze, le diversità culturali (lingue, religioni), le migrazioni, la popolazione e la questione demografica, la relazione tra economia, ambiente e società, gli squilibri fra regioni del mondo, lo sviluppo sostenibile (energia, risorse idriche, cambiamento climatico, alimentazione e biodiversità), la geopolitica, l'Unione europea, l'Italia, l'Europa e i suoi Stati principali, i continenti e i loro stati più rilevanti». D'altro canto, per strutturare percorsi didattici sulle civiltà antiche e altomedievali è fuor di dubbio che la conoscenza della geografia sia fondamentale: «non è possibile parlare della civiltà greca senza capire il territorio in cui si è formata, come anche dello sviluppo dell'impero romano, dell'Europa romano-barbarica e di tutti gli altri nuclei tematici che», recitano le indicazioni ministeriali, «non potranno essere tralasciati».

Richiamando le tre parole-chiave già indicate da Braudel, è altresì importante individuare quali possano essere le tematiche-snodo fra le due discipline, ossia quelle che consentono di declinare insieme «i modelli, le strutture e la durata». La storia sociale del paesaggio è uno di questi temi.

Il primo strumento di analisi dei paesaggi del passato è, infatti, il metodo regressivo – già teorizzato da Marc Bloch nel 1931 – che consiste nello studio a ritroso dall'epoca più recente a quella più antica, partendo dall'aspetto attuale del paesaggio e ripercorrendone le trasformazioni all'indietro come riavvolgendo la pellicola di un film dall'ultimo fotogramma (Bloch 1971). Ciò permette di superare, almeno in parte – quella «sfasatura cronologica» fra i programmi delle due discipline di cui si è già detto. Lo storico Riccardo Rao ci ricorda che il grande insegnamento di questo metodo è che lo studio del paesaggio deve essere sempre impostato sul lungo periodo, recuperando gli elementi di contestualizzazione su un arco cronologico ampio, anche quando la nostra attenzione è concentrata su una determinata epoca (Rao 2015, p. 24). A questo fine, utilissimo sarà il riferimento a una progettazione/programmazione in verticale, che consenta di tornare sugli stessi temi in anni successivi e col progredire delle conoscenze storico-geografiche degli alunni.

Nasce invece per certi versi da un approccio opposto, di matrice geografica, il metodo morfogenetico, che ha come punto di forza la capacità di lettura diacronica e di comprensione dei tempi lunghi di alcuni elementi di morfologia caratterizzanti il paesaggio. Sempre in ambito geografico sono interessanti anche le sollecitazioni mutuate dalle recenti ricerche di ecologia storica, le quali mettono al centro delle analisi le trasformazioni storiche dei processi biologici che si attuano nello spazio, e di cui si dirà più ampiamente nel penultimo paragrafo di questo contributo. Questi studi hanno rivoluzionato la ricerca storica sul paesaggio, che, divenendo una realtà dinamica, consente con facilità di mettere sull'avviso gli studenti dai pericoli di un facile continuismo. L'individuazione di pratiche plurisecolari di sfruttamento del territorio non deve far trascurare, per esempio, il cambiamento che avviene all'interno della società, con tempi spesso lunghi o lunghissimi, ma anche con fasi di repentina accelerazione (si pensi alle campagne italiane negli anni Sessanta) (Rao 2015, pp. 25 e sgg.).

Un percorso di geostoria ben costruito può pertanto riuscire a tenere insieme la contemporaneità dell'approccio geografico e la diacronia di quello storico. Ha, anzi, il pregio di introdurre nella storia del paesaggio, degli insediamenti e del popolamento i concetti di mutamento e diacronia, che restituiscono agli studenti la percezione dell'alterità del passato, così spesso perduta nell'appiattimento sul solo presente contemporaneo o, viceversa, proiettata all'indietro in un passato a-storico e mitizzato. In questo senso l'approccio geo-storico facilita anche, come vedremo meglio con il percorso didattico proposto in questo volume nella sezione *Metodi e applicazioni*, la decostruzione di visioni preconcette del passato.

6.5 L'urgenza del presente: la connessione tra storia, ambiente e clima

Nell'estate 2021 la Summer School per insegnanti, *Storia dell'ambiente, clima e pandemie*, organizzata dall'Istituto storico Parri di Bologna, ha centrato un argomento importante per la didattica ed è stata condotta con significativo taglio multidisciplinare.

Perché parlare di clima e ambiente nella storia? Si tratta di un argomento sul quale più di altri in questo momento e forse al pari soltanto alla tematica relativa a migrazioni e spostamenti di popoli grava senza dubbio «l'urgenza del presente». Eppure anche di questo tema si può ricostruire una precisa ascendenza storiografica che, prendendo le mosse ancora una volta dalla storia sociale e materiale delle «Annales», giunge oggi a sottolineare l'importanza del legame uomo, ambiente, paesaggio, un legame per la verità già individuato come tema su cui si è confrontata la storiografia europea già dagli anni Trenta del Novecento fino al volume, divenuto ormai un classico, di Emmanuel Le Roy Ladurie, *Histoire du climat depuis l'an mil*, edito per la prima volta nel 1967 (Le Roy Ladurie 1982, in seguito ripreso anche nei volumi di sintesi Le Roy Ladurie 2004-2009 e nel DVD L'Hôte, Le Roy Ladurie, Smedley-Weill 2007).

Questo tema, già portante negli interessi degli storici e nel dibattito scientifico e politico contemporaneo, deve dunque ispirare anche la didattica della storia, per diversi motivi che possiamo così riassumere: la centralità del tema negli interessi e nelle sensibilità delle nuove generazioni coinvolte in prima linea nel movimento internazionale *Fridays For Future*; le potenzialità di approccio per la prima volta veramente inter e multidisciplinari per le connessioni fertili della storia con discipline come la geografia, la biologia, la geologia e le altre scienze dure, ma anche l'educazione civica e la cittadinanza attiva ecc.; la possibilità di sperimentare anche per la storia una prospettiva non solo antropocentrica.

L'attuale epoca pandemica e, forse, la sospensione del tempo imposta da lockdown e quarantene ci hanno insegnato l'importanza del rapporto con l'ambiente. Dunque, questo argomento è entrato di forza nel senso comune e costituisce una di quelle «domande del presente» che rendono particolarmente interessante l'interrogazione del passato. E se è sempre vero che la storia pone al passato le domande del presente, è fondamentale evitare di leggere il passato con gli occhi del presente per schivare un pericoloso processo di straniamento o, al contrario, di determinismo, operando una contestualizzazione il più possibile precisa di eventi, ambienti, fasi storiche.

Storicizzare, per esempio, il problema del surriscaldamento globale consente da un lato di mostrare come ci siano state altre epoche storiche afflitte da questo problema e come sia possibile affermare che in epoche diverse il clima abbia cambiato la storia dell'uomo, ma al tempo stesso permette di mostrare senza ombra di dubbio come oggi questa situazione abbia precise responsabilità del genere umano. Significativa a questo proposito è la riflessione intorno al concetto di «antropocene», termine con il quale negli ultimi vent'anni si è cominciato a riferirsi all'epoca geologica attuale, in cui l'ambiente terrestre, nell'insieme delle sue caratteristiche fisiche, chimiche e biologiche, viene fortemente condizionato su scala sia locale sia globale dagli effetti dell'azione umana (Crutzen, Stoermer 2000; Crutzen 2002; Crutzen 2005; Lewis, Maslin 2020). Gli studi umanistici, tuttavia, tendono ad assumere il presupposto che le persone protagoniste o coinvolte in qualche cambiamento storico siano testimoni affidabili e implicati nelle trasformazioni in atto. In tal senso, si rischia di essere refrattari all'idea che a decidere il destino umano siano (e siano stati in passato) non solo gli eventi legati alla storia politica e sociale, ma anche le forze della natura.

Anche limitandosi all'epoca antica e medievale, cronologia di riferimento per la geostoria nel biennio dei licei, possiamo fare qualche esempio della rilevanza tematica e del nuovo approccio introdotto nel paradigma storico di riferimento dalla storia ambientale.

Quando Roma venne fondata nell'VIII secolo a.C., Italia ed Europa attraversavano una breve era glaciale (che durò dal 900 al 300 a.C. circa) con abbassamento delle temperature, inverni rigidi, forti piogge e frequenti inondazioni che procurarono gravi danni all'agricoltura e all'allevamento. Dopo il 300 a.C. il clima divenne decisamente più mite, raggiungendo l'*optimum climaticum* tra il 250 a.C. e il 400 d.C. con condizioni più favorevoli all'attività umana. In questo periodo alcune colture tipiche delle zone mediterranee (la vite e l'ulivo, ma anche il faggio) si diffusero anche al Nord della penisola italica, con conseguente maggiore produzione ed esportazione (Fumagalli 1992; Rao 2015). Anche l'espansionismo romano nel Mediterraneo sarebbe stato favorito dal miglioramento climatico che aveva reso più agevole la navigazione.

Recentemente lo storico Kyle Harper, per esempio, basandosi su dati empirici e sui risultati di studi relativi ai cambiamenti climatici e all'ecologia molecolare degli agenti infettivi, si è spinto a sostenere addirittura che la fase espansionistica dell'impero romano, da Augusto agli imperatori adottivi, coinciderebbe proprio con questa fase climatica decisamente favorevole e come, analogamente, fra le cause della sua fine vada considerato il successivo rapido peggioramento del clima, che impattò sulla produzione di cibo e sulla diffusione delle pandemie (Harper 2018). Harper, lungi dall'assumere il «tacito presupposto che l'ambiente sia un contesto stabile e inerte alla storia», dimostra come imperatori e barbari, senatori e generali, soldati e schiavi furono certamente attori nella rappresentazione del destino di Roma, ma come insieme a loro agirono, forse con forza ancora maggiore, «batteri e virus, vulcani e cicli solari» (si veda anche Ruddiman 2005).

Grazie alla combinazione di dati tratti dalle fonti scritte e dalle analisi scientifiche, oggi sappiamo che le temperature in età classica (in particolare tra il 60 a.C. e il 90 d.C.) furono addirittura più alte di quelle attuali e che si mantennero decisamente miti fino al 200 d.C. Fondamentale per queste scoperte è stato lo studio di alcune alghe fossili dell'Adriatico (*Lingulodinium polyedrum*) che si sviluppano in presenza di temperature elevate e che sono considerate indicatori di cambiamento climatico. Considerazioni simili sono state fatte grazie allo studio dei ghiacciai, ritirati ad altezze paragonabili a quelle attuali. Tuttavia, in questo stesso periodo ci furono annate di improvviso abbassamento delle temperature in corrispondenza di eruzioni vulcaniche che avvennero in diverse parti del mondo e che con la propagazione delle ceneri nell'atmosfera causarono un minore irraggiamento solare. Una di queste annate fredde è stata registrata in coincidenza con l'eruzione del Vesuvio del 79 d.C. Un recentissimo studio multidisciplinare, condotto sulle analisi di dati storici, stratigrafici, petrologici, geofisici e di modellistica climatica, ha misurato l'impatto delle singole fasi dell'eruzione sulle aree e sui siti archeologici vicini al vulcano e ha permesso di seguirne gli effetti fino a migliaia chilometri di distanza (Doronzo *et al.* 2021). Secondo un'altra ricerca recente condotta dai ricercatori dell'Università di Harvard guidati dal medievista Michael McCormick in team con il glaciologo Paul Mayewski, sempre una imponente eruzione vulcanica avvenuta in Islanda nel 536 avrebbe fatto di questo l'anno più freddo del primo millennio. Uno strato di ceneri sospese negli strati alti dell'atmosfera filtrò infatti la luce solare provocando un abbassamento della temperatura di quasi tre gradi centigradi in buona parte del pianeta e contribuendo a creare condizioni climatiche sfavorevoli con aumenti delle precipitazioni e inondazioni dei fiumi fino a tutto il VI secolo. Il peggioramento climatico colpì, se pure in misura differente, civiltà e aree geografiche del continente euro-asiatico, contribuendo a determinare una incredibile successione di annate di carestia e inondazioni, con conseguente stagnazione economica. Tali condizioni furono particolarmente rovinose in Occidente, dove molti regni romano-germanici, non potendo più contare sui proventi delle tasse, non investivano più in opere pubbliche.

Ciò spiegherebbe anche come mai nell'Alto Medioevo si sia creato un rapporto molto stretto con l'acqua, in particolare con i fiumi, che all'epoca erano privi di argini solidi e avevano portata d'acqua molto maggiore. I fiumi, che esondavano facilmente e creavano ampie anse e impaludamenti, costituivano tuttavia una risorsa imprescindibile sia per la pesca sia in quanto arteria di comunicazione per le attività commerciali. Buona parte delle merci si muovevano su barche e non più sulle antiche strade romane, la cui manutenzione era spesso tralasciata (Violante 1974).

Alla fine dell'VIII secolo, dopo un lungo periodo freddo e piovoso, iniziò una fase calda, più secca e stabile e decisamente più favorevole per alcune attività umane. Questa situazione climatica, definita dagli storici *optimum climaticum medievale*, durò fino alla fine del XIV secolo e contribuì, insieme alle mutate richieste determinate dall'esplosione demografica, all'espansione della coltivazione di cereali in molte aree europee fino a quel momento non utilizzate per la coltivazione e al conseguente disboscamento.

La storia dell'ambiente, pertanto, studiando il lungo processo di co-evoluzione tra l'uomo e la natura, scardina l'abitudine consolidata di studiare (e insegnare) la storia come esclusiva relazione fra uomini, classi, ceti. Dobbiamo invece avere l'obiettivo di cambiare il punto di vista e far diventare la natura soggetto attivo della storia, in dialogo con l'uomo, che è al tempo stesso individuo, società e specie. La natura non è soggetto inerte né sfondo della storia, una mera quinta scenica in cui l'uomo agisce, ma è soggetto attivo con il quale l'uomo si rapporta e alla quale, storicamente e didatticamente, dobbiamo riconoscere un'autonomia (Adorno 2020).

La storia dell'ambiente è dunque uno stimolo a fare una didattica profondamente interdisciplinare, a superare la tradizionale separazione tra Scienze naturali e Scienze umanistiche, a ricomporre il quadro frammentato delle discipline che impedisce la visione unitaria e complessa dei fenomeni: il rapporto dell'uomo con la natura diviene comprensibile solo se si conoscono i meccanismi fisici, chimici, biologici e se questi ultimi sono messi in relazione con le forme di organizzazione della società (Pointing 1992; McNeil 2002; Ruddiman 2007; Behringer 2013). Dunque la collaborazione fra saperi diversi diviene questione fondamentale per «insegnare la condizione umana», per usare le parole del sociologo e filosofo francese Edgar Morin (2001).

E proprio tempo, spazio e fonti «sono i pilastri su cui costruire una didattica della storia attiva e non meramente trasmissiva» (Adorno 2020, p. 19). Una storia che alleni i ragazzi a pensare storicamente, tramite laboratori che permettano, secondo le indicazioni di Girardet richiamate da Ambrosi (Ambrosi 2000, p. 87), di «analizzare frammenti di realtà, passata o presente, attraverso l'analisi, l'inferenza, la discussione, la ricerca, la concettualizzazione» e che insegnino a «orientarsi, selezionare, distinguere e valutare le informazioni» in un contesto di riferimento sempre più ampio e problematico. Operatività, laboratorialità, multidisciplinarità e approccio a un tempo locale e globale sono dunque le linee fondanti per una didattica della storia ambientale.

6.6 Guardare al futuro: interrelazioni tra geostoria ed educazione civica

Con la legge 20 agosto 2019, n. 92 il Parlamento italiano ha sancito la definitiva introduzione dell'insegnamento dell'Educazione civica nella scuola italiana come materia curricolare, con specifica valutazione. Da settembre 2020, dunque, nelle scuole italiane l'educazione civica è stata introdotta come una disciplina trasversale, attribuita in contitolarità a tutti i docenti e che interessa i diversi gradi scolastici, a partire dalla scuola dell'infanzia fino alla scuola secondaria di secondo grado. Per ogni classe sono previste almeno 33 ore annuali da ricavare all'interno dei quadri orari delle singole discipline, senza alcuna modifica del monte-ore. Secondo le indicazioni ministeriali l'insegnamento ruota intorno a tre nuclei tematici principali:

- **Costituzione**, diritto (nazionale e internazionale), legalità e solidarietà;
- **sviluppo sostenibile**, educazione ambientale, conoscenza e tutela del patrimonio e dei territori;
- **cittadinanza digitale**.

Ogni disciplina è, di per sé, parte integrante della formazione civica e sociale di ciascun alunno, pertanto, il contributo di ogni docente all'insegnamento trasversale di Educazione civica, seppur coerente con il percorso trasversale scelto per le classi, deve riguardare lo sviluppo di competenze riconducibili al proprio ambito disciplinare. L'auspicio è naturalmente che ogni insegnante, nell'ambito della propria materia, si muova nella direzione di un'integrazione disciplinare volta a costruire un curricolo verticale di Educazione civica. È però necessario interrogarsi subito su come la geostoria possa contribuire all'acquisizione delle conoscenze e competenze trasversali che caratterizzano questa disciplina. L'insegnamento della geostoria senza dubbio conferisce al tema della cittadinanza spessore temporale e spaziale, dà vitalità al suo divenire e lo contestualizza nelle diverse realtà sociali e politiche.

> Con la storia si viaggia avanti e indietro nel tempo, muniti di una valigetta di strumenti, con cui smascherare la semplificazione, il luogo comune, lo stereotipo per fare emergere le complessità e le peculiarità che nascono dal contesto in cui gli eventi si collocano. [...] Chi insegna sa che, per consolidare le conoscenze e farle diventare un «saper essere», è necessario recuperarle continuamente e applicarle in ambiti diversi, contigui e similari come possono essere i contesti storici, culturali, sociali e politici su cui si articola la storia italiana, europea e mondiale (Marcellini 2019).

È utile e urgente cercare nell'ambito del curricolo di geostoria degli eventi e delle epoche che possano adeguatamente contestualizzare qualche aspetto dell'educazione civica, tenendo conto dei «momenti (e dei luoghi) caldi» della storia. Più in generale, due sono i filoni che, a giudizio anche di chi scrive, è possibile seguire per far interagire la geostoria con l'Educazione civica: da un lato la geografia storica e dall'altro la geopolitica.

Per quanto riguarda la geografia storica, abbiamo già sottolineato l'importanza dello studio diacronico di temi come clima, ambiente e paesaggio. L'Agenda 2030, ma anche lo stesso articolo 9 della Costituzione italiana, sottolineano come il patrimonio naturale e artistico, l'ambiente, i paesaggi, la biodiversità e le specie animali debbano essere tutelati, nell'interesse delle future generazioni, come ricchezza della nazione. Si tratta quindi di temi centrali nelle nostre società, che però non sono un prodotto esclusivo dell'età contemporanea: sono invece frutto di una lunga sedimentazione storica, che è bene riuscire a mostrare agli alunni delle nostre scuole con esempi concreti e articolati.

Promuovere la consapevolezza nei confronti delle grandi questioni ambientali e stimolare l'impegno individuale e collettivo, orientandolo ad atteggiamenti cooperativi e responsabili è la finalità più alta dell'Educazione civica, la quale deve, inoltre, come ha avuto modo di sostenere Thomas Ide, porsi alcuni obiettivi di base nella formazione dei giovani: superare la dicotomia tra natura e società, tra uomo e natura; evidenziare i nessi profondi tra locale e globale; riconoscere la causalità umana nei cambiamenti ambientali e in particolare in quelli climatici (Ide 2018).

Anche il tema della sostenibilità ambientale, centrale nell'Agenda 2030, va ricollocato nella sua dimensione storica, così come quello della salvaguardia del patrimonio naturale e culturale si collega facilmente alle emergenze naturalistiche e monumentali che costituiscono le eccellenze del nostro paese e può essere per esempio facilmente coniugato anche all'obiettivo 3 dell'Agenda, quello della cittadinanza digitale, se si invitano i ragazzi a produrre su questi temi una comunicazione digitale efficace (per esempio, invitandoli a raccontare sui social il patrimonio da salvaguardare).

Per la geopolitica, ricordando ancora le parole di Ide, possiamo occuparci dello studio delle narrazioni che legittimano le scelte politiche in campo ambientale alle diverse scale di potere, dal locale al globale. Affrontare anche i temi della costruzione di identità territoriali e politiche in relazione ai fattori ambientali, della definizione dello spazio e della mobilità come risultato dei conflitti ambientali, ovvero del rapporto tra cambiamenti climatici, scarsità delle risorse e migrazioni; studiare infine le forme di appropriazione e redistribuzione delle risorse ambientali e le istituzioni internazionali e nazionali che definiscono le politiche per l'ambiente (Ide 2018). Ricollegandoci più specificamente alla geostoria nei bienni liceali e alla sua cronologia di riferimento, sarà bene utilizzare anche in questo caso quel metodo regressivo di cui abbiamo già parlato. Così, partendo dalle antiche civiltà della Mesopotamia, è possibile giungere fino all'Iraq, dalle imprese di Alessandro Magno all'Afghanistan attuale, dei regni ellenistici alla Siria. Allo stesso tempo questo approccio consente di collegare le zone calde del mondo attuale al mondo antico e medievale in una indagine sulla lunga durata dei processi storici.

Ancora una volta, caratteristiche ambientali, cambiamenti climatici, politiche economiche e sperequazione nella distribuzione delle risorse potranno dare conto di fenomeni sociali come guerre e migrazioni, che caratterizzano la nostra storia, prima ancora che il nostro presente.

Ci si augura insomma che anche nella didattica si giunga a quello *spatial turn*, che già ha coinvolto la storiografia negli anni Settanta e Ottanta del Novecento (Soja 1989). Fondamentale sarà visualizzare spazialmente i fenomeni nel divenire dei processi storici attraverso l'uso della geolocalizzazione, ma anche della cartografia storica e attuale messe a confronto. Sarebbe interessante anche poter utilizzare e far costruire carte pluritematiche per favorire sia la conoscenza dei processi spaziali dei fenomeni, sia l'azione congiunta di diverse concause nei medesimi spazi.

Alcuni percorsi di cittadinanza attiva già sperimentati in passato possono fare da guida e da stimolo per ulteriori riflessioni: Antonio Brusa ha proposto una riflessione su paesaggio e patrimonio che si muove tra i diversi poli della ricerca, della formazione e della didattica [Brusa 2010]. Lo storico, parafrasando l'espressione «la città come aula» del sociologo Marshall Mc Luhan, ha tentato di delineare un possibile curricolo verticale sul paesaggio urbano (Brusa *et al.* 1985; Brusa 2012). Più recentemente Marco Cecalupo ha proposto diversi lavori didattici, che cercano di integrare storia del paesaggio, geografia e cittadinanza attiva in esperienze di *outdoors education* (Cecalupo 2016; Cecalupo, Febbraro 2013) e scorrendo gli indici della rivista «Novecento.org», si trovano decine di laboratori con le fonti e di utili proposte didattiche. Spunti significativi sono offerti anche da alcuni manuali più recenti, pubblicati dopo l'introduzione dell'Educazione civica come materia curricolare (Barbero, Carocci 2022 e, soprattutto Rao, Però 2022).

Questi contributi suggeriscono di tener conto nella programmazione di geostoria del cambiamento della sensibilità ambientale e animalista delle giovani generazioni proponendo, per esempio, come fanno Riccardo Rao e Anna Però, alcuni focus sugli animali nella storia (per questo tema si veda anche Delort 1987). Oltre a collegarsi con l'obiettivo 15 dell'Agenda 2030, questo tema consente, in modo analogo a quanto ha fatto negli ultimi trent'anni il tema dell'alimentazione e del cibo (Montanari 1979), una riflessione sulla storia economica. Si pensi, a titolo esemplificativo, all'importanza centrale dell'allevamento dei suini allo stato brado nei boschi altomedievali (Andreolli, Montanari 1985; Andreolli, Montanari 1988), alla sostenibilità ambientale (un esempio fra tutti: il rischio di estinzione del leone berbero usato nelle arene e nei circhi in età romana), ma anche una riflessione a più ampio raggio sulla storia della mentalità grazie al valore simbolico «caricato» sull'animale nella produzione culturale in età antica e medievale (si pensi alla simbologia del lupo [Rao 2018] o al ruolo degli animali fantastici nella geografia del mondo sconosciuto tra Antichità e pieno Medioevo [Albertoni 2020; Frugoni 2018; Pastoreau 2004]). Un saggio recentissimo di Alfio Cortonesi propone addirittura una storia «vegetale», ricostruendo la presenza e l'utilizzazione di determinate essenze arboree lungo il corso del Medioevo (Cortonesi 2022). Proprio l'approfondimento della dimensione storica dell'ambiente animale e vegetale, favorendo l'amore per la natura, spingerebbe le nuove generazioni a prendere posizione per un cambiamento planetario, molto di più di quanto non facciano le visioni, se pure realistiche, di tipo catastrofista, che con la loro prospettiva distopica tenderebbero a paralizzare i giovani, più che spingerli all'azione (ne accenna, fra gli altri, Deotto 2022). Solo rendendo «gli studenti protagonisti attivi dell'uso e della costruzione di narrative sensate e consapevoli» (Villani 2020, p. 200) possiamo restituire loro non solo la possibilità di legare presente e passato, ma di immaginare il futuro. Nella consapevolezza che, in fondo, – ci ricorda ancora Adorno – sono queste narrative a dare «senso all'esistenza umana, aiutando la formazione dell'identità individuale e collettiva» (Adorno 2020, p. 20).

Sulla stessa linea, Arie Wilschut ci spiega che la rilevanza dell'insegnamento della storia consiste nella capacità di costruire un nesso vitale tra l'oggetto dello studio e la sua utilità nella vita degli studenti (Wilschut 2019, pp. 131 ss). Wilschut propone tre pratiche didattiche fondamentali per raggiungere questi obiettivi: costruire analogie storiche tra passato e presente, costruire scenari futuri a partire dalla conoscenza del passato e del presente, porsi in chiave storica domande che riguardano questioni essenziali per l'umanità. La storia ambientale offre opportunità molto produttive per l'applicazione di queste pratiche didattiche. Sempre Adorno suggerisce, per esempio, di partire dal volume di Alan Weisman *The World Without Us*, che racconta come sarebbe l'ambiente naturale e urbano se l'uomo scomparisse dalla terra (Weisman 2017). Per l'interessante risvolto anche didattico si rimanda al recente lavoro di Telmo Pievani (con carte a cura di Mauro Varotto) sulla « geografia visionaria » dell'Italia nel prossimo futuro (Pievani, Varotto 2021).

La rilevanza dell'insegnamento della storia, anche nella prospettiva dell'Educazione civica, sta proprio nella capacità di costruire un nesso di significato tra l'oggetto dello studio e la vita stessa dei discenti, aiutando così i nostri studenti a costruire scenari futuri a partire da ciò che imparano dal passato e dal presente: in tale prospettiva è possibile legare insieme le tre dimensioni temporali, restituendo allo stesso tempo senso allo studio come a uno, forse il più importante, degli strumenti possibili per agire (Wineburg 2001, citato in Adorno 2020 bis).

Bibliografia

« Il bollettino di Clio », 2012, Periodico on-line dell'associazione Clio '92, Anno XIII, Nuova Serie, Numero 0 (maggio 2012).

- Adorno S., 2020, *Pensare la didattica della storia*, in S. Adorno, L. Ambrosi, M. Angelini, (a cura di), 2020. *Pensare storicamente. Didattica laboratori, manuali*, FrancoAngeli, Milano.
- Adorno S., 2020 bis, *L'antropocene e noi. Per una didattica della storia ambientale*, « Clio '92 », disponibile on line: https://www.clio92.org/2020/06/05/lantropocene-e-noi-per-una-didattica-della-storia-ambientale/.
- Albertoni G., 2020, *L'elefante di Carlo Magno. Il desiderio di un imperatore*, Il Mulino, Bologna.
- Ambrosi L., 2020, *Bisogni educativi degli alunni nell'apprendimento della storia*, in S. Adorno, L. Ambrosi, M. Angelini, (a cura di), 2020, *Pensare storicamente. didattica, laboratori, manuali*, FrancoAngeli, Milano.
- Andreolli B., Fumagalli V., Montanari M. (a cura di), 1985, *Le campagne italiane prima e dopo il Mille. Una società in trasformazione*, CLUEB, Bologna.
- Andreolli B., Montanari M. (a cura di), 1985, *L'azienda curtense in Italia. Proprietà della terra e lavoro contadino nei secoli VIII-XI*, CLUEB, Bologna.
- Andreolli B., Montanari M. (a cura di), 1988, *Il bosco nel Medioevo*, CLUEB, Bologna.
- Barbero A., Carocci S., 2022, *Lo spazio umano. Corso integrato di geostoria e Educazione civica*, Laterza, Roma-Bari, Voll. I-II.
- Behringer W., 2013, *Storia culturale del clima dall'era glaciale al riscaldamento globale*, Bollati Boringhieri, Torino.

- Bienna E., Bortone R., 2014, *La geostoria nel biennio dei licei*, in « Scuola e amministrazione », disponibile on line: https://www.scuolaeamministrazione. it/it/la-geostoria-nel-biennio-dei-licei/.
- Bloch M., 1971, *I caratteri originali della storia agraria francese*, Einaudi, Torino.
- Braudel F, (2015), *Storia, misura del mondo*, Il Mulino, Bologna
- Brusa A. *et al.*, 1985, *Città come aula. Gli itinerari della scoperta*, a cura di A. Brusa, D. Borri, F. Porsia, A. Sasso, Edipuglia, Bari.
- Brusa A., 2010, *Paesaggio e patrimonio fra ricerca, formazione e cittadinanza*, in *Il paesaggio agrario italiano protostorico e antico*, atti della I Summer School « Emilio Sereni », Edizioni Istituto Alcide Cervi, Gattatico (Reggio Emilia).
- Brusa A., 2011, *Storia e geografia: tra interdisciplinarità di facciata e integrazione reale*, in C. Giorda, M. Puttilli (a cura di), *Educare al territorio, educare il territorio. Geografia per la formazione*, Carocci, Roma, cap. 18.
- Brusa A., 2012, *Dalla città come aula alla città-archivio. Note per un possibile curricolo verticale sulla città*, disponibile on line: http://archivio.comune.pv.it/museicivici /pdf/annali28/49%20Brusa%20Didattica.pdf.
- Brusa A., 2019, *Del pasticcio dell'Educazione civica e dei suoi legami ambigui con la storia, in geostoria e cittadinanza*, « Historia ludens », disponibile on line: http:// www.historialudens.it/geostoria-e-cittadinanza/332-del-pasticcio-dell-educazione-civica-e-dei-suoi-legami-ambigui-con-la-storia.html.
- Bussi F., Minelle C., Rocca L. (a cura di), 2016, *Storia e geografia. Idee per una didattica congiunta*, Roma, Carocci.
- Carson R., 1963, *La primavera silenziosa*, Feltrinelli, Milano.
- Cecalupo M., 2016, *La strada delle competenze. Unità di apprendimento per i percorsi di primo livello-primo periodo*, Loescher, Torino.
- Cecalupo M., Febbraro G., 2013, *Il paesaggio, palestra per una cittadinanza attiva. Suggerimenti e esperienze per un'escursione efficace nel territorio*, in « Historia ludens », disponibile on line: http://www.historialudens.it/component/content/article/31 -formazione-attiva/la-formazione-professionale/51-il-paesaggio-palestra-per-una -cittadinanza-attiva.html.
- Coltri L., Dalola D., Rabitti M.T. (a cura di), 2013, *Geo-storie d'Italia. Una alleanza possibile*, Cenacchi Editore, Bologna.
- Comba R., 1981, *Il territorio come spazio vissuto. Ricerche geografiche e storiche nella genesi di un tema di storia sociale*, in « Società e Storia », 11, pp. 1-27.
- Corona G., 2015, *Breve storia dell'ambiente in Italia*, Il mulino, Bologna.
- Cortonesi A., 2022, *Il Medioevo degli alberi. Piante e paesaggi d'Italia (secoli XI-XV)*, Carocci, Roma.
- Cortonesi A., Montanari M. (a cura di), 2001, *Medievistica italiana e storia agraria. Risultati e prospettive di una stagione storiografica.* Atti del convegno di Montalcino, 12-14 dicembre 1997, CLUEB, Bologna.
- Cortonesi A., Pasquali G., Piccinni G., 2002, *Uomini e campagne nell'Italia medievale*, Laterza, Roma-Bari.
- Crutzen P.J., Stoermer E., 2000, *The « Anthropocene »*, in « International Geosphere-Biosphere Programme Newsletter », 41.
- Crutzen P.J., 2002, *Geology of Mankind: the Anthropocene*, in « Nature », 415.

- Crutzen P.J., 2005, *Benvenuti nell'Antropocene. L'uomo ha cambiato il clima, la Terra entra in una nuova era*, Mondadori, Milano.
- Delort R., 1987, *L'uomo e gli animali dall'età della pietra a oggi*, Laterza, Roma-Bari.
- Deotto F., 2022, *L'altro mondo. Vita in un pianeta che cambia*, Bompiani, Milano.
- Doronzo D.M. *et al.*, 2021, *The A.D. 79 Eruption of Vesuvius: a Lesson from the Past and the Need of Multidisciplinary Approaches for Developments in Volcanogy*, in «Earth Science Reviews».
- Duby G., 1966, *L'economia rurale nell'Europa medievale. Francia, Inghilterra, Impero. Secoli IX-XV*, Laterza, Roma- Bari.
- Frugoni C., 2018, *Uomini e animali nel Medioevo. Storie fantastiche e feroci*, Il Mulino, Bologna.
- Fumagalli V., 1976, *Terra e società nell'Italia padana*, Einaudi, Torino.
- Fumagalli V., 1988, *La pietra viva. Città e natura nel Medioevo*, Il Mulino, Bologna.
- Fumagalli V., 1989, *Uomini e paesaggi medievali*, CLUEB, Bologna.
- Fumagalli V., 1992, *L'uomo e l'ambiente nel Medioevo*, Laterza, Roma-Bari.
- Gambi L., 1973, *Una geografia per la storia*, Einaudi, Torino.
- Grohmann A, 2001, *Storia agraria e storia economica*, in C. Cortonesi, M. Montanari (a cura di), *Medievistica italiana e storia agraria*, Clueb, Bologna, pp.147-154.
- Harper K., 2018, *Il destino di Roma. Clima, epidemie e la fine di un impero*, Einaudi, Torino.
- Ide T., 2018, *The Environment*, in E. Fuchs, A. Bock (eds.), *The Palgrave Handbook of Textbook Studies*, Palgrave Macmillan, New York, pp. 357-367.
- L'Hôte G., Le Roy Ladurie E., Smedley-Weill A., 2007, *Histoire du climat du Moyen* Âge *jusqu'à nos jours*, (DVD), Mémento films, Paris, 2009.
- Le Roy Ladurie E., 1982, *Tempo di festa, Tempo di Carestia. Storia del clima dall'Anno Mille*, Einaudi, Torino.
- Le Roy Ladurie E., 2004-2009, *Histoire humaine et comparée du climat*, vol. I *Canicules et glaciers XIII-XVIII siècles*, 2004; vol II. *Disettes et révolutions*, 2006; vol III. *Le réchauffement de 1860 à nos jours* (avec G. Séchet), Fayard, Paris.
- Lewis S., Maslin M., 2020, *Il pianeta umano. Come abbiamo creato l'Antropocene*, in «le Scienze», 19, Torino.
- Loré V., Rao R., 2017, *Medioevo da manuale. Una ricognizione della storia medievale nei manuali scolastici italiani*, in «Reti Medievali Rivista», 18, 2, pp. 305-340, disponibile on line: http://www.serena.unina.it/index.php/rm/article/view/5353.
- Marcellini C., 2019, *Cittadinanza e Costituzione... «mamma mia»!* in *Pensare la Didattica*, in «Novecento.org», disponibile on line: http://www.novecento.org/pensare-la-didattica/oddio-cittadinanza-e-costituzione-qualche-suggerimento-in-vista-dellesame-con-uno-sguardo-al-futuro-3759/.
- Mattozzi I., 2013, *Chi ha paura della geo-storia?*, in L. Coltri, D. Dalola, M.T. Rabitti (a cura di), 2013, *Geo-storie d'Italia. Una alleanza possibile*, Cenacchi Editore, Bologna.
- McNeil J. R., 2002, *Qualcosa di nuovo sotto il sole. Storia dell'ambiente nel XX secolo*, Einaudi, Torino.
- Mezzetti G., 1999, *La storia e l'ambiente*, La Nuova Italia, Firenze.
- MIUR, 2012, *Indicazioni nazionali per i licei*, https://www.miur.gov.it

- Montanari M., 1979, *L'alimentazione contadina nell'alto Medioevo*, Liguori, Napoli.
- Montanari M., 2003, *La foresta come spazio economico e culturale*, in *Uomo e spazio nell'alto Medioevo*, Atti della L settimana di studio del Centro Italiano di studi sull'Alto Medioevo (4-8 aprile 2002), Spoleto, CISAM, pp. 301-340.
- Morin E., 2001, *I sette saperi necessari all'educazione del futuro*, Raffaello Cortina, Milano.
- Pastoreau M., 2004, *Medioevo simbolico*, Laterza, Roma-Bari.
- Pezzella G., 2010, *Entra una nuova disciplina di nome geostoria?*, in «Treccani», disponibile on line: https://archive.ph/20150330215046/http://www.treccani.it/scuola/lezioni/in_aula/storia/geostoria/pezzella.html.
- Pievani T., Varotto M., 2021, *Viaggio nell'Italia dell'Antropocene. La geografia visionaria del nostro futuro*, Aboca Edizioni, Sansepolcro (AR).
- Pointing C., 1992, *Storia verde del mondo*, SEI, Torino.
- Rao R., 2015, *I paesaggi dell'Italia medievale*, Carocci, Roma.
- Rao R., 2018, *Il tempo dei lupi. Storia e luoghi di un animale favoloso*, UTET, Milano.
- Rao R., Però A., 2022, *Le porte della storia. Corso di geostoria*, La Nuova Italia-Rizzoli Education, Milano, voll. I-II.
- Ruddiman W., 2007, *L'aratro, la peste, il petrolio. L'impatto umano sul clima*, EGEA, Milano.
- Sereni E., 1961, *Storia del paesaggio agrario italiano*, Laterza, Roma-Bari.
- Sereni E., 1981, *Terra nuova e buoi rossi e altri saggi per una storia dell'agricoltura europea*, Einaudi, Torino.
- Sereno P., 1983, *Il paesaggio*, in N. Tranfaglia (a cura di), *Il mondo contemporaneo*, 10. *Gli strumenti della ricerca*, La Nuova Italia, Firenze, pp. 1247-1264.
- Sergi G., 2001, *Storia agraria e storia delle istituzioni*, in C. Cortonesi, M. Montanari (a cura di), *Medievistica italiana e storia agraria*, CLUEB, Bologna, pp. 155-164.
- Slicher van Bath B.H., 1972, *Storia agraria dell'europa occidentale (500-1850)*, Einaudi, Torino.
- Soja E.W., 1989, *Postmodern Geographies: The Reassertion of Space in Critical Social Theory*, Verso, London-NewYork.
- Villani C., 2020, *Public history e didattica della storia nell'età delle history wars*, in S. Adorno, L. Ambrosi, M. Angelini (a cura di), 2020, *Pensare storicamente. Didattica laboratori, manuali*, FrancoAngeli, Milano.
- Violante C., 1974, *La società milanese in età precomunale*, Laterza, Roma-Bari.
- Weisman A., 2017, *Il mondo senza di noi*, Einaudi, Torino.
- Wilschut A., 2019, *The Relevance of History to Students: How to Improve it*, in E. Valseriati (a cura di), *Prospettive per la Didattica della Storia in Italia e in Europa*, New Digital Frontiers, Palermo.
- Wineburg S., 2001, *Historical Thinking and Other Unnatural Acts. Charting the Future of Teaching the Past*, Temple University Press, Philadelphia (PA).

7
Storia ed educazioni

di Maurizio Gusso

7.1 Di quali « educazioni » stiamo parlando?

Il termine «**educazioni**» rinvia, anzitutto, a un'articolazione dell'«**Educazione**» in vari ambiti o dimensioni o insiemi di finalità educative (alcune delle quali danno anche il titolo a materie d'insegnamento specifiche, in alcuni cicli scolari in Italia e in altri Stati), articolazione analoga a quella del «Sapere» in vari «saperi» o «discipline».

Dato che l'elenco delle «educazioni» usate come monete correnti nel sistema d'istruzione e nel circuito comunicativo pedagogico-didattico è molto fitto ed eterogeneo e che le denominazioni e le istituzionalizzazioni delle singole «educazioni» risalgono a epoche diverse, per non smarrirsi nel loro labirinto può essere utile ricorrere a qualche ipotesi classificatoria, soprattutto di tipo storico.

7.1.1 *Le « educazioni di prima generazione »*

In assenza di classificazioni più condivise e convincenti, in modo consapevolmente convenzionale da anni (Gusso 2011, 2017a, 2017b, 2021) ho chiamato «**educazioni di prima generazione**» quelle finalità educative, trasversali rispetto alle discipline, **da più tempo** (in Italia prevalentemente prima degli anni Ottanta) prese in considerazione e discretamente **sedimentate** nella normativa e nelle pratiche didattiche. Rappresentano le espansioni trasversali di alcuni campi specifici di saperi/ambiti disciplinari. Linguisticamente sono, in genere, accomunate dall'essere denominate con il sostantivo «**educazione**», seguito da un **aggettivo** che rinvia a un campo specifico di saperi o a una disciplina emblematica.

Sono le educazioni linguistica, letteraria, artistica/estetica, musicale, psicomotoria, scientifica, tecnologica, informatica, matematica, filosofica, geografica, storica, ognuna con un ancoraggio a un insegnamento (o a un raggruppamento di insegnamenti) che storicamente ha fatto da battistrada o ha costituito una specie di faro (rispettivamente lingue e letterature italiana e straniere, arte, musica, educazione fisica, scienze naturali, scienze sociali, educazione tecnica, informatica, matematica, filosofia, geografia, storia).

Per esempio, la **dimensione storica** dei fenomeni sociali/umani si intreccia con altre dimensioni trasversali, come quelle spaziale, temporale, geografica, sociale, culturale ecc., ma rispetto ad esse presenta una sua specificità (Gusso 2009, 2015a, 2021). La dimensione storica caratterizza non solo i fenomeni sociali/umani, ma anche le discipline di ricerca che li studiano (per esempio: storiografia, geografia, scienze sociali, filosofia). Alcune di queste discipline (per esempio: storiografia, filosofia) hanno particolarmente indagato la dimensione storica, con peculiarità specifiche.

7.1.2 *Le « educazioni di seconda generazione » o « éducations à... »*

In modo altrettanto consapevolmente convenzionale da anni (Gusso 2011, 2017a, 2017b, 2021) ho chiamato, invece, « **educazioni di seconda generazione** » (cfr. Ministero della Pubblica Istruzione 2007, p. 130) quelle problematiche e finalità educative (in precedenza denominate « nuove educazioni » o « educazioni trasversali » – Gusso 1999a, p. 91 – o « educazioni nuove » o « 'nuove educazioni trasversali' »: Ministero della Pubblica Istruzione 2007, p. 129) introdotte più recentemente (in Italia in prevalenza poco prima degli anni Ottanta-Novanta e soprattutto dopo il 2000) nella normativa e nelle pratiche didattiche e relative ad alcuni dei massimi problemi dell'umanità (per esempio: guerra/pace, diritti umani, questione ambientale, sviluppo sostenibile, salute). In genere si tratta di problematiche interdisciplinari e di finalità educative trasversali rispetto sia alle discipline di ricerca accademiche, sia alle materie d'insegnamento e, a differenza di queste, non dotate di specifici orari, voti, abilitazioni all'insegnamento e cattedre. Linguisticamente sono, in genere, accomunate dall'essere denominate con il sostantivo « **educazione** », seguito da un complemento di scopo (per esempio: « **alla** pace », « **allo** sviluppo sostenibile »).

Non a caso, nell'area francofona le « nuove educazioni » sono state chiamate « *Éducations à...* » (Audigier 2006a; Fabre 2014; Lange 2015) o « *éducations à...* » (Barthes *et al.* 2017; Pagoni, Tutiaux-Guillon 2012 e in particolare Lebeaume 2012), oppure « Les *Éducation à...* » (Audigier 2012a, 2012b), per sottolineare il loro carattere non solo cognitivo, ma pure sociale ed etico-civile (se non anche valoriale e politico), e le loro potenzialità interdisciplinari/trasversali rispetto alle « questions socialement vives » (questioni socialmente vive; cfr. Alpe, Barthes 2013; Heimberg 2008; Legardez 2003), per differenziarle e/o opporle agli «enseignements de...», a carattere disciplinare, contenutistico e cognitivo (Lebeaume 2012, p. 12; Lebrun *et al.* 2019).

Una delle differenze fra i casi francese e italiano sta nel fatto che in Italia la ricerca e il dibattito sulle «educazioni» nel loro complesso hanno riguardato solo circuiti ristretti (anche geograficamente) di formatori, insegnanti ricercatori, commissioni scuola di ONG (Organizzazioni non governative: cfr. ONG Lombarde *et al.* 1999) e istituzioni scolastiche (soprattutto l'IRRSAE/IRRE Lombardia), specialmente negli anni Ottanta e Novanta, mentre più ampi e approfonditi sono stati la ricerca e il dibattito su singole «educazioni». Al contrario, in Francia ricerca e dibattito hanno coinvolto maggiormente la ricerca pedagogico-didattica universitaria, si sono sviluppati soprattutto dopo il 2000 e hanno prodotto molte pubblicazioni e in particolare un'opera di sintesi (Barthes *et al.* 2017). La sua prima parte (*Les enjeux des éducations à*) passa in rassegna diciannove distinte «*éducations*»: «*à la biodiversité*»; «*au choix – capabilité*»; «*à la citoyenneté*»; «*à l'écocitoyenneté*»; «*à la complexité*»; «*au développement durable*»; «*à l'esprit d'entreprendre*»; «*à l'environnement*»; «*à l'écoformation*»; «*à l'interculturalité*»; «*aux Médias et à l'Information*»; «*à la paix*»; «*au patrimoine*»; «*à la responsabilité*»; «*au risque*»; «*à la santé*»; «*à la sexualité*»; «*au territoire*» e «*aux valeurs*».

Tale rassegna delle «éducations» colpisce a prima vista sia per l'elevato numero di «éducations» (ordinate secondo criteri non sempre chiari), sia per le assenze di alcune «educazioni» presenti in analoghi elenchi italiani. Per esempio, quantunque nella **Partie 2: Mots clés et concepts des éducations à** compaia la voce di Sylvie Cromer, *Égalité filles-garçons* (pp. 405-411), nemmeno l'*Index des concepts et mots clés* riporta voci analoghe a quelle italiane «educazione alle differenze di genere» o «pedagogia della differenza sessuale». Inoltre nemmeno l'*Index des concepts et mots clés* riporta voci analoghe a quelle italiane «educazione ai diritti umani/delle donne/dei minori» ed «educazione alla legalità» (anche se in Italia la presenza di mafie e corruzione è stata storicamente ed è più rilevante che in Francia).

In questo contributo, anche per limiti di spazio, parlerò solo delle «educazioni di seconda generazione» denominandole «educazioni», privilegiando i rinvii alle esperienze italiane e limitando al minimo indispensabile i riferimenti al dibattito francofono (probabilmente finora il più articolato, approfondito ed esplicito).

7.2 Un'ipotesi di classificazione delle « educazioni » per campi semantico-concettuali

In un articolo pubblicato nel 1994 Luciano Corradini ricorda di aver coniato « Un po' per memoria, un po' per celia la sigla EDUPSSA » (acronimo di « *educazione* a: *diritti umani, pace, sviluppo, salute, ambiente* »: Corradini 1989, p. 60), « dilatandola poi in EDDUPSSSSSIAAIEM [...]: essa indica *l'educazione alla democrazia, ai diritti umani, alla pace, allo sviluppo, alla solidarietà, alla salute, alla sessualità, alla sicurezza, all'intercultura, all'alimentazione, all'ambiente, all'Italia, all'Europa, al Mondo* » (Corradini 1994, p. 54), passando così da cinque « educazioni » a quattordici, senza contare le educazioni alle differenze di genere, al patrimonio e ai media.

Per evitare un'eccessiva proliferazione delle « educazioni » ho provato a raggrupparle per **campi semantico-concettuali**, non elencati in ordine gerarchico (Gusso 2011, 2017a), rinviando, per limiti di spazio, a un mio altro scritto (Gusso 2023) per ulteriori approfondimenti terminologico-concettuali, bibliografici e plurilingui e privilegiando, in linea di massima, i testi più recenti e aggiornati (rispetto alle bibliografie pubblicate in Gusso 1990, pp. 31-56; 1998, pp. 34-38; 2010; 2017a, pp. 7-11; 2017b, pp. 116-121, oltre che in Medi 1999), in lingua italiana, in commercio o reperibili in biblioteche e in Rete e più significativi per i docenti delle scuole secondarie.

7.2.1 *Educazione alla cittadinanza / educazione civica*

Nel campo dell'**Educazione alla cittadinanza** si può anzitutto far rientrare convenzionalmente l'**educazione civica** (Castoldi 2022), oltre all'**educazione alla cittadinanza** *tout court* (Audigier 2006b) o integrata con specificazioni quali « democratica » (Audigier 2012c; Losito 2005), « attiva » (Cicognani, Albanesi 2020), « europea » (Ávila *et al.* 2009), « mondiale » (Centre Nord-Sud du Conseil de l'Europe 2019), « interculturale » (Tarozzi 2005) e « digitale » (Celot *et al.* 2021). In un suo libro (Deiana 2003, pp. 35-218) Giuseppe Deiana connette l'insegnamento dell'etica pubblica con un'educazione alla cittadinanza intesa come cittadinanza « giuridica », « sociale », « politica », « nazionale e italiana », « europea e internazionale », « locale », « ambientale », « naturale » (che apre a un curricolo di bioetica) e « intellettuale ». Sull'« educazione civica e alla cittadinanza » cfr. Losito 2011.

Il campo può includere anche altre « educazioni », come quelle **alla convivenza civile** (Chistolini 2006), **ai diritti umani** (Lotti, Giandomenico 1998), **ai di-**

ritti dei minori (Biemmi, Macinai 2020), **alla legalità** (Barcella 2018), **alla socialità** (Besozzi, Rosas 1994; Rosas 1994), **alla politica** (Santelli Beccegato 2012; sull'«educazione politica» cfr. Cavalli 2018), **alla democrazia** (Corsi, Sani 2004) e alla **giustizia sociale** (Tarozzi 2015, pp. 52-57, 2017).

7.2.2 *Educazione all'intercultura / interculturale*

Per quanto riguarda questo campo, occorre ricordare che in Italia, a differenza della Francia (Dervin, Sauquet 2017), l'espressione «educazione all'intercultura» è usata più nei titoli di alcuni libri che al loro interno (Panarello 2012), mentre prevale l'uso dell'aggettivo «interculturale» in espressioni quali «educazione interculturale» (Portera 2022; Santerini 2017) e «pedagogia interculturale» (Portera 2022). Sull'«educazione interculturale alla cittadinanza» cfr. Portera *et al.* 2010.

In questo campo si potrebbero far rientrare convenzionalmente anche l'**educazione globale** (Panarello 2016) e l'**educazione** (e **pedagogia**) **antirazzista** (Eckmann, Eser Davolio 2009); sulla «pedagogia postcoloniale» cfr. Burgio 2022.

7.2.3 *Educazione alla pace*

In questo campo, oltre all'**educazione alla pace** (Guetta 2017; Nanni, Economi 1987; Panerai *et al.* 2012), si potrebbe far rientrare anche l'«educazione al conflitto» (Nigris 1991; Novara 2007).

7.2.4 *Educazione allo sviluppo sostenibile*

Si può considerare l'**Educazione allo sviluppo sostenibile** o **alla sostenibilità** (Galeri 2010) come un campo sintesi di **educazione allo sviluppo** (Gusso 1990) ed **educazione ambientale** (Mortari 2001) o **ecologica** (Mortari 2020) e inclusivo anche dell'«educazione al consumo» consapevole e sostenibile (Parricchi 2015).

7.2.5 *Educazione alla salute*

Nel campo dell'**Educazione alla salute** (Merenda 1995) si potrebbero far rientrare le educazioni **alimentare** (Finzi 1988), **all'affettività** (Ianes 2007) o **socio-affettiva** (Francescato *et al.* 1986), **ai sentimenti** e **alla sessualità** (Mapelli, Bozzi Tarizzo 1998).

7.2.6 *Educazione alla parità / alla differenza sessuale e/o di genere*

In questo campo, nonostante i differenti approcci, possono rientrare sia l'**educazione alla parità** (Della Giusta *et al.* 2022), sia la **pedagogia della differenza sessuale/di genere** (Demetrio *et al.* 2001). Sull'«Educazione di genere» cfr. Ghigi 2019 e Leonelli 2016; sull'«Educare al genere» cfr. Gamberi *et al.* 2010; sull'«Educare alle relazioni di genere» cfr. Poggio *et al.* 2022; sulla «Pedagogia di genere» cfr. Leonelli 2016.

Tali approcci negli ultimi decenni hanno risentito del dibattito molto acceso sul «*gender*»/genere, influenzato dal passaggio da una concezione duale maschile/femminile alla scoperta dell'esistenza di più generi, legata anche ai movimenti LGBTQIA+, e dalla maggior attenzione alle intersezioni fra sessismo, razzismo e diseguaglianze socio-economiche.

L'espressione «educazione alle pari opportunità» a volte viene interpretata come educazione alla parità di genere (come nella normativa europea e italiana: si vedano il Dipartimento per le pari opportunità, istituito in Italia nel 1997 presso la Presidenza del Consiglio dei ministri, e le Commissioni comunali, provinciali e regionali per le pari opportunità), limitandosi ad affrontare le «pari opportunità fra uomo e donna», ma, soprattutto in ambito pedagogico-didattico, viene spesso intesa come educazione volta alla rimozione di qualsiasi ostacolo all'inclusione (disabilità comprese).

7.2.7 *Educazione alla/e diversità / inclusiva*

Alcuni libri includono nell'«educazione alla diversità» (Savarese, Iannaccone 2010) o nell'«educazione alle diversità» (Gecchele, Dal Toso 2019) vari tipi di diversità, per esempio legate all'immigrazione, a differenze sociali, al genere, alla disabilità e all'età (*ivi*; Savarese, Iannaccone 2010). L'espressione «educazione inclusiva» viene, invece, più spesso riferita all'inclusione dei disabili (Medeghini, Fornasa 2011).

7.2.8 *Educazione al patrimonio*

In questo campo, oltre all'**educazione al patrimonio** (Bortolotti *et al.* 2008) o all'«educazione ai Beni culturali» (Laneve 2000), si potrebbe far rientrare anche l'**educazione al turismo** (Gilardi, Molinari 2012), che si situa a cavallo fra educazione al patrimonio ed educazione allo sviluppo sostenibile.

7.2.9 *Educazione ai media e alle nuove tecnologie dell'informazione e della comunicazione*

Un altro campo è quello dell'**Educazione ai media** – o ***Media Education*** (Rivoltella 2001) – e dell'**educazione ai nuovi media** (Calvani 2013; Celot *et al.* 2021) e alle nuove tecnologie dell'informazione e della comunicazione.

Si tratta di una proposta di classificazione consapevolmente convenzionale e problematica, provvisoria e aperta, senza pretese universalistiche, suscettibile di un numero limitato di ulteriori accorpamenti o differenziazioni. Cerca di evitare due rischi simmetrici e opposti: quello di un elenco troppo paratattico, sommativo, analitico e troppo lungo o aperto e quello di una selezione troppo chiusa, rigida e gerarchica, che non tenga conto dell'intreccio di diversi piani distinti (epistemologico, disciplinare/interdisciplinare, pedagogico, didattico e politico-scolastico) e della pluralità e complessità delle ricerche, delle normative e delle buone pratiche internazionali, europee e nazionali. Nel caso di eventuali accorpamenti, si suggerisce di riportare nei nuovi aggregati più sintetici come sottovoci le «educazioni» che hanno già una tradizione specifica di ricerca scientifica, pedagogica e didattica, di iniziative istituzionali e di comunità di buone pratiche. Il limite principale di un elenco è quello della sua bidimensionalità e dei suoi confini rigidamente lineari fra un «campo di educazioni» e l'altro. Credo che ogni «educazione» (come anche ogni «disciplina») debba tendere a un equilibrio dinamico fra la «specificità» di un «codice (relativamente) ristretto» e la «trasversalità» di un «codice (relativamente) allargato». Spesso, nel corso del tempo, le «educazioni» sono gradualmente passate da una concezione più schematica, settoriale, statica, astorica, astratta, acritica, aproblematica, univoca, monoculturale e iperconflittuale a un approccio più complesso, olistico, dinamico, storico, contestuale, critico, problematico, plurale, interculturale e dialogico, hanno infittito gli scambi reciproci e si sono a tal punto meticciate da risultare sempre meno campi statici, solidi, bidimensionali e dai confini lineari e sempre più galassie gassose dalle frontiere mobili, con ampie aree di sovrapposizione e riferimenti comuni e con la tendenza a trascolorare le une nelle altre, evitando sia i compartimenti stagni, sia le tentazioni imperialistiche di candidarsi a riassorbire tutte le altre. Se si sviluppa la singola «educazione» in senso pluridimensionale/olistico, fino alle ultime conseguenze, finisce per attraversare tutte (o quasi) le altre o a trascolorare nell'Educazione *tout court*.

Per evitare una lettura banalmente sommatoria di tale elenco provvisorio e aperto, si tratta di mettere in evidenza l'uso consapevolmente convenzionale di terminologie adottate anche da specifici progetti internazionali, europei e italiani e che appunto sono convenzioni culturali, usate per rappresentare una realtà complessa e magmatica, e non ipostatizzazioni pseudo-ontologiche.

Più che un elenco scritto o uno schema o mappa bidimensionale, solo un'animazione tridimensionale consentirebbe di rappresentare in modo sufficientemente adeguato il mobile intreccio fra i diversi «campi di educazioni».

Tali «educazioni» non sono dei compartimenti stagni, ma sono **strettamente connesse** e complementari: si pensi, per esempio, all'utile e necessario intreccio fra educazione alla cittadinanza democratica ed educazione interculturale (Gusso 2017b, pp. 112-113), alle differenze di genere, alla pace, allo sviluppo sostenibile, al patrimonio e ai media.

Occorre ribadire che le aree di sovrapposizione/convergenza fra le singole «educazioni» rappresentano la stragrande maggioranza del loro insieme; tuttavia, bisogna ricordare che **ogni «educazione» ha una sua specificità**. Per esempio, nessuna «educazione» può fare a meno dell'interculturalità, della pace e delle altre dimensioni; tuttavia lo specifico dell'educazione interculturale è occuparsi delle complesse relazioni fra persone/gruppi sociali e subculture/culture; lo specifico dell'educazione alla pace è occuparsi dei rapporti fra pace, guerra, conflitti, convivenza, negoziazione e cooperazione. Analogamente, sembra opportuno sottolineare che l'educazione alla cittadinanza democratica, in una società sempre più multiculturale, non può non essere interculturale, ma che l'educazione interculturale non si risolve totalmente nell'educazione alla cittadinanza e viceversa.

7.3 Utilità, limiti, rischi e paradossi delle «educazioni»

7.3.1 *Utilità delle «educazioni»*

Le «**educazioni**» sono state utilmente caldeggiate e adottate da psicopedagogisti, esperti di didattica, organizzazioni internazionali e non governative, istituzioni scolastiche e gruppi di insegnanti, per **due** grandi ordini di motivazioni e **scopi**:

- per **favorire l'interdisciplinarità**, grazie al loro carattere trasversale, ovviando al rischio di un'eccessiva parcellizzazione del Sapere e della formazione in materie d'insegnamento a compartimenti stagni;
- per **integrare obiettivi cognitivi e socio-affettivo-relazionali**, collegando – per così dire – i due emisferi del cervello; il che avviene meglio se le «educazioni» vengono intese non come sole finalità, ma come «filoni ricorrenti» di finalità, contenuti/temi/problemi e strategie didattiche (procedure, metodi,

tecniche, strumenti, forme interattive/comunicative e organizzative ecc.) fra loro coerenti (Gusso 1994a, pp. 144-145 e 157-159; 1998, pp. 29-33; 2004a, pp. 170-172; 2015b, pp. 44-45).

7.3.2 *Il rischio paradossale di un'eccessiva proliferazione delle «educazioni»*

La **proliferazione** e la **compartimentazione eccessiva delle «educazioni»** (Lebeaume 2012) hanno, perciò, l'aspetto paradossale di un effetto perverso delle buone intenzioni. Infatti, introdurre decine e decine di «educazioni» per ovviare alla frammentazione del sapere in una decina di materie è una contraddizione in termini, il tipico caso in cui il mezzo contraddice il fine, riproducendo la stessa logica del male (un eccessivo numero di discipline accademiche e materie scolastiche compartimentate e frantumate) a cui le «educazioni» avrebbero inteso e dovuto porre rimedio. Per questo motivo è importante accorpare le «educazioni» in campi semantico-concettuali, come quelli sopra proposti.

7.3.3 *Il rischio della riduzione delle «educazioni» a una «superEducazione»*

Bisogna, però, fare attenzione a non cadere nell'eccesso opposto di **gerarchizzare le «educazioni» in maniera troppo rigida** o di **privilegiare una «educazione»**, al punto da farne una specie di «**superEducazione**», come da alcuni è stata interpretata l'«Educazione alla convivenza civile» durante il Ministero Moratti, o «Cittadinanza e Costituzione» durante il Ministero Gelmini (cfr. Ambel, Schirru 2009; Brusa, Fiore 2009; Corradini 2009, 2011, 2019; Gusso 2011; Losito 2009), o come ora rischia di diventare l'«Educazione civica», creando una contraddizione paradossale fra «nobiltà» delle intenzioni pedagogiche (finalità educative) e «miseria» dei risultati didattici effettivi (per lo scarso numero di ore a disposizione). Il rischio, in questi casi, è di essere succubi delle mode ideologiche e/o pedagogiche e/o politico-scolastiche e di privilegiare, quindi, le «educazioni» più di moda, a scapito di quelle più rimosse o meno esplorate.

7.3.4 *Le questioni socialmente vive e il rischio di una deriva ideologico-politica delle «educazioni»*

Un pericolo insito in un'**eccessiva enfatizzazione delle «educazioni» rispetto alle discipline** è quello di un pedagogismo astratto; per ovviare a tale rischio è necessario tradurre le finalità delle «educazioni» in obiettivi specificamente disciplinari e di «area» disciplinare e praticare forme di equilibrio dinamico fra «educazioni» e discipline (cfr. il paragrafo 7.4).

Un'eccessiva dipendenza delle «éducations à...» da questioni socialmente vive troppo condizionate da fattori politici, socioeconomici ed etici rischia di produrre una deriva ideologico-politica o valoriale delle «educazioni». Come antidoto a tale rischio Michel Fabre ha proposto una «formation à la prudence» («prudenza» come forma di saggezza pratica, nel senso che la *phrónesis* ha nell'*Etica Nicomachea* di Aristotele: Fabre 2014). Sulle strategie di legittimazione scientifica delle «questions socialement vives» cfr. Alpe, Barthes 2013.

7.3.5 *Finalità «intrinseche» e «non banalmente estrinseche» della formazione storica. Le «educazioni» come ponte fra i due tipi di finalità*

Può essere utile introdurre una **prima distinzione** tra **due tipi di finalità della formazione storica** rispetto al loro grado di trasversalità/specificità:

a) **finalità specifiche della storia-materia** legate allo **statuto epistemico della storiografia**;
b) **finalità trasversali** rispetto alle varie materie d'insegnamento (cfr. le competenze storiche trasversali, legate alla «storicità»).

Può essere utile, inoltre, introdurre una **seconda distinzione** (in parte corrispondente alla prima) tra:

a) **finalità intrinseche** al **fondamento epistemologico della storiografia** (per esempio: pensare storicamente);
b) **finalità non banalmente e ideologicamente estrinseche** rispetto a tale fondamento (per esempio: le «educazioni»), corrispondenti a usi sociali (e magari anche socialmente utili) della memoria, dell'oblio, della storia e della storiografia, differenti sia dai loro usi storiografici, sia dai loro abusi strumentali e ideologici (Gusso 2019a, pp. 187-188; 2021, p. 67); si veda il dibattito sull'«uso pubblico della storia» (De Luna 2001, pp. 71-101; Gallerano 1995; Gusso 2019a, p. 178; Habermas 1986) e sulla *public history* (Bertella Farnetti *et al.* 2017).

Le «educazioni» gettano un ponte tra i due tipi di finalità e possono essere considerate come dei mediatori fra saperi storici esperti/specialistici e quotidiani e fra la disciplina storica e gli studenti, come una cartina di tornasole per mettere in evidenza (e stimolarne la riduzione progressiva) il tasso di etnocentrismo, sociocentrismo, «sessismo» e antropocentrismo della storia insegnata (Gusso 2019a, pp. 181-183) ed esplicitare in modo consapevole dei selettori e organizzatori dei contenuti (*ivi*, pp. 188-189). È chiaro, per esempio, che dovrebbe spettare alla ricerca storica e a quella storico-didattica approfondire i contributi delle donne e delle minoranze culturali alla storia dell'umanità; tuttavia, l'educazione alle differenze di genere e l'educazione interculturale possono mettere in evidenza i ritardi della ricerca storica e storico-didattica su tale terreno e stimolarne la riduzione del tasso di «sessismo» ed etnocentrismo.

7.4 Discipline ed «educazioni»: una solidarietà reciproca

Pare opportuno concepire ogni insegnante come l'unione di un discreto «educatore generalista/globale» (formatore riflessivo a 360 gradi, competente sul versante olistico dell'Educazione e della trasversalità delle «educazioni») e di un discreto «formatore specialista/settoriale» (competente rispetto alle specificità disciplinari), dando diritto di cittadinanza, in ogni petto, alle due anime trasversalista/educativa/olistica e specialista/disciplinare/settoriale.

Si tratta di promuovere forme di **solidarietà reciproca** fra le **discipline** (per esempio: storia, geografia, diritto, economia) e le «**educazioni**», con continui **andirivieni** (o viaggi di andata e ritorno) **fra «educazioni» e discipline** (Gusso 1998, p. 33; 1999b, pp. 77-80; 2004b, pp. 96-97).

Quando si parte dalla singola «educazione», occorre incarnarne e declinarne le finalità e competenze trasversali in obiettivi e/o competenze specificamente disciplinari, utilizzando le discipline come risorse; per farlo e per evitare che la rigidità delle materie tarpi le ali alla vocazione «trasversale» propria delle «educazioni», è necessario scrostare le incrostazioni autoreferenziali di ogni materia (per esempio, storia) per individuare i **nuclei fondanti della disciplina di ricerca** corrispondente (per esempio, storiografia: cfr. Gusso 2004a, pp. 104-106; Medi 2009, pp. 10 e 31-34), utilizzandone come risorse paradigmi, teorie, metodi, procedure, categorie e modelli interpretativi, tecniche, strumenti, linguaggi, usi sociali, valenze educative ecc.

Quando si parte dalla singola materia d'insegnamento, rispetto ad essa le «**educazioni**», invece che essere intese come prediche pedagogico-astratte e/o dover essere valoriali e/o aggiunte contenutistiche, possono essere considerate dei blocchi o **filoni ricorrenti di finalità, temi e strategie didattiche** fra loro coerenti, alla cui luce rileggere ogni insegnamento disciplinare, utilizzando la singola «educazione» come un selettore problematizzante/organizzatore «trasversale» di contenuti disciplinari, insieme ai selettori/organizzatori più intrinsecamente disciplinari (come, per esempio, la finalità dell'imparare a pensare storicamente, utilizzando le categorie della storicità e i linguaggi e i metodi della storiografia, nel caso dell'insegnamento/apprendimento della storia).

Si tratta, in sostanza, di individuare un **equilibrio** dinamico fra **trasversalità** delle finalità delle «**educazioni**», **specificità disciplinari** e forme di **interdisciplinarità** sostenibili all'interno e all'esterno dell'area geo-storico-sociale (Gusso 2015c; 2021, pp. 71-72).

7.5 Didattica della storia ed «educazioni»: una solidarietà reciproca

La maggior parte delle opere relative alle singole «educazioni» non contiene riferimenti espliciti alla loro declinazione nell'ambito della didattica della storia, oppure le declina in modo inadeguato.

Per problemi di spazio, mi limito a segnalare, per ogni «campo di educazioni», alcuni degli scritti che le intrecciano maggiormente con la didattica della storia.

Sui rapporti fra **didattica della storia** ed **educazione civica e alla cittadinanza** cfr. Brusa, Fiore 2009; Delmonaco 2010; Gusso 1992, 1999a, 2011, 2017a, 2017b; Perillo 2017.

Sulle diseguaglianze nella storia, fra ricerca e didattica, cfr. AA.VV. 2022b.

Per un esempio di solidarietà reciproca fra storia ed educazione alla cittadinanza, intesa come cittadinanza democratica, attiva, «pluridimensionale», «pluriscalare», plurale e interculturale cfr. Gusso 2017b, pp. 112-115.

Sull'**insegnamento della storia in dimensione europea** cfr. Ávila *et al.* 2009; Bernardi, Rabuiti 2009; Deiana 2007; Gusso 2020; Micocci 2004; Stradling 2001.

Sulle relazioni fra **didattica della storia** ed **educazione alla legalità** cfr. Deiana 1997c.

Sull'approccio **interculturale** alla **didattica della storia** cfr. Brusa *et al.* 2000; Brusa, Cajani 2008; Gobbi 1994a; Gobbi, Gusso 1994; Gusso 1999b, 2004b, 2009; Gusso *et al.* 1995; Medi 2008; Nanni, Economi 1997; Perillo 2010; Todeschini 2009.

Sulle relazioni fra **insegnamenti geo-storico-sociali** ed **educazione alla pace** cfr. Zanelli 1994c; Zanelli, Persini 1994. Su guerra/pace e storia, fra ricerca e didattica, cfr. AA.VV. 2022c.

Sulle relazioni fra **didattica della storia** ed **educazione allo sviluppo sostenibile** cfr. Caglio *et al.* 1990; Cocilovo 2022a, 2022b; Deiana 1997b, 2001;

Genovese, Mazzi 1994; Mazzi 1994; Zanelli 1994a, 1994b. Sulla **storia dell'ambiente**, fra ricerca e didattica, cfr. AA.VV. 2016.

Su **alimentazione e storia**, fra ricerca e didattica, cfr. AA.VV. 2015.

Su epidemie e storia, fra ricerca e didattica, cfr. AA.VV. 2020.

Sugli intrecci fra «**storia di genere**» (o storia delle donne e degli uomini) e **didattica della storia** cfr. AA.VV. 1993, 2018; Brigadeci 2001; Guerra 2010; Ministero della Pubblica Istruzione e Società Italiana delle Storiche 2000; Serafini 2022.

Sull'insegnamento della storia agli studenti con DSA/Disturbi specifici di apprendimento cfr. Associazione Italiana Dislessia 2020.

Sui rapporti fra **didattica della storia** ed **educazione al patrimonio** cfr. Gusso 2012, 2022; Perillo, Santini 2004; Rabitti, Santini 2008; Rabuiti *et al.* 2006.

Sugli intrecci fra **insegnamento della storia** ed **educazione ai media e alle nuove tecnologie** cfr. Massari, Pizzirusso 2018; Vayola 2012. Sui rapporti fra **didattica della storia** e **cultura digitale** cfr. Di Tonto, Perillo 2011.

7.6 Alcune esperienze lombarde di percorsi curricolari «verticali» geostorico-sociali incentrati sulle «educazioni»

L'IRRSAE (dal giugno 1991 IRRE) Lombardia ha promosso in tre riprese ricerche e pubblicazioni sul curricolo «verticale» di area geostorico-sociale fondato (fra l'altro) sulle «educazioni».

Nella **ricerca-azione** ***Per un curricolo continuo di area geostorico-sociale nella scuola di base*** (ottobre 1988-gennaio 1991) 77 insegnanti ricercatori/ricercatrici di 69 scuole materne (relativamente solo al gruppo di cinque anni), elementari e medie di cinque provincie lombarde (Brescia, Como, Milano, Pavia e Varese) hanno sperimentato ipotesi curricolari geostorico-sociali fondate su cinque «filoni», imperniati rispettivamente sulle «educazioni» «spaziotemporale» (Zanelli 1994a, 1994b), «interculturale» (Gobbi 1994a; Gobbi, Gusso 1994), «allo sviluppo sostenibile» (Genovese, Mazzi 1994; Mazzi 1994), «alla pace» (Zanelli 1994c; Zanelli, Persini 1994) e «alla socialità» (Besozzi, Rosas 1994; Rosas 1994). La documentazione è raccolta nei due tomi di AA.VV. 1994 (il secondo dei quali raccoglie 30 delle 51 unità di apprendimento sperimentate) e in un volumetto specifico sulla scuola elementare (Gobbi 1994b); alla ricerca-azione è ispirato anche un «Quaderno» de «I viaggi di Erodoto» (Gusso 1994b) relativo alla scuola media e secondaria superiore.

Al **progetto di sperimentazioni assistite** ***Curricoli continui di area geostorico-sociale dalla scuola di base alla secondaria superiore*** (1995-1997) hanno partecipato 398 insegnanti sperimentatori/sperimentatrici di scuola elementare, media e secondaria superiore, in 13 équipe territoriali (sei a Milano e provincia, due a Brescia, una a Bergamo, una a Buscoldo di Curtatone/MN, una a Como, una a Busto Arsizio/VA e una a Rovagnate/LC), con l'aggiunta del gruppo *Ricerca-azione/curricolo continuo di area geostorico-sociale* dell'IRRSAE Liguria. Sono state sperimentate 72 unità di apprendimento (70 in Lombardia e due in Liguria), di cui 17 pubblicate in AA.VV. 1998.

L'**attività di formazione e ricerca** ***Scienze geostorico-sociali: incontri per insegnanti formatori*** (1999-2001) dell'IRRSAE Lombardia, sfociata nella costituzione di un Gruppo di ricerca regionale articolato in uno Staff di ricerca di sedici persone e in cinque Gruppi di lavoro (tre a Milano, uno a Brescia e uno a Brescia e Mantova), formati da 68 insegnanti ricercatori/ricercatrici, è documentata in Citterio, Salvarezza 2004.

Il **Progetto interistituzionale** ***Portare il mondo a scuola*** (1995-1999), promosso da dieci ONG lombarde (AICOS, ASPEM, CeLIM, CESPI, CESVI, COE, Fratelli dell'Uomo, GRT, ICEI e Mani Tese – CRES), IRRSAE Lombardia e Provveditorati agli Studi di Milano e Como, è documentato in ONG Lombarde *et al.* 1999. Per una proposta di storia del Novecento del CRES incentrata sulle «educazioni» cfr. AA.VV. 1999a, 1999b e in particolare Barra 1999a, 1999b.

Ipotesi curricolari verticali di area geostorico-sociale incentrate anche sulle «educazioni» sono state formulate, all'interno di IRIS, da parte di Marina Medi (Medi 2009).

7.7 Alcune esperienze lombarde incentrate sulla solidarietà reciproca fra «educazioni» (in particolare educazione al patrimonio), storia e altre discipline

Sulla solidarietà reciproca fra storia, altre discipline (in particolare «arti», incluse letteratura, musica e cinema) e «educazioni» (in particolare l'educazione al patrimonio) si sono basate anche alcune iniziative successive.

La prima è costituita da **due progetti sulla storia del Duomo di Milano**: *Dalle cave di Candoglia e Ornavasso al Duomo di Milano: storie di marmi* (2004-2007) e *Leonardo e il cantiere del Duomo di Milano* (2007-2009): cfr. Gusso 2012, pp. 60-61, 2022, pp. 221-234; Gusso *et al.* 2011; Liceo Artistico Statale di Brera e Veneranda Fabbrica del Duomo di Milano 2007; Moschini 2012.

La seconda è **L'Officina dello storico**, laboratorio di ricerca storica e di didattica delle fonti documentarie, artistiche e del territorio (Gusso 2012, pp. 61-67; 2022, pp. 234-235 e 241-242), promosso a Milano (2006-2020) da Azienda di Servizi alla Persona Golgi-Redaelli, IRIS e Ufficio Scolastico Regionale (USR) per la Lombardia, con la collaborazione di Castello Sforzesco, Fondazione Cesare Pozzo per la mutualità, Società Umanitaria e Unione Femminile Nazionale, e a Bergamo (dal 2008) da Archivio Bergamasco e Fondazione MIA – Congregazione della Misericordia Maggiore (Cerati, Fenili 2009; Fenili, Vernieri 2022): cfr. i siti https://www.officinadellostorico.it e www.officinadellostorico-bergamo.it.

La terza è il **Laboratorio *Piccole grandi storie*** (2009-2012) all'interno del Programma triennale *La vita fragile*, promosso dal Museo Martinitt e Stelline (Milano), in partenariato con ASP Golgi-Redaelli e Provincia di Milano – Assessorato alle Politiche sociali, con la collaborazione di IRIS e con il sostegno di Fondazione Cariplo: cfr. Bellettati *et al.* 2014.

La quarta è il **Progetto *Cinema e Storia***, promosso dal 2014-2015 in poi da ILSC (Istituto lombardo di storia contemporanea), IRIS, Istituto nazionale per la storia del movimento di liberazione in Italia (dal 2017 Istituto Nazionale Ferruccio Parri) e Società Umanitaria (fra il 2016-2017 e il 2018-2019 anche da Associazione BiblioLavoro; dal 2022-2023 pure da Istituto bergamasco per la storia della Resistenza e dell'età contemporanea e da Istituto Mantovano di Storia Contemporanea): cfr. Gusso 2019b, pp. 98-99, https://www.storieinrete.it/progetti/cinema-e-storia.

La quinta sono i **Cantieri 7** – *Le fonti « artistiche » (letteratura, musica, cinema ecc.) (Milano)* –, **8** – *Educazione al patrimonio culturale (Milano)* – e **9** – *Educazione al patrimonio culturale (Bergamo)* – del Percorso di accompagnamento *Costruire un curriculum verticale di formazione storica per l'acquisizione di competenze disciplinari e di cittadinanza* del **Tavolo tecnico-scientifico della didattica della storia – USR Lombardia**, costituito nel 2014; cfr. le 29 unità di apprendimento (sulle 64 unità complessive) sperimentate da 31 insegnanti (sugli 89 complessivi) pubblicate in Tavolo tecnico-scientifico della didattica della storia 2021, pp. 405-597.

Bibliografia

- AA.VV., 1993, *Generazioni. Trasmissione della storia e tradizione delle donne*, Rosenberg & Sellier, Torino.
- AA.VV., 1994, *Per un curricolo continuo di formazione geostorico-sociale nella scuola di base*, IRRSAE Lombardia, Milano, voll. 2 (vol. I: *Coordinate di una ricerca-azione*, a cura di E. Bergomi, M. Gusso; vol. II: *Percorsi didattici*, a cura di S. Citterio, M. Gusso).

- AA.VV., 1998, *Scienze geostorico-sociali per un curricolo verticale. Dalla Ricerca-Azione alla Sperimentazione Assistita*, IRRSAE Lombardia, Milano.
- AA.VV., 1999a, *Quali storie del '900. Proposte tematiche e mappe concettuali*, in «Strumenti Cres», 21 (supplemento a «Mani Tese», 1999, 357), pp. 13-36.
- AA.VV., 1999b, *Quali storie del '900. Curricolo verticale: ipotesi di lavoro*, in «Strumenti Cres», 22 (supplemento a «Mani Tese», 1999, 360), pp. 13-36.
- AA.VV., 2022a, *Archivi tra didattica e pastorale. Orientamenti ed esperienze. Atti del XXVII Convegno dell'Associazione Archivistica Ecclesiastica. Bergamo, Seminario diocesano, 7-10 settembre 2021*, in «Archiva Ecclesiae», 2018-2021 (stampa: 2022), pp. 61-64.
- Ambel M., Schirru C. (a cura di), 2009, *Per una cittadinanza intenzionale*, in «Dossier Insegnare», 2.
- Associazione Italiana Dislessia, 2020, *Insegnare storia agli studenti con DSA. Strategie inclusive per la scuola secondaria di primo grado*, a cura di A. Capuano, A. Olivieri, Erickson, Trento (I ed.; rist. 2021).
- Audigier F., 2006b, *L'educazione alla cittadinanza in alcuni curricula europei*, in Chistolini 2006, pp. 100-121.
- Audigier F., 2012c, *Concetti di base e competenze chiave per l'Educazione alla Cittadinanza Democratica*, in «Scuola e Città», 1, pp. 156-183.
- Barcella G., 2018, *Cittadinanza e Costituzione. Per una educazione alla legalità*, Kimerik, Patti (ME).
- Barra D., 1999a, *Insegnare la storia del '900 nell'ottica delle educazioni*, in AA.VV. 1999a, pp. 14-16.
- Barra D., 1999b, *Curricolo verticale nell'ottica delle educazioni*, in AA.VV. 1999b, pp. 14-16.
- Barthes A., Lange J.-M., Tutiaux-Guillon N. (dir.), 2017, *Dictionnaire critique des enjeux et concepts des « éducations à »*, L'Harmattan, Parigi.
- Bellettati D., Gusso M., Madoi R., Montanari M., Reggiani F., Sala C., Silicati G., 2014, *Piccole grandi storie. Gli archivi degli enti assistenziali milanesi: una risorsa per la didattica*, in C. Cenedella, V. Pandiani (a cura di), *A Scuola di MUSEO!*, Iniziative Editoriali, Catania, pp. 93-153.
- Bernardi P., Rabuiti S. (a cura di), 2009, *Le scienze sociali per la cittadinanza europea. Storia – Geografia – Educazione al patrimonio*, in «I Quaderni di Clio '92», 9.
- Bertella Farnetti P., Bertucelli L., Botti A. (a cura di), 2017, *Public History. Discussioni e pratiche*, Mimesis, Milano-Udine.
- Besozzi E., Rosas A. (coord.), 1994, *Filone 5. Educazione alla socialità: individuo, istituzioni e società; regole, norme, valori*, in AA.VV. 1994, vol. II, pp. 415-526.
- Biemmi I., Macinai E. (a cura di), 2020, *I diritti dell'infanzia in prospettiva pedagogica. Equità, inclusione e partecipazione a 30 anni dalla CRC*, VIOLE-LAB Laboratorio Pedagogico sulla Violenza ai Minori – FrancoAngeli, Milano.
- Bortolotti A., Calidoni M., Mascheroni S., Mattozzi I., 2008, *Per l'educazione al patrimonio culturale. 22 tesi*, FrancoAngeli, Milano.
- Botteri I. (a cura di), 2011, *Osservatorio e progetti europei, nazionali, provinciali sull'educazione civile*, Tipolitografia Gavardese, Gavardo (BS).

- Brigadeci C., 2001, *Storia di* genere *e didattica della storia*, in Brigadeci *et al.* 2001, pp. 147-179.
- Brigadeci C., Criscione A., Deiana G., Pennacchietti G., 2001, *Il laboratorio di storia. Problemi e strategie per l'insegnamento nella prospettiva dei nuovi curricoli e dell'autonomia didattica*, Unicopli, Milano.
- Brusa Antonio, Brusa Anna, Cecalupo M., 2000, *La terra abitata dagli uomini*, Progedit, Bari.
- Brusa Antonio, Fiore F., 2009, *Educazione civica e storia*, in L. Luatti (a cura di), *Educare alla cittadinanza attiva. Luoghi, metodi, discipline*, Carocci, Roma, pp. 198-209.
- Burgio G., 2022, *Pedagogia postcoloniale. Prospettive radicali per l'intercultura*, FrancoAngeli, Milano.
- Caglio A., Gusso M., Musarra P., Polati A. (a cura di), 1990, *Alla ricerca dello sviluppo perduto. Percorsi geostorico-sociali di educazione allo sviluppo per la formazione degli adulti*, IRRSAE Lombardia, Milano.
- Calvani A., 2013, *I nuovi media nella scuola. Perché, come, quando avvalersene*, Carocci, Roma (ed. più recente; I ed.: ivi, 1999).
- Castoldi M., 2022, *Promuovere la cittadinanza attiva. Proposte per insegnare educazione civica*, Carocci, Roma.
- Celot P., Franceschetti R., Salamini E., 2021, *Educare ai nuovi media. Percorsi di cittadinanza digitale per l'Educazione civica*, Pearson, Milano-Torino.
- Cerati F., Fenili C., 2009, *«L'Officina dello storico»*, in «Quaderni di Archivio Bergamasco», 3, pp. 149-156.
- Chistolini S. (a cura di), 2006, *Cittadinanza e convivenza civile nella scuola europea. Saggi in onore di Luciano Corradini*, Armando, Roma.
- Cicognani E., Albanesi C. (a cura di), 2020, *La cittadinanza attiva a scuola. Strumenti per la promozione*, Carocci, Roma.
- Citterio S., Salvarezza M. (a cura di), 2004, *L'area geostorico-sociale. Dalla ricerca ai curricoli*, FrancoAngeli, Milano.
- Cocilovo C., 2022a, *Ambiente, Clima, Storia: alterne vicende di una relazione*, in M.C. Sampaolesi (a cura di), *Storia, come insegnarla meglio anche a distanza. Senza perdersi nel labirinto delle conoscenze*, Mnamon, Milano, pp. 131-150.
- Cocilovo C., 2022b, *Energia e civiltà*, in E. Dondero (a cura di), *Atti Scuola Estiva di Arcevia 2021. Storia, crocevia di discipline. Concerto per trio nella scuola-orchestra: Storia, Tecnologia, Scienze*, Mnamon, Milano, pp. 153-176.
- Corradini L., 1989, *Vivere senza guerra. La pace nella ricerca universitaria*, Guerini e Associati, Milano.
- Corradini L. (a cura di), 2009, *Cittadinanza e Costituzione. Disciplinarità e trasversalità alla prova della sperimentazione nazionale. Una guida teorico-pratica per docenti*, Tecnodid, Napoli.
- Corradini L., 2011, *La difficile cittadinanza della Costituzione nella scuola italiana*, in Botteri 2011, pp. 41-60.
- Corradini L., 2019, *La difficile cittadinanza della Costituzione nella scuola*, in L. Corradini, G. Mari (a cura di), *Educazione alla cittadinanza e insegnamento della Costituzione*, Vita e Pensiero, Milano, pp. 11-53.

- Corsi M., Sani R. (a cura di), 2004, *L'educazione alla democrazia tra passato e presente*, V&P Strumenti, Milano.
- Deiana G., 1997a, *Io penso che la storia ti piace. Proposte per la didattica della storia nella scuola che si rinnova*, Unicopli, Milano.
- Deiana G., 1997b, *Ecologia e storia. Per una storia ecologica*, in Deiana, 1997a, pp. 99-117.
- Deiana G., 1997c, *Mafia e storia. Un percorso di educazione alla legalità*, in Deiana, 1997a, pp. 193-205.
- Deiana G., 2001, *Le radici storiche del rapporto tra uomo e natura. Un percorso di storia ambientale*, in Brigadeci *et al.* 2001, pp. 181-192.
- Deiana G., 2003, *Insegnare l'etica pubblica. La cultura e l'educazione alla cittadinanza: una sfida per la scuola*, Erickson, Gardolo (TN).
- Deiana G. (a cura di), 2007, *Educare all'Europa. Una sfida per la scuola*, Unicopli, Milano.
- Della Giusta M., Poggio B., Spicci M. (a cura di), 2022, *Educare alla parità. Principi, metodologie didattiche e strategie di azione per l'equità e l'inclusione*, Pearson, Milano-Torino.
- Delmonaco A. (a cura di), 2010, *Fare storia crescere cittadini. Cittadinanza, Costituzione, insegnamento della Storia: percorsi e prospettive*, Zona, Civitella in Val di Chiana (AR).
- De Luna G., 2001, *La passione e la ragione. Fonti e metodi dello storico contemporaneo*, La Nuova Italia, Firenze (I ed.; II ed.: *La passione e la ragione. Il mestiere dello storico contemporaneo*, Bruno Mondadori, Milano, 2004).
- Demetrio D., Giusti M., Iori V., Mapelli B., Piussi A.M., Ulivieri S., 2001, *Con voce diversa. Pedagogia e differenza sessuale e di genere*, Guerini Studio, Milano.
- Dervin F., Sauquet M., 2017, *Éducation à l'interculturalité*, in Barthes *et al.* 2017, pp. 140-153.
- Di Tonto G., Perillo E. (a cura di), 2011, *Storia@Storie. Sapere storico e storia insegnata al tempo del digitale*, in «I Quaderni di Clio '92», 10.
- Eckmann M., Eser Davolio M., 2009, *Educare al confronto: antirazzismo*, Casagrande, Bellinzona (ed. or.: 2002).
- Fenili C.G., Vernieri A., 2022, *La valorizzazione del patrimonio culturale della Misericordia Maggiore di Bergamo: i laboratori didattici de L'Officina dello storico*, in AA.VV. 2022a, pp. 265-279.
- Finzi M., 1988, *Educazione alimentare*, Zanichelli, Bologna (ed. più recente: ivi, 1990; I ed.: Pàtron, Bologna, 1981).
- Fiorucci M., Pinto Minerva F., Portera A. (a cura di), 2017, *Gli alfabeti dell'intercultura*, ETS, Pisa.
- Francescato D., Putton A., Cudini S., 1986, *Star bene insieme a scuola. Strategie per il benessere relazionale e il welfare di comunità*, NIS, Roma (I ed.; ed. più recente: D. Francescato, A. Putton, *Star bene insieme a scuola. Strategie per il benessere relazionale e il welfare di comunità*, Carocci, Roma, 2022).
- Galeri P., 2010, *Dall'Educazione ambientale all'Educazione alla sostenibilità*, in P. Malavasi (a cura di), *Progettazione educativa sostenibile. La pedagogia dell'ambiente per lo sviluppo umano integrale*, EDUCatt, Milano, pp. 33-50.

- Gallerano N., 1995, *Storia e uso pubblico della storia*, in N. Gallerano (a cura di), *L'uso pubblico della storia*, FrancoAngeli, Milano, pp. 17-32.
- Gamberi C., Maio M.A., Selmi G. (a cura di), 2010, *Educare al genere. Riflessioni e strumenti per articolare la complessità*, Carocci, Roma.
- Gecchele M., Dal Toso P. (a cura di), 2019, *Educare alle diversità. Una prospettiva storica*, ETS, Pisa.
- Genovese L., Mazzi M. (coord.), 1994, *Filone 4. Educazione allo sviluppo: sviluppo, sottosviluppo; popolazione, risorse, territorio*, in AA.VV. 1994, vol. II, pp. 303-413.
- Ghigi R., 2019, *Fare la differenza. Educazione di genere dalla prima infanzia all'età adulta*, Il Mulino, Bologna.
- Gilardi T., Molinari P. (a cura di), 2012, *L'uscita didattica come educazione alla geografia, alla storia e al turismo. Spunti di riflessione teorici e pratici*, EDUCatt, Milano.
- Gobbi I., 1994a, *Educazione interculturale: cultura/culture; appartenenze, identità, differenze*, in AA.VV. 1994, vol. I, pp. 247-273.
- Gobbi I. (a cura di), 1994b, *Proposte per la continuità nell'ambito di storia, geografia, studi sociali. Da una ricerca-azione alla costruzione di un curricolo per la scuola di base*, IRRSAE Lombardia, Milano.
- Gobbi I., Gusso M. (a cura di), 1994, *Filone 2. Educazione interculturale: cultura/culture; appartenenze, identità, differenze*, in AA.VV. 1994, vol. II, pp. 113-237.
- Guanci V., Rabitti M.T. (a cura di), 2017, *Storia e competenze nel curricolo*, Mnamon, Milano (II ed.; I ed.: Cenacchi, Castel Guelfo/BO, 2011).
- Guerra E., 2010, *Insegnamento e ricerca. Il discorso storiografico tra genere e soggettività*, in Gamberi *et al.* 2010, pp. 31-44.
- Guetta S., 2017, *Educazione alla pace*, in Fiorucci *et al.* 2017, pp. 281-298.
- Gusso M., 1990, *Educazione allo sviluppo, formazione degli adulti e area geostorico-sociale*, in Caglio *et al.* 1990, pp. 7-56.
- Gusso M., 1992, *Educazione ai diritti umani e formazione geostorico-sociale*, in P. Danuvola (a cura di), *I diritti umani oggi: il contributo della scuola*, IRRSAE Lombardia, Milano, pp. 19-38.
- Gusso M., 1994a, *Per un curricolo innovativo di formazione geostorico-sociale* e *Filoni ricorrenti e unità didattiche strategiche*, in AA.VV. 1994, vol. I, pp. 129-155 e 157-164.
- Gusso M. (a cura di), 1994b, *Area geostorico-sociale*, in «Quaderno» 8 (supplemento a «I viaggi di Erodoto», 1994, 24).
- Gusso M., 1998, *Educazioni e area geostorico-sociale: una solidarietà reciproca*, in AA.VV. 1998, pp. 29-38.
- Gusso M., 1999a, *Educazione civica e storia: una solidarietà reciproca*, in AA.VV, *Atti del Convegno Regionale Educazione civica e cultura costituzionale: un nuovo orizzonte culturale dell'Educazione scolastica. Milano, 15 ottobre 1996*, Sovrintendenza Scolastica Regionale per la Lombardia / Ufficio Studi e Ricerche, Milano, pp. 91-101.
- Gusso M., 1999b, *Educazione interculturale*, in ONG Lombarde *et al.* 1999, pp. 73-82.
- Gusso M., 2004a, *Il contributo della storia* e *Ipotesi per un curricolo continuo di area*, in Citterio, Salvarezza 2004, pp. 97-108 e 154-176.
- Gusso M., 2010, *Bibliografia*, in Perillo 2010, pp. 181-190.

- Gusso M., 2017b, *Il curricolo di storia e le educazioni. Il caso dell'educazione alla cittadinanza interculturale*, in Guanci, Rabitti 2017, pp. 107-121.
- Gusso M., 2019a, *Criteri di selezione e organizzazione sistemica delle conoscenze storiche significative. Un esempio: lo studio del Novecento per temi/problemi e processi di grande trasformazione*, in E. Perillo (a cura di), *Il Presente e le sue storie. Come insegnare una nuova Storia generale a scuola*, Mnamon, Milano, pp. 175-220.
- Gusso M., 2021, *Storia, «educazioni» e interdisciplinarità*, in Tavolo tecnico-scientifico della didattica della storia – USR Lombardia, 2021, pp. 65-74.
- Gusso M., 2022, *Due progetti formativi di IRIS sulla storia del Duomo di Milano: bilancio e sviluppi successivi*, in AA.VV. 2022a, pp. 219-246.
- Gusso M., Moschini C., Silicati G. (a cura di), 2011, *Dalle cave di Candoglia e Ornavasso al Duomo di Milano: storie di marmi. Percorsi storico-interdisciplinari di educazione al patrimonio*, IRIS, Milano.
- Gusso M., Nadin L., Serra M. (a cura di), 1995, *Culture e identità in gioco. Percorsi didattici interdisciplinari di educazione alla pace e al dialogo interculturale. Per la formazione degli adulti*, EMI, Bologna.
- Habermas J., 1986, *L'uso pubblico della storia*, in G.E. Rusconi (a cura di), *Germania: un passato che non passa. I crimini nazisti e l'identità tedesca*, Einaudi, Torino, 1987, rist. 1988, pp. 98-109.
- Heimberg C., 2008, *Le questioni socialmente vive e l'apprendimento della storia*, in «Mundus. Rivista di didattica della storia», 1, pp. 53-61.
- Ianes D., 2007, *Educare all'affettività. A scuola di emozioni, stati d'animo e sentimenti*, in collaborazione con H. Demo, Erickson, Gardolo (TN).
- Laneve C. (a cura di), 2000, *Pedagogia e didattica dei Beni culturali. Viaggio nella memoria e nell'arte*, La Scuola, Brescia.
- Legardez A., 2003, *L'enseignement des questions sociales et historiques, socialement vives*, in «Le cartable de Clio. Revue romande et tessinoise sur les didactiques de l'histoire», 3, pp. 245-253.
- Leonelli S., 2016, *Un necessario inquadramento teorico: la Pedagogia di genere*, in I. Biemmi e S. Leonelli, *Gabbie di genere. Retaggi sessisti e scelte formative*, Rosenberg & Sellier, Torino, pp. 27-56.
- Liceo Artistico Statale di Brera, Veneranda Fabbrica del Duomo di Milano, 2007, *Le vie dei marmi: il lavoro e l'arte della Fabbrica del Duomo di Milano*, Legma Grafiche, Lissone (MI).
- Losito B., 2005, *L'educazione alla cittadinanza democratica: la retorica e la realtà. Uno studio del Consiglio d'Europa*, in «Cadmo», 1, pp. 35-52.
- Losito B., 2011, *L'educazione civica e alla cittadinanza: due ricerche internazionali*, in Botteri 2011, pp. 19-39.
- Lotti F., Giandomenico N., 1998, *Insegnare i diritti umani*, Edizioni Gruppo Abele, Torino.
- Mapelli B., Bozzi Tarizzo G., 1998, *Educare alla sessualità. Guida per gli insegnanti della scuola secondaria superiore*, con la collaborazione di D. De Marchi, La Nuova Italia, Scandicci (FI).
- Massari C., Pizzirusso I., 2018, *Insegnare storia con il web*, in F. Monducci (a cura

di), *Insegnare storia. Il laboratorio storico e altre pratiche attive. Terza edizione*, UTET Università, Torino, pp. 87-110.
- Mazzi M., 1994, *Educazione allo sviluppo: sviluppo e sottosviluppo; popolazione, risorse, territorio*, in AA.VV. 1994, vol. I, pp. 319-343.
- Medeghini R., Fornasa W. (a cura di), 2011, *L'educazione inclusiva. Culture e pratiche nei contesti educativi e scolastici: una prospettiva psicopedagogica*, FrancoAngeli, Milano.
- Medi M. (a cura di), 1999, *Bibliografia ragionata*, in ONG Lombarde *et al.* 1999, pp. 175-202.
- Medi M., 2008, *Il curricolo di storia*, in M. Clementi (a cura di), *La scuola e il dialogo interculturale*, Fondazione ISMU, Milano, pp. 87-97.
- Merenda P., 1995, *Educazione alla salute e scuola*, SEI, Torino.
- Micocci V., 2004, *L'insegnamento della storia nei programmi del Consiglio d'Europa*, in «Società e storia», 103, pp. 127-136.
- Ministero della Pubblica Istruzione, 2007, *«Scuola e Legalità». Primo rapporto sui lavori del Comitato Nazionale «Scuola e Legalità» 23 Maggio 2007*, Ministero della Pubblica Istruzione, Roma.
- Ministero della Pubblica Istruzione / Direzione Generale Istruzione Classica Scientifica e Magistrale, Società Italiana delle Storiche, 2000, *Nuove parole, nuovi metodi. Soggettività femminile e didattica della storia. Corso interdirezionale di aggiornamento per docenti*, Istituto Magistrale Statale a indirizzi sperimentali «Virgilio», Pozzuoli (NA).
- Mortari L., 2001, *Per una pedagogia ecologica. Prospettive teoriche e ricerche empiriche sull'educazione ambientale*, La Nuova Italia, Scandicci (FI).
- Mortari L., 2020, *Educazione ecologica*, Laterza, Roma-Bari.
- Moschini C. (a cura di), 2012, *Il cantiere del Duomo di Milano. Dai maestri del Lago di Lugano a Leonardo*, Silvana, Cinisello Balsamo (MI).
- Nanni A., Economi C., 1987, *Educare alla pace nella scuola. Una proposta educativa in prospettiva mondialista*, La Scuola, Brescia.
- Nanni A., Economi C., 1997, *Didattica interculturale della storia*, EMI, Bologna.
- Nigris E., 1991, *Scienze cognitive e educazione alla pace. Un approccio cognitivo-interattivo alla gestione del conflitto nei sistemi complessi*, Libreria CUEM, Milano.
- Novara D., 2007, *I conflitti come risorsa nell'educazione interculturale*, in M. Santerini, P. Reggio (a cura di), *Formazione interculturale: teoria e pratica*, Unicopli, Milano, 2007, pp. 303-318.
- ONG Lombarde, IRRSAE Lombardia e Provveditorato agli Studi di Milano (a cura di), 1999, *Portare il mondo a scuola*, CRES Centro ricerca educazione allo sviluppo – Edizioni Lavoro, Roma.
- Panarello P., 2012, *Educazione all'intercultura e alla sostenibilità. Le politiche dell'Unione Europea e dell'UNESCO*, Carocci, Roma.
- Panerai A., Nicola M., Vitaioli G. (a cura di), 2012, *Manuale di educazione alla pace. Principi, idee, strumenti*, Junior, Parma.
- Parricchi M., 2015, *Educazione al consumo. Per una pedagogia del benessere*, FrancoAngeli, Milano.
- Perillo E. (a cura di), 2010, *Storie plurali. Insegnare la storia in prospettiva interculturale*, FrancoAngeli, Milano.

- Perillo E., 2017, *Il curricolo di storia e l'educazione alla cittadinanza*, in Guanci, Rabitti 2017, pp. 123-149.
- Perillo E., Santini C. (a cura di), 2004, *Il fare e il far vedere nella storia insegnata. Didattica laboratoriale e nuove risorse per la formazione storica e l'educazione ai beni culturali*, Polaris, Faenza (RA).
- Poggio B., Reale C.M., Tuselli A., 2022, *Genere ed educazione. Una lente per leggere la complessità*, in Della Giusta *et al.* 2022, pp. 27-41.
- Portera A., 2022, *Educazione e pedagogia interculturale*, Il Mulino, Bologna.
- Portera A., Dusi P., Guidetti B. (a cura di), 2010, *L'educazione interculturale alla cittadinanza. La scuola come laboratorio*, Carocci, Roma.
- Rabitti M.T., Santini C. (a cura di), 2008, *Il museo nel curricolo di storia*, FrancoAngeli, Milano.
- Rabuiti S., Santini C., Santopaolo L. (a cura di), 2006, *Intrecci di storie. Patrimonio, storia, musica*, Polaris, Vicchio del Mugello (FI).
- Rivoltella P.C., 2001, *Media Education. Modelli, esperienze, profilo disciplinare*, Carocci, Roma (I ed.; ed. più recente: *Media Education. Idea, metodo, ricerca*, Scholé, Brescia, 2019).
- Rosas A., 1994, *Educazione alla socialità: individuo, istituzioni, società; regole, norme, valori*, in AA.VV. 1994, vol. I, pp. 345-371.
- Santerini M., 2017, *Da stranieri a cittadini. Educazione interculturale e mondo globale*, Mondadori Università, Firenze.
- Savarese G., Iannaccone A. (a cura di), 2010, *Educare alla diversità. Uno strumento per insegnanti, psicologi ed operatori*, FrancoAngeli, Milano.
- Serafini E., 2022, *La didattica della storia in prospettiva di genere*, in Della Giusta *et al.* 2022, pp. 81-92.
- Tarozzi M., 2005, *Cittadinanza interculturale. Esperienza educativa come agire politico*, La Nuova Italia, Firenze.
- Tarozzi M., 2015, *Dall'intercultura alla giustizia sociale. Per un progetto pedagogico e politico di cittadinanza globale*, FrancoAngeli, Milano.
- Tarozzi M., 2017, *Educazione alla giustizia sociale*, in Fiorucci *et al.* 2017, pp. 271-279.
- Todeschini P., 2009, *Insegnare con i concetti la storia in prospettiva interculturale*, FrancoAngeli, Milano.
- Vayola P., 2012, *Laboratorio di storia 2.0*, in P. Bernardi, F. Monducci (a cura di), *Insegnare storia. Guida alla didattica del laboratorio storico. Seconda edizione*, UTET Università, Torino, pp. 261-279.
- Zanelli P., 1994a, *Educazione spaziotemporale: spazio, tempo; ambienti, civiltà*, in AA.VV. 1994, vol. I, pp. 201-246.
- Zanelli P. (coord.), 1994b, *Filone 1. Educazione spazio-temporale: spazio, tempo; ambienti, civiltà*, in AA.VV. 1994, vol. II, pp. 21-111.
- Zanelli P. (coord.), 1994c, *Filone 3. Educazione alla pace: pace e guerra; conflitto e convivenza*, in AA. VV. 1994, vol. II, pp. 239-302.
- Zanelli P., Persini G., 1994, *Educazione alla pace: pace, guerra; conflitto, convivenza*, in AA.VV. 1994, vol. I, pp. 275-317.

Sitografia

- AA.VV., 2015, *Cibo, alimentazione e storia*, in «Il Bollettino di Clio», nuova serie [n. s.], 4, https://www.clio92.org/wp-content/uploads/2019/07/bollettinon4_novembre _2015.pdf.
- AA.VV., 2016, *La storia dell'ambiente*, in «Il Bollettino di Clio», n. s., 6, https:// www.clio92.org/wp-content/uploads/2019/07/bollettinon6_novembre_2016.pdf.
- AA.VV., 2018, *Storia delle donne, storia di genere*, in «Il Bollettino di Clio», n. s., 9, https://www.clio92.org/wp-content/uploads/2019/07/bollettinon9_settembre_2018.pdf.
- AA.VV., 2020, *Epidemie e storia*, in «Il Bollettino di Clio», n. s., 14, https://www. clio92.org/wp-content/uploads/2021/04/Bollettino14NSdicembre2020.pdf.
- AA.VV., 2022b, *Disuguaglianze nella storia*, in «Il Bollettino di Clio», n. s., 17, http: // www.clio92.org/wp-content/uploads/2022/12/bollettino-clio92_luglio-2022.pdf.
- AA.VV., 2022c, *Guerra e pace*, in «Il Bollettino di Clio», 18, https://www.clio92. org/wp-content/uploads/ 2022/12/bollettino-clio_18-definitivo-12-gennaio-pdf.pdf.
- Alpe Y., Barthes A., 2013, *De la question socialement vive à l'objet d'enseignement: comment légitimer des savoirs incertains?* in J. Simonneaux, B. Calmettes (dir.), *Les sciences et les crises contemporaines*, in «Les Dossiers des Sciences de l'Éducation», 29, pp. 33-44, https://dse.revues.org/95.
- Audigier F., 2006a, *Que faire des nouvelles « demandes sociales »? Ou Les curriculums chahutés. L'exemple des « Éducations à... », et autres « Domaines de formation »*, in R. Malet (coord.), *L'école, lieu de tensions et de médiations: quels effets sur les pratiques scolaires? Actes du colloque international de l'AFEC 22, 23 et 24 juin 2006*, pp. 42-51, http://archive-ouverte.unige.ch/unige:4832, ripubblicato, col titolo *Les curriculums chahutés. L'exemple des « Éducations à... » et autres domaines de formation*, in R. Malet (dir.), *École, médiations et réformes curriculaires. Perspectives internationales*, De Boeck, Bruxelles, 2010, pp. 23-37.
- Audigier F., 2012a, *Les* Éducation à.... *Quels significations et enjeux théoriques et pratiques? Esquisse d'une analyse*, in «Recherches en didactiques», 13, pp. 25-38, https://www.cairn.info/revue-recherches-en-didactiques1-2012-1-page-25.htm.
- Audigier, 2012b, *Les* Éducation à... *et la formation au monde social*, in «Recherches en didactiques», 14, pp. 47-63, https://www.cairn.info/revue-recherches-en-didactiques 1-2012-2-page-47.htm.
- Ávila M.R., Borghi B., Mattozzi I. (a cura di), 2009, *L'educazione alla cittadinanza europea e la formazione degli insegnanti. Un progetto educativo per la « strategia di Lisbona » / La educación de la ciudadanía europea y la formación del profesorado. Un proyecto educativo para la « estrategia de Lisboa »*, Pàtron, Bologna, https://dialnet. unirioja.es/servlet/libro?codigo=397905.
- Brusa Antonio, Cajani L. (a cura di), 2008, *La storia è di tutti*, Carocci, Roma, https:// www.storiairreer.it/node/2235.
- Cavalli A., 2018, *L'educazione politica nella scuola italiana: una proposta per rimediare alla sua assenza*, in R. Serpieri, A.L. Tota (a cura di), *Quali culture per altre educazioni possibili?*, FrancoAngeli Open Access, Milano, https://www.francoangeli .it /Libro/Quali-culture-per-altre-educazioni-possibili%3F?Id=25042, pp. 17-29.
- Centre Nord-Sud du Conseil de l'Europe, 2019, *Guide pratique sur l'éducation à la*

citoyenneté mondiale. Concepts et méthodologies en matière d'éducation à la citoyenneté mondiale à l'usage d'éducateurs et de responsables politiques, Centre Nord-Sud du Conseil de l'Europe, Lisbona (ed. più recente; I ed.: ivi, 2008), https://rm. coe.int/global-education-guidelines-version-francaise-/168099098e.

- Corradini L., 1994, *Educazione sessuale nella scuola*, «Proposta educativa», 1, pp. 52-58, https://www.impegnoeducativo.it/MIEAC/vecchio-sito/www.impegnoeducativo.it/discoremoto/sitomieac/pe/1994/1/edu%20sex%20nella%20scuola.pdf.
- Fabre M., 2014, *Les «Éducations à...»: problématisation et prudence*, in M. Fabre, H. Hagège, C. Reynaud (coord.), *Les éducations à...*, in «Éducation et socialisation. Les Cahiers du CERFEE», 36, https://edso.revues.org/875.
- Gusso M., 2004b, *Dimensione planetaria della storia ed educazione interculturale*, in S. Presa (a cura di), *Che storia insegno quest'anno. I nuovi orizzonti della storia e il suo insegnamento*, [Regione Autonoma Valle d'Aosta/] Assessorato all'Istruzione e Cultura, Aosta, pp. 93-113, https://www.storieinrete.org/storie_wp/?p=1655 (versione riveduta e corretta, 4 maggio 2015).
- Gusso M., 2009, *La trasversalità della dimensione storica e i suoi apporti all'educazione alla cittadinanza interculturale*, 17 ottobre 2009, https://www.storieinrete.org/storie_wp/?p=653.
- Gusso M., 2011, *Una rilettura di Cittadinanza e Costituzione alla luce della solidarietà fra educazioni e discipline*, in AA. VV., *Atti del Convegno «Educazione alla cittadinanza mondiale e curriculum: politiche e buone pratiche a confronto». Milano 13-14 settembre 2010*, Save the Children Italia ONLUS, Roma, pp. 55-58, www.storieinrete.org/storie_wp/?p=3690.
- Gusso M., 2012, *Uscite didattiche e formazione storica. Esperienze IRIS di approccio storico-interdisciplinare all'educazione al patrimonio*, in Gilardi, Molinari 2012, pp. 53-82, https://www.storieinrete.org/storie_wp/?p=15667.
- Gusso M., 2015a, *La dimensione storica*, 20 maggio 2015, https://www.storieinrete.org/storie_wp/?p=7026.
- Gusso M., 2015b, *Criteri per una progettazione curricolare di storia*, in «Rivista dell'istruzione», 3, pp. 42-45, https://www.storieinrete.org/storie_wp/?p=15781.
- Gusso M., 2015c, *Il valore aggiunto della storia. Per un insegnamento integrato di letteratura e storia e un approccio storico-interdisciplinare alle letterature delle migrazioni* (2 marzo 2012; versione riveduta, corretta e aggiornata al 18 maggio 2015), https://www.storieinrete.org/storie_wp/?p=7246.
- Gusso M., 2017a, *Educazione alla cittadinanza e storia: una solidarietà reciproca. Riflessioni a partire dal caso italiano*, 14 gennaio 2017, https://storieinrete.org/storie_wp/?p=17587, versione italiana ampliata di M. Gusso, *Éducation à la citoyenneté et histoire: une solidarité réciproque. Réflexions à partir du cas italien*, in M.-A. Éthier, D. Lefrançois, J.-F. Cardin (dir.), *Enseigner et apprendre l'histoire. Manuels, enseignants et élèves*, Presses de l'Université Laval, Québec, pp. 377-392.
- Gusso M., 2019b, *La dimensione «divulgativa» nelle attività di formazione storica per insegnanti, studenti e cittadini*, in AA. VV., *La divulgazione storica*, in «Il Bollettino di Clio», n. s., 10 (https://www.clio92.org/wp-content/uploads/2019/07/bollettinon10_gennaio_2019.pdf), pp. 93-104.
- Gusso M., 2020, *La dimensione storica come valore aggiunto per l'educazione alla*

cittadinanza europea, in AA. VV., *Europa, una in diversitate. Storie, Idee, Identità, Culture*, in «Il Foglio dell'Umanitaria», 1 (https://www.umanitaria.it/il-foglio-dell-umanitaria/ 2501-europa-una-in-diversitate), pp. 51-57.

- Gusso M., 2023, *Storia ed 'educazioni a...' percorso bibliografico* in progress, https://www.storieinrete.org/storie_wp/?p=22426.
- Lange J.-M. (dir.), 2015, *Actes du colloque Les « Éducations à... ». Un (des) levier(s) de transformation du système éducatif?*, Université de Rouen, Rouen, https://halshs.archives-ouvertes.fr/halshs-01183403/document.
- Lebeaume J., 2012, *Effervescence contemporaine des propositions d'*éducations à... *Regard rétrospectif pour le tournant curriculaire à venir*, in Pagoni, Tutiaux-Guillon, 2012, pp. 11-24, https://doi.org/10.3406/spira.2012.1085.
- Lebrun J., Roy P., Bousadra F., Franc S., 2019, *Relations entre disciplines scolaires et « éducations à »: proposition d'un cadre d'analyse*, in «Revue des sciences de l'éducation de McGill», 3, pp. 646-669, https://mje.mcgill.ca/article/view/9566/7519.
- Losito B., 2009, *La costruzione delle competenze di cittadinanza a scuola: non basta una materia*, in «Cadmo», 1, pp. 99-112, https://concorsodirigentiareaordinamenti.myblog.it/list/2-ciclo-ordinamenti-materiale/1668583199.pdf.
- Medi M., 2009, *Per un curricolo verticale di storia nel quadro dell'area geo-storico-sociale*, in https://www.storieinrete.org/storie_wp/?p=621.
- Pagoni M., Tutiaux-Guillon N. (coord.), 2012, *Les éducations à...: quelles recherches, quels questionnements?,* in « Spirale. Revue de Recherches en Éducation », 50, https://spirale-edu-revue.fr/spip.php?rubrique147&lang=fr.
- Panarello P., 2016, *L'Educazione Interculturale come « Educazione Globale »*, in A. Nuzzaci (a cura di), *Scienze dell'insegnamento e competenze metodologiche degli insegnanti e dei formatori. Analisi dei bisogni, progettazione, implementazione, valutazione*, «Formazione & Insegnamento. Rivista internazionale di Scienze dell'educazione e della formazione», 3, pp. 495-504, https://ojs.pensamultimedia.it/index.php/siref/article/view/2073/1943.
- Santelli Beccegato L., 2012, *Pedagogia neo-personalistica: l'educazione alla politica come impegno ineludibile*, in AA.VV., *Etica e politica*, in «MeTis. Mondi educativi. Temi indagini suggestioni», 2, http://www.metisjournal.it/metis/anno-ii-numero-2-dicembre-2012-etica-e-politica-temi/84-saggi/253-pedagogia-neo-personalistica-educazione-alla-politica-come-impegno-ineludibile.html.
- Stradling R., 2001, *Teaching 20th-century European history*, Council of Europe, Strasburgo (rist. 2002), https://rm.coe.int/CoERMPublicCommonSearchServices/DisplayDCTMContent?documentId=0900001680494235.
- Tavolo tecnico-scientifico della didattica della storia – USR Lombardia (a cura di), 2021, *Didattica della storia e consapevolezza di cittadinanza. Riflessioni e proposte per il curricolo verticale e per la definizione delle competenze*, Ledizioni, Milano, https://doi.org/10.14672/9788855266284.

8
Insegnamento della storia e usi del passato: come educare la coscienza storica degli studenti

di Claudia Villani

Nella società contemporanea il passato è di tutti. Questo è uno dei principi della democrazia, dal quale dipende la conclusione, spesso ignorata, che il passato non è proprietà esclusiva degli storici. Ma questo non vuol dire che tutti possano disporre del passato a proprio piacimento[1].

Siamo circondati di storia, mentre si ripetono gli allarmi sulla mancanza di conoscenza storica da parte degli studenti e sulle insufficienze della scuola. Nel dibattito pubblico non c'è Stato in cui non si sia aperta una qualche controversia su questo, poiché *quale storia, come e per quali obiettivi* si insegna nella scuola pubblica sono da sempre questioni di interesse nazionale. Intanto internet offre un nuovo ed enorme palcoscenico, favorendo la proliferazione di narrazioni sul passato che hanno *logiche*, *format*, *obiettivi*, *destinatari* diversi da quelli della scuola, in cui *usi pubblici e usi privati* del passato si intrecciano e contaminano continuamente. In questo saggio, a partire dai caratteri di questa transizione (par. 1) e dai caratteri specifici della storia come disciplina del pensiero (par. 2) rispetto alle altre forme di narrazione del passato (par. 3), vedremo come e perché introdurre nell'insegnamento della storia il tema degli usi del passato, quali pratiche didattiche siano possibili e come utilizzare in questo contesto anche laboratori ed esperienze di public history (par. 4).

---

1 Brusa A., Bresil L., 1996, *Laboratorio 3 per l'insegnante. Storia: il mondo, popoli, culture, relazioni: percorsi e materiali di lavoro*, Bruno Mondadori, Milano.

8.1 Crisi della storia?

A dispetto di tutti gli allarmi sulla presunta fine della storia e sull'avvento della memoria, forse è più corretto guardare a questa proliferazione di narrazioni storiche da un'altra prospettiva. Stiamo assistendo a una revisione del rapporto con il passato che coinvolge ogni dimensione, individuale e collettiva, pubblica e privata, della storia: la disciplina e la professione storica, l'insegnamento della storia, le politiche della memoria, l'informazione, i consumi culturali, le forme della comunicazione. Nell'epoca delle identità multiple e dell'incertezza, le narrazioni storiche costituiscono parte integrante dell'elaborazione individuale e collettiva della transizione che stiamo vivendo.

Bisogna capire questa transizione, quindi. Una transizione dai caratteri complessi, spesso contraddittori, non di rado conflittuali. Se intendiamo il boom di usi pubblici e privati del passato come «sintomo» di questa transizione, allora diventa importante indagare più a fondo. Quale tipo di rapporto con il passato è entrato in crisi?

Numerosi studi mostrano ormai come sia la dimensione collettiva e pubblica della storia a essere tornata contendibile e da parte di diversi soggetti. Sono soprattutto gli elementi della memoria pubblica nazionale – monumenti, toponomastica, giornate della memoria ecc. – a essere messi in discussione, e tra questi occupa un posto rilevante la storia da insegnare nelle scuole.

Il rapporto tra Stato-nazione, storia nazionale e scuola nazionale, iniziato nel XIX secolo, è stato (ed è ancora) minacciato da vari processi. Nel cuore della storiografia occidentale le rivoluzioni storiografiche del Novecento hanno contribuito a decostruire il canone tradizionale della storia nazionale ed eurocentrica (dalla nuova storia sociale alla nuova storia mondiale alla nuova storia culturale), mentre la crisi degli anni Settanta ha assestato un colpo durissimo alla fiducia nel progresso in tutto l'Occidente, facendo crollare la credibilità della maggiore utopia della Guerra fredda. La rivoluzione finanziaria e la fine della Guerra fredda, nel frattempo, hanno rimesso in movimento la globalizzazione contemporanea, contribuendo a destrutturare e ristrutturare poteri, istituzioni e culture, cioè le forme di organizzazione collettiva della vita sociale e politica. In questo contesto si riapre la questione della memoria pubblica europea, non solo nei singoli Stati nazionali, ma anche nell'Unione europea. La rivoluzione nei media, infine, ha ampliato a dismisura gli spazi della comunicazione pubblica, offrendo sempre nuove possibilità per ridefinire il rapporto con il passato. Questa revisione coinvolge ormai tutti gli attori, individuali e collettivi, pubblici e privati, sia nella dimensione nazionale ed europea, sia nelle diverse dimensioni *glocal* (locali e globali allo stesso tempo).

Nel cosiddetto *memory boom* si manifesta insomma una disordinata ricerca di un rapporto tra passato e presente che possa dare senso alle dimensioni complesse del mondo globalizzato e ipermediatizzato. Questa ricerca non poteva quindi non rimettere in discussione anche la sfera della memoria pubblica, che è sempre il risultato di un patto su ciò che è importante trasmettere del passato alle generazioni future. Per gli Stati, le istituzioni internazionali e la politica si tratta di un elemento essenziale di legittimazione, sia nella dimensione nazionale che nella dimensione internazionale. Ecco perché le istituzioni non solo non hanno lasciato la presa sul passato, ma hanno riorganizzato le loro *politiche della memoria* per meglio rispondere alle sfide del presente. Non possiamo in questa sede ripercorrere l'ampia letteratura su questo argomento (guerra delle statue, *history wars*, ipertrofia delle commemorazioni, leggi sulla storia, richieste di risarcimenti, politiche del trauma, politiche di riconciliazione ecc.). Qui basti ricordare che l'UNESCO ha promossi studi e raccomandazioni per un'ampia, democratica e plurale definizione della memoria pubblica, diventata per individui, soggetti e collettività diverse una delle espressioni culturali fondamentali[2]. Il considerevole impegno delle istituzioni nelle politiche della memoria non si accompagna però a un altrettanto considerevole impegno per migliorare l'insegnamento della storia. In generale, anzi, si assiste a una tendenza opposta: da una parte diminuiscono le risorse investite; dall'altra il rapporto tra educazione alla cittadinanza e politiche della memoria sembra aver sostituito (e in parte messo in crisi) il rapporto tra educazione alla cittadinanza e insegnamento della storia. Perché?

Il motivo di fondo può essere compreso solo se si tengono presente due fenomeni paralleli e correlati: l'evoluzione scientifica della disciplina storica – con l'ampliamento della ricerca sul versante dei contenuti, degli approcci e dei metodi, ma anche dell'epistemologia – e della ricerca scientifica sull'insegnamento della storia. Il processo di apprendimento della storia nella letteratura internazionale viene inteso come un vero e proprio percorso di educazione delle capacità di «pensare storicamente», in grado di fondare in modo critico e consapevole la «coscienza storica» degli studenti[3]. La disciplina storica, intanto, tende a sfuggire alle tradizionali coordinate del XIX secolo, revisionando in diversi ambiti il canone della narrazione eurocentrica e la centralità della dimensione nazionale. Nelle varie controversie sull'insegnamento della storia emerge sempre il timore

[2] https://www.ohchr.org/en/special-procedures/sr-cultural-rights/annual-reports, ON HUMAN RIGHTS OFFICE OF THE HIGH COMMISSIONER – SPECIAL MANDATE ON CULTURAL RIGHTS [ultimo accesso 7 febbraio 2022]. Cfr. in particolare i Reports: *The writing and teaching of history* (2013), *Memorialization processes in post-conflict and divided societies* (2014), *The importance of public spaces for the exercise of cultural rights* (2019).

[3] Cfr. Brusa A., *L'alfabetizzazione storica. Leggere storia e pensare storicamente*, in «Il Bollettino di Clio», Giugno 2021, XXI, 15, pp. 51-58; Boschetti L. in questo volume.

che una storia come disciplina della conoscenza (approccio cognitivo) possa allontanarla dal rapporto fondamentale con la comunità nazionale, con i valori e l'identità che esprime (approccio identitario)[4]. Diventa quindi più efficace (meno rischioso e meno costoso) per gli Stati investire nelle politiche della memoria e in politiche educative centrate sulle competenze generali e trasversali di cittadinanza. Ma, come vedremo, questa scelta rischia di privare gli studenti degli strumenti più adatti a elaborare una coscienza storica all'altezza dei tempi, premessa fondamentale per un esercizio consapevole della cittadinanza in questa età di profonda revisione del rapporto individuale e collettivo con tutte e tre le dimensioni del tempo storico (passato, presente e futuro). Intanto, infatti, la storia circola ovunque: nella case e nelle strade; nei teatri, nei musei, nei cinema e nelle librerie; sulle monete o sui francobolli; sugli schermi della TV, su giornali e riviste; nelle pubblicità come nelle fiere di paese. Possiamo leggerla, vederla e/o ascoltarla, persino partecipare a una qualche rievocazione o ricostruzione. Possiamo cercarla poiché è diventata accessibile ovunque grazie agli smartphone e a internet. Grazie all'interattività del web non solo ognuno può narrare la *sua* storia, ma anche rimodellare le narrazioni pubbliche e altrui, mettendo un like, ri-postando e commentando; ognuno può accedere direttamente a risorse storiche (fonti, documenti ecc.) o promuoverne la raccolta (*crowdsourcing*).

Per mettere in grado gli studenti di orientarsi tra i diversi usi del passato (politici, commerciali, artistici, turistici, ludici ecc.), nel prossimo paragrafo vedremo come nella ricerca didattica l'approccio della scuola tedesca ci consenta di individuare gli elementi principali intorno a cui costruire questa parte specifica della cassetta degli attrezzi dello storico, anch'essa profondamente radicata nella disciplina stessa.

8.2 Le tre dimensioni della storia

Le scuole di didattica di area anglo-americana mettono al centro dell'alfabetizzazione storica le operazioni epistemologiche fondamentali, occupandosi del cuore logico-metodologico della disciplina (evidenza empirica, metodo di ricerca, astrazione, coerenza teorica e argomentativa). La scuola tedesca considera queste operazioni come parte di un più generale processo di elaborazione del senso del tempo storico. La dimensione scientifico-cognitiva si accompagna sempre ad altre due dimensioni essenziali: il rapporto con la dimensione narrativa (che costi-

[4] Cajani L., Lässig S., Repoussi Repousē M. (eds.), 2019, *The Palgrave Handbook of Conflict and History Education in the Post-Cold War Era*, Palgrave Macmillan, Londra.

tuisce il veicolo con cui viene rappresentata la conoscenza storica) e con la dimensione orientativa (ogni epoca storica produce domande nuove sul passato, posizionandolo in continuità tra presente e futuro). Come *narrazione* e come *prospettiva*, quindi, la storia appartiene alla sfera della realtà e della comunicazione sociale, la stessa sfera in cui si forma la coscienza storica degli studenti e in cui circolano svariate altre forme di narrazione e uso del passato.

Gli storici stessi hanno prestato sempre più attenzione alla dimensione sociale, culturale e narrativa della disciplina negli ultimi decenni: studiando le forme narrative della storiografia, il rapporto tra storiografia e contesto, tra paradigmi e culture. Il dibattito sempre più approfondito su questi aspetti della professione e della conoscenza storica ci consente di considerare il contributo specifico che la disciplina offre nell'elaborazione del senso del tempo di una comunità (*cultura storica)* e degli individui (*coscienza storica).* Dalla disciplina, insomma, oggi provengono indicazioni non solo per imparare a *pensare storicamente il rapporto con il passato*, ma anche per *pensarsi storicamente in rapporto al tempo storico*. Detto in altri termini, la capacità di pensare storicamente non riguarda solo specifiche competenze scientifiche e metodologiche, ma anche narrative, orientative e pratiche. Comprendere come «maneggiare» anche queste dimensioni costituisce parte essenziale degli obiettivi di apprendimento della storia, soprattutto per i giovani in formazione, immersi in diverse tipologie di narrazioni del passato ed essi stessi alla ricerca di un rapporto significativo tra passato-presente-futuro.

In definitiva, essere capaci di pensare storicamente non è questione solo *interna* alla disciplina (metodo e teoria della conoscenza storica), ma anche *esterna* (elaborazione del rapporto con il passato di una data realtà e cultura storica). Tra tutte le forme di narrazione del passato, la storia è la più disciplinata, razionale, controllata e verificabile in tutte le dimensioni. Nella sua specificità, cioè, la storia contiene indicatori che ne disciplinano anche la dimensione narrativa e orientativa. Saper individuare questi indicatori consente non solo di comprendere aspetti essenziali della disciplina, ma anche di apprezzarne la capacità di rendere sempre più sistematica e rigorosa la conoscenza del passato. Facendo riferimento quindi a una concezione più allargata e complessa dell'epistemologia della storia, si possono anche superare le sterili contrapposizioni tra verità e menzogna, tra neutralità e parzialità della storia, che spesso animano i dibattiti sulla crisi della disciplina. Dibattiti che in molti casi dipendono dalla qualità della cultura scientifica che circola nel senso comune, troppo spesso ferma a una concezione ingenua delle scienze della natura.

In definitiva, come l'epistemologia storica sarebbe più comprensibile in relazione alle più complesse epistemologie scientifiche contemporanee, la storia stessa diventa più comprensibile in relazione alle altre modalità con cui ogni individuo, ogni comunità cerca un rapporto significativo con il passato. «Narrare» il passato significa sempre dare un senso al proprio posto nel mondo. Il pensiero storico moderno, all'origine della storia come professione, costituisce solo *una* delle risposte a questa esigenza individuale e collettiva profondamente radicata negli esseri umani. Si tratta di una risposta laica e razionale, che disciplina il rapporto con il passato:

- distinguendolo dal senso comune, dalle conoscenze spontanee derivate dall'esperienza quotidiana, dalle elaborazioni non argomentate razionalmente;
- sistematizzando le conoscenze e specializzandole, poiché sottoposte a continue verifiche e controlli;
- emancipandolo da ogni elemento non verificabile attraverso il metodo storico;
- sistematizzando le strategie narrative e riflettendo criticamente sulla selezione delle rilevanze;
- rispondendo in modo cognitivo, critico e intersoggettivo alle domande di orientamento nel tempo che provengono dal contesto sociale[5].

È una risposta che convive con altri modi di fare i conti con il passato, all'interno di uno specifico contesto sociale e culturale. Occorre quindi interrogarsi sul modo specifico con cui la storia disciplina razionalmente la dimensione narrativa e orientativa[6].

8.3 La storia e le «altre»

Intanto una premessa generale: come narrazione la storia appartiene a uno specifico contesto comunicativo, che in età contemporanea diventa sempre più *mediatizzato*. La dimensione pratica e narrativa delle narrazioni storiche ci costringe quindi sin da subito a fare i conti con il momento del consumo e degli *usi sociali* della comunicazione (la dimensione estetica). Spesso sottovalutato o sopravvalutato, il rapporto tra storia e media, tra scuola e media, è assai rilevante ai fini dell'insegnamento della storia.

Proviamo a riassumere brevemente i termini della questione. Sin dal XIX secolo si dispiegano un insieme di processi all'origine di una determinata relazione tra saperi e poteri, tra scuola e storia, tra educazione e nazione, tra spazi del lavo-

---

[5] Cfr. la riflessione teorica di Rüsen J., 2017, *Evidence and Meaning: A Theory of Historical Studies*, Berghahn Books, New York-Boston; Id. *Sulla formazione della coscienza storica. Fondamenti di una didattica umanistica della storia*, in «Dimensioni e problemi della ricerca storica», 1.

[6] Per gli indicatori che caratterizzano una narrazione storica dal punto di vista cognitivo rinviamo per brevità al saggio di Boschetti in questo volume.

ro e spazi della vita. È la fase in cui l'alfabetismo diventa la chiave dell'emancipazione (ma anche dell'esclusione) individuale e si afferma il paradigma del testo come riferimento centrale per l'apprendimento scolastico. Nella cultura popolare la circolazione dei contenuti storici continua a incrociare linguaggi e medium diversi, in cui immagini, suoni, pratiche orali e quotidiane si contaminano, ri-mediando continuamente racconti di varia provenienza. La Prima guerra mondiale rappresenta uno spartiacque, poiché inaugura una fase nuova, con l'accelerazione dei processi di massificazione e la diffusione di media «a forte impatto collettivo e a gestione centralizzata, come la radio e il cinema»[7]. Iniziano a cambiare contesti e forme della comunicazione sociale: suoni e immagini *in movimento*, attraverso un linguaggio apparentemente più immediato rispetto al testo scritto, alimentano una sensibilità collettiva di tipo nuovo; leaders politici o divi del cinema incarnano narrazioni e «storie» con cui identificarsi. L'individuo che si forma in questo flusso di narrazioni, di grande impatto emotivo, non è però lo stesso a cui si rivolgono le istituzioni della formazione e la scuola: allenta i legami con il testo scritto, con il territorio fisico e rinforza quelli con gli spazi dell'immaginario. La scuola vive quest'ultima dimensione come elemento estraneo, anche perché non si esprime nella forma esclusiva del testo: i tempi del telefono, della radio, del cinema sono già, in un certo senso, tempi di multimedialità. Questa distanza tra luoghi istituzionali della formazione (educazione formale) e spazi della comunicazione/informazione (educazione informale) si accentuerà via via nel Novecento, finendo per produrre il cortocircuito in cui viviamo oggi, in cui l'avanzare di internet e del web 2.0 fa saltare tutti gli schemi divisori fra educazione formale e informale. Nelle attuali narrazioni multimediali riemergono infatti pratiche narrative di lontana ascendenza orale, in cui sono coinvolte anche le dimensioni più intime degli individui, abbattendo ogni steccato fra esistenza e sapere. Si spiegano così alcuni caratteri delle narrazioni popolari – la remixability, la spettacolarizzazione, il carattere inter e multi/mediale, lo stile «populista» ecc. – che hanno fatto oltrepassare le mura domestiche alle transazioni tipiche della cultura popolare. In questo contesto la logica della narrazione non può essere compresa se non come *logica della spettacolarizzazione*. La dimensione *esperienziale*[8] e *multisensoriale* – tipica delle pratiche narrative popolari – grazie al

[7] Maragliano R., 2007, *Tra interiorità e pubblicazione. Mediazione tecnologica e didattica, nella produzione/ricezione scritta*, in D. Demetrio, *Per una pedagogia e una didattica della scrittura*, Unicopli, Trezzano sul Naviglio (MI), p. 89. Per una riflessione sul rapporto tra educazione e media in prospettiva storica rinviamo allo Scaffale Maragliano https://goo.gl/XbT62M.

[8] In alcuni approcci narratologici si utilizza la categoria dell'esperienzialità per definire i caratteri delle pratiche narrative popolari, poiché fanno sempre riferimento al vissuto (esperienziale) quotidiano, per favorire una immedesimazione e comunicazione spontanea. Tipico di queste pratiche è quindi la capacità di evocare tutte le dimensioni sensoriali dell'esperienza. Da qui proviene il carat-

digitale e ai nuovi media diventa multi- e trans-mediale. A seconda dell'audience, del target, dei consumatori/utenti con cui fare i conti sono possibili diverse combinazioni tra: autenticità o manipolazione (rispetto alle fonti); contenuti informativi ed emozionalità; orientamento o intrattenimento.

Fatte queste premesse, proviamo a confrontare la dimensione cognitiva, narrativa e orientativa di *tutte* le narrazioni e usi del passato che ci circondano. Nella Tabella 8.1 abbiamo provato a mettere in evidenza schematicamente i caratteri che prevalgono nelle narrazioni disciplinate del passato (storia) e in quelle non disciplinate. Si tratta in realtà di differenze di accenti e non di distinzioni nette, ma sono indicatori utili per operare un confronto e impostare chiaramente diverse tipologie di attività didattiche.

L'ultima riga della tabella introduce la dimensione mediatica della cultura storica di una comunità. Anche questa dimensione può essere più o meno sorvegliata, in modo da interagire con le altre dimensioni della disciplina storica e allo stesso tempo rivolgersi (in modo diverso, partecipato e interattivo) a una platea di destinatari molto ampia. Questo è senz'altro il terreno di lavoro specifico della *public history*, che ha accumulato a livello internazionale e nazionale un patrimonio di progetti, pratiche e realizzazioni veramente notevole[9]. Come avviene nella ricerca sulla didattica della storia, quindi, anche nella *public history* si accompagnano riflessione teorica e ricerca empirica, per migliorare la conoscenza e la comprensione storica, prestando attenzione al modo con cui viene «mediato» il sapere storico[10]. L'insegnamento della storia, però, ha come destinatari i giovani nelle istituzioni formali dell'educazione. Svolge quindi una funzione pubblica delicata e comporta maggiori responsabilità dal punto di vista educativo. I destinatari, infatti, non sono solo giovani in formazione, ma anche futuri cittadini. Come mostra la Tabella 1, per educare la loro coscienza storica bisogna essere in grado di consegnargli una cassetta degli attrezzi ben fatta, con tutte le capacità che una conoscenza «potente» come la storia può offrire[11].

---

tere intrinsecamente multisensoriale delle forme e dei contenuti espressi. Immagini, suoni, odori – oltre che parole e testi – costituiscono le premesse per repertori narrativi intrinsecamente multidimensionali.

[9] La bibliografia internazionale è in rapida evoluzione. Rinviamo qui per brevità ai siti dell'Associazione italiana https://aiph.hypotheses.org/ e della Federazione internazionale https://ifph.hypotheses.org/ e della più importante rivista internazionale https://public-history-weekly.degruyter.com/.

[10] Demantowsky Marko, *Public history and school: international perspectives*. de Gruyter, 2018, *What is public history*, in *public history and School* (2019), pp. 4-10; 17-18.

[11] Per la teoria sul «powerful knowledge» applicata alla storia cfr. Champan, A., 2021, *Knowing History in Schools. Powerful knowledge and the powers of knowledge*, UCL Press, Londra; Villani, C., *La storia come* Powerful Knoledge. *Per uscire dal dibattito fra competenze e conoscenze*, in http://www.historialudens.it/didattica-della-storia/436-la-storia-come-powerful knowledge-per-uscire-dal-dibattito-fra-competenze-e-conoscenze.html (ultimo accesso 7 febbraio 2022).

Tabella 8.1

CULTURA STORICA		
Rapporto con il passato		
	Narrazioni storiche disciplinate	**Narrazioni storiche non disciplinate**
Dimensione epistemologica	Operazioni cognitive disciplinate [cfr. Boschetti] PLAUSIBILITÀ EMPIRICA → oggettività PLAUSIBILITÀ TEORICA → intersoggettività	Operazioni cognitive spontanee radicate nel senso comune (stereotipi, semplificazioni, polarizzazioni) PLAUSIBILITÀ PRATICA, estetica, retorica, politica, emozionale ecc. → soggettività
	Autenticità/Manipolazione	
Dimensione narrativa	**Criterio della rilevanza storica →** critico-riflessivo, elaborato in modo esplicito e razionalmente **Razionalizzazione →** rappresentazione del passato tramite interpretazione razionale e argomentata PLAUSIBILITÀ COMUNICATIVA → • Forte elemento COSTRUTTIVO-COGNITIVO • GENERALIZZAZIONI non prescrittive • SINGOLARITÀ irreversibile del passato	**Criterio della rilevanza funzionale ed emotiva →** intenzionalità implicita, melo-drammatizzazione **Esperienzialità →** rappresentazione del passato tramite evocazione quasi mimetica del vissuto esperienziale (personificazione, mono-casualità → importanza destinatari) PLAUSIBILITÀ COMUNICATIVA → • Forte elemento PRATICO-IDENTITARIO • GENERALIZZAZIONI prescrittive • ESEMPLARIETÀ del passato
	Informazione/Emozione	
Dimensione orientativa	**Senso del tempo*** → genetico/critico PLAUSIBILITÀ NORMATIVA PER: vita sociale motivazioni identità **Punto di vista →** intersoggettivo e interculturale, (concetto di umanità inclusivo), sviluppo storico multiprospettico, non lineare, policentrico	**Senso del tempo →** tradizionale/esemplare PLAUSIBILITÀ NORMATIVA PER: vita sociale motivazioni identità **Punto di vista →** soggettivo ed etnocentrico, (concetto esclusivo di umanità), sviluppo storico mono-prospettico e teleologico
	Orientamento/Intrattenimento	
MEDIATIZZAZIONE	SPETTACOLARIZZAZIONE + MULTIMEDIALITÀ	

* Facciamo qui riferimento alla nota tipologia di narrazioni storiche elaborata p. 45 del saggio di Rüsen: 1) Tradizionale: il significato del tempo storico risiede nella sua continuità e costanza; 2) Esemplare: il significato del tempo storico risiede nella sua incarnazione di regole generali d'azione; 3) Genetico: il significato del tempo storico risiede nel cambiamento, inteso come processo dinamico che unisce in modo continuo passato-presente-futuro (sviluppo); 4) Critico: il significato del tempo storico risiede nella discontinuità, nella contraddizione, nella distruzione del passato (negazione di 1,2,3).

8.4 Pratiche ed esempi: gli usi del passato in classe

Se partiamo dalle tre dimensioni della conoscenza storica e dal contributo specifico della disciplina in tutti e tre gli ambiti, diventa evidente come anche gli usi del passato possano (e debbano) essere oggetto dell'insegnamento della storia. Prima di fare qualche esempio concreto di attività da svolgere in classe, possiamo riassumere questi aspetti in uno schema che riorganizza gli indicatori della Tabella 1 in termini di specifiche competenze storiche[12] (Tabella 8.2). Questa griglia può costituire un punto di partenza per organizzare la programmazione delle attività didattiche in funzione dell'acquisizione delle capacità elencate.

Tabella 8.2

PER UNA COSCIENZA STORICA BEN FATTA	
COMPETENZE COGNITIVE + COMPETENZE NARRATIVE + COMPETENZE ORIENTATIVE	
PRIMO LIVELLO	
Capacità di ri-costruire le narrazioni del passato disciplinate: Analizzare fonti originali e ricostruire pezzi del passato Contestualizzare pezzi del passato Collegare contesti ri-costruiti al loro presente e futuro (storicità della disciplina storica)	**Capacità di ri-costruire le narrazioni del passato non disciplinate:** Analizzare le narrazioni in rapporto alle fonti originali citate Contestualizzare le narrazioni e i loro produttori Collegare le narrazioni al loro presente e futuro (storicità delle narrazioni)
SECONDO LIVELLO	
Capacità di de-costruire le narrazioni disciplinate del passato: Analizzare pezzi del passato nei testi storiografici (criteri rilevanza) Contestualizzare i testi storiografici (criteri di interpretazione) Analizzare la concezione del tempo storico (senso del tempo) Analizzare l'offerta di orientamento (normatività e punto di vista; storicità dei paradigmi)	**Capacità di de-costruire le narrazioni non disciplinate del passato:** Analizzare pezzi del passato nelle narrazioni (criteri di rilevanza) Contestualizzare narrazioni e format (esperienzialità/destinatari) Analizzare la concezione del tempo storico (senso del tempo) Analizzare l'offerta di orientamento (normatività e punto di vista; storicità degli usi privati e pubblici del passato)

Prendendo in considerazione gli obiettivi di apprendimento connessi alla capacità di maneggiare consapevolmente la dimensione narrativa e orientativa delle narrazioni del passato, si possono pensare tre tipologie generali di attività didattiche.

[12] La Tabella 2 rielabora nella prima colonna uno schema di Körber, aggiungendovi una seconda colonna. Cfr. Körber, A., 2015 *Historical Consciousness, Historical Competencies – and Beyond? Some Conceptual development within German History Didactics*, in https://doi.org/10.25656/01:10811 (ultimo accesso 7 febbraio 2022).

8.4.1 *Costruire usi disciplinati del passato*

- Comparare usi disciplinati e non disciplinati del passato.
  Rinviamo qui agli esempi forniti nel saggio di Boschetti orientati a mettere in evidenza il grado di riferimento alle fonti (attendibilità), la struttura narrativa (tipologia della rappresentazione, criteri di rilevanza), l'orientamento (concezione del tempo storico). Si possono ulteriormente articolare quegli esempi, rendendo esplicita l'analisi della dimensione narrativa e orientativa, a partire dagli indicatori della Tabella 8.1. Ad esempio:
  - analizzare gli usi del passato a partire dai soggetti produttori;
  - analizzare gli usi del passato dal punto di vista dei destinatari;
  - contestualizzare i format narrativi (mediatizzazione).

  Utili attività in tal senso possono essere pensate partendo dal confronto tra manuale scolastico e altre narrazioni sullo stesso argomento.
- Costruire la *public history*[13].
  - esempio 1 – usare le strategie della *public history* per la costruzione archivi di fonti inedite dal basso, per studiarli ed elaborare forme di comunicazione adeguate;
  - esempio 2 – usare le strategie della *public history* per costruire eventi pubblici, assegnando punteggi maggiori ai gruppi che adoperano le migliori strategie conoscitive e comunicative.

8.4.2 *Decostruire usi non disciplinati del passato*

- Esercitare la capacità di cogliere gli indicatori.
  Esistono vari esempi di schede analitiche per guidare gli studenti nella decostruzione delle diverse tipologie di narrazioni del passato che circolano intorno a loro (TV, cinema, social, web ecc.)[14], pensate per mettere in evidenza la percentuale di oscillazione tra autenticità o manipolazione (rispetto alle fonti); contenuti informativi ed emozionalità; orientamento o intrattenimento. Basta saper cogliere l'occasione, partendo dalle narrazioni che vengono dall'esterno della scuola o dalla stessa esperienza quotidiana degli studenti (vi-

[13] Daisy M., 2018, *Teaching, Learning, and Understanding of public history in Schools as Challenge for Students and Teachers*, in *Public history and School* cit., pp. 84-94.

[14] Si può partire dalla classica scheda di analisi sui siti web di Patrizia Layola, altre ipotesi sui social sono contenute in Calefati C., Fiorio A., Palmieri F., 2020, *Storia, ricerca e comunicazione sul web: strumenti e proposte di lavoro – 2/2020*; su giornali, magazines, settimanali storici di larga diffusione si possono consultare le griglie proposte in EHISTO Common analytical framework for the work on popular history magazines.

deogiochi, fumetti, meme ecc.), adattando le schede citate o creando schede apposite utilizzando gli indicatori delle Tabelle 8.1 e 8.2.

- Comparare su uno stesso argomento storico format narrativi diversi (mediatizzazione).
  Si introduce così il tema del rapporto tra soggetto produttore (delle narrazioni) e soggetti destinatari, così come quello delle variabili visive, sonore ecc. oltre che testuali.
- Analizzare attività di *public history* promosse da musei, associazioni, istituzioni.
  La partecipazione a visite guidate, rievocazioni, laboratori curati da esperti, può costituire una preziosa occasione su cui riflettere utilizzando schede di valutazione ispirate alle Tabelle 8.1 e 8.2.

8.4.3 *Educazione della memoria*

Gli studenti sono immersi come tutti noi in una fase di grande ridefinizione della memoria pubblica, a livello locale, nazionale e internazionale. Si tratta ormai di un fenomeno di dimensioni tali che ne rendono ineludibile la conoscenza critica.

Da una parte quindi occorre fornire indicatori utili per orientarsi nel complesso rapporto tra memoria e storia. Sono due atteggiamenti verso il passato accomunati da bisogni e dimensioni simili: ricordare, cercare significati, comunicarli, orientarsi nel tempo. La memoria è una forma di ricordo più spontanea e reattiva, in cui il passato finisce per invadere il presente. La storia è una forma di ricordo più intenzionale e costruttiva. Seguendo Rüsen, potremmo semplificare come nella Tabella 3[15]:

Tabella 8.3

Memoria	Storia
Originale	Derivata e costruita
Soggettiva	Oggettiva
Forte nelle emozioni	Forte nella razionalità
Impulsiva e spontanea	Controllata dalla ragione
Criteri di accettabilità estetica e retorica	Criteri di validità empirica ed esplicativa
Coerenza formale	Accuratezza
Guidata dal desiderio e dall'immaginazione	Vincolata da argomentazioni razionali

Dall'altra però, il rapporto tra memoria e storia è ineludibile. Le memorie comunicative e sociali fanno parte della cultura storica del tempo, e spesso alimentano problemi e temi della ricerca storica, in tutte le sue dimensioni. Potremmo

[15] Rüsen, *Evidence and Meaning*, cit., p. 239.

dire che le memorie rendono evidente il carattere orientativo di ogni narrazione – cioè il fatto di costituire un ponte tra passato, presente e futuro – costringendoci a fare i conti con questa dimensione delle narrazioni storiche. Nel contesto attuale di conflitti e competizioni, a tratti molto aspre, sulla memoria pubblica, l'educazione *della* memoria[16] diventa parte essenziale dell'educazione della coscienza storica. Il problema, dal punto di vista dell'apprendimento della storia, non è infatti quello di ricordare/celebrare eventi o pezzi del passato – questo tema riguarda la memoria pubblica – ma di acquisire la capacità di distinguere memorie collettive, memoria pubblica e storia; come pure di distinguere politiche della memoria, usi del passato e storia.

Attività diverse possono essere pensate utilizzando in modo opportuno gli indicatori delle Tabelle 1-2-3:

- ricostruire le narrazioni del passato che attraversano la memoria pubblica: giornate della memoria, toponomastica, feste nazionali, anniversari ecc.;
- ricostruire il rapporto tra memoria pubblica e oblio in prospettiva storica (ad esempio gara a chi trova più esempi dall'età antica ad oggi. *Debriefing* sulla funzione – negativa/positiva – dell'oblio);
- ricostruire esempi attuali di guerre della memoria (indicatori Tabelle 1-2-3) includendo nel *debriefing* anche le soluzioni proposte, per arrivare ai criteri dell'UNESCO;
- decostruire la memoria pubblica:
  - esempio 1 – partire da un conflitto storico o evento traumatico (dalle guerre ai conflitti di religione, dai conflitti di classe all'ascesa delle dittature ecc.), dividere la classe in gruppi che rappresentano diversi soggetti (per genere, per gruppo sociale, per ruolo: vittime, perpetratori, spettatori ecc.) e chiedere a ciascuno di elaborare (sulla base di fonti, dati, materiali ecc.) una narrazione (una pagina di diario, un'intervista ecc.). *Debriefing*: quale narrazione tra queste può entrare nella memoria pubblica? e in un libro di storia? perché?
  - esempio 2 – simulare la seduta di un organo deliberativo (Parlamento, Consiglio comunale ecc.) in cui si discute e si vota per una nuova giornata della memoria (o una qualsiasi altra iniziativa pubblica di carattere commemorativo) traendo spunto da esempi reali (questioni sensibili). Riflettere nel *debriefing* (utilizzando i criteri proposti dall'UNESCO);

[16] Diversa è invece l'educazione *alla* memoria (*remebrance education*), intesa prevalentemente – per il tramite di giornate della memoria dedicate alle vittime di eventi traumatici secondo il modello del 27 gennaio – come strumento di educazione ai diritti umani.

- giocare con il rapporto tra storia e memoria, tra indagine (imparziale) e testimonianza (parziale):
  - esempio 1 – simulare un «Processo» per giudicare violenze e crimini connessi a un evento storico traumatico, con tanto di giuria popolare, cancellieri, imputati, avvocati dell'accusa, della difesa, giornalisti, testimoni, familiari, donne[17];
  - esempio 2 – gioco a squadre sull'invenzione delle tradizioni[18], per familiarizzare gli studenti con i vari meccanismi di appropriazione del passato, facendoli riflettere sulle responsabilità ad essi connesse, distinguendo tra revisione storica scientificamente fondata, usi e abusi del passato.

Queste tre tipologie di pratiche didattiche – 8.4.1, 2 e 3 – possono essere sviluppate in tante altre direzioni, prendendo spunto dalla stessa molteplicità degli usi del passato. Basta partire da una chiara visione degli obiettivi (e delle responsabilità) particolari della didattica della storia in questo contesto. Se la politica, le istituzioni, i soggetti organizzati, l'industria culturale e il web moltiplicano gli usi del passato (politici, commerciali, artistici, turistici, ludici ecc.), l'insegnamento della storia può costituire una bussola efficace per orientarsi consapevolmente in questa selva di storie, poiché può indicare come trasformare in processi cognitivi disciplinati (razionali, verificabili, argomentati, intersoggettivi) i bisogni di orientamento che provengono dal contesto sociale. In sostanza, «se consideriamo l'umanesimo come un modo di pensare che si impegna sistematicamente per [cercare un orientamento nella vita quotidiana]», secondo il principio della ragion pratica, scrive Rüsen, «allora possiamo vedere il ruolo della scienza storica nella vita culturale di un dato tempo come una forma di umanesimo istituzionalizzato»[19]. La storia come disciplina introduce insomma possibilità cognitive razionali nei processi di orientamento individuali e collettivi. Nostro dovere è fornire queste capacità agli studenti, futuri cittadini di un mondo sempre più glo-

---

[17] Per un esempio concreto cfr. Brusa A., Bresil L. (a cura di), 2021, *Processo ai briganti*, a.s. 2001-2002, Scuola media statale «Michelangelo», Bari, cit. in N. Labanca, C. Spagnolo (a cura di), *Guerra ai briganti, guerra dei briganti (1860-1870) Storiografia e narrazioni*, Unicopli, Trezzano sul Naviglio (MI), pp.117-133.

[18] Per il modello originale cfr. Brusa A., Bresil L., 1996, *Tradizioni. Gioco di ruolo a squadre su memoria storica, identità e appartenenza e sul potere ambiguo delle invenzioni*, in *Laboratorio 3 per l'insegnante. Storia: il mondo, popoli, culture, relazioni: percorsi e materiali di lavoro*, Bruno Mondadori, Milano. Una versione recente, a cura di Calefati C., Florio A., Palmieri F., 2018, *Gli europei e il loro passato: memorie contese*, si trova in http://jmc.uniba.it/index.php/didattica/formazione/2018-19/risorse-scuola/ [ultimo accesso 7 febbraio 2022].

[19] Rüsen J., *Evidence and Meaning*, cit., p. 261.

balizzato, in cui la dignità degli esseri umani non può che costituire l'orizzonte comune del rapporto tra presente, passato e futuro.

Bibliografia

- Ashton P., Trapeznik A. (eds.), 2019, *What is Public History Globally? Working with the Past in the Present*, Bloomsbury Publishing, Londra.
- Bertella Farnetti P., Botti A., Bertucelli L., 2017, *Public History: discussioni e pratiche*, in «Public history», pp. 1-338.
- Brusa A., 2020, *Colombo, eroe o malfattore? Stereotipi, false conoscenze, bugie tra epistemologia naïve e storia*, in M. Gazzini (a cura di), *Il falso e la storia*, Feltrinelli, Milano, 2020, pp. 52-85.
- Brusa A., 2021, *L'alfabetizzazione storica. Leggere storia e pensare storicamente*, in «Il Bollettino di Clio», Giugno 2021, Anno XXI, Nuova serie, numero 15, pp. 51-58.
- Brusa A., Bresil L., 1996, *Laboratorio 3 per l'insegnante. Storia: il mondo, popoli, culture, relazioni: percorsi e materiali di lavoro*, Bruno Mondadori, Milano.
- Brusa A., Bresil L., 1996, *Tradizioni. Gioco di ruolo a squadre su memoria storica, identità e appartenenza e sul potere ambiguo delle invenzioni*, in *Laboratorio 3 per l'insegnante. Storia: il mondo, popoli, culture, relazioni: percorsi e materiali di lavoro*, Bruno Mondadori, Milano.
- Brusa A., Bresil L. (a cura di), 2021, *Processo ai briganti*, a.s. 2001-2002, Scuola media statale «Michelangelo», Bari, cit. in N. Labanca, C. Spagnolo (a cura di), *Guerra ai briganti, guerra dei briganti (1860-1870) Storiografia e narrazioni*, Unicopli, Trezzano sul Naviglio (MI).
- Cajani L., 2021, *La storia dentro e fuori l'aula scolastica*, in «Il Bollettino di Clio», Giugno 2021, Anno XXI, Nuova serie, numero 15, pp. 66-73.
- Cajani L., Lässig S., Repoussi Repousē M. (eds.), 2019, *The Palgrave Handbook of Conflict and History Education in the Post-Cold War Era*, Palgrave Macmillan, Londra.
- Calefati C., Fiorio A., Palmieri F., 2020, *Storia, ricerca e comunicazione sul web: strumenti e proposte di lavoro – 2/2020.*
- Calefati C., Florio A., Palmieri F., 2018, *Gli europei e il loro passato: memorie contese*, si trova in http://jmc.uniba.it/index.php/didattica/formazione/2018-19/risorse-scuola/ [ultimo accesso 7 febbraio 2022].
- Champan, A., 2021, *Knowing History in Schools. Powerful knowledge and the powers of knowledge*, UCL Press, Londra; Villani, C., *La storia come* Powerful Knoledge. *Per uscire dal dibattito fra competenze e conoscenze*, in http://www.historialudens.it/didattica-della-storia/436-la-storia-come-powerful-knowledge-per-uscire-dal-dibattito-fra-competenze-e-conoscenze.html.
- Daisy M., 2018, *Teaching, Learning, and Understanding of public history in Schools as Challenge for Students and Teachers*, in *Public history and School.*

- Dean D.M. (ed.), 2018, *A Companion to Public History*, John Wiley & Sons, Hoboken (NJ).
- Demantowsky M. (ed.), 2018, *Public history and School. International Perspectives,* De Gruyter Oldenbourg, Berlin-Boston.
- Demantowsky Marko, Public history and school: internation perspectives. de Gruyter, 2018, *What is public history*, in *public history and School* (2019).
- Körber, A., 2015 *Historical Consciousness, Historical Competencies – and Beyond? Some Conceptual development within German History Didactics*, in https://doi.org/10.25656/ 01:10811.
- Maragliano R., 2015, *Educazione*, in A. Abruzzese (a cura di) *I grandi temi del secolo*, Grande Dizionario Enciclopedico, Supplemento, UTET, Torino.
- Maragliano R., 2007, *Tra interiorità e pubblicazione. Mediazione tecnologica e didattica, nella produzione/ricezione scritta*, in D. Demetrio, *Per una pedagogia e una didattica della scrittura*, Unicopli, Trezzano sul Naviglio (MI).
- Rüsen J., 2017, *Evidence and Meaning: A Theory of Historical Studies*, Berghahn Books, Ner York-Boston.
- Rüsen J., (in corso di pubblicazione), *Sulla formazione della coscienza storica. Fondamenti di una didattica umanistica della storia*, in «Dimensioni e problemi della ricercar storica», 1.
- Sayer F., 2019, *Public history: a practical guide*, Bloomsbury Publishing, Londra.
- Villani C., 2020, *Public history e Didattica della storia nell'età delle history wars*, in S. Adorno, L. Ambrosi, M. Angelini, 2020, *Pensare storicamente*, FrancoAngeli, Milano.
- Woidon J., 2018, *Between public history and History education*, in D.M. Dean (ed.), *A Companion to Public History*, John Wiley & Sons, Hoboken (NJ).

9
Insegnare a scrivere storia

di Ivo Mattozzi

9.1 Storia, materia orale?

Materia orale è stata classificata la storia fin da quando i governanti l'hanno inserita tra le discipline oggetto di insegnamento. La classificazione supponeva che la formazione avvenisse tramite la sequenza «spiegazione orale dell'insegnante → interrogazione orale → risposte orali dell'alunna o dell'alunno». L'insensatezza della definizione è palese. La storia, anche quella scolastica, è testuale. Cioè, le conoscenze – sia quelle apprese e gestite dall'insegnante, sia quelle studiate dagli alunni – sono comunicate mediante testi che hanno peculiarità diverse da quelle dei testi letterari e devono essere compresi mediante operazioni mentali specificamente istruite. È deleterio che si continui a pensare e a far pensare la «storia» in termini di «materia orale». Il testo è centrale perché tutto ciò che sappiamo del passato lo dobbiamo alla produzione e alla comprensione dei testi. Da esso dipende la qualità di ciò che comprendiamo e impariamo sulla storia. La ricerca storica pone l'accento sul testo storico e il testo acquisisce una rilevanza epistemologica all'interno della ricerca.

Finalmente, grazie alle *Indicazioni nazionali per il curricolo*[1], la storia è trattata con la dignità di una «disciplina di studio e di ricerca» e gli obiettivi dedicati alla scrittura specificati nella prospettiva della formazione delle competenze sia disciplinari che civiche. Alla fine della scuola primaria tre traguardi di competenze hanno a che fare con processi di insegnamento della scrittura:

---

[1] Indicazioni_nazionali_infanzia_primo_ciclo_definitiva (miur.gov.it) , p. 43.

- comprende i testi storici proposti e sa individuarne le caratteristiche;
- organizza le informazioni e le conoscenze, tematizzando e usando le concettualizzazioni pertinenti;
- racconta i fatti studiati e sa produrre semplici testi storici, anche con risorse digitali.

Coerentemente, anche tra gli obiettivi sono indicate abilità di elaborazione di testi:

- rappresentare conoscenze e concetti appresi mediante grafismi, disegni, testi scritti e con risorse digitali;
- ricavare e produrre informazioni da grafici, tabelle, carte storiche, reperti iconografici e consultare testi di genere diverso, manualistici e non, cartacei e digitali;
- esporre con coerenza conoscenze e concetti appresi, usando il linguaggio specifico della disciplina;
- elaborare in testi orali e scritti gli argomenti studiati, anche usando risorse digitali.

Anche per la scuola secondaria di primo grado[2] sono esplicitati traguardi e obiettivi che richiedono impegno a insegnare a scrivere testi di tipo storico.

Traguardi

- l'alunno produce informazioni storiche con fonti di vario genere – anche digitali – **e le sa organizzare in testi**;
- l'alunno comprende testi storici e **li sa rielaborare** con un personale metodo di studio;
- l'alunno **espone oralmente e con scritture** – anche digitali – le conoscenze storiche acquisite operando collegamenti e argomentando le proprie riflessioni.

Obiettivi

- produrre testi, utilizzando conoscenze selezionate da fonti di informazione diverse, manualistiche e non, cartacee e digitali;
- argomentare su conoscenze e concetti appresi usando il linguaggio specifico della disciplina.

---

[2] Traguardi_formativi.pdf (zanichelli.it), pp. 21-22.

Un paradosso è che le linee guida per gli istituti e le indicazioni per i licei non sviluppano in modo curricolare le abilità di scrittura storica avviate nella scuola di base. Nei testi si possono racimolare solo tre abilità generiche:

- interpretare e confrontare testi di diverso orientamento storiografico;
- **sintetizzare e schematizzare un testo espositivo di natura storica**;
- avvalendosi del lessico di base della disciplina, **lo studente rielabora ed espone i temi trattati in modo articolato e attento alle loro relazioni**[3].

Formulazioni di obiettivi così vaghe sono in contrasto con la pretesa che studentesse e studenti possano affrontare all'esame di maturità il tema di taglio storico, la cui presenza gli storici hanno rivendicato con molta insistenza (Momigliano 1974).

Comunque, per quanto generici tali obiettivi impegnano gli insegnanti a sapere guidare gli studenti ad acquisire abilità di analisi della struttura dei testi storici e di rielaborazione di essi mediante una varietà di forme comunicative.

La formazione di abilità di scrittura di testi storici gioverebbe alla formazione storica, poiché l'elaborazione di un testo impone alla mente di concentrarsi nella comprensione dello svolgimento dei fatti e delle relazioni tra le informazioni e le interpretazioni, a conclusione di una ricerca storico-didattica, oppure in funzione di una recensione di testi o di una loro riscrittura.

Noi insegnanti dobbiamo fare i conti col testo storico per poter promuovere le ablilità:

- di analisi;
- di comprensione;
- di rielaborazione;
- di produzione di testi storici.

Ma «Quali procedimenti didattici sono efficaci per insegnare a scrivere?»

Questa è la domanda cruciale. A essa, però, non è possibile dare risposta se prima non si affrontano altre questioni fondamentali:

a. il testo dal punto di vista metodologico;
b. le operazioni cognitive che sono all'origine della sua produzione, della sua comprensione e della sua riconfigurazione;
c. l'analisi degli elementi che compongono il testo e della loro strutturazione.

---

3 2012_materie_storia.pdf (zanichelli.it), pp. 88-90.

9.2 *Il testo dal punto di vista metodologico*

La domanda guida è: «A che cosa serve un testo storiografico, qual è il suo scopo, da che cosa trae origine la sua unità di significato?».

L'oggetto della rappresentazione discorsiva è un fatto reale che ha lasciato tracce grazie alle quali si possono produrre le informazioni che permettono di ricostruire in qualche misura quel fatto.

Il fatto reale può configurarsi come uno **stato di cose** oppure come un **evento** oppure come un **processo**, cioè una sequenza di eventi che modifica uno stato di cose. Le modifiche possono essere più o meno profonde, più o meno radicali, perciò, possiamo fare una distinzione tra processi che producono semplici mutamenti e processi che, invece, sono all'origine di grandi trasformazioni. Tra i fatti reali che è possibile ricostruire ci sono **le vite di persone** illustri o comuni come soggetti o testimoni attivi in fatti o in periodi interessanti.

Qualunque fatto va ritagliato tra un inizio e una fine, cioè tra due tempi chiaramente definiti.

Ora poniamoci dalla parte di chi intende rappresentare un fatto realmente accaduto.

Quali operazioni deve fare per rendere il testo comprensibile e godibile da parte di ogni lettore? In primo luogo, far conoscere al lettore chiaramente il fatto che il testo ricostruisce. Ciò vuol dire **tematizzarlo** esplicitamente, vale a dire denominare il fatto da ricostruire, collocarlo **in un periodo** e **in uno spazio** definiti con buone ragioni per fare assumere il massimo di significato al fatto, considerarlo **da un punto di vista** e sotto una o più angolazioni[4]. Spazialmente il fatto può essere incluso in uno spazio locale o nazionale o continentale o mondiale.

Il fatto può avere una rilevanza oggettiva nella catena dei fatti che lo precedono e lo seguono oppure deve ricevere senso da chi lo ricostruisce. In ogni caso rivelare al lettore perché valga la pena leggere o vedere e ascoltare la conoscenza che gli viene offerta è un dovere dello scrittore.

Il fatto è individuato come oggetto di ricostruzione e di analisi interpretativa dallo storico mediante una retrospezione che egli opera nel presente e a partire dal suo rapporto con il presente. Ciò è da rimarcare: il fatto storico non è il rispecchiamento discorsivo di un accadimento, ma è un costrutto dello storico. È «inventato» e interpretato entro l'orizzonte del presente; è sempre in rapporto

---

[4] «Ogni storico deve decidere a ogni momento quel che vuol sapere. Ogni storico sceglie il suo tema e i suoi documenti: egli sceglie il suo metodo di lavoro. Certi temi possono apparire semplicemente narrativi (come la biografia di Pericle), altri francamente problematici (come la questione omerica). Ma anche la più semplice narrazione implica scelte e intende chiarire punti oscuri e presentare gli eventi da un certo punto di vista.» (Momigliano 1974, p. 1189).

con qualcosa (valori, cultura, schemi procedurali, competenze ecc.) che lo storico introietta nella sua personalità, vivendo nella società e recependo la cultura del presente. Per questo suo carattere costruito si è proposto di concettualizzarlo come «fatto storiografico».

In secondo luogo, il testo può contentarsi di ricostruire il fatto storico, oppure può andare oltre la ricostruzione e arrivare sia a problematizzarne uno o più aspetti sia a dare risposta ai problemi formulati mediante una o molteplici spiegazioni. Dunque, possiamo immaginarlo composto di blocchi testuali: un blocco testuale teso alla ricostruzione del fatto, un blocco testuale disposto a chiarire i termini del problema, un altro che argomenta la risposta ai problemi. In terzo luogo, anche la ricostruzione è conseguita mediante il montaggio di blocchi testuali che hanno funzioni conoscitive complementari. Infatti, la comprensione del fatto storico richiede che se ne conosca l'inizio, la fine, il processo di mutamento oppure lo stato di cose durevole e i contesti. Il testo costruisce il fatto storico mediante l'organizzazione di informazioni prodotte grazie all'uso delle fonti, ma elaborate e moltiplicate con l'intervento dell'attività inferenziale, interpretate e rese significative, e messe in connessioni tra di loro con operazioni cognitive.

Che cosa orienta e guida lo storico a individuare e «inventare» il suo fatto storico, a produrre informazioni e inferenze e a raggrupparle in blocchi testuali coerenti? È l'operazione mentale che chiamiamo «**tematizzazione**».

9.3 *La tematizzazione*

Lo storico ha l'obbligo di individuare un evento, un aspetto, o un processo, o un personaggio... e di istituirlo come un fatto storico da far conoscere mediante il testo che consegue al processo di ricerca e costruzione della conoscenza.

La prima operazione da fare è tematizzare il fatto. Essa comporta denominare il fatto storico e attribuirgli tre dimensioni:

1. privilegiare l'aspetto o gli aspetti che se ne vogliono rappresentare (ad esempio: la Prima guerra mondiale, dal punto di vista dell'economia e/o dal punto di vista della storia della mentalità);
2. iscrivere il fatto in un periodo ben definito, poiché non è possibile rappresentare un fatto che non abbia dei punti fermi dal punto di vista temporale e se non si stabilisce lo scarto tra il suo inizio e la sua fine. Lo storico regola la ricostruzione e l'interpretazione, sapendo come il fatto va a finire;
3. la terza dimensione è quella spaziale: lo storico adotta un ambito territoriale di osservazione del fenomeno tematizzato (nell'esempio della Prima guerra mondiale, a seconda della scala spaziale e della sua ampiezza la rappresentazione può essere diversa).

La tematizzazione non si risolve semplicemente con un titolo, anche se molto esplicito. Essa comporta anche l'attribuzione di significato alla scelta tematica e alla ricostruzione, inoltre impone un'articolazione tematica delle informazioni. Gli storici si impegnano a chiarire al lettore qual è il senso della loro operazione storiografica generalmente in blocchi testuali introduttivi in cui espongono e difendono le loro opzioni tematiche.

Ad esempio, nel libro *Matrimonio feudale. Due modelli nella Francia del XII secolo*, Georges Duby inizia col presentare la sua scelta al lettore con il seguente blocco testuale:

> Lo storico del matrimonio nell'Occidente medievale si trova davanti ad un vasto terreno incolto che si è iniziato a dissodare solo in qualche punto. Chi vuol fare un lavoro proficuo in questo campo deve cominciare a delineare i confini dell'area nella quale vuol compiere la sua ricerca. Con tutta la cautela dovuta intendo fare proprio questo, e nel modo seguente: dal momento che non sono né uno studioso di diritto canonico, né uno studioso di liturgia, né un teologo, ho scelto di considerare il matrimonio dal punto di vista della storia sociale e, più precisamente, di osservare le pratiche di matrimonio.
>
> Scegliendo questa via non mi sono certo semplificato le cose. Infatti, la maggior parte dei testi che ci sono pervenuti trattano non la pratica ma la teoria del matrimonio. [...] In questa fase devo limitare la mia indagine solo a quel ristrettissimo gruppo della società laica che iniziava ad uscire dall'oscurità, l'alta aristocrazia. Inoltre, concentro l'attenzione su una sola parte dell'Europa, dove il materiale documentario è un po' più ricco che altrove, la parte settentrionale del regno di Francia, e su un solo secolo, il dodicesimo. Ho scelto questo periodo non soltanto perché mi è particolarmente familiare, ma [perché] mi sembra che proprio a quel tempo nella nostra cultura si compì un mutamento fondamentale nell'evoluzione dell'istituzione del matrimonio. Fu infatti l'inizio di una fase decisiva nel conflitto che dominò tutta quell'evoluzione, il conflitto cioè tra due modelli radicalmente diversi e antagonisti: il modello laico di matrimonio, creato per mantenere l'ordine sociale, e il modello ecclesiastico, creato per mantenere l'ordine divino [...] (Duby 1981).

La tematizzazione, dunque, non si risolve solo con il titolo o il nome che è dato al fatto storico, ma è una operazione decisiva perché da essa dipendono una serie di altre operazioni e tutti i raggruppamenti tematici delle informazioni che possono essere colti nell'organizzazione per parti, per capitoli, per paragrafi.

La rilevanza della tematizzazione deve tradursi nell'insegnamento in atti di mediazione destinati a far capire agli studenti qual è il tema da studiare, qual è il significato che gli si vuole assegnare, qual è l'architettura tematica che ne rende possibile la comprensione e la costruzione. Ciò impone di far lavorare gli studenti sulle parti introduttive e sugli indici con esercitazioni che mirino ad abituarli sia a schematizzare la tematizzazione e la sequenza dei temi sia a capire come da essa origini la ricostruzione del fatto storico così come il testo la propone. Ripetuti esercizi di tal genere formano negli studenti la competenza a criticare le tematizzazioni, a valorizzare e prendere a modello quelle efficaci, a rigettare quelle non funzionali, a imparare a strutturare proprie tematizzazioni.

9.4 *La ricostruzione del fatto tematizzato*

La rappresentazione del fatto tematizzato è realizzata con mezzi discorsivi e ad essi lo storico si affida per convincere il lettore che la sua scelta, la sua ricostruzione e la sua interpretazione sono accettabili e significative.

In campo storiografico c'è una molteplicità di tipi di testi storici (ricostruzioni prevalentemente narrative, ricostruzioni prevalentemente descrittive, argomentazioni circa problemi e spiegazioni, argomentazioni circa questioni delle ricerche, combinazioni di forme in funzioni della molteplicità di scopi prefissi ecc.).

Io propongo di considerare in primo luogo il caso di un testo-modello virtuale generato con lo scopo di ricostruire un fatto storico e di spiegarne qualche aspetto problematico.

La ricostruzione si configura in conformità a una sorta di matrice mentale che tutti usiamo a livello di elaborazioni quotidiane degli accadimenti esperiti: quando vogliamo fare il racconto di un fatto, in cui siamo stati protagonisti o di cui siamo stati testimoni, realizziamo in qualche misura la rappresentazione di quel fatto seguendo uno schema cognitivo che ci guida a parlare del suo inizio, del suo svolgimento, della sua conclusione, ma anche del contesto o dei contesti nei quali si è verificato e si è svolto e degli stati di cose che possono rendere la rappresentazione più intelligibile e più sensata.

La ricerca di effetti retorici ed emotivi può indurci a non essere lineari e a montare discorsivamente in modi difformi le sequenze dell'accaduto, ma per facilitare all'interlocutore il compito dell'intelligenza della ricostruzione dobbiamo sforzarci di comunicargli quegli elementi che non sono inferibili.

Questo modello di comportamento comunicativo vale a maggiore ragione per la rappresentazione di un fatto storico, per la comprensione del quale il lettore non dispone della «conoscenza del mondo» adeguata a renderlo capace di fare le inferenze necessarie e pertinenti.

Il fatto storico che viene preso come oggetto di rappresentazione sta implicitamente o esplicitamente tra due stati di cose – iniziale e finale – che sono diversi: ad esempio, nel testo di Duby, viene prospettata una situazione iniziale, alle soglie del XII secolo, in cui il modello aristocratico di matrimonio si trova ad essere in conflitto con la concezione ecclesiastica. La situazione finale è rappresentata dalla conciliazione tra i due modelli e dall'assorbimento del modello laico nell'altro (Duby 1981). Ciò vuol dire mettere l'accento sul cambiamento intervenuto tra il periodo iniziale e il periodo terminale e iscrivere il fatto storico tra due barriere cronologiche che corrispondono a due stati di cose differenti.

Lo storico può voler rappresentare lo svolgimento del processo che porta da uno stato di cose all'altro, oppure può preferire di rappresentare lo stato di cose durevole compreso tra due stati di cose differenti da quello tematizzato.

Perciò possiamo ripartire i fatti storici in due grandi categorie:

1. quella dei processi o concatenazioni di fatti che portano da uno stato di cose iniziale a quello finale;
2. quella di stati di cose che vengono considerati permanenti, continuativi (ad esempio la società europea prima della Grande guerra).

Nel secondo caso la conoscenza storica può risolversi in una rappresentazione statica realizzata in forma descrittiva.

Che appartengano all'una o all'altra categoria, i fatti storici devono essere contestualizzati per essere compresi dal punto di vista storiografico. Senza la conoscenza dei contesti, essi non si capiscono (la Guerra dei trent'anni e la Guerra dei cent'anni senza il contesto possono apparire allo studente fenomeni bellici indistinti; la condizione della borghesia in una città medievale può apparire uguale a quella della borghesia nella Francia ottocentesca, senza relazione ai contesti).

È propriamente la conoscenza dei contesti che rende possibile storicizzare il fatto. Il problema della rappresentazione del contesto o dei contesti è, dunque, molto importante ai fini della costruzione della conoscenza.

Ultimo punto della matrice: per rendere più chiara la rappresentazione noi abbiamo la possibilità di segmentare le sequenze dei fatti o degli stati delle cose in riferimento a elementi caratterizzanti i diversi segmenti. È la periodizzazione che generalmente nella storiografia è un esito della ricerca dello storico. Ma lo storico, una volta che ha prodotto la sua periodizzazione, può anticiparla, più sommariamente, per introdurre il lettore alla sua rappresentazione. La periodizzazione fa da organizzatore anticipato rispetto alla comprensione del fatto.

9.5 *Problematizzazioni e spiegazioni*

Gli storici non si limitano a ricostruire i fatti, ma tendono anche a un orizzonte di senso più ampio, più profondo, che è quello della spiegazione della relazione tra i fattori che hanno concorso a determinare qualche effetto problematico. Una volta che il fatto storico sia stato ricostruito e che la base di dati e la loro interpretazione siano stati stabiliti, allora è possibile fare di essi i termini di problemi che generalmente riguardano i nessi non documentabili, ma solo inferibili e ipotetici, tra una serie di fatti e un'altra. Ad esempio, Duby formula il problema in tali termini:

> Il vero problema non è capire perché la vittoria del modello ecclesiastico è stata così lenta e precaria, ma perché questo modello è stato in grado di conquistarsi tanto spazio (Duby 1981).

Generalmente nei testi scolastici la problematizzazione non c'è, è un passaggio abrogato, mentre gli storici sono molto accorti a porsi domande problematiche. Il problema o i problemi preludono alla spiegazione o alle spiegazioni, cioè alla proposta di relazioni esplicative tra i fatti. Nessuno storico può comprovare le relazioni tra i fatti allo stesso modo con cui può comprovare che un fatto è accaduto oppure che un fatto è antecedente a un altro. Le relazioni di tipo esplicativo tra i fatti sono ipotetiche e sono sottoposte a revisioni frequenti. Perciò i due scopi conoscitivi – come si può problematizzare e come si può rispondere ai problemi – vengono realizzati testualmente mediante la forma discorsiva dell'argomentazione. Le ragioni che fanno propendere lo storico verso la «sua» spiegazione possono essere fondate in parte su dati di fatto, in parte sulle inferenze, in parte su teorie, in parte su schemi di conoscenza posseduti dallo storico al di fuori della ricerca e delle fonti. Perciò, egli è obbligato a dimostrarle mediante la tessitura argomentativa.

Lo storico deve ragionare sulla problematizzazione ed essere persuasivo attraverso le sue argomentazioni. All'interno di esse i fatti vengono portati a supporto di certi snodi del ragionamento.

9.6 *Blocchi testuali e funzioni conoscitive*

Ognuna delle funzioni conoscitive dà origine a un blocco testuale con una forma discorsiva specifica.

Al fatto storico tematizzato segue un discorso introduttivo inteso a dichiarare il significato del fatto storico e le ragioni della struttura tematica del testo. Lo stato di cose iniziale o lo stato di cose finale hanno bisogno di una descrizione. La narrazione è la forma discorsiva più adatta per rappresentare concatenazioni di fatti, che si svolgono durante tempi più o meno lunghi; perciò, ha una sua funzione precipua in quanto permette allo storico di rappresentare il processo fino al compimento. Ma se il fatto storico preso in considerazione è uno stato di cose, allora c'è bisogno della descrizione come testo prevalente. Dentro la descrizione ci possono essere delle narrazioni: se devo rappresentare l'Antico regime, e non intendo dire come è nato o come si è dissolto, ma piuttosto come era e come funzionava e come resisteva, devo fare una descrizione delle sue articolazioni, delle sue istituzioni, del loro funzionamento ecc. Posso anche esemplificare con delle narrazioni, ma la dominanza testuale sarà la descrizione. La periodizzazione può essere rappresentata con descrizioni oppure con narrazioni oppure con argomentazioni a seconda dei caratteri attribuiti a ciascun periodo. Se i caratteri del periodo in questione sono controversi, preferirò risolvere la comunicazione con un'argomentazione per sostenere la mia scelta tra le rappresentazioni alternative. La descrizione è inevitabile per la rappresentazione dei contesti.

Ciascuno dei blocchi testuali assolve a funzioni di costruzione della conoscenza del lettore. Se il lettore legge il discorso sulla tematizzazione e sulla periodizzazione viene messo nella condizione di apprezzare il tema e il significato del fatto storico e di anticipare che cosa troverà nel testo e quale sarà il suo impegno conoscitivo. Quando legge le descrizioni dello stato di cose iniziale e dello stato di cose finale, comincia a rendersi conto di quali siano i mutamenti avvenuti tra l'uno e l'altro stato di cose oppure può leggere il blocco discorsivo in cui i mutamenti vengono analizzati e descritti. Sulla base della conoscenza di tali fatti può formulare questioni circa il processo che ha portato dall'uno all'altro, disponendosi in un atteggiamento di interesse e curiosità verso le narrazioni degli svolgimenti. Una volta conosciuta la ricostruzione dei fatti, il lettore può comprendere i blocchi testuali dove sono formulati i problemi e, di seguito, apprezzare la qualità della attività esplicativa dello storico.

Il lettore può, così, avere la possibilità di costruire le mappe della conoscenza che riguardano l'intero fatto storico e può procedere a montarlo nella costruzione complessiva, poiché la lettura di un blocco testuale è la condizione per la comprensione e l'integrazione della conoscenza seguente.

9.7 *Quali procedimenti didattici sono efficaci per insegnare a scrivere?*

La conoscenza delle strutture testuali è il viatico per pensare la mediazione didattica mirata alla formazione di competenze alla produzione di testi di tipo storico.

Occorre che in ogni anno scolastico siano progettate e attuate unità di apprendimento specificamente dedicate all'insegnamento dell'analisi testuale e alla cura delle abilità di scrittura.

Gli alunni possono e devono passare dall'analisi dei testi e della loro struttura all'uso delle informazioni in pratiche di rappresentazione schematica di essa per giungere alla elaborazione delle rappresentazioni schematiche in porzioni testuali.

Ragioniamo in questi termini: un testo è costituito allo scopo di costruire nella mente del lettore delle mappe di conoscenza; le mappe di conoscenza non sono equivalenti al testo, sono mappe che riducono e selezionano gli elementi rappresentativi in modo analogo a quello in cui le mappe geografiche fanno per i territori. Le mappe del testo sono disponibili per essere rielaborate e noi le mettiamo all'origine delle nostre esposizioni facendo delle operazioni di ristrutturazione e di ricomposizione delle informazioni.

Per rendere le mappe di conoscenza adatte a questo lavoro di riscrittura, noi abbiamo bisogno di supporti. Bisogna insegnare agli studenti ad applicare le operazioni cognitive nell'analisi delle strutture del testo in esame e a dotarsi dei supporti adatti a sostenere le operazioni di scrittura.

Possiamo immaginare le attività per insegnare a scrivere di storia come sequenze di operazioni adeguate a portare gli studenti dal testo così com'è a un suo smontaggio, conseguente all'analisi della struttura. Tutti i blocchi testuali possono essere transcodificati in mappe o in schemi.

Lo smontaggio deve mettere in condizione di ristrutturare il testo attraverso la conversione dei blocchi testuali in supporti iconici e tabulari. Questi esercizi ammortizzano le difficoltà dello scrivere, perché danno agli studenti una base informativa di dati disponibili per essere messi in forma discorsiva.

Ad esempio, se vogliamo che gli studenti apprendano a scrivere di storia dobbiamo far loro apprendere a **tematizzare** e **periodizzare**. Se il titolo della conoscenza non propone la tematizzazione con tutti gli elementi necessari alla chiarezza comunicativa, impegniamoli a cercare nel testo i dati temporali e spaziali per costruire un titolo più appropriato e comprensibile.

Anche se il testo manualistico non propone periodizzazioni, gli studenti devono imparare a leggere il testo e a rappresentarlo mediante schemi e grafici temporali allo scopo di individuare gli elementi per le periodizzazioni. Sulla base della schematizzazione, si possono selezionare e ordinare le informazioni da elaborare in testi e il grafico della periodizzazione può fare da supporto alla scrittura.

Tutte le operazioni connettive e la composizione degli elementi informativi possono essere messe in evidenza mediante schemi o grafici o tabelle. Le connessioni temporali possono essere rappresentate attraverso grafici spazio-temporali, oppure con uso di carte geostoriche. Trasferire le informazioni del testo e le loro connessioni all'interno di una mappa fa capire la struttura spaziale di una conoscenza testuale. Le connessioni esplicative possono essere trasposte in diagrammi di flusso e ad albero. Le concettualizzazioni possono essere rappresentate da mappe concettuali. Le connessioni valutative che attribuiscono significati possono essere indicate con diagrammi di flusso o con tabelle. Anche la struttura argomentativa del testo può essere rappresentata in un diagramma che faccia trasparire la molteplicità degli argomenti e le loro connessioni.

Quale può essere l'effetto delle rappresentazioni schematiche? Esse impongono allo studente di riflettere sulla organizzazione e sulla qualità del testo da apprendere e da riscrivere. Esse offrono un ordine al pensiero che deve elaborare un discorso derivante dalla riconfigurazione del testo.

Lavorando sui testi attraverso tali pratiche e l'organizzazione di tali supporti, gli studenti possono comprenderli bene, e, poi, grazie alla realizzazione di tali supporti possono passare a elaborare testi scritti.

Ma se devono scrivere un saggio storico come quello che generalmente viene assegnato agli esami, gli studenti devono dominare una pluralità di conoscenze. Perciò devono diventare capaci di lavorare su una pluralità di testi, per riprogrammarli in una rete di informazioni e di nessi e di concetti. Ad esempio, se devono studiare la Prima guerra mondiale, la crisi del 1929, i regimi fra le due guerre e la Seconda guerra mondiale, e devono poi fare un tema che riguardi il periodo del primo Novecento, devono riorganizzare conoscenze che sono localizzate in molteplici testi. Per fare ciò devono usare i supporti in modo da riorganizzare e ristrutturare le informazioni e disporle in una visione di insieme. Allora possono cominciare dare alle conoscenze la forma testuale. La trama testuale può essere tessuta attraverso l'ordito, che è stato costruito mediante le attività di smontaggio dei testi.

A scrivere di storia si può insegnare. Ma si può insegnare meglio se i testi di riferimento sono di buona qualità e forniscono modelli che valga la pena di imitare.

Bibliografia

Per l'approfondimento delle questioni relative al testo storiografico:

- Aron R., 1997, *Lezioni sulla storia*, Il Mulino, Bologna.
- Barthes R.,1988, *Il brusio della lingua*, Einaudi, Torino.
- Brown G., Yule G.,1986, *Analisi del discorso*, Il Mulino, Bologna.
- De Certeau M., 1977, *La scrittura della storia*, Il Pensiero Scientifico, Roma.
- Duby G., 1981, *Matrimonio feudale. Due modelli nella Francia del XII secolo*, Il Saggiatore, Milano.
- Gardin J.C., Borghetti M.N.,1995, *L'architettura del testo storico*, CLUEB, Bologna.
- Greimas A.J.,1984, *Del senso 2*, Bompiani, Milano.
- Greimas A.J.,1991, *Semiotica e scienze sociali*, Centro Scientifico Torinese, Torino.
- Koselleck R.,1986, *Futuro passato*, Marietti, Genova.
- Levorato M.C., 1993, *Racconti, storie e narrazioni. I processi di comprensione dei testi*, Il Mulino, Bologna.
- Lozano J., 1996, *Il discorso storico*, Sellerio, Palermo.
- Momigliano A., 1974, *Le regole del giuoco nello studio della storia antica*, in «Annali della Scuola Normale Superiore di Pisa. Classe di Lettere e Filosofia», Serie III, Vol. 4, n. 4, pp. 1183-1192.

- Perelman CH.,1979, *Il campo dell'argomentazione. Nuova retorica e scienze umane*, Pratiche, Parma.
- Ricoeur P., 1985-1988, *Tempo e racconto*, 3 voll. Jaca Book, Milano.
- Ricoeur P., 2003, *La memoria, la storia, l'oblio*, Raffaello Cortina Editore, Milano.
- Rossi P. (a cura di), 1983, *La teoria della storiografia oggi*, Il Saggiatore, Milano.
- Todorov T., 1993, *I generi di discorso*, La Nuova Italia, Firenze.
- Topolsky J., 1975, *Metodologia della ricerca storica*, Il Mulino, Bologna.
- Veyne P., 1973, *Come si scrive la storia*, Laterza, Roma-Bari.
- Weinrich H., 1978, *Tempus. La funzione dei tempi nel testo*, Il Mulino, Bologna.
- Von Wright G.H., 1971, *Spiegazione e comprensione*, Il Mulino, Bologna.

Per l'approfondimento delle questioni relative alla struttura del testo storico e alla sua importanza nelle decisioni didattiche

- Brioni G., Rabitti M.T., 2019, *Come descrivere le civiltà antiche. Antologia di testi storici per costruire quadri di civiltà e nuclei fondanti*, Mnamon, Milano.
- Dalola D., Rabitti M.T., 2017, *La storia oltre i manuali. Come usare testi storiografici e testi di finzione storica*, Mnamon, Milano.
- Deon V., 1997, *I manuali di storia fra divulgazione, parafrasi e storia generale*, in R. Calò, S. Ferreri (a cura di), *Il testo fa scuola. Libri di testo, linguaggi ed educazione linguistica*, La Nuova Italia, Firenze.
- Guanci V., 2014 (a cura di), *Formazione storica ed educazione linguistica nell'età della multimedialità digitale. 1. Il testo storico: la sua comprensibilità e il processo di comprensione*, Cenacchi editrice, Modena.
- Guanci V., Perillo E., 2020 (a cura di), *Il Bollettino di Clio – Sul Novecento Tra storiografia e didattica*, Mnamon, Milano.
- Lotti P., 2015 (a cura di), *Formazione storica ed educazione linguistica nell'età della multimedialità digitale. 2. Insegnare a scrivere testi in storia*, Cenacchi editrice, Modena.
- Lotti P., Monari M.E., 2016, *Incroci di linguaggi. Rappresentazioni artistiche del passato nella didattica della storia*, Mnamon, Milano.
- Mattozzi I., 1986, *Storia, passato, memoria, storiografia*, in «Scuola Viva», 9, pp. 12-16.
- Mattozzi I., 1990a (a cura di), *La cultura storica: un modello di formazione*, Faenza editrice, Faenza (RA).
- Mattozzi I., 1990b, *Un curricolo per la storia*, Cappelli, Bologna.
- Mattozzi I., 1996, *La mediazione didattica in storia*, Polaris, Faenza (RA).
- Mattozzi I., 1998, *Come analizzare e progettare un programma*, in A. Brusa (a cura di) *World History. Il racconto del mondo*, in «I viaggi di Erodoto», quaderno nn. 13-14, pp. 27-45, Bruno Mondadori, Milano.
- Perillo E., 1992 (a cura di), *Innovazione della didattica della storia nella Scuola Secondaria Superiore*, Irrsae Veneto, Venezia.

Sulle questioni della trasposizione dei testi

- Lorenzini E., 2001, *Tanti libri per molte domande. La biblioteca come luogo centrale della ricerca storico-didattica*, in «Sfoglialibro. La biblioteca dei ragazzi», luglio, pp. 36-40.

- Mattozzi I., 1995a, *La trasposizione delle conoscenze storiche. Un concetto chiave per pensare la storia insegnata*, in «La Didattica», 1(3), pp. 106-110.
- Mattozzi I.,1995b, *Dal sapere storico esperto ai sussidiari e ai manuali di storia. Un caso di trasposizione didattica misteriosa*, in «La Didattica», 1(4), pp. 96-102.
- Mattozzi I., 1996a, *Alla ricerca di un modello di analisi delle trasposizioni storiografiche*, in «La Didattica», 2(2), pp. 89-95.
- Mattozzi I., 1996b, *Le descrizioni nella storiografia esperta e nella storiografia scolastica*, in «La Didattica», 2(3), pp. 91-97.
- Mattozzi I., 2001, *Imparare storia in biblioteca. Un modo per formare lettori di storie*, in «Sfoglialibro. La biblioteca dei ragazzi», luglio, pp. 41-46.
- Perillo E., 1996, *Le narrazioni nella storiografia esperta e nella storiografia scolastica*, in «La Didattica», 3 (1), pp. 104-109.
- Perillo E., 1997, *L'argomentazione in storia: sapere esperto e sapere didattico*, in «La Didattica», 3(3), pp. 94-104.

Sull'attività di transcodificazione e schematizzazione dei testi storici

- Brusa A., 1993, *Guida al manuale di storia*, Editori Riuniti, Roma.
- Panighel D., 1997, *Niente storie. Percorso sul manuale di storia*, in «Insegnare», 3, pp. 53-55.
- Panighel D., 1999, *La grammatica della storia*, Polaris, Faenza (RA).
- Perillo E., 1996, *Esercizi di apprendimento per la storia*, in «La Didattica», 3 (2), pp. 96-102.

Parte terza

Gli strumenti

10
Il manuale, per una didattica attiva

di Francesco Monducci

10.1 Il manuale, emblema della didattica tradizionale?

Come ricorda Andrea Zannini (2016), il manuale, insieme con la lezione frontale e l'interrogazione orale, è stato a lungo «il tripode su cui si reggeva l'insegnamento della storia, la materia alla quale, secondo un luogo comune, era affidata la trasmissione tra le generazioni del senso dell'identità collettiva». Il manuale di storia, più di ogni altro, incarnava quindi un certo modo d'intendere la scuola e la sua missione. All'insegnante spettava «spiegarlo», espressione che in realtà si prestava a più significati, dalla pura e semplice parafrasi all'approfondimento e ampliamento delle nozioni, lasciando al testo il compito di fornire le informazioni fondamentali; agli studenti di apprenderne il contenuto, memorizzando eventi, date, protagonisti.

10.2 Ma i manuali sono cambiati

Tale situazione ha resistito a lungo, soprattutto nei licei, più restii ad accettare cambiamenti e innovazioni (questo anche per ragioni che sono senz'altro comprensibili: la scuola secondaria di secondo grado è diventata oggetto di riforme con molto ritardo, dopo la scuola primaria e la scuola secondaria di primo grado), e tuttavia oggi si può dire sostanzialmente cambiata. Sono cambiati in primo luogo i manuali stessi, per essere aggiornati di fronte all'evoluzione della disciplina e alle esigenze di un'utenza anch'essa mutata, rispetto anche solo a quella di trent'anni fa.

Oggi non troviamo più manuali che presentano una narrazione lineare degli eventi, incentrati solo sulla storia politica della nostra parte di mondo, ma testi assai complessi. In un ricerca cui chi scrive ha partecipato qualche anno fa (Gualtiero *et al.*, 2010), si sottolineava il carattere ipertestuale ormai assunto dai manuali scolastici: la parte narrativo-espositiva si è progressivamente arricchita di altre storie, allargando il suo campo anche agli altri popoli e alle altre civiltà, e di nuove tematiche, come la storia economica, sociale, di genere ecc. Questo arricchimento si riflette in una forte articolazione in macrosezioni (denominate moduli o unità di apprendimento), suddivise a loro volte in capitoli, paragrafi e sottoparagrafi, e nella presenza di apparati integrativi di vario genere: schede e dossier di approfondimento su temi e personaggi, glossari, dossier di documenti originali e di testi storiografici. Si tratta di apparati che talvolta possono addirittura uscire dal manuale: ai libri di testo sono infatti regolarmente allegati strumenti multimediali, di solito forniti tramite QR code e internet, mentre le case editrici mettono a disposizione una sempre maggior quantità di materiali sui loro siti, moltiplicando così le risorse a disposizione dell'insegnante e degli studenti (su quest'aspetto si tornerà fra poco).

Il mutamento dei manuali è però legato anche a un'attenzione un tempo assente agli aspetti didattici, che si manifesta innanzitutto in una serie di accorgimenti grafici: uso di colori o di simboli per distinguere determinate tematiche, grassetto per segnalare parole chiave, uso di mappe concettuali, e di introduzioni e sintesi rispettivamente all'inizio e alla fine di ogni modulo; l'aspetto più significativo, da questo punto di vista, è però costituito dalla presenza di sezioni operative, spesso impropriamente denominate «laboratori»[1], che comprendono prove strutturate di verifica delle conoscenze (questionari vero/falso, a risposte multiple, esercizi di completamento, costruzione di cronologie o tabelle ecc.) e, nel caso dei manuali per la scuola secondaria di secondo grado, esercizi per avviare alla pratica delle prove d'esame.

Di fronte a testi così ricchi, che, ad onta del nome «manuale», non sono immediatamente facili da usare, gli insegnanti si trovano spesso in difficoltà, soprattutto coloro che non hanno una robusta formazione storica, situazione non rara, dal momento che a insegnare storia si trovano spesso docenti laureati in discipline linguistico-letterarie o in filosofia, con scarsa formazione specifica. Al momento della scelta del libro di testo, molti si affidano a criteri empirici, andando magari a compulsare il manuale proposto per verificare subito come è trattato quell'argomento cui sono particolarmente legati e interessati e che conoscono meglio (anche chi scrive l'ha fatto, pur cercando, con l'esperienza e lo studio, di utilizzare anche criteri più oggettivi e raffinati!).

Ma anche gli studenti sono spesso disorientati. Le classi attuali sono molto

---

[1] Ricordiamo qui per inciso che per noi il «laboratorio» è la riproposizione in ambito didattico del lavoro dello storico, e quindi non coincide con la nozione di operatività, che è più ampia e generica.

più eterogenee, rispetto a quelle di un tempo: basti pensare solo alla loro composizione, con tanti allievi d'origine straniera, alcuni nati in Italia, altri appena arrivati, ciascuno con il proprio patrimonio culturale, di cui può far parte anche l'esperienza di una scuola molto diversa dalla nostra, con le sue abitudini e i suoi stili di apprendimento. Quello che forse più conta, però, per quanto riguarda lo studio sul manuale, è che per molti studenti il libro non rappresenta più lo strumento principale cui attingere informazioni; esso è stato sostituito da altri media, in particolare Internet, che impone uno stile di comunicazione molto diverso, basato sulla rapidità e sulla sintesi, e sul prevalere del linguaggio iconico rispetto a quello verbale. Da qui le difficoltà che tanti studenti incontrano nel momento in cui affrontano sul libro argomenti già trattati a lezione, di fronte a un lessico specialistico o a una sintassi appena complessa, difficoltà che sono poi all'origine di insuccesso e demotivazione.

I nuovi manuali richiedono dunque all'insegnante un approccio più consapevole delle opportunità e delle difficoltà che essi comportano, e gli impongono un ruolo diverso: non ci si può più limitare a dire « studiate da pagina x a pagina y », ma occorre trasformare il manuale (e i suoi annessi) in un vero e proprio strumento di lavoro.

10.3 Il manuale come strumento di lavoro

10.3.1 *Come scegliere il manuale*

La scelta del manuale, come osserva Antonio Brusa (2012) dipende essenzialmente da due criteri: 1) la nostra idea di storia; 2) il lavoro che intendiamo fare.

Per quanto riguarda il primo punto, l'evoluzione della storiografia impone una scelta a favore di un manuale che rifletta l'allargamento delle tematiche e la pluralità di approcci e di punti di vista che attualmente la caratterizzano; tale evoluzione in realtà è stata recepita, come s'è visto, dagli autori di manuali, anche se il più delle volte nel senso di addizioni progressive piuttosto che di una ristrutturazione globale dei contenuti. Posto questo, riteniamo che, tenendo anche conto dei nostri interessi e delle nostre competenze specifiche, si debba favorire quel manuale che meglio permetta di costruire un curricolo coerente, caratterizzato da tematiche significative e dalla possibilità di istituire relazioni continue tra passato e presente, e tra eventi e processi iscritti nella media e lunga durata[2]. Si tratta infatti di operare delle scelte, perché, di fronte alla moltiplicazione delle storie e

2 A titolo indicativo, l'evoluzione del rapporto fra uomo e ambiente, delle istituzioni sociali e politiche, della vita materiale e spirituale, delle relazioni fra il « nostro » e « altri » mondi.

delle tematiche, **non si può ragionevolmente far tutto**, posto che questa espressione abbia un qualche senso.

Un testo con una struttura autenticamente modulare, cioè con la ripetizione prefissata di sequenze didattiche incentrate su temi ricorrenti, faciliterebbe molto la scelta dell'insegnante. In realtà, come si è detto, la maggior parte dei manuali s'è aggiornata per addizioni successive (da cui anche il problema delle loro dimensioni e del loro peso, spesso ritenuto eccessivo, in particolare per gli studenti più giovani) e la parola modulo è il più delle volte impiegata per indicare unità di apprendimento, sequenziate in base a criteri cronologici e articolate su assi spaziali e tematici. Da questo punto di vista l'insegnante può fondare le sue scelte esclusivamente sulla sua esperienza e sulle sue competenze disciplinari, e soprattutto pensando alle caratteristiche e ai bisogni dei propri studenti. Sotto quest'ultimo aspetto, apriamo una breve digressione sul tema della leggibilità, un aspetto di cui è bene tener conto, viste le difficoltà che tanti allievi oggi incontrano nel decifrare e comprendere un linguaggio verbale appena complesso. Al fine di valutare la facilità ovvero la difficoltà di un testo, esistono due indici matematici: l'indice GULPEASE[3], offerto in linea dal sito Eulogos CENSOR[4], valuta la leggibilità di un testo confrontando le sue parole con il vocabolario di base (Brusa 2006 e 2012); l'indice di Flesch, dal canto suo, adattato alla lingua italiana da Roberto Vacca (1981)[5], tiene invece conto di due variabili: la lunghezza media delle frasi e la lunghezza media delle parole. Tali indici, preziosi per comparare la leggibilità di più testi fra loro, presentano tuttavia dei limiti oggettivi: proteggono fino a un certo punto dalla troppa facilità (capita, purtroppo, che, soprattutto nel caso dei manuali destinati alla scuola secondaria di primo grado, la ricerca di un linguaggio accessibile da parte degli autori conduca a eccessi, con l'uso di termini impropri e poco corretti) né garantiscono l'effettiva fruibilità del testo: la facilità o la difficoltà di un testo non sono mai realtà assolute, ma sempre relative al livello dei lettori, livello che, come s'è già ripetuto, ha conosciuto purtroppo un importante calo negli ultimi anni[6]. A partire da queste considerazioni diventa sempre più importante il ruolo del docente come mediatore fra il manuale e gli studenti, e quindi il lavoro che intende svolgere col manuale stesso.

Il secondo criterio enunciato è quindi anche il più importante, nella misura in

---

[3] La formula GULPEASE (Lucidano – Piemontese 1988): Facilità di lettura = 89 – LP/10+FR*3, dove: LP= lettere per 100/totale parole; FR= frasi per 100/totale parole

[4] http://www.ildueblog.it/public/leggibilit 3.txt-EulogosCENSOR.HTML

[5] La formula di Flesch per la lingua italiana è: Facilità di lettura = 206-0.65 S – W, dove S=sillabe di 100 parole e W= media di parole per frase.

[6] Vedi anche il dibattito suscitato dalla pubblicazione della lettera aperta sottoscritta da 600 docenti universitari *Contro il declino dell'italiano a scuola*, http://gruppodifirenze.blogspot.it/2017/02/contro-il-declino-dellitaliano-scuola.html.

cui consideriamo il manuale uno strumento didattico finalizzato all'acquisizione di conoscenze e abilità disciplinari e trasversali. Riteniamo, infatti, che il **libro di testo possa e debba essere usato come un laboratorio** (cfr. Brusa 2006 e 2012; Mattozzi 2012), **o quanto meno come una palestra di operatività**, su cui gli studenti lavorano, scrivono, svolgono esercizi. L'insegnamento della storia, insomma, non può più basarsi soltanto sulle spiegazioni del docente e sulla capacità dello studente di riprodurle aiutandosi con lo studio mnemonico del libro di testo; è qualcosa di profondamente diverso: la storia diviene infatti una disciplina formativa nel senso più forte del termine, nel momento in cui si fonda non sulla trasmissione, ma sulla costruzione di conoscenze. Da questo punto di vista, accanto al testo vero e proprio, assumono particolare importanza gli apparati integrativi offerti dal manuale, dalle carte alle illustrazioni, dalle mappe concettuali ai documenti storiografici, fino alle proposte di esercitazioni. Elemento discriminante è soprattutto la ricchezza e la qualità del materiale documentario offerto, nel momento in cui riteniamo che il lavoro di analisi e commento delle fonti sia centrale ai fini di un apprendimento critico e consapevole dei fatti e dei processi storici. Per quanto riguarda i documenti scritti, ormai appartengono al passato le lunghe pagine di letture storiografiche che corredavano i manuali fino agli anni Ottanta; oggi i documenti scritti sono rappresentati in maggioranza da fonti dirette, quasi sempre di dimensioni ragionevoli e normalmente corredati di adeguate note bibliografiche. Un'attenzione più vigile richiedono i documenti iconografici, in particolare le riproduzioni di opere d'arte e di fotografie, che molto spesso sono ancora collocate accanto al testo con una mera funzione esornativa, prive di adeguate indicazioni riguardanti la loro origine e la loro provenienza archivistica; se poi di un'immagine si riporta il particolare e non l'intero, anche questa operazione non viene troppo spesso segnalata (ciò costituisce, a nostro avviso, un grave difetto sia sul piano scientifico sia su quello didattico). Ugualmente non sempre sono presenti in numero adeguato carte geografiche, storiche e tematiche, nonché tabelle e diagrammi, strumenti preziosi per contestualizzare e rappresentare eventi e processi.

Questo problema riflette, da un lato, antichi pregiudizi nei confronti dei documenti non scritti, pregiudizi confermati e, in certa misura, perfino autorizzati dalla prassi ministeriale (non a caso, nel saggio breve d'argomento storico proposto all'esame di Stato, si offrono ai candidati sempre e soltanto documenti scritti); dall'altro il fatto che talvolta accade ancora che gli autori dei manuali si limitino al testo scritto, mentre le altre parti sono il frutto di lavoro redazionale. Manuali che presentino con correttezza scientifica ogni tipo di fonte storica, la integrino nel testo e suggeriscano percorsi didattici attraverso lo studio di documenti di varia natura, sono senz'altro da preferire, in quanto più coerenti rispetto alle esigenze di un apprendimento fondato su basi rigorose, e funzionali all'acquisizione di una conoscenza critica di eventi e processi storici.

Preziose, infine, per orientare gli insegnanti nelle loro scelte, sono le guide per l'insegnante che ormai tutte le case editrici allegano ai manuali e che contengono normalmente proposte di programmazione, verifiche formative e sommative; molto spesso proposte di percorsi interdisciplinari o diretti all'Educazione civica e, nel caso di manuali per la scuola secondaria di secondo grado, materiali ed esercizi per la preparazione alle prove d'esame, o addirittura suggerimenti di percorsi CLIL; vi sono spesso indicazioni, infine, su come utilizzare il materiale offerto su supporti multimediali o sui siti delle case editrici.

Scorrendo una qualunque guida, l'insegnante può avere un'idea delle innumerevoli attività che può svolgere a partire dal manuale e sul manuale, strumento che, usato nel modo qui proposto, può mantenere un ruolo importante anche nell'ambito di una didattica attiva.

10.3.2 *Come lavorare col manuale*

La prima cosa da fare è impiegare un paio di lezioni per mostrare agli studenti com'è fatto il manuale, quali risorse offre (comprese le estensioni digitali), come utilizzarlo al meglio, e come affrontare eventuali difficoltà. Quanto è semplice e ovvio per noi può non esserlo per gli studenti, che si possono per esempio trovare in difficoltà di fronte ad indici talvolta fin troppo elaborati; spesso gli espedienti grafici studiati per facilitare la fruizione del testo (ad esempio, uso di colori, simboli, caratteri diversi per identificare box di approfondimento, glossari ecc.) finiscono col disorientare, anziché aiutare; il fatto stesso di segnalare in grassetto le parole-chiave, l'uso talvolta eccessivo di schemi e riassunti possono avere effetti controproducenti. Vorremmo ricordare che il saper riconoscere le parole chiave all'interno di un testo, il saperlo sintetizzare e schematizzare sono abilità trasversali fondamentali per l'attività di studio nel suo insieme: perché non lasciare agli studenti il compito di selezionare e mettere insieme le informazioni più importanti? Non sarebbe meglio che acquisissero tali abilità esercitandosi sui testi, magari, nei primi tempi, sotto la guida dell'insegnante, anziché trovarsi di fronte la «pappa pronta»?

Antonio Brusa, nel suo contributo già citato del 2012 (ma già in Brusa 2006), offre alcune raccomandazioni preziose per il lavoro dell'insegnante[7]; ispirandoci

[7] Ecco la lista completa delle raccomandazioni di Brusa:

- gli esercizi non devono essere assegnati come fredde prove: devono essere presentati, motivati e alla fine l'allievo si deve rendere conto della scoperta intellettuale favorita dalla prova;
- se l'esercizio non porta a nessuna scoperta, è meglio lasciarlo perdere;

in parte ad esse, ci sentiamo anche noi di proporne almeno tre: in primo luogo, soprattutto all'inizio della sua attività, è bene che l'insegnante svolga lui stesso gli esercizi che intende proporre, per valutarne difficoltà e validità: fondamentalmente questo è l'unico vero modo per comprendere se il lavoro che si intende affidare agli studenti ha senso, in rapporto al loro livello e agli obiettivi che ci proponiamo; secondariamente, ci sembra importante coinvolgere gli studenti nel nostro progetto: esplicitare loro il senso e le finalità degli esercizi che proponiamo, non soltanto ai fini di una banale motivazione, ma anche perché possano fornire un contributo consapevole all'attività di apprendimento; terzo: evitare, se possibile, prove troppo facili (bisogna chiedere un po' di sforzo agli studenti, anche per dare loro la soddisfazione di raggiungere di volta in volta un traguardo; quello che richiediamo loro non deve corrispondere esattamente alle conoscenze e abilità già acquisite e sedimentate, ma collocarsi in quella che Vygotskyj chiamava «zona di sviluppo prossimale»; Vygotskij, Lurija, Leontjev 1969).

In particolare, in relazione al livello degli allievi, si può partire dalla richiesta di attività apparentemente semplici, come il riconoscimento, in un brano, delle parole o delle affermazioni che fanno riferimento a un certo ambito, per esempio al lavoro o ai mestieri; gradualmente, magari con l'ausilio di griglie di lettura, si può poi passare a concetti più complessi o astratti, come economia, istituzioni, cultura ecc.; una volta che gli studenti siano abbastanza padroni di tali concetti, si può andare a lavorare sull'indice, per cercare di individuare e riunire le parti del testo in cui sono trattati argomenti che fanno riferimento a una stessa tematica, per esempio gli aspetti economici relativi a un periodo abbastanza lungo, superando così la frammentazione che spesso caratterizza l'organizzazione della ma-

---

- gli esercizi che fanno discutere e propongono soluzioni diverse sono i più indicati per attivare un buon rapporto con il manuale;
- un buon esercizio deve sempre indicare quali parti del manuale occorre leggere, per eseguirlo. Un esercizio che rimanda all'esterno (cerca a casa, su internet ecc.), non è un esercizio, ma una missione in generale poco controllabile;
- una domanda aperta sembra sempre più ricca e creativa di una strutturata o semistrutturata. In realtà, lo è solo per noi, mentre all'autore del manuale è costata pochissima fatica, a differenza delle altre;
- nonostante le apparenze, un testo con pochi esercizi vincola la libertà del docente che, invece, è direttamente proporzionale al loro numero. Più ce n'è, meglio si può scegliere, e si può sempre decidere di non farli;
- l'esercizio non muta la qualità storiografica di un brano, la mette solo in evidenza (se è un buon esercizio);
- un buon esercizio si fa sempre con il libro aperto;
- gli esercizi non sono sostitutivi delle pratiche, più informali, di interrogazione, discussione, degli scambi di pareri, delle relazioni;
- avendo a disposizione un buon numero di esercizi validi, e legati fra di loro da un filo sensato, è possibile immediatamente progettare una UDA, o una sottosequenza didattica al suo interno.

teria nei manuali. Sui paragrafi del manuale gli studenti possono esercitare pratiche di lettura attiva, con presa di note, redazione di sintesi, realizzazione di testi discontinui, come linee del tempo, carte tematiche, grafici, tabelle. Gli stessi paragrafi del manuale possono diventare i modelli per acquisire progressivamente abilità di scrittura, attraverso il riconoscimento di formati tipici, come il classico schema *cause*, *effetti*, *conseguenze* per parlare di un evento, ovvero *aspetti politici*, *economici*, *sociali*, *culturali* per presentare un quadro di civiltà, e l'acquisizione dell'uso consapevole e appropriato di connettivi e termini specifici. Gli apparati didattici e i dossier documentari, presenti in quantità sempre maggiore nei manuali, sia all'interno del testo vero e proprio, sia nelle estensioni digitali, su cui torneremo fra breve, costituiscono infine un'autentica miniera di materiali per poter far lavorare gli studenti sulle fonti, introducendoli così appieno nel processo di costruzione della conoscenza storica, e permettendo loro di acquisire e applicare le fondamentali abilità disciplinari.

In questo modo, il manuale può costituire uno strumento prezioso per promuovere l'acquisizione non solo di abilità, sia trasversali (ad esempio, selezionare informazioni, tematizzarle e gerarchizzarle, saper costruire sintesi, elaborare mappe concettuali, ideare e redigere testi in base a progetti precisi) sia propriamente disciplinari (in particolare, l'analisi e il commento di fonti documentarie di varia natura), ma anche di conoscenze e di concetti. Da quest'ultimo punto di vista il manuale svolge ancora un ruolo fondamentale, perché presenta agli studenti in modo organico tutta una serie di conoscenze che, se acquisite in modo consapevole e critico, sono alla base della costruzione del senso storico. Una componente mnemonica, infatti, nello studio della storia c'è sempre: ma assume un significato diverso, se acquisita non passivamente, ma attraverso la partecipazione e il lavoro attivo. In questo modo, quanto così appreso si fissa anche in modo più duraturo: non c'è nulla di più scoraggiante per un insegnante che constatare con quanta facilità molti studenti dimentichino da un anno all'altro e, talvolta, anche in minor tempo tutto quanto hanno studiato!

10.4 Le estensioni digitali

Oggi tutte le case editrici sono obbligate per legge[8] a fornire un'estensione online dei manuali scolastici, e questo al fine sia di ridurre i costi dei sussidi scolastici

[8] In particolare, Dl 112/2008, convertito in legge con modificazioni da L.17 dicembre 2012, n. 221, e Decreto Ministeriale 781/2013, nel cui Allegato 1 sono individuate tre tipologie di testo e risorse digitali integrative: b) libro di testo in versione cartacea accompagnato da contenuti digitali integrativi (modalità mista di tipo a); c) libro di testo in versione cartacea e digitale accompagnato

sia di adeguare i testi scolastici ai nuovi linguaggi e alle nuove modalità di apprendimento, a tali linguaggi legate. In realtà, come osserva Luigi Cajani in una rassegna critica su tali estensioni (Cajani 2015), ciò che importa è verificare la loro effettiva utilità ed efficacia didattica, cioè le opportunità d'apprendimento ch'essi offrono. Fortunatamente si può ormai dire esaurita una prima fase in cui le case editrici si limitavano a fornire semplicemente il manuale o una parte di esso in formato PDF, senza alcuna differenza dal testo su supporto cartaceo; ugualmente anche l'interattività proposta era molto elementare, e le esercitazioni non differivano nella sostanza da quelle tradizionali che gli studenti potevano eseguire con carta e penna. Così concepite, le estensioni online contribuivano ben poco all'apprendimento; anzi, per certi aspetti comportavano un lavoro anche più lungo e faticoso di quello richiesto dal supporto cartaceo (è molto più semplice e rapido sfogliare un libro, che non far scorrere un testo sullo schermo di un computer!). Come si diceva, però, questa fase, per così dire di «apprendistato» delle case editrici, sembra ormai appartenere in gran parte al passato. Se infatti navighiamo sui siti dei diversi editori, troviamo estensioni online che cercano di sfruttare molto meglio le potenzialità del mezzo. Innanzitutto, troviamo i grandi assenti dai manuali tradizionali: i documenti sonori e i documenti filmati[9]. Le risorse documentarie sono poi presentate il più delle volte in dossier organici, che permettono all'insegnante di approfondire e problematizzare i contenuti del manuale, allestendo piccoli moduli o studi di caso. Normalmente, inoltre, troviamo i contenuti su piattaforme che permettono al docente di organizzare la sua attività, interagendo con gli studenti nell'ambito di una classe virtuale. Per quanto riguarda l'aspetto dell'interattività, bisogna costatare poi importanti progressi, in particolare per l'analisi delle carte e per la costruzione di percorsi ipertestuali da link presenti nei testi, mentre gli esercizi proposti sono ancora troppo spesso pensati come una semplice verifica delle conoscenze acquisite. Riteniamo, da questo punto di vista, che vi siano ancora molte opportunità non adeguatamente sfruttate, soprattutto in funzione del lavoro autonomo degli studenti, finalizzato, ad esempio, alla costruzione di un testo o di un ipertesto. Questo non è però il luogo per approfondire le potenzialità didattiche delle risorse digitali, argomento che troverà più adeguato spazio nel prossimo capitolo. Vogliamo invece ricordare come attualmente i libri

da contenuti digitali integrativi (modalità mista di tipo b); d) libro di testo in versione digitale accompagnato da contenuti digitali integrativi (modalità digitale-tipo c).

[9] Per questi documenti, per altro, valgono le avvertenze enunciate in precedenza per i documenti iconografici. Per un lavoro serio sia dal punto di vista storiografico sia da quello didattico occorre infatti che siano indicate in modo preciso le origini e la natura del documento stesso; purtroppo, capita ancora troppo spesso, di fronte a un filmato, di non sapere neppure se si tratta di riprese originali o di una ricostruzione cinematografica.

di testo offerti dalla maggioranza delle case editrici, e in ispecie da quelle più attente ai problemi didattici, offrano una grande varietà di apparati integrativi, sia in formato digitale sia in formato cartaceo, per venire incontro ai diversi bisogni dei docenti e degli studenti, in particolare quelli con disabilità o problemi di apprendimento, in armonia con la direttiva del MIUR del 27 dicembre 2012 « Strumenti d'intervento per alunni con Bisogni Educativi Speciali (BES) », la quale, affermando la centralità della cultura dell'inclusione nella scuola italiana, enunciava la necessità di risposte adeguate e personalizzate per tali alunni. Molti manuali, in particolare quelli per la scuola secondaria di primo grado, sono oggi accompagnati da fascicoli con mappe compensative illustrate e spiegate, linee del tempo per favorire la contestualizzazione, testi semplificati, stampati con caratteri ad alta leggibilità, proposte di attività di coppia e di gruppo, applicando quindi misure sia compensative sia dispensative per venire incontro alle esigenze dei BES. In alcuni casi agli studenti non vedenti o ipovedenti, disabili motori o con DSA (Disturbi Specifici di Apprendimento) sono offerti file col contenuto del manuale, destinati alla rielaborazione con software compensativi. Testi semplificati, sia in cartaceo sia in digitale, sono inoltre a disposizione non solo per questi studenti, ma anche degli studenti stranieri da poco arrivati in Italia, in modo che possano seguire lo svolgimento delle lezioni, mentre sono ancora nella fase di apprendimento della lingua italiana. Sono molto spesso proposti, infine, anche moduli CLIL (in inglese) per le esigenze della scuola secondaria di secondo grado.

10.5 Conclusioni

Come si vede, il manuale si trova oggi al centro di un'offerta ricca e articolata, che offre innumerevoli opportunità tanto ai docenti quanto agli studenti. Non è più il severo veicolo della tradizionale didattica trasmissiva, ma uno strumento duttile, adeguato a un approccio attivo della disciplina e che può utilmente ed efficacemente accompagnare le pratiche laboratoriali. Verrebbe quasi da dire che lavorare in modo tradizionale con i manuali attuali sia un autentico spreco di tempo e risorse! Cerchiamo invece di sviluppare un comportamento attivo e consapevole nei nostri studenti, l'unico che consenta lo sviluppo di una reale intelligenza della disciplina, e che ne renda lo studio interessante e (perché no?) anche piacevole.

Bibliografia

- Adorno S., Ambrosi L., Angelini L. (a cura di), 2020, *Pensare storicamente. Didattica, laboratori, manuali*, FrancoAngeli, Milano.
- Bellabarba M., 2013, *Sull'insegnamento della storia*, in A. Savoia, C. Giunta (a cura di), *Cosa insegnare a scuola. Qualche idea sulle discipline umanistiche*, Editore Provincia Autonoma di Trento – IPRASE, Trento, pp. 25-28.
- Borsese A., Parrachino I., 2015, *Sulla valutazione della comprensibilità dei testi scolastici*, in «Orientamenti pedagogici», vol. 62, 2, pp. 399-407.
- Brusa A., 1985, *Guida al Manuale di storia*, Editori Riuniti, Roma (I edizione).
- Brusa A., 1987, *Quaderno di storia 2*, Bruno Mondadori, Milano.
- Brusa A., 1991, *Il Manuale di storia*, La Nuova Italia, Firenze.
- Brusa A., 2006, *Il manuale, uno strumento per la didattica laboratoriale*, in P. Bernardi (a cura di), *Insegnare storia. Guida alla didattica del laboratorio storico*, UTET, Torino, pp. 79-106.
- Brusa A., 2012, *Il manuale, uno strumento per la didattica laboratoriale*, in P. Bernardi, F. Monducci (a cura di), *Insegnare storia. Guida alla didattica del laboratorio storico*, UTET, Torino, pp. 89-111.
- Coppari P., Sanpaolesi M.C., 2017, *[Esperienze curricolari] nella scuola secondaria di primo grado*, in V. Guanci, M.T. Rabitti (a cura di), *Storia e competenze nel curricolo,* Associazione Clio '92, Mnamon, s.l.
- Cornacchioli T., 2002, *Lineamenti di didattica della storia. Dal sapere storico alla mediazione didattica,* Luigi Pellegrini editore, Cosenza.
- Gualtiero L. *et al.*, 2010, *C'è manuale e manuale. Analisi dei libri di storia per la scuola secondaria*, Sette Città, Viterbo (in particolare: F. Monducci, 1. *Gli esiti della ricerca*, 1.1 *Aspetti materiali dei testi: dimensioni, struttura, linguaggio, apparati*, pp. 15-19).
- Lucisano P., Piemontese M.E., 1988, *GULPEASE: una formula per la predizione della difficoltà dei testi in lingua italiana*, in «Scuola e Città», vol. 3, n. 31, pp. 110-124.
- Luzzatto S., 2010, *Prima lezione di metodo storico*, Laterza, Bari-Roma.
- Marostica F., 2007, *Storiografia e storia insegnata*, in R. Facchini (a cura di), *Storia. Ricerca sul curricolo e innovazione didattica*, USRER e IRREER, Tecnodid, Napoli, ma già in www.storiairreer.it.
- Mattozzi I., Di Tonto G. (a cura di), 2000, *Insegnare storia. Corso ipertestuale per l'aggiornamento per insegnanti di storia prodotto dal Dipartimento di discipline storiche per il Ministero della Pubblica istruzione*, Roma-Bologna (CD-rom).
- Panciera W., Zannini A., 2013, *Didattica della storia, Manuale per la formazione degli insegnanti*, Le Monnier Università, Firenze.
- Pentucci M., 2018, *Come da manuale. La trasposizione didattica nei contesti d'insegnamento-apprendimento*, Junior, Reggio Emilia.
- Vacca R., 1981, *Come imparare più cose e vivere meglio*, Milano, Mondadori.
- Vygotskij L.S., Lurija A.R., Leontjev A.N., *Psicologia e pedagogia*, Editori Riuniti, Torino 1969.
- Zannini A., 2016, *Il manuale di storia nella scuola d'oggi. La parola agli insegnanti*,

in F. Di Brazzà *et al.* (a cura di), *Le carte e i discepoli. Studi in onore di Claudio Griggio*, Forum, Udine, pp. 505-513.

Sitografia

- Bibliostoria, *Didattica della storia inclusiva: materiali online degli editori italiani*, 2020, in https://bibliostoria.com/2020/07/03/didattica-della-storia-inclusiva-materiali-online-dagli-editori-italiani/.
- Brusa A., 2017, *Più di un manuale. Gli strumenti per insegnare la storia della Repubblica*, Novecento.org, n. 8, in DOI: 10.12977/nov176.
- Brusa A., 2021, *Il manuale e l'alfabetizzazione storica*, in http://www.historialudens.it/news/415-lezione-4b-il-manuale-e-l-alfabetizzazione-storica.html.
- Cajani L., 2015, *Le estensioni on-line dei manuali italiani di storia contemporanea: elementi per un'analisi didattica*, Novecento.org, n. 5, in DOI: 10.12977/nov87.
- Camporesi V., 2019, *Manuali di storia per la secondaria inferiore: le riflessioni di un docente*, in https://www.occhiovolante.it/2019/manuali-di-storia/.
- Gruppo di Firenze per la scuola del merito e della responsabilità, *Contro il declino dell'italiano a scuola. Lettera aperta di seicento docenti universitari*, in http://gruppodifirenze.blogspot.it/2017/02/contro-il-declino-dellitaliano-scuola.html.
- Marcellini C., Portincasa A., 2020, *Insegnare gli ultimi settant'anni. Una panoramica sui manuali di storia per la scuola secondaria di secondo grado*, Novecento.org, n. 14, in DOI: 10.12977/nov335.
- Mattozzi I., 2003, *La didattica laboratoriale nella modularità e nel curricolo di storia*, in http://www.storiairreer.it/sites/default/files/Punti_Riferimento/2003%2012%20mattozzi%20 laboratorio.pdf (anche in «I Quaderni di Clio '92» n. 4 del dicembre 2003, *Insegnare storia con le situazioni-problema*, pp. 41-54).
- Mattozzi I., 2012, *I testi scolastici come laboratori per fare storia*, in D.D. Vittorino da Feltre, Noale - Associazione Clio '92 (a cura di), *Testi ed ebook di storia e geografia a scuola. Istruzioni per l'uso. Come insegnare il passato in modo intelligente, utile e anche piacevole attraverso sussidiari, manuali scolastici e nuove risorse digitali*, in http://www.retegeostorie.it/system/files/files/Mattozzi%20manuali%201%20SeminScorze1 2cmp.pdf.
- MIUR, *Direttiva 27/12/2012 Strumenti d'intervento per alunni con bisogni educativi speciali e organizzazione territoriale per l'inclusione scolastica*, in http://www.integrazionescolastica.it/article/1196.
- MIUR, *DM 781/2013* in http://www.istruzione.it/allegati/decreto_libri_digitali.pdf.
- Monducci F., 2015, *Guerra e pace nei manuali scolastici italiani*, Novecento.org, n. 5, in DOI: 10.12977/nov99.
- Parlamento Italiano, *Decreto-legge 25 giugno 2008, n. 112, Disposizioni urgenti per lo sviluppo economico, la semplificazione, la competitività, la stabilizzazione della finanza pubblica e la perequazione Tributaria*, in http://www.camera.it/parlam/leggi/decreti/08112d.htm.
- Parlamento italiano, *Legge 221 del 17 dicembre 2012*, in http://www.gazzettaufficiale.it/eli/id/2012/12/18/012G0244/sg.

- Pentucci M., 2019, *Il manuale scolastico e la trasposizione dei saperi storici. Un esempio di analisi*, Novecento.org, n. 12, in DOI: 10.12977/nov293.
- Peretti A., 2001, *Manuali e insegnamento della storia*, in http://www.sissco.it/articoli/la-storia-contemporanea-nelle-scuole-superiori-1345/la-riforma-dei-cicli-e-la-storia-1346/manuali-e-insegnamento-della-storia-1392/.

11
Insegnare storia con il web

di Chiara Massari e Igor Pizzirusso

Quando abbiamo scritto la prima versione di questo testo, pubblicata nell'edizione del 2018 di questo volume[1], già ci aspettavamo che avremmo dovuto aggiornarlo in tempi brevi. Il web e il digitale, si dice da più parti, corrono velocissimi, e online tutto invecchia con una rapidità incredibile. Se da un lato l'obsolescenza tecnologica degli strumenti e delle piattaforme può essere in un certo senso preventivabile (il trend in questo senso è chiaro da almeno un quindicennio), l'evoluzione delle normative in merito al rapporto tra didattica e digitale testimonia la volontà del legislatore di provare a stare al passo di una società sempre più interattiva, interconnessa e immersa nel mondo virtuale, complice anche l'emergenza pandemica ancora nitida nella memoria recente.

11.1 Una riflessione sullo stato dell'arte

E tuttavia molte delle riflessioni di quattro anni fa rimangono parzialmente attuali e quindi, anche per ragioni di spazio, non verranno qui riprese.

I cambiamenti più consistenti si sono concentrati in particolare in merito ai *webware* e agli strumenti digitali con cui fare didattica; in parte anche gli approcci specifici proposti nel precedente contributo sono mutati, mentre è rimasta tutto sommato invariata la condizione tecnica e tecnologica generale.

[1] Massari C., Pizzirusso I., 2018, *Insegnare storia con il web*, in F. Monducci (a cura di), *Insegnare storia. Il laboratorio storico e altre pratiche attive*, UTET Università, Torino.

11.1.1 *Aspetti tecnologici*

L'atteso balzo verso il web 3.0[2] si sta pian piano concretizzando. Il web semantico è diventato realtà e anche le reti di database si stanno man mano costruendo, anche se è il comparto delle *hard sciences* a trarne i maggiori benefici. Le *digital humanities* progrediscono più lentamente e all'interno di questo campo la *digital history* in particolare sembra scontare ancora un notevole ritardo. Si tratta comunque di benefici finora dedicati agli specialisti. Per la maggior parte degli utenti di internet, in cui figurano anche gli studenti delle nostre scuole, non si è fatto altro che consolidare l'utilizzo degli strumenti affini al web 2.0: gli ambienti Wiki (e Wikipedia in particolar modo), ma soprattutto i social network, con Facebook e Youtube ancora sugli scudi, affiancati dall'ascesa progressiva e inarrestabile di altre piattaforme (WhatsApp e Instagram su tutte)[3].

Parallelamente si è affermato come sempre più preponderante l'impiego dei *devices* più piccoli per la navigazione in internet e l'utilizzo delle applicazioni più o meno diffuse. Lo smartphone ha ormai largamente superato il computer desktop, anche se non lo ha ancora del tutto soppiantato (soprattutto nel nostro paese questa tendenza pare meno evidente che in altri[4]). La nostra immersione nel web o in ambienti virtuali è dunque sempre più totale e completa, anche se spesso si mescola all'analogico[5].

---

[2] Per web 2.0 si intende il cosiddetto web dinamico, cioè quei prodotti informatici che interagiscono attivamente con l'utente, modificando le informazioni mostrate in base alle informazioni generate da quest'ultimo. In questa sfera rientrano anche gli ambienti cooperativi che permettono la creazione di contenuti da parte degli stessi utenti. Oltre ai social network e agli ambienti wiki, un buon esempio sono i databases di ogni genere, capaci di restituire – al loro interno – i dati corrispondenti ai criteri di ricerca inseriti dall'utente. Malgrado le differenti visioni, per web 3.0 qui si intende il cosiddetto web semantico, cioè capace di rispondere in modo autonomo e più efficace alle richieste dell'utente, anche perché interconnesso in una rete di database globale. Gli attuali motori di ricerca, in primis Google, rientrano in questa categoria, per la loro capacità di «pescare» dati da diversi siti e piattaforme, anche interpretando in modo corretto eventuali errori di compilazione della ricerca da parte dell'utente.

[3] Per statistiche più dettagliate si può consultare il rapporto annuale di *wearesocial* [https://wearesocial.com/it/blog/2021/01/digital-2021-italia/], url consultata il 31 dicembre 2021.

[4] Fonte: https://wearesocial.com/it/blog/2021/01/digital-2021-italia/, url consultata il 31 dicembre 2021.

[5] Il concetto è splendidamente espresso dal termine *onlife* coniato in Floridi L., 2015, *The Onlife Manifesto: Being Human in a Hyperconnected Era*, Springer, Milano, p. 1.

11.1.2 *Aspetti legislativi*

Da un punto di vista legislativo, permane in vigore il Piano Nazionale Scuola Digitale[6], che forse necessiterebbe di un adeguamento nei termini, ad esempio ampliando lo spazio – per ora limitato – dedicato alla riflessione sugli ambienti di apprendimento e alla loro implementazione e limitando gli aspetti tecnologici, che per lo più dovrebbero essere acquisiti. A esso si è affiancata nel 2019 la legge n. 92 in materia di educazione civica[7], che contempla un articolo specifico (il numero 5) sulla cittadinanza digitale. L'approccio è assolutamente necessario in tempi in cui – come s'è detto – il digitale è strumento immanente nella vita degli studenti e quindi, come tale, deve essere oggetto di un processo educativo guidato dal docente. Sembra però mancare, forse perché giudicata un implicito o perché già declinata nel PNSD, una reale e concreta prospettiva su cosa fare dopo che lo studente è stato educato all'uso di internet e su come mettere a frutto questa sua nuova consapevolezza, instaurando pratiche di insegnamento (e quindi processi di apprendimento) che sfruttino o utilizzino appieno il medium virtuale.

11.2 Apprendere in Rete

Si tratta quindi di riflettere sulla Rete, sulla sua natura reticolare, intesa come connessione sia tra contenuti sia tra persone, e metterla in dialogo con la nostra idea di scuola, senza eccessivi entusiasmi da palingenesi ma anche senza timori di catastrofe culturale.

Nel suo saggio sui nativi digitali Giuseppe Riva[8] propone una sistematizzazione del rapporto tra apprendimento e uso delle tecnologie digitali, in un'ottica costruttivista e sociocostruttivista. Egli individua tre livelli di apprendimento a cui corrispondono contributi diversi della tecnologia. Nel primo livello, il soggetto può apprendere da solo: secondo la teoria di Piaget[9], egli utilizza uno schema (struttura mentale) già appreso per interpretare la realtà (assimilazione) oppure modifica lo schema posseduto per risolvere una situazione nuova (accomodamento); a questo livello corrispondono, secondo Riva, i cosiddetti «serious games», giochi pensati per la didattica, e le simulazioni digitali. Il secondo livello

---

[6] Piano nazionale scuola digitale [https://www.istruzione.it/scuola_digitale/index.shtml], url consultata il 31 dicembre 2021.

[7] Legge n.92/2019 [https://www.gazzettaufficiale.it/eli/id/2019/08/21/19G00105/sg], url consultata il 31 dicembre 2021.

[8] Riva G., 2014, *Nativi digitali. Crescere e apprendere nel mondo dei nuovi media*, Il Mulino, Bologna.

[9] Piaget J., 2000, *Lo sviluppo mentale del bambino e altri studi di psicologia*, Il Mulino, Bologna.

di apprendimento presuppone l'interazione con un tutor e si riferisce a esperienze didattiche digitali e di formazione a distanza. Il tutor mette in atto il cosiddetto *scaffolding*, «impalcatura», che prevede tre fasi: l'acquisizione di competenza da parte dello studente avviene attraverso l'osservazione dell'agire esperto, le prove ripetute e il sostegno in progressiva dissolvenza del tutor. Infine, nel terzo livello, centrato sugli ambienti virtuali collaborativi (webforum, wiki, blog, social media, mondi virtuali), l'apprendimento si fa cooperativo, attraverso il ragionamento collettivo. Condizione essenziale, affinché il processo di apprendimento avvenga a tutti i livelli, è che l'attività si svolga nella «zona di sviluppo prossimale»[10] dello studente, come teorizzato da Vygotskij[11].

Questa analisi offre spunti di riflessione interessanti e può essere un quadro di riferimento utile per ragionare sul rapporto tra web e didattica della storia. Dalla sintetica ricognizione che segue emerge come l'utilizzo didattico della Rete favorisca in particolare il terzo livello, quello fondato sulla cooperazione, al punto che si tratta di una dimensione che ha inglobato le altre due. Giocare, realizzare artefatti, seguire un corso di formazione a distanza sono azioni ormai implicitamente legate ad ambienti collaborativi, sia attraverso piattaforme dedicate sia attraverso i social. Strategia per uscire dall'isolamento o conferma del declino delle relazioni sociali, le comunità virtuali rendono possibile una socializzazione del sapere e richiedono agli studenti l'acquisizione di capacità specifiche, come il comunicare e l'imparare a imparare in gruppo. In questa prospettiva, il ruolo del docente subisce una profonda trasformazione: abbandonata la funzione puramente trasmissiva delle conoscenze, tipica della lezione frontale, egli diventa un facilitatore, un tutor, mediatore di un sapere che, attraverso strategie didattiche opportune, viene costruito dagli studenti stessi.

L'esigenza di questo cambio di paradigma ci è stata per altro messa di fronte con violenta evidenza dalla pandemia di Covid-19, in cui il corpo docente s'è dovuto cimentare – suo malgrado e senza alcun preavviso – con un insegnamento a distanza, che quindi non solo usava il digitale ma avveniva in digitale. Al netto di alcune resistenze e di molte difficoltà, anche dovute al fatto che tanti studenti non hanno ancora un accesso adeguato alla Rete, l'emergenza ha spinto molti insegnanti a vincere pregiudizi, a rompere le barriere della diffidenza e a superare il timore di uno strumento percepito ancora come nuovo e per lo più scarsamente utilizzato a scopi didattici. Questo li ha condotti innanzitutto (ed è uno degli

[10] Si tratta di un'area che individua attività rispetto alle quali lo studente può estendere l'uso delle abilità di cui è in possesso, ma che può compiere solo con l'aiuto del docente. Semplificando, si può dire che il docente propone agli studenti un compito sfidante, che necessita di un sostegno, ma che, essendo alla loro portata, non genera frustrazione.

[11] Vygotskij L.S., 1992, *Pensiero e linguaggio*, Laterza, Roma-Bari.

aspetti positivi dell'emergenza) a mettersi in gioco e a imparare sul digitale più di quanto fatto nei numerosi corsi di formazione frequentati prima della pandemia. Ma trasferire la lezione frontale sulle varie piattaforme per webinar è solo un placebo che non va nella direzione enunciata sopra, e cioè verso un ripensamento del ruolo del docente e una riflessione generale sulla didattica digitale che sappia tenere conto di una società sempre più immersa nel mondo digitale, in cui c'è sicuramente bisogno di guidare gli studenti a un utilizzo critico e consapevole del web, ma anche e soprattutto di coinvolgerli attivamente, di spingerli e abituarli alla riflessione prima che all'apprendimento nozionistico, all'acquisizione di un metodo oltre che delle conoscenze.

11.3 Un primo passo: la ricerca delle informazioni e l'uso delle fonti

Come declinato nella legge 92/2019, un aspetto determinante e preliminare del lavoro dell'insegnante è ormai diventato quello di essere in grado di mediare la fruizione del web da parte dei suoi studenti. L'approccio all'informazione digitale è oggi frenetico e diretto, cioè privo di qualsiasi intermediazione scientifica. La stessa creazione dei contenuti risente spesso dell'assenza di una validazione da parte di figure competenti e ancora adesso, tra Covid-19 e vaccini, si nota spesso quanto poco valore sia conferito al cosiddetto «sapere esperto»[12].

11.3.1 *La ricerca delle fonti*

Il primo importante insegnamento da trasmettere ai discenti riguarda quindi l'utilizzo di fonti digitali affidabili, privilegiando i siti istituzionali ed evitando la ricerca indiscriminata sui social network o su Google. Anche la rintracciabilità delle informazioni ha un peso notevole.

È esemplificativo quel che accade con le fonti iconografiche. Nel mare magnum dei motori di ricerca è facile reperire immagini associate a determinati avvenimenti storici. Il primo fondamentale passaggio è quindi andare a verificare sui siti il modo in cui la stessa immagine è utilizzata (se come fonte o come elemento comunicativo o estetico) e a cosa essa è riferita. E, semmai, domandarsi se vi siano motivi per un accostamento volutamente mistificatorio e fuorviante[13]. Il

---

12 Per approfondire si veda ancora Massari C., Pizzirusso I., 2018, *Insegnare storia con il web*, in F. Monducci (a cura di), *Insegnare storia. Il laboratorio storico e altre pratiche attive*, UTET Università, Torino.

13 Per alcuni esempi sempre attuali si veda nuovamente Massari C., Pizzirusso I., 2018, *Insegnare*

mantra che dovrebbe guidare questa azione è sostanzialmente quello inserito nel titolo di una pubblicazione del collettivo Nicoletta Bourbaki: «Questo chi lo dice? E perché?»[14].

11.3.2 *Wikipedia*

I social network, con tutto il loro portato di teorie bislacche (dal terrapiattismo ai no-vax), sono sicuramente un esempio particolarmente evidente, ma forse ha maggiore interesse esaminare il ruolo di Wikipedia[15], che viene utilizzata molto più di Facebook (e simili) per reperire notizie, soprattutto di carattere storico. In realtà si tratta ormai di una fonte così largamente usata da rendere vana ogni demonizzazione e su cui invece occorrerebbe intervenire per renderla sempre più sicura e affidabile per gli studenti, possibilmente attraverso il lavoro degli studenti stessi. In questo modo Wikipedia cessa di essere semplicemente una fonte e diventa un mezzo di esercitazione e di rielaborazione dei contenuti storici e scientifici, attraverso pratiche virtuose ed efficaci (per altro già sperimentate con successo) di *cooperative learning* e *learning by doing*[16]. Nella redazione di una voce enciclopedica c'è infatti sia il reperimento delle fonti (archivistiche o bibliografiche), sia la scrittura di un testo di taglio scientifico/divulgativo, sia il lavoro di verifica delle informazioni diffuse online. La Wikimedia Foundation, che gestisce a livello mondiale Wikipedia, ha creato anche Wikimedia Commons, un archivio digitale open access di immagini, suoni e video, di pubblico dominio o con licenza libera, che costituisce una straordinaria risorsa, non solo per il numero dei contenuti presenti ma anche perché ad ogni file è associata una scheda con una breve descrizione, la data, la fonte, l'autore[17].

Una risorsa fondamentale anche soltanto per costruire percorsi e lezioni alternative al libro di testo, che mescolino differenti linguaggi e canali comunicativi. Aspetto che approfondiremo nei paragrafi successivi.

---

storia con il web, in F. Monducci (a cura di), *Insegnare storia. Il laboratorio storico e altre pratiche attive*, UTET Università, Torino.

14 Collettivo Nicoletta Bourbaki, 2018, «Questo chi lo dice? E perché?», scaricabile gratuitamente al link https://www.wumingfoundation.com/NB_Questo_chi_lo_dice_032018.pdf., url consultata il 31 dicembre 2021.

15 Pizzirusso I., 2020, *Wikipedia: uno spazio per la public history?*, in P. Bertella Farnetti, C. Novelli, *La storia liberata. Nuovi sentieri di ricerca*, Mimesis, Milano.

16 Per approfondire: Febbraro F., 2020, *Wikipedia, la palestra della storia pubblica: didattica «anche» in classe*, in Novecento.org, n. 10, agosto 2018. DOI: 10.12977/nov261.

17 Per un esempio di uso didattico di Wikimedia Commons, cfr. Prampolini A., 2021, *Le guerre del Novecento nelle foto*, in *Historia ludens*: http://www.historialudens.it/biblioteca/443-le-guerre-del-novecento-nelle-foto-l-uso-didattico-di-wikimedia-commons.html, url consultata il 31 dicembre 2021.

11.4 «Presentare» la storia: strumenti ed esempi

Probabilmente i webware più usati dagli insegnanti sono quelli finalizzati alla presentazione di contenuti. Nel momento della lezione frontale, in presenza o a distanza, mostrare un'immagine, proporre qualche parola chiave o uno schema può essere una valida risorsa per essere efficaci e catturare l'attenzione. Certo sono strumenti che presentano alcuni rischi. Innanzitutto, quello di una «cristallizzazione» dei contenuti: soprattutto quando si è dedicato parecchio tempo alla costruzione della presentazione, si può essere poco disponibili ad introdurre modifiche. Sul piano dell'apprendimento, invece, l'uso sistematico delle presentazioni può comunicare agli studenti un eccesso di determinismo e consolidare un approccio mnemonico allo studio, se il docente valuterà la loro preparazione limitandosi a verificare la memorizzazione delle slide.

La scelta dell'applicazione è legata alla tipologia di contenuti che si vogliono presentare: una serie di slide realizzata con Impress di LibreOffice, ad esempio, si presta per uno sviluppo narrativo consequenziale, ma può essere meno adatta a rendere il quadro descrittivo di uno stato di cose o l'intreccio di diversi fattori nel determinare un fatto storico. Per queste necessità può essere efficace Prezi, uno strumento per creare una presentazione che è in realtà una mappa anche molto estesa, osservabile «da distante», come quadro di insieme, ma indagabile più da vicino con la funzione dello zoom. Il docente o lo studente, quindi, possono muoversi all'interno della mappa, recuperando con facilità la visione di sintesi o l'approfondimento specifico.

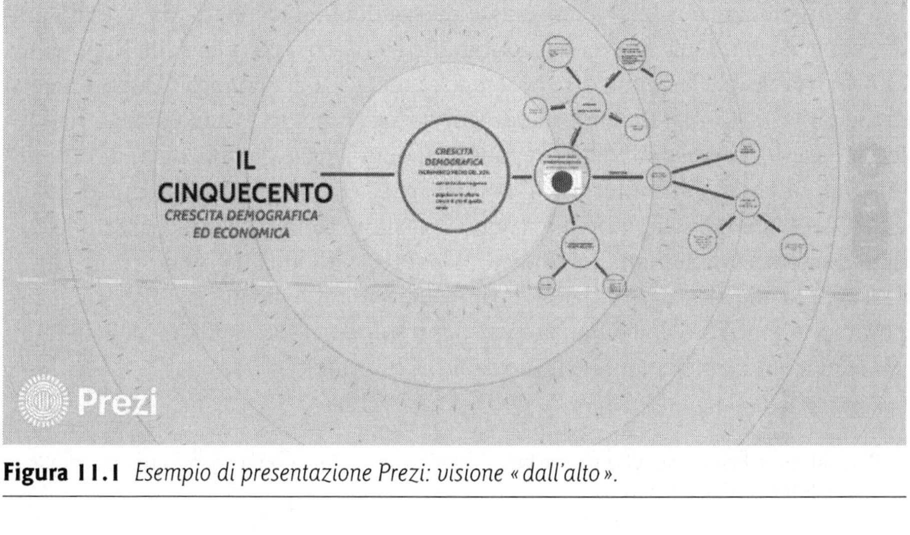

Figura 11.1 *Esempio di presentazione Prezi: visione «dall'alto».*

Esistono anche dei webware, come Peardeck o Nearpod, che introducono l'interattività nelle presentazioni: il docente può infatti inserire delle slide che pongono una domanda a cui gli studenti devono rispondere in tempo reale. Naturalmente questo tipo di attività richiede che dispongano di un dispositivo individuale, pc, tablet o smartphone, per interagire con l'insegnante, che può immediatamente verificare e condividere gli esiti della consultazione.

Le presentazioni realizzate con un webware, infine, possono anche essere il prodotto che viene richiesto agli studenti dopo aver svolto un approfondimento o una rielaborazione tratta dal libro di testo.

Di particolare interesse può essere la richiesta di creare una mappa che rappresenti graficamente i legami tra avvenimenti storici, indicando il tipo di rapporto. Questo esercizio è utile per contrastare uno stile cognitivo di tipo mnemonico, perché costringe gli studenti a riflettere sul testo storico, smontandolo, riconoscendone gli elementi e i nessi logici. Tuttavia, anche la costruzione di una presentazione tradizionale, in ordine sequenziale, può essere un esercizio che mette in gioco abilità importanti. Delle slide ben fatte richiedono selezione dei contenuti, capacità di sintesi, scelta adeguata di immagini e soluzioni grafiche, un'operazione complessa che deve poi essere messa in relazione con l'esposizione orale.

Un discorso a parte va fatto per i dati quantitativi. Poco rappresentati nei manuali scolastici o inseriti in tabelle e grafici a corredo del testo, i dati possono invece costituire un interessante punto di partenza per portare gli studenti a costruire contenuti storici. Per la rappresentazione di dati quantitativi, anche se non tutte le funzioni sono gratuite, segnaliamo Piktochart e Infogram, con i quali si possono ottenere grafici interattivi.

- **Esempio di attività didattica**

L'attività didattica, rivolta a una classe quarta di una secondaria di secondo grado, pone al centro una questione storiografica: alla crisi politica della Repubblica di Venezia nel Settecento corrispose anche una crisi economica? Dopo l'analisi di alcuni testi storiografici, gli studenti divisi in gruppi ricevono dei materiali relativi ai settori industriali della Repubblica: vetro, seta, stampa, distretti protoindustriali minerari e metallurgici. Il compito assegnato è quello di ricavare dall'analisi dei materiali una infografica, cioè una slide, nella quale sintetizzare le evidenze emerse. Ogni gruppo, terminato il lavoro, individua il portavoce che dovrà presentarla alla classe. Se il laboratorio viene svolto in didattica a distanza, è opportuno organizzare una «stanza» per ogni gruppo, all'interno della quale il docente può entrare per svolgere il suo ruolo di tutoring[18].

---

[18] Per realizzare le stanze di G suite e le breakout rooms con Zoom si possono confrontare i numerosi videotutorial presenti in Rete.

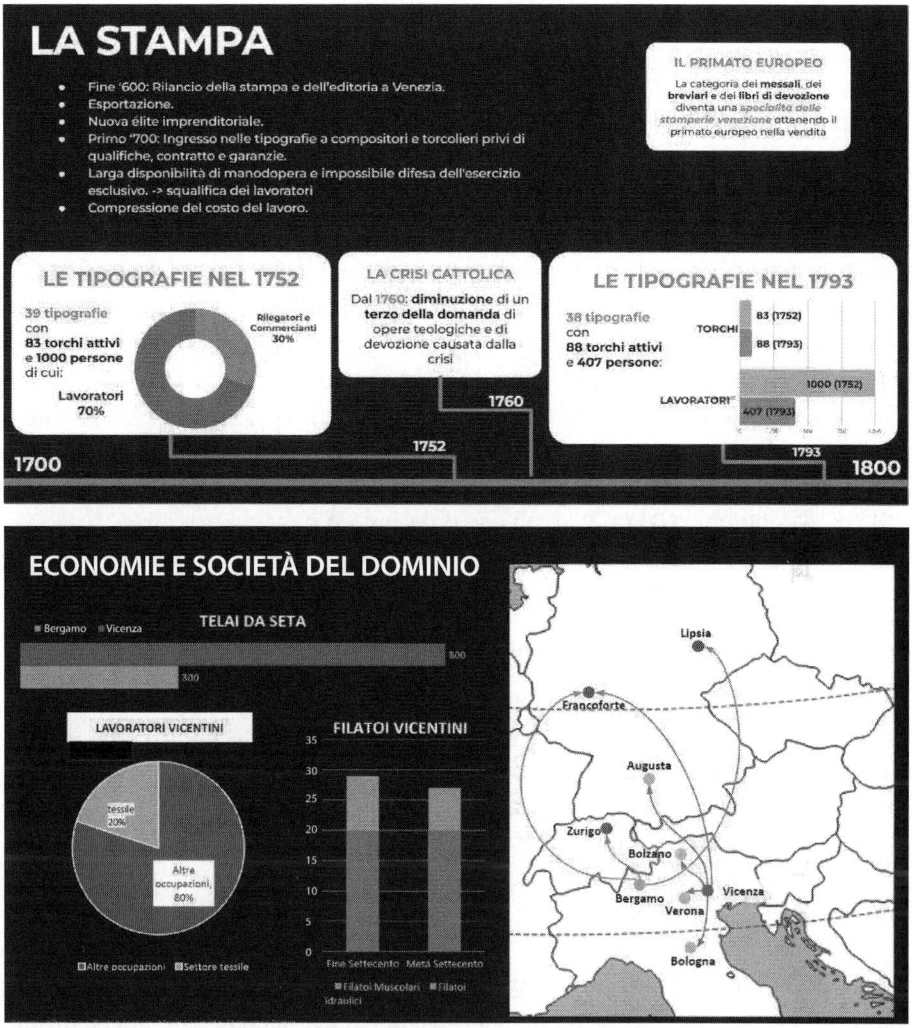

Figura 11.2 *Esempi di infografiche realizzate da studenti.*

Il lavoro dei singoli gruppi diventa dunque patrimonio della classe che può, a questo punto, trarre alcune conclusioni, formulare ipotesi e interpretazioni. Successivamente, gli studenti possono confrontare le loro conclusioni con quelle della storiografia più recente[19].

[19] I testi storiografici di riferimento sono stati soprattutto: Tilden Rapp. R., 1986, *Industria e decadenza economica a Venezia nel XVII secolo*, Il Veltro Editrice, Roma; Zannini A., 1999, *L'econo-*

11.5 Rappresentare lo spazio e il tempo

11.5.1 *Digital storytelling: storie per la storia*

La narrazione didattica, se efficace, può essere in ogni contesto scolastico uno dei meccanismi migliori di motivazione all'apprendimento. Nella logica della lezione frontale, è il docente di storia a costruire un racconto storico, spesso modellato sul libro di testo. La situazione si rovescia quando il docente propone agli studenti un laboratorio storico: in questo caso sono gli studenti che, sulla base di materiali forniti dal docente, possono essere chiamati a costruire una narrazione. Anche in questo caso quindi si tratta di un sapere già definito, ma il docente lo trasforma in un rompicapo, chiedendo agli studenti di manipolarlo e ricostruirlo (Brusa 2008). Rendere «digital» lo storytelling significa concorrere allo sviluppo della *media literacy* degli studenti e offrire loro strumenti con i quali realizzare un prodotto multimediale in modalità fortemente collaborative e diversificato sulla base degli obiettivi progettuali che il docente si pone.

- **Esempio di attività didattica**

Raccontare una biografia nel tempo e nello spazio

Le vite di alcuni personaggi risultano imprescindibili, non solo per la comprensione delle loro scelte, ma anche per interpretare un'epoca. Peraltro, non è sempre facile riuscire a rendere significativa per gli studenti una vicenda biografica, specie se particolarmente lontana dalla nostra contemporaneità. La costruzione di un oggetto digitale con una procedura molto semplice, ma di notevole resa grafica, può essere un modo per rafforzare la media literacy e introdurre un elemento di novità motivante. Per rappresentare una biografia collocata nel tempo e nello spazio, multimediale ed interattiva, si può usare StoryMap, un applicativo open source del Northwestern University Knight Lab di Chicago. L'attività didattica prevede la stesura dello storytelling: dall'analisi delle vicende biografiche lo studente deve ricavare l'elenco dei luoghi che hanno segnato la biografia del personaggio, scrivere un breve testo descrittivo che illustri il significato che quei luoghi hanno assunto nella sua vita e trovare un'immagine corrispondente. Con pochi e semplici passaggi si potrà realizzare un prodotto inseribile anche all'interno di un sito attraverso il codice embed.

Un altro webware open source per costruire un racconto storico lungo una li-

---

mia veneta nel Seicento. Oltre il paradigma della «crisi generale», in *Società Italiana di Demografia Storica, La popolazione nel Seicento*, CLUEB, Bologna; Panciera W., 2019, *La Repubblica di Venezia nel Settecento*, Viella, Roma.

Figura 11.3 *Esempio di storymap su Dante Alighieri, realizzata da studenti.*

nea del tempo è TimelineJs, creato dallo stesso gruppo di lavoro della Northwestern University. Anche in questo caso la linea del tempo è interattiva e multimediale, perché è possibile inserire immagini e video.

11.5.2 *Le mappe storiche*

Realizzare una mappa storica è un compito che può essere agevolmente affrontabile da parte degli studenti, focalizzando la loro attenzione sui luoghi della storia. La scelta di GoogleMaps come webware offre il vantaggio di servirsi di uno strumento familiare ed estremamente semplice da utilizzare[20]. È possibile costruire itinerari, evidenziare le tappe di un processo storico o delimitare delle aree, come nell'esempio riportato di seguito, che presenta le diverse zone di Porto Marghera.

Un altro webware con buone potenzialità didattiche è Mapchart. In questo caso vengono proposte delle mappe con la divisione in Stati e anche in regioni, che possono essere colorate per evidenziare, ad esempio, le alleanze contrapposte in un conflitto o visualizzare le aree geografiche dominate dalle potenze coloniali.

[20] Nel sito https://support.google.com/ è consultabile un'utile sezione esplicativa: «Disegnare linee e forme in My Maps».

Figura 11.4 *Esempio di mappa storica: le diverse zone di Porto Marghera.*

- **Esempio di attività didattica**

Didattica col catasto

Al centro di questo laboratorio vi sono le mappe digitalizzate del catasto realizzato in età napoleonica e durante la dominazione austriaca (1807-1852), pubblicate online dall'Archivio di Stato di Venezia[21]. Ci si propone di evidenziare il ruolo del catasto nella formazione dello Stato moderno, ma anche di invitare gli studenti a osservare le mutazioni e le permanenze nel paesaggio dell'entroterra veneziano. Sulla base del confronto tra le mappe del catasto austriaco e le mappe odierne, in particolare le foto satellitari, gli studenti sono chiamati a realizzare con Google Maps[22] una mappa, affiancata da un breve testo storico descrittivo, nella quale sovrapporre all'immagine contemporanea il disegno di edifici privati e pubblici, strade e corsi d'acqua presenti nell'Ottocento, indicando anche gli antichi odonimi.

[21] Per una descrizione più completa del progetto laboratoriale cfr. Massari C., Valseriati E., Panciera W. (2021), *Didattica col catasto. Laboratorio di storia per il triennio delle superiori*, University Press, Padova, 2021 (scaricabile gratuitamente a questo link https://www.padovauniversitypress.it/publications/9788869382352), url consultata il 31 dicembre 2021.

[22] Nel sito https://support.google.com/ è consultabile un'utile sezione esplicativa: «Disegnare linee e forme in My Maps».

Figura 11.5 *Mappa di Salzano (VE) realizzata dagli studenti.*

Grazie alla dimensione cooperativa e alla semplicità intuitiva del webware, il lavoro sulle mappe richiede un tempo limitato e può essere svolto anche a casa.

11.6 Creazione di siti, video e immagini interattive

11.6.1 *I siti web*

La costruzione di un sito può essere scelta come compito finale di un percorso didattico laboratoriale. Esistono strumenti facili da usare che consentono agevolmente di creare siti con una buona resa grafica. Quello più noto è probabilmente Google Sites, gratuito per chi ha un account Google, ma anche Adobe Express è una valida alternativa. Si tratta però di verificare che gli studenti possano svolgere il compito in autonomia o con un breve tutoraggio: le competenze digitali non devono avere il sopravvento sulle competenze e sulle abilità legate alla disciplina storica. Un'altra possibilità, che forse garantisce un impegno più distribuito tra i membri dei gruppi di lavoro, è che gli studenti progettino i contenuti da pubblicare all'interno di un sito gestito dal docente. L'esempio che segue è di questo tipo. Il sito nel quale le pagine sono state pubblicate è stato realizzato con un CMS (Content Management System), Wordpress.

- **Esempio di attività didattica**

La Shoah a Mirano: Paolo Errera e Nella Grassini[23]

Questo progetto didattico è dedicato alla memoria di due vittime della Shoah legate al territorio del miranese: Paolo Errera e Nella Grassini. A partire dal racconto della vicenda gli studenti hanno evidenziato le tappe essenziali della loro storia, mettendole in relazione con il contesto nazionale e internazionale, e hanno individuato quali temi potessero essere approfonditi. Successivamente, divisi in gruppi, hanno scritto i testi e scelto le immagini da pubblicare, hanno creato una storymap, grafici e presentazioni di approfondimento. Insieme abbiamo poi deciso come strutturare le pagine e quali strategie comunicative adottare.

11.6.2 *Video*

Con la didattica a distanza, i docenti hanno acquisito maggiore dimestichezza con la produzione di video, da proporre in modalità «classe capovolta» o come supporto per un ripasso veloce. Allo scopo si è rivelato particolarmente utile un webware come Screencast-o-matic perché, anche nella versione gratuita, consente di registrare ciò che compare sullo schermo del pc. Questo offre la possibilità di costruire un video in cui può comparire una presentazione ma anche un sito, immagini e spezzoni di documentari.

Funzionale alla «classe capovolta»[24] è anche Edpuzzle: all'interno di un video già presente in Rete o nel proprio pc, si possono inserire commenti audio, domande e quiz a risposta multipla da assegnare alla classe. Il webware consente anche di verificare se e per quanto tempo il video è stato visionato dai singoli studenti.

La realizzazione di un video, però, può anche essere assegnata agli studenti

[23] Per navigare all'interno delle pagine web cfr. il sito http://www.progetti.iisleviponti.it/errera-2/ in cui è presente anche la bibliografia di riferimento, url consultata il 31 dicembre 2021.

[24] Approccio metodologico che ribalta il tradizionale ciclo di apprendimento fatto di lezione frontale, studio individuale a casa e verifiche in classe. Per approfondire si veda il contributo di V. Pancucci e D. Del Carlo, in questo stesso volume.

vista generale della mappa
tornare all'inizio
Berlin
Poland
Warsaw
Germany
Prague
Czech Republic
Slovakia
Munich
Vienna
Austria
Budapest
Hungary
Slovenia
Croatia
Milan
Venice
Bosnia and Herzegovina
Serbia
Italy
Rome
Albania
Macedonia
Bulgaria
Sofia
Bucharest
Romania
Belgrade
Kiev
Ukraine
Odessa
DEPORTAZIONE DI PAOLO ERRERA E NELLA GRASSINI
Questa mappa visualizza tappa per tappa il percorso compiuto da Paolo e Nella Errera da Mirano ad Auschwitz.
Explore
StoryMapJS

Deportati secondo il Lager
Auschwitz
Morti
Sopravvissuti

APPROFONDIMENTI

Figura 11.6 *Alcuni contenuti pubblicati nelle pagine web del progetto.*

come compito finale di un percorso di approfondimento. Nonostante per le ragazze e i ragazzi di oggi filmare con gli smartphone sia un'operazione di straordinaria banalità, realizzare un vero e proprio film, magari per partecipare a un concorso su temi storici, è una sfida piuttosto impegnativa, da valutare con attenzione. In molti casi i docenti affidano gli aspetti più tecnici a una figura esterna, spesso un professionista, in modo che gli studenti possano contribuire sul piano dell'ideazione e dello storyboard. Questa può essere una soluzione per evitare che gli esiti finali possano essere troppo distanti dalle aspettative e non all'altezza del lavoro preparatorio. Ma se ci si pongono obiettivi meno ambiziosi, è possibile immaginare che un breve video possa essere realizzato da un gruppo di studenti con risultati accettabili. Nell'esperienza didattica che segue, pur con esiti diseguali, i prodotti finali costruiscono, tutti insieme, un risultato convincente.

Figura 11.7 *Pagina web con i link ai video dedicati a Giovanni Ponti.*

- **Esempio di attività didattica**

Giovanni Ponti: chi era?

Il progetto didattico si proponeva di ricostruire la figura di Giovanni Ponti, a cui è intitolato l'indirizzo professionale dell'IIS di Mirano. Dopo aver analizzato le principali vicende biografiche di Ponti, sono stati individuati dei nuclei tematici che ogni gruppo di studenti avrebbe dovuto approfondire e tradurre in un breve video. Si è lasciata agli studenti la scelta dello strumento digitale da utilizzare, pur avendo consigliato la possibilità di trasformare un file PPT in video, con l'aggiunta di audio[25]. Conclusi i lavori, i video sono stati condivisi nelle classi prota-

[25] Nella pagina https://support.microsoft.com/ vi è una chiara spiegazione di come trasformare una presentazione in un video.

goniste del progetto. Nel momento della condivisione c'è stata anche la fase dell'autovalutazione, essenziale per una riflessione sui processi cognitivi; la complessità dello strumento digitale adottato, e quindi la qualità del prodotto finale, è stato un indicatore che ha pesato nella valutazione, ma non in modo decisivo, essendo altri gli obiettivi disciplinari che ci si poneva[26].

11.6.3 *Immagini interattive*

Le immagini interattive possono essere una risorsa utile per la didattica in presenza e a distanza, in tutti gli ordini di scuola. Per creare un'immagine interattiva, ad esempio con Genially, occorre innanzitutto scegliere un'immagine che riesca a presentare uno stato di cose o si presti a introdurre un tema; una volta caricata online, è possibile inserirvi delle zone attive che, se cliccate, presentano dei contenuti, testi, immagini e link a video.

- **Esempio di attività didattica**

«Il cappello di Vermeer»: la nascita del mondo globalizzato.

L'attività didattica si basa sul saggio di Timothy Brook, *Il cappello di Vermeer*[27], nel quale l'autore considera cinque dipinti di Jan Vermeer (*Veduta del porto di Delft*, *Ufficiale e ragazza che sorride*, *Donna che legge una lettera davanti a una finestra*, *Il geografo*, *Donna con bilancia*) e, attraverso l'analisi di ciò che vi è rappresentato, descrive il Seicento olandese, con il progressivo affermarsi della proto-globalizzazione. Il saggio di Brook, opportunamente sintetizzato, può essere proposto nelle scuole secondarie di primo e secondo grado, attraverso la versione interattiva dei dipinti del pittore olandese. Nell'immagine che segue si possono notare i pulsanti che invitano a cliccare in corrispondenza di elementi utili alla ricostruzione storica. In questo caso si tratta della *Veduta del porto di Delft* (1660-1661).

Attraverso la trasformazione dei dipinti di Vermeer in immagini interattive, il docente può avere a disposizione un materiale da proporre per la «classe capovolta», prevedendo indicazioni per un lavoro di approfondimento, o semplicemente da utilizzare per esporre e discutere le interpretazioni di Brook.

---

[26] Per visionare i lavori degli studenti cfr. http://www.progetti.iisleviponti.it/conoscere_la_storia/

[27] Brook T., 2015, *Il cappello di Vermeer. Il Seicento e la nascita del mondo globalizzato*, Einaudi, Torino.

Figura 11.8 *Versione interattiva della* Veduta del porto di Delft, *di J. Vermeer.*

11.7 Meme

Il meme è fondamentalmente l'unione di più unità semantiche (generalmente immagine e scritta), che bisogna conoscere per comprendere l'insieme[28]. Per utilizzare la definizione di Patrick Davison:

> Un meme di Internet è un pezzo di cultura, in genere uno scherzo, che acquista influenza attraverso la trasmissione online[29].

Si tratta quindi primariamente di uno « scherzo », di un elemento ludico. In secondo luogo, esso è legato visceralmente al web e in particolare alle logiche del

[28] Pizzirusso I. *et al.*, 2019, *Questa è public history? I meme e la storia*, in Novecento.org, n. 12, 2019. DOI: 10.12977/nov296.

[29] *The Social Media Reader*, 2009, New York University Press, New York University Press, p. 122.

Figura 11.9 *Alcuni esempi di meme realizzati da studenti.*

web 2.0, che prevedono la creazione di contenuti da parte degli utenti. Senza questi due elementi, il successo dei meme non sarebbe stato tale.

Queste sue caratteristiche, unite alla semplicità con cui oggi è possibile crearli[30], lo rendono uno strumento dalle notevoli potenzialità didattiche. Esso può rappresentare la traduzione di un contenuto storico in un formato non convenzionale e stimolante; può anche aiutare a ragionare su cosa sia il concetto di autorialità (di chi è un meme e che cosa ci racconta di chi lo ha fatto?) e di come essa sia fondamentale nell'analisi e nella narrazione storica. Se intendiamo infatti la creazione di un meme come un'operazione di traduzione culturale, si tratta di invitare gli studenti a tradurre i contenuti appresi durante le lezioni dalla lingua del manuale alla lingua della realtà, di ricondurre un sapere astratto alla concretezza della quotidianità, di spingerli a semplificare e sintetizzare concetti complessi, che quindi devono prima essere assimilati e compresi.

Come sperimentato da alcuni docenti, questa attività può pure essere abbinata alla creazione di un profilo social per diffondere questi contenuti[31].

11.8 Il (new?) WebQuest

Molto diffuso agli inizi degli anni 2000, il WebQuest[32] ha vissuto un inesorabile declino con l'avvento del web 2.0 e con l'aumento delle informazioni presenti in Rete. Concepita come pensata in origine, oggi una ricerca di nozioni in internet potrebbe tradursi sostanzialmente in una indagine all'interno delle voci su Wikipedia.

Molto più efficace invece sarebbe renderla un'attività di apprendimento critico, senza che sia il docente a fornire in partenza un elenco di siti affidabili, ma lasciando agli studenti il compito di reperirli o di orientarsi.

A questo si potrebbe poi abbinare uno spunto che fornisca una motivazione forte e faccia anche da filo conduttore. Una vera e propria missione (quest), insomma, che assume in sé anche i crismi dell'intreccio romanzesco, magari a tinte gialle/poliziesche.

---

[30] Si può usare una delle numerose piattaforme presenti in internet, come https://imgflip.com/memegenerator o https://memegenerator.net/

[31] Interessante a tal proposito il progetto meme_nto__mori, realizzato da Raffaele Guazzone durante il periodo di DaD e descritto su *Historia ludens*: http://www.historialudens.it/didattica-della-storia/399-memento-mori-ovvero-come-sfottere-papi-e-imperatori-al-tempo-dei-social-e-leggere-attentamente-il-manuale.html, url consultata il 31 dicembre 2021.

[32] Salassa A.G., 2021, *WebQuest e New WebQuest: per una didattica della storia in ambiente digitale*, in Novecento.org, n. 16.

Il WebQuest deve poi avere sempre come esito un contenuto prodotto (o co-prodotto) dagli studenti. A tal proposito, piuttosto che un semplice e breve testo possono essere usati alcuni fra i diversi applicativi analizzati nei paragrafi precedenti. Un esempio di attività svolta è rappresentato dal Webquest sulla Congiura dei Pazzi, che può essere davvero assimilata a un *intrigo internazionale*, che vede coinvolte alcune importanti figure politiche dell'Italia e dell'Europa dell'epoca. Agli studenti si potrebbe chiedere di simulare un'indagine poliziesca, che preveda una meticolosa ricostruzione dei fatti attraverso varie operazioni da condurre in Rete: l'esame delle testimonianze (documenti, racconti), l'esame della « scena del crimine » alla ricerca di indizi, l'identificazione degli esecutori materiali dell'attentato e infine l'individuazione dei possibili *moventi* e l'identificazione del mandante (o dei mandanti) del delitto[33].

11.9 Giochi

Una simile impostazione ha grande affinità con un'ultima pratica didattica che desideriamo introdurre, ovvero il gioco[34]. Occorre innanzitutto premettere che con questo termine non si intende l'inserimento di quiz interattivi, pur efficaci, all'interno o alla fine di attività didattiche più classiche. La grande potenzialità di alfabetizzazione del gioco è data da due caratteristiche a esso connaturate: interattività e immersività.

Il gioco è a tutti gli effetti una realtà a parte, un mondo in cui agire e, attraverso l'azione, innescare processi di trasmissione del sapere di cui il discente quasi non è consapevole. Anzi, meno lo è, meno si annoia; meno si annoia, più impara. Pratiche ludiche come gli edugames o i serious games si sono imposti all'attenzione già da qualche anno e in sé possono essere certamente molto utili. Essi, tuttavia, rimangono ancora ancorati alla misurazione delle prestazioni in termini nozionistici e perciò meramente valutativi. Più efficace sarebbe invece costruire esperienze realmente interattive (o approfittare di quelle già create, pure dall'industria *mainstream*) per immergere gli alunni in un ambiente virtuale in cui far assorbire loro atmosfere e dinamiche storiche, invece che semplici dati o informazioni. Per fare un esempio: più che l'accuratezza delle armature dei soldati romani, pure importanti, meglio concentrarsi sui *mores*, sugli usi e costumi, sugli

---

33 Sempre in Salassa A.G., 2021, *WebQuest e New WebQuest: per una didattica della storia in ambiente digitale*, in Novecento.org, n. 16.

34 Curiosamente proprio la Congiura dei Pazzi è un evento giocabile in uno dei prodotti videoludici più celebri e venduti degli ultimi 15 anni, ovvero *Assassin's Creed II*, Ubisoft, 2009.

aspetti sociali, culturali e politici per esperire i quali un'esperienza di tipo ludico è indubbiamente molto funzionale.

Da un punto di vista pratico, un possibile esempio di attività da effettuare con le classi riguarda proprio l'utilizzo di un prodotto già realizzato e – perché no – commercializzato, a cui abbinare un'attività di *debriefing* a posteriori. Si può anche ricavare un momento formativo prima dell'esperienza ludica e tuttavia si perderebbe in questo modo la capacità di *ice breaker* che il gioco ha.

Un possibile attività didattica, già realizzata da alcuni docenti veneti, ha riguardato l'utilizzo di alcune missioni di *Valiant Hearts*[35] (un prodotto tutto sommato mainstream) per mostrare ai propri studenti e studentesse alcuni aspetti relativi alla Prima guerra mondiale. *Valiant Hearts* è un chiaro esempio della differenza che intercorre tra un gioco « sulla » guerra e un gioco « di » guerra: i protagonisti non sono soldati (a parte uno, che però è un disertore), ma civili[36]. Si tratta quindi di un ottimo strumento per mostrare in maniera interattiva gli effetti sulla popolazione del primo conflitto mondiale.

Un'ulteriore modalità di utilizzo del gioco a scopi didattici riguarda la creazione di un prodotto ludico da parte del/della docente o la co-creazione con la propria classe. Si tratta naturalmente di un lavoro corposo, che difficilmente può essere portato a termine con le poche ore a disposizione nel curricolo di storia. Per questo si può eventualmente limitare l'esperienza didattica alla costruzione di una porzione del gioco stesso, come utile sintesi di un argomento o di una vicenda storica. Ad esempio, ci si può concentrare sullo storyboard, ovvero la trama, o sul suo sviluppo in termini diagrammatici, usando un webware per mappe concettuali (nell'immagine alla pagina seguente è raffigurata la trama di *Milano45. A visual novel*[37], creata con *Mindomo*).

L'esito finale deve essere comunque concreto, tangibile. Studenti e studentesse devono insomma « vedere » in qualche modo il prodotto ludico realizzato. Una semplice traduzione potrebbe essere in un sito web o una mappa interattiva (entrambe modalità che abbiamo esplorato nei precedenti paragrafi), oppure in un'avventura testuale costruita con uno piattaforma come *Twine*[38].

---

[35] *Valiant Hearts*, Ubisoft, 2014.

[36] Per approfondire si veda Bizzocchi M., 2017, *La Prima guerra mondiale nei videogiochi*, in Novecento.org, n. 7. DOI: 10.12977/nov166.

[37] Si tratta di una parziale trasposizione digitale dell'urban game Milano45. Maggiori informazioni sono sul sito dell'associazione PopHistory, che lo ha progettato [http://www.pophistory.it/project/milano45-il-primo-urban-game-di-pophistory-a-milano/], url consultata il 4 gennaio 2022. La visual novel è giocabile invece all'indirizzo https://www.reteparri.it/milano45/, url consultata il 4 gennaio 2022.

[38] Dettole D., Leonardi R., 2020, *Dal Libro-Game alle storie digitali. Una didattica con Twine*, in Novecento.org, n.. 13. DOI: 10.12977/nov313.

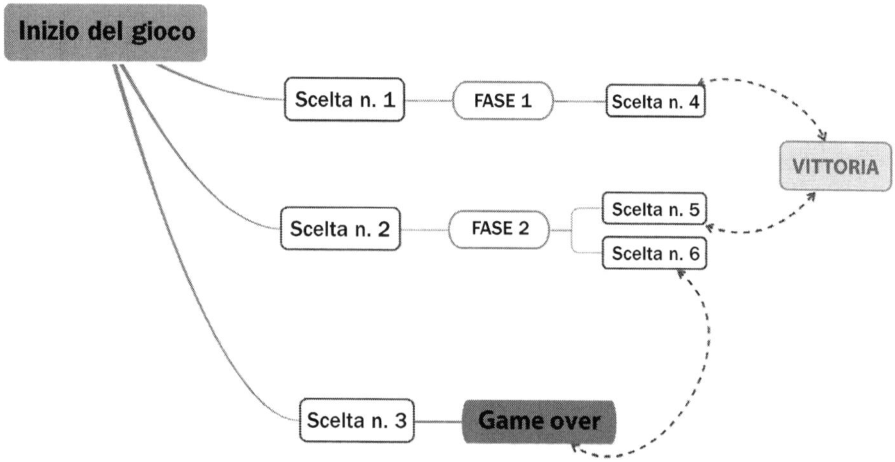

Figura 11.10 *Visualizzazione della trama di Milano45. A visual novel.*

11.10 Conclusioni

Nel poco spazio a disposizione s'è cercato di fornire qualche premessa generale per aggiornare lo stato dell'arte e fare una panoramica (con esempi utili) degli strumenti e delle pratiche al momento più efficaci a disposizione dei/delle docenti. Non vuole né può comunque essere un contributo esaustivo; per gli approfondimenti si rimanda alle note e alla bibliografia.

Bibliografia

- Antinucci F., 2001, *La Scuola si è rotta, Perché cambiano i modi di apprendere*, Laterza, Roma-Bari.
- Brigadeci C., Criscione A., Deiana G., Gusso M., Pennacchietti G., 2001, *Il laboratorio di storia. Problemi e strategie per l'insegnamento nella prospettiva dei nuovi curricoli e dell'autonomia didattica*, Unicopli, Milano.
- Brook T., 2015, *Il cappello di Vermeer. Il Seicento e la nascita del mondo globalizzato*, Einaudi, Torino.
- Brusa A., 2012, *Il manuale, uno strumento per la didattica laboratoriale*, in P. Bernardi, F. Monducci (a cura di), *Insegnare storia. Guida didattica del laboratorio storico*, UTET, Torino, pp. 89-111.

- Cecchinato G., Papa R., 2016, *Flipped classroom. Un nuovo modo di insegnare e apprendere*, UTET, Torino.
- Cometa M., 2017, *Perché le storie ci aiutano a vivere. La letteratura necessaria*, Raffaello Cortina, Milano.
- Criscione A., Noiret S., Spagnolo C., Vitali S., 2004, *La storia a(l) tempo di Internet*, Patron Editore, Bologna.
- Darnton R., 2011, *Il futuro del libro*, Adelphi, Milano.
- De Rossi M., Petrucci C. (a cura di), 2013, *Le narrazioni digitali per l'educazione e la formazione*, Carocci, Roma.
- Ferri P., 2001, *Nativi digitali*, Bruno Mondadori, Milano.
- Floridi F., 2015, *The Onlife Manifesto: Being Human in a Hyperconnected Era*, Springer, Milano.
- Floridi L., 2017, *La quarta rivoluzione. Come l'infosfera sta trasformando il mondo*, Raffaello Cortina Editore, Milano.
- Girardet H., 2004, *Vedere, toccare, ascoltare. L'insegnamento della storia attraverso le fonti*, Carocci, Roma.
- Lévy P., 1996, *L'intelligenza collettiva. Per un'antropologia del cyberspazio*, Feltrinelli, Milano.
- Ligorio M.B., Cacciamani S., 2013, *Psicologia dell'educazione*, Carocci, Roma.
- Maglioni M., Biscaro F., 2014, *La classe capovolta. Innovare la didattica con la flipped classroom*, Erickosn, Trento.
- Maragliano R., 2017, *Editori digitali a scuola*, Antonio Tombolini Editore, Loreto (AN).
- Massari C., Pizzorusso I., 2018, *Insegnare storia con il web*, in F. Monducci (a cura di), Insegnare storia con il web, in I*nsegnare storia. Il laboratorio storico e altre pratiche attive*, UTET Università, Torino.
- Massari C., Valseriati E., Panciera W., 2021, *Didattica col catasto. Laboratorio di storia per il triennio delle superiori*, University Press, Padova.
- Mattozzi I., 2012, *La mente laboratoriale*, in P. Bernardi, F. Monducci (a cura di), *Insegnare storia. Guida didattica del laboratorio storico*, UTET, Torino, pp. 11-18.
- Panciera W., 2019, *La repubblica di Venezia nel Settecento*, Viella, Roma.
- Piaget J., 2000, *Lo sviluppo mentale del bambino e altri studi di psicologia*, Einaudi, Torino.
- Pizzorusso I., 2020, *Wikipedia: uno spazio per la public history?*, in P. Bertella Farnetti, C. Novelli, *La storia liberata. Nuovi sentieri di ricerca*, Mimesis, Milano.
- Ranieri M., Manca S., 2013, *I social network nell'educazione. Basi teoriche, modelli applicativi e linee guida*, Erickson, Trento.
- Ranieri M., 2006, *Formazione e cyberspazio. Divari e opportunità nel mondo della rete*, Edizioni ETS, Pisa.
- Riva G., 2014, *Nativi digitali. Crescere e apprendere nel mondo dei nuovi media*, Il Mulino, Bologna.
- Rossi M., Petrucci C., *Le narrazioni digitali per l'educazione e la formazione*, Carocci, Roma.
- Schank R., 2013, *Metodologie narrative per la costruzione del sapere: stories are all we know*, in M. De Rossi, C. Petrucci (a cura di), *Le narrazioni digitali per l'educazione e la formazione*, Carocci, Roma, pp. 52-59.

- Tagliapietra A., 2017, *Esperienza. Filosofia e storia di un'idea*, Raffaello Cortina Editore, Milano.
- Tilden Rapp R., 1986, *Industria e decadenza economica a Venezia nel XVII secolo*, Il Veltro Editrice, Roma.
- Vayola P., 2012, *Laboratorio di storia 2.0*, in P. Bernardi, F. Monducci (a cura di), *Insegnare storia. Guida didattica del laboratorio storico. Seconda edizione*, UTET, Torino, pp. 261-279.
- Vygotskij L.S., 1992, *Pensiero e linguaggio*, Laterza, Roma-Bari.
- Zannini A., 1999, *L'economia veneta nel Seicento. Oltre il paradigma della «crisi generale»*, in *Società Italiana di Demografia Storica, La popolazione nel Seicento*, CLUEB, Bologna.

Sitografia

- Bizzocchi M., 2017, *La Prima guerra mondiale nei videogiochi*, in Novecento.org, n. 7. DOI: 10.12977/nov166.
- Brusa A., 2008, *Un laboratorio ben fatto per una nuova didattica della storia*, in http://www.storiairreer.it/metodi_strategie.
- Collettivo Nicoletta Bourbaki, 2018, *«Questo chi lo dice? E perché?»*, in https://www.wumingfoundation.com/NB_Questo_chi_lo_dice_032018.pdf.
- Dettole D., Leonardi R., 2020, *Dal Libro-Game alle storie digitali. Una didattica con Twine*, in Novecento.org, n. 13.
- Febbraro F., 2018, *Wikipedia, la palestra della storia pubblica: didattica «anche» in classe*, in Novecento.org, n. 10. DOI: 10.12977/nov261.
- Massari C., Valseriati E., Panciera W., 2021, *Didattica col catasto. Laboratorio di storia per il triennio delle superiori*, University Press, Padova, in https://www.padovauniversitypress.it/publications/9788869382352.
- Pizzirusso I. *et al.*, 2019, *Questa è public history? I meme e la storia*, in Novecento.org, n. 12. DOI: 10.12977/nov296.
- Salassa A.G., 2021, *WebQuest e New WebQuest: per una didattica della storia in ambiente digitale*, in Novecento.org, n. 16.
- http://www.clio92.it/
- https://digitalstory.tools
- http://www.historialudens.it/
- http://www.metodologiedidattiche.it/
- http://www.novecento.org/
- https://insegnantiduepuntozero.wordpress.com/
- http://www.wikiscuola.it/index.php
- http://www.wumingfoundation.com
- https://historiana.eu/

12
Le fonti.
Alla base del laboratorio storico

di Enrica Dondero

12.1 Premesse metodologiche

Il termine *laboratorio* è polisemico: può far riferimento a un luogo fisico, a un ambiente progettato, attrezzato e organizzato per compiere una determinata attività; in genere è diverso dall'aula-madre, anche se alcune esperienze diffuse in Italia privilegiano lo spazio monotopo (cioè costituito da una sola area di lavoro) e polifunzionale[1]. L'ambiente, in quest'ottica, è soggetto attivo del progetto educativo.

In una seconda accezione il termine *laboratorio* definisce qualsiasi situazione didattica che presenta il carattere dell'apprendimento attivo, dell'imparare facendo. In questo caso la definizione ha valenza programmatica circa la qualità pedagogica dell'attività che si svolgerà; perciò può diventare laboratorio anche uno spazio che ha altre funzioni nell'intenzionalità originaria: il laboratorio non è tale, ma si fa tale in ragione della qualità dell'attività (Baldacci 2004). È quanto avviene, generalmente, quando si fa riferimento a *fare un laboratorio*: in questo caso il termine definisce una spazialità di situazione più che di posizione, il sentirsi in un contesto laboratoriale, più che l'essere all'interno di un luogo adibito specificamente.

La seconda accezione è quella qui privilegiata: le esperienze indicate di seguito sono realizzabili in qualsiasi aula scolastica. È invece necessaria una scelta peculiare di fondo, che, peraltro, distingue entrambe le situazioni da una lezione che privilegi l'approccio esclusivamente o prioritariamente frontale: il laboratorio presuppone infatti una scelta didattica fondata sulla pedagogia costruttivista e partecipativa. Si fonda sulla dimensione operativa e attiva, ma anche riflessiva,

---

1 Si veda, ad esempio, l'esperienza delle *Scuole senza zaino* (https://www.senzazaino.it/chi-siamo/visione/i-3-valori-senza-zaino).

con attività correlate e finalizzate: progettazione, ricerca, individuazione di informazioni, collaborazione, discussione e condivisione di soluzioni. Quella della direttività è un'abitudine da superare; per il buon risultato del laboratorio è necessario mettere, con opportuna gradualità, la responsabilità del risultato nelle mani della classe, affidando l'organizzazione e il monitoraggio delle attività. In ambito laboratoriale il docente opera per sviluppare, oltre agli apprendimenti disciplinari, l'abito mentale del pensiero riflessivo, l'acquisizione di un atteggiamento, di una propensione generale a riflettere su come si apprende. È quindi una strategia didattica rilevante nel curricolo scolastico, come dispositivo di formazione indiretta di una *forma mentis*. Inoltre, avendo gli aspetti sociali e relazionali un forte peso, il laboratorio è luogo d'elezione per lo sviluppo di competenze trasversali.

Tuttavia, perchè si persegua effettivamente una comprensione profonda dei diversi contenuti e delle abilità curricolari, la proposta didattica deve essere bene organizzata secondo l'epistemologia della disciplina e la naturale complessità della realtà; in caso contrario, rischia di indurre superficialità e pressappochismo nell'apprendimento.

In sintesi, l'insegnante, nella fase di progettazione, deve preparare una cassetta degli attrezzi ben fornita: una buona lezione; una buona domanda; una buona organizzazione.

Vediamo più in dettaglio quali strumenti inserire (Tabella 12.1).

Tabella 12.1 *Schema di progettazione di un laboratorio didattico.*

La buona lezione: impostazione di un quadro concettuale e conoscitivo adeguato	– Definizione di: • tema del laboratorio • segmento disciplinare, nucleo concettuale di riferimento • competenze disciplinari e trasversali • conoscenze e abilità • metodi e strategie didattiche • tempi – Monitoraggio degli apprendimenti individuali e/o di gruppo: definizione delle modalità di osservazione dei processi e dei comportamenti attesi – Strumenti di verifica e valutazione finali
La buona domanda: la problematizzazione, uno stimolo che motivi e spinga gli studenti a mettere in moto le loro abilità	– Spiegazione del compito – Problematizzazione – Domande stimolo
La buona organizzazione: predisposizione strategica e funzionale della situazione di lavoro	– Predisposizione dei materiali necessari – Allestimento dell'ambiente di lavoro, fisico e virtuale – Organizzazione dei gruppi – Modalità di restituzione e condivisione del lavoro fra i gruppi – Piano per la riflessione finale sugli apprendimenti conseguiti

Nella disciplina storica, il laboratorio rientra a pieno titolo nelle operazioni di trasposizione didattica e rappresenta un elemento di completo superamento del modello di mera spiegazione dell'insegnante. Può riguardare qualsiasi delle singole conoscenze inserite nella progettazione annuale, quindi costituisce un'importante esperienza curricolare in termini di facilitazione della leggibilità e comprensibilità di un nucleo concettuale di riferimento (Mattozzi 2022, p. 35).

Si può definire un'occasione speciale? È un'opportunità per il docente di elaborare nella propria professionalità il passaggio da una didattica laboratoriale intesa come situazione eccezionale, come scarto dalla normalità della lezione tradizionale, all'acquisizione di un atteggiamento didattico di tipo laboratoriale come caratteristica persistente nel suo modo di insegnare: una propensione a sollecitare gli studenti a porsi domande, a interrogare i testi storiografici, a ricercare soluzioni a problemi storici, a individuare le relazioni tra passato e presente, a costruire nuova conoscenza, anziché riprodurla.

Con questi presupposti metodologici, entriamo nel cantiere del laboratorio sulle fonti.

12.2 Esistono le fonti storiche? Dalla traccia alla fonte storica

Per costruire correttamente il concetto di fonte storica è necessario – come insegna Ivo Mattozzi – eliminare uno degli stereotipi più diffusi tra insegnanti e studenti: le fonti storiche esistono a priori; cioè sono cose che hanno già in origine, nella propria costituzione, l'identità di strumenti per la produzione di informazioni, destinati a rendere possibile la ricostruzione di storie accadute, effettive (Mattozzi 2022b).

Per liberare la mente da tale idea fuorviante, poniamo al centro il concetto di *traccia*; possiamo pensare – continua Mattozzi - al nostro sistema di vita e individuare le tracce, cioè i segni prodotti dall'attività umana: i segni del lavoro, dei fatti, dei riti, delle pratiche, della produzione culturale; di conseguenza, riflettere sul processo di produzione e di uso, di circolazione, sulle relazioni con altri aspetti della vita, sulla nostra attività di valorizzazione patrimoniale.

Assumiamo quindi un oggetto comune: un cellulare, una racchetta da tennis, una felpa. Proviamo a interrogarla: che cos'è, materiale, forma, dimensioni, rapporti con oggetti dello stesso tipo, relazioni con altre tracce e col contesto, funzione, testi iscritti e segni aggiunti, precisa identità.

L'operazione di interrogazione della traccia permette di trasformare la stessa in una fonte di informazioni: le fonti parlano soltanto quando le si sappia interrogare, scriveva Marc Bloch (2009).

Attraverso la stessa operazione, si può provare a costruire la relazione fra traccia e fonte in relazione a un oggetto della storia del passato.

L'immagine riportata di seguito (Fig. 12.1) rappresenta un'incisione rupestre, come ne appaiono frequentemente nei manuali.

L'attività consiste nella generazione di informazioni a partire dall'immagine stessa, in modo da trasformarne lo statuto concettuale e farla diventare effettivamente informativa:

1. che cos' è?
2. che cosa rappresenta?
3. ...

Solo al termine di questa operazione, che sta al principio e al centro dell'attività storiografica, la traccia ha acquisito lo statuto di *fonte* ed è disponibile per la ricostruzione dei fatti tematizzati.

Figura 12.1 *Pittura rupestre del Tassili n'Ajjer (Credit: Adobe Stock / krysek).*

12.3 Tipologia di fonti

Una volta acquisito il concetto di fonte come esito di un processo di costruzione e di passaggio dalle tracce che l'essere umano lascia/ha lasciato sul suo percorso, parliamo di tipologie di fonti.

Beatrice Borghi (2009), propone una disamina accurata. Riportiamo qui una classificazione leggermente adattata, anche per individuare visivamente gli ambiti sui quali andremo a operare all'interno della presente proposta (Tabella 12.2). Agiremo su tipologia e finalità delle fonti, oggetti museali, cinema e saggistica; chiuderemo questa carrellata con un'attività relativa ai social network come fonte.

Tabella 12.2 *Classificazione delle fonti e delle loro caratteristiche.*

Classificazione in base a	Caratteristiche della fonte	Tipologia di fonte	Esempi
Tipologia (cioè nesso con l'origine)	diretta o primaria		
	indiretta o secondaria		
Finalità	volontaria o intenzionale		
	involontaria o non intenzionale		
Forma	scritta	documentaria archivistica narrativa	documento d'archivio prosa poesia canzone saggistica diario corrispondenza ...
	non scritta	iconografica audiovisiva orale digitale materiale	foto dipinto video cinema archivio digitale manufatto testimonianza orale paesaggio oggetto museale

12.4 Laboratorio su una fonte museale

Ciò che si vede è il presente, dietro c'è la sua storia. Ma la storia spesso è invisibile, perché la città è una realtà stratificata, un paesaggio profondamente modificato dall'essere umano nel tempo.

Immaginiamo di voler ricostruire la storia profonda della città con i nostri giovani detective alla ricerca delle tracce del passato. Se mancano o sono poco evidenti i segni di un periodo lontano, possiamo trovarli in un museo cittadino; un archivio denso di informazioni, anche se, spesso non di immediata comprensione: trasformiamolo in un laboratorio di ricerca. Educhiamo, poi, i nostri alunni e le nostre alunne a esercitare la facoltà dell'immaginazione, recandoci sul luogo di antica antropizzazione e sforzandoci di vedere l'invisibile, come se davanti ai nostri occhi si presentasse quello scenario che è esistito.

« Se si porta all'interno di un teatro qualcosa che normalmente sta al di fuori, ci si apre lo sguardo e improvvisamente si vedono cose – che si credeva di conoscere – in modo nuovo, come se fosse la prima volta » (Bausch 1999).

Prima della visita della classe al museo, è indispensabile una ricognizione da parte del docente, per individuare gli oggetti significativi e utili alla ricostruzione del quadro di civiltà del periodo interessato. Si raccomanda, in questa fase, l'attenzione a fare emergere, attraverso la scelta degli oggetti, i soggetti della storia: uomini, donne, bambini e quante altre categorie sia possibile, nella loro vita di tutti i giorni.

Ogni studente/coppia di studenti avrà l'incarico di analizzare e documentare un oggetto, utilizzando una scheda come quella riportata di seguito (Tabella 12.3).

L'integrazione delle conoscenze ottenute dalla classe durante la visita, confrontate e completate con altre provenienti da diverse fonti, permette di configurare un quadro di civiltà relativo all'epoca studiata. Di realizzare, quindi, una descrizione accurata del modo di vivere di una civiltà, i cui tratti caratterizzanti la vita collettiva sono raggruppati in microdescrizioni, secondo indicatori tematici: alimentazione, abbigliamento, tecnologie, modalità di territorializzazione (Brioni, Rabitti 2019).

La ricerca si conclude con un testo storiografico, attraverso un processo di riscrittura. Volendo, si potranno anche realizzare testi di immaginazione, mantenendo chiara, però, la distinzione fra conoscenza storica e dato immaginativo. In effetti, i confini fra storia e racconto d'invenzione su base storica sono sempre stati fragili, ci sono state contaminazioni nel passato come oggi, e tutte e due le forme, a titolo differente, contribuiscono a ricostruire un'idea del passato: obbediscono al patto della memoria (Nora 2011).

Si può così rendere coinvolgente e interessante la storia antica.

Tabella 12.3 *Analisi di un oggetto museale.*

Scheda per l'analisi dell'oggetto museale
Museo (denominazione precisa):
a. Informazioni fornite direttamente dal Museo
Nome esatto dell'oggetto: Dove è stato reperito: Funzione, utilizzo dell'oggetto : A quale periodo risale: Dove è stato prodotto/chi lo ha prodotto: Quando è stato reperito: Altre informazioni contenute nell'etichetta:
b. Informazioni tratte da osservazione accurata
Dimensioni: Forma: Colore/colori: Materiale: Stato: intero, frammento, danneggiato, altro (descrivi): Eventualmente, quale parte manca: Com'è al tatto (liscio, ruvido, pungente...): È lavorato o allo stato naturale: In che modo è stato lavorato: È decorato/forato/inciso/con rappresentazioni, altro (descrivi):
c. Informazioni relative alla sua collocazione
Sistemazione: in una teca, da solo, con altri oggetti, appoggiato a una base, protetto/non protetto da una vetrina, altro (spiega): Quali altri oggetti ha vicino: Perché (quale relazione c'è tra l'oggetto e gli altri oggetti vicini): In che posizione è stato collocato rispetto agli altri oggetti: Ci sono altri oggetti simili nella sala: Come si chiama la sala che lo contiene: Ci sono informazioni scritte sulle pareti: A che cosa si riferiscono (riportale precisamente o in sintesi):
d. Foto dell'oggetto

12.5 Il cinema come fonte storica

Il film[2] è un caso specifico dell'uso didattico delle produzioni artistiche come fonti. In quanto rappresentazione di aspetti della realtà, si pone in dinamica generativa e interpretativa di elementi sociali, culturali, politici ed è caratterizzato dalla complessità propria dei fenomeni artistici. Se lo consideriamo come fonte storica, dobbiamo tener presente che è, anzitutto, fonte primaria o diretta per la conoscen-

[2] Inteso come *prodotto audiovisivo di fiction.*

za di personaggi, eventi, fenomeni anche inerenti la storia delle mentalità e delle idee; è fonte secondaria o indiretta per altre storie: storia dell'ambiente, della cultura materiale, economica, sociale e politica (Gusso 2006). Andando oltre la tradizionale classificazione delle fonti, possiamo considerare il fenomeno cinematografico come un contesto che rinvia, in modo non sempre esplicito, a ulteriori categorie conoscitive, che cerchiamo di far emergere in questo laboratorio.

Sul piano curricolare, l'attività che proponiamo (Tabella 12.4) si inserisce sia in ambito disciplinare sia interdisciplinare, ad esempio in un contesto di storia della scienza. *Radioactive* è un film diretto dalla regista e fumettista iraniana Marjane Satrapi, autrice, tra l'altro, del fumetto storico *Persepolis*.

Il film, biografico, è ispirato alla figura di Marie Curie: una protagonista di spicco del mondo scientifico, che tuttavia rimane quasi invisibile, se non denigrata, all'interno della società coeva. L'opera valorizza il suo operato, ma anche il vissuto, la contraddittorietà del personaggio, le paure, l'umanità. Propone, inoltre, un'ampia possibilità di riflessione sul tema dei rapporti tra etica e scienza.

Il laboratorio, in primo luogo, analizza il film come testo, costituito da codici specifici che vanno decodificati attentamente, attraverso la visione integrale, seguita da una prima condivisione di pensieri.

Successivamente, si passa a un'analisi di secondo livello: il film come fonte storica, come documento storico, come agente di storia.

12.5.1 *Film come fonte storica*

È un oggetto che ci fornisce informazioni sul personaggio e sull'epoca in cui ha vissuto. In questa prospettiva, possiamo mettere a fuoco la biografia di Marie Curie, il suo ruolo nella scoperta del polonio e del radio, i riconoscimenti attribuiti a lei e al marito, le caratteristiche di vita nella città di Parigi dell'epoca, l'organizzazione di un laboratorio scientifico, la medicina al fronte durante la Prima guerra mondiale.

12.5.2 *Film come documento storico*

È una testimonianza per sviluppare riflessioni storiche di sfondo relative all'epoca di riferimento. Possiamo focalizzare la percezione della donna di scienza in Francia a cavallo tra due secoli e gli albori del movimento femminista, se vogliamo assumere questioni di genere nello specifico contesto storico. In questo caso è, però, necessario che oggetto della riflessione, in tutto il curricolo di storia, non siano solo le figure eccezionali. Nello stesso periodo, quando i cambiamenti nel mondo industriale costituiscono lo sfondo su cui figure comuni si muovono quotidianamente, come fa notare Bruna Bianchi (2018), i pregiudizi di genere, l'inferiorità salariale, il doppio lavoro fanno sì che le donne spesso siano considerate lavorato-

Tabella 12.4 *Analisi del film* Radioactive.

ANALISI DEL FILM *RADIOACTIVE*
Dati essenziali Anno di produzione: durata: paese di produzione: regia: soggetto e sceneggiatura: fotografia: musiche: interpreti principali: genere: sintesi del contenuto:
Aspetti tecnici • Struttura: ritmo delle sequenze inquadrature più suggestive tecnica narrativa: lineare, a flashback, con anacronismi... modo in cui è rappresentato l'ambiente come è raccontata la vicenda (con realismo, con tono comico/tragico/brillante...) • Personaggi e interpreti: personaggi principali e loro ruolo caratteristiche specifiche della protagonista (estrazione sociale, aspetti comportamentali e psicologici...) attrice protagonista e sua capacità di immedesimarsi nel ruolo altri personaggi e loro ruolo • Dialogo e linguaggio: tipo di dialogo prevalente (drammatico, brillante, comico...) linguaggio a cui ricorrono i personaggi (comune, formale, ricercato, volgare...) • Colonna sonora: genere di musica che prevale effetti sonori (voci, rumori...) eventuale presenza di pause di silenzio, il loro significato e gli effetti che creano • Colori e luci: giochi di luce e di ombre eventuali effetti speciali
Caratteristiche di contenuto Tema principale: altri temi: tempi in cui si svolge l'azione: luogo e ambienti che fanno da sfondo: scopo/scopi del film:
Giudizio personale Elementi di particolare efficacia del film in relazione ai temi più significativi: Il film riesce a fare riflettere, a suscitare emozioni? Il film è consigliabile per un pubblico di tuoi coetanei? Motiva la risposta.

ri imperfetti: il genere costituisce di per sé motivo di inadeguatezza, condizione di discriminazione, causa di umiliazioni ed elemento di vulnerabilità. Il film permette di accedere a questo livello di analisi e anche di riflettere sui dispositivi culturali, sociali e mediatici che veicolano e corroborano disuguaglianze e dominanze che, tuttavia, possono essere ulteriormente approfondite attraverso la storiografia delle classi subalterne, in particolare delle donne operaie.

L'opera di Satrapi consente di riflettere sulla relazione tra etica e scienza, evidenziata innanzitutto dal dilemma che tormenta la protagonista, a causa degli effetti che la manipolazione delle sostanze chimiche trattate ha sulla sua salute e che presagiscono la pericolosità; gli anacronismi proiettano la storia nel futuro, con il duplice lancio delle bombe atomiche nella Seconda guerra mondiale o il disastro nucleare di Chernobyl.

12.5.3 Film come agente di storia

Il cinema contribuisce alla costruzione della storia.

Come il ruolo della regista, la sua provenienza, la sua esperienza artistica e personale incidono nella realizzazione dell'opera? Come le questioni di genere di oggi possono fungere da chiavi di lettura degli eventi trattati? Quali problematiche la situazione attuale apre in merito ai rapporti tra etica e scienza? Come le tecniche di ripresa usate agiscono sulla riflessione in merito ai temi trattati? Il ruolo della regista, donna in fuga dal clima oppressivo del fondamentalismo iraniano, apre uno sguardo peculiare grazie alla mediazione data dall'esperienza personale e da appartenenze sociali e politiche specifiche. La presenza femminile dietro la macchina da presa, che funge da testimonianza diretta, permette una riflessione di tipo storiografico relativa alla specificità della sensibilità nell'osservazione e dell'esperienza comunicativa, utile per evitare il rischio di analizzare la storia esclusivamente attraverso la lente prioritaria del dominio culturale detenuto dagli uomini.

12.6 La saggistica: la laboratorialità nel quotidiano

Il testo saggistico è una fonte familiare agli studenti, ma presenta insidie nella comprensione. Anch'esso, tuttavia, può essere utilizzato in un laboratorio di interrogazione della fonte, soprattutto perché la strategia di decodificazione diventi abituale nella relazione dello studente con il testo storico scritto.

Proponiamo come contesto di analisi quello di una invenzione tecnologica che ha cambiato profondamente la vita degli esseri umani: la stampa. Trattata in genere in poche pagine nel manuale, questa ideazione è rivoluzionaria per molti aspetti della vita delle civiltà. Un testo specialistico, come quello di Elizabeth Eisenstein, *La rivoluzione inavvertita*, ne mette in luce le molteplici ricadute, avvertendo che la scoperta della stampa, anche se è considerato un fatto noto, non è il tipo di fatto di cui si possa dire che parla da solo (Eisenstein 1986).

Come spiega diffusamente l'autrice, l'invenzione della stampa produce cambiamenti epocali nella civiltà e nella cultura europee: grazie a questa scoperta, il Rinascimento italiano diventa Rinascimento europeo e permanente; la Riforma protestante riorienta la pratica religiosa cattolica; il capitalismo moderno si struttura e si sviluppa; le esplorazioni europee subiscono un forte impulso; cambiano le modalità di vita quotidiana, familiare, politica, culturale e scientifica.

Queste affermazioni hanno bisogno di essere analizzate in profondità, perché ne sia compresa l'effettiva potenzialità di contenuto.

Il laboratorio si avvale della metodologia del *Cooperative learning* e della strategia del *Jigsaw*[3]. Introduciamo l'attività a classe *casa-madre*, invitando le studentesse e gli studenti, in una discussione collettiva, a individuare le conseguenze della scoperta della stampa. Prenderemo nota degli elementi emersi. Dividiamo poi la classe in gruppi di *esperti* e assegniamo a ciascun gruppo uno dei temi indicati e le relative pagine del libro perché lo approfondisca; il gruppo legge il testo, procede alla comprensione dei contenuti e lo interroga; un elenco di domande permette la penetrazione in profondità nei contenuti: informazioni, inferenze, implicazioni. Ogni gruppo scrive una breve relazione di sintesi.

Ecco un esempio relativo a uno dei temi (Tabella 12.5).

Tabella 12.5 *Interrogazione di un testo saggistico.*

La stampa influenza lo sviluppo del capitalismo moderno
In che modo la stampa può influenzare l'organizzazione del lavoro e dei suoi metodi? In che senso l'autrice propone il termine *standardizzazione*? Come può innovare strumenti e tecniche? Ti può essere utile riflettere sul termine *conservazione*. Quale ruolo può avere la stampa per la contabilità e l'aritmetica commerciale? Per la promozione dei commerci? Per la pubblicità? Che ruolo può avere avuto la stampa nella conoscenza delle risorse materiali necessarie a uno sviluppo economico di tipo capitalista? La stampa può influenzare modelli di consumo? In che modo la stampa può condizionare i rapporti di lavoro fra operai e proprietari di fabbriche? E quale contributo può aver fornito alle lotte sindacali? Quale può essere la relazione tra stampa ed emancipazione femminile all'interno di una società capitalista? Quale può essere il rapporto tra produzione libraria e capitalismo? Con la produzione libraria indipendente si modifica il rapporto con il clero? In che modo?

[3] Il *Jigsaw* è una tecnica di *Cooperative learning*, elaborata da Aronson nel 1971 e successivamente modificata, in cui gli studenti, divisi in gruppi, collaborano alla realizzazione di un compito. Come in un puzzle, senza il contributo di tutti e di ciascuno non si raggiunge il risultato.

Come è evidente, le domande spingono all'analisi profonda, ampliando il campo d'indagine, mettendo in gioco alcune competenze trasversali, come quelle di acquisire e interpretare l'informazione e di imparare a imparare. La modalità dell'apprendimento cooperativo fa allenare le competenze sociali e cooperative; infatti, per far sì che le conoscenze del singolo gruppo vengano condivise e diventino arricchimento culturale di tutta la classe, l'ultima fase del *Jigsaw* prevede la riconfigurazione dell'articolazione della classe in gruppi costituiti da esperti di ciascun settore di lavoro. In questo modo, le relazioni su ogni ambito tematico vengono condivise e la conoscenza diventa patrimonio della classe.

12.7 I *social* come fonte: il problema dell'attendibilità

I *social media* sono forse i canali di informazione più consultati dagli studenti: è su questi che molti giovani costruiscono parte determinante della loro conoscenza extrascolastica del presente. Come noto, tale consapevolezza ha spinto il legislatore a inserire, nell'ambito dell'Educazione civica, l'asse della Cittadinanza digitale, intesa come l'uso critico, consapevole e attivo delle fonti informative in Rete e la loro corretta fruizione. Obiettivo essenziale, in un'epoca in cui le fonti disponibili si sono moltiplicate.

Predisponiamo un laboratorio del tempo presente che si avvale – anche – dell'uso dei *social*. La sua potenzialità in ambito storico è notevole, se non cadiamo nell'errore di analizzare il presente come momento a sé, ma lo consideriamo per la sua valenza conoscitiva in relazione al passato storico che ne ha istituito elementi essenziali e per ricostruire processi di grande trasformazione avvenuti su periodizzazioni ampie. In questo contesto ci concentriamo sulla fase di analisi della fonte digitale come risorsa informativa, avendone presenti le possibili criticità, che vanno considerate nell'ambito di un'indagine storico-mediologica. Si tratta di fare pelo e contropelo alla connessione media/storia, per sostenere processi di alfabetizzazione ai media digitali, perché l'informazione possa diventare conoscenza.

Il laboratorio è focalizzato sull'attendibilità della fonte, a partire dalle sue caratteristiche intrinseche (Tabella 12.6). L'attualità fornisce il contesto: in questo caso lo spunto è la guerra in corso fra Russia e Ucraina, ma altri eventi possono essere analizzati, con i necessari adattamenti. Utilizziamo a tale scopo una strategia di confronto di media digitali, tratti da supporti differenti: un video circolante sui *social* che riporta le immagini e le parole di un soldato russo prigioniero con sottotitoli in italiano, un articolo tratto da un quotidiano, un sito di geopolitica.

Si può partire da un'indagine finalizzata a capire il livello di percezione dell'attendibilità da parte degli alunni e delle alunne. Un software come *Mentimeter*

Tabella 12.6 *Schema di analisi dell'informazione proveniente da tre fonti digitali.*

	VIDEO su social network	ARTICOLO DI UN QUOTIDIANO DIGITALE	SITO DI GEOPOLITICA (es. ISPI)
Autore/autrice			
Data di produzione			
Canale di pubblicazione			
Forma della fonte (scritta o non scritta: orale, materiale, iconografica, digitale)			
Tipologia di fonte: diretta o indiretta, primaria o secondaria			
Intenzione della fonte: volontaria o involontaria			
Scopo/scopi			
Impatto (punta su informazione, emozioni, induce alla riflessione, rinvia ad altre fonti...)			
Elementi di attendibilità			
Elementi di non attendibilità			
Dubbi			

permette di realizzare un sondaggio con feedback immediato: qual è, nella tua percezione, l'informazione più attendibile? Di quale ti fidi maggiormente?

Dopodiché, anche in questo caso con un supporto, cartaceo o digitale, si fissano gli elementi desunti da un'analisi comparativa dei testi.

Una disamina approfondita nella discussione in merito a ciascun punto della tabella fornisce spunti significativi per riconoscere elementi di attendibilità/non attendibilità di ciascuna delle fonti. Come è evidente, agiamo ancora su concetti fondanti a livello epistemologico e metodologico, per aprire contesti di senso; il confronto sulle risposte date e la rielaborazione collettiva mettono in evidenza, infatti, sostanziali differenze sul piano delle forme relazionali, degli immaginari di riferimento, dei processi di produzione/fruizione delle tecnologie entro cui l'informazione prende vita. Il soggetto fruitore impara a non essere solo consumatore della comunicazione, ma ad essere incluso nei processi comunicativi e conoscitivi necessari alla costruzione del proprio sapere. Gli studenti e le studentesse devono essere consapevoli che oggi i media fanno a gara per «trasmettere sapere storico in forma comunicativa adatta a un pubblico più ampio, anche diverso dal pubblico degli specialisti; quest'ultima posizione non sempre è immune dalla tentazione di indulgere al mercato attraverso la realizzazioni di prodotti accattivanti per il pubblico ma spesso distanti dai risultati della ricerca storica» (Di Tonto, Guanci 2019, p. 3).

Un laboratorio sulla didattica delle fonti ha proprio questo scopo: quello di realizzare una relazione critica e riflessiva con gli oggetti che costruiscono la storia. Non dimentichiamo la lezione di Topolski (1997): il racconto storico si avvale anche di strutture retoriche e necessita del riconoscimento di condizionamenti culturali, ideologici e valoriali. La storia non è una scienza oggettiva, ma il rigore conoscitivo e metodologico sono competenze necessarie per avvicinarsi alle realtà del passato e, forse, anche per viverle con immaginazione e passione.

Bibliografia

- Baldacci M., 2004, *Il Laboratorio come strategia didattica. Suggestioni deweyane,* in N. Filograsso, R. Travaglini, 2004, *Dewey e l'educazione della mente*, FrancoAngeli, Milano.
- Bausch P., 1999, *Discorso per la laurea ad honorem conferita dall'Università di Bologna*, in www.audinoeditore.it.
- Bianchi B., 2018, *Povere donne. La povertà femminile nelle inchieste e nella riflessione femminista. Francia e Inghilterra (1840-1917)*, in «Il Bollettino di Clio», 2018, n.s. n. 9.
- Bloch M., 2009, *Apologia della storia o Mestiere di storico*, Piccola Biblioteca Einaudi, Torino.
- Borghi B., 2009, *Le fonti della storia tra ricerche e didattica,* Patron Editore, Bologna.
- Brioni G., Rabitti M.T., 2019, *Come descrivere le civiltà antiche. Antologia di testi storici per costruire quadri di civiltà e nuclei fondanti*, Mnamon, Milano.
- Di Tonto G., Guanci V., 2019, *La divulgazione storica. Editoriale*, in «Il Bollettino di Clio», 2019, n.s. n. 10.
- Eisenstein E.L., 1986, *La rivoluzione inavvertita. La stampa come fattore di mutamento*, Il Mulino, Bologna.
- Fazzi P., 2015, *Narrare la storia: la lezione di Jerzy Topolski*, in «Diacronie», n. 22, 2.
- Gusso M., *I film nel laboratorio didattico di storia. Un approccio interdisciplinare*, 2006, in B. Rossi, *Geografia e storia nel cinema contemporaneo. Percorsi curricolari di area storico-geografico-sociale nella scuola*, CUEM, Milano.
- Mattozzi I., 2022, *La trasposizione didattica della storia generale scolastica*, in M.C. Sampaolesi (a cura di), *Storia: come insegnarla meglio anche a distanza*, Mnamon, Milano.

- Mattozzi I., 2022b, *I concetti fondanti questi sconosciuti*, convegno-webinar 5 marzo 2022.
- Nora P., 2011, *Storia e romanzo: dove passano le frontiere,* «Il Bollettino di Clio», n.s. n. 3.
- Topolski J., 1997, *Narrare la storia. Nuovi principi di metodologia storica*, Bruno Mondadori, Milano.

Parte quarta

Metodi e applicazioni

13
Le fonti d'archivio

di Maria Giovanna Bertani, Maurizio Gusso e Roberta Madoi

Quello della didattica degli archivi è un ambito piuttosto ampio e variegato, non privo di esperienze significative, ma ancora praticato in modo non molto frequente e approfondito[1].

Dati i limiti di spazio, si è scelto di rinviare ad un altro scritto[2] per un percorso bibliografico ragionato *in progress* sulla didattica degli archivi e di articolare il capitolo in due paragrafi: il primo (di Maurizio Gusso e Roberta Madoi) dedicato ad alcuni esempi di percorsi didattici sperimentati in varie scuole secondarie (di primo e secondo grado) lombarde all'interno di un progetto pluriennale di laboratori delle fonti documentarie, artistiche e del territorio, nato a Milano; il secondo (di Maria Giovanna Bertani) riguardante due progetti didattici di un liceo bolognese sugli archivi storici della scuola, di un museo e di un ex ospedale psichiatrico.

13.1 Esempi di didattica negli archivi degli enti assistenziali: L'Officina dello storico e progetti collegati (Maurizio Gusso e Roberta Madoi)

Tra le sperimentazioni sedimentate nell'ambito della didattica degli archivi e della formazione dei docenti si distinguono le iniziative de **L'Officina dello storico** (Ods), laboratorio di ricerca storica e di didattica delle fonti documentarie,

[1] La didattica degli archivi rientra nel quadro degli intrecci fra educazione al patrimonio e storia, come caso particolare della più ampia solidarietà reciproca fra 'educazioni' e discipline (e più specificamente storia): cfr. il Cap. 7 di questo volume e Gusso 2023.

[2] Gusso, Madoi 2023.

artistiche e del territorio[3], nato nel 2006, su iniziativa dell'Azienda di Servizi alla Persona Golgi-Redaelli, per valorizzare in ambito didattico il ricchissimo patrimonio culturale degli antichi luoghi pii elemosinieri milanesi, di cui l'ente è erede[4]. Consolidatosi negli anni con lo scopo di offrire agli allievi e ai docenti delle scuole primarie e secondarie della Lombardia un approccio diretto alle fonti archivistiche e alle altre testimonianze del passato, il laboratorio ha fin dall'inizio coinvolto, come partner, due istituzioni scolastiche – l'Ufficio Scolastico Regionale per la Lombardia e l'ANSAS (Agenzia Nazionale per lo Sviluppo dell'Autonomia Scolastica) – Nucleo Territoriale Lombardia[5] – e un'associazione di ricerca didattica della storia, IRIS (Insegnamento e Ricerca Interdisciplinare di Storia), siglando nel 2007 un primo protocollo d'intesa, aperto a ulteriori sviluppi.

La successiva adesione al progetto da parte della Fondazione MIA-Congregazione della Misericordia Maggiore di Bergamo, insieme al Centro studi e ricerche bibliografiche Archivio Bergamasco, ha portato nel 2008 all'apertura di una seconda sede a Bergamo, con il coinvolgimento complessivo annuo di oltre 1300 studenti.

In anni più recenti le collaborazioni della sede di Milano si sono, inoltre, estese al Museo di Arte Antica del Castello Sforzesco (dal 2014), alla Società Umanitaria e all'Unione femminile nazionale (dal 2017) e alla Fondazione Cesare Pozzo per la mutualità (dal 2018), consentendo di ampliare notevolmente il campo delle sperimentazioni con la disponibilità di ulteriori variegati patrimoni culturali.

A Milano le attività si sono svolte regolarmente fino all'inizio della pandemia COVID-19 (febbraio 2020) e, in seguito a problemi interni all'ASP Golgi-Redaelli, sono al momento ancora sospese[6].

A Bergamo, invece, l'Ods ha potuto continuare le attività rivolte agli insegnanti di scuole primarie e secondarie della città e del territorio provinciale, con

[3] AA.VV. 2007; Cocilovo 2013, pp. 2-6; Ermano 2015, pp.129-133 e 139-140; Gusso 2012, pp. 61-67; 2022, pp. 234-235 e 241-242; Madoi 2021.

[4] Per una guida dell'Archivio dei Luoghi Pii Elemosinieri di Milano cfr. Aiello, Bascapè 2012; sui Luoghi Pii Elemosinieri cfr. Aiello *et al.* 2008, 2013; Riboli, Bascapè 1990. Sulla storia della Congregazione di Carità, dell'ECA (Ente Comunale di Assistenza) e delle IPAB (Istituzioni Pubbliche di Assistenza e Beneficenza) a Milano cfr. AA.VV. 1990. Sul patrimonio artistico delle IPAB di Milano cfr. Bascapè *et al.* 2001.

[5] Fino al suo assorbimento (2012) nell'INDIRE (Istituto Nazionale di Documentazione, Innovazione e Ricerca Educativa).

[6] Cfr. il sito https://www.officinadellostorico.it e la pagina https://www.storieinrete.org/storie_wp/?cat=5 (non più implementati dal 2020) e la pagina https://www.facebook.com/officinadellostorico (nell'agosto 2023 ancora in funzione per altre notizie relative alla didattica della storia e alla divulgazione storiografica).

il sostegno di Fondazione MIA, la collaborazione attiva di Archivio Bergamasco e l'adesione di USR per la Lombardia - Ambito Territoriale di Bergamo e più recentemente di Clio '92[7].

13.1.1 *Le attività de L'Officina dello storico a Milano*

L'aspetto forse più qualificante del laboratorio è stato fin dall'inizio quello metodologico. Rendendo accessibili i patrimoni culturali degli enti promotori, L'Officina dello storico ha consentito agli studenti di confrontarsi direttamente con fonti di diversa tipologia, quali documenti scritti, fonti iconografiche e cartografiche, opere d'arte e architettoniche, imparando a contestualizzarle storicamente, per scoprire criticamente il proprio passato, accrescendo l'interesse per la ricostruzione storica e acquisendo al tempo stesso solidi strumenti di ricerca.

La specificità di questi patrimoni culturali e della loro genesi, legata alla storia della beneficenza e della filantropia, così come la loro intrinseca interdisciplinarità, ha costituito una palestra naturale per le sperimentazioni didattiche, terreno ideale per una formazione storico-interdisciplinare e un'educazione non retorica al patrimonio, alla cittadinanza attiva e alla responsabilità sociale.

Attingendo a temi diversi e spaziando nell'ambito di differenti periodi storici, dal tardo Medioevo alla fine del Novecento, la proposta didattica si è consolidata nel tempo anche grazie alla collaborazione di un'équipe di lavoro, composta da archivisti, operatori culturali e formatori impegnati nella scelta e nell'elaborazione dei percorsi tematici da proporre ogni anno, entro un programma metodologicamente definito e collaudato[8].

Un altro non secondario elemento qualificante è stato il contributo formativo offerto agli insegnanti di tutte le discipline. A loro era riservato un preciso percorso di formazione, costituito da alcuni incontri seminariali proposti tra ottobre e novembre, pensato per consolidarne le competenze professionali e per fornire un aiuto per la progettazione delle sperimentazioni didattiche. Imprescindibile per docenti e studenti, la visita guidata preliminare in archivio, quale primo momento conoscitivo d'approccio alle fonti.

---

[7] Cfr. il sito www.officinadellostorico-bergamo.it; cfr., inoltre, Cerati, Fenili 2009; Fenili 2021a; Fenili, Vernieri 2022. Sulla Misericordia Maggiore di Bergamo cfr. AA.VV. 2003; Bravi 2022.

[8] Le attività sono state svolte da un gruppo di archiviste dell'ASP Golgi-Redaelli, composto da Daniela Bellettati, Paola Bianchi, Roberta Madoi e Mira Montanari, e dagli esperti di IRIS: Giuliana Boirivant, Luisa Cesana, Silvana Citterio, Cristina Cocilovo, Maurizio Gusso, Marina Medi e Giuseppa Silicati. Tra i compiti principali dell'équipe di lavoro vanno evidenziate l'individuazione dei percorsi tematici, la preparazione dei materiali e delle piste di ricerca e la consulenza *in itinere* (in presenza o a distanza) alle classi e ai docenti sperimentatori, oltre alla programmazione complessiva delle attività e alla comunicazione.

Organizzate in diversi momenti da settembre a giugno, le azioni de L'Officina prevedevano pertanto sia la formazione iniziale dei docenti (aperta anche agli operatori dei beni culturali interessati) con la definizione di specifici piani di attività da proporre alle classi, sia i successivi approfondimenti tematici rivolti agli studenti, comprendenti le visite guidate negli archivi coinvolti, seguite da sperimentazioni laboratoriali di volta in volta concordate con gli insegnanti, fino alla presentazione pubblica dei risultati elaborati a fine anno dalle singole classi, quali prodotti multimediali, testi narrativi, rappresentazioni teatrali ecc.

In particolare, dopo aver ricevuto copia digitale delle fonti selezionate per i percorsi tematici, i docenti potevano decidere autonomamente quanto tempo, quali periodi dell'anno scolastico e quali modalità (in classe o in gruppi interclasse, in orari curricolari e/o extracurricolari, con o senza il coinvolgimento di colleghi di altre materie) riservare alla sperimentazione, finalizzata all'acquisizione di competenze trasversali e disciplinari e all'attuazione, nel secondo quadrimestre, di un prodotto, possibilmente multimediale o in formato digitale, da presentare a scuola e/o nel territorio. Dopo la negoziazione, da parte degli insegnanti aderenti, dei progetti di sperimentazione con classi e consigli di classe (da ottobre in poi), era previsto che ogni classe partecipante svolgesse, da novembre a marzo, una visita guidata dell'Archivio e/o della Quadreria dell'ASP Golgi-Redaelli e/o degli archivi degli altri enti coinvolti, e un laboratorio didattico su alcune fonti relative alla pista di ricerca prescelta.

Articolato in percorsi tematici rinnovati annualmente, il laboratorio si è sviluppato nel tempo attraverso il continuo confronto con gli insegnanti, con l'intento di venire incontro a bisogni formativi diversi. Tra le tematiche di maggior interesse sono emerse, per esempio, quelle più strettamente legate alle vicende storiche della città e del territorio, in grado di mettere in luce l'intreccio e l'evoluzione delle diverse componenti culturali e sociali che caratterizzano la memoria della collettività, evidenziando valori di identità culturale e rafforzando il senso di appartenenza alla comunità, fino a favorire il confronto e l'apertura interculturali verso realtà più ampie[9].

Sia pur variando ogni anno, le proposte che hanno caratterizzato nel tempo l'offerta didattica de L'Officina sono sostanzialmente riconducibili ai seguenti cinque grandi nuclei tematici interdisciplinari.

1. *Il patrimonio culturale attraverso tipologie diverse di fonti e di scritture*, con due percorsi metodologici sulle diverse tipologie di beni culturali («Il tesoro dei poveri») e sulla storia della scrittura.

[9] Per alcuni esempi di sperimentazioni cfr. Cocilovo 2013, pp. 6-14; Ermano 2015, pp. 133-139; 2016.

2. *Itinerari inediti nella storia di Milano*, con un approfondimento riguardante l'antica organizzazione dei sestieri di Milano scanditi dalle Porte di accesso urbano.
3. *Luoghi dell'accoglienza e modelli di inclusione sociale a Milano dall'Unità nazionale ad oggi*, con percorsi dedicati ai temi dell'accoglienza, del lavoro e delle migrazioni, in collaborazione con gli archivi di Società Umanitaria, Unione femminile nazionale e Fondazione Cesare Pozzo per la mutualità (come, per esempio, «La Casa degli Emigranti. Un modello di assistenza per i viandanti della disperazione», «Le piscinine dallo sciopero del 1902 alla società di mutuo soccorso La Fraterna istituita dall'Unione femminile nazionale» o «La dura storia di un "muso nero". Mutuo soccorso e sindacato attraverso la vita di Cesare Pozzo, macchinista ferroviario (1853-1898)»).
4. *Cultura sociale e attività assistenziali a Milano tra XIX e XX secolo*, spaziando dalla beneficenza medievale (per esempio: «Il sogno del mercante. Solidarietà e assistenza ai bisognosi nelle pergamene milanesi dei secoli XIV-XV») alle realtà degli istituti di assistenza ai minori otto-novecenteschi (come, per esempio, «Storie dall'archivio dell'Istituto Derelitti: Alfonso che a otto anni scoprì l'America» e «L'infanzia "difficile" a Milano negli anni Sessanta del Novecento»).
5. *La memoria del territorio attraverso la documentazione d'archivio*, con percorsi dedicati sia alla lettura delle antiche mappe (come «Raccontare con simboli, colori e toponimi. Il linguaggio delle mappe per leggere il territorio»), sia alla gestione agricola dei poderi amministrati dai luoghi pii (per esempio: «Acque per i campi e acque per i panni. Tracce dell'antico mestiere dei lavandai tra Porta Venezia e Lambrate»; «Storie di cascina. Il podere Cantalupo e l'evoluzione del paesaggio agrario»; «Le trasformazioni del Podere Ponte dell'Archetto a Villapizzone, nella periferia nord-ovest di Milano»).

13.1.2 *Le attività de L'Officina dello storico a Bergamo*

Il modello seguito nella sede di Bergamo, simile a quello della sede milanese da un punto di vista metodologico, ha presentato alcune specificità locali. Per ogni classe partecipante sono state previste due attività didattiche in mattinate diverse: una visita guidata ai luoghi della MIA a Bergamo Alta (Basilica di Santa Maria Maggiore - Domus Magna e Biblioteca Musicale «Gaetano Donizetti») e una presentazione dell'Archivio storico della Fondazione MIA presso la Civica Biblioteca «Angelo Mai» di Bergamo, con attività laboratoriali in archivio. Diversi sono stati, invece, i percorsi tematici riferibili, anche qui, ai principali ambiti tematici riportati di seguito.

1. *La storia della cultura e della società a Bergamo dall'età medievale ad oggi* (per esempio: «"La congiura" degli studenti dell'Accademia della MIA nella Bergamo del Seicento»; «Faide e criminalità nobile nella Bergamo veneziana tra il XVI e il XVII secolo»; «"Cadette in Bergamo cose straordinari". Dalla repubblica Veneta a Napoleone: vincitori e vinti, paure, sogni e segni di cambiamento»).
2. *Storia per biografie di protagonisti della storia bergamasca*, con «La nobildonna Flaminia De Vecchi Carrara Beroa (1792-1843) generosa benefattrice».
3. *Memoria del paesaggio e trasformazioni del territorio*, con «La gestione della grande proprietà fondiaria della MIA in Comun Nuovo agli inizi del Novecento»; «"Cerca la tua roggia". La rete delle acque nella pianura bergamasca e il caso della roggia Morla di Comun Nuovo da Bergamo a Spirano».

Gli esiti dell'Ods sono stati molto positivi. Gli insegnanti hanno apprezzato la continuità e la qualità del servizio offerto e il modello di formazione e ricerca didattica storico-interdisciplinare. Gli studenti, entusiasti della visita all'archivio, si sono appassionati alla ricerca didattica storico-interdisciplinare, hanno messo in gioco competenze insospettate e ne hanno acquisite di nuove. Spesso le classi non terminali hanno chiesto ai docenti sia di iscriverle ai laboratori dell'Ods degli anni scolastici successivi, sia di insegnare/far apprendere in modo interattivo, euristico e laboratoriale anche le altre parti del piano di lavoro pluriennale e le materie d'insegnamento non coinvolte nella sperimentazione. L'accresciuta motivazione allo studio, la partecipazione attiva e responsabile a tutte le fasi di lavoro, la creatività dispiegata nella progettazione dei prodotti finali e nelle modalità comunicative, le maggiori competenze trasversali e disciplinari acquisite, l'attenzione con cui gli studenti hanno seguito le presentazioni dei lavori delle altre classi sperimentatrici hanno dimostrato la validità del modello di formazione e ricerca adottato e hanno incoraggiato a proseguire lungo il cammino intrapreso e a individuare nuove piste di lavoro.

L'esperienza dell'Ods è stata ripresa e approfondita anche nei Cantieri 8 *Educazione al patrimonio culturale (Milano)*[10] e 9 *Educazione al patrimonio culturale (Bergamo)*[11] del percorso di accompagnamento *Costruire un curriculum verticale di formazione storica per l'acquisizione di competenze disciplinari e di cittadinanza* del **Tavolo tecnico-scientifico della didattica della storia – USR Lombardia**, costituito nel 2014[12].

[10] Cfr. Madoi, Gusso 2021.

[11] Cfr. Fenili 2021b.

[12] Si vedano in proposito le 29 unità di apprendimento (sulle 64 complessive) sperimentate da 31

Un'esperienza analoga, anche se più circoscritta temporalmente, è stata quella del Laboratorio **Piccole grandi storie** (2009-2012) all'interno del Programma triennale *La vita fragile*, promosso dal Museo Martinitt e Stelline di Milano, in partenariato con ASP Golgi-Redaelli e Provincia di Milano – Assessorato alle Politiche sociali, con la collaborazione di IRIS e con il sostegno di Fondazione Cariplo[13].

13.2 Storia e storie (matte) in archivio. Due progetti didattici del Liceo «Laura Bassi» di Bologna[14]

Dal 2010, con sostanziale continuità, il Liceo «Laura Bassi» di Bologna svolge progetti di valorizzazione di beni culturali di tipo archivistico: dai registri e dagli incartamenti dell'archivio storico del Liceo (che conserva i documenti a partire dalla sua istituzione, nel 1860) a documenti risalenti alla Prima e alla Seconda guerra mondiale conservati presso il Museo civico del Risorgimento di Bologna; dalle tessere dei partigiani dell'archivio dell'ANPI presso l'Istituto Storico Parri alle bobine digitalizzate di Home Movies – Archivio Nazionale del Film di Famiglia; fino all'archivio dell'ex ospedale psichiatrico «Francesco Roncati».

Negli anni questi progetti si sono sempre rivelati di particolare efficacia: non solo, infatti, consentono di svolgere una didattica attiva, coinvolgendo gli studenti in effettivi compiti di realtà, ma generano consapevolezza e competenze civiche e culturali, consentono di far apprezzare l'importanza storica dei beni archivistici e di conoscere da vicino varie istituzioni culturali della città; permettono di svelare storie vere meravigliose e toccanti; infine, poiché molti degli archivi esaminati si trovano nella stessa via della scuola, via Sant'Isaia, fanno sì che gli

insegnanti (sugli 89 complessivi) pubblicate in Tavolo tecnico-scientifico della didattica della storia 2021, pp. 405-597.

Più in particolare, un'unità di apprendimento del Cantiere 8 si riferisce a una sperimentazione relativa a fonti dell'Archivio dell'Unione femminile nazionale (Nucera 2021), mentre altre tre si riferiscono a sperimentazioni relative a fonti dell'Archivio dell'ASP Golgi-Redaelli (Clema 2021; Figini 2021; Giglia 2021), nell'ambito dell'Ods di Milano. Due unità di apprendimento del Cantiere 9 si riferiscono alla storia del monastero vallombrosano di Astino (BG), detenuto da una società di cui Fondazione MIA è diventata proprietaria nel 2007 e oggetto di piste didattiche (Lesina 2021; Martegani 2021).

[13] Cfr. Bellettati *et al.*, 2014. Per le attività degli enti assistenziali milanesi nel campo dell'istruzione/formazione/educazione cfr.: Reggiani 2016.

[14] Desidero ringraziare la collega e amica Sara Mancini Lombardi, compagna di progetti «manicomiali», per la preziosa e accuratissima revisione del testo.

studenti possano tessere una rete territoriale di scoperte e, in diversi casi, anche di emozioni.

Il primo impulso alla didattica in archivio venne dalle celebrazioni del 150° anniversario della scuola, per le quali alcuni insegnanti ricostruirono sia le tappe istituzionali sia alcune curiose microstorie in base ai registri annuali, ai verbali e agli incartamenti di segreteria (Bertani, Franceschini 2011[15]); così, la magia della polvere e il fascino dei documenti indussero a trasmettere anche agli studenti la curiosità per le scoperte, lo stupore per le carte e le grafie, e soprattutto la bellezza e il rigore della metodologia storica applicata davvero, a casi reali, non a lacerti di copie di documenti proposti come eventuali e spesso occasionali esercitazioni.

Il centenario della Prima guerra mondiale e la scoperta di un'insospettata intersezione archivistica tra il Liceo e il Museo civico del Risorgimento di Bologna invitarono ad approfondire la storia dell'allora Scuola Normale Femminile «Laura Bassi» durante gli anni di guerra; lavoro dal quale sortirono un (grosso) volume (Bertani 2017), una mostra, un video[16] e l'arricchimento del sito «Storia e Memoria di Bologna» con nuove pagine web[17]. Il volume a sua volta suscitò l'interesse dell'Istituzione «Gian Franco Minguzzi» della Città metropolitana di Bologna, che cura l'archivio dell'ex ospedale psichiatrico «Francesco Roncati»; e l'Istituzione coinvolse la scuola in un nuovo progetto nell'ambito delle iniziative per il centenario della Grande guerra: uno studio delle cartelle cliniche di ricoverati «per cause di guerra», che ha avuto anch'esso come esito un (grosso) volume (Bertani, Vecchietti 2022). In entrambi i casi i progetti furono incentivati e sostenuti dal finanziamento della Regione Emilia-Romagna ottenuto grazie alla partecipazione, rispettivamente, alla II (2012-2013) e alla VII (2017-2018) edizione del concorso *Io Amo i Beni Culturali*[18].

Di seguito, dunque, l'illustrazione dei progetti scaturiti da queste intersezioni.

[15] Il pdf del quaderno della mostra è liberamente scaricabile alla pagina: https://books.bradypus.net/sites/default/images/free_downloads/laura_bassi.pdf

[16] https://www.youtube.com/watch?v=tVcFxMz25Jg

[17] https://www.storiaememoriadibologna.it/liceo-laura-bassi-1860-1918-2160-luogo

[18] Cfr. https://patrimonioculturale.regione.emilia-romagna.it/io-amo-i-beni-culturali/seconda-edizione/legami-di-carta; https://patrimonioculturale.regione.emilia-romagna.it/io-amo-i-beni-culturali/settima-edizione/impazzire-di-guerra e https://www.doc.mode.unibo.it/impazzire-di-guerra-storie-di-ricoverati-al-manicomio-provinciale-francesco-roncati-durante-la-i

13.2.1 *Legami di carta. Soldati in trincea, alunne tra i banchi: intersezioni tra archivi della Grande Guerra*

Il primo progetto, *Legami di carta. Soldati in trincea, alunne tra i banchi: intersezioni tra archivi della Grande Guerra*, è stato svolto nel 2012-2013 e ha preso in esame da un lato, presso il Liceo «Laura Bassi», l'insieme intatto dei documenti scolastici (registri e incartamenti di segreteria) relativi agli anni della Prima guerra mondiale; dall'altro, presso il Museo del Risorgimento, un consistente fondo di testimonianze *riflettenti la recente grande guerra italo-austriaca*[19]: materiale donato al Museo nel 1934 da Ida Folli, insegnante di Disegno presso l'allora Scuola Normale femminile «Laura Bassi», comprendente in particolare sia lettere e cartoline indirizzate durante la guerra ai componenti della famiglia Folli da vari soldati impegnati al fronte e da loro familiari, sia fotografie e documenti su «eroi» e patrioti irredentisti, raccolte da Ida per comporre *l'altare della patria, istituzione patriottica e religiosa con cui la prof. Folli istruiva ed educava i suoi molti allievi*[20].

Incrociando i dati dei materiali dei due archivi diveniva così possibile non solo ricostruire la storia della Scuola Normale negli anni del primo conflitto mondiale, ma delineare anche quale immagine della guerra potesse essere evocata, in chi frequentava la scuola, dalle parole dei militari impegnati al fronte, quali echi potevano giungere nelle aule dalle zone di guerra, quali ideali e sentimenti potevano essere suscitati nelle alunne, negli insegnanti e nel personale tutto che proseguiva il lavoro ordinario in un contesto così straordinario. Si potevano perciò disegnare con qualche dettaglio piccole ma non irrilevanti storie cittadine nel contesto della grande Storia nazionale e internazionale, cioè ricostruire la Storia in una dimensione insieme intima e collettiva, privata e ufficiale, nella quale eventi di rilevanza mondiale si intrecciano alla quotidianità di tante esistenze, ed episodi lontani nel tempo e nello spazio ritrovano eco nei luoghi vicini del nostro presente.

13.2.2 *Impazzire di guerra: storie di ricoverati al manicomio provinciale «Francesco Roncati» durante la Prima guerra mondiale. Un percorso dalle carte alle persone, tra ricerca e narrazione*

Il secondo progetto, *Impazzire di guerra: storie di ricoverati al manicomio provinciale «Francesco Roncati» durante la Prima guerra mondiale. Un percorso*

---

[19] Dal foglio manoscritto *Doni recenti pervenuti al Museo del Risorg.to, Museo civico del Risorgimento di Bologna (MRBo), Atti d'ufficio, 1934, prot. 99/1934, 3 agosto 1934.*

[20] Ibidem.

dalle carte alle persone, tra ricerca e narrazione, forse meno ambizioso ma non meno fecondo, è stato svolto nel 2016-2017 e nel 2017-2018, e ha preso in esame nell'insieme trentotto cartelle cliniche di ricoverati tra il 1915 e il 1918 «per cause di guerra». Benché in rapporto all'intero archivio del «Roncati» – che comprende i registri, i documenti e le cartelle cliniche (35.000 ca) relativi all'intero arco di attività dell'Ospedale, dal 1810 al 1980 – il campione esaminato sia minimo, esso risulta tuttavia assai rappresentativo degli internati a causa del conflitto bellico, che nel complesso sono poco più di un centinaio: si tratta di militari colpiti da nevrosi traumatica o sospettati di *alienazione mentale*, spesso trasferiti al Roncati dopo un primo ricovero negli ospedali militari, e donne, in maggioranza profughe dalle zone del fronte, alle quali l'arruolamento e la lontananza dei congiunti e i disagi cui furono sottoposte causarono o fecero emergere gravi disturbi psichici.

Di tutte queste persone, le cartelle cliniche (rosa per gli uomini e verdi-azzurre per le donne) registrano i dati biografici, la *Tabella nosologica*, le *Notizie anamnestiche* e l'*Andamento della malattia e cura*, e fanno così emergere segmenti di esistenze e di sofferenze; i documenti acclusi alle cartelle comprendono notifiche alle autorità e certificati, ma anche lettere dei familiari, e a volte trascrizioni di racconti dei pazienti o diari autografi delle loro vicende: gli uni disegnano le tappe, standardizzate ma non anodine, dei ricoveri e delle dimissioni; le altre, le lettere, evocano affetti, sollecitudini e ansie dei congiunti; i resoconti poi, spesso molto toccanti, permettono di sentire direttamente voci, dolenti, di tanti anni fa e di ricostruire aspetti sociali e clinici, ma anche personali e affettivi, di queste vite lacerate.

13.2.3 *Obiettivi e modalità di lavoro*

Nel loro insieme entrambi i progetti si sono proposti in primo luogo lo sviluppo di competenze trasversali quali:

- imparare a imparare, attraverso il raggiungimento di obiettivi specifici della ricerca storica;
- acquisire competenze sociali e civiche, mediante lo sviluppo sia delle capacità di cooperazione nei lavori di gruppo, sia della consapevolezza del rispetto e della cura richiesti dai beni culturali in quanto patrimonio collettivo;
- sviluppare uno spirito progettuale e di iniziativa, attraverso l'ideazione e la realizzazione dei prodotti di presentazione del lavoro di ricerca;
- acquisire consapevolezza della ricchezza del patrimonio culturale, della sua importanza per la crescita personale e per la costituzione di un'identità storicamente radicata e insieme aperta al futuro;

- sviluppare l'*humanitas*, intesa come empatia e immedesimazione nelle sorti di persone che hanno vissuto dolorosi periodi della propria vita nella scuola o vicino alla scuola frequentata dagli studenti di oggi, ma in tempi e condizione così diversi dai loro;
- sviluppare le capacità di espressione e di trasmissione delle conoscenze e delle competenze, in vista tanto di una realizzazione personale quanto di un arricchimento della società.

Inoltre, come obiettivi specifici, interdisciplinari tra Italiano e Storia, il progetto ha inteso promuovere negli studenti:

- l'attenzione per la specificità dei documenti d'archivio;
- le competenze di analisi, induzione e deduzione, e l'acquisizione del metodo storiografico;
- il piacere sia per la ricerca sia per la narrazione (delle storie e delle vite), il gusto per l'efficacia della comunicazione e, nel caso del secondo progetto, anche per l'originalità espressiva.

Nello specifico i lavori sono stati svolti prevalentemente in modalità di apprendimento cooperativo, diversamente articolato a seconda dei progetti.

Il progetto *Legami di carta* ha coinvolto le cinque classi della sezione E del corso linguistico, 125 alunni, sotto la guida delle insegnanti di Lettere Patrizia Tranchina e la scrivente, con l'aiuto dell'ex insegnante Simonetta Corradini, con il supporto e la consulenza del personale scientifico del Museo del Risorgimento, Mirtide Gavelli e Otello Sangiorgi, e con la collaborazione di Erika Vecchietti, della società BraDypUS – Communicating Cultural Heritage, alla documentazione del lavoro.

La ricerca si è articolata in una serie di azioni che hanno coinvolto le classi a volte insieme, più spesso singolarmente: tutte le classi, infatti, sono state impegnate nell'approfondimento del contesto storico mediante incontri con il personale del Museo e letture integrali o antologiche di testi letterari, hanno analizzato fonti e/o opere e prodotto testi sugli aspetti esaminati; ciascuna classe, invece, ha svolto un segmento autonomo della ricerca, studiando uno specifico nucleo di documenti.

Gli alunni della classe prima hanno preso in esame i registri annuali delle classi della Scuola Normale femminile di Bologna per gli anni 1914-1918, conservati presso l'archivio storico del Liceo, e su questa base hanno redatto un «censimento» delle alunne, ricostruendo le classi dei diversi anni scolastici, la loro composizione e il loro andamento (v. *infra*, Materiali I); poi, sulla base della paternità delle allieve indicata nei registri, hanno ricercato, nel database «Grande

Guerra Virtuale» del Museo del Risorgimento e nel database «Ossario della Grande Guerra / Catalogo Schede», del Museo virtuale della Certosa di Bologna (sempre a cura del Museo civico del Risorgimento), i familiari delle alunne caduti nel conflitto, giungendo a ricostruire microstorie di persone, di affetti e di lutti.

Gli studenti della classe seconda, invece, hanno lavorato sulle lettere inviate a Ida Folli e a sua sorella Teresa dai soldati impegnati in guerra e da loro familiari, conservate presso l'archivio del Museo del Risorgimento: ne hanno decifrata la grafia decisamente arcaica per i giovani sguardi contemporanei, le hanno trascritte, hanno individuato i corrispondenti e osservato le peculiarità stilistiche e grafiche di ciascuno, quindi hanno isolato le notizie concernenti la guerra, l'idea di patria e i sentimenti personali che emergevano dall'insieme dell'epistolario, così da comporre tutti questi aspetti in diversi quadri di sintesi (v. *infra*, Materiali II). Tra le lettere, qualcuna si è rivelata diversa dalle altre: sono le risposte dei familiari di patrioti quali Nazario Sauro e Cesare Battisti alle richieste della professoressa Folli di poter ricevere una foto del «martire» per comporre un *pantheon degli eroi*[21] nell'aula di Disegno della scuola; anche queste lettere sono state trascritte e, confrontate con alcuni documenti dell'archivio del Liceo, hanno consentito di ricostruire un aspetto curioso e insieme toccante delle forme di patriottismo «scolastico» nell'immediato dopoguerra.

L'esame del fondo Folli del Museo del Risorgimento è stato integrato anche dal lavoro della classe terza, che ha studiato e descritto alcune cartoline sempre indirizzate alla famiglia Folli, individuandone le tematiche e le caratteristiche iconografiche: in particolare, gli alunni hanno esaminato non solo il tipo di messaggio veicolato dai testi e dalle immagini presenti sulle stampe, ma anche le parole vergate dai soldati, soffermandosi sull'intensità delle emozioni e dei sentimenti espressi.

Gli studenti della classe quarta, invece, hanno analizzato presso l'archivio storico del Liceo gli incartamenti della segreteria pertinenti all'arco cronologico preso in esame, redigendone le liste dei contenuti e individuando – tra i moltissimi – i documenti riferibili alla guerra e ai suoi riflessi sulla vita scolastica e più in generale su quella cittadina. Il lavoro ha portato alla luce numerosi dati sull'immagine della guerra veicolata dai documenti ufficiali del Provveditorato o del Ministero, sul coinvolgimento della scuola nelle attività di sostegno ai militari al fronte, sulla partecipazione di insegnanti e alunni alle attività del «fronte interno».

Infine, gli alunni della classe quinta, nell'ambito dei programmi disciplinari, hanno redatto una cronologia degli eventi principali – nazionali e internazionali –

---

[21] Lettera manoscritta di Ida Folli indirizzata alla *Signora Sauro e datata 7 febbraio 1919, MRBo, Fondo Folli, 4, 2 n° 147.*

della Prima guerra mondiale, approfondendo aspetti delle letterature europee, della cinematografia e dell'arte relativi al conflitto bellico, e hanno tenuto lezioni agli alunni delle classi inferiori su letture condivise, quale, per esempio, *Un anno sull'altipiano* di Emilio Lussu.

Il progetto *Impazzire di guerra* è stato intrapreso con una classe seconda del corso linguistico nell'anno scolastico 2016-2017 e poi proseguito l'anno successivo con tre classi seconde e una classe terza, del corso linguistico e di quello di Scienze Umane; ha dunque coinvolto anch'esso cinque classi, 113 studenti, sotto la guida degli insegnanti di Lettere Patrizia Franceschini, Sara Mancini Lombardi, Pier Alberto Nerozzi, Antonella Selvidio e la scrivente, con il supporto dell'archivista Francesco Rosa e del referente per l'Istituzione «Gian Franco Minguzzi» Alessandro Zanini; oltre all'apporto, anche in questo caso, del Museo civico del Risorgimento per la generosa concessione di materiali illustrativi e di Erika Vecchietti per l'edizione dei risultati.

Il lavoro, incentrato sulle cartelle cliniche dei ricoverati «per cause di guerra» e sui documenti ivi contenuti, si è articolato in due fasi: in una fase di ricerca storica, volta a ricostruire dettagliatamente e in modo oggettivo le vicende biografiche dei pazienti; e in una fase di rielaborazione creativa, volta a produrre testi narrativi in cui fossero riproposte, con un taglio soggettivo ed emotivo, le storie pazientemente ritrovate.

Anche in questo progetto le attività e gli interventi didattici svolti hanno coinvolto tutte le classi, congiuntamente e separatamente. Tutte le classi sono state impegnate nell'introduzione al quadro storico grazie ad incontri con studiose delle problematiche trattate (Anna Grillini ed Elisa Montanari[22]), a letture di romanzi autobiografici (ad esempio, *Niente di nuovo sul fronte occidentale* di Erich Maria Remarque, *Un anno sull'altipiano* di Emilio Lussu, *Fuori fuoco* di Chiara Carminati) e a visione di film sul tema della Grande guerra (ad esempio, *Orizzonti di gloria* di Stanley Kubrick). Inoltre, per l'acquisizione di competenze metodologiche generali in campo storiografico e archivistico, gli studenti hanno visitato l'archivio dell'ex-Ospedale «Roncati» sotto la guida dell'archivista Francesco Rosa e hanno appreso le principali modalità di decodifica e di studio dei documenti. Infine, per svolgere la seconda parte del progetto, tutte le classi hanno incontrato lo scrittore Ermanno Cavazzoni[23], che ha fornito spunti e suggerimenti su tecniche narrative e linguaggi da adottare per trasformare le storie dei ricoverati al «Roncati» in narrazioni che sapessero evocare i pensieri di persone così

[22] Cfr. Grillini 2018; Montanari 2015.

[23] Lo scrittore, che qui si ringrazia per la generosa disponibilità, è particolarmente interessato al tema della follia; si rimanda, a titolo esemplificativo, a Cavazzoni 1994 e a Cavazzoni 2018.

lontane nel tempo e così diverse dai ragazzi di oggi per condizioni socioeconomiche e culturali, oltre che per l'intensità della loro sofferenza.

Nel lavoro storico vero e proprio, invece, gli studenti, divisi in gruppi di lavoro distinti per ciascuna classe, hanno decifrato i documenti nelle loro frettolose, ostiche grafie; li hanno ordinati cronologicamente, contravvenendo all'ordinato disordine delle amministrazioni, e li hanno elencati minuziosamente seguendo modelli descrittivi comuni (v. *infra*, Materiali III.a); hanno trascritto, per poterli pubblicare, i testi più curiosi e interessanti; e hanno poi confrontato e interpretato tutti i materiali per ricostruire e redigere – su base rigorosa – le pur parziali biografie delle persone cui questi documenti facevano riferimento.

Alla fase più propriamente storica è seguito poi il lavoro creativo – svolto sempre a gruppi, in laboratori di scrittura collettiva – finalizzato a far immedesimare gli studenti nelle persone di cui avevano studiato le vicende e a far loro produrre racconti originali e intensi. Gli alunni, una volta appropriatisi dei dati storico-biografici, hanno interpretato la storia dei pazienti narrandola alla prima persona, da un punto di vista soggettivo, evocando le emozioni e utilizzando le espressioni, i registri, i dialetti, gli idioletti più adeguati, in un'attività che potremmo definire di «empatia creativa», per restituire in qualche modo la parola ai ricoverati, ai reclusi, ai dimenticati (v. *infra*, Materiali III.b).

Da tutto l'appassionato lavoro dei 113 studenti coinvolti è emerso il quadro, piccolo ma nitido, di trentotto vite che dal 1915 al 1918 furono accolte nel *Manicomio Provinciale Francesco Roncati* a causa della guerra in corso; persone rese dalla guerra – come recitano le cartelle cliniche – *mute*, *paranoiche*, *depresse*, *nevrotiche*, *stuporose*, *catatoniche*, *isteriche*, *malinconiche*, *deliranti* o precocemente *dementi*. Attraverso lo studio delle caratteristiche di ricoverati al «Roncati» – dall'età alla provenienza, dal contesto economico e sociale (quasi sempre assai disagiato) alle patologie, dalle cure alle «traiettorie manicomiali» – le trentotto cartelle cliniche, che prima del progetto erano carte, sono divenute storie. Persone. Donne e uomini ai quali gli studenti hanno saputo ridare anche una voce.

In entrambi i progetti gli alunni hanno dunque sperimentato, nei limiti evidentemente fissati dalla loro età, dal loro percorso, dalla loro formazione, il particolare e diverso lavoro dell'archivista, dello storico e del narratore, e hanno efficacemente decifrato, letto, ordinato, narrato e interpretato documenti, storie, vite.

In entrambi i progetti gli esiti hanno risposto pienamente alle attese, anzi forse le hanno superate: sono stati raggiunti tutti gli obiettivi prefissati sul piano educativo e didattico, e in tutte le fasi il lavoro ha suscitato negli studenti curiosità, empatia ed entusiasmo e si è dunque rivelato stimolante, arricchente, anzi gratificante; per gli alunni e per i docenti.

MATERIALI

I – Progetto *Legami di carta.*

Modello di scheda per la sintesi dei dati dei registri annuali delle classi della Scuola Normale femminile «Laura Bassi»; segmento del progetto svolto dalla classe prima del corso E del 2012-2013.

DESCRIZIONE DI UNA CLASSE: dati da riportare

Composizione della classe:
- *Numero alunne*
- *Anno di nascita (prevalente)*
  - *variazioni d'età: valutazione generale, alunna più giovane e alunna più anziana (nome ed età)*
- *Luogo di nascita e provenienza (geografica): segnalare i casi particolari*
- *Ripetenti: numero e percentuale*
- *Provenienza scolastica: segnalare eventuali casi particolari*
- *Eventuali casi particolari: alunne ritirate, morte...*
- *Se possibile: mestieri dei padri (segnalare i casi particolari o più interessanti)*

Profitto della classe:
- *Alunne promosse a giugno, a luglio, a ottobre, bocciate (numeri e percentuali)*
- *Media del profitto della classe*
- *Materia/e con profitto più basso*
- *Alunna migliore: nome e votazione finale*
- *Alunna peggiore: nome e votazione finale*

La classe e la guerra:
- *Alunne con familiari defunti: nome, nome del congiunto e link con il sito della certosa*

II – Progetto *Legami di carta.*

Modello di scheda per la descrizione di sintesi delle caratteristiche biografiche dei corrispondenti delle signorine Folli e delle caratteristiche tematiche e stilistiche delle loro lettere; segmento del progetto svolto dalla classe seconda del corso E del 2012-2013.

I CORRISPONDENTI DELLE SIGNORINE FOLLI

Dati biografici
- *Nome e Cognome*
- *Data di Nascita ed eventuali riferimenti biografici (ricavabili dalle lettere o da altre ricerche)*

- *Città di residenza abituale (se possibile saperlo)*
- *Stato civile e professione civile (se possibile saperlo)*
- *Fotografie (se esistenti)*

Ruolo in guerra

- *Dove milita (Divisione, Brigata, Reggimenti, Battaglione, Compagnia...; numeri ed eventuali specificazioni: ad esempio « Genio », « Sanità » ...)*
- *Grado militare (es. Caporale, Sergente, Capitano) ed eventuale progressione della carriera*
- *Eventuali riconoscimenti militari (es.: medaglie, menzioni d'onore...)*

Caratteristiche delle lettere

- *A chi scrive (Teresa – detta Tina – o Ida)*
- *Quando scrive e da dove (indicare le date e i luoghi delle diverse lettere; guardare anche le buste)*
- *Su cosa e con cosa scrive (lettera o cartolina; eventuali caratteristiche particolari della carta da lettere; scritta a matita o a penna. Riportare anche – se ci sono – le frasi specifiche a proposito della difficoltà di scrivere...)*
- *Argomenti trattati e aspetti particolari messi in evidenza:*
  - *le condizioni di vita del soldato*
  - *la guerra, le battaglie (con l'indicazione – se c'è – dei luoghi in cui si combatte)*
  - *le armi (e le armi come « souvenir »)*
  - *il nemico*
  - *i sentimenti verso la patria*
  - *lo stato d'animo (paure, speranze, desideri...)*
  - *il rapporto con la corrispondente*
- *Stile e particolarità linguistiche e grafiche*
  - *frasi tipiche d'apertura e di chiusura (saluti...) della lettera*
  - *grammatica e sintassi: lunghezza dei periodi, prevalenza di coordinate (stile paratattico) o di subordinate (stile ipotattico); correttezza*
  - *ortografia: uso e particolarità / errori ricorrenti*
  - *lessico: termini colloquiali o dialettali; termini o frasi di registro elevato...*
  - *« idioletto », ovvero modi di dire o espressioni tipiche dello scrivente*
  - *caratteristiche / particolarità della grafia*

III – Progetto *Impazzire di guerra*

Esempio di elenco dei documenti (a) contenuti nella cartella del soldato Amleto M. e del testo creativo (b) realizzato sulla base dei dati biografici desunti dallo studio dei documenti stessi; segmento del progetto svolto dagli alunni Sebastiano Bollani, Alice Cangioli ed Elena Zanardi della classe II E 2017-2018.

A. – DOCUMENTI

Cartella clinica dell'Ospedale Provinciale «Francesco Roncati», Fondo Cartelle Cliniche, Uomini usciti, 1918, n. 9141

All'interno, *Tabella nosologica* con annotazioni sull'*Andamento della malattia e della cura* dal 16 al 30 Marzo 1918

1. Biglietto d'uscita dall'Ospedale Militare di riserva di Imola; 9/03/1918.
2. Documento del Comune di Sala Bolognese; «elenco delle carte» trasmesse alla Direzione dell'Ospedale per infermi di mente; 12 (?)/03/1918.
3. Documento della Legione territoriale dei Carabinieri Reali di Bologna – Sezione di Sala Bolognese alla Direzione dell'Ospedale Militare di Bologna; richiesta di ricovero per il soldato Amleto; 13/03/1918; all'interno i documenti nn. 4-6. Sul retro dello stesso foglio:
   - documento con timbro della Direzione dell'Ospedale Militare di Bologna al Comando dei Reali Carabinieri di Sala Bolognese, a firma del Colonnello Medico Direttore dell'Ospedale;
   - comunicazione dell'avvenuta riforma del militare Amleto e dunque della competenza dell'Autorità civile; 15/03/1918;
   - accanto, sempre sullo stesso foglio, documento con timbro del Comando della Stazione dei Carabinieri Reali di Sala Bolognese alla Direzione *del luogo di cura degli infermi di mente*; nota di trasmissione; 18/03/1918;
   - inoltre, timbro dell'Ospedale Provinciale «Francesco Roncati», con data manoscritta *20.8.918*.
4. Documento del Comune di Sala Bolognese; ordinanza per il ricovero di Amleto nell'Ospedale per infermi di mente; 13/03/1918.
5. Notizie anamnestiche – certificato medico, con parte dattiloscritta e completamento a mano, redatta dal medico del Comune di Sala Bolognese; 13/03/1918.
6. Notizie anamnestiche, documento analogo ma non identico al precedente, redatta dal medico del Comune di Sala Bolognese; 15/03/1918.
7. Documento del Comune di Sala Bolognese, analogo ma non identico al n. 4; ordinanza per il ricovero nell'Ospedale per infermi di mente; 15/03/1918.
8. Documento della Direzione dell'Ospedale Provinciale «Francesco Roncati» in Bologna al Procuratore del Re; partecipazione di ammissione di Amleto in ospedale; 16/03/1918.
9. Modulo parzialmente precompilato del Direttore del Roncati alla Deputazione Provinciale; comunicazione di accoglimento di Amleto in ospedale; 16/03/1918.
10. Lettera del Direttore dell'Ospedale Provinciale «Francesco Roncati» al

Sindaco del Comune di Sala Bolognese; richiesta di compilazione dei moduli allegati (v. n. 11); 19/03/1918. Sul retro dello stesso foglio, «costellazione» di documenti:

- documento con timbro del Comando della Stazione dei Carabinieri Reali di Sala Bolognese all'Ospedale Militare Principale; trasmissione con richiesta di indicazioni; 24/03/1918; a destra di questo
- documento con timbro della Direzione dell'Ospedale Militare di Bologna alla Direzione dell'Ospedale Militare – Sezione Psichiatrica – di Imola a firma del Colonnello Medico Direttore dell'Ospedale; per quanto contro richiesto; 28/03/1918; sotto a questo
- documento con timbro dell'Ospedale Militare di Riserva – Imola – Reparto Psichiatrico, a forma del Dirigente; lettera di trasmissione del modulo completato (v. n. 12); s.d.; sotto, timbro dell'Ospedale Provinciale «Francesco Roncati», con data manoscritta *5.4.918*.

11. Lettera della madre di Amleto all'*Illustrissimo Signor Professore* (*manicomio Provinciale Bologna*); racconto dell'insorgere della malattia e speranza di riavere il figlio; 21/03/1917 (sic).
12. Questionario allegato ai documenti precedenti, compilato; posizione di Amleto rispetto agli obblighi militari; 2/04/1918.
13. Documento della Direzione dell'Ospedale Provinciale «Francesco Roncati» in Bologna al Procuratore del Re; richiesta del decreto di ammissione definitiva di Amleto in ospedale; 2/04/1918.
14. Lettera del Direttore del Roncati al Direttore dell'Ospedale Principale di Ravenna; richiesta di compilazione del modulo allegato (v. n. 15); 5/04/1918.
15. Copia manoscritta del certificato della Direzione dell'Ospedale Militare Principale di Ravenna; attestazione del ricovero di Amleto e dell'indipendenza della malattia da cause di servizio; 16/04/1918.
16. Documento della Direzione dell'Ospedale Militare Principale di Ravenna – Ufficio Maggiorità; comunicazione della trasmissione del modulo richiesto con la lettera del 5/04/(n. 15); 16/04/1918.
17. Lettera del Direttore del Roncati al Direttore dell'Ospedale Militare Principale di Bologna; comunicazione dell'ammissione in ospedale del soldato Amleto e delle competenze dell'amministrazione militare; 17/04/1918.
18. Documento del R. Tribunale Civile e Penale di Bologna; autorizzazione all'ammissione definitiva in Manicomio; 18/04/1918. Sovrascritto a mano *Uscito il 1.5.918*.
19. Lettera del Sindaco del Comune di Sala Bolognese al Direttore dell'Ospedale per infermi di mente; richiesta sulla possibilità di dimissioni di Amleto, su richiesta dei genitori; 24/04/1918.
20. Sul retro del documento precedente, minuta dattiloscritta della lettera del

Direttore del Roncati al Sindaco del Comune di Sala Bolognese, in risposta alla lettera precedente, sul miglioramento di Amleto e la possibilità di dimissione in prova; 28/04/1918.

21. Documento del Sindaco del Comune di Sala Bolognese al padre di Amleto; trascrizione della lettera del Direttore del Roncati al Sindaco (v. n. 20), in risposta, sul miglioramento di Amleto e la possibilità di dimissione in prova; 29/04/1918.
22. Documento dell'Ospedale Provinciale «Francesco Roncati»; modulo precompilato per assunzione di responsabilità all'atto del ritiro del paziente, firmato (con croce) dal padre di Amleto; 1/05/1918.
23. Documento della Direzione dell'Ospedale Provinciale «Francesco Roncati» in Bologna al Procuratore del Re e al Sindaco di Sala Bolognese; partecipazione di dimissione; 1/05/1918.
24. Documento del Comune di Sala Bolognese; «elenco delle carte» trasmesse alla Direzione dell'Ospedale Francesco Roncati; 29/08/1918.
25. Certificato dell'Ufficio Sanitario del Comune di Sala Bolognese; stazionarietà delle condizioni di salute di Amleto rispetto al momento della dimissione; 30/08/1918.
26. Certificato del medico condotto di Sala Bolognese, a mano su carta libera; stazionarietà delle condizioni di salute di Amleto rispetto al momento della dimissione; 30/01/1919.
27. Relazione medica dattiloscritta su carta semplice, firmata dal Direttore; storia clinica e ricoveri di Amleto; 25/06/1921.
28. Documento della Direzione dell'Ospedale Provinciale «Francesco Roncati» in Bologna al Direttore dell'Ospedale Militare Principale, parzialmente precompilato e completato a mano; lettera di trasmissione di documenti, per eventuale dichiarazione di dipendenza dell'infermità da cause di servizio; 25/06/1921.
29. Documento della 4ª Compagnia Sanità dell'Ospedale Militare Principale di Bologna – Consiglio di Amministrazione; atto deliberativo del processo verbale per accertamento della malattia e delle sue cause e parere (sfavorevole) sulla pensione per cause di servizio; il processo verbale è del 31/01/1922, l'atto deliberativo dell'8/02/1922. Vi sono allegati i documenti 30-33.
30. Copia del Foglio matricolare, dell'Ospedale Militare Principale di Bologna; 3/02/1922.
31. Copia manoscritta della relazione a firma del Colonnello Medico ff. di Direttore dell'Ospedale Militare Principale di Ravenna del 16/04/1918 (n. 15), controfirmata il 3/02/1922.
32. Copia manoscritta della relazione medica a firma del Direttore dell'Ospeda-

le Provinciale «Francesco Roncati» del 25/06/1921 (n. 27), controfirmata il 3/02/1922.
33. Copia manoscritta del documento della Direzione di Sanità Militare del Corpo d'Armata di Bologna; parere sull'infermità del soldato Amleto, come non dipendente da cause di servizio, del 13 Novembre 1921, controfirmata il 3/02/1922.
34. Certificato dattiloscritto a firma del Direttore; sintesi del decorso del ricovero di Amleto, su richiesta dell'Arma dei Carabinieri della Stazione Bertalia; 27/02/1948.
35. Foglietto manoscritto con due grafie, in due diverse sensi di lettura; domanda su ereditarietà e sintesi del decorso del paziente; senza data.

B. – *LA VOCE DI AMLETO. «Lu, lo sa, lu, lo sa»*

Parchè a son que? Perché? «Lu, lo sa, lu, lo sa» (indicando). Quei medici mi stanno guardando... a cosa painsen? Parchè a son que? Intorn a me aiè dimondi infarmir (intorno a me ci sono tante infermiere), anche se mi giro le vedo. «Lu, lo sa, lu, lo sa».

Mi iniettano qualcosa, non voglio aghi dentro il mio braccio, mi scosto.

Mi sento come se, se sbatto gli occhi..., potessero ferirmi... An pos perder gninta (non devo perdermi niente), tutti mi fissano: «lu, lo sa, lu, lo sa».

Al fa cheld, fa proprio un gran caldo, non ho avuto una bella esperienza nel passato con gli ospedali. Non voglio chiudere gli occhi ma ho sonno, il dottore mi parla ma non riesco a seguirlo, aiè una mosca chla gira per la stanza... ho sonno.

Apro gli occhi, ma non vedo gninta, il fumo mi acceca, intorno a me aiè un gran casèn: che rumore! Esplode una bomba dietro di me, mi giro e gente cade, gente urla, gente spara, gente muore... Il cielo è coperto da terra e non capisco dove sono, dove è il nemico? Chi è il nemico?

Aiò pora, e non vedo di cosa aver paura, ma li sento, i loro passi, i loro spari sempre più vicini, sono sempre più piccolo... sempre più solo, penso, urlo aiuto, qualcuno mi aiuti, urlo più forte che posso.

Mi sveglio grondante di sudore, sento i loro occhi su di me, i medici mi stanno fissando.

«Cos l'ira? cos'era?»

«Signor Amleto ha fatto un incubo, urlava e si agitava. Cosa ha sognato?»

«Lu, lo sa, lu, lo sa».

Bussano alla porta: «Signor Amleto, ha visite»

È così freddo, umido, dai muri non passa il sole. «M'àn ciapè», lo sapevo, mi hanno preso. « Scaper, aiò da scaper » – Scappare, devo scappare – « Mi hanno legato? Devo liberarmi, mi porgono qualcosa, gninta, niente devo accettare dal medico, tiro una manata a tutta quella roba che mi portano. Devo scappare, mi stanno trattenendo, lassum star! (lasciatemi stare) »

« Dorme? »

« Sì dorme »

« Hai visto la faccia della madre? »

« Sì, ieri era sconvolta, porti un regalo a tuo figlio e lui è pazzo »

« Sì, povera donna, l'ha trattata proprio male, è scappata piangendo »

« Si sarà preparata a tutto prima di venire, ma scommetto che non avrebbe mai pensato di ritrovarsi davanti a un figlio manesco. »

« Non ha mai presentato sintomi di aggressività prima d'ora »

toc toc

« Signor dottore, una lettera »

« È una lettera della madre »

« Cosa dice? »

« Richiedono la dimissione! »

« Ma perché? »

« Pensano che con l'aiuto dell'ambiente familiare possa migliorare »

Mi sveglio di soprassalto « Ci sono? Dove sono? Lu, lo sa, lu, lo sa » Parlano della mia famiglia, mi mancano tanto, ricordo quando tornavo a casa dopo tanto lavoro, ero stanco morto, mia mamma, che odorava di fabbrica mi sorrideva ed ero contento, perché gli portavo i sold par magner – per mangiare –, e quando mi vedeva con la divisa mi diceva « Mo s'ti blèn! »

« Mamma? »

« Signor Amleto, non è qui, c'era ieri, non l'ha riconosciuta? »

Bibliografia e sitografia

Bibliografia paragrafo 13.1

- AA.VV., 1990, *Milano con i poveri. Dalla Congregazione di Carità ad oggi. Saggi storici con catalogo della mostra documentaria nel centenario della legge Crispi. Milano, Castello Sforzesco – Biblioteca Trivulziana dicembre 1990 – gennaio 1991*, Maggioli, Rimini.
- AA.VV., 2003, *La Misericordia Maggiore di Bergamo fra passato e presente*, con la collaborazione di Opera Pia Misericordia Maggiore di Bergamo - MIA, Edizioni dell'Ateneo, Bergamo.

- AA.VV., 2007, *Milano, scuola di Carità: una mostra per immagini. Milano, Palazzo Marino 17-20 maggio 2007*, Azienda di Servizi alla Persona « Golgi-Redaelli », Milano.
- AA.VV., 2022, *Archivi tra didattica e pastorale. Orientamenti ed esperienze. Atti del XXVII Convegno dell'Associazione Archivistica Ecclesiastica. Bergamo, Seminario diocesano, 7-10 settembre 2021*, in « Archiva Ecclesiae » 2018-2021 [stampa: 2022], pp. 61-64.
- Aiello L., Bascapè M., Rebora S. (a cura di), 2008, *Milano. Radici e luoghi della carità*, Allemandi & C., Torino-Londra-Venezia-New York.
- Aiello L., Bascapè M., Rebora S. (a cura di), 2013, *Il paese dell'acqua. I Luoghi Pii Elemosinieri di Milano e le loro terre: un itinerario nel paesaggio dal medioevo ai nostri giorni*, NodoLibri, Como.
- Bascapè M.G., Galimberti P.M., Rebora S. (a cura di), 2001, *Il tesoro dei poveri. Il patrimonio artistico delle Istituzioni pubbliche di assistenza e beneficenza (ex Eca) di Milano*, Silvana, Cinisello Balsamo (MI).
- Bellettati D., Gusso M., Madoi R., Montanari M., Reggiani F., Sala C., Silicati G., 2014, *Piccole grandi storie. Gli archivi degli enti assistenziali milanesi: una risorsa per la didattica*, in C. Cenedella, V. Pandiani, *A scuola di MUSEO!*, Iniziative Editoriali, Catania, pp. 93-153.
- Bravi G.O., 2022, *Lineamenti storici del Consorzio della Misericordia di Bergamo*, in AA.VV. 2022, pp. 247-261.
- Cerati F., Fenili C., 2009, *« L'Officina dello storico »*, in « Quaderni di Archivio Bergamasco », 3, pp. 149-156.
- Clema F., 2021, *L'arte milanese del bucato, con una testimonianza di Mario Ravini, nipote di un imprenditore lavandaio*, in Tavolo tecnico-scientifico della didattica della storia 2021, pp. 539-543.
- Ermano P., 2015, *Un gioco serio. Lavorare con le fonti*, in C. Cocilovo (a cura di), *Insegnare e apprendere il passato a scuola tra finzione e storia*, in « I Quaderni di Clio '92 », 14, pp. 129-140.
- Fenili C. (a cura di), 2021a, *Fondazione MIA-Congregazione della Misericordia Maggiore* – L'Officina dello storico *(Bergamo)*, in Tavolo tecnico-scientifico della didattica della storia 2021, pp. 121-123.
- Fenili C., 2021b, *Educazione al patrimonio culturale (Bergamo)*, in Tavolo tecnico-scientifico della didattica della storia 2021, pp. 145-147.
- Fenili C.G., Vernieri A., 2022, *La valorizzazione del patrimonio culturale della Misericordia Maggiore di Bergamo: i laboratori didattici de L'Officina dello storico*, in AA.VV. 2022, pp. 265-279.
- Figini D., 2021, *Andiamo in archivio*, in Tavolo tecnico-scientifico della didattica della storia 2021, pp. 413-417.
- Giglia B., 2021, *L'alba del mondo contemporaneo. Emigranti... immigranti*, in Tavolo tecnico-scientifico della didattica della storia 2021, pp. 545-549.
- Gusso M., 2022, *Due progetti formativi di IRIS sulla storia del Duomo di Milano: bilancio e sviluppi successivi*, in AA.VV. 2022, pp. 219-246.
- Gusso M., 2023, *Storia ed 'educazioni a...': percorso bibliografico* in progress, https://www.storieinrete.org/storie_wp/?p=22426.
- Lesina M., 2021, *Alla scoperta della Valle di Astino: un approccio storico-naturalistico*, in Tavolo tecnico-scientifico della didattica della storia 2021, pp. 451-456.

- Madoi R. (a cura di), 2021, *Azienda di Servizi alla Persona (ASP) Golgi-Redaelli –* L'Officina dello storico *(Milano)*, in Tavolo tecnico-scientifico della didattica della storia 2021, pp. 119-121.
- Madoi R., Gusso M., 2021, *Educazione al patrimonio culturale (Milano)*, in Tavolo tecnico-scientifico della didattica della storia 2021, pp. 143-144.
- Martegani S., 2021, Project work *per conoscere il monastero di Astino*, in Tavolo tecnico-scientifico della didattica della storia 2021, pp. 435-441.
- Nucera D., 2021, *La difesa dei diritti delle lavoratrici all'inizio del Novecento: la nascita dell'Ufficio di collocamento per il personale femminile di servizio*, in Tavolo tecnico-scientifico della didattica della storia 2021, pp. 567-572.
- Reggiani F., 2016, *«Ricoverare, mantenere, educare». L'esperienza storica degli enti assistenziali milanesi nel campo dell'istruzione, formazione ed educazione*, in M. Cavallazzi, S. Citterio, C. Cocilovo, P. Foglia (a cura di), *Storia della istruzione, formazione ed educazione a Milano e in altre aree comparabili*, Comune di Milano, Milano, pp. 83-90.
- Riboli I., Bascapè M.G., 1990, *Notizie storiche delle istituzioni*, vol. II di Riboli I., Bascapè M.G., *Statuti miniati dei Luoghi Pii Elemosinieri*, Amministrazione delle IIPPAB ex ECA, Milano, voll. 2.

Sitografia paragrafo 13.1

- Aiello L., Bascapè M. (a cura di), 2012, *Guida dell'Archivio dei Luoghi Pii Elemosinieri di Milano*, NodoLibri, Como, https://drive.google.com/file/d/1mLxtYRWN9Mmb8KaLEuSJjHw4UzixZrwL/view.
- Cocilovo C., 2013, *Fra lingua e storia. Insegnare con le fonti d'archivio*, in AA.VV., *Una lingua per la storia. Formazione storica ed educazione linguistica*, in «I Quaderni di Clio '92», 12, pp. 87-97, https://www.academia.edu/27005393/Fra_lingua_e_storia_Insegnare_con_le_fonti_darchivio.
- Ermano P., 2016, *Gasparoni il masnadiero. Dalla storia al mito al rap*, in C. Cocilovo, E. Perillo (a cura di), *Insegnare e apprendere il passato a scuola tra finzione e storia. Parte seconda*, in «I Quaderni di Clio '92», 15 (https://www.clio92.org/wp-content/uploads/2020/12/QUADERNO_N_15_2020_COMPLETO.pdf), pp. 125-135.
- Gusso M., 2012, *Uscite didattiche e formazione storica. Esperienze IRIS di approccio storico-interdisciplinare all'educazione al patrimonio*, in T. Gilardi, P. Molinari (a cura di), *L'uscita didattica come educazione alla geografia, alla storia e al turismo. Spunti di riflessione teorici e pratici*, EDUCatt, Milano, pp. 53-82, https://www.storieinrete.org/storie_wp/?p=15667.
- Gusso M., Madoi R., 2023, *Didattica degli archivi. Percorso bibliografico ragionato* in progress, https://www.storieinrete.org/storie_wp/?p=22475.
- Tavolo tecnico-scientifico della didattica della storia – USR Lombardia (a cura di), 2021, *Didattica della storia e consapevolezza di cittadinanza. Riflessioni e proposte per il curricolo verticale e per la definizione delle competenze*, Ledizioni, Milano, in https://doi.org/10.14672/9788855266284.

Bibliografia paragrafo 13.2

- Bertani M.G., Franceschini F. (a cura di), 2011, *Maestre (e maestri) d'Italia. I 150 anni del Liceo « Laura Bassi »*, BraDypUS, Bologna.
- Bertani M.G. (a cura di), 2017, *Legami di carta. Soldati in trincea, alunne tra i banchi: intersezioni tra archivi della Grande Guerra*, BraDypUS, Bologna.
- Bertani M.G., 2020, « *Impazzire di guerra* ». *Un progetto didattico tra storiografia ed empatia*, in *Il Bollettino di Clio. Sul Novecento. Tra storiografia e didattica*, Mnamon editore, s.l., pp. 269-279.
- Bertani M.G., Vecchietti E., 2022, *Impazzire di guerra. Storie di ricoverati al manicomio provinciale « Francesco Roncati » durante la I Guerra mondiale. Un percorso dalle carte alle persone, tra ricerca e narrazione*, Liceo Laura Bassi, Bologna.
- Cavazzoni E., 1994, *Vite brevi di idioti*, Guanda, Milano.
- Cavazzoni E., 2018, *La galassia dei dementi*, La nave di Teseo, Milano.
- Grillini A., 2018, *La guerra in testa: esperienze e traumi di civili, profughi e soldati nel manicomio di Pergine Valsugana (1909-1924)*, Il Mulino, Bologna.
- Montanari E., 2015, *Via Sant'Isaia 90: cent'anni di follia a Bologna*, Pendragon, Bologna.

Sitografia paragrafo 13.2

- Bertani M.G., 2014, *Legami di carta*, in « IBC » XXII, 2014, 3, http://rivista.ibc.regione.emilia-romagna.it/xw-201403/xw-201403-a0001.

14
Le fonti letterarie

di Eugenia Corbino

> Gli storici fanno per mestiere qualcosa che è nella vita di tutti: districare l'intreccio di vero, falso, finto che è la trama del nostro stare al mondo
>
> (Ginzburg 2006, p. 13).

14.1 Introduzione

Georges Duby ha scritto che la storia, in fin dei conti, non è altro che un «genere letterario» (Duby 1995, p. 44), una forma di racconto in cui lo storico narra vicende vere, in seguito a una paziente opera di raccolta di informazioni tratte dalle fonti più diverse. Si tratta certamente di una provocazione che, tuttavia, può offrire lo spunto per comprendere quali relazioni e scambi intercorrono tra storia-fiction e storia-scienza.

L'*epos* e poi il romanzo sono stati per secoli forme di rappresentazione del passato attraverso cui le comunità hanno elaborato le fattezze della propria identità spirituale. Certo, la narrazione storica ha per obiettivo la verità, mentre quella letteraria non esige particolari verifiche di autenticità; eppure si tratta di due dimensioni che, il più delle volte, non confliggono, ma tendono anzi a comunicare tra loro (Bevilacqua 2000).

Il punto è che la narrazione è alla base del nostro modo di organizzare la conoscenza e di pensare la realtà: uno dei mezzi attraverso cui diamo forma alla memoria e intellegibilità ai fatti frammentati e confusi del passato, disponendoli in una successione temporale coerente.

Le Goff ci ricorda come proprio il termine *storia* viva, anche nella lingua italiana, di una doppia identità: è usato sia per indicare lo svolgersi nel tempo di avvenimenti di diversa natura sia per far riferimento all'attività di indagine e ricerca attraverso cui passa la conoscenza e la ricostruzione di quei fatti (Le Goff 1981; Ottaviani 2005).

È inoltre collegato alla funzione del raccontare e dell'ascoltare vicende reali o fantastiche, una propensione assai diffusa nel mondo scolastico, contesto in cui la disciplina si articola in attività che appartengono in modo prevalente alle competenze linguistiche: leggere, memorizzare, riassumere ed esporre vicende.

E, dunque, proprio il ricorso a ciò che «viene naturale» può costituire un mezzo utile attraverso cui tentare di dare una risoluzione al problema del come tradurre didatticamente la complessità della disciplina; in tal senso, la dimensione narrativa, familiare e quotidiana, nel suo duplice aspetto di scrittura e lettura, quando è collegata in termini coerenti e non meramente strumentali alla conoscenza del passato, sembra essere una valida alleata nell'avvicinare gli studenti alla materia, favorendone un coinvolgimento più immediato e diretto (Mencarelli 2016).

Al giorno d'oggi nessun alunno – il riferimento è ovviamente ai più grandi – è a digiuno di notizie su specifiche epoche o fatti del passato; le precedenti esperienze didattiche, il web, i social network, la televisione, il cinema, i fumetti, la musica, i racconti ascoltati in famiglia, il confronto tra compagni fanno sì che la maggior parte degli studenti giunga in classe con idee spesso confuse e sommarie riguardo al passato, cariche talvolta di stereotipi o di altre suggestioni. La storia è, dunque, qualcosa che si conosce per «sentito dire», senza che, tuttavia, se ne sia sviluppata una comprensione autentica.

Si tratta, cioè, di un'esposizione a stimoli diversi e continui che rende talvolta difficile distinguere il piano reale da quello immaginario, complice anche la sempre più diffusa tendenza a prediligere l'aspetto emotivo di un avvenimento, a discapito di una sua analisi reale e approfondita.

Assunto che la storia non vada identificata con la mera finzione e preso nota del fatto che quest'ultima possa comunque dare un contributo importante alla disciplina, occorre, tuttavia, che l'impiego delle due dimensioni – storica e letteraria – sia gestito con accuratezza e massima chiarezza. Benché la storia si àncori alla verità, ciò non esclude che la stessa possa avvalersi di alcuni strumenti della *fiction* per tracciare una trama, creare continuità in un passato di per sé discontinuo, mettere in scena personaggi, servirsi di analogie e metafore. Le strategie narrative proposte dal romanzo, dal cinema, dalle arti possono dunque aiutarci a rendere visibili le incertezze e i conflitti del tempo, anche se, ovviamente, ciò non significa che la storia vada inquadrata nell'alveo della finzione (Martinat 2018).

14.2 Alcune coordinate per un utilizzo della narrativa come fonte storica

Un approccio laboratoriale che si avvalga delle fonti letterarie permette di mostrare punti di vista diversi relativi a un fatto storico, di far riflettere gli studenti su come non tutte le tracce del passato vadano trattate allo stesso modo e, ancora, di veicolare l'idea che l'interpretazione del messaggio non sia quasi mai univoca e immediata.

Mediante la narrativa è possibile costruire, distruggere e ricostruire, reinventare ciò che è stato e dare corpo al futuro; si tratta di un processo in cui memoria e immaginazione si fondono insieme e si legano al «familiare», trasformandolo in quel che avrebbe potuto essere: la finzione letteraria crea mondi possibili, ma estrapolati all'interno di quello che conosciamo (Bevilacqua 2000, p. 106).

È ovvio, tuttavia, come il ricorso alla stessa non vada pensato in quanto sostituto o surrogato dello studio della storia come disciplina scolastica, né tantomeno in termini di un'alternativa alla stesura o lettura di scritti a carattere saggistico-argomentativo. Pur avvalendosi dell'identificazione emotiva che è in grado di suscitare, la narrativa va considerata come uno strumento per avvicinare gli studenti alla storia in quanto conoscenza razionale del passato, indagata secondo metodi e tecniche storiografiche, senza che l'elemento «passionale» si sovrapponga al fatto e trasformi la narrazione in un indistinto *storytelling,* secondo una tendenza contemporanea alquanto diffusa (Martinat 2015; Mencarelli 2016).

Maurizio Gusso, autore di numerosi saggi sull'argomento, ha spiegato come i testi letterari, impiegati come fonti storiche, possano trovare in ambito didattico tre possibili usi: uno di tipo *soggettivo-proiettivo-esistenziale*, ossia la narrativa come stimolo per catturare l'attenzione, motivare e problematizzare, far emergere conoscenze e rappresentazioni pregresse; uno *illustrativo,* che motivi o confermi informazioni ricavate da altre fonti, dai manuali o dalle spiegazioni del docente; e da ultimo, uno *parzialmente illustrativo e almeno in parte documentario*, laddove il testo funga da fonte storica, oggetto dunque di una analisi specifica (Gusso 2012, pp. 158-162).

Chiaro è come il docente che si avvale della narrativa per l'insegnamento della storia debba muoversi seguendo alcune coordinate che possono aiutarlo nel maneggiare al meglio gli strumenti con cui andrà a operare.

Va, innanzitutto, ricordato come la testimonianza che il testo letterario fornisce sia indiretta e filtrata dall'intento comunicativo dell'autore; è da considerare, poi, come la narrativa obbedisca a delle regole stilistiche proprie, aspetto che può, talvolta, porla in conflitto con l'esigenza di autenticità che caratterizza la disciplina storica (Bologna 2006): il letterato ha completa libertà espressiva e può non vincolarsi a ciò che riconosce e costruisce come tracce, documenti, prove, tutte cose di cui lo storico, invece, deve dare conto nell'apparato critico dei suoi lavori (Castelli Gattinara 2020).

Occorre, inoltre, non perdere mai di vista il complesso rapporto tra verità e finzione di cui la stessa si nutre, provvedendo a distinguere, all'interno del testo, tra un piano narrativo e uno storico-informativo, senza tralasciare l'analisi del messaggio in esso contenuto.

E ancora, è cosa importante offrire agli alunni un quadro del contesto in cui si inserisce l'opera, che dia nota dell'ambiente in cui la stessa è stata prodotta e che fornisca notizie relative all'autore, favorendo un approccio al testo che sia il più possibile interdisciplinare e permetta di intrecciare in modo dinamico dimensione storica, linguistico-comunicativa ed estetico-letteraria.

Per comprendere questo tipo di fonte al meglio potrebbe essere anche utile ricostruire le vicende relative alla ricezione del testo, valutate anche in prospettiva; allo stesso modo, il processo stesso di diffusione, per esempio di un romanzo, può essere considerato una macro-fonte storico-sociale di rilievo; analogamente, anche il rapporto tra consumo letterario e aspetti sociali è da tenere a mente: vale la pena, infatti, considerare il successo o, al contrario, il fallimento di un testo per individuare gusti o ideologie dominanti in un dato contesto (Verzaroli 2013, pp. 7-8).

> Insegnando la storia si deve, per quanto gli alunni siano capaci di seguire, suscitare in loro lo spirito critico, atteggiamento fondamentale in storia. Il fatto storico non è dato, bensì costruito. Gli alunni vanno perciò sensibilizzati alla fabbricazione della storia. Bisogna mostrare loro che il lavoro dello storico non consiste nel ricomporre la storia, ma nel fare storia (Le Goff 1991, p. 42).

Se l'intento è, dunque, quello di coinvolgere chi si ha davanti – un pubblico, quello dei ragazzi, spesso «difficile», incline alla noia e alla distrazione – è necessario che l'insegnante attivi meccanismi creativi che veicolino il ragionamento su cui è costruita la spiegazione, affinché questo possa essere trasferito e facilmente compreso da chi ascolta, che, in tal modo, sarà messo in grado di poter rielaborare, in modo autonomo, quanto ha sentito e visto, dando così avvio a un processo reale e profondo di apprendimento.

Le fonti letterarie, se ben impiegate, possono certamente aiutarci a fare tutto questo.

14.3 Narrativa e Resistenza: due proposte di laboratorio

I due progetti illustrati a seguire, presentati in una versione semplificata, sono stati parte dell'offerta didattica[1] dell'Istituto Storico Toscano della Resistenza e

[1] Si tratta di «Storie ribelli» (progetto a cura di Paolo Mencarelli) e «Scrittura resistente» (progetto di Paolo Mencarelli ed Eugenia Corbino).

dell'Età Contemporanea di Firenze[2], inseriti all'interno di una riflessione più ampia e generale sul rapporto storia-letteratura-didattica.

Proprio la Resistenza ha costituito, per il caso italiano, un efficace banco di prova per ripensare in modo critico al rapporto storia-fiction. Subito dopo la fine della guerra, infatti, tale esperienza, prima ancora che dagli storici, è stata oggetto di riflessione da parte di intellettuali, registi e scrittori, in molti casi diretti protagonisti di quelle vicende, risultando, in tal senso, inevitabilmente orientata dal vissuto e dal modo in cui ciascuno ha, in particolare negli anni successivi, ripensato a essa (Tabor 2015).

Diventate un «classico» anche tra i banchi di scuola, le opere di Calvino, Pavese, Fenoglio, Viganò, Vittorini e Meneghello – solo per citarne alcune – hanno continuato a essere scelte dagli insegnanti, oltre che per il loro pregio artistico, anche perché considerate uno strumento utile a trasmettere ai ragazzi quei valori di libertà e democrazia che si è soliti associare alla scelta resistenziale nelle sue più varie forme e manifestazioni (Tabor 2015, p. 33).

Posto, dunque, che quei testi non siano documenti storici immediatamente utilizzabili, ma fonti che occorre contestualizzare, filtrare, spiegare, essi si dimostrano comunque utili a cogliere la prospettiva con cui uomini e donne del passato hanno raccontato – immediatamente a seguire o negli anni successivi – un momento fondante della loro vita e di quella delle comunità di appartenenza. E d'altronde, il valore stesso della testimonianza è tale quando essa è in grado di costruire con il lettore un rapporto di tipo problematico, senza la pretesa di offrire soluzioni preconfezionate, e di incoraggiarlo a riflettere in modo autonomo; quando cioè l'autore, con il suo testo, si dimostra capace di descrivere non solo la sua partecipazione alle vicende narrate, ma anche di suggerire possibili chiavi di lettura che non si riducano solo a una passiva forma di auto-identificazione, oggi sempre più difficile da realizzare, proprio a fronte della distanza di tempo e della diversità di esperienze che separano «noi» e «loro».

A oltre settant'anni dalla Liberazione, sembra allora cosa opportuna interrogarsi sull'attualità di questi testi, spesso lontani dalla realtà in cui gli studenti di oggi

---

[2] L'Istituto Storico Toscano della Resistenza e dell'Età Contemporanea (ISRT), fondato nel 1953, è impegnato nella diffusione dello studio dell'antifascismo e della Resistenza e, in generale, nella conoscenza della storia contemporanea italiana e internazionale. Tra le sue attività: la promozione di studi, ricerche e manifestazioni culturali, la cura di pubblicazioni monografiche e periodiche, la produzione di materiali audiovisivi sui temi di propria competenza e la progettazione-realizzazione di corsi di formazione e di aggiornamento per insegnanti di ogni ordine e grado, in proprio e di intesa con la Regione Toscana, con l'Ufficio Scolastico Regionale per la Toscana, le Università, gli enti locali e le altre istituzioni culturali pubbliche e private.

vivono, anche a fronte della presenza di una retorica resistenziale talvolta ridondante e delle problematiche che gli elementi memorialistici, di cui tale tipo di scritti spesso si nutre, pongono in merito alla maggiore o minore accuratezza e veridicità della ricostruzione storica alla base di ciascuna opera.

Senza voler in alcun modo «mandare in soffitta» i classici della letteratura resistenziale, i volumi proposti nei progetti descritti a seguire, andando oltre l'ormai conclusa «epoca d'oro» degli scrittori-testimoni, mirano ad aggiungere uno sguardo contemporaneo rispetto a un tema che continua a interessare e a coinvolgere anche autori giovani, formatisi in un clima culturale, ideale e politico lontano dall'antifascismo e dalla Resistenza e che dunque ricostruiscono quel passato non più per esperienza diretta, ma ricorrendo a loro volta alla ricerca e interpretazione delle fonti (Mencarelli 2016).

Proprio la vicinanza anagrafica scrittori-lettori può contribuire a ridurre il senso di estraneità rispetto all'opera e, in particolare, alle vicende storiche che la stessa ripercorre. È questo il presupposto alla base del primo laboratorio di lettura. Si tratta, naturalmente, di un percorso che l'insegnante deve guidare, contestualizzare, motivare, proprio per evitare che gli alunni finiscano per mescolare in modo indistinto i fatti storici con ciò che è invece invenzione letteraria.

Con il secondo percorso, quello di scrittura collettiva, che prende proprio avvio dalla metodologia che caratterizza uno dei romanzi proposti a seguire, la prospettiva invece si ribalta: i ragazzi non lavorano più all'opera di riconoscimento della storia «nascosta» tra le pagine della narrativa ma, al contrario, partendo proprio dalla documentazione storica (fonti d'archivio, bibliografiche, immagini, audio e video d'epoca) ricostruiscono alcuni episodi significativi relativi al periodo resistenziale, componendo testi letterari basati su una solida documentazione, in cui «piccola» e «grande» storia, vicende individuali e collettive tendono a intrecciarsi nella redazione di un racconto che non rinunci alla dimensione interpretativa e creativa (Mencarelli 2016).

Si tratta, in entrambi i casi, di progetti pensati per operare, in particolare, con gruppi selezionati di alunni o intere classi delle scuole superiori di secondo grado e da svolgere nell'arco dell'anno scolastico, idealmente un quadrimestre, per integrare o affiancare la didattica più tradizionale.

L'obiettivo è veicolare contenuti storici attraverso una metodologia il più possibile partecipata e interdisciplinare; la formula adottata in entrambi i casi, infatti, permette di coniugare l'esposizione teorica alla «messa in pratica», lo studio individuale al lavoro di gruppo, la valutazione del prodotto finale con la presentazione al pubblico di quanto elaborato. Viene, in tal senso, favorito un approccio che prediliga il dialogo e crei interazione.

Sebbene non siano stati progettati con una logica di continuità, i due percorsi possono essere ripensati anche in sequenza, dal momento che il primo, il laboratorio di lettura di romanzi storici di autori italiani contemporanei, può rivolgersi anche ad alunni del secondo e del terzo anno, costituendo un primo momento di avvicinamento al metodo storico, mentre il secondo, quello di scrittura, prevedendo un percorso di ricerca più strutturato, appare per complessità, impegno e autonomia idoneo a studenti delle classi ultime.

All'insegnante o al gruppo di docenti è richiesto un ruolo attivo di progettazione e di coordinamento; auspicabile, in tal senso, anche il coinvolgimento di realtà esterne alla classe-scuola: una biblioteca, un archivio, un centro di documentazione, un ente, un'associazione o un istituto culturale del territorio, che possano mettere a disposizione materiali, luoghi, competenze e dove i ragazzi abbiano l'opportunità di «fare esperienza».

Vale sottolineare che l'impianto e la metodologia di entrambi i progetti si prestano, in modo semplice e agevole, a essere adattati e replicati per l'insegnamento di altri periodi storici o vicende specifiche del passato.

Si tratta, dunque, di schemi a «maglie aperte», a cui è possibile apportare tagli o integrazioni, semplificazioni o ampliamenti: le necessarie modifiche, insomma, che ciascun docente riterrà utili, anche in virtù del tempo a sua disposizione, del livello e degli interessi della classe o delle esigenze degli altri colleghi con cui si trova a collaborare.

14.3.1 *Leggere la storia: la Resistenza raccontata attraverso la penna di autori contemporanei*

Il lavoro ha inizio con la definizione, da parte dell'insegnante, di una selezione ragionata di alcuni testi, romanzi di scrittori contemporanei ad argomento resistenziale, su cui sarà poi chiamata a lavorare la classe. Viene, in tal senso, proposta una lista, integrabile e modificabile, di titoli già utilizzati con successo nei laboratori precedentemente svolti.

Mauro Valeri, *Negro, ebreo, comunista*, Odradek, Roma 2010;
Valerio Varesi, *La sentenza*, Frassinelli, Milano 2011;
Wu Ming 2 e Tamar Mohamed, *Timira*, Einaudi, Torino 2012;
Antonella Sarti, *Dalle cime al mare*, Effegi, Acidosso-Grosseto 2012;
Paola Soriga, *Dove finisce Roma*, Einaudi, Torino 2012;
Giacomo Verri, *Partigiano Inverno*, Nutrimenti, Roma 2012;
Scrittura industriale collettiva, *In territorio nemico*, Minimum Fax, Roma 2013;
Wu Ming 1 e Roberto Santachiara, *Point Lenana*, Einaudi, Torino 2013.

Pur non analizzandoli nel dettaglio, vale la pena sottolineare come si tratta di testi a cui si legano immagini della Resistenza tra loro diverse e dove la dimensione «eroica», lontana dalla patina retorica, sembra emergere tra le righe, nella narrazione di aspetti e punti di vista all'apparenza secondari e diversi rispetto a quelli che la letteratura più tradizionale ha solitamente messo in evidenza. Così è, ad esempio, il vagabondaggio del partigiano Matteo in «In territorio nemico», romanzo che analizza, nell'intreccio di tre storie, il fondamentale tema della «scelta»; ma tale è la stessa inquietudine esistenziale che accompagna Jim, uno dei protagonisti di «La sentenza», vero e proprio «avanzo di galera», un non-eroe che, come è stato per molti nella realtà, vive proprio durante l'esperienza partigiana a cui approda da «infiltrato», un percorso di maturazione ideale e politica.

Un testo come quello di Antonella Sarti (2012) punta invece alla fruibilità e all'identificazione empatica dei lettori con i protagonisti, attraverso una sorta di «percorso sentimentale» alla tematica resistenziale; mentre è proprio il linguaggio, fatto di neologismi, innesti dialettali ed evidenti richiami agli scritti di Fenoglio e Calvino a contraddistinguere «Partigiano inverno», racconto sulla Resistenza nei territori della Valsesia.

E ancora, in Paola Soriga (2012) a spiccare è il «punto di vista», il fatto che a narrare le vicende sia una giovane ragazza (una sorta di Pin al femminile) la cui storia finisce, in fondo, per raccontare «tante altre "questioni private" che insieme danno forma a un desiderio collettivo: lasciarsi alle spalle un mondo vecchio e cominciarne uno nuovo, migliore»; e infine i due volumi: «Timira» – storia dell'italo-somala Isabella Marincola sorella del partigiano Giorgio, medaglia d'oro – e «Negro, Ebreo, Comunista» – opera dedicata alla figura del partigiano «meticcio» Alessandro Sinigaglia – toccano i temi delle identità e degli «attraversamenti» delle identità etniche, aspetti centrali nelle culture antifasciste contemporanee (Mencarelli 2016; Mencarelli 2017).

In sintesi, elementi comuni a tutti i testi citati sono:

1. la contemporaneità: si tratta di produzioni recenti di autori italiani formatisi culturalmente dopo l'affievolimento del «paradigma antifascista» e la dissoluzione dei partiti della Prima Repubblica, tra la fine degli anni Ottanta e l'inizio dei Novanta del secolo scorso.
2. L'argomento: la narrazione di fatti e temi della Resistenza e della Seconda guerra mondiale rielaborati partendo da elementi documentari di varia natura, esplicitati all'interno del testo stesso, in appendice, nell'introduzione o, ancora, in interviste e interventi in cui l'autore ha dato nota delle proprie fonti.
3. La molteplicità dei «punti di vista», degli stili e dei linguaggi che rendono i testi adatti a studenti con livelli di preparazione, attitudine alla lettura, provenienza scolastica diversi.

Per raggiungere il risultato finale del laboratorio, ovvero la scrittura di recensioni ragionate e motivate dei libri proposti all'attenzione degli studenti, da presentare in un incontro conclusivo, gli insegnanti e i ragazzi avanzano attraverso un percorso « a tappe ».

I – Lezione introduttiva al contesto storico

Il docente avvia in classe il progetto attraverso una lezione in cui introduce il tema storico alla base dei romanzi: la Seconda guerra mondiale e la Resistenza in Italia, con particolare enfasi sul significato dell'8 settembre 1943, fondamentale per capire cosa spinse molti ragazzi a salire in montagna e a cercare di unirsi alle prime formazioni partigiane; si parlerà poi di Resistenza civile e si analizzerà il tema della scelta.

Durante l'incontro, l'insegnante mostrerà riproduzioni di documenti d'archivio, fotografie, audio e video d'epoca. La spiegazione sarà accompagnata anche dalla lettura di passi dei romanzi selezionati.

Al termine dell'incontro il docente rifletterà con gli alunni proprio sul valore delle fonti narrative impiegate durante la spiegazione storica, ponendo loro alcune domande circa la natura di quegli scritti: di che tipo di testi si tratta? Quanto viene raccontato è storia o finzione? La lettura ha favorito una tua maggiore/minore comprensione della lezione?

II – Le fonti letterarie

L'insegnante introduce i romanzi di cui sono stati letti alcuni passaggi nel corso del precedente incontro, discutendo con i ragazzi degli « strumenti dello storico », in particolare, illustrando il concetto di fonte e riflettendo sul rapporto tra verosimiglianza e veridicità nelle opere artistiche.

Occorre cioè che il docente porti all'attenzione degli studenti i due principali rischi che l'uso della narrativa come fonte storica reca con sé: la « manipolazione » dei fatti e il ricorso all'emotività-immedesimazione del lettore.

Mentre nel racconto della storia fatto dai romanzieri non si è necessariamente tenuti a dire la verità sul passato, ma possono essere introdotti personaggi, situazioni, effetti, che allontanano dalla verità, ciò non è certamente ammissibile laddove si lavori a una ricerca che voglia ricostruire la realtà storica. Dall'altro lato, l'aspetto emozionale, centrale e fondamentale nell'arte, non deve, invece, essere anteposto, nel lavoro dello storico, alla ragione critica, al dibattito, al confronto.

Al termine della spiegazione, il docente chiama gli studenti, suddivisi in piccoli gruppi, a lavorare sui romanzi. Gli alunni vengono guidati dall'insegnante a ricavare da alcuni brani selezionati solo le informazioni storiche presenti, in modo diretto o indiretto, separando, dunque, l'invenzione narrativa (o la rievocazione contestuale) dalla realtà storicamente accertabile.

Può essere utile, a tal proposito, mostrare ai ragazzi il funzionamento di alcuni portali di storia, banche dati, siti web affidabili attraverso cui gli stessi potranno cercare informazioni o verificare le loro ipotesi.

A conclusione, ogni gruppo analizzerà e discuterà con il docente e il resto della classe i risultati del proprio lavoro e rifletterà sul rapporto storia-fiction, anche a partire dalle proprie esperienze personali.

Ciascuno studente sceglierà poi uno dei volumi proposti per una lettura completa a casa, accompagnandola con la scrittura di una breve recensione con giudizio personale motivato.

III – Incontro con l'autore e lo storico

Il vantaggio di far riferimento a testi di autori contemporanei sta anche nella possibilità di poter organizzare, a scuola o presso una biblioteca locale che sia stata coinvolta nel progetto, un incontro tra la classe, uno storico e uno o più autori dei romanzi che gli alunni hanno avuto in lettura. Ai ragazzi la possibilità di ascoltare come l'uno e l'altro ricostruiscano la storia, fare domande, esprimere dubbi e confrontarsi con gli autori.

Nel corso dell'incontro verranno lette anche le recensioni preparate da ciascuno. Le più efficaci riceveranno un premio, naturalmente in libri.

14.3.2 *Scrivere la storia: collaborare alla composizione di un breve racconto*

Proprio a partire dal romanzo *In territorio nemico* – uno dei testi di cui si è parlato nelle pagine precedenti – è possibile dare vita a un laboratorio incentrato sulla scrittura di un racconto breve. Accanto alla tematica resistenziale, riletta con lo sguardo della contemporaneità, infatti, ciò che può suscitare interesse è soprattutto il metodo di scrittura con cui è stato costruito il testo. Gli autori – i due toscani Vanni Santoni e Gregorio Magini – l'hanno definito «Scrittura Industriale Collettiva» (SIC), dal momento che si tratta di un romanzo storico a 230 mani (115 autori tra scrittori ed esperti a vario titolo, ad esempio, di dialetto) ambientato negli anni dell'occupazione tedesca in Italia e basato su fatti e aneddoti raccolti nel corso della lunga gestazione.

Il metodo attraverso cui è stato composto il volume si fonda essenzialmente sulla creazione di un sistema di fonti (letterarie) che porta tutti gli scrittori a comporre schede relative ai personaggi, ai luoghi e alle scene di cui si compone il romanzo (o il racconto), tramite un continuo rimando a quelle definitive, assemblate e composte da chi coordina (il così detto «Direttore artistico») (Magini, Santoni 2015, pp. 82-92). È così che, lavorando insieme ai vari «pezzi» che costituiscono il prodotto finale e condividendo le fonti, gli scrittori si allineano tra loro al fine di giungere a una necessaria visione condivisa. Il sistema si definisce «industriale» proprio perché basato su di una «divisione del lavoro» di tipo fordista per cui «chi scrive non sceglie e chi sceglie non scrive» (Magini, Santoni 2015, pp. 82-92). Un'architettura rigorosa fondata, tuttavia, su un approccio collaborativo e su un'idea dinamica del narrare. L'originalità della metodologia elaborata da Magini e Santoni, peraltro liberamente consultabile sul web, sta anche nella sua adattabilità ai più vari contesti, compreso un possibile uso didattico.

L'obiettivo è quello di costituire un percorso da proporre, in particolare negli ultimi due anni della scuola secondaria, per approfondire alcune tematiche facendo ricorso a un approccio che non sia «generalista» e che non si avvalga unicamente della tradizionale lezione *ex cathedra*, ma punti a coinvolgere i ragazzi favorendo la loro partecipazione diretta, stimolandoli a realizzare un prodotto che dia concretezza all'attività di studio e ricerca, caratteristica delle prime fasi del progetto.

L'opportunità di scrivere un racconto appare la soluzione giusta. Un adattamento del metodo SIC permette, infatti, di interagire con un'intera classe o gruppi di studenti chiamati a collaborare alla scrittura di testi narrativi basati su una solida documentazione archivistica e bibliografica, in modo che gli stessi si confrontino in prima persona e in termini concreti con la storia, rispetto a cui sono chiamati a «fare esperienza».

Premiante può risultare, inoltre, la scelta di lavorare a ricostruire vicende che abbiano per teatro strade, piazze, luoghi familiari, suscitando così nei più giovani un interesse e una partecipazione che avvenimenti geograficamente più lontani e «astratti» non sono in grado di originare.

A seguire alcune indicazioni per poter facilmente riprodurre il laboratorio. Per rendere più chiara e concreta l'esposizione si fa riferimento ai passaggi seguiti nel corso dell'ultimo progetto di scrittura tenuto nel 2016 presso un Liceo Artistico di Firenze, percorso che ha coinvolto un gruppo di alunni di quinta sotto la supervisione della loro insegnante di lettere e storia.

I. Scelta del soggetto da sviluppare (i fatti storici da descrivere attraverso il racconto) e costituzione del gruppo di scrittura formato dagli studenti-scrittori guidati dal «direttore artistico», il docente, che si occuperà sia della formazione storica degli alunni sia di selezionare e uniformare il materiale scritto componendolo in sequenza.

Per quanto concerne la nostra esperienza, la tematica resistenziale, con i suoi mille episodi «avventurosi», ben si è prestata a una attività di produzione letteraria: i ragazzi hanno riscritto con gli occhi della contemporaneità una storia distante dal loro vissuto quotidiano attraverso un approccio che ha dimostrato di essere certamente più empatico rispetto alla classica lezione frontale e che li ha incoraggiati a dare agli eventi del passato colore, forma, calore.

Il laboratorio ha coinvolto un piccolo gruppo (12 studenti) di due ultime quinte di un Liceo Artistico che hanno operato sotto la supervisione della loro insegnante di lettere e storia (la « direttrice artistica »). Con l'obiettivo di catturare l'interesse degli alunni, abbiamo deciso di lavorare sulla questione del salvataggio delle opere d'arte a Firenze durante la Seconda guerra mondiale. Siamo partiti da uno dei saggi contenuti nel volume della storica dell'arte Alessia Cecconi, « Resistere per l'arte », per comporre un testo che ricostruisse e romanzasse l'esperienza di Cesare Fasola, Direttore della Biblioteca degli Uffizi, che nel 1944, su incarico del Soprintendente Giovanni Poggi, si impegnò con grande passione e coraggio nella salvaguardia di una parte del patrimonio artistico pubblico e privato della città, adoperandosi, in particolare, nel proteggere la famosa Primavera di Sandro Botticelli.

Il fatto di poter operare in un Liceo Artistico ampliava le possibili applicazioni del lavoro, permettendo di coinvolgere i ragazzi non soltanto nella scrittura di un racconto, attività verso cui solo alcuni si sentivano davvero portati, ma anche nella realizzazione di tavole che illustrassero graficamente il testo realizzato dai compagni e nella progettazione di un video di cui gli stessi potessero essere, in prima persona, i registi. E, dunque, non solo scrittori, ma anche artisti e registi.

II. Preparazione storica all'argomento e studio individuale. L'insegnante tiene una lezione sul periodo storico in cui si colloca la vicenda che sarà poi narrata attraverso il racconto. Potrà in tal senso avvalersi di immagini, audio e video d'epoca; selezionare e distribuire in lettura tra gli studenti-scrittori brani specifici, tratti da alcune opere storiografiche e memorialistiche.

L'impegno del primo mese di lavoro è stato quello di dare agli studenti una formazione di contesto. Non potevamo, infatti, immergerli subito nella questione della tutela (nonché delle razzie e delle distruzioni) del patrimonio artistico e nello, specifico, nell'analisi dell'esperienza resistenziale di Cesare Fasola, senza spiegare che cosa è stata la guerra in Italia e, soprattutto a Firenze. Lo abbiamo fatto attraverso una lezione in cui, accanto alla spiegazione, ai ragazzi potessero essere mostrate direttamente le fonti: documenti d'archivio, video dell'epoca, molte immagini.

Una seconda lezione sarà poi dedicata al racconto e all'analisi dei fatti che gli studenti-scrittori ricostruiranno mediante l'opera narrativa.

È importante che in questa fase gli stessi si cimentino, in prima persona, nella ricerca storica; si suggerisce, in tal senso, di programmare una visita presso un Archivio/Biblioteca in cui gli alunni possano svolgere in gruppo ricerche di documenti e altri materiali utili alla composizione del racconto.

L'insegnante fornisce loro anche indicazioni su siti web, banche dati, portali di storia che i ragazzi potranno utilizzare per ricerche online, proponendo loro anche video e letture sull'argomento. Il lavoro prevede, dunque, anche una necessaria fase di studio individuale a casa.

Siamo poi passati a lavorare direttamente con il soggetto del nostro racconto: Cesare Fasola e la questione della tutela delle opere d'arte durante la Guerra. Gli alunni hanno letteralmente «messo le mani» tra le carte di una parte del suo Archivio, depositato presso l'Istituto Storico della Resistenza, facendo i conti con l'ostica grafia del suo diario.

III. Il docente avvia la fase di scrittura dando agli studenti-scrittori una serie di indicazioni su come procedere.

Nel suo ruolo di coordinatore, infatti, egli ha già definito, partendo dal fatto storico reale, i personaggi, i luoghi e le scene in cui si articolerà il racconto. Tali disposizioni vengono condivise con gli alunni, chiamati a redigere delle schede relative ai tre elementi indicati sopra.

Tra le avvertenze che si suggerisce di fornire, c'è anche quella di alterare e modificare i nomi dei personaggi reali. Possono, inoltre, essere inserite anche figure di fantasia, in modo da permettere ai ragazzi di avere più «margine d'azione», il tutto, naturalmente, rispettando criteri temporali e di verosimiglianza.

Ricevute le prime indicazioni, ogni studente compone una breve scheda descrittiva relativa a ciascun personaggio, avvalendosi delle fonti e delle informazioni che ha reperito nel corso della fase di preparazione al lavoro.

Dopo il completamento delle schede, l'insegnante acquisisce i materiali e assembla tra loro pezzi, frasi, parole, attingendo da ciascun testo, in modo tale che più versioni dello stesso personaggio portino alla redazione di un profilo finale unico, composto da elementi tratti da tutti gli scritti. Analoga operazione è ripetuta per i luoghi. Tutte le schede di personaggi e luoghi nel loro arrangiamento definitivo vengono poi riconsegnate agli scrittori che le utilizzeranno per la realizzazione delle singole scene, composte via via con lo stesso sistema.

Si riportano a seguire, come esempio chiarificatore, le schede[3] preparatorie relative a Cesare Fasola, protagonista del nostro racconto, scritte dagli studenti. A partire da queste quattro diverse versioni è stata ricavata quella definitiva. Il personaggio finale ha un nome d'invenzione, scelto tra quelli proposti dagli alunni.

---

[3] Le schede sono state trascritte in «modo grezzo», possono dunque contenere errori.

Cesare Conticelli (scheda di Martina)

Cesare era un uomo di 58 anni; non molto alto, circa un metro e 68, e minuto di costituzione. La sua postura era tuttavia fiera e solida.

Il viso era segnato da qualche ruga, con occhi piccoli e vivaci, un naso aquilino importante, la bocca piccola e sottile ma di un rosa vivido, peluria appena accennata sul viso (sintomo di una cura minuziosa nel radersi la barba), la forma del viso leggermente squadrata, grandi orecchie, fronte alta accentuata da un principio di calvizie, carnagione chiara tempestata qua e la da macchioline più scure dettate dall'anzianità. Il fisico asciutto e esile, con un accenno di pancetta, mani grandi e spalle strette.

L'abbigliamento semplice che tende all'eleganza, prevalentemente indossa maglioni o giacche di colori pacati e poco vistosi. Porta come accessorio solamente occhiali da vista leggeri e piccoli, da una montatura fine, tondeggiante e dorata; possono sostituirli occasionalmente occhiali da sole.

Appassionato d'arte e colto letterato è stato professore d'italiano e direttore della biblioteca degli Uffizi. Attivo uomo politico iscritto al partito antifascista e partigiano nella divisione « Giustizia e Libertà di Firenze ».

Cesare era un uomo dai solidi princìpi, un uomo combattente, quando si tratta di difendere la libertà e l'integrità dei diritti fondamentali del popolo; tuttavia non molto aperto, riservato nelle relazioni sociali e un ottimo ascoltatore. È devoto alla famiglia, e a sua moglie Giusta, con lei emerge il suo lato tenero. Puntiglioso e molto preciso, tende a dover necessariamente mettere le cose in ordine (materiali o sociali che siano).

Lo innervosiscono le ingiustizie e le persone che lo interrompono (nel parlare, nello scrivere o in qualsiasi attività). Quando è sotto pressione stringe i pugni, scrocchia le dita o le tamburella sulle gambe o su qualunque superficie abbia a disposizione, quando al contrario è tranquillo è silenzioso e sospirante.

Lapo Conti (Scheda di Tommaso)

Lapo Conti ha cinquantotto anni e vive con la moglie Amalia Gori a Firenze dove prima della guerra amava girovagare per le strade e le piazze ammirando i capolavori dei vari artisti che caratterizzano la città.

Purtroppo Lapo soffre di insonnia e durante la notte ama studiare sui libri di storia dell'arte e cercare informazioni sulle opere fiorentine e sugli autori.

Ha appena compiuto il suo cinquantottesimo compleanno, ha i capelli completamente grigi e radi sulla parte superiore del cranio, porta occhiali tondi e spessi con una fine montatura di metallo dorato; non ha mai sopportato portarli e gli davano fastidio per questo li mette malvolentieri e se proprio non ne può fare a meno li poggia sulla punta del naso cercando di alleviare il fastidio.

Ama molto sua moglie Amalia, che è solito chiamare Lia, e ad unirli ulteriormente c'è l'amore sfrenato per l'arte. È sempre stato un'ottima forchetta ma negli ultimi anni di guerra si mangiava solo quello che si trovava e di conseguenza ha perso diversi chili.

Ha un'indole tranquilla e quieta, non è superficiale ma cerca di farsi scivolare addosso i problemi senza soffermarcisi troppo, con l'avvento della guerra però è diventato ogni giorno più nervoso ma allo stesso tempo anche più prudente e meno sconsiderato.

Se c'è una cosa però che lo colpisce nell'anima è di essere consapevole che le opere e i monumenti di Firenze sono costantemente in pericolo, conosce la collocazione di alcune di esse grazie all'assidua frequentazione col Cln di Fiesole del quale, con la moglie, sono i fondatori e passa le giornate a immaginare le condizioni in cui possono versare e in cui sono custodite e ogni volta rabbrividisce e si rattrista maledicendo tedeschi, nazisti e fascisti. È sua abitudine tenere sempre un fazzoletto di seta azzurra con le iniziali della moglie sempre piegato nella tasca posteriore dei pantaloni.

Bernardo Viti (Scheda di Matilde)

L'uomo doveva avere poco meno di sessant'anni. Due occhi d'un grigio gentile e sveglio. Due baffi altrettanto grigi che nascondevano le labbra di per sé già sottili. L'altezza media, come la corporatura, non era valorizzata, bensì rattrappita da una timidezza impacciata che solo anni di maturità avevano placato, almeno in parte.

Il suo era un animo tranquillo e per questo sottovalutato da chi, per i più disparati motivi, entrava in contatto con lui. Eppur quando, piano, s'arrivava in quel suo cerchio d'interesse, egli sembrava tutt'altro di quel che era parso. Cos'era che lo smuoveva a tal punto? L'arte. Tanta era la sua passione che, addirittura, era divenuto Direttore della Biblioteca degli Uffizi. Questo lo rendeva orgoglioso e al contempo pieno di disagio. – E perché mai? – Chiedevano quei suoi amici storici. Ma Bernardo Viti non rispondeva. Li guardava sorridendo e altri divenivano gli argomenti. La verità era che, parlare di sé, non poteva essere concepito da tutta quella sua figura, che avrebbe voluto veder solo sotto una modesta ombra. Così ogni sera tornava a casa dalla sua Giusta e ancor maggiormente sorrideva di quel ricorrente pensiero d'essere non un Direttore bensì un Custode. Si sentiva realizzato. E quella donna, oh quella donna che gli sedeva accanto dal volto scarno, come se fra quegli zigomi scorresse il fiume della sua stessa vita, l'affascinava ogni giorno.

Pensava poi a quelle lunghe conversazioni a lui tanto care: quando si ritrovavano in salotto, stanchi, a parlar di un'idea, ad affermare un concetto per ripartire insieme nuovamente. Conoscersi ancora e ancora. E quando parlavano d'arte, allora nulla era la differenza fra i due, che s'esaltavano allo stesso modo e, bada bene, senza alcun linguaggio pretenzioso ma solo con gli occhi di due bambini pronti a stupirsi.

Filippo Focosi (Scheda di Jasmine)

Su incarico del Sopraintendente Giovanni Poggi, nel periodo dell'emergenza bellica mi feci carico di un grande programma con alte aspettative.

Mi impegnai con grande passione e tenacia nella salvaguardia di una parte del patrimonio artistico pubblico e privato della mia città.

Fu così che, durante il luglio del 1944 con il fronte alle porte di Firenze, a causa di vari inconvenienti decisi di partire io stesso, a piedi, verso Montegufoni, vicino a Montespertoli, per sorvegliare i capolavori degli Uffizi – come la Primavera del Botticelli – qui ricoverati e nello stesso tempo per prendere contatti con i partigiani del posto.

I miei capelli, a causa della vecchiaia e forse, anche a causa dei vari problemi a cui la mia mente veniva spesso turbata, iniziarono a cadere lungo il mio percorso di formazione con il quale maturai e allo stesso tempo, ebbi la possibilità di consolidare ancora di più i miei ideali.

Senza indossare scuse né incertezze ma solo medaglie, iniziai il mio lavoro come meglio potevo. I primi giorni li passai a cercare di conoscere tutti i sequestri e di fermare, bloccare, sigillare in un luogo sicuro sotto la sorveglianza della soprintendenza le varie collezioni requisite.

Intanto i problemi che si accumulavano causarono in me vari attacchi di rabbia improvvisi, i quali, ebbero delle forti ripercussioni su mia moglie Giusta Nicco, la quale ai tempi aveva il ruolo di insegnante di storia dell'arte ma al tempo stesso fu anche uno dei rappresentati più attivi del Cln di Fiesole.

Ciò nonostante, lei rimase sempre accanto a me, appoggiandomi anche nelle scelte più sbagliate che un uomo di grandi capacità potesse mai prendere.

Solo e disarmato, più volte, nel corso della mia dura battaglia contro il tempo e i tedeschi, cercai invano di fermare le requisizioni, appellandomi alle leggi, chiedendo verbali su verbali e ricevute, ma non sempre terminò a buon fine. La macchina creata durante la guerra, che comprendeva un vasto intreccio di cariche funzionarie e di ruoli, spesso non meritati, era molto peggiore di quanto possibile, e anche indistruttibile. L'unica causa e forse anche, l'unico motivo per cui mi svegliavo ogni mattina, nonostante i vari incubi notturni che entravano nella mia stanza senza mia chiedere il permesso, era proprio quello di raggiungere il mio sogno: resistere per ogni singolo uomo, resistere per me, ma soprattutto resistere l'arte.

Cesare Fasola/Filippo Focosi (Scheda finale)

Filippo Focosi ha appena compiuto cinquantotto anni, ha i capelli completamente grigi e radi sulla parte superiore del cranio, porta occhiali tondi e spessi, con una fine montatura di metallo dorato: non li ha mai sopportati, è per questo che li poggia sulla punta del naso cercando di alleviare il fastidio.

Non è molto alto, ma la sua postura appare fiera e solida. La timidezza, che anni addietro lo aveva reso spesso impacciato e goffo, si era attenuata con l'età.

Il viso, segnato da qualche ruga, è caratterizzato da occhi piccoli e vivaci, il naso aquilino, la bocca sottile, la fronte alta accentuata da un principio di calvizie e tempestata qua e là da macchioline più scure dettate dall'età.

Puntiglioso e molto preciso, tende a dover necessariamente mettere le cose in ordine. Fuma, di tanto in tanto; soffre di insonnia e durante la notte ama studiare. Quando è sotto pressione stringe i pugni, scrocchia le dita o le tamburella sulle gambe o su qualunque superficie abbia a disposizione. È sua abitudine tenere sempre un fazzoletto di seta azzurra con le iniziali della moglie piegato nella tasca posteriore dei pantaloni.

Diversamente da quanto testimoni quell'apparenza dimessa, Focosi è un uomo determinato, che porta avanti ciò in cui crede. L'arte è la sua passione, ha studiato e ha lavorato tanto, divenendo direttore della Biblioteca degli Uffizi, una carica che lo rende orgoglioso e al contempo lo intimidisce. La verità è che Filippo non ama parlare di sé, essendo persona umile e modesta. Egli non si sente un direttore, bensì un custode.

Egli sa di poter condividere quella stessa passione per l'arte con la moglie. A sera capita spesso che i due si ritrovano in salotto, stanchi, a parlare d'arte come due bambini pieni di stupore. Della sua esperienza a Montegufoni Filippo darà questa testimonianza:

I giorni sembravano passare così velocemente mentre i lavori e i progetti che mi ero posto da portare a termine continuavano a raddoppiare giorno dopo giorno, e così iniziai a vivere una pericolosa doppia vita. Ero un antifascista convinto, membro dell'esecutivo di emergenza del Partito d'Azione.

Mai nessuno riuscì a convincermi del contrario, sapevo bene a cosa andavo incontro, ma sapevo anche, quale sarebbe stato il premio di quella lotta (in caso di vincita) in cui avevo deciso di partecipare, giurando fedeltà fino alla morte.

Inizialmente la mia vita fu colpita dalla semplicità dei fatti, in quanto mi occupavo solo dell'archivio della biblioteca degli Uffizi per poi arrivare alla pensione nel 1957. Molti mi descrivevano come un uomo colto e riservato, ma allo stesso con un grande coraggio, che per mia fortuna, mi accompagnò per tutto il corso della guerra, senza mai abbandonarmi.

Su incarico del Sopraintendente Giovanni Poggi, nel periodo dell'emergenza bellica mi feci carico di un grande programma con alte aspettative. Mi impegnai con grande passione e tenacia nella salvaguardia di una parte del patrimonio artistico pubblico e privato della mia città. Fu così che, durante il luglio del 1944 con il fronte alle porte di Firenze, a causa di vari inconvenienti decisi di partire io stesso, a piedi, verso Montegufoni, vicino a Montespertoli, per sorvegliare i capolavori degli Uffizi – come la Primavera del Botticelli – qui ricoverati e nello stesso tempo per prendere contatti con i partigiani del posto. I primi mesi li passai a cercare di conoscere tutti i sequestri e a cercare di fermare, bloccare, sigillare in un luogo sicuro sotto la sorveglianza della soprintendenza le varie collezioni requisite. Solo e disarmato, più volte, nel corso della mia dura battaglia contro il tempo e i tedeschi, cercai invano di fermare le requisizioni, appellandomi alle leggi, chiedendo verbali su verbali e ricevute, ma non sempre terminò a buon fine. L'unica causa e forse anche, l'unico motivo per cui mi svegliavo ogni mattina, nonostante i vari incubi notturni che entravano nella mia stanza senza mia chiedere il permesso, era proprio quello di raggiungere il mio sogno: resistere per ogni singolo uomo, resistere per me, ma soprattutto resistere l'arte.

Attraverso la composizione di tutte le schede operata dal docente-direttore artistico, tenendo conto della necessaria coerenza storica e temporale di quanto scritto rispetto alle reali vicende storiche, si ottiene dunque il testo definitivo, frutto del lavoro di studio e redazione degli studenti-scrittori.

Va sottolineato come si tratta di un'attività che si fonda molto sulla « buona volontà » degli alunni, poiché, nella maggior parte dei casi, proprio la redazione delle schede avviene al di fuori dell'orario scolastico, fatto che può rendere tutta l'operazione meno « fluida » e immediata. E tuttavia, al di là degli esiti – non è infatti cosa rara che il testo rimanga incompleto – ciò che più interessa è il percorso compiuto: lavorando con strumenti diversi rispetto ai soliti manuali, i ragazzi imparano in modo attivo e coinvolgente a dare senso e a interpretare storicamente situazioni, fatti, processi e ad acquisire gli strumenti per ordinare i passaggi storici.

In tal senso, il testo letterario – sia che lo si legga sia che lo si scriva – se ben impiegato, può essere un valido supporto, un punto di vista differente, un modo per capire, approfondire e rendere più piacevole ed empatica la disciplina.

Non è vero che la storia accade e basta: è in fondo questo il messaggio che la scuola deve veicolare, rendendo i ragazzi non dei semplici consumatori di storie « corrette » e preconfezionate o tifosi di resoconti di parte, ma insegnando loro ad « essere storici », ossia cacciatori di tracce con un ruolo attivo nel processo di ricerca: capaci di generare le proprie ipotesi interpretative, di negoziarle con altri (insegnanti compresi), di offre le proprie competenze ai compagni che ne hanno meno, di analizzare criticamente le informazioni e i documenti reperiti.

Bibliografia

- Baiesi N., Guerra E. (a cura di), 1997, *Interpreti del loro tempo: ragazzi e ragazze tra scena quotidiana e rappresentazione della storia*, CLUEB, Bologna.
- Barbero A. *et al.*, 2017, *Romanzi nel tempo: come la letteratura racconta la storia*, Laterza, Roma-Bari.

- Bevilacqua P., 2000, *Sull'utilità della storia per l'avvenire delle nostre scuole*, Donzelli, Roma.
- Carrattieri M., 2015, *La Resistenza tra memoria e storiografia*, in «Passato e Presente», n. 95: pp. 5-18.
- Castelli Gattinara E., 2020, *Storia e storie fra racconto e verità*, in M. Pacini, L. Tasca (a cura di) *Fra storia e letteratura: raccontare, inventare, costruire*, in «Passato e presente», n. 110, pp. 98-105.
- Cecconi A., 2015, *Resistere per l'arte: guerra e patrimonio artistico in Toscana: dieci storie di uomini e opere salvate*, Medicea, Firenze.
- Cornacchioli T., 2002, *Lineamenti di didattica della storia: dal sapere storico alla storia insegnata*, Pellegrini, Cosenza.
- Duby G., 1995, *Scrivere la storia*, in A. Asor Rosa (a cura di), *La scrittura e la storia. Problemi di storiografia letteraria*, La Nuova Italia, Firenze, pp. 43-53.
- Galfré M. (a cura di), 2020, *Insegnare storia. Università, scuola e società*, in «Passato e presente», n. 110: pp. 17-45.
- Ginzburg C., 2006, *Il filo e le tracce. Vero, falso, finto*, Feltrinelli, Milano.
- Gusso M., 2012, *Il laboratorio con le fonti letterarie*, in P. Bernardi, F. Monducci (a cura di), *Insegnare storia: guida alla didattica del laboratorio storico,* UTET, Torino, pp. 157-171.
- Le Goff J., 1981, *Storia*, in Enciclopedia (vol. 13: pp. 566-670), Einaudi, Torino.
- Le Goff J., 1991, *Ricerca e insegnamento della storia*, La Nuova Italia, Firenze.
- Magini G., Santoni V., 2015, *Di chi è la Resistenza? Riappropriazione e rielaborazione della storia nell'esperienza di Scrittura Industriale Collettiva*, in «Zapruder», n. 36, pp. 88-92.
- Martinat M., 2013, *Tra storia e fiction: il racconto della realtà nel mondo contemporaneo,* Et. Al., Milano.
- Martinat M., 2018, *Brevi considerazioni su due aspetti del rapporto attuale tra storia, storici e fiction*, in T. Bertilotti (a cura di), *Pratica storiografica e altre narrazioni del passato*, in «Contemporanea», n. 4, pp. 622-631.
- Ottaviani F., 2005, *Romanzo e storia. La narrativa come fonte*, in «Dimensioni e problemi della ricerca storica», n. 2, pp. 183-208.
- Rumiz P., Greppi C., Bidussa D., 2016, *Il passato al presente. Raccontare la storia oggi,* Feltrinelli, Milano.
- Sarti A., 2012, *Dalle cime al mare*, Effegi, Arcidosso-Grosseto.
- Scrittura industriale collettiva, 2013, *In territorio nemico*, Minimun Fax, Roma.
- Serkowska H. (a cura di), 2010, *Finzione, cronaca, realtà: scambi, intrecci e prospettive nella narrativa italiana contemporanea*, Transeuropa, Massa.
- Soriga P., 2012, *Dove finisce Roma*, Einaudi, Torino.
- Tabor D. (a cura di), 2015, *Il racconto della Resistenza tra storia e fiction: realtà e finzione nella comunicazione e nella didattica della storia*, Seb27, Torino.
- Valeri M., 2010, *Negro ebreo comunista: Alessandro Sinigaglia, venti anni in lotta contro il fascismo*, Odradek, Roma.
- Varesi V., 2011, *La sentenza*, Frassinelli, Milano.
- Verri G., 2012, *Partigiano inverno*, Nutrimenti, Roma.

- Wu Ming, 2009, *New Italian Epic: letteratura, sguardo obliquo, ritorno al futuro*, Einaudi, Torino.
- Wu Ming 1, Santachiara R., 2013, *Point Lenana*, Einaudi, Torino.
- Wu Ming 2, Mohamed A., 2012, *Timira*, Einaudi, Torino.

Sitografia

- Bologna G., 2006, *La letteratura come fonte storica*, in http://www.bibliolab.it/lab-storia_teoria/letteratura.htm.
- Martinat M., 2015, *Empatia. La storiografia tra storia e fiction*, in «Novecento.org», n. 4, Doi: 10.12977/nov82.
- Mencarelli P., 2014, *Recensione su In territorio nemico*, in «Novecento.org», n. 2, Doi: 10.12977/nov24.
- Mencarelli P., 2016, *Narrativa e Resistenza: due esperienze didattiche*, in «Novecento.org», n. 6, Doi: 10.12977/nov143.
- Mencarelli P., 2017, *Sguardi obliqui, antieroi e storie meticce*, in «Patria indipendente», in http://www.patriaindipendente.it/terza-pagina/librarsi/sguardi-obliqui-antieroi-storie-meticce/.
- Verri G., 2015, *Dall'appunto al frammento. Raccontare la Resistenza oggi*, in «Nazione indiana», in https://www.nazioneindiana.com/2015/04/23/dallappunto-al-frammento-raccontare-la-resistenza-oggi/.
- Verzaroli G., 2013, *Le fonti letterarie nella didattica della storia*, [Tesi di Master of Arts in Secondary Education, Scuola Universitaria Professionale della Svizzera Italiana], in https://tesi.supsi.ch/901/1/VERZAROLI_Giulia_2013.pdf.
- Zanni Rosiello I., 2013, *Storia e Letteratura. I romanzi come fonte storica*, in «Storicamente», n. 7/9, Url: https://storicamente.org/zanni.

Alcune indicazioni di siti web da cui trarre informazioni, materiali, esempi di laboratori sulla didattica della storia, anche utilizzando fonti letterarie.

- Associazione Italiana Publich History (Aiph)
  http://aiph.hypotheses.org
- Bibliostoria – Risorse web per la storia, Università degli Studi di Milano
  https://bibliostoria.com/category/collezioni-on-line/
- Associazione di insegnanti e ricercatori sulla didattica della storia – Clio 92
  www.clio92.it
- FAR – Formazione Aperta in Rete
  http://www.far.unito.it/
- Historia Ludens
  http://www.historialudens.it/didattica-della-storia/419-lezione-7c-il-laboratorio-con-i-documenti-scritti.html
- Insegnamento e ricerca interdisciplinare di storia (Iris)
  http://www.storieinrete.org
- Novecento.org (rubriche «Pensare la Didattica» e «Didattica in classe»)
  http://www.novecento.org

- Storia digitale
  https://www.storiadigitale.it
- Per informazioni dettagliate sul metodo di Scrittura Industriale Collettiva
  http://www.scritturacollettiva.org
- Per il blog del gruppo WuMing
  https://www.wumingfoundation.com

15
Le fonti iconografiche

di Elena Musci

15.1 Il fascino delle immagini

Le immagini della storia sono un oggetto di grande fascinazione: dagli affreschi preistorici ai dipinti delle tombe egizie, dai mosaici pompeiani alle miniature dei manoscritti medievali, dai paesaggi del romanticismo alle fotografie di guerre ed eventi grandiosi. Da tutte queste fonti lo sguardo dello storico può cogliere informazioni che nessun documento scritto può offrire, perché esse mostrano, a chi le sappia interrogare e interpretare, un numero di particolari (spesso involontari) assai elevato.

Le immagini, però, portano con sé una falsa promessa, cioè quella della loro «autoevidenza»: il pensiero ingenuo le associa ai bambini più piccoli o agli analfabeti, ritenendo che chi sia incapace di leggere un testo scritto possa, invece, facilmente leggere e decodificare una immagine.

In realtà non è così, perché le immagini sono portatrici di più significati, in quanto legate a variabili soggettive e personali (sono «polisemiche» per la loro stessa natura) e agiscono nella sfera emotiva e affettiva. Una stessa fotografia – ad esempio quella di un paesaggio brullo – può provocare nelle persone reazioni diverse legate al vissuto e alle conoscenze personali: può sollecitare nostalgia perché riporta a ricordi della propria infanzia, o rifiuto per la mancanza di vegetazione; può essere apprezzata o criticata per le capacità tecniche di chi l'ha scattata; o può essere interessante per uno studioso che si occupa dell'analisi di quel territorio. L'utilizzo delle immagini per l'insegnamento della storia deve quindi necessariamente partire dalla coscienza della complessità del medium.

Come ricorda Eugenio Turri, gli antichi erano già consapevoli del fatto che per saper leggere le immagini fosse necessario un apprendimento culturale: a suo parere questo aspetto è ben rappresentato nel mito di Narciso, il bellissimo giovane che, incapace di riconoscersi nella propria immagine specchiata nell'acqua, si innamorò di se stesso (Turri 1994).

A questo proposito appare interessante la definizione di «analfabetismo funzionale iconico» proposta da Antonio Brusa, il quale riformula la definizione di «analfabetismo funzionale» di De Mauro portandola nel campo delle immagini: l'analfabetismo funzionale iconico sarebbe dunque proprio di colui che utilizza correntemente le immagini, ma non è in possesso della «grammatica necessaria per leggerle e usarle correttamente» (Brusa 2017, p. 145).

Ricorda Ivo Mattozzi che «far vedere la storia» implica la responsabilità dell'insegnante e della sua mediazione didattica, perché non significa «mostrare», «indicare», ma portare a costruire un comportamento visivo che intervenga ogni volta che entrano nel raggio percettivo dello studente immagini che rinviano al passato: si tratta di far acquisire la padronanza di un processo, quello interpretativo, che può essere utilizzato anche in contesti diversi (Mattozzi 2004, p. 139).

Inoltre, «per essere efficaci anche le fonti pittoriche vanno adeguatamente sollecitate attraverso domande che non possono nascere esclusivamente dall'interno dello statuto scientifico della storia. Di qui – come sottolinea Giovanni De Luna – deriva la grande importanza attribuita alla mediazione di percorsi interdisciplinari, in particolare quelli interni alla semiologia e all'iconologia», che possono contribuire efficacemente all'elaborazione delle domande da rivolgere alle fonti (De Luna 1993, p. 26).

La capacità di leggere un'immagine dipende da molteplici fattori a cui si sommano alcune questioni di carattere generale che, secondo Peter Burke, si riferiscono a problemi interpretativi propri di questo tipo di fonti (Burke 2004):

1. le immagini non sono uno specchio fedele del mondo sociale che raffigurano, ma esprimono la visione che di quel mondo hanno l'autore e il suo contesto culturale di riferimento (per es. il punto di vista maschile sulla donna o sui bambini);
2. un'immagine acquista significato secondo il contesto (culturale, politico ecc.) in cui è prodotta. Questo vuol dire che per comprendere appieno il messaggio che una fonte iconografica vuole trasmettere (il suo significato e la sua intenzionalità), è necessario conoscere le convenzioni artistiche di rappresentazione in una data epoca e in un dato luogo, e anche gli interessi dell'artista o del committente e lo scopo per cui è stata realizzata;
3. una singola immagine può costituire una eccezione, mentre una serie offre una testimonianza più attendibile. Quindi, per ricavare informazioni corrette dalle immagini, dobbiamo confrontare fra di loro quelle prodotte nello stesso

luogo, o contesto culturale, o possiamo esaminare quelle di epoche diverse che si riferiscono allo stesso genere o tema;

4. lo storico deve leggere tra le righe, annotando anche quei dettagli piccoli, ma significativi (fra cui le assenze) utili per ricavare informazioni che il pittore o il fotografo non era cosciente di dare. Come sottolinea De Luna, è importante far parlare i documenti «malgrado se stessi»: dopo aver individuato l'intenzionalità dell'autore e del suo mondo, è possibile riconoscere e valorizzare gli elementi non intenzionali che emergono dalla sua opera (De Luna 2001, p. 212).

Pensiamo, ad esempio, alle raffigurazioni della cultura maya. Sono molto diverse dalle nostre, perché rappresentano un mondo culturale e ambientale differente da quello cui siamo abituati, e rispecchiano convenzioni artistiche diverse; soprattutto la loro finalità si comprende a partire da un mondo (sociale, religioso, culturale ecc.) sconosciuto alla maggior parte di noi. L'indagine iconografica, dunque, studia una rappresentazione, che a sua volta è la concrezione dei valori e dei simboli culturali espressi dalla società in cui l'artista opera, e del modo in cui questi valori si strutturano e acquistano senso. Un'opera artistica, cioè, è in qualche modo anche frutto del sentimento della comunità e del modo con cui questa guarda al suo passato.

Inoltre, come ci ricorda Michael Sauer, è anche importante verificare se l'autore di un'opera visiva sia stato presente o meno all'evento che ha rappresentato. Anche nei manuali può capitare di trovare immagini realizzate anni o secoli dopo l'evento rappresentato (ad esempio nel paragrafo sulle crociate). In questo caso, l'artista ricostruisce ciò che rappresenta sulla base di informazioni di seconda mano, e lo fa nel modo che gli sembrava più appropriato ed efficace, oppure mette in rilievo o inventa elementi che possano apparire come una anticipazione significativa di quello che accadrà in seguito (Sauer 2005). In alcuni casi, addirittura, l'abbigliamento e gli oggetti del contesto raffigurato sono propri del mondo dell'artista e non dell'evento rappresentato.

Anche nel caso in cui un pittore abbia scelto come tema il proprio presente e lo descriva con grande accuratezza, aggiunge Sauer, lo rappresenterà in realtà come un futuro passato, mostrando cioè un evento che secondo lui sarà significativo e farà la storia. Per questo motivo, l'immagine, anche se realizzata da un testimone oculare, non riproduce fedelmente ciò che sta accadendo, ma esprime l'interpretazione che l'autore fornisce di quell'evento e le sue aspettative rispetto al futuro.

Le immagini storiche non solo riflettono la storia, ma anche la influenzano e la determinano. È questo quello che sostiene la *Visual History*, che, secondo l'analisi che Antonio Prampolini ne fa sulle pagine del sito historialudens.it, può essere definita come « l'indagine sul ruolo delle immagini nella storia, attraverso un approccio multi e transdisciplinare, che utilizza i criteri e i metodi della storia dell'arte, dell'antropologia, della psicologia e della sociologia » (Prampolini 2021a).

Per costruire una carta d'identità della *Visual History*, Prampolini ha esaminato le definizioni che, nel contesto internazionale, ne sono state e sono disponibili in Rete.

Chiarificatrice, in questa analisi, appare la voce firmata da uno dei più noti specialisti della *Visual History* nell'ambito della storia contemporanea, Gerhard Paul, nell'enciclopedia del Centro per la Ricerca di Storia Contemporanea di Potsdam, il Leibniz-Zentrum für Zeithistorische Forschung Potsdam ZZF. In essa, l'autore mette in rilievo come la rivoluzione digitale e il Web abbiano favorito, durante il primo ventennio del XXI secolo, un cambio di paradigma negli studi storici, centrato sul riconoscimento dell'importanza delle fonti visive. Questo si è verificato soprattutto grazie agli storici più giovani, che hanno evidenziato come le immagini non siano solo rappresentazioni di ciò che avviene o che è avvenuto, ma come siano in grado di condizionare i modi di vedere, percepire, rappresentare e comunicare la realtà.

« Le immagini, [sostiene Paul] sono più che fonti che si riferiscono a un fatto o evento al di fuori della propria esistenza; sono più che media che usano il loro potenziale estetico per trasmettere interpretazioni [della realtà]. Le immagini hanno anche la capacità di creare prima di tutto realtà, sono dotate di una potenza energetica e generativa ». Ne è un esempio evidente l'utilizzo delle immagini fatto dai movimenti totalitari del Novecento, il cui obiettivo era spingere i fruitori all'azione (ad esempio, contro l'ebreo nella propaganda antisemita della « soluzione finale » dei nazisti, oppure la messa in scena di manifestazioni di massa).

15.2 Le fotografie

Paragonate alle immagini pittoriche, le fotografie possiedono alcune peculiarità: rispetto a un quadro, una fotografia viene per lo più percepita come una « rappresentazione oggettiva », uno « specchio della realtà », tanto da essere utilizzata come mediatore neutro anche per altre fonti (si pensi, ad esempio, alle fotografie di monumenti, strumenti di lavoro o manoscritti presenti nei manuali).

Il fotografo in realtà non agisce in modo naturale: segue dei modelli, imita altri fotografi (o pittori). Esprime, cioè, dei gusti culturali, il senso sociale, politico, della vita del tempo, anche se inconsapevolmente. Nel momento in cui decide dove rivolgere l'obiettivo della macchina fotografica, sta selezionando le informazioni da trasmettere. Quando poi di queste immagini vengono selezionate parti da ritagliare, le informazioni saranno ancora diverse.

Inoltre, mentre un quadro falso (così come un falso documento scritto) è una riproduzione ingannevole di un oggetto unico, per quel che riguarda la fotografia i confini fra originale e copia sono messi in discussione. Ancora, le possibilità di manipolare un'immagine fotografica sono infinite, poiché è possibile ritoccarla, scontornarla, ritagliarne o cancellarne parti, o ancora riquadrarla. Se questo era già possibile e avveniva soprattutto nei regimi totalitari della prima metà del Novecento, si pensi alle possibilità offerte dalle applicazioni per i cellulari che consentono ormai a chiunque di eliminare con estrema facilità persone indesiderate o inestetismi estetici dalle fotografie di famiglia, ma anche di aggiungere a contesti reali personaggi che nella realtà non esistono, come gli elfi o Babbo Natale.

Il lavoro di analisi e di critica basato sull'accertamento del falso fotografico non porta alla negazione dell'utilità di questo tipo di fonte per la ricostruzione storica, poiché è in grado di fornirci molte informazioni interessanti sulla società che l'ha prodotta. Questo accade in modo evidente quando lo storico si sofferma sull'intenzionalità dell'autore, sui motivi per cui in un certo contesto politico alcune persone vengono eliminate dalle fotografie di eventi pubblici, o perché si modificano aspetti estetici per adeguarsi a un modello dominante di bellezza. Lo studioso, dunque, è chiamato a realizzare un'analisi delle convenzioni e dei rituali che influenzano le modalità di rappresentazione e di autorappresentazione in una società, al fine di riconoscere le regole che determinano le somiglianze presenti nelle fotografie di una certa epoca o ambiente sociale.

15.3 Il sapere storiografico dal punto di vista del docente

Tutto questo sapere è ciò che l'insegnante deve conoscere prima di usare le immagini in classe. È un sapere collegato al documento: alle peculiarità del *medium*, alla sua datazione, all'ambito sociale e culturale in cui questo è nato e che proviene da conoscenze specifiche e dalla comparazione di informazioni di tipo differente. Inoltre, per valorizzare le fonti iconografiche come strumento didattico, è importante che esse siano nitide e che siano ben leggibili anche se proiettate alla LIM, in modo che gli studenti possano riconoscere gli elementi raffigurati (oggetti, figure ecc.); che ci sia una didascalia o che, in mancanza di essa, siano a disposizione altre fonti che permettano di attribuire un significato corretto a ciò che è rappresentato o fotografato.

Il docente deve proporre inizialmente attività laboratoriali che rendano consapevoli gli allievi dell'intrinseca ambiguità e della non neutralità della fotografia. Ambiguità perché la foto decontestualizzata è muta. Può mostrarci un uomo accanto a un altro uomo, ma se io non li riconosco, non ne individuo il contesto, per me la fotografia non ha alcuna rilevanza e la sua interpretazione è ambigua. Non neutralità perché l'inquadratura, la sezione di mondo che viene rappresentata (estraendola dal contesto) è decisiva nel condizionare l'interpretazione. Un esempio evidente di fonti la cui intenzionalità è facilmente riconoscibile è quello dei regimi totalitari del Novecento, ma le fonti iconografiche sono da sempre utilizzate per la propaganda in campo politico e per affermare i valori di coloro che governavano o che vincevano un conflitto. Ne sono esempi di epoche diverse le rappresentazioni della regalità dell'Antico Vicino Oriente, le raffigurazioni delle vittorie di Traiano in Dacia presenti sulla Colonna Traiana, il racconto che della battaglia di Hastings viene proposto dall'arazzo di Bayeux.

15.4 Come leggere una fonte iconografica. Alcuni riferimenti pratici

Accade spesso che se si chiede a un adulto di descrivere ciò che è rappresentato in una immagine, anche in ambito universitario, questi risponda subito con il significato di ciò che vede (ad esempio «l'Ultima Cena», oppure «un discorso di Mussolini»). Probabilmente questo accade anche perché spesso le immagini, nei manuali di storia ma non solo, sono utilizzate per illustrare ciò che è contenuto nel testo (e in questo caso la didascalia non fa altro che confermare le informazioni presenti nel paragrafo) e non come fonte da cui ricavare informazioni funzionali alla costruzione del discorso storico. Siamo abituati, cioè, a leggere le immagini presenti nei testi storici direttamente dal loro significato espresso nel «titolo» loro assegnato in didascalia.

Se vogliamo, invece, inserire le immagini nel lavoro sulle fonti che stiamo portando avanti con i nostri studenti, è necessario avviare un percorso di alfabetizzazione. Si tratta di un approccio didattico necessario nel momento in cui diventiamo consapevoli del fatto che la storia in quanto disciplina non è il semplice racconto degli eventi passati, ma la loro ricostruzione a partire dalle fonti a nostra disposizione. Non solo le fonti testuali, ma anche quelle materiali, orali e, ovviamente, iconografiche. Questo lavoro andrebbe fatto da subito, alla scuola primaria, ma nel caso in cui in classe ci siano studenti non abituati a lavorare in questo modo, può essere utile, le prime volte, seguire un percorso ben strutturato.

Un suggerimento interessante su come affrontare in classe il lavoro sulle fonti iconografiche viene dal modello di indagine storico-artistica di Erwin Panofsky, come proposto anche nell'edizione in lingua tedesca della voce «Visual History» di Wikipedia.

Questo studioso ha individuato tre gradi nell'interpretazione dell'opera d'arte (Panofsky 1975):

- la descrizione pre-iconografica, in cui si riconosce il soggetto naturale o principale e gli avvenimenti (quindi alberi, edifici, persone, animali, ma anche pranzi, battaglie, processioni ecc.). Si tratta di esaminare la struttura dell'immagine e il suo contenuto;
- l'analisi iconografica relativa al significato convenzionale (ad esempio che la cena rappresentata è «l'Ultima Cena», o che la battaglia dipinta è quella di Waterloo). Lo studioso deve quindi decodificare il sistema di riferimenti e dei significati interni all'opera pittorica;
- l'interpretazione iconologica in cui si riconosce il valore simbolico, in quella data società, del tema rappresentato, cioè che fa riferimento a quei principi di fondo che rivelano l'atteggiamento fondamentale di una nazione, un periodo, una classe, una concezione religiosa o filosofica. Si tratta, cioè, di ricercare il significato socio-culturale dell'immagine.

Ho provato a rielaborare l'approccio metodologico di Panofsky alla luce dei percorsi proposti dalla didattica della storia per renderlo funzionale a una lettura critica guidata delle fonti, da seguire in classe soprattutto quando si voglia sviluppare e strutturare negli studenti un metodo di analisi e di interpretazione (Musci 2006)[1].

15.5 Laboratorio sulla fotografia di un discorso di piazza di Mussolini

Primo livello. Descrivere ciò che si vede
Si tratta di imparare a partire dal livello più basso di ciò che una fonte mostra, e riconoscere e nominare, come suggerisce Hilda Girardet, gli elementi rappresentati: manufatti, personaggi, paesaggi, azioni ecc. (Girardet 2004, p. 82). Può apparire la cosa più semplice, ma si dimostra difficoltosa se non si è abituati a procedere in questo modo.

Prendiamo ad esempio una fotografia standard di un discorso di piazza di Mussolini degli anni Trenta del Novecento. Diremo quindi che c'è un individuo

[1] Il laboratorio che segue, e anche quello successivo, sono stati studiati in particolare per la scuola secondaria di primo grado, ma, con gli opportuni adattamenti, possono essere proposti anche agli alunni della scuola primaria e agli studenti della scuola secondaria di secondo grado.

in rilievo rispetto agli altri (perché è in rilievo? Si trova su di un podio? È affacciato a un balcone?). È in divisa (in alta uniforme?) e dietro di lui ci sono pochi uomini (come sono vestiti? Sono anche loro in divisa?). Ad ascoltarlo ci sono bambini e uomini (in divisa? In borghese?) e alcune donne. Alcuni di loro reggono dei cartelli (cosa è scritto o disegnato sui cartelli?). L'azione si svolge in una grande piazza su cui si affacciano palazzi (sono addobbati in qualche modo? Ci sono striscioni con frasi firmate da qualcuno? Simboli?). La folla (c'è poca o molta gente?) si mostra entusiasta (da cosa si capisce?).

Nel momento in cui descriviamo ciò che è raffigurato, avviamo l'operazione di interrogazione della fonte: facciamo parlare il documento per estrapolare le informazioni con cui avviare il lavoro di ricostruzione storica. Ne sono un esempio le domande scritte fra parentesi. È possibile proporle oralmente, mentre si esamina collettivamente il documento, oppure realizzare una scheda d'indagine con cui gli studenti possano esaminare individualmente o a coppie la fotografia. Questa scelta dipende dal tipo di classe con cui abbiamo a che fare: se gli studenti sono poco abituati al confronto ordinato potrebbe essere utile far rispondere per iscritto alle domande e poi confrontarsi collettivamente sui risultati, guidando gli allievi, attraverso successivi interrogativi-stimolo, alla scelta dei particolari da osservare per rispondere correttamente.

Secondo livello. Contestualizzare

Nel passaggio successivo, ciò che è stato descritto va collocato nel suo contesto di riferimento attraverso il riconoscimento degli aspetti culturali e le rappresentazioni mentali della società che ha prodotto l'immagine.

La persona presente sul palco è Mussolini, il Duce (parola che si trova ripetuta sui cartelli, o sul palco, o sui muri). Dietro di lui ci sono i gerarchi del regime, e la folla che lo acclama è formata da italiani diversi per classi sociali, età e genere. Si tratta di persone che aderiscono al fascismo e il loro atteggiamento ci fa pensare che si tratti di una partecipazione totale e convinta (lo capiamo dalle divise, dall'ordine in cui si trovano, dalle scritte e dalle espressioni dei volti). I simboli presenti sul palco e sugli edifici sono aquile e fasci littori che il fascismo prese in prestito dal mondo culturale e ideologico dell'antica Roma, reinterpretandoli, per spronare gli italiani a sentirsi eredi (e quindi emuli) di un popolo importante, fondatore di un impero. Si tratta di una grande manifestazione che mostra agli stessi Italiani e a tutti coloro che vedranno la fotografia quanto il Duce sia ascoltato e amato.

Poniamoci nei panni di uno storico del futuro che, ignaro delle sorti italiane del Novecento, sia giunto in possesso di una fotografia dei discorsi di Mussolini. Se l'analisi finisse qui, queste sarebbero le informazioni raggiunte. Ma lo storico non si accontenta di un'unica fonte, sa che essa va comparata con altre fotografie dello stesso periodo e, possibilmente, di autori differenti, e che è necessario mettere le informazioni ottenute fino a questo punto a confronto con fonti di tipo diverso. È questa la fase successiva che il docente propone in classe.

Terzo livello. Interpretare
Per mettere alla prova i risultati del lavoro di indagine ottenuti, è necessario riflettere sull'intenzionalità dell'autore, cioè sul motivo per cui l'immagine che stiamo esaminando è stata realizzata, sull'identità e sul ruolo sociale del suo autore e del committente, e sugli intenti che questi intendevano raggiungere.

Tornando al discorso di Mussolini, in questa fase sarà importante sapere, per esempio, che si tratta di una fotografia ufficiale, pubblicata da un giornale, e che l'autore è un fotografo dell'Istituto Luce, l'istituto che a un certo punto divenne l'unico autorizzato a produrre fotografie da pubblicare (non trascuriamo quindi di evidenziale la data di produzione della fotografia!) e che negli anni Trenta del Novecento, quando il fascismo si istituzionalizzò, vennero prodotte alcune direttive per la stampa che indicavano – fra l'altro – quali fotografie pubblicare e quali no, al fine di trasmettere agli italiani valori e messaggi in linea con la politica fascista.

Queste informazioni sono di certo contenute nei libri di storia, ma anche in documenti scritti che il docente può reperire e presentare in classe, come le direttive alla stampa di Polverelli o quelle del Ministero della Cultura popolare (MinCulPop, 1937-44), o in fotografie la cui pubblicazione venne proibita e che per qualche motivo non sono andate distrutte.

Alcune di queste sono facilmente rintracciabili attraverso una ricerca in Internet con le parole chiave «Censura + Fascismo + Fotografia». Nel momento in cui scrivo, ne sono presenti un paio alla voce *Censura fascista* su Wikipedia, mentre sul sito dell'archivio dell'Istituto Luce esiste una sezione dedicata alle fotografie censurate di questo periodo. Anche le direttive alla stampa sono al momento facilmente rintracciabili in Rete, ma una particolarmente idonea a mettere in discussione l'immagine delle piazze sempre piene a cui siamo soliti pensare in occasione dei discorsi di Mussolini è quella estrapolata dalle direttive per la stampa di Polverelli del 1931:

«Le fotografie di avvenimenti e panorami italiani devono essere sempre esaminate dal punto di vista dell'effetto politico. Così se si tratta di folle, scartare le fotografie con spazi vuoti; se si tratta di nuove strade, zone monumentali, ecc., scartare quelle che non danno una buona impressione di ordine di attività, di traffico ecc.» (Cassero 2004, p. 11).

A questo punto, la domanda fondamentale sarà se possiamo fidarci delle informazioni che abbiamo ricavato dall'analisi svolta finora. È importante sottolineare come, in un percorso didattico, questa domanda sia frutto del lavoro sulle fonti e, eventualmente, sulla storiografia, e non sia invece un assunto pregiudiziale. Spesso, infatti, si parte già da questo presupposto: stiamo per esaminare una fotografia prodotta durante il fascismo, quindi sappiamo che è «di parte» e che ne ricaveremo informazioni necessariamente false. Tale approccio, però, impedisce agli studenti di decodificare e interpretare la fonte in modo autonomo, perché li spinge a valutarla a partire da un pregiudizio. Diverso è il metodo di indagine storico: lo studioso giunge alla conclusione che la fonte rispecchia non la realtà com'era, ma come il fascismo voleva che fosse percepita in Italia e all'estero. E per arrivare a questa conclusione, il metodo di indagine proprio dello storico prevede che si realizzino operazioni differenti. Inoltre, possiamo davvero affermare che le informazioni ricavate dall'analisi di quella singola immagine siano completamene false? L'adesione degli italiani al fascismo era reale o forzata? È cambiata nel corso degli anni? Davvero tutte quelle persone venivano costrette a manifestare un entusiasmo che non provavano? Certo, le direttive seguite dai fotografi e dagli organi di stampa mostravano una parte della realtà, ma questo basta per annullarla completamente, o forse sarebbe più corretto inserirla in un contesto più complesso e mutevole? Dopo aver provato a rispondere in classe a queste domande, facendo confrontare gli studenti fra di loro, e rilevando l'inevitabile insufficienza di prove (di fonti) a nostra disposizione per elaborare una risposta soddisfacente, è possibile far riferimento alla storiografia, al lavoro compiuto dagli storici negli anni a questo proposito, per esempio alle ricerche di Giovanni De Luna (si veda a titolo esemplificativo De Luna, D'Autilia, Crescenti 2005, vol. I) o all'analisi dei discorsi di Mussolini portata avanti da David Bidussa (2022).

Ovviamente uno studioso dell'iconografia fascista non avrà bisogno di compiere ogni volta lo stesso percorso, poiché avrà costruito un sapere nato dalla profonda conoscenza degli eventi e del contesto fascista, dalla comparazione di numerose immagini del periodo, e dalla conoscenza dei risultati ottenuti da chi ha studiato lo stesso fenomeno prima di lui. Sarà, dunque, in grado di riconoscere una fotografia scattata nel pieno della Seconda guerra mondiale (quando Mussolini veniva ritratto in mezzo ai suoi uomini e agli italiani per negare il distacco nei confronti del regime che stava prendendo piede), da una realizzata nella seconda metà degli anni Trenta (quando veniva mostrato come il capo capace di guidare l'Italia verso un grande destino, in alta uniforme, posto in una posizione più elevata della folla che lo applaudiva, o mentre fondava nuove città, simbolo della capacità fascista di vincere anche sulle avversità del suolo), o ancora da una degli anni Venti, dove era spesso in abiti borghesi e appariva un fascista che aveva certo un ruolo centrale, ma che era circondato da camerati.

Nella pratica didattica, dunque, la ricerca di informazioni storiche attraverso la lettura delle immagini parte dal riconoscimento degli oggetti e delle scene, ma richiede anche che siano interpretate le forme della rappresentazione e della composizione. Si tratta di attivare un percorso graduale, mirato all'acquisizione di abilità differenti e sempre più specifiche.

L'allievo avrà così modo di scoprire che la fotografia, anche quella riportata nel suo manuale, è una fonte documentaria il cui fine non è semplicemente quello di abbellire il testo.

Proporre in classe più fotografie realizzando degli archivi con poche fonti selezionate su cui far esercitare l'interrogazione (quali informazioni possiamo ricavare? Come facciamo a capire in che periodo e dove è stata scattata?) e l'interpretazione (chi ha realizzato la fotografia? Per quale scopo lo ha fatto? In che modo la fotografia è stata utilizzata? Per scopi privati o collettivi?) può aiutare ad acquisire consapevolezza su questi punti.

L'elaborazione di tabelle e di domande-guida permette agli studenti di esperire diverse operazioni della lettura critica di una fonte fotografica: il riconoscimento di indizi (anche involontari), di segnali (che hanno la funzione di stabilire una comunicazione con chi guarda), e di simboli (che rimandano a un qualcosa di esterno all'immagine stessa). Le attività, inoltre, devono aiutare a comprendere quanto sia essenziale conoscere il contesto in cui una fotografia è stata prodotta e l'intenzionalità del fotografo.

Infine, per chi voglia realizzare una scheda di lettura della fonte fotografica, essa dovrebbe prevedere oltre all'*autore*, al *chi* (soggetto della rappresentazione), al *che cosa* (azione/occasione), al *dove* e al *quando* (data e luogo della fotografia), il *rapporto tra l'autore e il soggetto* per mettere in rilievo quegli aspetti che ci permetteranno poi di comprenderne le finalità. Una particolare attenzione dovrà essere data al *come*, ovvero alle condizioni della sua produzione e al *perché*, ovvero agli scopi per cui è stata prodotta.

Altre voci della scheda potranno riguardare la lettura della *composizione* (fuoco dell'immagine, primi piani, messa in posa o spontanea ecc.), il *riconoscimento* degli elementi della foto (figure e oggetti), le *informazioni* rispetto alla tematizzazione, l'ipotesi sul *livello di generalizzabilità* delle informazioni (valgono solo per questa foto o sono indicative a livello generale? Chiaramente il far parte o meno di una *serie* influisce notevolmente sulla risposta da dare a questa domanda).

Data l'ambiguità che caratterizza l'immagine fotografica, consigliamo di affiancare a ogni informazione raccolta la segnalazione se essa è sicura o ipotetica e, possibilmente, quale *fonte integrativa* l'ha fornita (fonti orali, didascalie, confronto con altre foto?). Anche come esercizio di concettualizzazione e di controllo della comprensione della fonte, ci sembra fondamentale l'indicazione da parte dell'allievo di una didascalia della fotografia coerente con il tema della ricerca.

15.6 Laboratorio sull'affresco del Buongoverno di Siena

Dopo aver proposto diverse piste di metodo, si presenta qui un laboratorio articolato, condotto su di una unica fonte artistica ricchissima di informazioni: l'affresco che rappresenta gli effetti del Buon Governo sul contado della città di Siena e che fu dipinto da Ambrogio Lorenzetti fra il 1338 e il 1340 nella Sala della Pace del Palazzo Pubblico (Fig. 15.1). Si tratta di un ciclo di affreschi allegorici che fu commissionato dalla Magistratura dei Nove (che governava allora Siena) al fine di propagandare il proprio operato amministrativo. L'affresco mostra un paesaggio composto da una città murata, con i suoi palazzi e monumenti, e da un territorio circostante, da cui provengono le merci per la città. Fanno da contraltare a questa rappresentazione le raffigurazioni delle conseguenze del Cattivo Governo su di una città e sulla sua campagna.

La parte del dipinto su cui lavoreremo raffigura gli effetti del Buon Governo sul contado, ed è stato definito il primo «ritratto» di un paesaggio. Il suo studio si dimostra particolarmente utile non solo per studiare il periodo storico in cui è stato prodotto, ma anche per avviare progetti complessi dal punto di vista dell'educazione civica e dello studio del paesaggio storico. Il percorso didattico proposto è frutto di una lunga sperimentazione in contesti differenti (PON, progetti sociali, laboratori congressuali, proposte di *flipped classroom* ecc.) e ha mostrato di essere particolarmente efficace da più punti di vista, fra cui quello metodologico dello studio delle fonti iconografiche. Si presenta qui una sintesi delle diverse esperienze il cui obiettivo è l'analisi dell'affresco e, se si vuole approfondire attraverso un percorso interdisciplinare, la realizzazione di un prodotto, frutto di modello interpretativo, da applicare a un contesto differente, come quello della propria realtà. Il laboratorio può essere proposto durante lo studio dell'età medievale, a prescindere dall'età degli studenti, modificando il grado di approfondimento e il tipo di esercizi di volta in volta previsti. In una versione più essenziale (ma non banale) è stato proposto anche a bambini della scuola primaria, come parte iniziale di un lavoro sul paesaggio e sulla qualità della vita nel proprio contesto.

L'analisi dell'opera proposta prende spunto dagli studi che Emilio Sereni illustra, con l'aiuto di numerose testimonianze iconografiche, nel suo *Storia del paesaggio agrario italiano*. Nel suo lavoro, lo storico ha elaborato e proposto un metodo di studio e di lettura delle fonti paesaggistiche basato sulla possibilità di interrogare non solo le strutture ambientali, ma anche quelle economiche e sociali che hanno determinato un certo paesaggio grazie all'attenta osservazione della rappresentazione delle sistemazioni agricole, dell'ordine o del disordine delle coltivazioni, degli edifici e degli agglomerati urbani presenti nelle immagini artistiche. L'interrogazione e l'interpretazione di ciò che è raffigurato permette all'autore di risalire all'intervento dell'uomo e delle strutture socio-economiche

Figura 15.1 *Ambrogio Lorenzetti, Effetti del Buon Governo in campagna (parete est della Sala dei Nove del Palazzo Pubblico di Siena).*

che hanno plasmato il paesaggio così come raffigurato in affreschi e mosaici. L'immagine presente nel volume per ogni fase storica affrontata è stata selezionata dallo studioso come la più rappresentativa del periodo, e i risultati dell'analisi sono anche frutto del confronto fra fonti e studi differenti, anche se questo non è sempre evidente nella narrazione.

Quando affronta il paesaggio agrario suburbano e del contado di età comunale, dunque, Sereni prende in esame gli effetti del Buon governo sul contado di Siena (Sereni 1961, pp. 136-142). Fedele alla propria impostazione, questi non si chiede semplicemente «cosa è rappresentato», ma anche «chi opera per ottenere quei risultati» e «quali motori economici e sociali determinano quei precisi esiti». Sottoposto a queste domande, l'affresco mette in luce, secondo lo storico, il ruolo fondamentale dell'iniziativa dei singoli, garantita da *Securitas*: è proprio la sicurezza resa possibile dal buon governo della Magistratura dei Nove a permettere all'azione individuale di ridisegnare in modo ordinato, secondo forme regolari, il paesaggio suburbano. La lettura dello studioso, quindi ci aiuta nella fase di interrogazione e di contestualizzazione dell'opera, ma per sviluppare un laboratorio metodologico utile ai nostri scopi occorre andare nel dettaglio e mettere in rilievo oltre alle informazioni che emergono dall'analisi dei personaggi e degli aspetti paesaggistici, le apparenti incongruenze rappresentate.

Il lavoro in classe

Il docente porta in classe una riproduzione abbastanza grande dell'affresco, oppure la proietta alla LIM. La classe viene divisa in gruppi e ognuno di essi si occuperà di uno dei temi generali che emergono nella raffigurazione (vedi elenco successivo). L'obiettivo sarà ricavare informazioni relative ai singoli temi. Per facilitare questa operazione è possibile utilizzare un disegno schematico come quello in coda (rielaborazione da Meoni 2001, p. 44 e presente in Musci 2014, p. 290). Ogni gruppo dovrà colorare i particolari di sua pertinenza e indicare sul disegno, per ogni elemento individuato, la sigla numerata, ad esempio: A1, A2 ecc., trascrivendo e completando una legenda col significato delle sigle, ad esempio: A1= nobili a cavallo per la caccia.

Temi da affrontare, uno per gruppo:

A – Gli uomini e i relativi mestieri o ruoli sociali (nobili, mendicanti, contadini, artigiani, soldati, pastori ecc.)
B – Gli animali e le relative funzioni (da traino, da soma, da lavoro, da caccia ecc.)
C – Le infrastrutture (strade, ponti, case contadine, mulini, città, mura, porti ecc.)
D – Le piante e le coltivazioni (grano, alberi, vite, siepi che dividono i campi ecc.)

Man mano che i gruppi procedono nel lavoro, dovranno anche ricavare informazioni più dettagliate, argomentando oralmente, in un confronto collettivo, le scelte e selezioni fatte e facendo esplicito riferimento alla parte del dipinto presa in esame.

Ad esempio, in relazione al punto A, gli uomini: come distinguiamo i nobili dai contadini? Solo dall'abbigliamento o anche da altri elementi?

Dove si trovano i nobili? Cosa stanno facendo? Sono semplicemente a cavallo o stanno andando a caccia? Come facciamo a dirlo? (in questo caso, sarà l'insegnante a suggerire, nel caso non lo si fosse ancora studiato, che i nobili, a cavallo, accompagnati da cani e con i falconi al braccio stanno andando a caccia poiché nel Medioevo era molto praticata la caccia col falcone); Dove si trovano i contadini? Cosa stanno facendo? (queste domande portano già a rispondere ad alcune questioni del tema D e a fornire indicazione sulle tecniche agrarie).

I personaggi dipinti dal Lorenzetti sono tutti uomini o ci sono anche delle donne e dei bambini?

Fino a questo punto l'opera è stata interrogata e se ne sono ricavate informazioni, anche generalizzabili, sul XIV secolo nell'Italia centrale, sull'economia, sulle figure sociali, sulle tecniche agricole e sugli usi e costumi. È giunto il momento di affinare gli strumenti di indagine.

Come già accennato, a uno sguardo attento l'affresco offre alcune incongruenze e assenze. Gli studenti sono in grado di rilevarle? Possiamo aiutarli con alcune domande stimolo: per esempio, in quale stagione è ambientata la scena raffigurata? Guardiamo i lavori dei campi per rispondere. Verificheremo contestualmente che nello stesso momento sono rappresentati in compresenza, in piani e luoghi diversi, mestieri che si svolgono in momenti differenti dell'anno, come l'aratura, la semina, la trebbiatura, la mietitura, e la cura della vigna.

Introduco qui una scheda semplificata da proporre per avviare il lavoro di analisi e di riflessione, e che può essere modificata e adattata al livello della propria classe:

Il paesaggio del Buon Governo

Vero o Falso? Spiega la tua risposta quando trovi i puntini

Vicino alla città di Siena ci sono campi ordinati e ben coltivati (V/F).
Alcuni uomini percorrono la strada che conduce in città: ci sono alcuni **nobili che stanno andando a caccia con i cani e il falcone** (V/F, perché ....),
alcuni **mercanti che portano in città polli e vasi antichi** (V/F), mentre **molti mendicanti chiedono l'elemosina** (V/F).
Nel paesaggio brullo si vedono **boschi** (V/F) e **campi seminati a grano** (V/F). Questi **sono piccoli e le spighe sono così poche che sembra ci sia stata la carestia** (V/F, perché ....).

I contadini stanno tutti mietendo il grano (V/F) e **non ci sono animali che servono per i lavori nei campi** (V/F, perché ....).
Le strade sono molto sicure: ci sono **mercanti con i loro muli carichi di merci** (V/F), **una famiglia con un bimbo piccolo** (V/F), **una donna che fa pascolare il gregge di pecore** (V/F) e un altro **contadino un mulo carico di polli** (V/F, perché ....).

Ci sono anche dei vigneti spelacchiati, con qualche piantina di vite (V/F, perché ....)
e **alcuni alberi di olivo** (V/F).
In alto a destra **si vede un porto con la scritta TALAM** (V/F) in cui ci sono delle **navi da guerra** (V/F). Si vedono anche **dei soldati che stanno rincorrendo dei ladri di pecore** (V/F, perché ....).
Il territorio è molto fertile e ricco, **le strade sono ben tenute** (V/F), i ponti sono in legno un po' traballante (V/F) e ci sono anche dei mulini ad acqua (V/F, perché ....).

Successivamente, il docente può condurre la riflessione a partire dalle seguenti domande:

- Quale impressione vi trasmette il contado di Siena? È ordinato o caotico? Di chi pensate sia il merito o la colpa?
- Secondo voi, il paesaggio del contado dipinto da Lorenzetti rappresenta la realtà? È possibile che le operazioni del calendario agricolo mostrate nell'affresco si svolgano tutte nello stesso momento?
- La rappresentazione è lo specchio fedele della realtà senese del XIV secolo o trasmette i valori della committenza?

Nel caso in cui si preferisca procedere ancora con la scheda d'indagine, ecco un esempio delle domande, sempre proposte in forma semplificata:

1) L'affresco rappresenta momenti positivi della vita del contado di Siena o momenti negativi? Sì/No, perché ....

....

2) Siena e la sua campagna vi sembrano ricche o povere? Sì/No, perché ....

....

3) Secondo voi la vita nel contado di Siena era davvero così? Sì/No, perché ....

....

4) Chi è il personaggio con le ali presente in alto a sinistra? Da cosa si capisce? ....

....

Cosa bisogna sapere
Questo affresco è il risultato dell'alternarsi di realtà e simbolo secondo le direttive dei Nove, il cui intento era quello di mostrare ai cittadini una campagna che, grazie alle scelte amministrative, si dimostrasse ricca e feconda, regno dell'abbondanza e della prosperità. Il benessere evidente è reso possibile dall'operosità degli abitanti, resa a sua volta possibile da *Securitas*, la giustizia commutativa rappresentata come un personaggio alato, che dà ai malfattori ciò che meritano (in una mano ha infatti una forca con un uomo giustiziato) e che regge un cartiglio con la scritta «senza paura ogni uomo franco cammini, | e lavorando semini ciascuno | mentre che tal comuno | Manterrà questa donna in signoria | ch'el à levata a'rei ogni balia».

Insomma, la campagna non è quella che è, ma quella che «deve essere». Per esempio, le colline appaiono coltivate a giropoggio, ovvero parallelamente al suolo, un tipo di sistemazione agricola faticosa da ottenere per i contadini, ma che contrasta il dilavamento del terreno superficiale, fertile, in occasione delle piogge. Altre fonti smentiscono questo dato, così come smentiscono la grande presenza di acqua attestata dal dipinto. Inoltre, è facile osservare l'ottimo stato di tutte le infrastrutture e individuare l'assenza di ladri, briganti e soldati: come detto spesso dagli studenti a cui ho proposto questo laboratorio, la scena appare nel complesso «troppo perfetta».

Siamo dunque di fronte a un'opera di propaganda e per comprenderne la funzione è essenziale non dimenticare che è stata dipinta nella sala del Palazzo pubblico di Siena, e che ha come contraltare la rappresentazione degli effetti del cattivo governo: case bruciate, ponti distrutti, soldati in battaglia e donne e bambini perseguitati. Le immagini sono facilmente reperibili in Internet e il docente può proiettarle alla LIM.

Perché quindi il lavoro didattico su di un simile affresco è efficace?

In primo luogo perché consente di imparare che anche una fonte di propaganda fornisce informazioni utili sul periodo in cui è prodotta, ma che per ottenerle non dobbiamo solo interrogarla nei suoi contenuti evidenti, ma è necessario metterla a confronto con altri dati e interpretarla.

Per rafforzare la consapevolezza di quest'ultimo aspetto, il docente può proporre un'attività creativa chiedendo ai suoi studenti di elaborare la rappresentazione del buon governo del proprio quartiere o del proprio paese.

Dal punto di vista della gestione e dell'amministrazione del territorio, l'analisi dell'opera di Lorenzetti aiuta a individuare i punti focali su cui spesso si concentra l'attenzione dei cittadini: lo sviluppo delle attività economiche, il mantenimento della sicurezza pubblica, la qualità delle infrastrutture, e la gestione del verde e degli animali.

Il primo passo sarà quello di far produrre agli studenti una rappresentazione del paesaggio del quartiere o del paese in cui si trova la scuola che sia in grado di esprimere una buona amministrazione. Il docente può realizzare una scaletta di domande per ogni gruppo per aiutare gli allievi a compiere una ricerca mirata sul territorio, e può individuare una situazione verosimile dentro cui far agire i gruppi, per esempio dicendo loro che il sindaco li ha incaricati di realizzare una rappresentazione in grado di attrarre nuovi abitanti, preferibilmente famiglie con bambini, in modo da ripopolare la scuola. Sarà anche possibile realizzare una ricerca sulle caratteristiche economiche della zona e sui servizi esistenti, oppure affidarsi a quello che gli studenti già sanno se si vuole indagare la loro percezione del territorio e il modo in cui utilizzano i servizi già presenti.

Gli studenti andranno quindi divisi in gruppi (Economia; Ambiente; Diverti-

Figura 15.2 *Allegoria del Buon Governo di Ambrogio Lorenzetti (illustrazione tratta da M. L. Meoni, Utopia e realtà del Buongoverno di Ambrogio Lorenzetti, Edizioni IFI, Firenze 2001, p. 44).*

mento e svago; Servizi per le famiglie con bambini piccoli; Servizi per ragazzi della vostra età; Infrastrutture) e il loro compito sarà individuare e rappresentare positivamente quei servizi che già offrono una buona qualità della vita.

Il prodotto finale di questo percorso può essere realizzato attraverso disegni (Fig. 15.2), fotografie o immagini digitali di servizi e infrastrutture esistenti, montandole sulla pianta del quartiere della scuola o su quella del paese. Solitamente io scelgo questa soluzione: ricavo la pianta da google maps, la stampo in grandi dimensioni, e su di essa i ragazzi incollano i disegni da loro realizzati. È però anche possibile organizzare una presentazione multimediale utilizzando app come PowerPoint, Prezi o Canva, secondo le conoscenze tecnologiche degli studenti, o chiedendo aiuto al docente di Tecnologia o di Informatica, a seconda del livello scolastico.

Dopo aver analizzato il risultato, il docente può avviare un *debriefing* sul lavoro relativo alle informazioni storiche apprese, al metodo d'indagine dello storico, alle funzioni della propaganda e agli strumenti che hanno i cittadini per decodificarla.

Se si vuole proseguire con un taglio di educazione alla cittadinanza, lavorando nell'ottica di un «compito di realtà» si potrebbero realizzare disegni di servizi non esistenti, ma che secondo i ragazzi migliorerebbero la qualità della loro vita, e presentare il percorso e i suoi risultati al sindaco o a un esponente dell'amministrazione cittadina.

Bibliografia

- Brusa A., 2017, *Una grammatica delle immagini: la cultura iconografica tra manuali e didattica della storia*, in *Visual History: rivista internazionale di storia e critica dell'immagine*, III Pisa, pp. 145-156.
- Burke P., 2004, *Testimoni oculari*, Carocci, Roma.
- Cassero R., 2004, *Le Veline del duce. Come il fascismo controllava la stampa*, Sperling & Kupfer, Segrate (MI).
- Crescenti L., D'Autilia G. (a cura di), 1999, *Le immagini della storia*, in *Autobiografia di una nazione. Storia fotografica della società italiana*, Editori Riuniti, Roma.
- De Fanis M., 2001, *Geografie letterarie*, Meltemi, Sesto San Giovanni (MI).
- De Luna G., 1993, *L'occhio e l'orecchio dello storico. Le fonti audiovisive nella ricerca e nella didattica della storia*, La Nuova Italia, Firenze.
- De Luna G., 2001, *La passione e la ragione. Fonti e metodi dello storico contemporaneo*, La Nuova Italia.
- De Luna G., D'Autilia G., Crescenti L., 2005, *L'Italia del Novecento. Le fotografie e la storia*. Einaudi, Torino, vol I.
- Girardet H., 2004, *Vedere, toccare, ascoltare. L'insegnamento della storia attraverso le fonti*, Carocci, Roma.
- Mattozzi I., 2004, *Far vedere la storia*, in E. Perillo, C. Santini (a cura di), *Il fare e il far vedere nella storia insegnata*, Ed. Polaris, Faenza.
- Meoni M.L., 2001, *Utopia e realtà del Buongoverno di Ambrogio Lorenzetti*, Edizioni IFI, Firenze.
- Musci E., 2006, *Il laboratorio con le fonti iconografiche*, in P. Bernardi (a cura di), *Insegnare storia. Guida alla didattica del laboratorio storico*, UTET Università, Torino.
- Musci E., 2014, *Metodi e strumenti per l'insegnamento e l'apprendimento della Storia*, Edises, Napoli.
- Musci E., 2023, *Sulle tracce della storia*, Erikson, Trento.
- Panofsky E., 1975, *Studi di iconologia. I temi umanistici nell'arte del Rinascimento*, Einaudi, Torino.
- Sereni E., 1961, *Storia del paesaggio agrario italiano*, Editori Laterza, Bari-Roma, pp. 136-142.
- Turri E., 1994, *Paesaggio e fotografia, il tempo e la storia*, intervento al seminario

L'immagine fotografica nella ricerca antropo-geografica, 18 gennaio 1994, presso l'Università Statale di Milano, Istituto di Geografia Umana.

Sitografia

- Prampolini A., 2021a, *La Visual History. Che cos'è e quali storie ci fa conoscere*, in historialudens.it.
- Prampolini A., 2021b, *Visual History. L'uso didattico delle fonti iconografiche. Sitografia*, in *Visual history. L'uso didattico delle fonti iconografiche. Sitografia*, in historialundes.it.
- Paul G., 2014, *Visual History, Versione: 3.0*, in *Docupedia Storia Contemporanea*, 13/03/2014 http://docupedia.de/zg/paul_visual_history_v3_de_2014.
- Sauer M., 2005, *Bilder als historische Quellen*, in https://www.bpb.de/themen/medien-journalismus/bilder-in-geschichte-und-politik/73099/bilder-als-historische-quellen/.

16
Le fonti filmiche

di Marina Medi

Quis fuit horrendos primus qui protulit enses?
Albio Tibullo, *Elegiae* (I, 10)

16.1 Cinema e storia

Il cinema ha sempre avuto un ottimo rapporto con la storia, forse anche perché nel passato, più o meno lontano, si possono collocare narrazioni filmiche di tutti i tipi. Inoltre, l'ambientazione storica permette agli sceneggiatori di contare sulle conoscenze extratestuali dello spettatore o della spettatrice (cioè quelle che sono già in suo possesso) e sulle sue conoscenze intratestuali (cioè quelle che derivano dall'aver visto altri film dello stesso genere) per aumentare l'illusione di realtà e rispondere alle aspettative di chi guarda un film ambientato in un certo periodo storico.

Anche la storia ha tratto vantaggio dal cinema, superando il carattere prevalentemente verbale dei prodotti storiografici. Infatti i film mostrano soggetti in carne ed ossa, li collocano in ambiti spazio-temporali precisi, li fanno agire e parlare con una verosimiglianza che è andata aumentando con il perfezionarsi delle tecniche cinematografiche. In questo modo il cinema facilita la comprensione della storia e ne mantiene il ricordo, anche perché sappiamo che le immagini, e in particolare quelle in movimento, possibilmente a colori e associate ai suoni o alla musica, hanno una particolare potenzialità comunicativa anche se non sono «vere»; ma la storia ha bisogno di forme di narrazione.

Per anni gli storici, abituati specialmente all'uso di fonti scritte, hanno espresso dubbi sulla possibilità di utilizzare il cinema come uno strumento della ricerca storiografica. Ma dagli anni Ottanta in avanti il dibattito sul rapporto tra cinema e storia ha riconosciuto che i film possono essere usati per la comprensione e lo studio del passato in diversi modi (Ferro 1980 e 1983; De Luna 1993; Ortoleva 1985 e 1991; Sorlin 1984 e 2001).

Un primo modo, molto utilizzato in ambito didattico, è quello di servirsi dei film per **motivare** allo studio di un tema/problema, per stimolare la riflessione su di esso, per far emergere giudizi, opinioni, valori nostri e della società in cui viviamo grazie alle «dissonanze cognitive ed emozionali» (Gusso 2006) che i film possono creare, per esempio invitandoci ad adottare il punto di vista degli altri.

Un secondo modo, anch'esso molto usato nelle scuole, è di servirsi dei film come **narrazioni storiche**. In questo caso, però, è necessario ricordare che ogni narrazione storica, anche la più corretta nell'uso dei metodi storiografici, è sempre una ricostruzione e un'interpretazione del passato; perciò deve essere contestualizzata nel periodo in cui è stata realizzata e nelle scelte degli autori.

Il cinema, poi, può essere utilizzato anche come una vera **fonte**, ma solo del periodo in cui i film sono stati girati. Possono mostrare, ad esempio, l'ambiente che la cinepresa riprende indipendentemente dal *plot* del film, come le commedie degli anni Sessanta e Settanta, che ci fanno vedere un'Italia trasformata dal boom (Carlini, Gusso 2002); possono testimoniare i temi e i problemi sentiti come centrali in un certo periodo, le ideologie e le sensibilità dominanti e quello che viene considerato «visibile» per la morale comune (solo a titolo di esempio si può notare che l'omosessualità non è frequente nei film fino agli anni Ottanta).

Il cinema, infine, può diventare **agente di storia** e non solo quando si propone esplicitamente uno scopo propagandistico. I film, infatti, hanno un grande ruolo nel plasmare l'immaginario collettivo e, nel caso della storia, depositano nella nostra mente personaggi, ambienti, situazioni, magari superficiali e stereotipate, ma che comunque sono molto più forti e vivaci rispetto a quanto abbiamo appreso sui libri. Il cinema, quindi, «autentica» la storia. Inevitabilmente poi trasmette giudizi di valore su chi siano i buoni e i cattivi, sul mondo che vorremmo o che non vogliamo più, così come ci spinge a schierarci dalla parte degli uni e contro gli altri. Il cinema permette di stimolare l'emotività e quindi è utile per la diffusione del discorso storico, ma non dobbiamo dimenticare che un film non è non finestra sul passato, ma è solo lo specchio del nostro modo di leggerlo.

In questo saggio mi servirò di questi ultimi due modi di utilizzare il cinema per leggere alcuni aspetti del tempo presente. Per farlo utilizzerò film di guerra prodotti nel XXI secolo dalla cinematografia occidentale e specialmente statunitense, perché sono praticamente gli unici che è possibile vedere in Italia nelle sale o sulle piattaforme a pagamento. Certo sarebbe stato molto interessante poter confrontare i film di guerra occidentali con quelli di altre cinematografie, ma questo limite conferma quanto il nostro immaginario collettivo oggi sia plasmato dal cinema in senso unilaterale.

Perché i film di guerra?

Il cinema ha sempre mostrato interesse per questo genere, molto apprezzato dal pubblico, perché permette di raccontare avvincenti storie d'azione utilizzando scenografie grandiose ed effetti speciali, oggi sempre più realistici grazie alle tecnologie digitali. Sono decine e decine i film che hanno raccontato le guerre dell'ultimo secolo interpretandole o reinterpretandole e in questo modo hanno contribuito a costruire un bagaglio comune di informazioni, giudizi, stereotipi su quelle guerre, molto più forte e duraturo a livello di massa di quanto (se va bene) è stato imparato a scuola.

16.2 Le guerre del Novecento nel cinema del XXI secolo

Tra le guerre del secolo passato, la Prima guerra mondiale, così lontana e diversa dalle guerre attuali, è stata ripresa più volte dal cinema di questi ultimi anni, sicuramente per via del centenario di quel conflitto, e lo ha fatto con le formule già canonizzate della guerra in trincea, rafforzandole quindi nell'immaginario collettivo.

Il film inglese *1917* uscito nel 2019 ricostruisce con grande efficacia l'orrore del campo di battaglia, così spesso evocato dai testimoni di allora: la trincea, il territorio devastato dalle bombe, i crateri dei mortai pieni di sangue e fango, i corpi in decomposizione di uomini e animali. La cinepresa segue da vicino i due protagonisti in un montaggio che sembra un piano-sequenza anche se non lo è, e così costringe lo spettatore a vivere la loro fatica e la loro angoscia. Della battaglia arrivano i suoni (il fragore delle armi, le urla dei feriti, i fischietti degli ufficiali), mentre la vista è impedita dai muri delle trincee e dal fumo che non permette di orientarsi. Per i soldati di allora quella guerra era apparsa come un incubo incomprensibile (Alonge 2001), ma i due protagonisti hanno una missione: portare un messaggio per salvare i compagni e, tra loro, il fratello di uno dei due. La loro corsa in mezzo alle bombe non è quindi la denuncia di un'inutile strage, ma trova un senso, così come lo abbiamo visto in tanti altri film degli ultimi anni dove i soldati combattono non per obiettivi politici chiari o ideali condivisi, ma solo per difendere e salvare compagni feriti o in pericolo (vedi ad esempio il film di Ridley Scott *Black hawk down* del 2001). In mancanza di altre motivazioni, dunque, il cameratismo o l'amore fraterno restituiscono valore e dignità all'azione che, alla fine, uno dei due eroici soldatini riuscirà a portare a termine. Molto diversi erano invece i film che avevano raccontato la Grande Guerra nei decenni precedenti; certo anche loro mostravano l'orrore di quella guerra, ma lo facevano senza *happy end* e prendendo una posizione fortemente antimilitarista: l'inutilità dei massacri, la criminale inettitudine dei Comandi, l'estraneità dei soldati alle ragioni della guerra, il tradimento degli ideali. *All'ovest niente di nuovo* (USA 1930), *Westfront* (Germania 1930) *La grande illusione* (Francia 1937), *Orizzonti di gloria* (USA 1957), *Per il re e per la patria* (Gran Bretagna 1964),

Uomini contro (Italia/Iugoslavia 1970), *Gli anni spezzati* (USA 1981) e persino *Charlot soldato* (USA 1918) sono tutti atti di accusa nei confronti di una guerra terribile e ingiusta e sono testimoni del dibattito politico-ideologico di quegli anni, che evidentemente oggi non esiste più.

Se i film attuali sulla Grande Guerra sembrano voler riportare sullo schermo l'esperienza vissuta sul campo di battaglia e farla rivivere in modo emozionale al pubblico di oggi, Peter Jackson nel documentario *They shall not grow old – Per sempre giovani* (Regno Unito, Nuova Zelanda 2018) ci è riuscito benissimo. Ha recuperato filmati originali girati sul fronte occidentale tra il 1916 e il 1918 dal Comitato cinematografico del War Office inglese e su di essi ha operato con tutte le tecniche cinematografiche possibili: li ha colorati, rallentati, ha usato zoom e dissolvenze, ha inserito il parlato leggendo con il labiale le parole dei soldati, ha aggiunto rumori e musiche e specialmente li ha montati in modo da fonderli in una narrazione coerente che si integra con centoventi testimonianze orali di sopravvissuti. Così il documentario si è trasformato in un *war movie*. Il lavoro tecnico è veramente incredibile, ma «il pericolo è che tutto ciò rimanga come sensazione, che non avvenga nessuno scarto cognitivo, che l'opera non si ponga domande. (...) Nel film di Jackson la storia è la grande assente.» (Gozzini, Masciullo 2020, p. 67).

Nonostante le decine e decine di film che sono stati realizzati sulla Seconda guerra mondiale, anche dopo il 2000 questa ha continuato ad essere riproposta sugli schermi. In certi casi sono raccontati momenti cruciali del conflitto come *Dunkirk* (USA, Regno Unito, Francia 2017), *L'ora più buia* (Gran Bretagna 2017) o *Midway* (USA, Cina 2019); in altri casi si parla di episodi di resistenza in territori meno usuali, come la Cecoslovacchia (*Operazione Chromite*, Regno Unito, Repubblica Ceca, Francia 2016) o la Norvegia (*Caccia al 12° uomo*, Norvegia, Germania 2017); in altri ancora la guerra è il contesto che obbliga a fare scelte personali (*Il disertore*, Germania 2020) o distrugge i propri sogni (*Quando le mani si sfiorano*, Regno Unito, Belgio, Irlanda, Canada 2018). Forse questa guerra continua a piacere agli autori e agli spettatori perché, al contrario delle guerre attuali che, come vedremo, creano difficoltà di interpretazione e di giudizio, il conflitto degli Alleati contro le potenze dell'Asse continua ad apparire come lo scontro giusto per eccellenza, dove è chiaro chi siano i buoni e chi i cattivi e dove la vittoria finale è sicura, nonostante le sofferenze e le distruzioni. Sono film spesso avvincenti e ben fatti, ma che riproducono gli aspetti canonici e le immagini mentali già costruite dalla cinematografia del secolo passato. Solo i due film di Clint Eastwood del 2006 (*Flags of our fathers* e *Letters from Iwo Jima*) mi sembra che mandino un messaggio diverso e legato ai problemi del nostro tempo. Il primo perché denuncia come i media trasmettano delle guerre immagini falsificate a scopi politici e di propaganda, sommergendo di retorica e ipocrisia la tristezza malinconica di chi la guerra l'ha vissuta davvero. Il secondo perché contrasta lo stereotipo del soldato giapponese e fa vedere il conflitto con gli occhi del «nemico», grazie alle lettere non spedite ritrovate dai vincitori nelle gallerie di Iwo Jima.

Nell'ultimo ventennio, invece, nei film è praticamente scomparsa la guerra del Vietnam.

Ma, al contrario della Seconda guerra mondiale, è ormai chiaro che quella fosse una guerra sbagliata che è meglio dimenticare; e comunque dice poco a chi ha meno di cinquant'anni, tanto che le immagini di elicotteri, napalm, giungla, sangue e sudore, a cui ci avevano abitato i film degli anni passati, non sono presenti nell'immaginario dei giovani di oggi: ci sono ben altri conflitti in questi anni che, grazie al cinema, stanno costruendo il repertorio culturale della guerra nel tempo presente.

16.3 Le nuove guerre

Se la guerra accompagna da sempre la storia, è possibile associare alle diverse epoche storiche le forme specifiche dei combattimenti e degli strumenti bellici utilizzati. Possiamo cioè considerare i modi di fare le guerre come uno degli indicatori di un certo tipo di civiltà; infatti, almeno nella storia europea, quando cambiano i soggetti che combattono, gli armamenti, le strategie e l'organizzazione bellica, possiamo essere sicuri che si è verificata una trasformazione importante nell'intera società. Pensiamo al passaggio dalla fanteria romana superorganizzata allo scontro individuale dei cavalieri medievali, dalle bande mercenarie dotate di armi da fuoco, che diedero inizio alla crisi dell'aristocrazia dopo il Cinquecento, agli eserciti di leva degli Stati nazionali. Anche la frattura storica della seconda rivoluzione industriale (con l'acciaio, la chimica, la produzione in serie, lo sviluppo delle comunicazioni) è accompagnata dall'introduzione di nuove armi: cannoni, gas e mitragliatrici nella Prima guerra mondiale, sottomarini, bombardieri, radar, carri armati nella Seconda, elicotteri e napalm in Vietnam.

Non dobbiamo meravigliarci, allora, che la rivoluzione epocale a cui stiamo assistendo nel passaggio tra primo e secondo millennio sia accompagnata da una profonda trasformazione dei modi di fare la guerra e il cinema ce lo mostra chiaramente con i film ambientati nei conflitti attuali, le cui caratteristiche sono ormai ampiamente studiate. Vediamone alcune.

Le guerre di questi anni non vedono più contrapposte entità statali o grandi potenze, dato che le armi atomiche le hanno rese improponibili. L'ultima di queste guerre è stata quella tra Iran e Iraq (1980-1988). Successivamente molte hanno preso la forma di **guerre asimmetriche**, nel senso che uno dei contendenti dispone di armi e sistemi di comunicazione molto più potenti e quindi l'avversario deve cercare altri terreni e altre forme di scontro. Il **terrorismo** è una di queste. Il terrorista, contando sulla facilità nei trasporti e nelle comunicazioni informatiche, sulla vulnerabilità degli obiettivi e sulla sua disponibilità a sacrificarsi in quella che ritiene una guerra giusta o santa, può colpire in qualunque parte del mondo e il suo nemico non è un singolo Stato, ma un intero sistema sociale. Le sue azioni sono tanto più efficaci quanto più riescono ad apparire nei media, perché il loro effetto traumatico colpisce il nemico a livello psicologico, economico e politico. In questo caso la guerra cessa di avere protagonisti identificati o di essere rivolta verso obiettivi precisi, ma diventa un'indefinita «guerra del terrore» da una parte e una «guerra contro il terrore» dall'altra, uno scontro che si svolge su scala planetaria senza che se ne possano fissare l'inizio e la fine.

Alcune di queste guerre asimmetriche sono state chiamate **preventive** o **umanitarie** e sono quelle intraprese da coalizioni internazionali con la scusa di bloccare il terrorismo e gli Stati definiti «canaglia» o di soccorrere le popolazioni in nome di valori universali come i diritti umani e la sicurezza globale, ma, in realtà, come denunciano molti commentatori, attuate per proteggere il libero e regolare accesso alle fonti energetiche e alle materie prime, la sicurezza dei traffici e la stabilità dei mercati mondiali.

Molto comuni oggi sono le guerre **civili** o **etniche**, specie in quelli che vengono chiamati Stati falliti o collassati. In questo caso il territorio è conteso da gruppi rivali, signori della guerra, bande paramilitari in una specie di privatizzazione dei conflitti, dato che il mercato internazionale delle armi ha messo gli strumenti bellici più sofisticati (che prima erano monopolio degli eserciti statali) a disposizione di chiunque abbia le possibilità economiche per comprarli, magari con denaro frutto di rapine, sequestri, scambi finanziari illegali, vendita di oggetti d'arte. In molti casi questi conflitti portano a forme di **pulizia etnica o religiosa**, cioè alla totale distruzione del nemico: nessuna pace è possibile se non dopo aver raggiunto quello scopo.

Tutti questi diversi tipi di guerre non seguono più le **regole** minime codificate nel passato: non ci sono dichiarazioni iniziali o trattati di pace finali, le Convenzioni internazionali che tutelano i prigionieri sono sistematicamente violate e specialmente la popolazione civile diventa la vittima principale. Scompare l'idea tradizionale di campo di battaglia e tutta la società, e in particolare le città, diventano il terreno dello scontro. La **propaganda** diventa un'arma strategica e i media e i social-media devono essere tenuti sotto stretto controllo sia per chi vuole diffondere immagini di terrore sia per chi non vuole ammettere le azioni disumane commesse dai «nostri».

Totalmente nuovo in queste guerre del Duemila è il carattere dei **combattenti**.

Le truppe occidentali o le coalizioni internazionali non sono più formate da soldati di leva, ma da volontari pagati che si alternano in turni di qualche mese. Ma, poiché per gli stati occidentali è assolutamente necessario evitare perdite militari che potrebbero mettere a rischio il consenso politico e gli esiti elettorali in patria, sempre più spesso chi combatte sono professionisti della guerra assunti da compagnie militari private, veri e propri mercenari chiamati *contractors*, che non conoscono il Paese in cui si trovano, né la lingua, né le ragioni del conflitto e a cui vengono affidate specialmente le «operazioni sporche», liberando in questo modo gli Stati da qualunque responsabilità. Anche nel campo avversario i combattenti sono cambiati: senza divise o chiari segni di riconoscimento, agiscono con tecniche di guerriglia ed è molto facile per loro confondersi tra la popolazione, aumentando il rischio che questa venga coinvolta negli scontri.

Un altro aspetto essenziale di queste nuove guerre sta negli **strumenti bellici** che vengono utilizzati e che si basano su tecnologie sempre più avanzate. Armi a lungo raggio guidate da sistemi satellitari rendono sempre meno necessario l'intervento di truppe di terra e unificano in un solo sistema le tre armi tradizionali (esercito, marina e aviazione). Già si stanno sperimentando altre armi altamente distruttive (fucili laser e missili ipersonici) o che non richiederanno più l'intervento umano neppure da lontano, come finora era necessario per i droni. L'utilizzo dell'intelligenza artificiale per creare robot capaci di identificare e colpire bersagli in piena autonomia è stata descritta come la terza rivoluzione nella guerra, dopo la polvere da sparo e le armi nucleari. Ma già si è visto come questa guerra ipertecnologica funzioni poco se i nemici agiscono in piccoli gruppi, magari nascosti nel sottosuolo, se si combatte su terreni impervi, se il caldo o la sabbia bloccano i sistemi troppo tecnologizzati.

16.4 Il cinema racconta le guerre del Duemila

I film di guerra prodotti dalla cinematografia occidentale e ambientati in Iraq, Siria, Afghanistan, Somalia, Libia testimoniano le caratteristiche di queste nuove guerre innanzitutto per quello che mostrano: le divise e le armi in continua evoluzione, gli ambienti (i deserti, le città devastate, le vallate tra montagne inaccessibili), la tipologia dei combattenti.

Ovviamente, essendo prodotti occidentali, tutti questi film vedono sempre come protagonisti i «nostri». Solo *Mosul* (2019), pur essendo di produzione statunitense, racconta di una squadra di polizia locale in lotta contro Daesh che ha preso possesso del quartiere e ucciso chi gli si opponeva. Il gruppo, tutto formato da attori arabi, agisce per proteggere la propria città e non chiede l'intervento dei soldati della coalizione occidentale perché, con i loro carri armati e i loro metodi violenti, sarebbero capaci di distruggere tutto il quartiere. Alla fine e con molte perdite riusciranno a colpire la sede centrale del nemico e a liberare il proprio territorio e i propri familiari.

In tutti i film i motivi del nemico non sono mai riconosciuti e probabilmente neppure conosciuti. Solo in *Captain Philips* (USA 2013) i pirati somali, che attaccano una nave porta container, raccontano la disperata situazione che li ha portati a quell'azione. Ma per loro comunque non ci può essere scampo, al massimo un po' di pietà.

Parlando dei «nostri», è naturale che in molti film essi debbano in qualche modo risultare vincitori o almeno dimostrare valore o eroismo. Nello scontro coi nemici (*12 soldiers*, USA 2018 o *Lone survivor*, USA 2013), di fronte a cecchini (*The wall*, USA 2017) o a campi minati (*Mine*, USA 2016), il soldato resiste con coraggio, anche quando la «cavalleria» tarda ad arrivare. Il nemico che sta di fronte, invece, è sempre crudele e spesso senza volto, mentre la popolazione è evanescente o incomprensibile.

In altri film appare chiaramente come combattere per alcuni sia diventato solo un lavoro. Se rimane un motivo ideale, questo consiste nel difendere i compagni o riscattare i loro corpi (*Black Hawk down*, USA 2001). Ma uccidere o essere uccisi non è un mestiere come un altro. Il sergente James di *The Hurt locker* (USA 2008) sa fare bene il suo lavoro pericoloso e ben pagato di disinnescatore di bombe nelle strade di Baghdad; le ragioni ideali sono lontane, ma per lui quella attività è diventata una droga che gli garantisce una continua scarica di adrenalina ed è un punto fermo di fronte all'incapacità di confrontarsi con la vita. Kris Kyle in *American Sniper* (USA 2014) parla tranquillamente con la moglie dal telefono satellitare, mentre tiene d'occhio nel mirino telescopico del suo fucile il prossimo nemico da abbattere; ma quando è a casa la sua mente continua a essere là e la moglie lo prega di tornare umano come era prima. Il pilota Thommy in *Good Kill* (USA 2014), rientra nella sua villetta texana dopo una giornata di lavoro in cui, con droni lontani migliaia di chilometri, lancia missili sugli obiettivi che gli vengono ordinati; ma sa che non reggerà per molto.

Sono molti i film che denunciano come la violenza esercitata o subita provochi inevitabilmente danni psicologici gravissimi. Ritenendosi onnipotenti nei loro grossi veicoli blindati e nelle loro divise superaccessoriate, molti giovani, a cui hanno insegnato a sentirsi superiori e disprezzare le popolazioni locali, pensano che in quella situazione i valori, validi in patria, possano essere ribaltati. Così in loro sono spariti i freni inibitori, la dimensione dell'etica, il senso stesso di umanità e persino lo spirito di corpo, prima regola dei marines (*Nella valle di Elath*, USA 2007). Dopo essere partiti volontari pensando di difendere la patria dopo l'11 settembre o per seguire le tradizioni militari di famiglia, in molti rimane la vergogna per aver creduto in una nazione che pretendeva di andare a portare libertà e democrazia (*Il destino di un soldato*, USA 2017). I mesi al fronte li hanno svuotati di ogni umanità e al ritorno, traumatizzati o inebetiti, faranno fatica a rientrare nella realtà.

Brian De Palma, che ha costruito il film cercando nei blog, nei siti e nei post dei soldati in Iraq, racconta il massacro di una famiglia realizzato da soldati statunitensi che vivono tra momenti di noia e altri di paura e paranoia. Li vediamo agire sempre attraverso un obiettivo, quello di una telecamera amatoriale o fissa, di un documentario, un telegiornale o una schermata internet. Solo uno del gruppo, contro il volere dei comandi, riuscirà a denunciare la strage postando su *YouTube* le riprese fatte. Così, se la censura ripulisce (*redact*) le immagini dal fronte prima di mostrarle al pubblico, il regista con la sua operazione di *redacting* pulisce il ripulito, restituendo volti, parole e azioni per far capire che cosa sia in realtà quella sporca guerra (*Redacted*, USA-Canada 2007).

Ma sono specialmente i film dove l'attacco è fatto con droni lanciamissili che pongono dubbi sulla validità etica di questo tipo di azioni, perché chi li comanda da lontano sembra agire con un'onnipotenza divina che colpisce il colpevole senza preavviso. È vero che aerei senza guida umana e con maggior precisione nel tiro hanno ridotto la mortalità tra le truppe sia amiche (che non devono più mettere il piede sul terreno) sia nemiche (che sono colpite in modo più mirato). Ma si sa che i lanci non sempre sono precisi e chi rimane colpito sono troppo spesso i civili (*Good kill*, USA 2014, *Il diritto di uccidere*, USA 2015).

Quale immaginario si sedimenta a livello di massa dalla visione di film sulle guerre di questi anni? Bisogna ricordare che questi film si inseriscono, in un *continuum* visivo, nelle immagini trasmesse dai media e così si rafforzano a vicenda. La guerra sembra necessaria contro la violenza terrorista, le pulizie etniche, la negazione dei diritti umani e il fallimento della democrazia in molti Stati, ma, se il nemico appare sempre crudele e brutale, i «nostri» non lo sono da meno. Non c'è spazio quindi per posizioni pacifiste, come nella Grande Guerra, né si può dire che queste guerre siano giuste, come quella contro il nazifascismo, anche se la propaganda occidentale continua a presentarle come la lotta dell'Impero del Bene contro l'Impero del Male.

L'immaginario trasmesso da questi film appare confuso e dominato dall'incertezza sui giudizi da dare e sulle posizioni da prendere. In *Leoni per agnelli* (USA 2007) nessuno si salva: l'uomo politico che strumentalizza la guerra per i suoi fini personali, la giornalista che è consapevole di essere uno strumento della propaganda, il professore che dalla sua sicurezza di intellettuale invita ad agire in base alla coscienza di sé e dei propri valori anche se lo studente non sa bene quali siano, per cui rimane indeciso tra l'azione e l'inerzia. Gli unici che una scelta, giusta o sbagliata, l'hanno fatta, la pagano con la vita.

Nessuno di questi film si apre alla speranza di una fine di questi conflitti e del ritorno della pace. Per poterlo fare bisognerebbe chiedersi quali siano le vere cause di queste guerre e come si possano risolverle. Ma questo vorrebbe dire immaginare una realtà nuova che, in questo periodo storico di intensa trasformazione è ancora troppo presto per intravedere.

16.5 Un laboratorio a partire dall'analisi di un film

Il laboratorio prende in esame il film inglese *Il diritto di uccidere* (*Eye in the Sky*), diretto nel 2015 da Gavin Hood, e si propone da una parte di notare il ruolo delle tecnologie digitali nel modo di condurre le guerre in questi anni, dall'altra di riflettere sulle conseguenze psicologiche ed etiche di questo modo di combattere.

Il film racconta di un'azione che il governo inglese, in stretta collaborazione con quello statunitense, svolge contro un gruppo di terroristi islamici a Nairobi, in Kenya. Tra loro c'è anche una donna inglese, convertita al fondamentalismo islamico di Al Shaabab, che il governo vuole assolutamente catturare. Il gruppo viene individuato in una abitazione e un piccolo drone, manovrato da un agente sul posto, ne segue le attività, scoprendo che i terroristi stanno preparando un nuovo attentato, probabilmente in un mercato, con attentatori suicidi. Impossibile ormai riuscire a intervenire per arrestarli. Per questo motivo i comandi decidono di eliminarli immediatamente con un missile lanciato da un drone che sta sorvolando il territorio. Ma improvvisamente una bambina si siede accanto alla casa per vendere del pane e l'esplosione non potrà non colpirla. A questo punto nessuno tra i comandi vuole prendersi la responsabilità morale, ma specialmente legale e mediatica, di un simile danno collaterale. Alla fine, la colonnella inglese che vuole assolutamente raggiungere il suo scopo, manipola i dati che calcolano le percentuali di rischio degli effetti collaterali e fa lanciare il missile.

Proposte di attività

1. La necessità di avere una comunicazione verticale (dal comando ai reparti) e orizzontale (tra i vari reparti e tra i combattenti) è sempre stata una necessità nelle guerre e, in modo particolare, sui campi di battaglia. Nel passato si cercava di provvedere con portaordini, staffette, bandiere segnaletiche, trombe, piccioni viaggiatori, ma le comunicazioni erano spesso difficili, lente e imprecise. Un cambiamento decisivo si ebbe durante la Prima guerra mondiale, quando la radio, da poco inventata, divenne uno strumento indispensabile per coordinare le azioni e in particolare per guidare i lanci dell'artiglieria. In se-

guito il ruolo determinante della radio nelle guerre fu da stimolo alla ricerca tecnico-scientifica: gli apparecchi gradualmente divennero più sofisticati, si formarono tecnici capaci di servirsi dei sistemi radiofonici e nacquero nuove figure professionali in grado di creare e decifrare codici e sistemi di criptaggio. Anche il telefono entrò a far parte dei sistemi di comunicazione, ma richiedeva comunque cavi di connessione che potevano essere interrotti.
La rivoluzione informatica ha radicalmente cambiato i sistemi di comunicazione nelle guerre.

Individua i luoghi in cui si svolgono le diverse azioni del film e i modi con cui le persone coinvolte si tengono in contatto tra loro per discutere le azioni da compiere, nonostante siano distanti. Osserva come i droni permettano di vedere che cosa succede sul terreno e come il lancio dei missili possa essere fatto da remoto. Quale superiorità militare ha chi dispone di queste strumentazioni rispetto a chi non le possiede?

1. Di fronte al rischio che l'eliminazione della cellula nemica comporti anche la morte di una bambina, i personaggi del film si comportano in maniere diverse.
   a. Che posizione prendono i politici e i militari del comando e perché?
   b. Che cosa decide la colonnella e perché?
   c. Che cosa fanno i militari coinvolti (quello che deve calcolare le percentuali di rischio di effetti collaterali e i due alla guida del missile)? Quale ti sembra il loro stato d'animo?
   d. Identificati con uno dei personaggi e prova a immaginare che cosa avresti fatto tu al suo posto. Poi confrontati con i compagni e le compagne. Ci sono differenze tra le reazioni dei maschi e quelle delle femmine? Discutetene insieme.

16.6 Post Scriptum del 18 aprile 2022

Questo testo è stato scritto prima del 24 febbraio 2022, giorno in cui la Russia ha invaso l'Ucraina, dando inizio al conflitto di cui ancora oggi non vediamo la fine.

Questa guerra ha assunto aspetti che in parte si rifanno ai modelli del passato, novecenteschi: conflitto tra due stati, utilizzo di eserciti nazionali, occupazione di territori con truppe sul terreno appoggiate da mezzi corazzati e dall'artiglieria, distruzione delle abitazioni civili e dei servizi nelle città per vincere la resistenza morale della popolazione, mortalità dei civili maggiore di quella dei soldati.

Eppure, da altri punti di vista, la guerra in corso mostra molte caratteristiche delle «nuove guerre». Per prima cosa c'è il ruolo fondamentale della propaganda: da parte russa per mistificare le ragioni del conflitto, mettere in dubbio la veridicità dei fatti, negare addirittura che la guerra sia una guerra; da parte ucraina con un presidente sempre online per denunciare le terribili conseguenze dell'aggressione e chiedere aiuti internazionali; da entrambe le parti per mascherare con una evocazione valoriale (nazisti da un lato, fascisti dall'altro) le reali ragioni del conflitto. Poi ci sono le giustificazioni etnico-linguistiche di un conflitto che sembra voler arrivare a creare territori occupati da una popolazione omogenea e «pulita», che mantiene la sua fedeltà allo Stato proprio solo in base alla propria origine etnica.

Un altro aspetto che collega questa guerra alle altre del XXI secolo è l'utilizzo di mercenari, truppe speciali di professionisti della guerra, a cui si fa ricorso per impedire che la mortalità dei soldati incrini l'adesione dell'opinione pubblica in patria. E da questo deriva un ulteriore imbarbarimento del conflitto e la negazione delle convenzioni che, in qualche modo, avevano comunque regolato le guerre del Novecento.

Accanto ad armamenti più convenzionali, in questa guerra si stanno usando tutti i nuovi tipi di armi automatiche, dai droni alle bombe termobariche, dai missili ipersonici ai cingolati armati guidati da robot, per finire con tutti i tipi di missili a guida laser e con modalità «fire and forget», cioè capaci di trovare autonomamente l'obiettivo una volta lanciati.

Fondamentale, infine, è l'utilizzo di tecnologie informatiche e non solo perché potenziano tutti i sistemi di comunicazione e permettono la guida da remoto di droni e sistemi missilistici. Infatti, come abbiamo detto, le campagne di disinformazione inondano la Rete e contro di loro si muovono gli hacker che inseriscono messaggi e immagini di controinformazione, così come entrano nei principali siti del nemico (governo, banche, colossi industriali, reti ferroviarie ecc.), ne bloccano il funzionamento o anche solo estraggono e diffondono dati. Non a caso il sostegno di Elon Musk all'Ucraina è stato quello di aprire in tutto il Paese la connessione internet gratuita e garantita dalla sua rete di satelliti Starlink, che, essendo nello spazio, non possono essere raggiunti dalle bombe nemiche.

Davvero la guerra sta radicalmente cambiando, anche se continua a essere il modo per cercare di risolvere le controversie e i conflitti attraverso la violenza, la distruzione, la negazione di ogni forma di umanità negli altri e in se stessi, la morte.

Bibliografia

- Alonge G., 2001, *Cinema e guerra. Il film, la Grande Guerra e l'immaginario bellico del Novecento*, UTET, Torino.
- Attolini V., 2008, *Visioni retrospettive. La storia nei film*, Barbieri, Manduria (TA).
- Beccaro A., 2010, *La guerra oggi e domani*, Prospettiva Editrice, Civitavecchia (RM).
- Brunetta G.P., 1998, *Storia del cinema italiano. Dal neorealismo al miracolo economico*, vol. III: *Dal neorealismo al miracolo economico 1945-1959* e vol. IV: *Dal miracolo economico agli anni novanta 1960-1993*, Editori Riuniti, Roma.
- Bultrini N., Tentori A., 2008, *Il Cinema della Grande Guerra*, Nordpress, Chiari (BS).
- Carlini F., Gusso M., 2002, *I sogni nel cassetto. Il cinema mette in scena la società italiana della ricostruzione (1945-1957)*, FrancoAngeli, Milano.
- Chamayou G., 2014, *Teoria del drone. Principi filosofici del diritto di uccidere* (2014), DeriveApprodi, Roma.
- Cortini L., 2014, *Visionare, indagare, riscoprire la storia attraverso le immagini*, in L. Cortini (a cura di), *Le fonti audiovisive per la storia e la didattica*, Effigi, Roma.
- Dell'Agnese E., 2009, *Paesaggi ed eroi. Cinema, nazione, geopolitica*, UTET Università, Torino.
- De Luna G., 1993, *L'occhio e l'orecchio dello storico. Le fonti audiovisive nella ricerca e nella didattica della storia*, La Nuova Italia, Firenze.
- Desiderio A., 2008, *Guerre del 21° secolo*, Giunti, Firenze.
- Fantoni Minnella M., 2010, *Paradise now! Sulle barricate con la macchina da presa. Cinema e rivoluzione negli anni sessanta e settanta*, Marsilio, Venezia.
- Ferro M., 1980, *Cinema e storia. Linee per una ricerca*, Feltrinelli, Milano.
- Ferro M., 1983, *Il cinema come agente e fonte della storia*, in «*Storie e storia*», n. 9.
- Ghigi G., 2011, *Il tempo che verrà. Cinema e Risorgimento*, Gambier & Keller, Venezia.
- Gozzini G., Masciullo P. (a cura di), 2020, *La guerra delle immagini nel XXI secolo. Cinema, televisione, web*, Rubbettino, Saveria Mennelli (CZ).
- Gusso M., 2006, *I film nel laboratorio didattico di storia. Un approccio interdisciplinare*, in B. Rossi (a cura di), *Geografia e storia nel cinema contemporaneo. Percorsi curricolari di area storico-geografico-sociale nella scuola*, CUEM, Milano, pp. 27-63, scaricabile da www.storieinrete.org/storie_wp/?p=7474.
- Gusso M., 1985, *L'uso di testi narrativi come fonti nella ricerca e nella didattica della storia*, in AA.VV., *Ricerca e didattica. Uso delle fonti e insegnamento della storia*, Bruno Mondadori, Milano.
- Kaldor M., 2001, *Le nuove guerre. La violenza organizzata nell'età globale*, Carocci, Roma.
- Labanca N. (a cura di), 2009, *Guerre vecchie, guerre nuove. Comprendere i conflitti armati contemporanei*, Bruno Mondadori, Milano.
- Medi M., 2004, *Film di guerra tra immaginario e storia. Un percorso didattico*, in «Strumenti Cres», n. 36, pp. 31-35, Mani Tese, Milano.
- Medi M., 2010, *La guerra sullo schermo: Iraq e Afganistan*, in «Strumenti CRES», n. 53, pp. 42-44, Mani Tese, Milano.

- Medi M., 2007, *Novecento. Regie di guerra*, in V. Campo (a cura di), *La biblioteca del cinema*, Fondazione Arnoldo e Alberto Mondadori, Milano, pp. 102-119.
- Medici A. (a cura di), 2004, *Schermi di guerra. Le responsabilità della comunicazione audiovisiva*, Ediesse, Roma.
- Menarini R., Moretti M., Alonge G.A., 1999, *Il cinema di guerra americano. 1968-1999*, Le Mani, Recco-Genova.
- Mini F., 2003, *La guerra dopo la guerra. Soldati, burocrati e mercenari nell'epoca della pace virtuale*, Einaudi, Torino.
- Montani P., 2010, *L'immaginazione intermediale. Perlustrare, rifigurare, testimoniare il mondo visibile*, Laterza, Roma-Bari.
- Ortoleva P., 1985, *Rifar le polpe al carcame della storia. Il passato nell'audiovisivo di finzione e la didattica*, in AA.VV., *La cinepresa e la storia. Fascismo antifascismo guerra e resistenza nel cinema italiano*, Bruno Mondadori, Milano.
- Ortoleva P., 1991, *Cinema e storia. Scene dal passato*, Loescher, Torino.
- Sorlin P., 1984, *La storia nei film. Interpretazioni del passato*, edizione italiana a cura di G. Gori, La Nuova Italia, Firenze.
- Sorlin P., 2001, *Introduzione. L'immagine nella società*, in P. Sorlin, *Cinema e identità europea. Percorsi nel secondo Novecento*, La Nuova Italia, Firenze.
- Stefanachi C., 2011, *« Guerra indolore ». Dottrine, illusioni e retoriche della guerra limitata*, Vita e Pensiero, Milano.
- Sanfilippo M., 2004, *Historic Park. La storia e il cinema*, Elleu Multimedia, Roma.
- Shaw M., 2006, *L'Occidente alla guerra. La tentazione dell'interventismo*, Università Bocconi Editore, Milano.
- Zemon Davies N., 2007, *La storia al cinema. La schiavitù sullo schermo da Kubrick a Spielberg*, Viella, Roma.

Sitografia

- Aubry E., 2021, *Uomini e droni: la guerra nel XXI secolo*, in https://www.arte.tv/it/videos/103960-009-A/uomini-e-droni-la-guerra-nel-xxi-secolo/.
- Brusa A., 2014, *Guerre vecchie e guerre nuove. I concetti per capire le nuove guerre. Appunti da Yves Michaud*, in http://www.historialudens.it/didattica-della-storia/169-guerre-vecchie-e-guerre-nuove-i-concetti-per-capire-le-nuove-guerre.html.
- Greblo E., 2019, *Le « nuove guerre » della globalizzazione*, in https://www.ojs.unito.it › index.php › article › view.
- Korybko A., 2014, *Le rivoluzioni colorte: un nuovo modo di fare la guerra*, in https://www.ariannaeditrice.it/articolo.php?id_articolo=49581.
- Signorelli A.D., 2020, *Come sarà il futuro della Guerra?*, in https://www.wired.it/attualita/tech/2020/09/21/come-sara-futuro-guerra/.
- Milanesi E., 2014, *La Guerra nel XXI secolo*, in http://www.storico.org/storia_societa/guerra_xxisecolo.html.
- Paura R., 2012, *Ecco le armi del futuro a cui lavora il Pentagono*, in https://scienze.fanpage.it/ecco-le-armi-del-futuro-a-cui-lavora-il-pentagono/.

17
Ma cosa vuoi che sia una canzone

di Agnese Portincasa e Aldo Gianluigi Salassa

17.1 Introduzione – Il significato di una proposta didattica laboratoriale « leggera »

Volevamo iniziare questo contributo raccontando che pochi anni fa, per la precisione l'8 novembre del 2017, è stato approvato un decreto che delega il Governo a disciplinare le attività musicali contemporanee dal vivo, in particolare riconoscendo il valore delle espressioni artistiche della canzone popolare d'autore. Ci sembrava già un buon esordio, poi – proprio mentre stavamo congedando il pezzo, il 7 febbraio 2023 – la prima serata di Sanremo è iniziata alla presenza del Presidente della Repubblica Sergio Mattarella, subito seguita da una performance di Roberto Benigni dedicata alla Costituzione Italiana. Ci siamo sentiti sopraffatti e così abbiamo deciso di usare entrambi i riferimenti.

Nel 2017, in un'intervista, Dario Franceschini – Ministro dei Beni e delle Attività Culturali e del Turismo, come allora si chiamava – aveva sostenuto che « i testi dei cantautori andrebbero insegnati nelle scuole perché sono una forma d'arte, e oltretutto le parole delle canzoni dei grandi artisti internazionali e italiani sono un pezzo della formazione culturale dei valori che hanno accompagnato intere generazioni ». Questo il discorso, all'indomani del conferimento della laurea *ad honorem* in Lettere Classiche e Moderne a Patti Smith all'Università di Parma (ma va ricordato che un anno prima Bob Dylan aveva ricevuto il premio Nobel per la letteratura). Pochi giorni fa un minuscolo palco di un piccolo teatro della provincia italiana è diventato simile al palco del più grande teatro operistico italiano alla sua prima annuale. E il cerchio si è, almeno apparentemente, chiuso.

Non vogliamo impostare il nostro ragionamento su una tautologia, né sostenere l'evidenza di un « dovere », l'ennesimo per altro, che la scuola dovrebbe recepire dall'alto. Si tratta solo di fare i conti con la realtà di un'espressione artistica a larghissima diffusione e che riempie spesso ampie porzioni delle nostre esperienze individuali e collettive, ma che a scuola non entra. Mentre, e ne siamo convinti, avrebbe moltissimo da insegnare. Nel nostro caso, come fonte per la storia contemporanea.

Prima di continuare, sono fondamentali alcuni chiarimenti di metodo e periodizzanti. In primo luogo la scelta lessicale: useremo qui, per riferirci alle canzoni e alla musica leggera, le locuzioni «musica da intrattenimento» o «musica di consumo» intese come macro-contenitore che ci consente di andare speditamente al punto della laboratorialità che vorremmo suggerire. Dopo alcune riflessioni abbiamo scartato «musica leggera», «pop music» e «popolar music» perché il loro uso è carico di inferenze, non può essere considerato puramente descrittivo e necessiterebbe, prima ancora di iniziare il lavoro didattico, di un approfondimento complesso che ha più a che fare con la musica e la sua storia, altra grande assente nella scuola italiana. Per motivi opposti – troppo scontati nell'uso – anche i termini «canzone» e/o «canzonetta» non ci sono parsi del tutto adatti alla nostra proposta. Ci è parso allora che parlare di *musica di intrattenimento, musica di consumo* fosse un possibile *escamotage* per aiutare i ragazzi a comprendere immediatamente di cosa vogliamo ragionare (nel 95% dei casi ne sono essi stessi fruitori/consumatori) e consentire ai docenti di non uscire dai quadri disciplinari della propria materia di insegnamento (va da sé che dovrebbe trattarsi di studenti e docenti che già utilizzano pratiche laboratoriali, ma pensiamo che i lettori di questo testo siano già in parte orientati a queste pratiche). È opportuno ricordare, inoltre, che in questo contributo ci occuperemo esclusivamente di indagare alcuni esempi di musica da intrattenimento italiana, nel periodo storico che intercorre dalla prima edizione del Festival di Sanremo (1951) a oggi. Questo non significa che ci riferiremo esclusivamente alle canzoni sanremesi, ma che il campo d'indagine è quello del fenomeno-canzone all'interno di un ben preciso codice di consumo musicale che contribuisce a codificare un'idea di registro narrativo nazionale, rappresentativo di un preciso gusto costruitosi nel corso di decenni, in continuità o in antitesi al più longevo e diffuso festival musicale italiano.

Partiamo dalla storiografia. In Italia la riflessione degli storici si è occupata raramente della *musica di intrattenimento, musica di consumo*. In particolare sono stati Guido Crainz, Giovanni De Luna, Maurizio Gusso, Marco Peroni, Stefano Pivato, Leonardo Campus a iniziare a usare le canzoni come fonte per la storia del periodo in cui sono state prodotte. Peroni ha sottolineato la distinzione – utilissima anche per le attività didattiche qui proposte – fra tre possibili livelli di approccio alle canzoni: come *fonti* della storia, come *strumenti* per raccontarla, come *agenti* di storia (ovvero fattori capaci non soltanto di rappresentare, ma di *promuovere* cambiamenti sociali, valoriali, di costume e di mentalità all'interno di un determinato gruppo o comunità).

Molti altri autori hanno poi riflettuto sul tema dei consumi musicali, del rapporto con il cinema e altre forme di rappresentazione culturale e sociale, mentre esiste una più nutrita letteratura di settore legata alla storia della musica. Diversi saggi di questi studiosi sono richiamati, a vario titolo, nel corso del nostro lavoro e in bibliografia.

A proposito dell'uso delle «canzonette» come fonti per la storia, così scriveva nel 2001 proprio Marco Peroni: «Si ha come l'impressione che una parte a tutt'oggi significativa del mondo accademico viva con imbarazzo l'idea di misurarsi sul piano scientifico con una canzone di Little Tony» (Peroni 2005, p. XI). La considerazione di Peroni, centrata e ironica, avrebbe potuto già allora essere estesa, forse con ancor più ragioni, agli insegnanti della scuola secondaria; quelli, almeno, alla ricerca di proposte innovative, sia di metodo sia di contenuto, nell'ambito della didattica della storia.

Oggi, nel 2023, è ancora così?

Detto che è almeno dagli anni Ottanta del secolo scorso che le antologie a uso dei docenti di lettere mostrano attenzione verso i *testi* della canzone d'autore (da Georges Brassens a Fabrizio De Andrè, da Francesco Guccini e Francesco De Gregori a Bob Dylan, tanto per fare alcuni esempi di scelte autoriali ormai entrate in un certo canone condiviso), è altrettanto vero che solo in tempi recenti si è aperta più di una breccia, nella scuola, sull'uso della *musica di intrattenimento, musica di consumo* come fonti per l'insegnamento della storia. Non così pochi sono stati, nell'ultimo decennio, gli esperimenti didattici (soprattutto laboratori) svolti a partire da selezioni di canzoni *pop* – musica, testo, videoclip – intese anzitutto, suggerisce Giovanni De Luna, come «documenti preziosi per leggere nelle profondità dei gusti e delle emozioni della società di massa»[1]. Forse perché proprio le canzonette, sostiene Paolo Mattera, «presentano l'indubbia capacità di trasmettere dei valori e formare dei sistemi di riferimento, soprattutto nei giovani» (Mattera 2017).

Si tratta, in sostanza, di immaginare un upgrade, di osare di più: se è vero che in passato non è stato raro portare a scuola soprattutto i cantautori o le canzoni che veicolavano messaggi importanti di carattere politico-sociale, ora ci pare avere un senso prendere in considerazione quella musica da intrattenimento o di consumo che acquista valore conoscitivo per via del suo successo commerciale e della sua presa popolare – di cui è anche prova la scalata ai primi posti della hit parade na-

[1] De Luna G., *Quando la musica leggera diventa storia*, https://www.lastampa.it/topnews/lettere-e-idee/2019/03/21/news/quando-la-musica-leggera-diventa-storia-1.33689586. All'uso didattico della fonte-canzone Novecento.org, rivista online di didattica della storia dell'Istituto nazionale Ferruccio Parri. Rete degli istituti per la storia della Resistenza e dell'età contemporanea, ha dedicato diversi articoli, citati in sitografia.

zionale – e che, proprio per questo motivo, si può dire abbia inciso sull'immaginario collettivo, in particolare giovanile. Non si tratta di contrapporre due generi o due proposte, ma di valorizzare la scelta di metodo orientandola a un uso più motivato e sistematico della «fonte-canzone». Non necessariamente, e non sempre, sono le canzoni impegnate quelle più adatte a essere trattate, anche a scuola: anzi, spesso è proprio la musica di intrattenimento o di consumo la più idonea a rappresentare/segnare un determinato momento storico, evocare un sentimento popolare condiviso, permettere un accesso a una data trasformazione della società o del costume.[2] Senza contare, poi, che molti brani, proprio per la loro popolarità, sono ben noti anche alle nuove generazioni di adolescenti e risultano accessibili, senza un ricorso eccessivo alla mediazione docente. Ciò che permette, tra le altre cose, un confronto intergenerazionale sulla fonte e sulla sua ricezione.

17.2 La proposta didattica

Due sono le canzoni italiane, peraltro molto popolari, oggetto dei laboratori: *Il ragazzo della via Gluck* di Adriano Celentano e *C'era un ragazzo che come me amava i Beatles e i Rolling Stones* di Gianni Morandi. Entrambe pubblicate nel 1966 (anno cruciale, come si vedrà, per la storia della musica italiana d'intrattenimento e per l'evoluzione del fenomeno giovanile), possono essere proposte singolarmente (enfatizzando il piano dell'intratestualità) o in relazione/comparazione fra loro e rispetto ad altre coeve (mettendo in primo piano l'intertestualità). Obiettivo delle due proposte laboratoriali è studiare, dal «particolare» punto di vista musicale, alcuni aspetti della «grande trasformazione» del Paese: i mutamenti prodotti dal boom economico (1958-1963), ma anche i segnali di crisi, sociale e intergenerazionale, che iniziavano già a essere avvertiti dalla metà degli anni Sessanta. Per questo motivo abbiamo introdotto tre testi esperti – estrapolati dalle opere di Miguel Gotor, Paolo Mattera e Paolo Prato – pensati come una sorta di sintetica antologia storiografica a uso dei docenti, utile ad aprire uno o più percorsi di approfondimento.

Il materiale a corredo delle due canzoni usate come fonte (testo della canzone;

---

[2] «Esiste un brano [del 1961, n.d.r.], dal ritmo sbarazzino che in un clima apparentemente molto frivolo racconta una storia interessante: una ragazza si lanciava da sola nelle danze con molti ragazzi, suscitando così le ire del fidanzato ("Non essere geloso/se con gli altri ballo il twist"), rischiando di rovinare un rapporto amoroso che poi riusciva a recuperare con un altro ballo, più sensuale a appassionato ("con te/con te/che se la mia passione/io ballo/il ballo del mattone"). È la celeberrima *Il ballo del mattone* di Rita Pavone: solo una canzoncina leggera oppure una fonte che rivela mutamenti più profondi?» (Mattera 2017).

contributo/pensiero dell'autore/cantante; testo di critica musicale e/o di approfondimento storiografico; proposte di tematizzazione e intertestualità) sono intese come strumenti per condurre e facilitare l'impostazione laboratoriale.

Il lavoro didattico proposto dovrebbe essere accompagnato/preceduto/seguito da una lezione-quadro del docente (preferibilmente collegata alla programmazione curricolare) sul mondo intorno alla metà degli anni Sessanta a partire dai seguenti temi: la Guerra fredda; l'America del Vietnam, del pacifismo e delle lotte per i diritti civili dei neri; i fermenti del mondo post-coloniale e il mito di Che Guevara; la Cina e la «rivoluzione culturale».

Una scelta altrettanto interessante – eventualmente condotta con modalità transdisciplinare – potrebbe essere quella di ragionare intorno alla rivoluzione musicale in atto in quegli anni (l'esplosione del genere *beat*) attraverso la celebre sequenza da *Blow Up* (1966), pellicola del regista Michelangelo Antonioni, nella quale, in un'esibizione del gruppo britannico degli *Yardbirds*, il chitarrista Jeff Beck distrugge il suo strumento alla maniera di Pete Townshend degli Who[3].

E proprio la distruzione degli strumenti (a volte toccava anche alla batteria) è uno degli atti più iconici della ribellione musicale giovanile propria degli anni che precedono il Sessantotto. La sequenza filmica permette anche di sottolineare, in termini di ricostruzione del contesto storico, l'importanza culturale dell'ondata del *beat* britannico, che coinvolge anche l'Italia (si tratta di un genere prodotto dell'evoluzione del *rock'n'roll* in virtù di una sua contaminazione con il *rhythm and blues* e il *soul*). È dello stesso anno 1966, non a caso, il successo di *Che colpa abbiamo noi*, brano dei *Rokes*, una band inglese che si trasferisce e fa fortuna in Italia con le cover di canzoni *beat* inglesi e americane. Il mondo giovanile italiano era pronto ad accogliere il nuovo stile musicale perché già da qualche anno il terreno era stato preparato dal successo dalla musica *yé-yé*, come allora si diceva. Caterina Caselli, una delle protagoniste di quella stagione, spiega così la differenza tra i due "stili": «Lo *yé-yé* è un genere allegro, spensierato, carino, mentre il *beat* è un genere che batte in quattro il tempo, che si fa con la voce *arrabbiata*, è tutta un'altra cosa» (Sangiovanni, Quarenghi 2020).

[3] https://www.youtube.com/watch?v=jSJGEn4FDys.

17.3 I laboratori

Il contesto storico: antologia storiografica ad uso dei docenti

Testo esperto 1

Il risveglio giovanile e i mutamenti del costume

Un segnale tangibile della presenza di un risveglio giovanile non legato esclusivamente alla nuova classe operaia si registrò in occasione dell'alluvione di Firenze nel novembre 1966. In quella circostanza, tantissimi ragazzi, i cosiddetti « angeli del fango », mossi da una volontà di partecipazione accorsero nella città da ogni parte d'Italia per salvare i beni librari e artistici colpiti dall'inondazione dell'Arno. Il bisogno di un nuovo protagonismo generazionale si mescolava con un'ansia incerta ma pungente di ribellione, che contestava i valori perbenisti e i modelli di vita borghesi respirati fino a quel momento in famiglia, a scuola, all'università, nei rapporti con la religione e l'autorità costituita. Era una rabbia sorda e impotente, la stessa che aveva percorso il film di esordio di Marco Bellocchio *I pugni in tasca* (1965) o le note, soltanto all'apparenza sbarazzine, della canzone di Caterina Caselli *Nessuno mi può giudicare*, dell'anno successivo, perché « ognuno ha il diritto di vivere come può »[4] [...].

Nel 1965 Pasolini girò come regista e intervistatore un film documentario intitolato Comizi d'amore, un viaggio attraverso la sessualità degli italiani. Ne uscì il ritratto di un Belpaese ancora agricolo, eppure estremamente multiforme, complessivamente timido, convenzionale e arretrato, con un Sud ancorato ad ancestrali tabù e pregiudizi e un Nord fintamente disinvolto, ma in realtà stressato da un'incipiente modernizzazione.

Un altro prodromo dei cambiamenti di costume in atto si evinse dal rumore sollevato dal cosiddetto « scandalo della Zanzara », dal nome del giornalino scritto dagli studenti del liceo Giuseppe Parini di Milano, uno dei migliori della città. Nel febbraio 1966 uscì un articolo dedicato alle nuove abitudini sessuali dei giovani, che portò alla denuncia e al processo dei suoi autori, in seguito assolti dalle accuse di stampa oscena e corruzione di minori. [...]

Nell'aprile 1966, davanti alla facoltà di Lettere dell'università « La Sapienza » di Roma, morì lo studente socialista Paolo Rossi, aggredito da un gruppo di neofascisti, mentre volantinava in occasione delle imminenti elezioni accademiche. Il suo decesso provocò un'ondata di commozione e la protesta studentesca di se-

[4] La canzone si classificò al secondo posto al Festival di Sanremo del febbraio 1966: cfr. https://www.youtube.com/watch?v=pl2sgTXH5IA

gno antifascista si diffuse in tutta Italia, con le prime occupazioni, prontamente sgombrate dalla polizia, presso l'università di Roma. [...]

Gotor M., 2019, *L'Italia nel Novecento. Dalla sconfitta di Adua alla vittoria di Amazon*, Einaudi, Torino, pp. 222-224; 228-229.

Testo esperto 2

I 45 giri e i juke box

Le canzoni e la musica pop erano [...] forme particolari di consumi. Quindi, per valutarne l'impatto, uno studio su di esse può impiegare le medesime categorie già impiegate per stimare l'effetto degli altri tipi di consumi. Spunti preziosi arrivano, infatti, dalle analisi dei luoghi di acquisto, che hanno permesso di indagare le pratiche sociali e le identità che ne scaturivano. [...] È una traccia importante: per esaminare le canzoni come agenti di storia bisogna associare l'analisi dei contenuti e dei testi, insomma del *messaggio*, all'analisi dei *luoghi* e delle *pratiche*. Del resto, già la nascita in sé di un mercato musicale per i giovani italiani derivava dal cambiamento delle modalità pratiche di ascolto. Fino agli anni '50 il principale veicolo di comunicazione della musica era la radio, dove brani intrisi di tradizionalismo (le cui implicazioni di costume sono state magistralmente ricostruite da Leonardo Campus) venivano selezionati da un'apposita commissione di censura della RAI e poi trasmessi a un pubblico che li poteva ascoltare in modo passivo. Il mutamento degli equilibri avvenne con l'avvento di una fondamentale innovazione tecnologica: il disco a 45 giri. Introdotto nel 1949 negli Stati Uniti per iniziativa della RCA, il nuovo disco presentava un formato molto più maneggevole rispetto al vecchio 78 giri, molto più facile da stampare e spedire, nonché infine, grazie al largo foro centrale, molto semplice da mettere sul giradischi; perciò, giunto in Italia a metà degli anni Cinquanta, si impose rapidamente sul mercato. Piccoli e maneggevoli, i 45 giri erano anche più economici e perciò, coniugandosi felicemente con la nuova disponibilità di spesa di molti italiani, rivoluzionarono il rapporto dei giovani con la musica: da *passivo*, con l'ascolto della radio, ad *attivo*, con l'acquisto dei dischi. [...] Per ampliarne lo spettro e la profondità, l'analisi va poi allargata: oltre al cosa veniva comprato, lo sguardo si deve dirigere al *come* e al *dove* le canzoni venivano ascoltate. [...] Grazie agli scooter, [tanti giovani italiani] si recavano nelle balere e nei bar, spesso fuori dal paese o lontano dal quartiere di provenienza. In questi locali, in una dimensione pubblica, essi scoprivano un'ulteriore innovazione tecnica: il juke-box. Negli innumerevoli bar sparsi nella Penisola, dove migliaia di juke-box suonavano il *rock* e il *twist*, arrivavano nuovi modelli rapidamente imitati da decine di artisti italiani. [...] Non era semplicemente una questione di generi musicali: il *rock* e il *twist* non andavano solo ascoltati, ma andavano visti e – soprattutto – agiti.

Mattera P., 2017, *Questioni di Metodo: gli audiovisivi come agenti e come fonti? Un caso di studio: la musica popolare degli anni Sessanta*, in «Officina della storia», 2/2017, ISSN: 1974-286X.

Testo esperto 3

Le canzoni degli anni Sessanta hanno segnato in profondità l'inconscio della nazione

Sotto il profilo musicale, l'ingresso dell'Italia nell'era moderna fu di proporzioni inedite che non ha confronti per qualità e quantità di conseguenze e non avrà repliche negli anni a venire, anche rispetto a ben altre svolte epocali. Quel che avvenne negli anni Sessanta – la novità dei dischi a 45 giri e di quel che veicolavano, le feste in cantina e sui sagrati delle chiese di paese, le prime discoteche e i primi concerti elettrici, i festival in piazza ecc. – si configura come un "cambiamento di paradigma" che forse non ha precedenti in centocinquant'anni di storia. [...] Morandi, la Pavone, i complessi, Canzonissima, il Cantagiro, i primi Carosello...: non si trattò solo di un sistema in grado di funzionare per una, due generazioni e poi essere rimpiazzato: ancora oggi, a mezzo secolo di distanza, quel sistema produce entertainment (la Rai, ma non solo, vi attinge per imbastire una parte significativa dei palinsesti e/o dei canali tematici dedicati alla nostalgia), produce aggregazione (dai karaoke bar ai villaggi turistici) e si rigenera di continuo attraverso i meccanismi della cover, del remix, del talent show, del contenitore domenicale ecc. Quelle canzoni – loro, assai più di altre esperienze musicali coeve – hanno segnato in profondità l'inconscio della nazione, anche di coloro che non le hanno vissute in prima persona, e sono destinate a rimanere a onta dell'obsolescenza cui vanno incontro i prodotti della cultura popolare, deteriorabili per natura proprio per poter fare spazio ai nuovi. [...] Le canzoni [...] degli anni Sessanta sono destinate a rimanere dei classici, né più né meno di prodotti più complessi come le arie operistiche o certe romanze. Per questo è corretto parlare di "pop". Pop è la musica leggera concepita a uso di un pubblico giovanile, veicolata da interpreti coetanei, che in poche stagioni egemonizza la canzone per adulti e finisce per resettare i gusti di tutto il pubblico. In Italia debutta alla fine degli anni cinquanta con una generazione di ventenni capitanata da Mina, Celentano, Paoli, Tenco, De André, Di Capri. Dopo qualche anno si aggiungono Morandi, la Pavone e i primi complessi che traducono i successi inglesi e americani diffondendo la moda del beat, la prima sottocultura che attecchisce a livello di massa parlando di pace e di gioventù come una condizione vissuta con disagio. E attraverso questi dischi che i baby boomers imparano a considerare la musica come pratica fondamentale nella loro vita, qualcosa che le generazioni precedenti non avevano nemmeno lontanamente sfiorato, giudicandola – come da lunga tradizione – un mezzo di intrattenimento, di socializzazione con l'altro sesso oppure un'opportunità di lavoro e persino di riscatto sociale. Ma mai come linguaggio in grado di esprimere la personalità in modo più completo e al tempo stesso in grado di aggregare i propri simili attorno a valori e ideali globali che venivano trasversalmente condivisi da giovani portati a comportarsi in modo affine in parti opposte del globo. È la generazione che si raccoglie nei festival all'aperto degli anni Settanta, organizzati sull'esempio di Woodstock e dell'Isola di Wight.

Prato P., 2010, *La musica italiana. Una storia sociale dall'unità a oggi*, Donzelli, Roma, pp. 321-322.

Laboratorio 1

Adriano Celentano e *Il ragazzo della via Gluck* (1966)

L'insegnante introduce la figura del cantante e la canzone oggetto di analisi. Questa la scaletta proposta:

1. Adriano il «rivoluzionario»: dagli esordi con il *rock 'n' roll* d'imitazione americana a *Il tuo bacio è come un rock*, vincitore del Festival Adriatico della Canzone di Ancona (1959). La consacrazione artistica arriva al Festival di Sanremo con *24 mila baci* (1961).
2. Adriano il «predicatore» religioso: *Pregherò* (1963);
3. Adriano il «politico»: *Il Mondo in MI 7a* (1966)
4. Adriano «nazionalpopolare»: *Azzurro* (maggio 1968)

Il ragazzo della via Gluck (febbraio 1966, Festival di Sanremo, 14° e ultimo posto nella classifica finale, con un solo voto dalla giuria). Autori: testo di Luciano Beretta-Miki Del Prete, musica di Adriano Celentano, arrangiamento di Detto Mariano.

Il brano, una sorta di ballata *folk*, costituisce il superamento, da parte dell'artista, del ruolo di «urlatore»[5] nel quale era stato relegato fino a quel momento,

[5] Gli urlatori, contrapposti ai melodici, «erano quei cantanti che, sulla scia di analoghi esempi americani, mettevano una tale aggressività nell'interpretazione e nella sillabazione dei testi, che – almeno per le orecchie degli ascoltatori di allora – sembrava appunto che urlassero, più che cantare. Naturalmente si trattò in buona parte di una semplificazione: tanto per fare un esempio, «urlatori» come Mina o Celentano hanno dimostrato di saper cantare all'occorrenza anche in modo melodico. La contrapposizione stilistica urlatori *vs* melodici aveva quindi sicuramente una solida base

nonché uno dei primi tentativi di affrontare temi di maggior impegno rispetto a quelli per lui consueti. In un primo momento Celentano riceve la proposta della canzone *Nessuno mi può giudicare* (che sarà poi affidata a «Casco d'Oro» Caterina Caselli), ma sarà lo stesso cantante a decidere di interpretare questo brano, presentato in coppia con il Trio del Clan[6] (Gino Santercole, Ico Cerutti e Pilade). La canzone viene bocciata nella prima giornata del Festival dalla giuria popolare, ma il 45 giri riscuote subito un grande successo di vendite, raggiungendo il secondo posto nella classifica della Hit Parade italiana nel 1966 e risultando il 10° più venduto dell'intero anno[7].

Il testo della canzone

Questa è la storia
di uno di noi,
anche lui nato per caso in via Gluck,
in una casa, fuori città,
gente tranquilla, che lavorava.

Là dove c'era l'erba ora c'è
una città,
e quella casa
in mezzo al verde ormai
dove sarà?

Questo ragazzo della via Gluck,
si divertiva a giocare con me,
ma un giorno disse,
vado in città,
e lo diceva mentre piangeva,
io gli domando: amico,
non sei contento?
Vai finalmente a stare in città.

---

di verità musicalmente parlando, ma fu anche un gioco sapientemente alimentato dai media e dall'industria discografica stessa, come leitmotiv su cui ricamare una sfida» (Campus 2015, p. 44).

[6] Si tratta di «un'etichetta discografica-collettivo a cui Celentano chiama a collaborare amici, parenti e colleghi, fra cui Don Backy, Ricky Gianco, Guidone, Gino Santercole, I Ribelli, Milena Cantù, Pilade, Ico Cerutti, Detto Mariano, Miki Del Prete, Natale Massara. [...]
In un'epoca in cui i giovani artisti sono alla ricerca di punti di riferimento, Celentano con il Clan riesce ad attrarre intorno a sé un piccolo movimento musicale, costituendo una casa discografica, con i suoi slogan e i suoi progetti musicali; è un'anticipazione di ciò che faranno successivamente Battisti, Dalla, Daniele, De Gregori» (Liperi 1999, p. 194).

[7] Cfr. la hit parade dei singoli più venduti nel 1966, in https://hitparadeitalia.it/hp_yends/hpe1966.htm.

Là troverai le cose che non hai avuto qui,
potrai lavarti in casa senza andar,
giù nel cortile!

Mio caro amico, disse,
qui sono nato,
in questa strada
ora lascio il mio cuore.
Ma come fai a non capire,
è una fortuna, per voi che restate
a piedi nudi a giocare nei prati,
mentre là in centro respiro il cemento.

Ma verrà un giorno che ritornerò
ancora qui
e sentirò l'amico treno
che fischia così
« waa waa »!

Passano gli anni,
ma otto son lunghi,
però quel ragazzo ne ha fatta di strada,
ma non si scorda la sua prima casa,
ora coi soldi lui può comperarla
torna e non trova gli amici che aveva,
solo case su case,
catrame e cemento.

Là dove c'era l'erba ora c'è
una città,
e quella casa
in mezzo al verde ormai
dove sarà?

Ehi, Ehi,
La la la...la la la la la...

Eh no,
non so, non so perché,
perché continuano
a costruire le case
e non lasciano l'erba
non lasciano l'erba
non lasciano l'erba

Eh no,
se andiamo avanti così, chissà
come si farà,
chissà...

Il video[8]

La testimonianza di Adriano Celentano

La scintilla fu quando a quattro anni, mentre giocavo nel cortile al 14 di Via Gluck, vidi un raggio di sole. Una parte del cortile era illuminata mentre l'altra metà era in ombra. Iniziai a rotolarmi felice tra la parte illuminata dal sole e l'ombra. [...] Mentre mi rotolavo, mi fermai e mi sdraiai a terra con le braccia e le gambe aperte guardando il raggio di sole che illuminava il cortile che a me sembrava bellissimo. M'inchinai e baciai quel raggio. Avvertii, pur essendo così piccolo, quanto ero felice. Libero di correre sui prati. Di sporcarmi, senza temere nulla, protetto da tutta la famiglia e dai miei amici... Anche loro liberi e felici come me di correre sui prati. Poveri, certo, ma bastava stare insieme e condividere quello che c'era. "Gente tranquilla che lavorava...".

Ecco, quella fu la scintilla che non mi abbandonò più. Scrissi *Il ragazzo della via Gluck* anni dopo, ma nel tempo che trascorse non smisi mai di avvertire il pericolo che il mondo stava correndo con la cementificazione selvaggia. Evidentemente era innata in me la coscienza ambientalista, un grido di dolore contro chi stava minacciando la vita e il pianeta stesso. Una vera catastrofe che oggi è la causa principale di molti disastri che, mentendo, chiamano "naturali"! Ma la scrissi anche per il dolore che provai quando, adolescente, fui costretto a lasciare la Via Gluck per andare a vivere "in centro", per abitare tutti insieme a casa di mio fratello. Piangevo in continuazione e mia madre era disperata[9].

La critica

L'arrivo sulla scena di Adriano Celentano (Milano, 1938), segna una svolta nel panorama della canzone giovanile degli anni Sessanta. Contemporaneo a Modugno, Celentano offre infatti il primo modello giovanile alle generazioni musicali emergenti. Un po' Elvis Presley, un po' Jerry Lewis, un po' *folk-singer*, è il primo cantante artista che propone storie animate dai nuovi sentimenti giovanili. Si tratta di un personaggio inedito per l'Italia, che propone una canzone dalla forma

---

[8] https://www.youtube.com/watch?v=_sYDfESbJAY&t=11s.

[9] Cresto-Dina D. (2016), *La vera storia della via Gluck*, in https://www.repubblica.it/spettacoli/musica/ 2016/02/15/news/celentano_ragazzo_via_gluck-133497677/ .

completamente nuova. Se Modugno era stato l'artista che aveva abbattuto l'*ancien régime* della canzone melodica, Celentano è invece il primo artista della nuova era perché gran parte del suo messaggio è inedita, in modo particolare il modo di stare in scena e la forma delle sue canzoni, un anticonformismo che non perderà mai più, anche quando vestirà i panni del "moralista" o dell'interprete più classico (Liperi 1999, pp. 192-193).

Tema e tesi di discussione, proposta intertestuale

Tema – Le trasformazioni portate dal boom economico: la cementificazione delle periferie, l'inurbamento come rinuncia alla natura e alla libertà.

Tesi – La canzone rappresenta una sorta di suggello in chiave critica degli anni del «miracolo economico». Il tema ambientalista sarà poi ripreso da Celentano in altre canzoni, fra le quali *Il mondo in mi 7a* (sempre del 1966) e *Un albero di trenta piani* (1972), ispirato al grattacielo Pirelli di Milano.

Proposta intertestuale – Il riferimento d'obbligo è a Giorgio Gaber: *Risposta al ragazzo della via Gluck* (giugno1966)[10].

Successivamente sempre Gaber darà una propria lettura critica dell'urbanesimo industriale e del consumismo (con chiaro riferimento a Milano) con la canzone *Com'è bella la città* (1969):

Il video[11]

Laboratorio 2

Morandi e *C'era un ragazzo che come me amava i Beatles e i Rolling Stones*

L'insegnante introduce la canzone intercettando e mettendo a fuoco la coraggiosa scelta compiuta, tra idealismo pacifista e censure politiche, di proporla nel canone disimpegnato di una musica di consumo. Lanciata da Morandi, ma scritta da Mauro Lusini (con testo di Franco Migliacci), *C'era un ragazzo che come me amava i Beatles e i Rolling Stones* (1966) è un interessante esempio di canzone narrativa «di protesta» (la storia di un ragazzo statunitense che suona le sue amate canzoni con la chitarra ma è arruolato e sarà destinato a morire in Vietnam), leggibile su due livelli: come narrazione popolare della guerra e come fonte rappresentativa del pacifismo italiano nella sua versione più popolare e ingenua.

---

[10] https://www.youtube.com/watch?v = sk8pIH6jnJU.

[11] https://www.youtube.com/watch?v=DIdhnZL-FGk.

Il testo

C'era un ragazzo che come me amava i Beatles e i Rolling Stones
Girava il mondo, veniva dagli Stati Uniti d'America
Non era bello, ma accanto a sé aveva mille donne se
Cantava « Help » e « Ticket to ride » o « Lady Jane » o « Yesterday »

Cantava « Viva la libertà », ma ricevette una lettera
La sua chitarra mi regalò, fu richiamato in America

Stop coi Rolling Stones! Stop coi Beatles, stop!
M'han detto « Va' nel Vietnam e spara ai Vietcong »

Ta-ta-ta-ta-tan, ta-ta-ta-ta-tan
Ta-tan-ta-tan-tan, ta-tan-ta-ta-tan
Ta-tan-ta-tan-tan, ta-tan-ta-ta-tan
Ta-ta-ta-ta-tan, ta-ta-ta-ta-tan

C'era un ragazzo che come me amava i Beatles e i Rolling Stones
Girava il mondo, ma poi finì a far la guerra nel Vietnam
Capelli lunghi non porta più, non suona la chitarra ma
Uno strumento che sempre dà la stessa nota: tra-ta-ta-tan
Non ha più amici, non ha più fans, vede la gente cadere giù
Nel suo paese non tornerà, adesso è morto nel Vietnam

Stop coi Rolling Stones! Stop coi Beatles, stop!
Nel petto un cuore più non ha, ma due medaglie o tre

Ta-ta-ta-ta-tan, ta-ta-ta-ta-tan
Ta-tan-ta-tan-tan, ta-tan-ta-ta-tan
Ta-tan-ta-tan-tan, ta-tan-ta-ta-tan
Ta-ta-ta-ta-tan, ta-ta-ta-ta-tan

Ta-ta-ta-ta-tan, ta-ta-ta-ta-tan
Ta-tan-ta-tan-tan, ta-tan-ta-ta-tan
Ta-tan-ta-tan-tan, ta-tan-ta-ta-tan
Ta-ta-ta-ta-tan

Il video[12]

La testimonianza di Morandi

La mia canzone preferita arrivò fulminea come un inno, definitiva come una bandiera. Squadernando le pagine del diario rileggo ciò che scrissi, a caratteri cubita-

[12] https://www.youtube.com/watch?v=ndknlxAg4sw.

li, il 18 aprile 1966: *C'era un ragazzo che come me amava i Beatles e i Rolling Stones. Che botta! Oggi Franco*[13] mi ha portato una canzone fortissima che mi ha sconvolto! È vero, non avevo mai provato una sensazione così! [...]

Ricordo perfettamente le sensazioni provate quando scrissi quella pagina del diario, e ora mi rivedo davanti al registratore che Franco Migliacci accese quel giorno. Lui sembrava più eccitato delle altre volte. Più magnetico, quasi nervoso. [...] La canzone usciva impegnata e incredibilmente seria. Stava due spanne sopra le nostre teste. Parole importanti, disposte su un piano completamente diverso dagli scenari romantici del mondo che io cantavo. Il Vietnam, la mitragliatrice, la guerra, i Beatles [...] Avevo ventun anni. Provai come un malessere misto a eccitazione. Una botta, appunto. [...] L'autore della musica è Mauro Lusini, mentre Franco Migliacci aveva scritto quelle parole in dieci minuti tra il primo e la pietanza, in una tipica osteria di Roma. Franco le aveva scritte per lui, che di lì a poco avrebbe inciso il disco. [...] Ma io ci misi tutta la mia testardaggine di montanaro per far sì che la canzone fosse lasciata a me. I discografici della RCA si opposero. Il direttore, Ennio Melis, che fino a quel momento era stato uno degli artefici del mio successo, disse che sarebbe stata la mia rovina: Morandi non può cantare una canzone così rivoluzionaria. La gente vuole un Gianni romantico, sorridente, l'eterno spensierato giovincello che si incontra sotto casa, non un indolente sobillatore. La contestazione la facessero altri! Io tenni duro come non mai fino a quando, nel dicembre 1966, al Festival delle Rose presso l'Hilton di Roma, venni minacciato di essere oscurato dalla Rai se avessi cantato le parole "Vietnam" e "Vietcong". Fu a quel punto che diedi a tutti la mia scossa (Morandi, Ferrari 2006, pp. 21-23).

La critica

Gianni Morandi (Monghidoro 1944), dopo una lunga gavetta nelle balere emiliane viene lanciato dall'autore di testi e produttore Franco Migliacci che lo nota a un provino. Inizia così la fortunata carriera di questo artista, che a partire dagli

---

[13] Si tratta di Franco Migliacci. Autore dei testi di moltissime canzoni di successo (per interpreti come Domenico Modugno «Volare», Gianni Morandi, Rita Pavone, Fred Bongusto, Nada), nonché accorto produttore discografico, Migliacci è figura importantissima nel contesto musicale degli anni Sessanta e Settanta. Morandi, nella sua autobiografia, ricorda come «Gianni Morandi» fosse diventato «il marchio di un'azienda per la quale lavoravano diverse persone. [...]. Franco Migliacci in quegli anni era sempre vicino a me e al centro di ogni decisione. Grazie al nostro affiatamento, si era consolidato il sound morandiano, fatto di melodie e liriche capaci di suscitare una cascata di emozioni di sicuro impatto. Un sound da post-boom economico capace di proiettare fuori dal mangiadischi un'immagine ben confezionata fatta di cieli sereni e baci appassionati». (Morandi, Ferrari 2006, p. 21). Un'agile e documentata biografia di Franco Migliacci, anche con aneddoti di prima mano, è in https://www.francomigliacci.it/biografia%207.html.

anni Sessanta si costruisce su fenomenali successi di vendite e di costume [...]. Dopo i primi successi (*Andavo a cento all'ora, Fatti mandare dalla mamma..., Sono contento, In ginocchio da te*) nel 1964 diventa anche un divo degli schermi grazie ai riadattamenti cinematografici delle sue canzoni, in genere diretti dallo specialista Ettore Fizzarotti. La sua popolarità è tale che nel settembre del 1966 riesce ad abbandonare il territorio strettamente giovanile e sentimentale per una canzone di commovente protesta – *C'era un ragazzo...* di Mauro Lusini e Migliacci – senza che questo provochi sconquasso, anzi, la canzone con la sua interpretazione diventa uno dei brani di culto dell'epoca. Anche la sua partenza per il servizio militare nel 1967 diventa motivo di curiosità da parte del pubblico che vuol sapere tutto dell'amato "giberna"! Alla fine degli anni Sessanta spacca l'Italia di Canzonissima, che si divide fra pubblico di mezza età tutto per Claudio Villa e quello dei giovani schierato per le canzoni e il personaggio di Morandi (Liperi 1999, pp. 259-260).

La musica leggera stava insomma perdendo molta della sua leggerezza, facendosi portatrice di problemi e valori di respiro molto ampio. Ora diventava veicolo di messaggi profondi, anche di carattere politico. Su questo magma ancora fluido, giunse infine l'impatto delle immagini della guerra del Vietnam, la cui forza è testimoniata dalla decisione di un cantante fino ad allora disimpegnato come Gianni Morandi di interpretare la celebre *C'era un ragazzo che come me*. Il peso del Vietnam nella politicizzazione dei giovani è innegabile. Ma [...] da sola la guerra non sarebbe probabilmente stata sufficiente a indurre una svolta così radicale e così veloce negli atteggiamenti collettivi. Le vicende del Vietnam riuscirono a svolgere un ruolo così rilevante perché si innestarono su un terreno dove i motivi di protesta fermentavano già da tempo, su altri temi e con altre modalità. Su questo terreno predisposto, le notizie provenienti dal Sud-Est asiatico accelerarono un processo di contestazione e di politicizzazione già in corso, che da quel momento mutò ritmo e connotazioni (Mattera 2017).

Tema e tesi di discussione, proposta intertestuale

Tema – Il pacifismo americano: la paura della bomba atomica; la corsa agli armamenti, la guerra del Vietnam; il movimento hippy e la sua influenza sui giovani italiani.

Tesi – La protesta e la sensibilizzazione politica entrano anche nelle produzioni di intrattenimento e consumo.

Proposte intertestuali – Il pacifismo e la canzone pop.

1. Barry MaGuire, *Eve of destruction* (1965), in https://www.youtube.com/watch?v=h- V1t0PLQ2E.
2. I Giganti, *Proposta* (Sanremo 1967), in https://www.youtube.com/watch?v =bx klQ3YHpvs.

17.4 Conclusioni

Ma cosa vuoi che sia una canzone è il titolo del primo album in studio (1978) di Vasco Rossi. Esprimeva una fase interlocutoria dell'artista emiliano: nel dubbio se misurarsi con la grande tradizione cantautorale e impegnata di quegli anni, si prende un tempo che esprime con un titolo che suona ironico e depotenziante.

Un simile dubbio ha assalito anche noi quando abbiamo iniziato a scrivere: consapevoli di proporre un laboratorio con una fonte che ancora oggi fatica a essere utilizzata nella scuola italiana, ci siamo sentiti vicini al Vasco di più di quaranta anni fa. Indipendentemente dagli inviti ministeriali, dagli approcci della storiografia, dalla presenza *online* di cataloghi e risorse ricchissime da cui sarebbe facile farsi ispirare[14] e da proposte operative come queste, la musica da intrattenimento è ancora considerata argomento che non arriva a spiegare nulla che non sia sé stessa. Chiusa nella sua autoreferenzialità da disimpegno, sembra faccia quasi paura perché rappresenta un abbassamento di livello inaccettabile entro un canone che frequenta Dante Alighieri e nel Novecento si fa ancora quasi completamente monopolizzare dagli eventi – pur drammatici, unici e terribili – del primo cinquantennio.

Nei confronti di queste evidenze, accompagnate dalla difficoltà oggettiva di fare stare dentro 66 ore la storia di un secolo che ci ostiniamo a far studiare con l'esaustività che sarebbe propria di un dottorato di ricerca e i prerequisiti di un adolescente medio assediato dal digitale, non ci sono molte scelte possibili. La nostra ha il merito di offrire uno spunto di partenza leggero e concreto per arrivare a spiegare la complessità del presente e del recente passato, con un approccio capace di attivare la curiosità degli studenti. Risultato che vale da solo – così almeno ci sembra – lo sforzo di tentare.

[14] Il più ricco è senz'altro il portale dedicato alla canzone italiana dall'inizio del Novecento a oggi: Progetto dell'Istituto centrale per i Beni sonori e audiovisivi. PORTALE DELLA CANZONE ITALIANA http://www.icbsa.it/index.php?it/885/portale-della-canzone-italiana.

Bibliografia

- Benedict A., 1996, *Comunità immaginate. Origine e diffusione dei nazionalismi*, Manifestolibri, Roma.
- Antonelli G., 2010, *Ma che cosa vuoi che sia una canzone. Mezzo secolo di italiano cantato*, Il Mulino, Bologna.
- Berselli E., 1999, *Canzoni. Storia dell'Italia leggera*, Il Mulino, Bologna.
- Bollati G., 1983, *L'Italiano. Il carattere nazionale come storia e come invenzione*, Einaudi, Torino.
- Borgna G., 1985, *Storia della canzone italiana*, Laterza, Roma-Bari.
- Buzzi M., 2013, *La canzone pop e il cinema italiano*, Kaplan, Torino.
- Campus L., 2015, *Non solo canzonette. L'Italia della Ricostruzione e del Miracolo attraverso il Festival di Sanremo*, Mondadori, Milano.
- Carpitella D., Castaldo G., Pintor G., Portelli A., Straniero M.L., 1978, *La musica in Italia*, Savelli, Roma.
- Carrera A., 1980, *Musica e pubblico giovanile. L'evoluzione del gusto musicale dagli anni Sessanta ad oggi*, Feltrinelli, Milano.
- Caselli R., 2018, *Storia della canzone italiana*, Hoepli, Milano.
- Castaldo G., 2018, *Il romanzo della canzone italiana*, Einaudi, Torino.
- Colombo F., 2012, *Il paese leggero. Gli italiani e i media fra contestazione e riflusso (1967-1994)*, Laterza, Roma-Bari.
- Crainz G., 1996, *Storia del miracolo italiano*, Donzelli, Roma.
- Crainz G., 2003, *Il paese mancato. Dal miracolo economico agli anni Ottanta*, Donzelli, Roma.
- Crainz G., 2013, *Il paese reale. Dall'assassinio Moro all'Italia di oggi*, Donzelli, Roma.
- De Luna G., 2004, *La passione e la ragione. Il mestiere dello storico contemporaneo*, Bruno Mondadori, Milano.
- De Luna G., Brusini G., Salvini L., 2019, *Noi. Non erano solo canzonette (1958-1982)*, Skira, Torino.
- Facci S., Sodda P., 2011, *Il Festival di Sanremo. Parole e suoni raccontano la nazione*, Carocci, Roma.
- Forgacs D., Gundle S., 2007, *Cultura di massa e società italiana. 1936-1954*, Il Mulino, Bologna.
- Gabrielli P., 2011, *Anni di novità e di grandi cose. Il boom economico fra tradizione e cambiamento*, Il Mulino, Bologna.
- Gentile E., 2005, *Legata a un granello di sabbia. Storie e amori, costumi e società nelle canzoni italiane dell'estate*, Melampo, Milano.
- Gotor M., 2019, *L'Italia nel Novecento. Dalla sconfitta di Adua alla vittoria di Amazon*, Einaudi, Torino.
- Gusso M., *Il laboratorio con le canzoni*, in P. Bernardi, F. Monducci (a cura di), 2012, *Insegnare storia – Guida alla didattica del laboratorio storico*, Seconda edizione, UTET, Torino, pp. 173-203.
- Liperi F., 1999, *Storia della canzone italiana*, Rai-Eri, Roma.
- Menconi L., 2012, *La musica è leggera*, Il Saggiatore, Milano.

- Morandi G., Ferrari M., 2006, *Diario di un ragazzo italiano*, Rizzoli, Milano.
- Patriarca S., 2010, *Italianità. La costruzione del carattere nazionale*, Laterza, Roma-Bari.
- Peroni M., 2005, *Il nostro concerto. La storia contemporanea tra musica leggera e canzone popolare*, Bruno Mondadori, Milano.
- Pivato S., 2002, *La storia leggera. L'uso pubblico della storia nella canzone italiana*, Il Mulino, Bologna.
- Prato P., 2010, *La musica italiana. Una storia sociale dall'Unità ad oggi*, Donzelli, Roma.
- Santoro M., 2010, *Effetto Tenco. Geneaologia della canzone d'autore*, Il Mulino, Bologna.
- Savella S., 2017, *Povera Patria. La canzone italiana e la fine della Prima Repubblica*, Arcana, Roma.
- Tomatis J., 2019, *Storia culturale della canzone italiana*, Feltrinelli, Milano.

Sitografia

- http://www.canzoneitaliana.it/
- https://hitparadeitalia.it/
- https://www.francomigliacci.it/biografia%207.html
- https://www.youtube.com/watch?v=jSJGEn4FDys
- https://www.youtube.com/watch?v=pl2sgTXH5IA
- https://hitparadeitalia.it/hp_yends/hpe1966.htm
- https://www.youtube.com/watch?v=_sYDfESbJAY&t=11s
- https://www.youtube.com/watch?v=DIdhnZL-FGk
- https://www.youtube.com/watch?v=ndknlxAg4sw
- https://www.youtube.com/watch?v=h-V1t0PLQ2E
- https://www.youtube.com/watch?v=bxklQ3YHpvs
- Casilio S., 2009, *Controcultura e politica nel Sessantotto italiano. Una generazione di cosmopoliti senza radici*, «Storicamente», 5, no. 12. DOI: 10.1473/stor261.
- Cresto-Dina D., 2016, *La vera storia della via Gluck*, in https://www.repubblica.it/spettacoli/musica/2016/02/15/news/celentano_ragazzo_via_gluck-133497677/.
- De Luna G., 2019, *Quando la musica leggera diventa storia*, in https://www.lastampa.it/topnews/lettere-e-idee/2019/03/21/news/quando-la-musica-leggera-diventa-storia-1.33689586.
- Di Tonto G., 2020, *La canzone nella didattica della storia*, Digital History Blog, in https://digitalhistory.blog/2020/10/03/la-canzone-nella-didattica-della-storia/.
- Grazioli C., 2017, *1958-1968. I tanti filoni della musica degli anni '60, la stagione dei giovanissimi*, in Novecento.org, n. 8. DOI: 10.12977/nov197.
- Grazioli C., 2019, *«Prendi la chitarra e vai / Se ti fermi invecchierai». Quando l'Italia era un paese di giovani e per giovani*, in Novecento.org, n. 12. DOI: 10.12977/nov290.
- Mattera P., 2017, *Questioni di Metodo: gli audiovisivi come agenti e come fonti? Un*

caso di studio: la musica popolare degli anni Sessanta, in «Officina della storia», ISSN: 1974-286X.

- https://www.officinadellastoria.eu/it/2017/10/17/questioni-di-metodo-gli-audiovisi-vi-come-agenti-e-come-fonti-un-caso-di-studio-la-musica-popolare-negli-anni-ses-santa/.
- Salassa A.G., 2020, *Fare la storia del secondo Novecento con le canzoni italiane*, in Novecento.org, n. 14, http://www.novecento.org/insegnare-la-contemporaneita-oggi/fare-la-storia-del-secondo-novecento-con-le-canzoni-italiane-6529/.
- Sangiovanni A., Quarenghi N., 2020, *Ma che colpa abbiamo noi. La musica nella costruzione dell'identità collettiva giovanile negli anni Sessanta*, in Novecento.org n. 14, http://www.novecento.org/didattica-in-classe/che-colpa-abbiamo-noi-6596/.

18
Il paesaggio rurale tra Tarda Antichità e Pieno Medioevo. Un percorso didattico tra ambiente, economia e rappresentazione simbolica

di Emanuela Garimberti

Sotto alberi inglesi meditai su quel labirinto perduto: lo immaginai inviolato e perfetto sulla cima segreta d'una montagna. Pensai a un labirinto di labirinti, a un labirinto sinuoso e crescente che abbracciasse il passato e l'avvenire, e che implicasse in qualche modo anche gli astri.

Jorge Luis Borges, *Il giardino dei sentieri che si biforcano*, in *Finzioni*, 1944

18.1 I paesaggi rurali tra Tarda Antichità e Pieno Medioevo. Una proposta per un percorso didattico di Geostoria

Il Medioevo, probabilmente anche per la sua lunga periodizzazione convenzionale, appare per molti, prima ancora che un'età storica, un «luogo» del nostro immaginario: il suo potere evocativo è fortissimo e proprio per questo storicamente meno contestualizzato (Montanari 2002; Marostica 2004; Bordone 1993; *Il sogno del medioevo* 1986).

Anche la storia del paesaggio, come molti altri temi della lunga Età medievale, non si sottrae a questo gioco di fraintendimenti, luoghi comuni e falsi miti. Nella cultura diffusa così come nella quotidiana pratica didattica si nota frequentemente la tendenza a estendere, senza distinzioni, a tutto il Medioevo un'immagine di selve e boschi, tipica invece soltanto dei suoi primi secoli, oppure a retrodatare una visione bucolica della campagna che con il Medioevo delle fonti ha poco o nulla a che fare. I mass-media e la filmografia contribuiscono a creare una sorta di fondale, che oscilla dai *verzieri* trobadorici alle selve oscure di dantesca memoria, ai giardini intricati e conditi di rovine di un perenne romanticismo (Bordone 1993, pp. 19 e sgg.), sul quale si riflettono gli eventi storici. Si tratta di un fondale privo di tridimensionalità e mai, lui stesso, oggetto autonomo d'indagine. Sincretismo e a-storicità connotano questi paesaggi immaginati e rendono oltremodo difficoltosa la comunicazione didattica relativa ai paesaggi storici reali.

Sebbene, storiograficamente parlando, in Italia il tema del paesaggio e della storia agraria sia stato oggetto di un'attenzione e di un interesse di ricerca di tradizione ormai più che trentennale (Andreolli, Fumagalli, Montanari 1985; Cortonesi, Montanari 2001; Rao 2015), lo stesso tema non ha ancora avuto una risonanza equivalente nelle aule scolastiche. È quindi necessario scardinare il collasso cronologico e le «immagini immobili» della lunga Età medievale, decentrando il punto di vista e operando una tematizzazione forte e un'articolata distinzione cronologica. Al contempo è necessario perseguire precisione concettuale e terminologica, distinzione di piani e temi, pur nel loro intreccio, dato che questo tema è didatticamente importante se si considera che lo spazio fisico è il nodo in cui si incrociano piani diversi: economia, società, politica, potere, cultura, e quelli medievali sono, come abbiamo avuto modo di spiegare nel Capitolo 6 della sezione *Cornici*, veri e propri «paesaggi della complessità».

L'intento di un percorso di storia del paesaggio rurale per il biennio liceale è duplice e già implicito nel suo carattere di laboratorio: l'apprendimento di alcune linee principali di storia delle campagne mediante l'analisi diretta di diverse tipologie di fonti (Brusa 1991; Brusa *et al.* 1991; Girardet 2004; Rosso 2006; Turrini 2003) e al contempo la negazione delle immagini stereotipate di un «passato autarchico», sottolineando al contrario il dinamismo e la fluidità che caratterizzano il rapporto tra società e paesaggio nel corso della storia (Rao 2015). L'excursus permetterà anche riferimenti alla contemporaneità, sia problematizzando alcuni temi di lunga durata, per esempio la storia del clima o il rapporto uomo-ambiente, sia per l'aggancio che questi ultimi consentono al curricolo di Educazione civica, recentemente introdotto nelle scuole italiane.

Il percorso didattico che qui proponiamo si apre inducendo gli alunni a prendere in considerazione il paesaggio agrario della propria regione o del territorio di appartenenza. L'osservazione diretta (magari in occasione di una visita d'istruzione in cui si utilizzi il treno o il pullman come mezzo di trasporto) o una visita virtuale mediante foto aeree o percorsi esperiti attraverso *Google maps* potrebbero essere le occasioni per cominciare a riflettere sulle caratteristiche del paesaggio e su quali possibili fenomeni o eventi abbiano contribuito a produrre nei secoli la forma attuale degli appezzamenti, la tipologia degli insediamenti umani, la rete viaria e di comunicazione, la varietà della vegetazione e delle colture. Si introdurranno così, con un approccio problematico e laboratoriale a partire da un articolato dossier di fonti, i concetti di mutamento e di diacronia all'interno del tema-paesaggio, per poi passare all'analisi vera e propria del paesaggio rurale tra Tarda Antichità e Alto Medioevo.

Il percorso si completa con una serie di paragrafi, frutto di una rielaborazione in chiave didattica di alcuni testi scientifici e storiografici, che danno conto di alcuni snodi essenziali della storia del paesaggio e dell'ambiente tra Tarda Antichità e Alto Medioevo. Tali paragrafi potranno servire sia come traccia per la lezione frontale dell'insegnante, sia come testo da fornire agli studenti per lo studio individuale. Le attività, ciascuna costruita su una rosa di fonti tipologicamente diverse, sono state progettate non solo come verifica della comprensione di alcuni paragrafi-chiave, ma come parte integrante della spiegazione dell'insegnante. Le attività, siano esse utilizzate come esercizi individuali in classe, compiti a casa o attività di laboratorio, avranno lo scopo specifico di mettere gli allievi in contatto diretto con alcuni documenti storici e con significative pagine di storiografia sul tema individuato. In questo modo sarà possibile abituarli a simulare il lavoro dello storico, lavorando con materiali diversi e interpretando direttamente le fonti (Garimberti 2011).

Il percorso, pensato per il secondo anno della scuola secondaria di II grado, potrebbe essere, senza troppa difficoltà, ridotto e semplificato per adattarsi alla scuola secondaria di primo grado. Del resto va precisato che per l'approccio diretto alle fonti, in generale ma soprattutto per gli ordini scolastici inferiori, la mediazione dell'insegnante resta fondamentale: innanzitutto nella selezione dei temi e quindi del dossier documentario e poi nella rievocazione di quadri generali non deducibili da una lettura, per quanto attenta e minuziosa, delle poche (di necessità) fonti proposte, ma d'altra parte necessari per una corretta interpretazione dei documenti stessi; infine, ma è forse l'aspetto meno scontato, in una preliminare opera di traduzione e semplificazione dei documenti, resi realmente comprensibili agli alunni attraverso l'eliminazione degli elementi accessori, non direttamente utilizzabili per l'ottica prescelta per le lezioni.

18.2 Dal presente al passato: tracce dell'Antichità nel paesaggio attuale

In alcuni luoghi italiani, in specie nelle zone di pianura, è possibile ancora oggi scorgere, per esempio, nella disposizione dei campi coltivati e delle vie di comunicazione le tracce di un'antica organizzazione del territorio (Fig. 18.1).

La centuriazione (*centuriatio* o *castramentatio*) era il sistema con cui i romani organizzavano il territorio agricolo, basato sullo schema ortogonale che già adottavano nei *castra* e nella fondazione di nuove città. Si caratterizzava per la regolare disposizione, secondo un reticolo di strade e canali, degli appezzamenti agricoli destinati all'assegnazione a nuovi coloni, spesso legionari a riposo (Neri, Sanguineti 2010).

Figura 18.1 *Foto aerea di un tratto della Pianura padana in cui è ancora evidente l'opera di centuriazione (Fonte: CEAS Bassa Romagna).*

L'organizzazione compiuta su queste basi in epoca romana, nel territorio compreso tra gli Appennini e il Po, ha pochi altri confronti, sia riguardo alla vastità dell'opera, sia in rapporto alla persistenza della trasformazione del paesaggio a opera dell'uomo. Quelle che erano state terre di frontiera vennero trasformate in un'imponente macchina produttiva, sottratta ai boschi e ai frequenti impaludamenti, e ciò permise di sfruttare le potenzialità del suolo e contribuire in modo decisivo allo sviluppo economico della regione.

Si venne formando un paesaggio antropico così equilibrato nel suo assetto ambientale e così razionale nell'uso da essere parzialmente sopravvissuto fino ai nostri giorni. Pur nella consapevolezza che alcuni tratti ortogonali nella disposizione dei campi possono essere l'esito non tanto della centuriazione antica quanto di operazioni molto più recenti (ad esempio i livellamenti novecenteschi delle risaie), è fuor di dubbio che la centuriazione abbia lasciato in molte aree un'eredità forte nella programmazione dello spazio (Fig. 18.2), condizionando anche le forme di organizzazione territoriale dei secoli successivi (Rao 2015, p. 60). Ancora oggi, infatti, in alcune zone d'Italia il paesaggio della pianura è determinato dagli esiti della centuriazione romana, con la persistenza degli elementi rettilinei (viabilità, canali di scolo, divisione di proprietà) sopravvissuti all'evoluzione territoriale e spesso divenuti elementi fondativi nell'urbanizzazione, quanto meno fino al XX secolo, quando la pressione antropica della crescita urbana e delle infrastrutture cancellò molte delle tracce sparse nella campagna agricola.

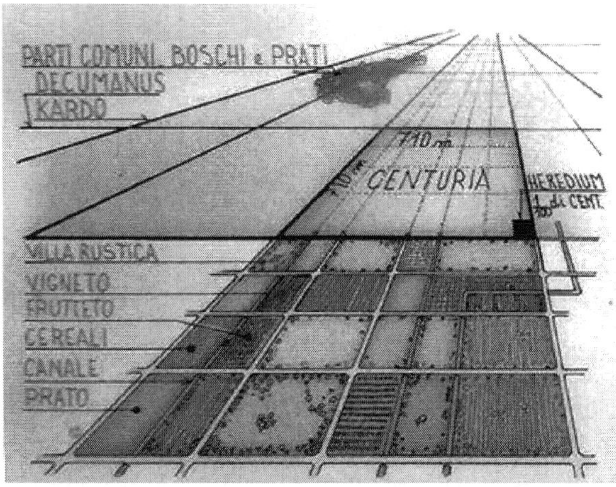

Figura 18.2 *Schema indicativo dell'organizzazione di una centuria.*

ATTIVITÀ 1: *La centuriazione, una storia per immagini*

Partendo da una ricerca in Rete, si costruisca un dossier di immagini in chiave diacronica per descrivere il fenomeno della centuriazione e le sue persistenze nel paesaggio. A seguire, esempi di immagini che è possibile ricavare dai repertori digitali (Figg. 18.3, 18.4, 18.5).

ATTIVITÀ 2: *Tutte le strade portano a Roma*

Fin dall'età consolare i Romani si distinsero per una fitta rete di strade che ancora oggi sopravvive, basti pensare in Italia al tracciato odierno della via Aurelia o alla via Emilia. Possiamo farci un'idea di come i Romani concepissero questo imponente e avanzatissimo sistema stradale guar-

Figura 18.3 *La centuriazione vicino a Cesena in una tavoletta I.G.M. di fine Ottocento.*

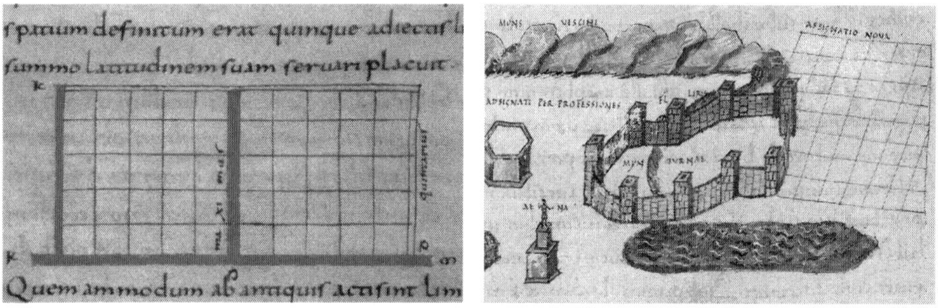

Figura 18.4-18.5 *Miniature del IX secolo che illustrano il sistema del cardo e decumano e della centuriazione, a corredo dell'opera di Hyginus Gromaticus,* Liber de Munitionibus Castrorum *(Codex Palatinus Vat. Lat.* 1564).

dando la Tavola Peutingeriana (redatta in età imperiale ma conservata in copie successive, Fig. 18.6). Si tratta di una pergamena lunga quasi 7 metri che rappresenta la rete stradale dell'impero. Non rappresenta lo spazio in maniera realistica, ma ne riproduce solo le stazioni di posta, un po' come la mappa delle moderne metropolitane. Utilizzando il sito https://www.omnesviae.org/it/ progetta un itinerario tardo-antico che metta in relazione la tua città a un altro importante centro urbano. Correda il tuo itinerario dei principali luoghi d'interesse che incontrerai lungo il tragitto.

ATTIVITÀ 3: ***I resti del passato nel paesaggio: monumenti, acquedotti, ponti***
Oltre alla centuriazione e al tracciato viario, il paesaggio attuale reca molti altri segni risalenti all'Età romana: resti monumentali o di costruzioni idrauliche, tracciati di antiche vie. Si assegni per la regione in cui gli studenti abitano una ricerca, per parole e immagini, delle principali emergenze ancora visibili nel paesaggio. Si pro-

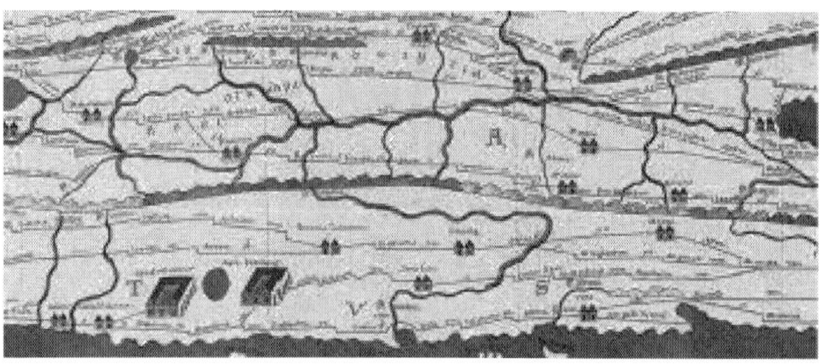

Figura 18.6 *La via Emilia come appare nella Tavola Peutingeriana nel tratto tra Bologna e Piacenza (Fonte: https://luciodp.altervista.org/).*

ponga anche una mappatura e una georeferenziazione dei principali siti archeologici (è possibile costruire itinerari o costruire carte geografiche tematiche personalizzate utilizzando, fra gli altri, programmi come Google My Maps o Scribble Maps)

ATTIVITÀ 4: ***I resti del passato nel territorio: le antiche regioni augustee***
La carta (Fig. 18.7) mostra le undici regioni in cui Augusto aveva diviso la penisola italica.

Ogni alunno provi a confrontarla con una carta politica dell'Italia contemporanea: quali toponimi latini si riflettono nei nomi odierni delle regioni? Quali dif-

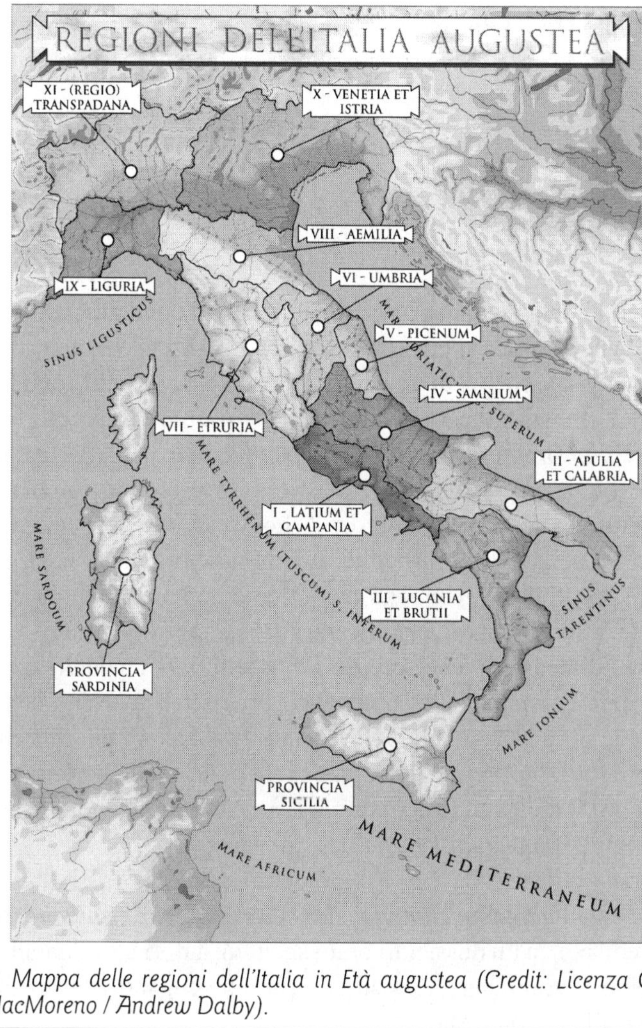

Figura 18.7 *Mappa delle regioni dell'Italia in Età augustea (Credit: Licenza Creative Commons 4.0 / MacMoreno / Andrew Dalby).*

ferenze e somiglianze si possono notare nel tracciato dei confini? Quali possono essere le ragioni di queste persistenze?

Rifletti sul presente

Ci sono resti di Età romana nel territorio in cui vivi? Sono luoghi che al momento costituiscono un'attrattiva turistica? In che modo potrebbero essere maggiormente valorizzati al fine della creazione di nuovi posti di lavoro nel settore terziario? Cerca nei siti più vicini a te e adotta una emergenza monumentale del tuo territorio, se possibile recati in visita per produrre una documentazione fotografica e integra le informazioni con una ricerca sul web. Progetta un piccolo studio di caso per la valorizzazione turistica del Patrimonio locale e racconta sui social il risultato della tua ricerca: scegli tu la modalità di condivisione che preferisci.

18.3 Il paesaggio all'alba del Medioevo: gli effetti del clima e della crisi

Rispetto al periodo classico, che aveva beneficiato di condizioni climatiche favorevoli, nell'Età tardoantica si presentò un clima più rigido. Gli autori del IV secolo raccontano con insistenza di annate di carestia e di raccolti rovinati da gelo e inondazioni. La mutata situazione climatica portò infatti a raccolti meno abbondanti e innescò un progressivo calo della popolazione. Così la fine dell'impero romano si accompagnò in tutto l'Occidente a un profondo cambiamento nelle strutture produttive: nei primi secoli dell'Alto Medioevo ci fu una riduzione degli scambi in moneta e gravi difficoltà di commercio, poiché navi, porti, strade non erano più gestiti dal potere centrale. Le città non erano più un centro fondamentale per le attività economiche: i centri urbani si spopolarono, ridussero fortemente le loro dimensioni e persero il loro aspetto monumentale per assumerne uno maggiormente rurale. Nelle campagne i proprietari avevano meno interesse ad aumentare la produttività delle loro aziende, poiché era più difficile commercializzare i prodotti. Inoltre il calo della popolazione aveva portato a un progressivo abbandono di molte terre coltivate e a un parallelo ampliamento delle aree incolte e boschive (Fumagalli 1993).

ATTIVITÀ 5: ***Il mutamento climatico del IV secolo nelle cronache tardoantiche***
Il docente predisponga un dossier di brani scelti da autori tardo-antichi come Lattanzio, Eusebio e Ammiano Marcellino, che contengano riferimenti al clima, all'ambiente e alla popolazione.

Gli studenti procedano a una schedatura del materiale a partire dalla quale illustrino la relazione causa-effetto tra peggioramento climatico e decremento demografico nelle civiltà agricole. È possibile, con la guida dell'insegnante, contestualizzare l'esposizione riferendosi in modo specifico alle dinamiche del IV secolo.

RIFLETTI SUL PRESENTE

Oggi stiamo assistendo al riscaldamento globale del pianeta. Quali indicatori usano gli scienziati per rilevare cambiamenti climatici? Avvia una breve ricerca online per individuarli e confronta il risultato con quello dei tuoi compagni. Il cambiamento climatico contemporaneo, a differenza di quello antico, è conseguenza dell'azione umana: raccogliete le notizie più recenti sulle cause della situazione attuale e sugli effetti che si stanno rivelando disastrosi per il nostro pianeta.

18.3.1 *Semirutarum urbium cadavera*

Il mondo antico aveva raggiunto in Occidente un'organizzazione complessa, basata sulle città. I Romani, in questo eredi degli Etruschi, furono costruttori di città, urbanizzarono il territorio, trasformandolo in una trama complessa e capillare, i cui snodi erano i nuclei urbani. Nel passaggio dalla Tarda Antichità all'Alto Medioevo molte di queste città ridussero le loro dimensioni, rinunciarono a gran parte delle loro funzioni pubbliche, mutarono il loro aspetto. Molte altre scomparvero del tutto, disseminando il territorio di rovine (Fumagalli 1988; Fumagalli 1989).

Con le attività che seguono cercheremo di delineare l'aspetto del paesaggio così come appariva agli occhi dei contemporanei all'alba del Medioevo. Tenteremo anche di capire come la stessa interpretazione del paesaggio da parte dei contemporanei potesse assumere sfumature diverse e riflettere mentalità e cultura dell'epoca.

ATTIVITÀ 6: *Rovine di città nelle voci dei contemporanei*

Documento 1

Sant'Ambrogio, ***Epistolae***, in ***Patrologiae latinae cursus completus***, vol. XVI, n. 39, col. 1099; testi introduttivi e traduzioni da Bocchi F., Fasoli G., 1973, con adattamenti.

Sant'Ambrogio, nato nel 339 a Treviri da famiglia romana e nominato vescovo di Milano nel 373, quando era governatore della provincia di Emilia e Liguria, scrisse molti trattati di carattere dottrinale e morale. Ci ha lasciato anche un epistolario, in cui sono narrati episodi della sua attività episcopale e si possono trovare molte notazioni relative alla situazione politico-sociale del tempo, che la sua duplice esperienza di vescovo e di antico funzionario imperiale gli consentiva di osservare con grande acutezza.

Il brano qui riprodotto fa parte di una lettera, scritta non molto dopo il 387 all'amico Faustino per la morte della sorella, in cui Ambrogio suggerisce un parallelismo fra la morte degli esseri umani e quella delle città sue contemporanee.

Questo noi lo abbiamo in comune non solo con gli uomini, ma anche con le città e gli stessi villaggi. Infatti lasciandoti alle spalle Claterna, attraversavi Bologna, Modena, Reggio, a destra c'era Brescello e di fronte ti veniva incontro Piacenza, ancora risonante nel nome della sua antica nobiltà, e sulla sinistra avevi avuto pietà per gli incolti Appennini e consideravi i castelli di popolazioni un tempo fiorentissime e li numeravi con dolorosi sentimenti. Tanti cadaveri di città semidistrutte e nello stesso tempo la funerea parvenza di tanti villaggi non ti ammoniscono che più facile deve essere consolarsi per la morte di una sola per quanto santa e ammirevole donna? Tanto più che queste sono prostrate e distrutte per sempre e quella, strappata a noi nel tempo, consegue una vita migliore [...].

<u>Documento 2</u>

Cassiodoro, *Varie*, in Th. Mommsen (a cura di) «Monumenta Germaniae Historica», **Auct. Ant.**, *Hannover-Leipzig, 1894, t. XII, I, 28 ; III, 49.* Testi introduttivi e traduzioni da Bocchi F., Fasoli G., 1973, con adattamenti.

Nato intorno al 487 a Squillace da una ricca famiglia di funzionari imperiali, che aveva accettato di servire prima Odoacre e poi Teoderico, Cassiodoro divenne *magister officiorum* del re goto e rimase anche al servizio dei suoi successori. Ritirandosi negli ultimi anni della sua vita presso *Vivarium*, monastero che egli stesso aveva fondato nei pressi di Squillace, dove rimase fino alla morte nel 580, egli attese a raccogliere e riordinare sotto il titolo di *Variae* le numerosissime lettere che durante la sua lunga carriera aveva scritto per conto dei sovrani, e che ne documentano l'azione politica.

Alcune di quelle lettere sono dirette ai funzionari delle curie delle città del regno, curie che evidentemente erano ancora in grado di funzionare e a cui era demandato il compito di «restaurare» le città. Nelle parole di Cassiodoro si riflette il convincimento che le città fossero comunità di uomini legati da interessi materiali e spirituali e che quindi esse siano da conservare, da restaurare e da fortificare proprio perché rappresentavano il «mezzo» per l'esistenza dei loro abitanti.

A tutti i Goti e ai Romani Teoderico re.

Cosa degna è la costruzione di una città nella quale si esalta la sollecitudine del re, poiché è gloria del nostro tempo il restauro delle antiche città con cui si consegue un ornamento per il tempo di pace e ci si tutela di fronte alle necessità della guerra. Perciò noi provvediamo agli avvenimenti futuri, ordinando che se qualcuno ha nei suoi campi delle pietre di qualsiasi genere utili per costruire dei muri, con animo volenteroso, senza nessun ritardo, le conceda poiché allora più veramente possiederà ciò che avrà concesso per il bene della sua città. Che cosa c'è di più grato che vedere crescere il pubblico decoro che torna ad utilità di tutti? E sebbene vengano concesse cose vili queste saranno di comune vantaggio [...].

Agli onorati possessori, difensori e curiali della città di Catania Teoderico re.

La vostra difesa è al tempo stesso la nostra forza e tutto ciò che vi sottrae al pericolo si protende a difesa della nostra gloria. Perciò quei sassi che voi dite essere caduti per lunga vetustà dall'anfiteatro e non giovare più all'ornamento della città, mostrando lo spettacolo di turpi rovine, noi vi concediamo di usarli a vantaggio comune, così che si innalzi in un muro ciò che non può giovare se resta disperso al suolo. Quindi conducete fiduciosi a compimento tutto ciò che serve per la difesa, tutto ciò che serve al pubblico decoro e sappiate che ci sarà grato tutto quello che voi farete a vantaggio della vostra città [...].

Documento 3

Rutilio Namaziano, *De reditu*, Lib. I, vv. 409-414, Edizione con testo latino e traduzione a fronte in Rutilio Namaziano, 1992.

Il *De reditu* di Rutilio Namaziano è una sorta di resoconto in versi di un viaggio di addio: l'autore è infatti costretto dalle invasioni visigotiche ad abbandonare Roma, da lui ritenuta centro dell'universo civile e suo personale, per ritornare nella Gallia Narbonese, sua terra d'origine, a far fronte ai danni delle scorrerie barbariche. È l'inverno (del 415 o del 417); poiché strade e ponti sono in rovina, Rutilio parte per mare. A piccole tappe risale lungo un'Italia che sembra in bilico fra due mondi: le rovine di una gloria passata (ruderi, città abbandonate, fortune di amici andate a rotoli) e la vitalità quasi «rivoluzionaria» di nuovi stili di vita (il cristianesimo, i monaci). Questo suo addio, sentito quasi come un esilio, diviene così l'occasione per dipingere una galleria di persone, luoghi, ricordi mitologici e antiquari, circostanze politiche e ideologiche, che è come quasi il testamento di un'era ormai conclusa.

Non si possono più riconoscere
i monumenti dell'epoca trascorsa,
immensi spalti ha consunto il tempo vorace.
Restano solo tracce fra crolli e rovine di muri,
giacciono tetti sepolti in vasti ruderi.
Non indigniamoci che i corpi mortali si disgreghino:
ecco che possono anche le città morire.

Confronta i brani proposti, riassumi le posizioni dei diversi autori, soffermandoti soprattutto sulle differenze tra l'opinione espressa da Ambrogio e Rutilio Namaziano, rispetto a quella di Cassiodoro, sulla «decadenza» della civiltà antica e sui suoi riflessi nel paesaggio. Aiutati compilando la tabella che segue.

LA DECADENZA DELLE CITTÀ ANTICHE		
Temi	**Documento 1**	**Documento 2**
Fama antica del luogo		
Presenza di incolto		
Presenza di rovine		
Segni di ripresa e riedificazione		
Considerazioni di ordine «morale» sullo stato delle cose		

Aiutandoti con le brevi introduzioni ai brani, prova poi a ricostruire quali siano i motivi storici e personali di queste diverse posizioni ideologiche e scrivi un breve testo argomentativo in cui esponi le tue ipotesi.

Rifletti sul presente

Abbiamo visto che la rete stradale e le città romane attraversarono un lungo periodo di degrado alla fine dell'Antichità. In realtà il tracciato delle antiche strade e molti degli insediamenti urbani non sparirono mai del tutto e costituirono un riferimento, per motivi diversi, per tutto il corso dell'età medievale e moderna sino a oggi. Sotto la guida dell'insegnante, riporta con colori diversi, su una carta d'Europa e confronta il tracciato dei seguenti itinerari:

- strade romane
- itinerari di pellegrinaggio
- strade di collegamento tra i luoghi di fiere e commerci
- luoghi del Grand Tour
- rete delle autostrade

ATTIVITÀ 7: ***Popolamento e dati quantitativi***

A partire da un censimento, effettuato su fonti scritte e archeologiche, degli insediamenti nel Modenese fra l'Età romana e l'Alto Medioevo, si può ricostruire la loro distribuzione diacronica in rapporto alla totalità dei *loci* censiti (Rao 2015, p. 45).

GLI INSEDIAMENTI TRA ETÀ ROMANA E ALTO MEDIOEVO
Epoca
Età repubblicana
Prima età imperiale (sec. I-II d.C.)
III secolo d.C.
IV secolo d.C.
Alto Medioevo

Stando a questi dati circa i tre quarti degli insediamenti popolati nel IV secolo sarebbero scomparsi nel giro di pochi secoli. Pur con sfumature regionali differenti, i dati archeologici documentano per l'intera Italia una dinamica analoga a quella emiliana, che rivela una consistente riduzione delle evidenze insediative per l'Età tardoantica e altomedievale.

Accosta ai dati della tabella gli eventi politici e sociali dello stesso periodo, richiamandoli in modo sintetico. Prova a esplicitare oralmente i possibili collegamenti fra contesto politico-sociale e curva degli insediamenti.

INSEDIAMENTO E QUADRI POLITICI	
Epoca	**Insediamenti**
Età repubblicana	72%
Prima età imperiale (sec. I-II d.C.)	85%
III secolo d.C.	49%
IV secolo d.C.	69%
Alto Medioevo	16%

RIFLETTI SUL PRESENTE

La diminuzione dei centri urbani è un indicatore attendibile per descrivere l'entità della trasformazione paesaggistica avvenuta nel passaggio dalla Tarda Antichità all'Alto Medioevo. Quali, secondo te, potrebbero essere gli indicatori utili a descrivere i caratteri del paesaggio contemporaneo e a rilevare i problemi ecologici e ambientali della nostra epoca? Indicali in un elenco ragionato.

18.3.2 *L'Età dei boschi*

Le foreste, che in Età romana si erano ridotte di superficie, cominciarono nuovamente a espandersi, forse anche per i cambiamenti del clima che in quei secoli divenne più caldo e più umido. Crebbe la loro importanza nell'economia: nei boschi si praticava infatti l'allevamento, soprattutto di maiali; si cacciavano gli animali selvatici (cinghiali, cervi, daini, caprioli, orsi); si raccoglievano frutti spontanei; si ricavava il legname, fondamentale sia per la produzione di energia termica, sia per la fabbricazione di case e attrezzi. Parallelamente diminuirono le estensioni di campi a coltivo (Andreolli, Montanari 1988; Fumagalli 1992).

L'abbandono delle terre coltivate e la crescita dell'incolto furono una delle conseguenze del declino demografico, che caratterizzò i secoli V-VII; tale declino non è però da mettere in relazione alla scarsità di cibo, come invece si potrebbe pensare. Anzi, proprio la compresenza, e lo sfruttamento, di spazi diversi favorì la diffusione di un'alimentazione contadina più equilibrata e rese meno drammatici gli effetti delle carestie (Montanari 1979). Infine, mutò anche la valutazione negativa della *silva*, che era stata propria della cultura antica.

ATTIVITÀ 8: ***Il paesaggio altomedievale. La parola agli storici***

Leggi con attenzione i brani che seguono, sono rispettivamente degli storici Vito Fumagalli (Fumagalli 1989, pp. 38-39) e Massimo Montanari (Montanari 2003, pp. 302-304).

<u>Brano 1</u>

Un paesaggio inselvatichito si affacciò agli occhi degli invasori in quel lontano secolo VI, un paesaggio ben diverso dal territorio che, pur già avviato a tale trasformazione, era altra cosa ancora qualche decennio prima che essi scendessero in Italia. Vari fattori contribuirono a tale cambiamento, alcuni di lunga durata, altri, invece, particolari del momento. Essi si sommarono e condussero gran parte dell'Italia a condizioni quali forse non si erano mai registrate [...]. Da tempo il clima s'era fatto rigido e piovoso in Europa, provocando alluvioni, retrocessioni delle linee costiere, avanzamento dei ghiacciai, crescita dei boschi, allargarsi delle paludi. La popolazione continuava a calare e così veniva meno il lavoro di contenzione delle acque attraverso la cura della rete idrica naturale e artificiale lasciata quasi a sé stessa. Il secolo VI fu periodo di tremende rotte fluviali, delle quali si ricordano solo le più impressionanti. In questo quadro, di un'economia e di un paesaggio dissestati, s'inserisce la lunghissima guerra fra Goti e Bizantini, con le truppe che attraversavano la penisola, gli eccidi, i saccheggi, le carestie. Raramente un conflitto ebbe conseguenze così disastrose: non era finito da molto quando scoppiò la peste bubbonica. [...] La denutrizione, che accompagnò e seguì i lunghi anni della guerra, aveva indebolito gli organismi, rendendoli incapaci di reagire al morbo. La descrizione che gli storici contemporanei o successivi ci hanno tramandato non lascia dubbi sull'entità spaventosa delle conseguenze: [...] i centri urbani si spopolarono, come le campagne, perché dopo una prima, grande, ondata, la peste continuò a colpire, a intervalli più o meno larghi, sino a tutto il secolo successivo. Così fu dato il tocco fi-

nale a un quadro che da secoli si andava delineando, di decadenza urbana, di contrazione delle terre coltivate, di allargamento progressivo delle zone incolte. I Longobardi entrarono in un'Italia ridotta in condizioni di abbandono, con la popolazione, ormai diradata al massimo, spaventata e decimata dalla malattia, il paesaggio quasi deserto, con elementi naturali trionfanti: boschi, brughiere, vasti acquitrini. Il popolo che entrava nella penisola penetrò capillarmente quasi in ogni angolo del territorio conquistato, trovandovi condizioni naturali di paesaggio cui essi erano stati abituati nelle terre del Nord Europa. Già abituati, anche, alla coltivazione della terra, tuttavia erano ben più portati alla caccia, al pascolo degli animali sulle terre incolte, alla raccolta di frutti spontanei. Con i Longobardi, la figura del contadino-pastore, che si era venuta delineando maggiormente nella Tarda Antichità, assunse connotati più decisamente pastorali; nello stesso tempo, in pianura e sui monti, si moltiplicarono i pastori, soprattutto di maiali, ed i cacciatori professionisti.

Brano 2

[...] in età romana il sistema di valori dominante tendeva a « occultare » lo spazio economico della foresta, rappresentandolo come « non-culturale ». Il bosco era essenziale per l'economia e la sussistenza quotidiana ma – per così dire – non piaceva ammetterlo. Chiave di questa singolare situazione era il pregiudizio, tipico della cultura romana e più in generale della tradizione mediterranea, che identificava la nozione di civiltà con quella di città: la civiltà urbana. La civiltà urbana contrapposta alla non-civiltà della natura selvatica; l'uomo civile contrapposto a quello selvatico (e ai barbari che in qualche modo lo erano ancora); la foresta come anti-città e anti-cultura. [...] Tale prospettiva culturale perdura nei secoli del tardo Antico e del primissimo Medioevo. [...]

Questa sorta di schizofrenia culturale ad un certo punto sembra dissolversi. L'Alto Medioevo « inventa » una nuova nozione di foresta, pienamente inserita nel sistema di valori produttivi e simbolici, compatibile con le idee di cultura, di civiltà, di città. Una profonda rielaborazione concettuale rimette tutto in discussione.

Premessa della svolta sono i cambiamenti del paesaggio: nei primi secoli del Medioevo, con il declino demografico, molti spazi coltivati sono abbandonati e crescono i terreni boschivi, sia nelle regioni continentali dell'Europa, sia in quelle mediterranee. Ma su questi cambiamenti s'innesta una vera rivoluzione culturale, legata a una diversa percezione del rapporto uomo-ambiente, a una nuova attenzione per le risorse dell'incolto e della loro valorizzazione: atteggiamenti in cui non stentiamo a riconoscere l'impronta di quei modelli produttivi e mentali che gli scrittori latini attribuivano, con compiaciuto disprezzo, alle popolazioni barbariche. Lo scontro, e poi l'osmosi fra i due mondi, provocò un singolare fenomeno di acculturazione, integrando i valori della città e dell'agricoltura con quelli della foresta e dell'economia silvopastorale [...].

Tutto ciò non nasce col Medioevo. Ma è solo nel Medioevo che il saltus, l'incolto, percepito dai romani come realtà estranea (o almeno esterna) allo spazio più ideologicamente corretto dell'ager, entra a pieno titolo e con parità di trattamento nel si-

stema produttivo. Nel Medioevo non esiste una proprietà senza bosco. [...] La mescolanza fra terrae e silvae è specchio di una economia che gioca su fronti diversi.

Leggi il brano 1, individuane i principali snodi concettuali e suggerisci un titolo adatto. Scheda nella tabella i seguenti aspetti:

IL PAESAGGIO DELL'ALTO MEDIOEVO
principali caratteristiche del paesaggio
cause della diffusione di boschi, selve, paludi e zone incolte
sfruttamento economico dell'incolto

Riassumi poi in un breve testo quanto hai appreso, facendo attenzione a mettere bene in evidenza le relazioni di causa ed effetto fra i diversi fenomeni.

Leggi il brano 2 e suggerisci un titolo adatto in base ai temi trattati. Rispondi in maniera argomentata alle domande che seguono:

- Bosco, foresta e incolto avevano un ruolo economico nell'Antichità romana o erano ritenuti spazi del tutto inutili e inutilizzabili?
- Dal punto di vista culturale, quale cambiamento si verificò nel passaggio dalla Tarda Antichità ai secoli dell'Alto Medioevo?
- Che cosa era accaduto sul piano demografico, economico e culturale in quest'epoca «di passaggio»?
- Che cosa significano le parole latine *saltus* e *ager*? Ricostruisci il loro «valore» nella cultura antica e in quella altomedievale.

Infine, confronta il brano 1 e il brano 2. Cosa hanno in comune le due posizioni storiografiche? In che cosa si differenziano?

Rifletti sul presente

I boschi di pianura esistono ancora? Ricostruisci la loro persistenza nel paesaggio attuale, aiutandoti con una ricerca in Rete su siti deputati. Dopo aver censito i luoghi che ancora riportano tracce delle antiche foreste di pianura, procedi a mappare e a geo-referenziare la situazione delle foreste planiziali in Italia e in Europa.

ATTIVITÀ 9: *Uomini e animali*

Nel passaggio tra Tarda Antichità e Alto Medioevo, in virtù del calo demografico, come abbiamo visto, il bosco riguadagnò molte superfici prima coltivate. Ciò provocò anche un aumento della fauna selvatica (cervi, lupi, orsi) e questi animali cominciarono ad avvicinarsi di più agli uomini. È possibile ricostruire attraverso le fonti dell'epoca la percezione culturale del fenomeno?

Leggi le fonti di seguito proposte:

<u>Fonte 1</u>

M. Oldoni (a cura di) (1981), Gregorio di Tours, *Storia dei Franchi*, II, 34, pp. 182-183 (traduzione con adattamenti).

Nel VI secolo Gregorio, vescovo di Tours, racconta di quanto accaduto circa un secolo prima:

in quel tempo [...] la città era sconvolta da molti prodigi. Vienne [città in Provenza] *era infatti squassata da frequenti terremoti, e anche schiere di cervi e di lupi selvaggi, entrati dalle porte della città, vi scorrazzarono per un intero anno, senza timore di nulla.*

[Allora, durante la veglia pasquale, il vescovo di nome Mamerto, implorò la misericordia di Dio con preghiere e lamenti, e avvicinandosi la festa dell'Ascensione, disse al popolo di digiunare, partecipare a liturgie particolari e fare elemosine ai poveri]. *Tutti gli orrori cessarono; il racconto di ciò che era accaduto si diffuse in tutte le province spingendo gli altri vescovi a imitare l'iniziativa fatta con fede da quel presule. Da allora a oggi questi riti vengono celebrati in tutte le chiese con animo contrito e cuore grato a gloria di Dio.*

<u>Fonte 2</u>

L. Capo (a cura di) (1992), Paolo Diacono, *Storia dei Longobardi*, IV, 37, pp. 217-221 (traduzione con adattamenti).

Nell'VIII secolo, scrivendo la Storia dei Longobardi, Paolo Diacono introduce nella narrazione un riferimento alla sua genealogia familiare e agli avi che subirono la deportazione avara risalente al 610 circa.

Al tempo che la gente dei longobardi venne dalla Pannonia in Italia, arrivò anche il mio trisavolo Leupchis, anche lui Longobardo. Dopo essere vissuto in Italia per alcuni anni, egli morì lasciando cinque figli ancora bambini, che il turbine della prigionia afferrò e portò dal castello di Cividale alla terra degli Avari. Per molti anni sopportarono lì la miseria della schiavitù e giunsero all'età virile [...] il quinto fratello chiamato Lopichis, che fu poi mio bisnonno, [...] decise di liberarsi dal giogo della schiavitù e andare verso l'Italia, dove ricordava che viveva la gente longobarda, e ritornare alla pienezza della libertà. Messo in atto il suo proposito, prese la fuga, non avendo con sé che l'arco e la faretra e appena un po' di cibo per il viaggio e senza sapere affatto in che direzione muoversi: ma un lupo gli si avvicinò e divenne il suo compagno di viaggio e sua guida. E poiché il lupo gli camminava davanti e si girava spesso a guardare dietro di sé e si fermava se lui si fermava, lo precedeva se lui camminava, capì che gli era stato mandato dal cielo, per mostrargli la strada che non conosceva. Ma dopo che furono andati avanti così per diversi giorni nella solitudine dei monti il poco pane che aveva venne a mancare completamente al viaggiatore. Continuò il cammino digiuno, ma alla fine, stremato dalla fame, tese il suo arco e cercò di uccidere il lupo per poterselo mangiare. Ma il lupo, prevenendo il colpo sparì dalla sua vista. Lui allora, non sapendo dove dirigersi ora che il lupo era andato via, e troppo indebolito dalla fame, disperando ormai della vita, si gettò a terra e si addormentò. [...]

<u>Fonte 3</u>
Documento semi-pubblico dell'anno 936 contenente un elenco di nominativi di coloni di condizione servile, proprietà del conte Bonifacio citato in Fumagalli, 1976, p. 6.

Sigo, Lupo, Alperto, Leopardo, Baratino, Savino, Barunno, Giso, Leopardo, Martino, Ildo, Lupo, Stephano, Taiberto, Urso, Teoperto, item Urso, Rozo et alio Urso, Donato, Irsestedo, Urso et alio Urso, Grimizo, Leo, Ansulo.

Dopo aver letto i tre brani proposti, rispondi alle domande proposte fornendo opportuna argomentazione:

1. Nella Fonte 1 a quali altri fenomeni naturali è abbinata la comparsa degli animali selvatici nella città di Vienne? Fenomeni analoghi sono accaduti in altre città? In che modo si riesce ad arginare la situazione? Quale pensi sia il sentimento prevalente fra gli abitanti all'apparire del fenomeno?
2. Il rapporto uomo-animale e i sentimenti di Lopichis nei confronti del lupo si mantengono dello stesso tenore per tutto il racconto? Prevale una accezione positiva o negativa? Quale ruolo pensi possa avere il lupo nella vicenda di Lopichis e nel racconto di Paolo Diacono?
3. Qual è, in percentuale, la consistenza dei nomi derivati da animali nell'elenco di servi presente nel documento? Per quale motivo, secondo te, l'onomastica del tempo è così fortemente influenzata dalla fauna naturale?
4. Tenendo conto delle epoche di produzione di ciascun testo, come pensi possa essere evoluto il rapporto culturale dell'uomo rispetto alla dimensione selvatica e animale? Ti sei fatto un'idea delle cause?

Rifletti sul presente

Anche oggi molto spesso gli articoli di cronaca locale segnalano un approssimarsi sempre più frequente della fauna selvatica ai centri abitati. Con una breve ricerca in Rete, costruisci un breve dossier di casi (in quali luoghi, quali tipologie di animali, in quale numero ecc.) e rifletti sulle cause odierne del fenomeno.

18.4 Lo sfruttamento economico dell'incolto

Le parole dello storico Massimo Montanari ci fanno comprendere come gli spazi incolti, che nell'Alto Medioevo avevano raggiunto un'estensione così significativa, non fossero affatto giudicati «inutili» dagli uomini dell'epoca, che anzi li mettevano a frutto in molti modi. Per descrivere queste attività svolte dagli uomini nel quadro dei «nuovi» paesaggi altomedievali gli storici hanno coniato l'espressione «economia agro-silvo-pastorale».

Le attività che seguono ci faranno capire meglio questa definizione.

ATTIVITÀ 10 : *L'economia agro – silvo - pastorale nelle fonti scritte*
Leggi con attenzione le due fonti proposte. Si tratta, nell'ordine, di un testo legislativo d'età longobarda, il famoso editto di re Rotari (cioè una raccolta di leggi e relative punizioni per i contravventori) e di un inventario altomedievale (cioè un elenco dei beni, delle terre, dei prodotti di un'azienda agricola) del monastero di Santa Giulia di Brescia.

Documento 1
L'**Editto di Rotari** è edito nelle *Leges Langobardorum*, ed. F. Bluhme, in *Monumenta Germaniae Historica*, Leges, IV, Hannoverae 1868. La traduzione in italiano si trova in Azzara C., Gasparri S., 2005[2].

[...] 135. Se qualcuno uccide un porcaro esperto paghi una multa di 50 soldi. Per quanto riguarda i porcari di grado inferiore, se qualcuno ne uccide uno, paghi una multa di 25 soldi. [...] 141. Se qualcuno dà da bere del veleno e chi lo prende muore, paghi un risarcimento pari all'intero valore del morto, secondo il rango della persona. 238. Se un uomo libero taglia un albero sul quale è stata marcata un'incisione che indica i confini, sia condannato a pagare un risarcimento di 80 soldi [...]. 314. Se un cervo o un qualsiasi animale selvatico viene colpito con una freccia da un uomo, è riconosciuto appartenere a colui che lo ha colpito con la freccia per 24 ore da quando lo ha abbattuto. Ma chi lo trova dopo che sono trascorse le suddette ore non sia colpevole e tenga per sé l'animale.

Documento 2
L'**Inventario della corte di Alfiano** fa parte dell'inventario del monastero di S. Giulia di Brescia ed è edito in Castagnetti A., Luzzati M., Pasquali G., Vasina A. (a cura di), 1979, pp. 41-94 (per Alfiano in particolare pp. 81-82). La traduzione si trova in Andreolli B., Montanari M., 1985, pp. 22-23. Sugli inventari si veda anche il laboratorio didattico presentato da Grazioli C., 2006.

Nella corte di Alfiano vi sono 6 case e 7 locali con camino; la terra arabile può essere seminata con 900 moggi di cereali, la vigna può produrre 100 anfore di vino, il prato può produrre 50 carri di fieno, la selva può ingrassare 700 porci.

I [servi] prebendari della corte sono 49. Vi sono 1 cavallo, 5 puledri ancora da domare, 20 giumente, 9 piccoli [...]; 1 asina, 10 buoi domestici, 1 giovenco, 10 vacche, 5 vitelli [...]; 100 porci, 110 pecore, 10 capre, 30 oche, 3 anitre, 100 polli. Vi sono 130 moggi di frumento, 516 moggi di segale; 115 moggi di orzo e avena, 10 moggi di legumi [...]. Vi sono 40 formaggi, 50 libre di lana, 10 fasci di lino, 20 arnie di api. Vi sono 3 mulini da cui si ricavano [come reddito] 30 moggi di cereali. Vi è un porto, da cui si ricavano 60 moggi di cereali; e 12 moggi vengono dalla selva; e vi sono 3 navi, da cui si ricavano 30 moggi di sale e 12 denari. E vi sono 40 poderi, sui quali risiedono 40 manenti [...]; e 8 di loro sono maestri [artigiani], che fanno i muri, le case, le botti. Il reddito che si ricava da essi è il seguente: la terza parte dei cereali, la metà del vino, un tributo fisso di 20 porci, 20 pecore, 70 polli, 10 soldi d'argento, 90 giornate di lavoro alla settimana [...].

Dopo aver letto i brani, sottolinea solo le parti che ti sembrano maggiormente significative per comprendere l'importanza dello sfruttamento dell'incolto nell'economia altomedievale. Costruisci con l'aiuto dell'insegnante un glossario per i termini più desueti (porcaro, prebendari, manenti, poderi, giornate di lavoro ecc.). Fai anche attenzione alle unità di misura utilizzate per pesi, lunghezze e quantità.

Documento 1: cerca nei brani un riferimento per le seguenti questioni:

- ruolo sociale del porcaro;
- segni che delimitano i confini;
- pratiche venatorie.

Documento 2: Completa la tabella che segue.

Il PAESAGGIO NEGLI INVENTARI	
tematiche	**riferimento alle righe del brano**
insediamenti umani	
campi coltivati	
incolto	
animali	
prodotti	

Infine, elabora oralmente alcune considerazioni conclusive su ciò che hai appreso. Per aiutarti, leggi il breve testo che segue, in cui inserirai in nota i riferimenti alle fonti che hai letto:

Il paesaggio altomedievale, divenuto fitto di boschi e paludi, non costituiva per gli uomini solo una minaccia. Poco a poco – anche per il diffondersi di culture barbariche tradizionalmente legate, a differenza di quella romana, a un rapporto positivo con la foresta – si imparò a trarre profitto anche da questo spazio incolto. Dall'inventario dei beni di S. Giulia abbiamo potuto vedere come siano importanti per l'economia del monastero non solo la coltivazione dei cereali o dell'uva (1), ma anche la raccolta del fieno e l'allevamento dei maiali nei boschi (2). È significativo che il bosco venga misurato in base al numero di animali che può nutrire (3): questo particolare dà il segno di quanto anche l'incolto sia ritenuto uno spazio utile. Dall'importanza del maiale nell'economia contadina deriva anche il ruolo dei magistri porcarii, ossia dei pastori di porci, nella società altomedievale: l'editto di Rotari stabiliva un risarcimento alto nel caso di uccisione dei pastori di maiali (4). Il bosco, quindi, era anche il luogo ove ci si poteva dedicare alla raccolta (di frutti, erba, legname), alla caccia o alla pesca. L'importanza economica del bosco è il motivo per cui, per esempio, le leggi longobarde puniscono severamente chi elimina i segni di confine o taglia alberi senza permesso (5).

(1) ....

(2) ....

(3) ....

(4) ....

(5) ....

RIFLETTI SUL PRESENTE

Oggi nel mondo l'accesso diseguale alle risorse e i diversi gradi di sviluppo tecnologico creano enormi differenze economiche e allarmanti squilibri sociali, creando un «pianeta fortemente diseguale» non solo in termini di Prodotto interno lordo (PIL), ma anche di Indice di sviluppo umano (ISU). Cerca una carta relativa alla distribuzione delle risorse alimentari nel mondo e confrontala con altre carte tematiche che rappresentino, per esempio, la distribuzione della ricchezza o i tassi di analfabetismo. Cosa si può dedurre?

ATTIVITÀ 11: *Boschi e paludi nelle fonti narrative*

Per esemplificare ulteriormente l'importanza della selva nel paesaggio, nell'economia e nell'alimentazione dell'Alto Medioevo, si può proporre in classe anche l'analisi guidata di alcune fonti di carattere narrativo.

Gregorio Magno, *Dialogi*, II, 6

(in http://www.documentacatholicaomnia.eu/02m/0480-0547,_Benedictus_Nursinus,_Vita_Operaque_[Ex_Libro_Dialogorum_Sancti_Gregorii_Magni_Excerpta],_MLT.pdf); traduzione a cura dei PP. Benedettini di Subiaco (in http://ora-et-labora.net/dialoghidis.html#c6) (Fig. 18.8).

Si era presentato a chiedere l'abito monastico un Goto. Era un povero uomo di scarsissima intelligenza, ma il servo di Dio, Benedetto, lo aveva accolto con particolare benevolenza. Un giorno il santo gli fece dare un arnese di ferro che per la somiglianza ad una falce viene chiamato falcastro, perché liberasse dai rovi un pezzo di terra che intendeva poi coltivare ad orto. Il terreno che il Goto si accinse immediatamente a sgomberare si stendeva proprio vicino a una palude. Quello lavorava vigorosamente, tagliando con tutte le forze cespugli densissimi di rovi, quando ad un tratto il ferro sfuggì via dal manico e andò a piombare nello specchio d'acqua, proprio in un punto dove l'acqua era così profonda da non lasciare alcuna speranza di poterlo ripescare. Tutto tremante per la perdita dell'utensile, il Goto corse dal monaco Mauro, gli rivelò il danno che aveva fatto e chiese di essere punito per questa colpa. Mauro ebbe premura di far conoscere l'incidente al servo di Dio e Benedetto si recò immediatamente sul posto, tolse dalle mani del Goto il manico e lo immerse nelle acque. Sull'istante il ferro dal profondo del lago ritornò a galla e da se stesso si andò ad innestare nel manico. Rimise quindi lo strumento nelle mani del Goto, dicendogli: « Ecco qui, seguita pure il tuo lavoro e stattene contento! »

Figura 18.8 *Magister Coxolus,* Il miracolo del falcetto, *affresco nella chiesa inferiore del Sacro Speco di Subiaco (sec. XIII), particolare (Credit: Alamy Foto Stock / DEA / G. Dagli Orti).*

Si legga con attenzione il brano proposto e si rifletta sui punti segnalati in tabella:

L'INCOLTO NEI *DIALOGI* DI GREGORIO MAGNO
Questione
In quali punti del brano si descrive il paesaggio dell'epoca e i possibili mutamenti a opera dell'uomo?
A quale specifica attività è riconducibile l'attrezzo denominato *falcastro*?
Se per il recupero del *falcastro* si fa riferimento addirittura all'azione miracolosa del santo, quale valore era attribuito agli attrezzi di metallo? Fai riferimento anche agli inventari.

Può servire altrettanto bene allo scopo anche una selezione di brani dalla *Vita sancti Columbani*, un testo agiografico del VII secolo, che mostra l'importanza del bosco nella vita dei monasteri. Allo stesso modo è utile costruire un dossier di brani selezionati dalla Regola di san Benedetto. Il problema della realtà fisica dell'incolto e della sua rappresentazione è trattato dalla storiografia. Il testo di riferimento è quello di Andreolli, Montanari, 1988, a cui si rimanda per la visione di quadro e per i riferimenti alle fonti narrative.

RIFLETTI SUL PRESENTE

Dopo un lungo periodo di disboscamento, dal Basso Medioevo in poi, oggi i boschi hanno ripreso terreno in molte parti d'Italia, dalle Alpi all'Appennino. Dagli inizi del 2000 l'inselvatichimento, con espansione disordinata dovuta all'abbandono delle colture, è progredito in molte aree del paese in modo costante, di circa 1% all'anno, portando rovi e specie infestanti a ridosso dei centri abitati e cancellando zone un tempo dedicate ai pascoli o agli orti. Paradossalmente i boschi di oggi sono molto più selvatici di quelli dell'Alto Medioevo, che erano curati e presidiati dagli uomini per ragioni economiche.
L'espansione in età contemporanea del bosco comporta conseguenze sia positive sia negative. Sapresti elencarle? Formula una ipotesi e poi svolgi una breve ricerca per confrontarla con dati oggettivi.

Molte delle attività di caccia e raccolta e numerosi aspetti dell'economia altomedievale, di cui abbiamo parlato, sono rappresentati anche nelle immagini dell'epoca, che possono essere utilizzate – pur con dovute cautele – come fonti, su cui costruire alcune attività di laboratorio in classe. La fonte iconografica, rispetto a una fonte scritta, presenta infatti un'attrattiva didattica immediata e una minore difficoltà di approccio.

ATTIVITÀ 12: ***Il lavoro dell'uomo nei cicli dei mesi***

I cosiddetti «cicli dei mesi», ossia la rappresentazione del calendario annuale, mediante immagini e scene a tema prevalentemente agricolo, costituiscono una fonte iconografica interessante per studiare il lavoro manuale e, in controluce, gli spazi dove esso si svolge.

Sebbene la rappresentazione simbolica del tempo sia un tema ricorrente sin dall'Antichità, sia in sculture e bassorilievi, sia in affreschi e mosaici, soltanto a partire dall'Alto Medioevo alla rappresentazione allegorica delle quattro stagioni si sostituirono i dodici mesi dell'anno (Figg. 18.9, 18.10, 18.11, 18.12), con le relative attività agricole. Il tema ebbe grande successo nell'arte europea per tutto il periodo tardo medievale e oltre, su una base iconografica ormai stabile; è per questo motivo che possiamo attingere anche a cicli relativamente tardi come fonte sui secoli centrali del Medioevo (Frugoni 1980; Frugoni 1992; Mane 1983; Mane 2004).

Si propongono alla classe alcuni cicli dei mesi (miniatura; mosaico; pietra) prodotti tra IX e XIII secolo: si tratta di una miniatura di ambiente carolingio; del ciclo musivo di Otranto e degli altorilievi di Parma e Arezzo. Altri cicli dei mesi (per esempio quelli di Piacenza, Modena, Ferrara) sarebbero serviti altrettanto bene allo scopo (Frugoni 1980; Frugoni 1992).

Figura 18.9 *Ciclo dei mesi, miniatura su pergamena, a. 830. Vienna, Österreich Nationalbilioteke, ms. 387, f. 90v.*

Figura 18.10 *Ciclo dei mesi, Mosaico pavimentale, a. 1163-1165 ca., Cattedrale di Otranto (Credit: Licenza Creative Commons 3.0 Unported / Framo).*

Figura 18.11 *Benedetto Antelami, Ciclo dei mesi, altorilievo, a. 1196 ca., Battistero di Parma (particolare).*

Figura 18.12 *Ciclo dei mesi, Altorilievo, Imbotto dell'archivolto, a. 1216, S. Maria della Pieve, Arezzo (particolare).*

Gli studenti sono divisi in quattro gruppi, a ciascuno dei quali sono state assegnate le riproduzioni degli stessi tre mesi in ciascuno dei quattro cicli e una scheda di osservazione per ogni immagine. Si abbia cura di oscurare l'indicazione scritta del mese, laddove presente.

Si osservino con attenzione i gesti, le attrezzature e le attività rappresentate e si cerchi di individuare quale mese intenda rappresentare l'artista. Si compili la tabella che segue indicando per ogni figura l'attività, l'ambiente in cui è svolta e un'ipotesi ragionata circa il mese rappresentato. In un secondo tempo si proceda a un primo confronto con le ipotesi degli altri gruppi. Si osservi anche se ci sono «sfasature» nella rappresentazione stagionale delle stesse attività nei diversi cicli, dovute alle differenze climatiche regionali (ad esempio mietitura).

IL LAVORO DELL'UOMO NEI CICLI DEI MESI

n. figura	ciclo	attività	ambiente	mese (ipotesi)
1	miniatura			
	Otranto			
	Parma			
	Arezzo			
2				
3				

Attraverso l'osservazione di queste immagini abbiamo potuto conoscere come e con quali attrezzi si svolgevano alcune delle principali pratiche agricole del Medioevo: possiamo dunque comprendere meglio come la figura del contadino altomedievale fosse assai diversa da come la concepiamo oggi: non si dedicava soltanto alla coltivazione dei campi, ma svolgeva molte altre attività che potevano avvicinarlo a un pastore, un allevatore, un fabbro, un falegname.

18.5 La nascita dei villaggi e l'edilizia altomedievale

La gran parte della popolazione italiana oggi risiede in abitati accentrati e solo una piccola parte in case isolate nelle campagne, fattorie o poderi. Questa caratteristica del paesaggio italiano comincia a delinearsi a partire dal VI secolo, quando dalle fattorie o dalle *villae*, tipiche del mondo antico, la popolazione cominciò a concentrarsi in piccoli villaggi contadini. Le fonti archeologiche (Valenti 1992) ci permettono di sapere che questi centri erano formati per lo più da capanne contadine in legno e calce, con pavimenti in terra battuta e tetto in paglia, spesso con un focolare centrale e tali modeste abitazioni ospitavano insieme uomini e animali (Galetti 1997; Galetti 2004). Poteva esserci qualche edificio di maggior rilievo: una piccola chiesa, un magazzino comune per i cereali o altre derrate. Ampi spazi erano dedicati agli orti o all'incolto (boschi, fiumi, paludi) tra una casa e l'altra. Nel complesso i villaggi dell'epoca altomedievale erano costruiti con un'edilizia povera, che peraltro rendeva l'edilizia particolarmente «mobile» (ne abbiamo conferma nella documentazione scritta): non era raro che i villaggi venissero abbandonati alla ricerca di condizioni più favorevoli e che i contadini potessero smontare le proprie capanne, trasportando e rimontando altrove almeno le parti di maggior pregio. In una prospettiva contemporanea si potrebbe dire che i villaggi dell'epoca erano perfettamente sostenibili.

ATTIVITÀ 13: ***Dentro un villaggio altomedievale***

Osserva l'immagine proposta (Fig. 18.3) e, anche sulla base di ciò che hai imparato, prova a ipotizzare quali materiali edilizi venivano utilizzati, quali attività umane venivano svolte in questo contesto e con quali finalità «produttive». Infine descrivi, per quanto ti è possibile, l'interazione uomo-ambiente in questo contesto storico-geografico.

Figura 18.13 *Ricostruzione del villaggio di Poggio Imperiale (oggi Poggibonsi, SI) sulla base di recenti campagne archeologiche (Credit: Illustrazione ricostruttiva Inklink Musei / Responsabile Scientifico: Marco Valenti / Unisi).*

Rifletti sul presente

Raccogli informazioni sulla bioedilizia dei nostri giorni, soffermandoti in modo particolare sui seguenti punti:

- definizione di «bioedilizia», «bioarchitettura», «costruzione ecocompatibile»
- impatto della bioedilizia sull'economia e l'ambiente
- esempi pratici di bioedilizia (pannelli solari, illuminazione naturale ecc.)

18.6 Gli insediamenti e l'economia dei centri monastici

A differenza di ciò che accadde in Oriente, dove era essenzialmente una esperienza ascetica ed eremitica, il monachesimo in occidente si caratterizzò per la sua vocazione cenobitica (dal greco *koinòs bìos*, «vita in comune»). Sin dal IV-V secolo si formarono perciò delle comunità, detti appunto cenobi o monasteri, e coloro che vi appartenevano erano tenuti a seguire dei precetti codificati per iscritto, le «regole monastiche», che disciplinavano la sfera spirituale, l'organizzazione interna del monastero e i rapporti con l'esterno. Nei monasteri, che in Occidente sorgevano in luoghi isolati e lontani dalle città come le aree boschive, si svolgevano non solo attività spirituali, ma anche vere e proprie attività lavorative (agricole, pastorizie, artigianali) e si mantenevano rapporti con l'estero a fini commerciali.

I monasteri divennero col tempo centri culturali e religiosi, ma anche aziende produttive e veri e propri presidi territoriali (Andreolli, Montanari 1985; Rao 2015).

ATTIVITÀ 14: ***Il lavoro manuale nella Regola benedettina***
Nell'Occidente altomedievale esistevano diverse regole monastiche. Fra le più seguite fu quella di Benedetto da Norcia (480 ca-547), il fondatore del cenobio di Montecassino. La sua Regola, formalizzata intorno al 540 a partire da un testo precedente, affianca alla preghiera il lavoro manuale.

Leggi il brano da *La regola benedettina* e rispondi alle domande.

> *Nessuno ardisca dare o ricevere qualcosa senza il permesso dell'abate, né avere alcunché di proprio, assolutamente nulla, dato che i monaci non sono ormai più padroni né del loro corpo né della loro volontà. tutto sia comune a tutti e nessuno dica o consideri qualcosa come sua [...] Affinché questo vizio della proprietà sia totalmente sradicato, l'abate deve fornire tutto ciò che è necessario, in modo da*

togliere ogni pretesto di bisogno. [...] L'ozio è nemico dell'anima, e perciò i fratelli in certe ore devono essere occupati nel lavoro manuale, in altre ore nella lettura divina [...] Se le esigenze del luogo o la povertà richiedono che essi si occupino personalmente di raccogliere le messi, non se ne affliggano, giacché allora sono veramente monaci, se vivono del lavoro delle proprie mani [...] Tutto però sia fatto con misura, avendo riguardo per i più deboli. [...] Se in monastero ci sono dei fratelli esperti in un'arte o in un mestiere, li esercitino con la massima umiltà, purché l'abate lo permetta. Ma se qualcuno di loro monta in superbia, perché gli sembra di portare qualche utile al monastero, sia tolto dal suo lavoro e non gli sia più concesso di occuparsene [...] Se poi si deve vendere qualche prodotto del lavoro di questi monaci, coloro, che sono stati incaricati di trattare l'affare, si guardino bene da qualsiasi disonestà. [...] Però nei prezzi dei suddetti prodotti non deve mai insinuarsi l'avarizia, ma bisogna sempre venderli un po' più a buon mercato dei secolari « affinché in ogni cosa sia glorificato Dio ».

1. Quali responsabilità e obblighi ha l'abate nei confronti della comunità per quanto riguarda la vita materiale?
2. La proprietà privata nel testo è definita « vizio », perché?
3. Quali attività devono svolgere i monaci, sulla base del brano che hai letto?
4. Cosa viene fatto dei prodotti del monastero?
5. Quali avvertenze « morali » vengono espresse relativamente al lavoro, alla proprietà e al commercio delle merci?
6. In cosa consiste la celebre massima « Ora et labora » sulla base di quanto hai potuto capire?

Rifletti sul presente

Ci sono edifici monastici vicino a luogo dove vivi? Raccogli le informazioni necessarie e racconta sui social che abitualmente usi ciò che hai scoperto, secondo la modalità da te preferita. Puoi anche organizzare con la tua classe una breve escursione e inserire nei vostri post le foto da voi scattate sul posto.

18.7 Il sistema curtense e il paesaggio

Fra VII e VIII secolo nacque una domanda economica diversa da quella dell'Antichità, scaturita e organizzata principalmente dai medi e grandi proprietari fondiari, sia laici, sia ecclesiastici. In età carolingia cominciò a diffondersi anche in Italia la *curtis*, di probabile origine franca, caratterizzata dal legame organico fra parte *dominica* (gestita direttamente dal proprietario) e parte *massaricia* (concessa in «affitto» a contadini) attraverso le prestazioni d'opera (*corvées*) di questi ultimi sul dominico. Questo nuovo sistema di produzione si affermava proprio mentre la crescita della popolazione, avviatasi già nel secolo precedente, aveva cominciato a determinare una prima riduzione dell'incolto (Andreolli, Montanari 1983). Gli studi più recenti dimostrano che la *curtis* attecchisce solo in alcune aree d'Europa e anche laddove è più diffusa costituisce solo una delle forme di gestione della terra, senza considerare la persistente presenza della piccola proprietà (Rao 2015, pp. 88-89).

D'altra parte, anche quando si analizzano le singole aziende agrarie, emerge un quadro molto vario: esistono *curtes* piccolissime di poche centinaia di ettari e altre vastissime, che si estendono per diverse migliaia di ettari. Alcune si presentano come un complesso policentrico di più *curtes* anche assai distanti tra loro, altre come aziende autonome. Pierre Toubert ha individuato tre tipologie di *curtes* nel territorio italico: quelle dedicate alla produzione di cereali, diffuse soprattutto in area padana; quelle a vocazione specialistica (ad esempio coltivazione di vite e ulivo), generalmente vicino ai grandi laghi del nord; quelle «pioniere», caratterizzate da ampie zone incolte, sfruttate attraverso attività silvo-pastorali ma anche votate alle operazioni di disboscamento. È facile intravedere una grande varietà dei paesaggi dietro questa tassonomia delle aziende curtensi (Toubert 1995).

ATTIVITÀ 15: *Le parole della curtis*
Prepara un glossario con brevi definizioni dei seguenti termini:

- curtis
- dominico
- massaricio
- manso
- massaro
- servi casati
- servi prebendari
- corvées

Fra la messe di documentazione utile per descrivere il sistema curtense si è scelto di proporre un patto agrario, così da delineare anche l'evoluzione dei rapporti fra proprietari e coltivatori: si tratta di un livello piacentino del 784. Il documento, presentato in traduzione, è accompagnato da una griglia di analisi composta da più voci, con la quale è possibile sezionare il tessuto del livello, ricavandone gli elementi principali, dalla cronologia ai censi. L'analisi è stata preceduta dalla presentazione del concetto di patto agrario e introducendo le nozioni, niente affatto scontate a questo livello d'istruzione, di proprietà della terra, di concedente e di concessionario. Si è passati a descrivere poi le articolazioni interne della pattuizione, dalla durata alla distinzione fra i diversi obblighi del concessionario, alle corvées sul dominico, agli *xenia* (i donativi segno di omaggio al proprietario), ai canoni in natura o in denaro.

ATTIVITÀ 16: ***La curtis nei contratti di livello***

Leggi con attenzione il testo che segue: si tratta di un contratto di livello dell'VIII secolo. Il livello era il contratto che regolava il rapporto di lavoro fra il proprietario della terra e il contadino che la lavorava.

Il documento è edito in Galletti, Petracco Sicardi (1978, pp. 29-39). La traduzione (qui proposta con adattamenti) si trova in Andreolli, Montanari (1985, pp. 58-60).

> *Anno 784. Nel nome di Cristo. Nel decimo anno di regno in Italia di Carlo e nel terzo anno di regno di suo figlio Pipino, nel giorno 18 di aprile. Walcauso, figlio del fu Wincauso, dà a Stavelene, uomo libero, un podere nel fondo di Casalagnelli [presso Piacenza], con la casa, il cortile, l'orto, l'aia, i campi, i prati, le vigne, i boschi, i terreni coltivati e l'incolto. Io, Stavelene, prometto di risiedere in questo casale, di lavorarlo e coltivarlo per quindici anni, in modo che tutto venga migliorato e non peggiorato; ogni anno consegnerò un terzo di tutti i cereali, un terzo del vino, che porterò a suo tempo nella chiesa di Santa Maria in Monticello o in Albiano, senza ritardo; come donativo dovrò dare due paia di polli e venti uova ogni anno e una pecora, oppure quattro denari. Dovrò consegnare tutto nella festa di S. Quirico; devo inoltre lavorare sulle terre del padrone per due giorni in una settimana e un giorno nella successiva, fino alla fine del contratto, qui a Monticello e a Versa o ad Albiano, a mano o con i buoi. E da oggi Walcauso concede a Stavelene un paio di buoi per lavorare il casale, un giogo, un vomere, una pecora, una capra, un maiale giovane. Al termine del contratto tutta questa dotazione dev'essere lasciata al fondo. Degli altri animali e utensili, che siano stati allevati o accumulati, alla fine del contratto un quarto rimarrà al podere.*

Individua e sottolinea nel documento con colori diversi (costruendo quindi una legenda) i seguenti elementi:

- località ove si trova la terra;
- proprietario del terreno (concedente);
- lavoratore (concessionario);
- bene concesso;
- durata del contratto;
- affitto (canoni)

- donativi (*xenia*);
- obblighi di lavoro (*corvées*);
- investimenti del proprietario.

Quale immagine del paesaggio agrario dell'VIII secolo è possibile ricostruire attraverso il dettato del documento? Quali sono i punti del documento che ritieni significativi a questo proposito e perché? Scrivi un breve testo su questi aspetti.

Rifletti sul presente

Chi lavora oggi nelle campagne italiane? Cerca in Internet i dati relativi alla proprietà della terra e ai lavoratori dipendenti.
Hai mai sentito parlare della rivolta di Rosarno e di Yvan Sagnet? Conosci la parola «caporalato»? Fai una ricerca in Rete per ricostruire le caratteristiche del fenomeno, la sua diffusione storica e geografica, le azioni di contrasto attivate sino alla promulgazione della legge sul caporalato in Italia (n. 148 del 14 settembre 2011). Stendi un breve testo a carattere informativo-argomentativo sul tema delle forme moderne di schiavitù, che tenga presente chi sono le vittime, quali sono i numeri del fenomeno, su quali rotte si muovono le tratte di esseri umani e in quali settori sono impiegati. Il testo, corredato da immagini, può essere la base per provare a raccontare sui social questa piaga contemporanea.

18.8 Fra coste, fiumi e paludi: i commerci nell'Alto Medioevo

Il paesaggio nella transizione tra Antichità e Medioevo non fu segnato soltanto dalla diffusione dei boschi. A eccezione delle aree in cui si trovavano insediamenti umani di un certo rilievo, nessuno pensò più a regolamentare il corso dei fiumi, che nella pianura si ramificavano ed esondavano, formando così ampie paludi, nella pianura padana, come nelle altre pianure europee, più ricche d'acqua che di terra (Fumagalli 1988, p. 57).

Pur nel quadro di un paesaggio radicalmente mutato, nei secoli dell'Alto Medioevo l'ossatura principale delle vie di comunicazione nella zona padana restò sostanzialmente la stessa tracciata e utilizzata in epoca romana: la via Emilia per il traffico terrestre e il Po per il traffico fluviale.

Per usare le suggestive parole di Mauro Calzolari, «in qualunque luogo della pianura ci si trovasse, non si doveva percorrere molta strada per imbattersi in un approdo per modeste imbarcazioni, ai bordi di uno specchio d'acqua, di un minuscolo fiume o di un tortuoso rigagnolo. Era il punto di arrivo o di partenza di un complicato intreccio di vie d'acqua, quasi un labirinto, che permetteva gli spostamenti in più direzioni sia verso il Po che verso la via Emilia» (Calzolari 1990). Il Po costituiva secondo Roberto Lopez «la principale arteria del regno longobardo e, più tardi, del *regnum Italiae*», un vero asse portante da cui si dipartivano le ramificazioni secondarie dirette alle campagne lombarde ed emiliane. Nelle zone di bassa pianura la navigazione fluviale era affiancata da quella nelle paludi, negli stagni e negli acquitrini che, collegati tra loro, dovettero offrire un notevole numero di direttrici per gli spostamenti a breve raggio. Oltre che per la pesca, le zone lacustri di pianura furono ampiamente utilizzate anche come vie di comunicazione per lo spostamento di persone e merci. Emerge dalle fonti una familiarità, oggi così difficile da immaginare, con l'elemento acqua che caratterizzò invece la vita degli uomini e delle donne della pianura padana per tutto l'Alto Medioevo (Garimberti 2007).

ATTIVITÀ 17: ***Vie d'acqua e scambi. Una pagina di storiografia***
Leggi il brano tratto da un famoso saggio di Cinzio Violante. Si tratta di un classico della storiografia italiana, dedicato all'analisi delle trasformazioni economiche dei secoli IX-X e al contemporaneo sviluppo dei ceti cittadini nell'Italia centro-settentrionale (Violante 1974, pp. 5-6).

In queste pagine si spiega come anche nell'Alto Medioevo i commerci non fossero del tutto spenti e come la commercializzazione dei prodotti dell'economia curtense avvenissero a livello regionale e transregionale in tutta la Valle Padana.

Nei primi sviluppi del commercio fluviale le navi di Comacchio avevano il predominio della navigazione anche all'interno della Valle Padana, lungo il Po; ma in seguito prima sulle loro stesse navi, poi con navi proprie, all'ombra delle chiese e dei monasteri, cominciarono a trafficare i negotiatores [=commercianti] delle città lombarde, come avvenne per Cremona. Accanto a quella di Comacchio sorgeva la potenza economica e marinara di Venezia, che otteneva anch'essa la concessione di privilegi commerciali nei porti della Valle Padana da Liutprando [re longobardo].

Il commercio delle città della Valle Padana con i porti adriatici è costituito dapprima essenzialmente da importazione di sale ed esportazione di derrate alimentari. [...] Dall'inventario dei beni di S. Giulia di Brescia si può constatare che, accanto al commercio d'importazione del sale, si va sviluppando un commercio di esportazione di derrate alimentari: infatti vi sono menzionati tributi di grano dovuti al monastero nei vari porti a esso pertinenti. [...] I monasteri, infatti, producono tanto grandi quantità di olio, (S. Giulia ne produce 1608 libbre, Bobbio 2430 nei suoi possedimenti sul Garda) che è lecito pensare che una parte sia destinata all'esportazione, se si consideri anche l'enorme numero di maiali allevati e l'uso comune del lardo. I porti adriatici sono debitori, per la loro alimentazione, del retroterra padano.

Sulla base di quanto hai imparato fino a ora e dopo aver riflettuto attentamente su quanto riportato nel brano, elabora un test con domande a risposta chiusa per verificare la comprensione del brano da parte di un ipotetico lettore.

Fac-simile del test elaborato dagli alunni:

TEST DI COMPRENSIONE
Domande
1. Esisteva nei secoli dell'Alto Medioevo qualche forma di commercio e di scambio fra luoghi anche distanti fra loro?
2. Quali vie di comunicazione erano privilegiate per gli spostamenti e per i commerci?
3. Quale ruolo avevano i *negotiatores* provenienti da città come Comacchio e Venezia?

Gli studi di Cinzio Violante hanno messo in evidenza come alcune forme di commercio fossero attive in Italia anche in età longobarda. In un primo tempo le navi di Comacchio o di Venezia collegavano i centri principali dell'Italia padana con le coste marittime, vendendo sale e spezie nell'entroterra e acquistando derrate alimentari. Ben presto però altre città ottennero concessioni di diritti commerciali dai sovrani. I grandi proprietari, sia laici sia ecclesiastici, producevano nelle loro aziende agrarie prodotti in eccedenza, che entravano ben presto nella circolazione degli scambi. La precoce vitalità commerciale della Valle padana fa ritenere che anche l'affermazione del sistema curtense abbia contribuito alla ripresa economica di queste zone.

Contrariamente a quanto di solito si afferma nei manuali scolastici, la ripresa economica e demografica cominciò dunque ben prima del Mille.

Rifletti sul presente

Il fiume Po è ancora oggi una importante idrovia, cioè è la via fluviale navigabile più estesa in Italia, ma ha ormai un'importanza secondaria rispetto ad altre infrastrutture. Svolgi una breve ricerca per capire com'è formata la rete dei trasporti italiani. Rifletti poi sul contesto non italiano: in quali luoghi d'Europa e del mondo le vie d'acqua sono ancora una rete di comunicazione utilizzata anche in epoca contemporanea?

18.9 Castelli e incastellamento

A partire dal X secolo, re e principi avevano difficoltà crescenti nel governo del territorio. Conti, marchesi, vescovi, abati, e in genere i grandi proprietari acquistavano sempre maggiore autonomia: controllavano vasti territori senza rendere sistematicamente conto del loro operato e si scontravano fra loro in frequenti lotte per il potere.

Conseguenza visibile nel paesaggio di questi scontri per il potere fu la nascita dei castelli, che i potenti si costruivano per difendersi dai signori vicini e per affermare il loro predominio su un territorio, offrendo anche protezione alla popolazione in caso di attacchi esterni. Per molto tempo gli storici credettero che i castelli fossero stati la risposta alle cosiddette seconde invasioni (Normanni, Saraceni e Ungari); così capita ancora di leggere in molti manuali scolastici, ma la storiografia ha da tempo un orientamento diverso in proposito. Cerchiamo di capire quale, a partire da alcuni dati quantitativi (Provero 1998).

ATTIVITÀ 18: ***Castelli e signori. Lavorare con numeri e tabelle***

Nella tabella qui proposta, elaborata dallo storico Aldo Angelo Settia, sono riportati il numero delle fortificazioni di nuova costruzione, attestate nei documenti dell'Italia settentrionale per il periodo compreso fra il IX e l'XI secolo, e il numero delle invasioni ungare subite da questo territorio nel medesimo arco cronologico (Settia 1984, p. 129).

INCASTELLAMENTO E SECONDE INVASIONI	
Periodo	**n. attestazione di castelli**
850-898	10
899-910	13
911-920	41
921-930	24
931-940	16
941-950	30
951-960	29
961-970	55
971-980	57
981-990	66
991-1000	154
Totali	**495**

Rifletti sui dati contenuti nella tabella e decidi se ciascuna delle affermazioni che seguono è vera o falsa; avvia qualche riflessione, anche confrontandoti con i compagni, utilizzando la categoria cognitiva di «causa-effetto».

DOMANDE	
L'arco cronologico in cui si costruiscono castelli in Italia settentrionale è esattamente coincidente a quello delle invasioni ungare.	V F
Il numero dei castelli cresce proporzionalmente alla frequenza delle invasioni ungare.	V F
Le invasioni ungare non sono l'unica causa scatenante della costruzione dei castelli.	V F

Componi poi un breve testo in cui tenti di ricostruire la posizione storiografica di Settia sulle cause dell'incastellamento, alla luce di questi dati.

Il processo di incastellamento in Italia subì una rapida accelerazione in seguito alle incursioni ungare. Esso era però già iniziato prima che il pericolo delle incursioni si manifestasse in tutta la sua gravità e, soprattutto, proseguì dopo che quel pericolo era già ampiamente cessato. L'ultimo assalto ungaro in Italia settentrionale si ebbe nel 954-955, ma dalla tabella possiamo vedere che la costruzione dei castelli non solo non cessò, ma si intensificò progressivamente dopo queste date. La costruzione di castelli servì dunque con ogni probabilità a proteggersi anche da nemici esterni, ma soprattutto dagli altri grandi proprietari vicini: il castello divenne così un luogo di protezione, ma anche di dominio sugli uomini.

Nel corso del X secolo si avvia dunque un cambiamento fondamentale nel paesaggio rurale italiano, che è dominato, ancora oggi, in molte regioni, da borghi fortificati di origine medievale. Attenzione, però: i primi castelli erano solitamente strutture molto semplici, costituire da palizzate e terrapieni in materiale misto, terra, legno e pietra. Non hanno lasciato tracce visibili e sono stati scavati solo di recente dagli archeologi. I castelli oggi visibili sono in gran parte costruzioni più recenti ed elaborate, in pietra, realizzate nei secoli dall'XI in poi (Settia 1984; Rao 2015). Molti castelli, in seguito furono variamente rimaneggiati nel corso dei secoli seguenti, assumendo aspetti e caratteristiche molto diverse da quelle che avevano all'epoca della loro fondazione. Ci sono inoltre architetture Otto-Novecentesche, costruite ex novo, che hanno subito la moda del revival neomedievale e che possono trarre in inganno un visitatore poco attento.

ATTIVITÀ 19: ***La nascita di un castello***

Giorgio, abate di Subiaco, in *Regestum sublacense*, in Gasparri S., Simoni F. (a cura di), 1992

Recentemente riportato anche in Rao R., Però A., 2022, vol. 2 p. 356.

In questo documento del 966, un patto tra l'abate di Subiaco e una famiglia di aristocratici locali, i coniugi Milone e Anastasia, possiamo seguire la nascita del castello di Semisano, nel Lazio. La famiglia s'impegna a costruire un castello sulle terre del monastero in cambio del controllo di metà dello stesso per tre generazioni.

Leggi il documento e rispondi alle domande.

Anno quinto dell'impero del signore Ottone, perpetuo augusto coronato da Dio, grande imperatore, indizione nona, mese di luglio, giorno diciannovesimo. Piacque pertanto e si stabilì con l'aiuto di Cristo fra Giorgio reverendissimo monaco e abate venerabile del monastero di san Benedetto sito in Subiaco, consenziente con lui tutta la congregazione dei fratelli del medesimo monastero, e te Milone, uomo nobile, e Anastasia nobilissima donna, sposi, che con l'aiuto di Dio questi ultimi debbano ricevere metà del fondo Semisano, nel quale c'è un luogo per costruire per noi un castello a loro spese, da chiudere, dove sarà necessario, con un muro di tufo, e dove ammassare gli uomini, con abbondanza da ogni parte come è proprio di un castello. In modo tale che con il vostro impegno e fatica, voi, suddetti Milone e Anastasia, dobbiate tenere e possedere metà del castello medesimo con tutte le sue pertinenze fino alla terza generazione, cioè voi, i vostri figli e i vostri nipoti, procreati da figli legittimi. [...] Per la vostra metà pagherete una pensione al detto monastero di tre solidi buoni della moneta romana. E se detto castello non sarà stato completato, così come è detto, in cinque anni o nel sesto, allora paghino il suddetto Milone o i suoi eredi una libbra di ottimo oro alla parte del predetto monastero.

1. Riepiloga gli estremi e i contenuti del contratto secondo lo schema che segue:
   - Contraenti
   - Anno della stipula (attenzione: la datazione è fornita attraverso l'anno di regno del sovrano)
   - Oggetto del contratto
   - Impegni del monastero
   - Impegni della famiglia
   - Penalità in caso del mancato rispetto dell'accordo
   - Canone di affitto
2. Il redattore del documento individua le caratteristiche principali di un castello. In che punto del documento ciò avviene e quali sono queste caratteristiche?
3. Sulla base di quanto hai imparato, quali vantaggi offriva il possesso di un castello?

RIFLETTI SUL PRESENTE

Il castello è stato spesso ripensato e modificato dall'immaginario collettivo, fino a stravolgerne le caratteristiche medievali. Ciò è accaduto soprattutto tra Otto e Novecento quando si è diffusa la moda del revival medievale nelle città e nel territorio circostante: il borgo del Valentino a Torino, il villaggio e il castello di Grazzano Visconti; il restauro di molti edifici da parte di Alfonso Rubbiani nel centro di Bologna sono alcuni esempi significativi di questa tendenza. Cerca nel territorio in cui vivi una costruzione neo-medievale e produci, per finalità turistiche, una scheda relativa alla sua storia e alle caratteristiche architettoniche più salienti.

18.10 Sviluppo tecnologico, crescita demografica e mutamenti nel paesaggio

Alla fine dell'VIII secolo il clima, che come abbiamo visto durante l'Alto Medioevo era stato freddo e piovoso, cominciò a migliorare. Iniziò una fase più calda e secca, con riflessi positivi sull'agricoltura e le altre attività dell'uomo. Questa fase, definita dagli storici *optimum climaticum* medievale, durò fino al XIV secolo e diede inizio a una nuova crescita demografica nell'Europa medievale. All'inizio l'aumento è lento, ma a partire dal secolo XI diventa più rapido ed evidente: si calcola che tra X e XIII secolo la popolazione europea sia più che raddoppiata. Una conseguenza del cambiamento climatico e dell'aumento demografico è l'espandersi di superfici coltivate a cereali su aree prima ricoperte da pascoli, boschi e paludi (Fig. 18.14). Infatti, per nutrire una popolazione in crescita, la produzione agricola deve a sua volta aumentare; d'altra parte, una più abbondante produzione di cibo favorisce a sua volta l'aumento della popolazione. Anche gli strumenti e le tecniche agricole lentamente migliorano. Si cerca di rendere il terreno più fertile arando più in profondità, grazie a un nuovo tipo di aratro, detto pesante perché capace di penetrare più in profondità nel terreno. Si sfrutta meglio la forza dei cavalli, attaccandoli ai carri e all'aratro con un collare rigido e imbottito che permette agli animali di trasportare carichi più pesanti senza soffocare. Inoltre, si diffonde la rotazione triennale: i campi venivano divisi in tre parti anziché in due: la prima è coltivata a cereali, la seconda a legumi, la terza è lasciata a prato: i terreni s'impoveriscono più lentamente perché i legumi rilasciano nel terreno sostanze, come l'azoto, molto utili per i cereali. Un importante cambiamento nel lavoro dell'uomo è lo sfruttamento della forza dell'acqua (energia idraulica) e del vento (energia eolica). Viene completamente abbandonato il sistema antico di

Figura 18.14 *Disboscamenti e messa a coltura in una miniatura tardo medievale, particolare da* Les Très Riches Heures du duc de Berry, *sec. XV (Credit: Getty Images / Universal Images Group Editorial).*

macinare i cereali con le macine di pietra azionate dall'uomo o dagli animali e si moltiplicano i mulini ad acqua sui fiumi e sui canali. Dal XII secolo si diffondono anche i mulini a vento (Petralia 1998).

ATTIVITÀ 21: ***Le tecniche agricole fra X e XI secolo nelle fonti iconografiche***
Consegna: cerca sui repertori digitali e sui libri di testo le immagini tratte da miniature medievali che rappresentino queste novità nell'agricoltura medievale. Raccogli immagini e informazioni salienti e monta un docu-video su questo tema che sia rivolto a tuoi coetanei.

RIFLETTI SUL PRESENTE

Il mondo rurale e il lavoro contadino in Italia e in Europa sono profondamente cambiati dagli anni Sessanta in poi. Approfondisci il tema della meccanizzazione agricola e rifletti sulle conseguenze che ciò ha impresso sul lavoro dell'uomo e sull'intero settore primario dell'economia, nonché sul paesaggio agrario italiano.

Ringraziamenti
Questo contributo (delle cui lacune, imprecisioni ed errori sono l'unica responsabile) mi ha permesso di riandare con la mente agli anni della mia formazione, nel campo della ricerca e dell'insegnamento, e la mia gratitudine va ai moltissimi che in diversi ruoli mi hanno accompagnata nel mio percorso: maestri, colleghi, amici.

Se qualcosa di utile verrà da questo mio lavoro, lo dedico a Vito Loré e ai nostri figli Leonardo e Beatrice, il dono più prezioso dei nostri vent'anni insieme.

Bibliografia

- Ambrosi L., 2020, *Bisogni educativi degli alunni nell'apprendimento della storia*, in S. Adorno, L. Ambrosi, M. Angelini, (a cura di), 2020, *Pensare storicamente. Didattica, laboratori, manuali*, FrancoAngeli, Milano.
- Andreolli B., Fumagalli V., Montanari M. (a cura di), 1985, *Le campagne italiane prima e dopo il Mille. Una società in trasformazione*, CLUEB, Bologna.
- Andreolli B., Montanari M., 1983, *L'azienda curtense in Italia. Proprietà della terra e lavoro contadino nei secoli VIII-XI*, CLUEB, Bologna.
- Andreolli B., Montanari M. (a cura di), 1988, *Il bosco nel Medioevo*, CLUEB, Bologna.
- Azzara G., Gasparri S. (a cura di), 2005, *Le leggi dei Longobardi. Storia, memoria e diritto di un popolo germanico*, Viella, Roma.
- Azzara C., Gasparri S. (a cura di), 2005[2], *Editto di Rodari*, Viella, Roma.
- Bocchi F., Fasoli G., 1973, *La città medievale*, Sansoni, Firenze.
- Bordone R., 1993, *Lo specchio di Shalott. L'invenzione del Medioevo nella cultura dell'Ottocento*, Liguori, Napoli.
- Brusa A. *et al.*, 1991, *Ricerca e didattica. Uso delle fonti e insegnamento della storia*, Bruno Mondadori, Milano.
- Brusa A., 1991, *Il laboratorio storico*, La Nuova Italia, Firenze.
- Calzolari M., 1990, *La navigazione interna in Emilia-Romagna tra VIII-XIII*, in G. Adani (a cura di), *Vie del commercio in Emilia Romagna e Marche*, s.e., Cinisello Balsamo.
- Castagnetti A., Luzzati M., Pasquali G., Vasina A. (a cura di), 1979, *Inventari altomedievali di terre, coloni e redditi*, Fonti per la storia d'Italia, 104, Istituto Storico Italiano per il Medio Evo, Roma.
- Cherubini G., 1972, *Agricoltura e società rurale nel Medioevo*, Sansoni, Firenze.
- Cortonesi A., 2022, *Il Medioevo degli alberi. Piante e paesaggi d'Italia (secoli XI-XV)*, Carocci, Roma.
- Cortonesi A., Montanari M. (a cura di), 2001, *Medievistica italiana e storia agraria. Risultati e prospettive di una stagione storiografica*. Atti del convegno di Montalcino, 12-14 dicembre 1997, CLUEB, Bologna.

- Cortonesi A., Pasquali G., Piccinni G., 2002, *Uomini e campagne nell'Italia medievale*, Laterza, Roma-Bari.
- Dattero A., 2022, (a cura di), *Il bosco. Biodiversità, diritti e culture dal Medioevo al nostro tempo*, Viella, Roma.
- Delort R., 1984, *Les animaux ont une histoire*, Edition du Seuil, Paris, ed. it. Id., 1987, *L'uomo e gli animali dall'età della pietra a oggi*, Laterza, Roma-Bari.
- Duby G., 1962, *L'économie rurale et la vie des campagnes dans l'Occident médiéval*, Aubier, Paris, ed. it. Id., 1966, *L'economia rurale nell'Europa medievale. Francia, Inghilterra, Impero. Secoli IX-XV*, Laterza, Roma-Bari.
- Fo A. (a cura di), 1992, Rutilio Namanziano, *Il ritorno*, Einaudi, Torino.
- Frugoni C., 1980, *Chiesa e lavoro agricolo nei testi e nelle immagini dell'età tardo-antica all'età romanica in Medioevo rurale. Sulle tracce della civiltà contadina*, a cura di V. Fumagalli e G. Rossetti, Il Mulino, Bologna, pp. 321-341.
- Frugoni C., 1992, *I mesi antelamici del battistero di Parma*, Battei, Parma.
- Frugoni C., 2018, *Uomini e animali nel Medioevo. Storie fantastiche e feroci*, Il Mulino, Bologna.
- Fumagalli V., 1976, *Terra e società nell'Italia padana*, Einaudi, Torino.
- Fumagalli V., 1988, *La pietra viva. Città e natura nel Medioevo*, Il Mulino, Bologna.
- Fumagalli V., 1989, *Uomini e paesaggi medievali*, CLUEB, Bologna.
- Fumagalli V., 1992, *L'uomo e l'ambiente nel Medioevo*, Laterza, Roma-Bari.
- Fumagalli V., 1993, *L'alba del Medioevo*, Il Mulino, Bologna.
- Galetti P., 1997, *Abitare nel Medioevo. Forme e vicende dell'insediamento rurale nell'Italia altomedievale*, Le Lettere, Firenze.
- Galetti P., 2004, *Uomini e case nel Medioevo tra Oriente e Occidente*, Laterza, Roma-Bari.
- Galetti P., Petracco Sicardi G. (a cura di), 1978, *Le carte private della cattedrale di Piacenza*, I (784-848), Deputazione di Storia Patria per le province Parmensi, Parma.
- Garimberti E., 2007, *Viabilità, commercio e scambi in area reggiana nei secoli V-XI*, in G. Badini (a cura di), *Tempo e mercanti*, Ediarte, Reggio Emilia, pp. 53-93.
- Garimberti E., 2011, *Paesaggi agrari e forme di gestione della terra fra alto e basso Medioevo. Un percorso didattico*, in G. Bonini, A. Brusa, R. Cervi, E. Garimberti (a cura di), 2011, *Il paesaggio agrario italiano medievale. Storia e didattica.* Summer School Emilio Sereni. II edizione (24-29 agosto 2010), Edizioni Istituto Alcide Cervi (Quaderni 7), s. l., pp. 311-355.
- Gasparri S., Simoni F. (a cura di), 1992, *Antologia delle fonti altomedievali*, Sansoni, Milano.
- Girardet H., 2004, *Vedere, toccare, ascoltare. L'insegnamento della storia attraverso le fonti*, Carocci, Roma.
- Grazioli C., 2006, *Il laboratorio con le fonti-documento*, in *Insegnare storia. Guida alla didattica del laboratorio storico*, a cura di P. Bernardi, UTET, Torino, pp. 135-149.
- Gregorio Magno, *Dialogi*, in *Patrologiae latinae cursus completus*, vol. LXVI, col. 144.
- Gregorio di Tours, *Historia Francorum*, in M. Oldoni (a cura di), 1981, *La Storia dei Franchi*, in *Collezione Scrittori greci e latini*, I (Libri I-V), Roma-Milano, Fondazione Lorenzo Valla-Mondadori, Milano.

- Grillo P. (a cura di), 2022, *Selve oscure e alberi strani. I boschi nell'Italia di Dante*, Viella, Roma.
- Le Roy Ladurie E., 1967, *Histoire du climat depuis l'an mil*, ed. it. Id., 1982, *Tempo di festa, Tempo di Carestia. Storia del clima dall'Anno Mille*, Einaudi, Torino.
- Le Roy Ladurie E., 2004-2009, *Histoire humaine et comparée du climat*, vol. I. *Canicules et glaciers XIII-XVIII siècles*, 2004; vol II. *Disettes et révolutions*, 2006; vol III. *Le réchauffement de 1860 à nos jours* (avec Séchet G.), Fayard, Paris.
- Mane P., 1983, *Calendriers et techniques agricoles (France-Italie, XIIe-XIIIe siècles)*, Le Sycomore, Paris.
- Mane P., 2004, *La vie des campagnes au Moyen Age à travers les calendriers*, Lamartinière, Paris.
- Marostica F. (a cura di), 2004, *Medioevo e luoghi comuni*, IRRE Emilia-Romagna, Tecnodid editrice, Napoli.
- Montanari M., 1979, *L'alimentazione contadina nell'Alto Medioevo*, Liguori, Napoli.
- Montanari M., 2002, *L'invenzione del Medioevo, secoli XV-XXI*, in M. Montanari (a cura di), *Storia medievale*, Laterza, Roma-Bari, pp. 268-279.
- Montanari M., 2003, *La foresta come spazio economico e culturale*, in *Uomo e spazio nell'Alto Medioevo*. Atti della L settimana di studio del Centro Italiano di studi sull'Alto Medioevo (4-8 aprile 2002), Spoleto, CISAM, pp. 301-340.
- Neri G., Sanguineti C., (a cura di), 2010, *Centuriazione e Territorio. Progettazione ed uso dell'ambiente in epoca romana tra Modena e Bologna*, Castelfranco Emilia.
- Paolo Diacono, *Historia Langobardorum*, vedi Capo L. (a cura di), 1992, Storia dei Longobardi, Fondazione Lorenzo Valla, Arnoldo Mondadori editore, Milano.
- Pastoreau M., 2004, *Une histoire symbolique du Moyen Âge occidental*, Edition du Seuil, Paris, ed. it. Id., 2004, *Medioevo simbolico*, Laterza, Roma-Bari.
- Petralia G., 1998, *Crescita ed espansione (secoli IX-XIII)*, in *Storia medievale*, Donzelli, Roma, pp. 291-318.
- Provero L., 1998, *L'Italia dei poteri locali*, Carocci, Roma.
- Provero L., 2020, *Contadini e potere nel Medioevo*, Carocci, Roma.
- Rao R., 2015, *I paesaggi dell'Italia medievale*, Carocci, Roma.
- Rao R., 2018, *Il tempo dei lupi. Storia e luoghi di un animale favoloso*, UTET, Torino.
- Rao R., Però A., 2022, *Le porte della storia. Corso di geostoria*, La Nuova Italia-Rizzoli Education, Milano, voll. I-II.
- Rosso E., 2006, *Le fonti, dalla storiografia al laboratorio di didattica*, in *Insegnare storia. Guida alla didattica del laboratorio storico*, a cura di P. Bernardi, UTET, Torino, pp. 105-134.
- Sergi G., 2001, *Storia agraria e storia delle istituzioni*, in C. Cortonesi, M. Montanari (a cura di), *Medievistica italiana e storia agraria*, Clueb, Bologna, pp. 155-164.
- Settia A.A., 1984, *Castelli e villaggi nell'Italia padana*, Liguori, Napoli.
- Slicher van Bath B.H., 1964, *The Agrarian History of Western Europe, A.D. 500-1850*, St. Martin's Press, ed. it. Id., 1972, *Storia agraria dell'europa occidentale (500-1850)*, Einaudi, Torino.
- *(Il) sogno del Medioevo. Il revival del Medioevo nelle culture contemporanee*, «Quaderni medievali», 21 (giugno 1986), Dedalo, Bari.

- Toubert P., 1995, *Dalla terra ai castelli. Paesaggio, agricoltura e poteri nell'Italia medievale*, Einaudi, Torino.
- Turrini D., 2003, *Il laboratorio in classe*, in G. Angelozzi, C. Casanova (a cura di), *La storia a scuola. Proposte per la didattica e l'insegnamento superiore*, Carocci, Roma, pp. 111-152.
- Valenti M., 1992, *Poggio Imperiale a Poggibonsi: dal villaggio di capanne al castello di pietra*, Biblioteca del Dipartimento di Archeologia e Storia delle Arti. Sezione Archeologica. Università di Siena, Siena.
- Violante C., 1974, *La società milanese in età precomunale*, Laterza, Roma-Bari.

Sitografia

- Bocchi F., Fasoli G., 1973, *La città medievale*, Sansoni, Firenze; consultabile online all'indirizzo http://www.rmoa.unina.it/3553/.
- Bonini G., Brusa A., Cervi R., Garimberti E., (a cura di) , 2011, *Il paesaggio agrario italiano medievale. Storia e didattica*, Summer School Emilio Sereni, II edizione (24-29 agosto 2010), Edizioni Istituto Alcide Cervi (Quaderni 7), s. l., pp. 311-355. Ora disponibile anche online sul sito di Reti Medievali, Open Archive http://www.rmoa.unina.it/.
- Gasparri S., Simoni F. (a cura di), 1992, *Antologia delle fonti altomedievali*, Sansoni, Milano, ora disponibile anche online sul sito di Reti Medievali, http://www.rm.unina.it/didattica/fonti/anto_ame/indice.htm.
- Gregorio Magno, *Dialogi*, in *Patrologiae latinae cursus completus*, vol. LXVI, col. 144, in http://www.documentacatholicaomnia.eu/02m/ 0480-0547,_Benedictus_Nursinus,_Vita_Operaque_[Ex_Libro_Dialogorum_Sancti_Gregorii_Magni_Excerpta],_MLT.pdf); traduzione a cura dei PP. Benedettini di Subiaco all'indirizzo http://ora-et-labora.net/dialoghidis.html#c6.
- *Omnes Viae: Itinerarium Romanum. Ricostruzione di un'antica carta romana con tecniche moderne*, in https://www.omnesviae.org/it/.
- *(La) regola benedettina*, in *La santa regola di San Benedetto*, Testo estratto dal CD-ROM *Montecassino* ediz. FINSIEL, rivisto e corretto in base alla versione di A. Len %20REGOLA%20DI%20SAN%20BENEDETTO.pdf.

19
Patrimonio, beni culturali, pratiche didattiche

di Elena Musci

19.1 Che cosa è il Patrimonio

Quando si parla del patrimonio, ci si riferisce a un concetto complesso che nel corso del tempo si è evoluto e che può essere declinato secondo punti di vista diversi: patrimonio finanziario, delle imprese, economico e aziendale, ma anche storico, musicale, artistico e culturale. Nell'etimologia latina, il termine *patrimonium* era usato per indicare l'insieme delle proprietà del padre che erano poi trasmesse ai figli. Mentre in senso economico e finanziario il patrimonio indica i beni che appartengono a qualcuno, in senso culturale la dimensione proprietaria e quella del possesso si disperdono nell'ottica della comunità allargata. Questo è quello che sostiene per esempio l'UNESCO, che opera per il riconoscimento di quei siti «beni dell'umanità» che uniscono in sé valori locali e universali. Il ruolo delle comunità che abitano il territorio è messo in rilievo nell'art. 2 lett. a. della Convenzione di Faro, presentata in Portogallo nel 2005, firmata nel 2013 dall'Italia e ratificata in via definitiva dalla nostra nazione nel 2020, laddove il patrimonio (qui indicato come eredità) culturale viene definito come

> un insieme di risorse ereditate dal passato che le popolazioni identificano, indipendentemente da chi ne detenga la proprietà, come riflesso ed espressione dei loro valori, credenze, conoscenze e tradizioni, in continua evoluzione. Essa comprende tutti gli aspetti dell'ambiente che sono il risultato dell'interazione nel corso del tempo fra le popolazioni e i luoghi (in http://musei.beniculturali.it/wp-content/uploads/2016/01/convenzione-di-faro.pdf).

Per attribuire dunque un valore culturale alle tracce (materiali, immateriali o digitali) del passato è necessario che la società e la politica lo riconoscano: «una comunità di eredità è costituita da un insieme di persone che attribuisce valore ad aspetti specifici dell'eredità culturale, e che desidera, nel quadro di un'azione pubblica, sostenerli e trasmetterli alle generazioni future» (Convenzione di Faro, 2005, art. 2b.). Un esempio lampante ed estremo della necessità di operare una scelta in questo senso è fornito dalle vicende del sito archeologico di Palmira, la meravigliosa e antichissima città della Siria, patrimonio Unesco, che l'Isis ha quasi distrutto con gran parte dei suoi tesori. Anche un sito archeologico così ricco può essere portatore di valori da salvaguardare o da distruggere secondo il punto di vista che la società o chi la amministra assume sulla storia e sui valori che essa trasmette.

Queste riflessioni ci spingono verso la considerazione che un atteggiamento di conoscenza e salvaguardia dei beni patrimoniali non è qualcosa di «spontaneo», ma è qualcosa che necessita di un percorso educativo, e in questo campo la scuola riveste un ruolo fondamentale.

19.2 Le opportunità dell'educazione al patrimonio

Il patrimonio che ci circonda e che si rende manifesto nel paesaggio e nelle tracce presenti nel territorio è il risultato di processi lunghi e complessi definiti dai rapporti interni di una società, dalle dinamiche demografiche ed economiche, dalle diverse capacità tecniche e culturali e dagli equilibri sociali che si sono sviluppati e intrecciati nel corso del tempo. Lo storico si trova di fronte a un fenomeno stratificato che si offre come palinsesto, un libro aperto, da leggere e interpretare attraverso un metodo di studio regressivo, e che è possibile sfogliare facendo riferimento a molteplici fonti. Poiché del patrimonio, infatti, fanno parte beni differenti (naturali, materiali e immateriali), esso si presenta, a chi lo sappia riconoscere, come contemporaneamente tangibile e condiviso, da preservare e tutelare in quanto eredità comune in cui si intrecciano presente e passato (Dondarini 2021, p. 43). Sono proprio questi aspetti, secondo Beatrice Borghi, che offrono una grande opportunità didattica, poiché la capacità di riconoscere nel paesaggio attuale i segni lasciati dalle opere degli uomini del passato consente di attribuire un ruolo di rilievo «alla vita delle generazioni che vi hanno abitato, e creare un legame tra coloro che vi vissero e chi oggi vi vive può costituire un itinerario in cui saggiare la valenza formativa delle discipline storiche» (Borghi 2014, p. 83).

La storia, come sostengono anche le *Indicazioni Nazionali* del 2012, è infatti fra le principali discipline che concorrono a formare abilità, competenze e conoscenze finalizzate ad una corretta educazione patrimoniale e che, al contempo, sono in grado di portare uno studente verso una dimensione di cittadinanza critica e consapevole:

> La conoscenza e la valorizzazione del patrimonio culturale ereditato dal passato, con i suoi «segni» leggibili sul territorio, si affianca allo studio del paesaggio, contenitore di tutte le memorie materiali e immateriali, anche nella loro proiezione futura. Tali percorsi consentono sintesi con la storia e le scienze sociali, con cui la geografia condivide pure la progettazione di azioni di salvaguardia e di recupero del patrimonio naturale, affinché le generazioni future possano giovarsi di un ambiente sano (Indicazioni, p. 56).

In particolare, argomenta il legislatore, in Italia

> la storia si manifesta alle nuove generazioni nella straordinaria sedimentazione di civiltà e società leggibile nelle città, piccole o grandi che siano, nei tanti segni conservati nel paesaggio, nelle migliaia di siti archeologici, nelle collezioni d'arte, negli archivi, nelle manifestazioni tradizionali che investono, insieme, lingua, musica, architettura, arti visive, manifattura, cultura alimentare e che entrano nella vita quotidiana (Indicazioni, p. 51).

Nei territori si depositano continuamente le tracce delle attività umane: città, case, torri, castelli, edifici rurali, mura, vie sono segni complessi delle organizzazioni sociali del tempo storico, tracce visibili dell'azione umana. Ciò che sopravvive nel territorio e che testimonia gli assetti passati permette, assieme a fonti documentarie (atti giuridici, documenti amministrativi, relazioni ufficiali, estimi, catasti), iconografiche (testimonianze cartografiche e artistiche), letterarie (resoconti di viaggi, poesie), e topografiche, lo studio dei paesaggi passati nell'ottica del patrimonio (Musci 2017).

Come dichiarato nella Convenzione sul Patrimonio Mondiale dell'Unesco all'art. 1, le diversità paesaggistiche fanno parte del patrimonio dell'umanità e attestano l'evoluzione di una società e del suo insediamento sotto l'influsso di elementi naturali e di spinte culturali, economiche e sociali. Evidenziare le componenti patrimoniali di questo processo è un compito fondamentale per i docenti, che sono chiamati a mettere in evidenza non solo le tracce che raccontano del passato, ma anche quegli elementi del presente con cui la società si identifica e a cui attribuisce un valore speciale.

Non appare dunque possibile separare l'insegnamento del patrimonio da quello della storia, lo studio del passato dai possibili ragionamenti sul futuro. Inoltre, sottolinea il legislatore scolastico, «l'educazione al patrimonio culturale fornisce un contributo fondamentale alla cittadinanza attiva» e questo può essere fatto solo coniugando i contenuti con una strumentazione didattica articolata che attinge al territorio, perché mette in rilievo «il nesso tra le tracce e le conoscenze del passato» facendo ricorso a «fonti archeologiche, museali, iconiche, archivistiche» (Indicazioni, p. 53).

Il territorio, in questa prospettiva, è il punto di partenza per costruire un sapere articolato che si alimenta del contributo di discipline e di attività didattiche differenti.

In quest'ottica non sono sufficienti le ipotesi didattiche e divulgative unicamente trasmissive, ma è necessario mettere in atto modelli di insegnamento-apprendimento in cui contenuti e competenze siano strettamente intrecciati (Musci 2014) e che valorizzino la centralità del discente, la flessibilità cognitiva e la consapevolezza metacognitiva. Fondamentale appare la dimensione operativa dell'apprendimento, il «fare», cioè l'imparare facendo. Diverse sono le pratiche didattiche che si ispirano a questi obiettivi: il *problem solving*, il *cooperative learning*, la didattica metacognitiva, quella per progetti e per scoperta e, in generale, le didattiche costruttiviste. Nell'ambito di una disciplina codificata come la storia, questo vuol dire insegnare a pensare storicamente, cioè a interrogare criticamente il passato e le sue fonti, ricostruirlo, comunicarlo e utilizzarlo per riflettere sul presente (Seixas, Morton 2013) attraverso un metodo corretto dal punto di vista epistemologico, e facendo ricorso alle occasioni formative offerte dalla didattica disciplinare: il laboratorio storico, l'uso dei documenti, le interviste, la scrittura di testi, i molti giochi possibili, l'uscita sul territorio.

Tendenze didattiche recenti suggeriscono di partire dal contesto patrimoniale locale, cioè dallo studio delle realtà più vicine all'esperienza concreta degli studenti, che assai spesso è ignorata nel suo valore storico e culturale (Dondarini 2021), ma anche il lavoro su beni patrimoniali di altre società o aree geografiche, come possono essere l'area archeologica di Pompei, un'antica città Maya o un museo della civiltà contadina, consentono di acquisire conoscenze storiche e sviluppare non solo abilità e competenze disciplinari, ma anche curiosità, e «le capacità critiche di comprendere il proprio mondo e l'altrui» (Bortolotti, Calidoni, Mascheroni, Mattozzi 2008, p. 14).

Il mutamento contenutistico e metodologico degli ultimi anni si accompagna all'idea che i beni patrimoniali possano essere considerati non solo come l'oggetto dell'insegnamento, quanto piuttosto come lo strumento che permette di effettuare un certo tipo di ricerca e di educazione. Le attività in classe (tradizionali o digitali) e quelle di esplorazione del territorio e nei musei permettono di raggiungere questi obiettivi, se programmate all'interno di un percorso curricolare articolato per competenze, in grado di coniugare il sapere esperto con la didattica della storia. Il coinvolgimento degli studenti, anche al di fuori dei tempi della visita, e la possibilità di mettere in relazione la componente ludica con una rigorosa conoscenza storico-sociale sono elementi necessari per raggiungere obiettivi così articolati. Il taglio ludico e quello interattivo consentono al fruitore di vivere un'esperienza in grado di coinvolgere non solo la sfera intellettiva, ma anche quella emozionale: in questo modo si impara condividendo fra pari momenti piacevoli, e contestualmente si sperimenta come il patrimonio possa assumere una parte coinvolgente e attiva nel proprio vissuto (Musci 2016, pp. 151-152).

19.3 L'interpretazione del territorio come strada per la didattica patrimoniale

Alcune indicazioni utili per costruire una didattica patrimoniale efficace vengono dagli studi della *Heritage Interpretation*, una disciplina di origine americana nata nella seconda metà del secolo scorso. In Europa è conosciuta sin dagli anni '80 come strumento di integrazione, nella didattica scolastica, di progetti interdisciplinari incentrati sul patrimonio culturale: è stata definita come elemento cruciale per le politiche educative europee da parte del Consiglio d'Europa, che l'ha descritta come «una modalità di insegnamento basata sul patrimonio culturale, che includa metodi di insegnamento attivi, una proposta curricolare trasversale, un partenariato fra i settori educativo e culturale, e che impieghi la più ampia varietà di modi di comunicazione e di espressione» (Raccomandazione N. R (98)5, Art. I.2).

Marta Brunelli ha approfondito in Italia i principi e la storia della *Heritage Interpretation* e l'ha riletta e confrontata con l'impianto pedagogico nostrano (Brunelli 2014). In questo approccio l'educatore, con la sua azione, contribuisce alla crescita morale dei visitatori, poiché ne ampia, attraverso la realizzazione di una visita efficace, l'universo di significati e valori. L'obiettivo diventa non solo fornire nuove informazioni o raccontare il punto di vista degli studiosi su di un luogo o su di un evento, ma rendere i fruitori coscienti della responsabilità che ognuno di noi ha nei confronti di ciò che ci circonda, aiutandoli, in definitiva, a diventare cittadini consapevoli.

Questa proposta è utile per riflettere sull'approccio trasmissivo ai beni culturali, tipico di molte visite guidate destinate alle scolaresche e, talvolta, anche di lezioni scolastiche che ne replicano le modalità con gli studenti, a cui spesso vengono proposti informazioni e dati tecnici adatti più a un contesto specialistico che educativo.

I suggerimenti della *Heritage Interpretation* sono strutturati attorno a sei principi individuati da Freeman Tilden, autore del basilare *Interpreting our heritage* (Tilden 1967):

1. Qualsiasi attività di interpretazione che non stabilisca una relazione tra ciò che in quel momento viene illustrato e la stessa personalità o esperienza del visitatore, sarà di per sé sterile.
2. L'informazione, in quanto tale, non è interpretazione. L'interpretazione è ri-

velazione basata sull'informazione. Ma si tratta di approcci del tutto diversi – anche se ogni interpretazione contiene informazioni.

3. L'interpretazione è un'arte che ne comprende molte altre, sia che l'argomento presentato riguardi la scienza, la storia o l'architettura. Qualsiasi arte può, in una certa misura, essere insegnata.
4. L'interpretazione mira a provocare più che a istruire, perché è basata sulla fascinazione della narrazione e animata dalla interazione e dalla partecipazione attiva dei visitatori.
5. L'interpretazione dovrebbe cercare di presentare l'intero e non una singola parte e dovrebbe rivolgersi all'uomo nella sua interezza e non a un solo aspetto della sua natura.
6. L'interpretazione che si rivolge ai bambini [fino a dodici anni] non è una versione «annacquata» di quella per gli adulti, ma è il risultato di un approccio completamente differente. Per dare il meglio richiede un programma separato.

Come si vede gli spunti per un docente sono veramente tanti. In primo luogo l'importanza di riconoscere una relazione tra il soggetto e il bene patrimoniale: gli studenti hanno bisogno di comprendere il motivo per cui, per esempio, un sito archeologico è importante anche per loro e non consiste solo in «quattro vecchie pietre», di riflettere sul problema affrontato dagli uomini del passato quando hanno realizzato un certo sito o monumento, sulle motivazioni che gli hanno dato vita e su che cosa possono raccontare un castello o i resti di un'antica città del mondo di chi li ha realizzati e abitati nel tempo. Dalla *Heritage Interpretation* vengono anche stimoli a non trasmettere mere informazioni nozionistiche, ma a «provocare», a sollecitare un approccio problematico e curioso, e a farlo inserendo il bene patrimoniale nel suo contesto originale (storico e culturale, nel nostro caso: ad esempio un castello non è solo un edificio fatto costruire da un signore, ma l'espressione del potere politico in un certo contesto storico e sociale, e le modifiche che ha vissuto sono legate alle funzioni a cui è stato destinato, ma anche ai cambiamenti del ruolo che ha rivestito per gli abitanti del territorio).

Dal punto di vista didattico, viene suggerito un approccio multidisciplinare e multisensoriale. Nelle visite guidate interattive basate su questi principi, per esempio, si utilizzano oggetti evocativi (spesso repliche di reperti), supporti iconografici, e si propone una narrazione ricca di riferimenti sensoriali ai rumori, agli odori e agli elementi visivi del passato in una dinamica di confronto con l'interprete (o con il docente) fatta di domande che spingono all'osservazione e allo sviluppo di inferenze (Musci 2016, pp. 158-160). Si tratta di un approccio che si avvale di strumenti codificati come l'individuazione di temi significativi, le «buone domande», l'utilizzo di un linguaggio visivo, di frasi chiave, storie, aneddoti, e il supporto di oggetti e materiali che rendano più immediata la comprensione e più facile il coinvolgimento (Brunelli 2014, pp. 155-200).

Il risultato è quello di una esperienza immersiva e interattiva nella vita del passato. Chiedere agli studenti di ricostruire anche la parte sonora, o quella olfattiva di uno spazio, gustare alcuni sapori della cucina di una società che si sta studiando aiuta sicuramente, senza trascurare le contestualizzazione storica, a sentire il passato come qualcosa di vivo anche se differente dalla propria realtà.

19.4 Dalla teoria alla prassi. Alcuni riferimenti teorici e due piste di lavoro

Si presentano qui due proposte diverse che sono state realizzate con studenti della scuola secondaria di primo grado all'interno di progetti PON. L'approccio laboratoriale scelto consente di coniugare una dimensione attiva e ludica con una rigorosa conoscenza storico-sociale e, nello stesso tempo, può essere facilmente adattato a qualsiasi realtà territoriale, selezionando materiali reperibili su siti accreditati in Internet o nelle biblioteche comunali.

La prima è un'attività dal taglio ludico pensata per utilizzare fonti differenti sul patrimonio materiale e immateriale, che affronta il tema della cultura contadina. Dal punto di vista dell'insegnamento storico, questa attività è particolarmente ricca, poiché utilizza fonti di vario genere, fra cui quelle orali, e sollecita la capacità di mettere a confronto il passato col presente, contestualizzando reperti e vicende affrontate.

La seconda, invece, è un progetto che ha per obiettivo la realizzazione di un gioco escursione o da tavolo, da realizzare con la classe, sul proprio territorio. In questo caso si è dato spazio alla descrizione dell'impianto generale e delle possibili modalità di costruzione collettiva del gioco.

19.4.1 *Pista numero 1. Il patrimonio immateriale*

Il laboratorio è stato progettato e sperimentato durante l'A.S. 2018-2019, in occasione di un PON[1] dal titolo «Tra Storia, Arte, Archeologia: alla scoperta della Puglia», modulo «Raccontiamo il nostro paesaggio», portato avanti con la scuola

---

[1] Il Programma Operativo Nazionale (PON) del Ministero dell'Istruzione, dell'Università e della Ricerca, intitolato «Per la Scuola - competenze e ambienti per l'apprendimento», finanziato dai Fondi Strutturali Europei, contiene le priorità strategiche del settore istruzione e ha avuto una durata settennale, dal 2014 al 2020; è stato poi rinnovato per il settennio 2021-2027, con cinque nuovi obiettivi tematici.

secondaria di primo grado «Rocca-Bovio-Palumbo» di Trani (BAT). L'obiettivo era quello di far entrare gli studenti a contatto con un mondo, quello contadino, che ha plasmato il territorio (per quanto Trani sia una città di mare, una parte importante dei suoi interessi economici e produttivi è infatti rivolta verso l'interno) e che è ancora presente nella realtà cittadina, ma con caratteristiche ormai mutate rispetto al passato e, soprattutto, all'immaginario dei ragazzi.

Il lavoro ha riguardato anche quella parte del patrimonio culturale che non è identificabile con monumenti e collezioni di oggetti, ma che si alimenta di molteplici tradizioni trasmesse da chi ha abitato il territorio in passato, fra cui l'artigianato tradizionale, espressioni orali, usanze sociali, riti e feste. L'attività si inserisce in un progetto finalizzato alla realizzazione di alcuni pannelli per l'allestimento di una mostra temporanea sul mondo contadino nella città, che sono stati il frutto dei temi affrontati e delle visite ed esperienze vissute. Per realizzare questo obiettivo, gli studenti sono stati messi in condizione di conoscere gli elementi fondamentali del mondo contadino del passato e del presente (strumenti, vita e riti sociali ecc.) attraverso attività strutturate proprie della didattica della storia, e di apprendere alcuni aspetti della realtà locale tramite la visita a un'associazione di categoria (C.A.T. – Consorzio Agricoltori Tranesi), a un frantoio biologico e a un vigneto di proprietà della famiglia di un corsista.

Si è fatto ricorso alla tecnologia realizzando una visita virtuale ad alcuni musei contadini italiani, analizzando cinegiornali sul mondo rurale pugliese della seconda metà del Novecento e interviste realizzate nell'ambito di un progetto sulla memoria orale del mondo contadino locale, rintracciabili sul web, ma anche attraverso la produzione digitale dei pannelli in forma di mappa concettuale. Non è stata trascurata la dimensione emotiva e di confronto fra i partecipanti e con la realtà del territorio, attraverso il lavoro di gruppo, le uscite e le interviste ai protagonisti attuali di questo mondo.

Il laboratorio ludico sulla cultura contadina

Questa attività è strutturata come un gioco di squadra in cui gli studenti ricevono un dossier, da leggere prima dell'inizio, composto da brevi testi e immagini relativi al mondo contadino: usi e costumi, mestieri specializzati, strumenti di lavoro e informazioni significative sul calendario agricolo. Ogni docente potrà selezionare e organizzare i testi attingendo a pubblicazioni locali o presenti su Internet, sulla base dei temi che ritiene più indicati. L'importante è che i testi non siano troppo tecnici, che utilizzino un linguaggio facilmente comprensibile per i ragazzi e che contengano informazioni significative rispetto agli obiettivi individuati. Contemporaneamente, si sceglieranno gli argomenti che meglio possono aiutare gli studenti a contestualizzare l'argomento trattato e a comprendere la mentalità e le condizioni dei protagonisti. I docenti potranno modificare a proprio piacere i temi e virarli sulla propria realtà: mondo operaio, della pesca, del bosco ecc.

Da un certo punto di vista quest'attività potrebbe essere accusata di essere una ludicizzazione orientata all'efficientamento produttivo di un laboratorio su fonti eterogenee (Tibaldini 2022). In quest'ottica non si tratterebbe di un vero gioco, ma di un'attività scolastica vestita di ludicità, ovvero farebbe parte di quelle attività che non hanno fine in se stesse, ma che il docente propone in forma di gioco per sedurre l'allievo e che lo studente riconosce come un esercizio mascherato (Visalberghi 1958). In questo caso, è vero che la proposta fa leva sulla veste ludica per coinvolgere gli studenti in attività anche complesse su testi e fonti di tipo diverso, ma salvaguarda le più importanti caratteristiche proprie di un gioco, ovvero la gratuità, la presenza delle regole e che l'obiettivo sia la vittoria. I contenuti da apprendere, come si vedrà in seguito, vengono affrontati in veste «scolastica» solo nella fase di *debriefing* o dopogioco e non portano all'acquisizione di un voto (altrimenti i partecipanti, presi dall'ansia della valutazione, non avrebbero modo di giocare realmente). In più, le diverse prove sono dei piccoli giochi, anche fisici, se si prevedono azioni da mimare, che mettono in moto abilità trasversali su contenuti storico-patrimoniali e si basano su contenuti presenti unicamente nei materiali a disposizione, dando modo a tutti di vincere, a prescindere dalle conoscenze pregresse. L'attività, infatti, si articola su più «livelli». Dopo aver formato le squadre, si lancia a turno un dado che indica quello da affrontare. A ogni livello corrisponde un tipo di prova, come per esempio abbinare le immagini degli strumenti antichi a quelle della loro versione attuale (Numeri 1 e 2: «Confronto passato/presente»); riconoscere le immagini di oggetti del passato descritti nei testi (Numeri 3 e 4: «L'oggetto misterioso»); rispondere a domande elaborate sulla base di quanto appreso (Numeri 5 e 6: «A domanda rispondi»). Il gioco finisce quando finiscono tutte le prove, oppure quando termina il tempo a disposizione. Per ogni prova superata si guadagna un punto.

Le domande possono essere secche per sollecitare la comprensione del testo e la selezione delle informazioni, oppure creative, per sviluppare anche il decentramento cognitivo e la capacità di immedesimazione. Ad esempio:

1. Stai spietrando il terreno. Chi sei? Che cosa ti appresti a fare? Che cosa pensi?
2. A che cosa serviva e a chi apparteneva la pialla?
3. Metti in ordine le seguenti parti del ciclo della cerealicoltura: aratura (...), bruciamento delle stoppie (...), spietratura (...).
4. Immagina di essere un bambino in casa e di avere freddo. Dove vai? Che cosa trovi? Che odori ci sono?

Ogni squadra risponde per iscritto, ma chi è di turno ha la possibilità di rispondere per primo. In caso di errore, si attribuisce un punto a tutte le squadre che hanno risposto correttamente. Nel *debriefing* (Marcato, Del Guasta, Bernacchia 1995) vengono portati a galla e consolidati gli apprendimenti. Diverse possono essere le strategie perseguite: un confronto partecipato, la realizzazione di presentazioni multimediali, oppure la creazione di un gioco di narrazione. Se si sceglie questa strada, le carte del gioco vanno realizzate facendo ricorso ai materiali già visionati, e vanno divise per tipologia:

- I soggetti: il nonno, l'uomo, la donna, il bambino, il ragazzo, la bambina, ...
- Gli ambienti e i paesaggi: la casa, il focolare, l'aia, il vigneto, i campi, ...
- Gli strumenti di lavoro: l'aratro, la pialla, il setaccio, ...

I giocatori, divisi in squadre, devono scartare a turno una carta esplicitandone ad alta voce il contenuto in modo da inserirlo in una narrazione in linea con quella proposta dagli altri. Si darà così vita a un racconto collettivo. Chi propone vicende coerenti può scartare anche più di una carta, mentre chi non sa come continuare salta il turno. Vince la squadra che per prima termina le proprie carte.

19.4.2 *Pista numero 2. Esplorare e giocare la città*

I percorsi e strumenti didattici che qui si presentano sono stati realizzati in diversi PON sul patrimonio con studenti differenti per età, estrazione e competenze sociali. Qui si presenta una sintesi delle diverse esperienze, il cui obiettivo è la costruzione collettiva di un gioco sul centro storico, su di un museo del territorio o su di un quartiere della propria città.

La scelta della struttura ludica da implementare è legata alle caratteristiche del gruppo di lavoro e agli specifici obiettivi didattici che si intende raggiungere. In base a questi aspetti e al tempo a disposizione, si può scegliere un'attività da realizzare in classe, come un gioco da tavolo, oppure un gioco escursione per l'esplorazione interattiva del territorio.

La costruzione di un gioco da tavolo sulla propria città

Creare un gioco didattico non è un'attività semplice e richiede competenze progettuali, creative e pedagogiche. Antonio Brusa ricorda che l'enorme lavoro necessario per realizzare un gioco « a regola d'arte » è fatto di « studio attento della materia, individuazione delle dinamiche della realtà da riprodurre nel mondo ludico, progettazione del modello di gioco e sua sperimentazione » (Brusa 2010, p. 32). Per questo motivo, se l'obiettivo è realizzare un gioco con i propri studenti, può essere opportuno partire da attività con dinamiche semplici e collaudate, in cui il surplus sia costituito dalla qualità delle operazioni storico-didattiche messe in campo per realizzarle, più che dalla complessità della struttura. Questo non vuol dire realizzare giochi banali, ma calibrare contenuti, energie e obiettivi. Per esempio, un gioco dell'oca che richieda solo di lanciare il dado per avanzare è un gioco povero dal punto di vista delle abilità richieste ai giocatori, ma, proprio come un *memory*, può essere appropriato per dei bambini dei primi anni di scuola che debbano imparare i nomi di alcune realtà visualizzandone le caratteristiche presenti sulle caselle, mentre risulterà riduttivo per i più grandi.

Un gioco di percorso (Fig. 19.1) offre invece molteplici possibilità, poiché è possibile inserire caselle speciali per rappresentare aspetti significativi del patrimonio, come le tradizioni religiose e quelle culinarie, i luoghi di socializzazione, i personaggi celebri del passato, gli edifici o i monumenti storici legati, per esempio, all'esercizio del potere politico o religioso. Se ad ognuna di queste caselle attribuiamo poteri differenti ispirati alla natura di ciò che rappresentano, ecco che le attività saranno assai più articolate e arricchenti dal punto di vista didattico, mentre il gioco diventerà più divertente e coinvolgente. Le caselle possono prevedere, ad esempio, non solo domande a cui rispondere, ma anche azioni da mimare per far indovinare la destinazione d'uso degli ambienti o degli edifici (ad esempio pregare per indicare una cappella o una chiesa, cavalcare e dar da mangiare ai cavalli per indicare una stalla ecc.); rebus da risolvere; situazioni da simulare col lancio del dado o spostando la propria pedina (ad esempio « Alla festa della Madonna di Costantinopoli è stata fatta partire la mongolfiera, lancia il da-

Figura 19.1 *I materiali prodotti durante questo PON sono stati utilizzati per realizzare un grande gioco di percorso con caselle costituite da fogli formato A4 (imm.3): cartoline tattili (imm. 1), prodotti gastronomici tipici in pasta di sale e in cartone colorato, disegni e rappresentazioni tridimensionali e pop-up di monumenti (imm.2). La dimensione delle caselle è stata condizionata da fattori organizzativi (il gioco è stato messo in campo con i parenti, durante una manifestazione finale) e ha anche permesso di contenere gli elaborati realizzati durante il progetto. PON realizzato con l'I.C. Caporizzi-Lucarelli, Acquaviva delle fonti (BA), 4427 del 02/05/2017 - FSE - Potenziamento dell'educazione al patrimonio culturale, artistico, paesaggistico, modulo « Giochiamo in centro: sulle tracce della bellezza storica I », A. S. 2019-2020.*

do per scoprire dove è arrivata»; «Devi preparare le cipolle al forno, ma inizi a lacrimare. Recati alla prossima casella fontana per sciacquare gli occhi» ecc.), risolvere indovinelli basati sul riconoscimento di edifici o elementi architettonici significativi, a partire da coordinate storiche e da descrizioni sibilline ecc.

È possibile, inoltre, prevedere caselle che riproducano oggetti da riconoscere: fotografie di strumenti, o di manufatti e disegni realizzati dagli studenti, come ad esempio prodotti tipici o ex-voto in pasta di sale, riproduzioni in argilla di antichi vasi ritrovati nel territorio, ma anche «cartoline sensoriali», ovvero cartoline ispirate ai laboratori tattili di Bruno Munari (Restelli 2002), prima disegnate e poi arricchite con tessuti, bottoni, piume, carte di diverso tipo al fine di rendere, attraverso il tatto, le emozioni e sensazioni che gli studenti collegano ai luoghi del proprio vissuto. Il gioco, in questo modo, diventa un mezzo per creare un filo conduttore in grado di restituire agli allievi l'insieme complessivo del lavoro svolto e rendere manifesto in un tutto armonico il significato del patrimonio e del paesaggio storico in cui si vive e che si è ri-scoperto grazie al lavoro in classe.

Le uscite sul territorio e i giochi escursione

Fra gli strumenti a disposizione del docente per sollecitare abilità e apprendimenti coerenti con l'educazione al patrimonio ci sono le uscite didattiche e i giochi escursione (Musci 2016, pp. 151-160). Le prime possono essere sviluppate secondo modelli attivi propri della didattica della storia e della *Heritage Interpetation* al fine di sollecitare abilità di lettura del territorio e di interrogazione e di interpretazione dei fenomeni a esso connessi. Possono essere realizzate con materiali di supporto cartacei o digitali, in modo da spingere i ragazzi a focalizzare l'attenzione su particolari architettonici o naturalistici, o per permettere il confronto con ipotesi ricostruttive o fonti storiche, scritte o iconografiche. I giochi escursione, oltre a prevedere questi aspetti, prevedono una dinamica ludica attraverso la quale gli studenti apprendono in autonomia informazioni storico-naturalistiche sul bene culturale visitato, leggendo i pannelli, selezionando informazioni, osservando il paesaggio, esplorando e facendo ipotesi.

Come realizzare un gioco escursione

Secondo i criteri già esposti, anche un gioco escursione può essere sviluppato nella sua formula più semplice, come quella descritta di seguito, oppure più articolata, come un mystery, ovvero un mistero da risolvere (Musci 2013, pp. 41-74), senza che questo tolga nulla alla forza del progetto, poiché, come ricorda Antonio Brusa, «un gioco storico ha la possibilità di appassionare [...] se nasce da un problema storico attraente. Da una storia viva.» (Brusa 2012, pp. 17-18). Proporre materiali strutturati e procedure consolidate permette anche agli studenti «più deboli» di investire le proprie energie nell'apprendimento dei contenuti e nell'attivazione di abilità cognitive e di cooperazione. Il rischio è che altrimenti i ragazzi, soprattutto se a digiuno di meccanismi ludici, si cimentino con una prova progettuale troppo complicata per loro e che le caratteristiche del prodotto finale siano deludenti. Il gioco, una volta terminato, deve essere un prodotto di qualità (giocando si deve aver modo di imparare, ma soprattutto di divertirsi) e la sua realizzazione deve valere, dal punto di vista degli apprendimenti, le ore investite. Il vantaggio della realizzazione collettiva di un gioco, anche se semplice, è che per produrre i materiali (caselle, disegni, eventuali domande ecc.) i ragazzi dovranno ricercare e selezionare le informazioni più idonee da rielaborare e le immagini da riprodurre, formulare enigmi, produrre testi o transcodificare, attraverso la restituzione in un linguaggio artistico, quanto appreso e vissuto. Il tutto attraverso un costante confronto nei piccoli gruppi e in quello più grande della classe.

Il docente, però, potrebbe anche decidere di realizzare in autonomia il gioco e proporlo ai suoi studenti per un'uscita didattica. In questo caso è importante che tutte le informazioni da apprendere siano presenti nelle stesse carte e in un agile dossier da consultare, e che le prove, per essere risolte, richiedano l'osservazione del patrimonio e degli eventuali pannelli. Si tratta ovviamente di una scelta differente, sollecitata da tempi ristretti, ma che, inserita in una didattica per competenze attenta al patrimonio, mantiene inalterati gli aspetti formativi rispetto a quest'ultimo, anche se con obiettivi diversi.

Nell'esperienza di costruzione collettiva del gioco è possibile realizzare carte con indovinelli, disegni o espressioni artistiche raffiguranti i più significativi particolari architettonici del paese: bassorilievi o statue nascoste in angoli poco visibili di chiese secondarie ma storicamente rilevanti, epigrafi presenti su di una parete laterale della cattedrale, stemmi nobiliari di famiglie che hanno esercitato il potere politico, ma anche elementi caratterizzanti il tessuto urbano, come un pozzo collocato presso una delle antiche porte dell'abitato, i resti di una delle torri o delle mura, le tipiche strutture abitative e i cortili col pozzo comunitario.

Nell'organizzazione del progetto, il docente realizza una mappa concettuale degli elementi patrimoniali che intende mettere in evidenza. Il punto di partenza è la domanda: che cosa voglio che gli studenti sappiano della storia e dell'organizzazione della città al termine del lavoro? Uno schema molto efficace mette insieme alcuni temi forti di una comunità: i luoghi e gli edifici che nel corso del tempo sono stati espressione del potere politico (castelli, palazzi signorili, il palazzo del Comune ecc.), quelli relativi al potere religioso (la cattedrale, croci, edicole votive, tracce di tradizioni pasquali ecc.), i luoghi del lavoro legati agli aspetti caratteristici dell'economia cittadina (strade con botteghe specializzate, campi vicini o inseriti nell'abitato, cantine vinicole, il porto ecc.), ma anche i luoghi di socializzazione pubblica (piazze, parchi ecc.) e quelli che esprimono la memoria e i valori della comunità (monumenti, targhe, bassorilievi, pietre d'inciampo ecc.), ma anche quei luoghi o elementi architettonici che costituiscono tracce del passato più antico e dei cambiamenti storici vissuti (i resti di una porta della città o delle mura, brandelli di pareti risalenti al periodo romano o medievale e riconoscibili da tratti caratteristici, scavi archeologici inseriti nel tessuto urbano ecc.).

Le carte ottenute possono essere utilizzate per un *memory* da giocare in classe e come materiale per un gioco escursione. Nel primo caso, si avranno due mazzi, uno con le immagini e il nome del bene culturale e l'altro con le descrizioni, i rebus o gli indovinelli (Fig. 19.2). Le carte dei due mazzi andranno riposte, coperte e sparse, in due spazi distinti. A turno le squadre dovranno scoprire una carta da ogni mazzo con l'obiettivo di abbinare le coppie e ottenere così un punto.

Nel secondo caso, invece, i giocatori divisi in squadre riceveranno una pianta con gli edifici storici della zona da esplorare e le carte con rappresentazioni grafiche di particolari del bene da riconoscere, o con gli indovinelli (Fig. 19.3). Questi ultimi dovranno contenere degli indizi utili per l'individuazione (ad esempio particolarità della forma, del colore, o della funzione del bene) e altri per la collocazione nell'impianto urbano (ad esempio se di fronte o al lato di un edificio significativo, o con l'affaccio su di una piazza o una strada). I giocatori dovranno osservare o leggere con attenzione quanto presente nel materiale di gioco, riconoscere i luoghi, gli edifici o i particolari indicati, rispondere a eventuali domande, e cercare la giusta collocazione sul territorio e sulla mappa.

Nella distribuzione delle carte è importante fare in modo che ogni gruppo riceva quelle realizzate da altri. In questo modo, una volta raggiunto il bene da riconoscere, gli autori potranno assumere il ruolo di «guida», fornendo ulteriori informazioni e rispondendo a eventuali domande dei compagni o del docente.

In tutte queste esperienze descritte, le vie, i palazzi e i monumenti, e lo stesso impianto urbano sono stati presentati come terreno di ricerca e di scoperta: gli alunni hanno esplorato il proprio contesto di vita con occhi curiosi e attenti, con l'obiettivo di acquisire quello spirito di osservazione che costituisce lo stimolo per ogni conoscenza, per costruire una cultura di appartenenza, partecipazione e consapevolezza del proprio territorio. La città è stata proposta e vissuta come un museo a cielo aperto e gli studenti hanno avuto la percezione di camminare nella storia e che «quello spazio nutre il nostro presente» (Borghi 2014, p. 83).

Attività così impostate, se ben progettate, consentono di leggere il patrimonio come una realtà plurale e complessa (mettono in campo punti di vista diversi e fanno riferimento a saperi e abilità pluridisciplinari), permettono di scoprire che il Bene Culturale è frutto della continua riprogettazione del rapporto fra uomo,

Dodici noi eravamo, E in abitazioni ci hanno trasformate. Se sali le scale e vai nell'angolo di vico Traiano, il rudere di una di noi puoi trovare. Chi eravamo?	Dalla mattina alla sera vengo calpestata. Verso i campi trafficata, dalle ruote in ferro dei carri solcata. Cosa sono?	Sono profondo, offrivo da bere sia agli umani che agli animali, soprattutto ai viandanti. Mi trovate in un claustro in via Nazario Sauro. Mi riconosci dai solchi lasciati dalle catene che reggevano i secchi. Chi sono?

Figura 19.2 *Queste carte sono costituite da due disegni che mettono in rilievo gli elementi significativi dei luoghi (i solchi dei carri e la scala della casa torre), dalla fotografia di una cartolina sensoriale e da alcuni indovinelli contenenti riferimenti a elementi caratteristici utili per il riconoscimento e per la collocazione nell'impianto urbano. In questo caso, il gioco è rivolto agli stessi partecipanti al progetto, che già conoscono i luoghi e che sanno rispondere alle domande. PON realizzato con l'I.C. Perotti-Ruffo, Cassano delle Murge (BA), 10.2.5A-FSEPON-PU-2018-144, durante l'A.S. 2020-2021.*

espressioni umane e ambiente naturale, e consentono di entrare in relazione con un Bene Culturale da un preciso punto di vista, in quanto frutto di una mediazione didattica di ipotesi storiografiche affermate. Consentono dunque di dotare gli studenti di quelle «lenti speciali» in grado di riconoscere il patrimonio come un valore da condividere e difendere.

Figura 19.3 *Queste carte sono state realizzate per un gioco relativo al museo del territorio di Cassano delle Murge. Sono state pensate con una doppia funzione: possono essere utilizzate per esplorare il museo (in questo caso ogni squadra ne pesca un certo numero e parte alla ricerca dei reperti e pannelli che possono fornire le risposte alle domande presenti o che consentono di risolvere gli enigmi), oppure come materiali di un gioco di plancia che riproduce le sezioni tematiche del museo, che attualmente non è visitabile. PON realizzato con l'I.C. Perotti-Ruffo, Cassano delle Murge (BA), 10.2.5A-FSEPON-PU-2018-144, durante l'A.S. 2020-2021.*

Bibliografia

- Bortolotti A., Calidoni M., Mascheroni S., Mattozzi I., 2008, *Per l'educazione al patrimonio culturale 22 tesi*, FrancoAngeli, Milano.
- Borghi B., 2014, *Per una didattica delle fonti e del patrimonio*, in C. Cenedella, S. Mascheroni (a cura di), *Fonti* del *sapere. Didattica ed educazione* al *patrimonio culturale*, Gruppo editoriale Castel Negrino, Aicurzio (MB).
- Brunelli M., 2014, *Heritage Interpretation, Un nuovo approccio per l'educazione al patrimonio*, Eum, Macerata.
- Brusa A., 2010, *il Dossier Bertrand e altri giochi di storia fai da te. Manuale di sopravvivenza per professori non rassegnati*, in A. Brusa, A. Ferraresi (a cura di), *Clio si diverte, il gioco come apprendimento. La didattica ludica come intervento interdisciplinare, dalla storia alla matematica (e altre discipline)*, ed. La Meridiana, Molfetta.
- Brusa A., 2012, *Piccole storie 1*, La Meridiana, Molfetta.
- Marcato P., Del Guasta C., Bernacchia M., 1995, *Gioco e dopogioco*, La Meridiana, Molfetta.
- MIUR, 2012, *Indicazioni Nazionali per il curricolo della scuola dell'infanzia e del primo ciclo di istruzione*, in Annali della Pubblica istruzione, Numero Speciale, Le Monnier, Firenze.
- Musci E., 2013, *Giallo murgiano*, in *Scoprire e giocare a Castel de Monte*, Adda editore, Bari.
- Musci E. (a cura di), 2014, *Metodi e strumenti per l'insegnamento e l'apprendimento della storia*, Edises, Napoli.

- Musci E., 2016, *Le uscite sul territorio come strumento di apprendimento storico-geografico*, in F. Bussi, C. Minelle, L. Rocca (a cura di), *Storia e geografia. Idee per una didattica congiunta*, Carocci, Roma, pp. 145-161.
- Musci E., 2017, *Il gioco come approccio per la conoscenza del paesaggio storico*, in *Il gioco nel giardino e nel paesaggio*, a cura di L.S. Pelissetti, L. Scazzosi, Eidzione ReGis Rete Giardini Storici, Cinisello Balsamo (MI), pp. 330-339.
- Musci E., *Sulle tracce della storia*, Erikson, Trento 2023.
- Restelli B., 2002, *Giocare con tatto. Per una educazione plurisensoriale secondo il Metodo Bruno Munari*, FrancoAngeli, Milano.
- Seixas P., Morton P., 2013, *Big Six: Historical Thinking Concepts*, Nelson Education, Toronto.
- Tilden F., 1967, *Interpreting Our Heritage*, Chapel Hill Books, Univ. of North Carolina Press.
- Tibaldini M., 2022, *Didattica ludica alla scuola primaria*, in F. Monducci, A. Portincasa (a cura di), *Insegnare storia nella scuola primaria. Il laboratorio storico e altre pratiche attive*, IV edizione, UTET Università, Torino
- Visalberghi A., 1958, *Esperienza e valutazione*. Taylor, Torino

Sitografia

- Consiglio d'Europa, Raccomandazione N.R. (98)5, in https://wcd.coe.int/ViewDoc.jsp?id=469639.
- Consiglio d'Europa, *Convenzione quadro del Consiglio d'Europa sul valore dell'eredità culturale per la società*, CETS NO. 199) FARO, 27.X.2005, in http://musei.beniculturali.it/wp-content/uploads/2016/01/convenzione-di-faro.pdf.
- Dondarini R., 2021, *La dimensione locale per l'apprendimento della storia. Esperienze condotte sul patrimonio storico di Bologna (Italia)*. Didattica Della Storia – Journal of Research and Didactics of History, 3(1), 37-56, in https://doi.org/10.6092/issn.2704-8217/14036.

20
Didattica con i luoghi della memoria

di Maria Laura Marescalchi

20.1 Luoghi, memoria, storia

I luoghi della memoria occupano oggi, in Europa, una posizione strategica nell'elaborazione e nella trasmissione della memoria collettiva. Essi nascono dalla presa d'atto che non c'è, o quanto meno non c'è più, una memoria spontanea e «meno la memoria è vissuta interiormente, più ha bisogno di supporti esteriori e di reperti tangibili di un'esistenza che non vive più se non attraverso essi» (Nora 1997, p. 30 – la traduzione è mia, *ndr*). Non necessariamente si tratta di luoghi in senso materiale: *luogo della memoria* può essere anche una ricorrenza o un'opera letteraria, purché in essa si condensi la memoria di un popolo o di una comunità (Isnenghi 1997).

Punto di incontro tra la riflessione di studiosi e studiose e l'interesse delle istituzioni, i luoghi della memoria intesi in senso fisico si prestano bene alle esigenze di una didattica che intenda uscire dalle aule scolastiche per stabilire contatti col territorio o inserire in precisi progetti formativi quelle visite di istruzione che assumono la forma di *viaggi della memoria*. Numerose e declinabili per ogni ordine di scuola sono le modalità di incontro coi luoghi, perciò, tra le attività che un laboratorio di storia propone, crediamo non possa mancare oggi la visita a un luogo della memoria, che si situa all'incrocio di tre direttrici la cui interazione può rivelarsi particolarmente feconda: interpretazione storica, trasmissione di memorie, formazione del cittadino e della cittadina.

Occorre precisare in via preliminare che, quando si parla di *luogo fisico* della memoria si fa per lo più riferimento a un comune sentire europeo che rinvia principalmente a luoghi che sono stati teatro di eventi legati alla Seconda guerra mondiale (anche se, in occasione del centenario, c'è stata una forte ripresa di attenzione verso la Prima) e che in anni recenti si sono dotati, o si stanno pian piano dotando, di strutture didattico-educative di vario genere; tuttavia, la metodologia qui proposta fornisce spunti anche per l'organizzazione di laboratori in luoghi significativi di altri periodi ed eventi storici; infatti la letteratura che propone una seria riflessione sugli intrecci tra storia, memorie e luoghi, soprattutto in questi ultimi anni, ha notevolmente allargato l'ambito cronologico e tematico di cui si occupa (Tota 2001; Rampazi, Tota 2007; Foot 2009; Pirazzoli 2010; Violi 2014).

Un percorso didattico che preveda la visita a un luogo della memoria si può agevolmente collocare all'interno di una programmazione disciplinare di storia, così come di percorsi trasversali di educazione alla cittadinanza, afferenti alla nuova «Educazione civica»[1]; nel primo caso si tratterà di porre l'accento sul luogo come fonte storica, impostando un lavoro che permetta di riannodare i fili che collegano l'evento locale a un contesto più generale, mentre nel secondo si dovrà maggiormente insistere sulla dimensione esperienziale del luogo come contenitore di memorie. Va da sé che riuscire a mantenere un nesso tra i due aspetti non potrà che rafforzare l'apprendimento e la capacità di pensare storicamente, agendo potentemente sulla motivazione, e il valore educativo dell'attività. Attraversare un luogo, soprattutto se questo è stato teatro di violenze nel passato, cosa che comporta inevitabilmente un coinvolgimento anche corporeo e sensoriale, dal quale non si deve prescindere, ha senso se innesca processi di riflessione e approfondimento che riguardano il presente e le sue dinamiche (migrazioni, conflitti, rapporti tra culture ecc.), al fine di rafforzare un atteggiamento responsabile di fronte alle sfide che la realtà contemporanea ci pone.

La progettazione di un percorso attraverso un luogo opportunamente scelto è un buon modo anche per misurarsi con quei particolari luoghi rappresentati da alcune ricorrenze, le *giornate della memoria* (quella «dello sterminio e delle persecuzioni del popolo ebraico e dei deportati militari e politici italiani nei campi nazisti» e, sulla scia di questa, le altre, già istituite o a venire, consacrate alla memoria di altre vittime, cfr. De Luna 2011; Portelli 2017), facendone occasioni di

[1] Istituito con la Legge 20-08-2019, n. 92 per tutti i cicli di istruzione, il nuovo insegnamento trasversale «contribuisce a formare cittadini responsabili e attivi e a promuovere la partecipazione piena e consapevole alla vita civica, culturale e sociale delle comunità, nel rispetto delle regole, dei diritti e dei doveri.» (art. 1). Dall'art. 2: «3. Le istituzioni scolastiche prevedono nel curricolo di istituto l'insegnamento trasversale dell'educazione civica, specificandone anche, per ciascun anno di corso, l'orario, che non può essere inferiore a 33 ore annue, da svolgersi nell'ambito del monte orario obbligatorio previsto dagli ordinamenti vigenti. [...] 6. L'insegnamento trasversale dell'educazione civica è oggetto delle valutazioni periodiche e finali previste [...]. Il docente coordinatore di cui al comma 5 formula la proposta di voto espresso in decimi, acquisendo elementi conoscitivi dai docenti a cui è affidato l'insegnamento dell'educazione civica». Il fatto che sia prevista una valutazione fa sì che si debbano progettare percorsi ben strutturati. All'art. 8, infine, viene sottolineata l'opportunità di integrare tale insegnamento con esperienze extrascolastiche, che consolidino il legame tra la scuola e il territorio; un invito, dunque, a rivolgersi ai luoghi della memoria.

apprendimento e di formazione, e non vuote celebrazioni ufficiali (sui rischi connessi a queste ultime, si vedano Loewenthal 2014; Pisanty 2020). Si parla di *percorso*, in quanto si tratta di ricostruire il passato attraverso la riscoperta delle tracce che si possono riconoscere nel presente e di ripercorrerle a ritroso, nella consapevolezza che i paesaggi umani che ci troviamo ad attraversare si presentano come palinsesti da ri-scoprire attraverso una sorta di approfondimento che faccia emergere le stratificazioni successive (Violi 2014).

Un'attività didattica di questo tipo si può considerare ben progettata e ben condotta soltanto qualora riesca a tenere uniti il rigore storiografico e il coinvolgimento attivo di studenti e studentesse in quanto soggettività che si mettono in gioco arrivando ad assumersi, per così dire, la responsabilità del passato. Tale coinvolgimento in prima persona non può che produrre un migliore apprendimento della storia, nella sua dimensione disciplinare e in quella trasversale di educazione alla cittadinanza, oltre a inserire in un orizzonte di senso quello che altrimenti non è che un superficiale «turismo della memoria» (Traverso 2006), che rischia di lasciare scarsi o nulli segni in chi lo pratica.

Con questo non si intende trasformare gli studenti e le studentesse in *testimoni* di ciò che non hanno provato, come vorrebbero talvolta alcuni sopravvissuti per placare l'ansia della fine che si avvicina; è capitato a chi scrive di ascoltare una testimonianza sulla *Shoah* di un anziano ebreo di Rodi, che si è conclusa con «Ora sapete: andate e testimoniate». No; si tratta semmai di chiedere «che quel passato sia condiviso, che quei ricordi entrino nel bagaglio collettivo del sapere e che di essi rimanga traccia» (Bidussa 2009, p. 25). Si tratta anche, nella pratica didattica, di portare gli allievi e le allieve a comprendere quanto labile sia la linea che separa, ieri come oggi, la strada che conduce a diventare carnefici da quella che porta al rifiuto di collaborare con regimi criminali. All'approssimarsi, insomma, con la fine dei testimoni, dell'era della *post-memoria* – che oggi riguarda soprattutto la *Shoah*, che domani riguarderà altre tragedie della storia – i «siti del trauma» (Violi 2014) sempre più si presentano come gli ultimi spazi di rammemorazione capaci di offrire un'esperienza di forte spessore emotivo, oltre che conoscitivo.

La nozione di luogo della memoria, anche se limitata ai luoghi fisici, è problematica; possiamo distinguere analiticamente in essa diverse tipologie, che spesso, in realtà, troviamo coniugate in vari modi o ci è utile coniugare:

il luogo-evento, ossia il luogo autentico dell'accadimento
il luogo-rappresentazione, cioè il monumento
il luogo-raccolta di materiali o museo di storia

Solo il primo è quello che possiamo considerare luogo *della* memoria in senso stretto, mentre gli altri rappresentano piuttosto luoghi *per* la memoria. L'ultimo, poi, nelle sue più recenti interpretazioni, ambisce giustamente sempre più ad essere un luogo *per* la storia e *per* la didattica, più centro di documentazione e laboratorio che tradizionale esposizione di cimeli. Questa tipologia incrocia per molti aspetti il nostro discorso, ma presenta anche peculiarità tali da richiedere una trattazione specifica, per la quale si rinvia al *Dossier Musées, histoire et mémoires* presentato ne «Le cartable de Clio» (11/2011). Mentre per quanto riguarda il monumento, si rinvia al bel libro di Adachiara Zevi, *Monumenti per difetto* (2014) e all'articolata riflessione di Keith Lowe sui monumenti della Seconda guerra mondiale (Lowe 2021), nonché al percorso didattico presentato nel portale *Historiana* (Marescalchi, Vódli 2017).

Per l'interpretazione di un determinato luogo c'è generalmente un segno (o più segni) di memoria (o di oblio) prevalente col quale dobbiamo misurarci. Comunque, quale che ne sia la tipologia, un luogo di memoria può rappresentare un *ponte* tra presente e passato ed è questa sua caratteristica che ne rende significativa l'assunzione nella pratica didattica; è vero che i luoghi sono di per sé *testimoni muti* (o talvolta – che è lo stesso ai fini del loro utilizzo didattico – troppo loquaci), ma possono e devono assumere un significato per chi li esperisce. A tal fine diventa fondamentale creare le condizioni per stabilire una relazione, attraverso il luogo, con gli eventi passati che lo hanno segnato, affinché avvenga un passaggio del testimone.

20.2 La decostruzione del luogo

Un luogo va affrontato alla stregua di una qualsiasi altra fonte di memoria e, come tale, va sottoposto a critica. Infatti, nessun luogo si può considerare *intatto*; lo stato in cui lo si trova non è più quello originario, ma è sempre frutto di una o più scelte: sia che presenti degli interventi, che sono da decodificare (spesso ospita una stratificazione di memorie, che rappresentano il modo in cui è stato vissuto nel corso del tempo), sia che si trovi in stato di abbandono. Anche l'oblio, infatti, è frutto di una scelta della comunità o delle istituzioni (Matta 1996). All'estremo opposto, i luoghi che ospitano molti monumenti – è per esempio il caso delle grandi aree memoriali che sorgono in quello che resta dei principali *lager* nazisti – possono essere letti secondo la chiave dell'incrocio di memorie, spesso conflittuali, che se ne contendono lo spazio: una memoria ufficiale contrapposta alla memoria della comunità locale, più memorie antagoniste, oppure la rappresentazione di diverse fasi della memoria pubblica.

Quest'ultimo caso offre una particolare ricchezza dal punto di vista didattico-educativo; perciò, è assai apprezzabile il modo in cui in Germania si sta gestendo tale molteplicità di memorie, conservando il vecchio e allestendovi accanto nuove esposizioni organizzate secondo criteri più attuali laddove se ne sente la necessità. Non pare essere questa la via seguita in Polonia, d'accordo con buona parte dei Paesi europei, tra cui l'Italia, per l'area di Auschwitz, dove si stanno progressivamente sostituendo i memoriali nazionali realizzati tra gli anni Sessanta e gli anni Ottanta con nuovi allestimenti ritenuti più fruibili dai visitatori. Così facendo, però, si occulta una fase importante di elaborazione delle memorie pubbliche d'Europa, dando forma a una sorta di negazionismo che, respinto con giusta indignazione quando tocca la *storia*, non viene curiosamente avvertito come tale quando investe interi capitoli relativi all'*elaborazione di memorie*. Se si ritiene indispensabile un cenno a questo tema è perché, proprio in questi ultimi anni, è esplosa la polemica sul Blocco 21, che ospitava il *Memorial in onore degli italiani caduti nei campi di sterminio*: un'installazione voluta dall'ANED, a cui collaborarono alcuni dei più importanti artisti italiani del tempo, molti di loro ex deportati, che, poiché deteriorata e considerata poco leggibile, è stata trasferita a Firenze, dunque totalmente decontestualizzata. L'obiettivo è quello di sostituirla con una nuova esposizione didattica, improntata a criteri più moderni e a differenti rilevanze, così come già è stato fatto per altri padiglioni nazionali, ignorando che «i padiglioni realizzati tra il 1960 e il 1980 sono testimoni del tempo storico che per primo ha avvicinato ed elaborato l'evento, sono essi stessi pensati e fatti da testimoni, o addirittura sono carichi di una doppia testimonianza, ovvero anche quella di Stati che non esistono più e delle loro scelte storiografiche» (Pirazzoli 2009, p. 85; la pubblicazione che contiene il saggio citato bene illustra il problema nel suo insieme)[2].

Sono questi i casi in cui appare con maggiore evidenza che tra storia e memoria, tante volte confuse nel dibattito pubblico, va mantenuta sempre una distinzione, pur tenendone presenti gli intrecci, dai quali ha tratto alimento la migliore storiografia del secondo Novecento e del nuovo secolo e di cui la didattica della storia non può che giovarsi.

L'esigenza di tenere concettualmente distinte le due istanze si fa particolarmente cogente quando si ricorre a un testimone, che va sottoposto alla medesima critica cui lo storico sottopone ogni *fonte orale*. Innanzi tutto perché la memoria, di cui il ***testimone***, così come il luogo, è portatore, tende a singolarizzare la sto-

---

[2] Sulla questione torna Alberto Cavaglion, citando anche per esteso le parole scritte da Primo Levi per i visitatori del Memoriale, nel suo recentissimo *Decontaminare le memorie. Luoghi, libri, sogni*, add editore, Torino 2021. Si tratta di un libro che rivolge uno sguardo obliquo e critico, ma non privo di interesse, alla categoria di «luogo della memoria» e ai suoi usi più logori, dai quali mette in guardia l'insegnante.

ria, mentre l'operazione da fare è l'esatto contrario: l'insegnante, così come lo storico, deve sempre saper inserire quell'esperienza individuale in un contesto più ampio, effettuarne una comparazione con altre fonti di diversa natura, evitando di commettere l'errore – assai frequente di questi tempi – «di trasformare la singolarità assoluta e legittima della memoria in un prisma normativo [...] della storia» (Traverso 1998). Inoltre, di fronte a ogni testimonianza, dunque a maggior ragione a quella resa in presenza, che ha sempre un fortissimo impatto emotivo, occorre trasmettere la consapevolezza che si tratta di qualcosa di costruito nel tempo, che perciò ha spesso più a che vedere con l'*oggi*, cioè con la cultura politica e i paradigmi storiografici della società in cui il testimone vive, piuttosto che con l'evento passato di cui ci parla (Wiewiorka 1999). Scrive Giovanni De Luna a proposito delle fonti orali: «la loro intenzionalità si confronta con i delicati meccanismi della formazione della memoria, dei suoi slittamenti nel tempo, il suo continuo trasformarsi grazie alle sollecitazioni più disparate. Le tracce su cui lavora lo storico non sono rimaste impigliate in oggetti materiali [come avviene per quelle, pure di non facile decodifica, che proprio il luogo ci fornisce, *ndr*] ma si trovano riposte direttamente dentro la testa degli uomini, al fondo dei recessi dei loro ricordi individuali [...] un racconto la cui intenzionalità è pesantemente condizionata sia dal tempo che separa gli eventi narrati dal momento della rievocazione, sia dal significato che vi attribuisce tutto quanto è accaduto nell'intervallo tra i due momenti» (De Luna 2004, p. 126).

Le fonti di memoria, il luogo e il testimone nel nostro caso, sono pertanto di estrema utilità qualora si voglia ragionare dell'odierno uso pubblico della storia, un tema capace di stimolare riflessioni significative negli studenti e nelle studentesse più grandi, la cui attenzione è sempre risvegliata da ciò che è loro più vicino, soprattutto quando passa attraverso i mezzi di comunicazione di massa; affrontare in chiave critica il racconto di un testimone o le ingenuità metodologiche dell'allestimento di un luogo della memoria, così come le più o meno consapevoli falsificazioni del divulgatore televisivo di storia, dello scrittore o del regista è una strada per rafforzare la motivazione allo studio del passato e per far comprendere i meccanismi che presiedono all'elaborazione della memoria collettiva e anche, in qualche misura, del racconto dello storico.

20.3 La mediazione dell'insegnante

Per tutti i fattori trattati sopra, nel caso dell'utilizzo didattico di un luogo della memoria, la mediazione dell'insegnante assume un ruolo centrale e particolarmente delicato, in quanto deve lavorare sull'intreccio di tre poli distinti ma complementari (Ciuffi 2003):

- il **CONTESTO**: il tempo e la storia (le storie) che il luogo ricorda o celebra,
- il **MOMENTO**: il tempo e la cultura (le culture) che lo hanno prodotto,
- il **PRESENTE**: del visitatore.

Ciò richiede l'adozione delle cautele metodologiche di cui al paragrafo precedente e di particolari attenzioni didattico-educative, riassunte nello schema seguente:

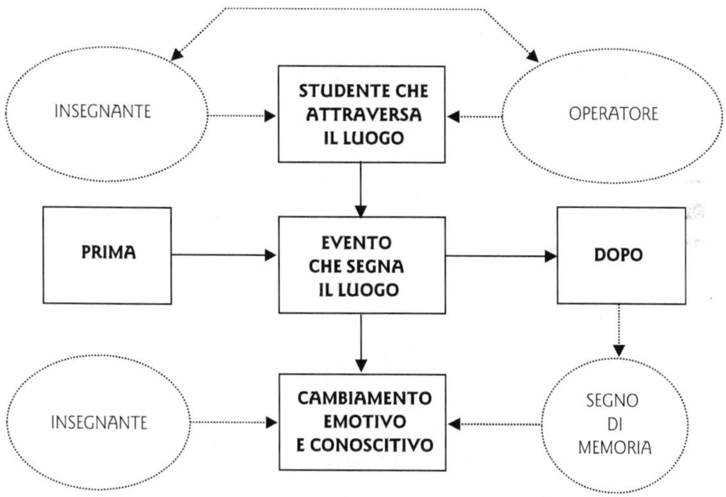

Un luogo è, sì, segnato da un evento particolare (*riquadro centrale*), ma ha anche un *prima* e un *dopo* che non devono essere trascurati (*asse orizzontale*); è bene, allora, cercare di realizzare un percorso di continuità, che, costituendo un ponte tra passato e presente, evidenzi la legittimità dell'intervento nel presente, tale che la memoria del fruitore diventi una delle tante memorie che abitano il luogo, spesso rese presenti da monumenti, lapidi e altri segni di memoria.

La visita al luogo, poi, si deve configurare come *esperienza (asse verticale)*. Occorre perciò trovare il modo di colmare la distanza, il senso di estraneità tra il luogo e il fruitore, a partire dal presente del fruitore, in modo che in quest'ultimo avvenga un cambiamento sul piano conoscitivo ed emotivo, pena l'inefficacia del percorso. A tale scopo, crediamo sia importante che prima della visita vada restituito il *contesto* dell'evento che segna il luogo, mentre il *racconto fondato* dell'evento può avvenire durante o dopo la visita, che deve mantenere una dimensione di scoperta e «lasciare nel visitatore una certa "fame di storia", un desiderio di conoscere e capire meglio le ragioni e le cause delle singole vicende rappresentate» (Violi 2014, p. 156), che sarà compito dell'insegnante soddisfare. La visita a un luogo della memoria, inoltre, *non* deve – come talvolta accade – essere condotta da *testimoni*; essi, infatti, se utilizzati come guide, tendono spesso a travalicare il proprio ruolo e ad assumere abusivamente quello di storici, facendo entrare in cortocircuito due istanze che vanno tenute distinte. Ciò non significa che il testimone non possa avere uno spazio, anzi è spesso molto efficace nel contribuire all'immedesimazione del visitatore nella vicenda narrata, ma va utilizzato con cautela perché si deve limitare a narrare ciò che realmente ha vissuto, ciò a cui effettivamente ha assistito.

Contesto e racconto possono essere integrati dalla presentazione, nel corso della visita, di varie tipologie di fonti e strumenti, attraverso cui mettere a confronto il presente e il passato: fotografie d'epoca, lettura di testimonianze e documenti, mappe del luogo sulle quali indicare lo svolgersi degli eventi. Nel pianificare una visita, infine, è bene che ci sia un accordo preliminare tra insegnanti e operatori (là dove è attivo un servizio didattico-educativo), per evitare sorprese, malintesi o sovrapposizioni di ruoli. Un'ultima raccomandazione: la visita a un luogo richiede tempo e piccoli gruppi, mai più di una classe alla volta, soprattutto se si tratta di attraversare quelli che Aleida Assmann chiama «luoghi del trauma» (Assmann 1999), che costituiscono più spesso l'oggetto delle visite scolastiche. È questa una delle ragioni per cui, i pur popolari *treni per Auschwitz*, largamente promossi dalle istituzioni negli ultimi dieci-quindici anni, suscitano non poche perplessità, oltre alla sensazione che la diffusa tendenza a fornire un racconto storico completo, "definitivo" e spesso dispensato tramite lezioni frontali *prima* della partenza lasci poi il campo al dispiegarsi incontrollato di emozioni (per lo più nella forma di una totale identificazione con le vittime) che finiscono per indebolire, anziché rafforzare, la conoscenza. Eppure questo tipo di viaggio continua ad avere numerosi estimatori, ad essere quasi inteso come una sorta di rito di passaggio all'età adulta. Nella consapevolezza che si tratta di un dibattito aperto, si rinvia chi volesse approfondire il tema al volume curato da Bissaca e Maida, *Noi non andiamo in massa, andiamo insieme* (2015), di cui si segnala soprattutto l'intervento di David Bidussa (pp. 17-30; sul tema v. anche Bacchi 2010).

20.4 La progettazione della visita

Come ogni attività didattica, anche la visita a un luogo della memoria, per essere realmente efficace, deve essere progettata con attenzione dall'insegnante e rientrare a pieno titolo nel più ampio percorso formativo. Gli spunti forniti di seguito sono pensati per la scuola secondaria, ma forse possono rappresentare un orizzonte di riferimento anche per i/le docenti di scuola primaria.

Prerequisiti

La visita a un luogo ha senso se si inserisce in un discorso già avviato in classe e lì destinato a proseguire. È importante che gli studenti conoscano almeno a grandi linee il contesto in cui il luogo da visitare si inserisce, ma che non conoscano già dettagliatamente l'evento di cui il luogo si è fatto memoria, né tutte le implicazioni che esso comporta; sarà infatti l'incontro col luogo a suscitare curiosità, innescare domande.

Finalità e obiettivi

Facendo riferimento al *Manifesto per un'educazione di alta qualità in materia di cittadinanza, storia e patrimonio culturale* redatto da Euroclio nel 2013, tre sono le principali finalità di una visita a un luogo, che possono essere declinate secondo (alcuni tra) i seguenti obiettivi:

1. Prevenire l'abuso del passato:
   - *1.1 cogliere il luogo e la narrazione storica dell'evento a esso collegato come interpretazioni stratificate, con cui misurarsi criticamente*;
   - *1.2 decostruire miti storiografici e stereotipi*;
   - *1.3 riconoscere la legittimità di opinioni differenti e confrontarle sul terreno scientifico*;
   - *1.4 affrontare in maniera responsabile temi storici sensibili e controversi*;
   - *1.5 promuovere la riconciliazione, accogliendo tutte le interpretazioni e imparando a gestire dialetticamente il disaccordo, senza sfociare nello scontro violento.*

2. Promuovere un approccio inclusivo allo studio del passato:
   - *2.1 cogliere nel luogo una feconda e peculiare via d'accesso al passato*;
   - *2.2 maturare la convinzione del nesso tra lo studio del passato e lo sviluppo di una coscienza civile e politica*;
   - *2.3 acquisire consapevolezza della differenza e talvolta del conflitto tra etica e legalità.*

3. Promuovere l'innovazione educativa:
   - *3.1 promuovere una formazione basata su competenze, che includono componenti cognitive (conoscenze), funzionali (applicazione delle conoscenze), personali (comportamenti) ed etiche (comportamento guidato da principi)*;
   - *3.2 contribuire allo sviluppo delle competenze chiave civiche e sociali, nonché di quelle trasversali come il pensiero critico e la capacità di prendere decisioni*;

3.3 *sviluppare fondamentali concetti storiografici e le abilità che consentono di pensare storicamente*;
3.4 *sviluppare l'abilità di comprendere e analizzare questioni ed eventi*;
3.5 *utilizzare strategie didattiche che accrescano gli apprendimenti indipendenti, la motivazione e l'impegno, incoraggino il senso di responsabilità, la passione per il coinvolgimento attivo, stimolino la comunicazione e la cooperazione, lo sviluppo di una mentalità aperta, di uno spirito indagatore, della capacità di pensare in modo indipendente e resistere alle manipolazioni.*

Competenze

Si è già fatta menzione del fatto che l'insegnante, nella sua opera di mediazione, deve lavorare sull'intreccio di tre poli; a essi è opportuno collegare le competenze che la visita a un luogo può far acquisire, rafforzare o comunque mettere in gioco. Esse sono qui enucleate (Tabella 20.1) tenendo come riferimento principale il documento prodotto dal Consiglio d'Europa, *Competences For Democratic Culture. Living together as equals in culturally diverse democratic societies* (2016):

Tabella 20.1

Dimensione cognitiva: sviluppare la capacità di pensare storicamente. Polo del **CONTESTO**.	• leggere, analizzare/decostruire e interpretare una fonte storica (luogo, testimonianza, documento) • comparare fonti diverse • distinguere la pluralità degli strati presenti in un luogo • distinguere la pluralità delle prospettive implicate in un evento • saper collegare l'evento locale a un contesto più generale, avendone chiare sincronia e diacronia • saper porre domande alla storia
Dimensione esperienziale: misurarsi con la trasmissione delle memorie. Polo del **MOMENTO**.	• comprendere la pluralità di prospettive contenute in un luogo-evento • cogliere le modalità di costruzione delle memorie • collocare se stessi nel luogo, in continuità con le altre voci in esso presenti • sviluppare empatia (che è qualcosa di ben distinto dall'identificazione) nei confronti di *tutti* i protagonisti dell'evento che si è svolto in quel luogo, accordando un riconoscimento a tutte le memorie • sapersi misurare in maniera costruttiva con interpretazioni conflittuali • saper porre domande a sé stessi
Dimensione educativa: la formazione del cittadino e della cittadina. Polo del **PRESENTE**.	• cogliere le relazioni tra quel passato e il nostro presente • individuare le sfide che il presente ci pone • assumere un atteggiamento responsabile verso il presente e le sue sfide • confidare in se stessi, nella propria capacità di agire in vista di un fine eticamente corretto (in linea con i valori della Costituzione e delle Carte internazionali) • imparare a collaborare • riflettere sull'uso pubblico della storia

20.5 Un esempio di visita a un luogo della memoria: Monte Sole

La scelta di Monte Sole – teatro del massacro più noto come « strage di Marzabotto », avvenuto per mano nazista nel 1944, nell'Appennino bolognese – dipende dal fatto che la metodologia sopra illustrata è stata inizialmente elaborata proprio in riferimento a questo luogo. Quando, creato il Parco storico di Monte Sole, si cominciò, verso la metà degli anni Novanta, a pensare di collocarvi una scuola di pace, si formò un gruppo di lavoro coordinato da Nadia Baiesi e, nell'arco di una decina d'anni, confrontandoci con numerose esperienze internazionali, sviluppammo un peculiare modello di visita che ha costituito da allora il cuore delle attività didattico-educative della Scuola di Pace di Monte Sole, nata effettivamente nel 2002 sotto la direzione della stessa Baiesi. Tale modello è stato poi ulteriormente articolato e messo a punto, nel corso degli anni, dallo staff della scuola, che gli ha impresso una più spiccata curvatura di *educazione alla pace* (v. Monicelli 2017). Nel proporre qui come esempio una vista all'area di Monte Sole, si riprendono i primitivi spunti, più esplicitamente legati alla metodologia didattica presentata.

L'evento.
Nell'area di Monte Sole, tra il 29 settembre e il 5 ottobre 1944, trovarono la morte per mano di reparti delle SS e della Wehrmacht almeno 770 persone, in quello che viene considerato il più grave massacro di civili dell'Europa occidentale occupata.

La visita si può snodare lungo la zona del Memoriale, che, situata più o meno su un'area di crinale, comprende le rovine di tre borgate teatro di uccisioni di massa (S. Martino, Caprara e Casaglia) e evidenti segni di monumentalizzazione, tra i quali spiccano le sculture di Luciano Nenzioni, manifestamente ispirate a un'iconografia cristologica. È d'obbligo segnalare che, di recente, un intervento di restauro di tipo archeologico a S. Martino e a Caprara ha pesantemente modificato il paesaggio della memoria con cui ci si poteva inizialmente misurare (anche qui si rinvia a Monicelli 2017).

Il contesto storico.
Prima della visita è indispensabile fornire le coordinate storiche essenziali per capire il contesto in cui il massacro si è svolto: la caduta del fascismo, l'armistizio, l'occupazione tedesca e la lenta risalita del fronte, che nell'estate del 1944 si attesta sulla linea Gotica, dunque assai vicino all'area che ci interessa. Questa attività può essere svolta preliminarmente in classe, mentre sul posto ci si può soffermare su aspetti più specifici, come l'illustrazione, con l'ausilio di una mappa, della manovra di accerchiamento o, spaziando con lo sguardo, dell'importanza

strategica del luogo come cerniera nelle comunicazioni tra il Nord e il Sud della penisola. Dal contrasto tra le aree circostanti ancora abitate e coltivate e l'area di Monte Sole restituita a un ambiente selvaggio, si può poi avviare una riflessione sulla volontà di annientamento espressa dal massacro e inserirlo nel più ampio contesto della conduzione della guerra da parte della Germania nazista, tesa a imporre il suo modello di «nuovo ordine» all'Europa.

L'uso delle testimonianze.
Il racconto delle modalità del massacro può avvenire borgo per borgo, in prossimità delle rovine, ed essere accompagnato dalla lettura di testimonianze e immagini che rinviano a come il luogo era prima, anche attraverso la rievocazione di episodi di vita quotidiana. Il singolare contrasto col presente produce un effetto di forte empatia, che può essere accresciuta dalla voce di uno o più sopravvissuti che rendano di persona o in video la propria testimonianza sui giorni del massacro. Come accade di solito in questi casi, il racconto è sempre seguito con interesse e coinvolgimento emotivo dai ragazzi e dalle ragazze, che facilmente si identificano nel dolore delle vittime. Sul piano dell'azione educativa, ciò rafforza senza dubbio la capacità di ascolto dell'altro e delle ragioni della sua sofferenza, anche in relazione al presente, ma non è sufficiente.

La decostruzione del luogo.
Un'analisi delle differenti stratificazioni memoriali che abitano il luogo o si sono via via costruite attorno all'evento può essere svolta a diversi livelli di approfondimento: da pochi, essenziali cenni lungo il percorso, a una vera e propria attività laboratoriale sull'uso pubblico della storia da sviluppare in un momento successivo alla visita.

Della opportunità di soffermarsi sull'aspetto selvaggio del luogo, frutto non della natura, ma di una precisa volontà di annientamento si è già detto; ciò potrebbe anche suggerire una riflessione sul lungo periodo di abbandono di quell'area seguito alla strage, tanto da produrne il trasferimento della memoria alle aule giudiziarie prima (processo Reder), al fondovalle poi (costruzione del Sacrario e svolgimento delle cerimonie commemorative a Marzabotto).

Per quanto riguarda gli aspetti di monumentalizzazione, quelli che spiccano per la loro evidenza rappresentano essenzialmente *una* delle memorie che attorno a questo evento si sono stratificate: quella risalente al periodo tra la fine degli anni Settanta e l'inizio degli anni Ottanta, voluta dalla chiesa bolognese, protagonista della riscoperta del luogo, volta a commemorare le vittime attraverso iscrizioni e un'iconografia cristologica che evocano l'idea del martirio; guidati da opportune domande, gli stessi ragazzi possono giungere facilmente a decodificarne il significato. Tale monumentalizzazione ha peraltro la funzione di rafforzare nei ragazzi e nelle ragazze quello stato d'animo a cui tutto il percorso contribuisce: il calarsi nel ruolo delle vittime. Un ruolo certo doloroso, ma, in fin dei conti, "comodo" e debole sul piano educativo.

Giuseppe Dossetti, che ha portato a Monte Sole una parte della sua comunità monastica (e qui ci si confronta con un altro « strato » della memoria), nell'intento di suscitare « una coscienza vigile, capace di opporsi a ogni inizio di "sistema di male" » (Dossetti 1986), ci indica piuttosto la strada di una memoria attiva, che si radichi nel passato per guardare al futuro. Come trasferire questa suggestione in didattica?

La riflessione sulla responsabilità personale.
Durante il percorso, che potrebbe far adagiare l'allievo/a nella tutto sommato confortevole posizione della vittima, si possono introdurre di tanto in tanto degli elementi che devono farsi guide per una riflessione che lo/la coinvolga in profondità, chiamandolo/a a mettersi in gioco attraverso un'intima comprensione del peso e del ruolo della responsabilità individuale, facendolo/a a poco a poco riflettere sul più scomodo ruolo dell'esecutore (o, in altri casi, dello spettatore indifferente; per sollecitare tale riflessione, che presenta un notevole potenziale educativo, si possono consultare anche: Todorov 1992; Cywiński 2017; Bayard 2018; Schwarz 2019).

Uno dei primi dati che si possono fornire sono i due successivi ordini di Kesselring, comandante supremo delle forze occupanti, emanati il 7 aprile e il 17 giugno 1944, nella cui cornice va inserita la strage: egli ordina un'azione « vigorosa, decisa e rapida » nelle aree partigiane, sul modello di quanto era accaduto sul fronte orientale, e garantisce copertura a chi eccederà nell'uso della forza. Tuttavia, perché questa istigazione che giunge dall'alto porti alla realizzazione del massacro, occorre che ci sia anche una spinta dal basso, in chi tali ordini riceve; nel nostro caso, forse rafforzata dalla percezione degli italiani come traditori.

Il nostro scopo è mettere in evidenza che c'era comunque un margine di scelta, come è emerso anche nei recenti processi agli ultimi militari tedeschi ancora in vita che parteciparono al massacro. Su questo è possibile innestare una riflessione sulla responsabilità personale, che saldi il tragico evento del passato all'impegno nel presente. Anche in questo caso, lo sviluppo di un apposito laboratorio volto ad analizzare i meccanismi di quella violenza, operazione utile anche a offrire gli strumenti per riconoscerne in futuro eventuali segni premonitori, dovrà essere collocato in un momento successivo alla visita.

Il punto di partenza possono essere le acute riflessioni di Christopher Browning sul battaglione 101 della *Ordnungspolizei* e la sua ipotesi di un meccanismo di emulazione conformistica che avrebbe portato i più a partecipare ai massacri nell'Europa orientale, pur avendo avuto la possibilità di sottrarvisi (Browning

1992). Accanto a questo, si possono introdurre alcune riflessioni di Hannah Arendt: la critica all'argomento dell'obbedienza («ero solo una ruota dell'ingranaggio») e a quello del «male minore», quel primo piccolo compromesso che, per via di passi successivi pressoché inevitabili, finisce infallibilmente per trascinarci a essere corresponsabili del male «maggiore» (Arendt 1964). Riprendendo poi il filo della riflessione di Browning, si possono proporre alcune osservazioni di Zygmunt Bauman e i famosi esperimenti di Philip Zimbardo e di Stanley Milgram, che aiutano a porre l'accento sulla responsabilità morale dell'individuo e sulla presa di coscienza che chiunque di noi, in certe condizioni, potrebbe comportarsi come uno spietato carnefice.

Inutile allargare i riferimenti: le indicazioni qui e in bibliografia rinviano a percorsi sperimentati; forniscono inoltre indicazioni utili a progettare percorsi anche con riferimento a monumenti o musei. Ciascuno potrà poi costruirsi una propria antologia di testi adatti allo scopo e allo specifico luogo su cui intende lavorare. L'importante è cercare di tenere uniti il rigore storiografico e il coinvolgimento attivo dello/della studente in quanto soggettività che si mette in gioco, al fine di produrre un migliore apprendimento della storia e di formare cittadini e cittadine attivi/e e consapevoli, capaci di valutare le alternative in situazioni complesse.

Bibliografia

- Alessandrone Perona E., 2005, *Dai luoghi della memoria alla memoria dei luoghi: i musei della resistenza in Italia*, in E. Alessandrone Perona, A. Cavaglion (a cura di), *Luoghi della memoria, memoria dei luoghi nelle regioni alpine occidentali. 1940-1945*, Istoreto, Blu Ed., Chivasso (TO).
- Arendt H., 1964, *La responsabilità personale sotto la dittatura*, in R. Esposito (a cura di), *Oltre la politica. Antologia del pensiero «impolitico»*, Bruno Mondadori, Milano 1996, pp. 93-127.
- Assmann A., 2002, *Ricordare. Forme e mutamenti della memoria culturale*, Il Mulino, Bologna (in particolare i capp. VI. «Memoria funzionale e memoria-archivio: due modalità del ricordo», XI. «Luoghi», XV. «La memoria come "patrimonio di sofferenza"»).
- Bacchi M. (a cura di), 2010, *La memoria di un viaggio*, Edizioni Artestampa e Fondazione Villa Emma, Modena.
- Baiesi N., 2003, *Storia e memoria: percorsi educativi attraverso i luoghi*, in A. Chiappano, F. Minazzi (a cura di), *Il presente ha un cuore antico*, Thélema Edizioni, Milano, pp. 179-189.

- Baldissara L., Pezzino P., 2009, *Il massacro. Guerra ai civili a Monte Sole*, Il Mulino, Bologna.
- Bayard P., 2018, *Sarei stato carnefice o ribelle?* Sellerio, Palermo.
- Bidussa D., 2009, *Dopo l'ultimo testimone*, Einaudi, Torino.
- Bissaca E., Maida B. (a cura di), 2015, *Noi non andiamo in massa, andiamo insieme. I Treni della Memoria nell'esperienza italiana, 2000-2015*, Mimesis, Milano-Udine (di particolare interesse: D. Bidussa, *Educare alla memoria in viaggio. Quale sfida per il futuro?*, pp. 17-30).
- Browning C., 1992, *Uomini comuni. Polizia tedesca e « soluzione finale » in Polonia*, Einaudi, Torino.
- Calzoni R., 2007, *Luoghi della memoria*, in E. Agazzi, V. Fortunati (a cura di), *Memoria e saperi. Percorsi transdisciplinari*, Meltemi, Roma, pp. 531-545.
- Cavaglion A., 2021, *Decontaminare le memorie. Luoghi, libri, sogni*, add editore, Torino.
- Ciuffi F., 2003, *Il valore formativo dei luoghi di memoria*, in D. Novara (a cura di), *Memoranda. Strumenti per la Giornata della Memoria*, La Meridiana, Molfetta (BA).
- Cywiński P.M.A., 2017, *Non c'è una fine. Trasmettere la memoria di Auschwitz*, Bollati Boringhieri, Torino.
- De Luna G., 2004, *La passione e la ragione. Il mestiere dello storico contemporaneo*, Bruno Mondadori, Milano (in particolare il cap. 3. «L'uso pubblico della storia» e il paragrafo 4.10 «Le fonti orali»).
- De Luna G., 2011, *La Repubblica del dolore. Le memorie di un'Italia divisa*, Feltrinelli, Milano.
- Dossetti G., 1986, *Introduzione*, in L. Gherardi, *Le querce di Monte Sole. Vita e morte delle comunità martiri fra Setta e Reno*, Il Mulino, Bologna.
- *Dossier Musées, histoire et mémoires*, in «Le cartable de Clio», 11/2011, Ed. Antipodes, Lausanne.
- Farmer S., 2004 e 2007, *Oradour 10 juin 1944*, Perrin, Paris.
- Foot J., 2009, *Fratture d'Italia*, Rizzoli, Milano.
- Isnenghi M. (a cura di),1997, *I luoghi di memoria*, Laterza, Roma-Bari, voll. 3.
- Loewenthal E., 2014, *Contro il Giorno della Memoria. Una riflessione sul rito del ricordo, la retorica della commemorazione, la condivisione del passato*, add editore, Torino.
- Lowe K., 2021, *Prigionieri della storia. Che cosa ci insegnano i monumenti della Seconda guerra mondiale sulla memoria e su noi stessi*, UTET.
- Lutz T., 2003, *Un addio alla memoria! Prospettive e situazione attuale dei luoghi di memoria per le vittime del nazionalsocialismo in Germania*, in A. Chiappano, F. Minazzi (a cura di), *Il presente ha un cuore antico*, Thélema Ed., Milano, pp. 189-202.
- Matta T. (a cura di), 1996, *Un percorso della memoria. Guida ai luoghi della violenza nazista e fascista in Italia*, Istituto regionale per la storia del movimento di liberazione nel Friuli-Venezia Giulia, Electa, Milano (di particolare interesse: N. Baiesi, G.D. Cova, *Educa il luogo*, pp. 140-151).
- Nora P., 1997, *Entre mémoire et histoire*, in P. Nora (sous la direction de), *Les lieux de mémoire*, Quarto Gallimard, Paris, vol. I, pp. 15-43 (I ed. 1984-1992, 7 voll.).

- Pirazzoli E., 2009, *Le memorie dei luoghi*, in *Il memoriale italiano di Auschwitz e il cantiere Blocco 21. Un patrimonio da salvare*, «Quaderni di Ananke», 1, pp. 82-85.
- Pirazzoli E., 2010, *A partire da ciò che resta. Forme memoriali dal 1945 alle macerie del Muro di Berlino*, Diabasis, Reggio Emilia.
- Pisanty V., 2020, *I guardiani della memoria e il ritorno delle destre xenofobe*, Bompiani, Milano.
- Portelli A. (a cura di), 2017, *Calendario civile. Per una memoria laica, popolare e democratica degli italiani*, Donzelli, Roma.
- Rampazi M., Tota A. (a cura di), 2007, *La memoria pubblica*, UTET, Torino.
- Schwarz G., 2019, *I senza memoria. Storia di una famiglia europea*, Einaudi, Torino.
- Tarpino A., 2008, *Geografie della memoria. Case, rovine, oggetti quotidiani*, Einaudi, Torino.
- Todorov T., 1992, *Di fronte all'estremo*, Garzanti, Milano.
- Todorov T., 1996, *Gli abusi della memoria*, Ipermedium.
- Todorov T., 2001, *Memoria del bene, tentazione del male*, Garzanti, Milano.
- Tota A. (a cura di), 2001, *La memoria contesa. Studi sulla comunicazione sociale del passato*, FrancoAngeli, Milano.
- Traverso E., 1998, *La singolarità storica di Auschwitz: problemi e derive di un dibattito*, in M. Flores (a cura di), *Nazismo, fascismo, comunismo. Totalitarismi a confronto*, Bruno Mondadori, Milano, pp. 303-324.
- Traverso E., 2006, *Il passato: istruzioni per l'uso. Storia, memoria, politica*, Ombre Corte, Verona.
- Violi P., 2014, *Paesaggi della memoria. Il trauma, lo spazio, la storia*, Bompiani, Milano.
- Wiewiorka A., 1999, *L'era del testimone*, Cortina Editore, Milano.
- Zevi A., 2014, *Monumenti per difetto: dalle Fosse Ardeatine alle pietre d'inciampo*, Donzelli, Roma.
- Ziruolo L. (a cura di), 2007, *I Luoghi, la Storia, la Memoria*, ISRAL, Le Mani, senza indicazione di luogo.

Sitografia

- Council of Europe, 2016, *Competences For Democratic Culture. Living together as equals in culturally diverse democratic societies*, in https://rm.coe.int/16806ccc07.
- Euroclio, 2013, *Manifesto per un'educazione di alta qualità in materia di cittadinanza, storia e patrimonio culturale*, in https://euroclio.eu/wp-content/uploads/2016/01/EUROCLIO-Manifesto-on-high-quality-history-heritage-and-citizenship-education_Italian.pdf.
- Marescalchi M.L., Vódli Z.I., 2017, *Messages of the Monuments. How to discover when monuments, memorials, or museums censor the past*, in in https://historiana.eu/learning-activity/messages-of-the-monuments.

21
Lo studio di caso con documenti di varia tipologia (con una coda sul Webquest)

di Francesco Monducci

21.1 Che cos'è lo studio di caso?

21.1.1 *Definizione*

Lo studio di caso è una pratica didattica che, come il laboratorio, fa parte della grande famiglia delle pratiche attive e partecipative; sul piano teorico si ispira anch'esso alle tesi della pedagogia costruttivista, del «learning by doing».

Ne parliamo in un libro dedicato essenzialmente alla didattica laboratoriale in quanto possiamo considerare tale pratica come un laboratorio semplificato, che si può allestire in tempi più brevi, e che può essere complementare o addirittura preparatoria al laboratorio vero e proprio.

La metodologia dello studio di caso è stata introdotta e, per così dire, codificata in Italia da Antonio Brusa (Brusa 2014), che si è ispirato soprattutto alle pratiche di insegnamento tipiche della scuola francese, dove è usuale affrontare lo studio della storia attraverso l'analisi e il commento di documenti/fonte di varia natura. Normalmente, nei manuali francesi ogni argomento è presentato con testi assai sintetici e i suoi vari aspetti approfonditi e problematizzati con l'ausilio di dossier di documenti che occupano la maggior parte del libro. Spetta all'insegnante ricostruire i contesti (nel sistema francese gli studenti acquisiscono precocemente la consuetudine a prendere appunti) e guidare gli allievi nella lettura dei documenti e nella loro interrogazione, lasciando loro progressivamente più autonomia, man mano che diventano padroni delle abilità richieste.

Per i colleghi francesi, l'impiego dell'*étude de cas* nell'insegnamento della storia costituisce un recupero critico dell'*histoire événémentielle*, e ripropone in ambito didattico temi e metodologie proprie della Microstoria, avendo come oggetto singoli eventi o aspetti specifici di fenomeni più grandi[1].

È a questa pratica che si ispira la proposta di Brusa, in seguito ampiamente diffusa grazie alla rivista Novecento.org, e che anche noi adottiamo.

21.1.2 *Quali sono le caratteristiche dello studio di caso?*

Nella sua forma più semplice, adatta a studenti della scuola secondaria di primo grado o anche della scuola primaria, si tratta di un modo particolare di condurre una lezione partecipata: in un primo momento si presenta agli studenti un breve testo (si può partire addirittura dal testo del manuale, anche se è preferibile sia preparato dall'insegnante), che ricostruisca in modo sintetico un evento, uno stato di cose, una problematica storica; dopodiché si propongono documenti di varia tipologia, attinenti al contenuto del testo: documenti scritti, documenti iconografici (ad esempio, riproduzioni di manifesti, opere d'arte o fotografie), carte, tabelle, diagrammi. Si chiede agli studenti di riconoscere la natura dei documenti, li si legge o li si illustra insieme (è l'occasione, tra l'altro, per iniziare alle tecniche di lettura dei diversi tipi di documenti), e si domanda quali informazioni se ne possono ricavare e che relazioni si possono stabilire fra il testo e tali informazioni: queste, infatti, possono semplicemente confermare il testo e illustrarlo; possono arricchire il testo, approfondendone taluni aspetti; ma possono anche essere parzialmente o totalmente in contrasto, generando quindi una problematizzazione.

Si può trattare di un'attività anche molto breve: se si propongono due o tre documenti, tutto può svolgersi in un'ora di lezione. L'aspetto interessante è l'attività cognitiva che si mette in moto, che comporta l'inizio di una riflessione sui contenuti proposti dalla disciplina, non più semplicemente trasmessi dall'insegnante ma oggetto di ragionamento ed esame critico; tale attività introduce gradualmente all'acquisizione di abilità fondamentali, quali il riconoscimento di informazioni, la loro selezione, il loro confronto e gerarchizzazione, la loro generalizzazione: si pongono così gli studenti al centro del meccanismo di produzione della conoscenza storica.

A un livello più alto, nella misura in cui gli studenti hanno acquisito ormai una certa padronanza nel lavoro con i documenti, possiamo immaginare anche attività più complesse, con lavori di gruppo completati da attività di restituzione, che possono assumere diverse forme (saggi argomentativi, tabelloni, proiezioni di slides, scrittura di testi multimediali ecc.).

Il ruolo dell'insegnante si riduce e si affina progressivamente. Al limite, anzi-

[1] Cfr. Darier G., Darier J.-M., 2005, *L'étude de cas en histoire: une démarche pertinente?*, in http://hist-geo.ac-rouen.fr/pdg/1h/edc/edc.htm.

ché fornire i documenti, potrebbe semplicemente fornire indicazioni su dove reperirli, lasciando così la massima libertà ai suoi allievi. Ma a questo punto lo studio di caso si assimila al laboratorio vero e proprio o a particolari sue forme (come il Webquest, per esempio).

21.1.3 *Quali sono i vantaggi dello studio di caso?*

Come già anticipato, si tratta di un'attività più semplice e più breve rispetto al laboratorio, che può essere facilmente inserita all'interno della programmazione annuale, accanto a lezioni tradizionali (che rimangono a nostro giudizio sempre necessarie, se non altro per fornire agli studenti inquadramenti di carattere generale e garantire un filo rosso di continuità cronologica), e a laboratori veri e propri, che per la loro natura più complessa, non possono essere molto numerosi.

Il primo vantaggio consiste nel coinvolgimento degli studenti, chiamati ad operare attivamente, e sicuramente più coinvolti da un approccio dal basso, che pone al centro dell'attenzione non processi o grandi fenomeni studiati in astratto, ma singoli eventi e persone concrete, che costituiscono l'oggetto privilegiato dello studio di caso, diventando poi la chiave di lettura per ricostruire realtà più ampie e complesse.

Il secondo vantaggio, non trascurabile, è che esso permette in primo luogo agli stessi docenti, e poi anche agli studenti, di acquisire progressiva familiarità con i documenti, e con le tecniche per leggerli, interrogarli, confrontarli.

Il terzo vantaggio è che un lavoro sapientemente guidato sui documenti ha come sbocco naturale una restituzione attraverso la redazione di testi e quindi supplisce a un'abituale carenza della nostra scuola, che riguarda la didattica della scrittura, e in particolare la scrittura di argomento storico (è notorio che il tema di argomento storico proposto all'Esame di Stato è da sempre il meno gettonato: varie le cause, ma una di queste è sicuramente il fatto che la storia sia ancora considerata da molti docenti come disciplina orale, e manchi quindi un'adeguata preparazione allo scritto). Per altro, la realizzazione di prodotti concreti, quali tabelloni, presentazioni, testi multimediali, costituisce essa stessa un ulteriore elemento di motivazione e interesse per gli allievi.

21.1.4 *Quali contenuti privilegiare?*

Lo studio di caso, per sua natura, privilegia un aspetto particolare, un evento, una biografia. È quindi consigliabile rimanere entro una piccola scala, o al massimo di livello intermedio, per conservare l'aspetto specifico di tale pratica, che è quello di far entrare in contatto gli allievi con problematiche concrete, dar risalto agli uomini non solo come prodotti di un certo contesto storico, ma anche come attori all'interno di tale contesto, con l'importanza delle loro motivazioni e scelte. È importante, però, che il soggetto prescelto, pur specifico e unico, presenti anche caratteri di rappresentatività, e favorisca al tempo stesso la problematizzazione e la riflessione critica. Ad esempio, ci sembra poco interessante e inopportuno uno studio di caso sulla Guerra fredda in generale; molto più validi, invece, studi di caso sulla Guerra fredda come guerra di propaganda, o, a una scala ulteriormente ridotta, sull'uso dello sport e il condizionamento della pratica sportiva durante la Guerra fredda.

21.1.5 *Come costruire uno studio di caso?*

Il testo di riferimento, utile per fornire un quadro di orientamento generale ed eventuali informazioni non presenti nei documenti, deve essere abbastanza breve (una pagina) e semplice, soprattutto sul piano della sintassi. I connettivi devono essere ben evidenti, in modo che siano chiari i legami logici fra le diverse parti (fra l'altro, tale testo può servire da primo modello per la redazione di un testo argomentativo da parte degli allievi).

Quanto ai documenti, essi devono essere scelti non solo in base alla loro significatività (essere, cioè, fortemente rappresentativi ed evocativi rispetto al tema proposto), ma anche in base alla loro accessibilità e leggibilità (tenere sempre conto del livello di competenza dei propri allievi!); se si tratta di documenti scritti, è bene che siano abbastanza brevi, e non bisogna esitare ad apportare dei tagli, se necessario. Prima di tutto, però, l'insegnante deve porsi domande, come: che problematica mi permettono di affrontare questi documenti? Quali concetti fondamentali mi permettono di definire? Quali capacità gli studenti dovranno applicare, o acquisire, per affrontarli?

In base a tali domande, il docente deve infine fornire indicazioni di lavoro precise e coerenti, ad esempio: quali informazioni fornite dal documento (o dai documenti) che hai di fronte corrispondono a quanto detto dal testo? Quali informazioni aggiungono qualcosa di nuovo? Seleziona le informazioni, cercando di raggrupparle per temi omogenei: aspetti economici, sociali, politici ecc.

21.2 Un esempio: Il problema dell'alimentazione in Italia durante la Seconda guerra mondiale

L'esempio che proponiamo è stato pensato per una classe terza di una scuola secondaria di primo grado, e per una durata di circa quattro ore. Si tratta di un approfondimento sul tema del coinvolgimento della popolazione civile durante la Seconda guerra mondiale, e riguarda in modo particolare il problema dell'alimentazione in Italia.

La scelta dell'argomento corrisponde all'esigenza di mostrare in modo più concreto uno degli aspetti fondamentali della Seconda guerra mondiale, e cioè la sua caratteristica di guerra totale, che coinvolge le comunità umane nella loro interezza, e condiziona pesantemente anche la vita delle persone non direttamente implicate nei combattimenti.

L'argomento prescelto permette di approfondire la conoscenza di alcuni aspetti fondamentali della vita quotidiana in Italia durante la guerra, di mostrare come il disagio per la penuria di diversi generi di prima necessità abbia contribuito in modo importante al discredito del regime fascista, di sottolineare il ruolo centrale acquisito dalle donne, sia nella lotta quotidiana per la sopravvivenza sia nelle prime mobilitazioni e azioni di protesta contro il regime. Alcuni concetti e termini di cui gli studenti dovranno appropriarsi: razionamento, carta annonaria, mercato nero, surrogati.

Quanto alle abilità messe in gioco, gli studenti sono chiamati a mettere in relazione testo e documenti, riconoscendo le informazioni corrispondenti, e a lavorare direttamente sui documenti, ricavandone ulteriori informazioni, con le quali integrare e riscrivere il testo (attività di verifica).

Il testo per gli studenti è stato realizzato in base alle informazioni contenute nel sito http://guerrainfame.it/razionamento_e_tesseramento; può essere eventualmente integrato con la visione del documentario «La guerra e le donne 2», tratto dalla serie «Correva l'anno. La Seconda guerra mondiale» della Rai (in durata: 11'40''; https://www.youtube.com/watch?v=jmYRA6mpbBw).

I documenti utilizzati sono stati tratti da diversi siti: qui riportiamo otto esempi (ma potrebbero essere evidentemente più numerosi, se l'insegnante lo ritenesse opportuno); la fonte è indicata accanto a ciascuno di essi. In realtà, non è difficile reperire in Rete documenti inerenti le tematiche proposte: nella sitografia indichiamo anche altri siti, tra i più affidabili.

Secondo i mezzi che si hanno a disposizione, i documenti possono essere semplicemente proposti in fotocopia, o visualizzati con proiettore digitale oppure con la LIM. Si tratta di documenti scritti e iconografici, di varia tipologia: si va da testi ufficiali (doc. 1) a riproduzioni di oggetti dell'epoca (doc. 2, una carta annonaria, e doc. 5, una carta assorbente con pubblicità per l'Ovocrema, un preparato per dolci), foto (doc. 3), ricette del tempo di guerra (doc. 4), testimonianze (docc. 6 e 8), manifesti clandestini (doc. 7).

Testo per gli studenti

Il problema dell'alimentazione in Italia durante la Seconda guerra mondiale

Nel corso della Seconda guerra mondiale in Italia si manifesta quasi subito il problema della mancanza di beni di consumo, soprattutto alimentari. Si ricorre perciò al razionamento, affidato a un ente apposito in ogni provincia (Sepral - Sezione Provinciale Alimenti), che stabilisce quali prodotti distribuire, e in quali quantità. Lo strumento utilizzato per mettere concretamente in pratica il razionamento è la Carta annonaria, presto ribattezzata popolarmente Carta della fame.

Si tratta di un documento nominativo, bimestrale, che permette, in date prestabilite, di recarsi da un fornitore autorizzato per prenotare generi alimentari o di altra tipologia. Il negoziante stacca la cedola di prenotazione, in cui è indicato il tipo di merce e la quantità consentita, apponendo la propria firma. Stampata su carta di colori diversi per distinguere le differenti fasce d'età, la tessera è verde per i bambini fino agli otto anni, azzurra per i ragazzi dai nove ai diciotto anni, grigia per gli adulti. Su ognuna compare la generalità del possessore, scritta con inchiostro nero indelebile.

I primi alimenti ad essere razionati sono lo zucchero (febbraio 1940: 500 grammi mensili pro-capite), poi i grassi commestibili come olio, burro e strutto (ottobre 1940: 800 grammi mensili pro-capite, che pochi mesi dopo si dimezzano). Nel dicembre 1940 sono razionati in 2 kg mensili pro-capite i cosiddetti generi da minestra: pasta, farina di grano, mais, riso.

Il razionamento del pane entra in vigore nell'ottobre del 1941: prevede una razione di 200 grammi pro-capite (ma prevede aggiustamenti per addetti ai lavori pesanti, malati, donne in gravidanza), ridotta a 150 grammi nell'aprile 1942.

La politica dei razionamenti e l'irregolarità delle distribuzioni producono come immediata conseguenza il contrabbando e lo sviluppo del mercato nero (o borsa nera), cioè del mercato clandestino e illegale dei beni di consumo, che si sviluppa con forza devastante, nonostante le pene severe previste contro i borsaneristi. La diffusione del mercato nero contribuisce alla penuria dei generi, che sono sottratti al mercato legale, e aggrava anche l'inflazione (dal 1940 al 1942 il costo della vita sale del 43% e addirittura del 67% per gli alimenti). Si accentuano così le differenze tra chi può permettersi di pagare cifre anche alte per le merci di cui ha bisogno, e la parte più povera della popolazione, che sopravvive in condizioni di sottoalimentazione.

Il governo cerca di rimediare con la promozione di surrogati (ad esempio, una miscela di orzo e cicoria per sostituire il caffè), e con l'attuazione di iniziative, come gli orti di guerra, allestiti in tutta fretta nei centri urbani. I raccolti di grano coltivato nei parchi cittadini vengono celebrati come una grande vittoria, con evidenti intenti propagandistici. Localmente sono istituite mense pubbliche, per servire pasti a prezzi calmierati.

Nel 1942 l'Italia tutta è gravemente affamata. La scomparsa, per lunghi periodi, di carne, uova, formaggi, patate e farina è la ragione di proteste di piazza delle donne, sulle quali, in mancanza degli uomini, grava la responsabilità di far sopravvivere la famiglia. Spesso, accanto al pane, viene invocata anche la fine della guerra. La penuria di cibo, quindi, concorre in modo importante al discredito del regime e della sua politica.

Dopo il settembre 1943, nelle regioni soggette all'occupazione tedesca, la situazione si fa ancora più drammatica, a causa delle continue requisizioni operate dagli occupanti, cui si aggiungono il collasso della produzione agricola e la distruzione delle infrastrutture viarie e ferroviarie, effetto della guerra che si combatte direttamente sul suolo italiano. In questo periodo la quantità di alimenti razionati si riduce ancora, fino a raggiungere quote pro-capite affamanti. Il periodo che va dal 1943 al 1945 per l'Italia del Centro-Nord è il periodo della «fame nera».

La scarsità di molti beni continua anche dopo la fine della guerra. Razionamento e carta annonaria scompariranno definitivamente solo nel 1949.

Documenti

Documento 1: Consiglio provinciale delle Corporazioni, Limitazione del consumo della pasticceria e della gelateria, 26 giugno 1940, in Archivio storico comunale di Crevalcore, 1940, categoria 8, classe 5, fasc. 1. (in http://guerrainfame.it/razionamento_e_tesseramento).

N. 348 - LIMITAZIONI DEL CONSUMO DELLA PASTICCERIE GELATERIA.

Il Ministero delle Corporazioni, col telegramma P. 825 del 23 Giugno 1940 XVIII°, ha disposto quanto segue:

> Situazione contingente consiglia massima utilizzazione materie prime alimentari evitando impieghi voluttuari. Particolare economia devesi conseguire in consumo burro zuccheri grassi e simili. Pertanto, in riferimento alla legge 6 maggio 1940 nr. 577 sul razionamento consumi si dispone che a partire dal giorno primo luglio prossimo venturo sia consentita vendita al pubblico solo nei giorni di sabato domenica e lunedì della pasticceria fresca ivi compresa pasticceria minuta comunemente denominata pasticceria da tè e della gelateria. Negli altri giorni qualsiasi consumo di detti generi è vietato.

Il Direttore M. Medici

Si tratta di un documento ufficiale, una circolare del Consiglio Provinciale delle Corporazioni, organo decentrato del Ministero delle Corporazioni (ente con una giurisdizione paragonabile a quella dell'odierno Ministero dell'Economia), indirizzata, fra gli altri, a tutti i podestà (sindaci) della Provincia di Bologna. È interessante, perché mostra come il razionamento dei consumi, a partire da quelli voluttuari, si imponga sin dall'inizio della guerra. Si può chiedere agli allievi quali siano le materie prime alimentari, necessarie per la preparazione di pasticceria e di gelateria, di cui si ritiene necessaria l'immediata limitazione dei consumi, chiedendo loro di formulare ipotesi sulle ragioni di un tale provvedimento (questo documento può poi essere utilmente confrontato con gli altri, in particolare la carta annonaria e quelli relativi ai generi di sostituzione).

Documento 2: Carta annonaria (http://www.storiologia.it/mussolini/razionamenti.htm).

Fonte: (ASCT, *Miscellanea Agricoltura Industria e Commercio*, n. 230) http://www.comune.torino.it/archiviostorico/mostre/tavola_2004/pannello4.html.

È la riproduzione di una carta annonaria. Domande da porre: chi l'utilizzava, quali generi riguardava, in quali quantità erano disponibili quotidianamente, se tali quantità erano sufficienti. Confrontando questo documento con gli altri, ci si può chiedere in quali modi si cercasse di sopperire all'insufficiente disponibilità di alcuni generi (orti di guerra, impiego di surrogati, ricorso al mercato nero ecc.).

Documento 3: Uomini intenti alla mietitura in Piazza Duomo a Milano (1943) (in http://www.milanostoriadiunarinascita.it/2017/01/29/orti-di-guerra/).

La mietitura veniva celebrata con toni entusiastici dalla stampa di regime. Alla coltivazione degli *orti di guerra* provvedevano gli stessi cittadini o i giovani delle organizzazioni del P.N.F. (Partito Nazionale Fascista). Al di là della propaganda, in quali modi il regime cerca di sopperire alla carenza o alla scomparsa di alcuni generi fondamentali?

Documento 4: Bottega del ghiottone in tempo di guerra. Ragù vegetariano, in «L'Illustrazione italiana», 26 aprile 1941 (in http://guerrainfame.it/burro_o_cannoni).

BOTTEGA DEL GHIOTTONE
IN TEMPO DI GUERRA

RAGÙ VEGETARIANO. - Sempre buoni, i ragù di legumi, ora sono preziosi perché sostituiscono molte cose e non richiedono che pochissimi grassi.

In un tegame di terra cotta oppure di pirofila, rosolate in pochissimo burro, olio o lardo (un pezzetto di lardo grande come un dado Maggi è sufficiente, lo stesso per il burro), circa 200 grammi di carote novelle tagliate in due per il lungo, 200 grammi di rape, un paio di cipolle affettate, e 200 grammi di funghi di coltura o altri. Irrorate subito con poca acqua, salate, mettete un pizzico di pepe, mescolate bene il tutto, e poi versatevi 500 grammi di piselli, due porri tagliati a fettine, 100 grammi di olive nere (che tutti i salumieri hanno) snocciolate, infine, se vi piace, mettete uno spicchio d'aglio, ed un mazzetto di odori. Chiudete bene il tegame col coperchio, non senza esservi assicurati prima che l'acqua è sufficiente perché i legumi non abbiano ad asciugare, e lasciate cuocere lentamente, per un paio d'ore. Il fuoco dev'essere bassissimo. Mezz'ora prima di mandare in tavola, aggiungete 300 grammi circa di patate già lessate (un po' al dente). Versate il ragù in una legumiera e servite accompagnando con una salsiera di salsa pomodoro, per elegantizzare questo piatto modesto ma eccellente.

A parte, ma insieme, mandate in tavola una bella polenta, ma soda, non polentina.

BICE VISCONTI

Si tratta di una ricetta pubblicata su una nota rivista dell'epoca. Al di là del titolo e dell'inizio dai toni entusiastici (forse un prezzo da pagare alla propaganda, o semplicemente un mezzo per esorcizzare la condizione di penuria che si nasconde dietro tale ricetta), la proposta del ragù vegetariano (e di altre ricette similari) risponde a reali esigenze, in un tempo in cui diversi generi alimentari cominciano a scarseggiare o mancare del tutto. È interessante confrontarla con gli altri documenti, per mettere in evidenza ancora una volta quali fossero tali generi, e in quali modi si cercasse di sostituirli. Questo documento, sia pure in modo indiretto, permette di introdurre il tema del ruolo fondamentale delle donne nell'organizzare l'economia domestica, dando prova spesso di creatività nella cosiddetta « arte di arrangiarsi ».

Documento 5: Grande carta assorbente pubblicitaria Ovocrema, un preparato in polvere che permetteva di preparare dolci, sostituendo, come recita il testo, « otto rossi d'uovo ». Fonte: Errebi, in http://corrieredelveneto.corriere.it/fotogallery/2017/6/paolini_villani/paolini-villani-2401717318855.shtml#7.

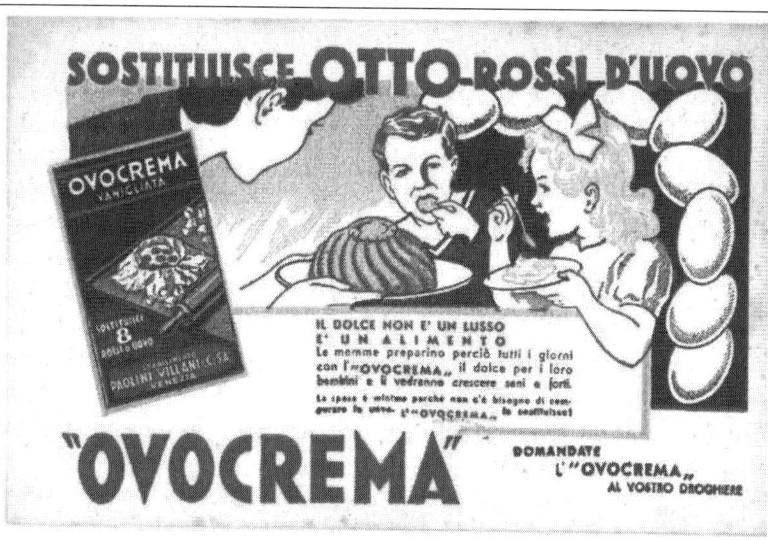

L'Ovocrema fu tra i più diffusi surrogati impiegati dalle mamme durante la guerra, per non far mancare i dolci ai loro bambini. Come già accennato, questo documento può essere utilmente confrontato con gli altri che mostrano quali generi sono razionati, e in quali modi si cerca di sopperire alla loro penuria o mancanza.

Documento 6: Testimonianze (in http://guerrainfame.it/burro_o_cannoni).

Testimonianze raccolte a Bologna nel maggio 1942: «Stanno malissimo gli operai delle città. In un forno a Bologna assistetti ad un colloquio fra la moglie di un operaio ed il fornaio. Fornaio: "Oggi siamo all'8 e voi avete consumato i tagliandi fino alla fine del mese. Io non vi posso dare altro pane". Donna: "Ma che cosa devo dare da mangiare ai bambini? Non ho più nulla"». E ancora: «La gente sente molto la mancanza di pane e pasta. [...]. Il deperimento degli operai e specialmente delle donne è visibile. Molti soffrono la fame nel senso più completo della parola per dar da mangiare ai bambini» (P. Luzzatto Fegiz 1948).

Alcuni mesi dopo è il Questore stesso che, affrontando il problema del calo generale delle prestazioni lavorative in città, allerta il potere centrale di quanto sta succedendo: «Spesso i medici hanno constatato che gli operai sono diminuiti nel peso anche di 10 e 15 chili per cui la diagnosi è quella di deperimento organico», segnalando l'esistenza di una fascia di popolazione le cui condizioni sono ormai al limite della sopravvivenza (Questore di Bologna, 30 settembre 1942).

Il disagio crescente si indirizza verso le autorità politiche, ritenute giustamente responsabili: «Non mancano le manifestazioni di insofferenza per le restrizioni alimentari, si sono notate in queste ultime settimane più numerose le scritte murali imprecanti alla guerra e alla fame, come pure pezzi di carta e cartoline fra la corrispondenza contenenti frasi di vivo risentimento contro personalità ed il regime per le attuali condizioni di vita» (Questore di Bologna, 25 novembre 1942).

Queste testimonianze permettono di introdurre il discorso degli effetti della penuria di cibo sulla coesione sociale e sul consenso al regime. Permettono inoltre di mostrare il ruolo crescente delle donne anche nella protesta contro il disagio.

Documento 7: Manifesto contro la fame e la guerra apparso a Milano nel 1943 (in http://anpi-lissone.over-blog.com/tag/ii%20guerra%20mondiale/).

POPOLO MILANESE!

Donne, mamme, uomini, giovani,

Le misure di affamamento e di oppressione dei feroci nemici del nostro popolo non conoscono limiti. Essi ci strappano dalla bocca il minimo indispensabile ad una esistenza già miserevole: ORA E' LA VOLTA DEL PANE!

MAMME MILANESI,

QUESTO NON AVVERRA'. Noi difendiamo con forza, TUTTI UNITI, la nostra esistenza e quella dei nostri bambini. Noi dobbiamo gridare il nostro basta.

BASTA CON LA FAME! VOGLIAMO PANE!

Pane a sufficienza e buono. Basta con la fame e con la porcheria che ci costringono a trangugiare, che ci esaurisce e ci fa ammalare tutti.

DONNE MILANESI,

E' solo manifestando compatti nelle piazze che noi imporremo il rispetto del nostro diritto all'esistenza.

ANDIAMO TUTTE, CON I NOSTRI BAMBINI ED I NOSTRI UOMINI, A GRIDARE IL NOSTRO BASTA, A COSTRINGERE I RESPONSABILI DI TANTE ATROCITA' A DARCI QUANTO CI SPETTA.

I nemici del nostro popolo, i nazi-fascisti, stanno precipitando nel baratro e vogliono trascinarvi anche noi. Ma noi non finiremo con loro; dobbiamo e possiamo vivere.

TUTTI UNITI AVANTI A MANIFESTARE!

PANE, PANE, PANE!

La Federazione Milanese del Partito Comunista

POPOLO MILANESE!

Donne, mamme, uomini, giovani,

Le misure di affamamento e di oppressione dei feroci nemici del nostro popolo non conoscono limiti. Essi ci strappano dalla bocca il minimo indispensabile ad una esistenza già miserevole: ORA È LA VOLTA DEL PANE!

MAMME MILANESI,

QUESTO NON AVVERRÀ. Noi difendiamo con forza, TUTTI UNITI, la nostra esistenza e quella dei nostri bambini. Noi dobbiamo gridare il nostro basta.

BASTA CON LA FAME! VOGLIAMO IL PANE!

Pane a sufficienza e buono. Basta con la fame e con la porcheria che ci costringono a trangugiare, che ci esaurisce e ci fa ammalare tutti.

DONNE MILANESI,

È solo manifestando compatti nelle piazze che noi imporremo il rispetto del nostro diritto all'esistenza.

ANDIAMO TUTTE, CON I NOSTRI BAMBINI ED I NOSTRI UOMINI, A GRIDARE IL NOSTRO BASTA, A COSTRINGERE I RESPONSABILI DI TANTE ATROCITÀ A DARCI QUANTO CI SPETTA.

I nemici del nostro popolo, i nazi-fascisti, stanno precipitando nel baratro e vogliono trascinarvi anche noi. Ma noi non finiremo con loro; dobbiamo e possiamo vivere.

TUTTI UNITI AVANTI A MANIFESTARE!

PANE, PANE, PANE!

La Federazione Milanese
del Partito Comunista

Si tratta di un manifesto clandestino del Partito Comunista Italiano, in cui si incitano le donne a manifestare contro la carenza di pane e contro i nazifascisti. Come il precedente, mostra il nuovo protagonismo femminile, questa volta sostenuto direttamente dalle forze della Resistenza, e il progressivo discredito del regime, ancora più marcato durante il periodo dell'occupazione tedesca, quando la penuria di cibo si trasforma in autentica fame.

Documento 8: Il fenomeno del mercato nero (in http://anpi.it/media/uploads/patria/2007/11/12-17_COLOMBARA.pdf).

Giacomo Edoardo Cerutti, [...], maestro elementare in una vallata dell'alto Piemonte e capofamiglia con dodici figli a carico, annota in una memoria del dopoguerra: «I più, non essendo capaci di praticare il contrabbando, cadevano nelle mani di quella classe schifosa, assassina, di quella canaglia da corda e da muro, che si chiama "strozzini". Tale gentaglia sorse fra noi come i funghi velenosi. Possiamo iscrivere subito fra tale genìa i bottegai e i negozianti, i quali a prezzo di calmiere avevano mai niente: a prezzi favolosi, qualunque merce. Dico prezzi favolosi perché l'olio fu pagato cento lire il fiasco, il burro cento lire il chilo, la farina 13 lire il chilo e 40 il riso, un paio di scarpe 500 lire, un vestito 1.200 lire.

È di istinto il non voler soffrire, il non voler morire: e perciò la gente prima di provare la fame andò dagli strozzini a farsi spelacchiare. Noi in valle abbiamo provato la loro ingordigia. Altri tentarono l'illecito commercio: e ciò che più indigna, disonora e avvilisce, è che poveri, poveracci con i poveri diventano strozzini. Gente rischiosa, la quale approfittando del bisogno del popolo eternamente povero, scendeva, usciva di valle con biciclette e sacchi, con valigie sul treno, e importava a quintali farine, riso, patate: comperava a due, a cinque e vendeva a venti, a trenta, quadruplicando, quintuplicando il suo denaro speso... e, quel che più conta, con lode segreta tali affaracci erano fatti e avvengono ancora [1941], perché così si dice: "... Si paga molto... ma basta trovare!". C'è però chi tira orrende imprecazioni, e c'è la polizia che vigila e stanga. Questa avrebbe una fittissima e fortissima rete, ma, purtroppo a maglia fine per i poveracci e a buchi larghi e larghissimi per i ricchi o i grossi commercianti».

Il documento permette di approfondire il discorso sull'«economia parallela», che si sviluppa in seguito al razionamento. Si tratta di una testimonianza dell'epoca, pubblicata da Filippo Colombara, autore della ricerca da cui è tratto il brano. Secondo la persona citata, a quali categorie va ascritta in gran parte la responsabilità di arricchirsi ai danni dei poveracci, vendendo di tutto «a prezzi favolosi»? Il documento consente inoltre di avviare un discorso sul rapporto fra penuria, mercato nero e inflazione. Sono interessanti anche le osservazioni sull'incapacità delle forze dell'ordine di far fronte in modo efficace a tale fenomeno, con l'insinuazione neanche troppo velata che ci fossero delle collusioni con «i ricchi e grossi commercianti».

Attività didattiche

a) Mettere in relazione testo e documenti (2 ore)

All'inizio, si distribuisce il testo agli studenti, lo si legge e lo si commenta, qualora ci siano passi poco chiari; si distribuiscono poi agli studenti i documenti prescelti (nel nostro caso, otto). L'insegnante, ponendo domande, cerca di far riconoscere la natura di ogni documento, e il suo contenuto in sintesi. Di che cosa si tratta? Chi ne è l'autore (o il committente)? A chi si indirizza? Con quale scopo?

L'attività successiva può essere svolta individualmente, o dividendo gli studenti in piccoli gruppi. A ciascuno studente (o gruppo), si dà come consegna di indicare accanto ai vari paragrafi del testo quali, fra i documenti a disposizione, potrebbero essere di volta in volta utilizzati per illustrare i diversi sottotemi in cui il testo si articola.

Al termine di tale attività, si effettua con tutta la classe un confronto tra i vari lavori, per verificare che tutti siano arrivati alle medesime conclusioni, e si discutono le eventuali differenze.

b) Lavorare sui documenti (2 ore)

Anche questa attività può essere svolta individualmente o in piccoli gruppi. Si chiede a ciascuno studente (o gruppo) di estrapolare dai documenti le informazioni riguardanti rispettivamente la politica seguita dal regime di fronte alla penuria di generi di consumo, la condizione della gente comune e le sue reazioni, lo sviluppo del mercato nero e le sue conseguenze, il ruolo della donna. Anche in questo caso, si confrontano e si discutono i diversi lavori. Come verifica, si può chiedere a ogni studente di scrivere un breve testo sui sottotemi indicati, con precisi riferimenti ai documenti studiati.

Come si vede, si tratta di un'attività snella, che può essere agevolmente variata e ampliata, in base al tempo a disposizione, al livello degli studenti, e alle conoscenze e abilità che si intende far applicare (o acquisire): per quanto riguarda i contenuti, si possono studiare altri aspetti della vita quotidiana durante la guerra: i bombardamenti, i rastrellamenti, il coinvolgimento nei combattimenti ecc.; per quanto riguarda, invece, le abilità, si può chiedere agli allievi di svolgere ricerche in Internet (magari indicando loro alcuni siti affidabili, se non sono ancora in grado di operare in piena autonomia nel Web), e di cercare altri documenti sul tema proposto; con tali documenti potrebbero costruire un tabellone, o anche una presentazione digitale. Nel prossimo paragrafo, illustreremo brevemente un esempio di possibile ampliamento: un compito di realtà attraverso la metodologia del *Webquest*.

21.3 Un possibile ampliamento: un compito di realtà attraverso la metodologia del Webquest[2]

Il compito di realtà costituisce una naturale conseguenza dell'introduzione della nozione di competenza nella programmazione didattica: si tratta di porre gli studenti di fronte a problemi reali e autentici, da risolvere facendo appello alla riflessione e

[2] Attualmente in Italia, grazie ai contributi di Francesco Bearzi e Salvatore Calazzo (2017) si parla anche di New Webquest: la denominazione vuole sottolineare il rinnovamento della pratica del Webquest, attraverso il rafforzamento della sua valenza formativa, in particolare con l'integrazione dell'attività di ricerca in compiti di realtà e l'adozione di pratiche di *cooperative learning*. Si tratta dell'approccio che noi stessi abbiamo adottato. Per chi volesse saperne di più, segnaliamo il portale *New Webquest* (in https://www.newwebquest.it/), curato dagli stessi Bearzi e Calazzo, interamente dedicato a tale pratica didattica.

all'insieme di conoscenze e abilità già acquisite. Il compito non è mai solo un «impegno» individuale, ma è normalmente pensato per essere svolto, interamente o in alcune sue parti, in gruppo. Lo studente è così chiamato a sviluppare capacità di collaborazione e ad assumersi autonomia e responsabilità, mentre l'insegnante è chiamato piuttosto a un ruolo di risorsa, agendo come mediatore e consigliere.

Nel nostro caso, il compito da assegnare agli studenti potrebbe essere il seguente:

A partire dai sottotemi già individuati in occasione dell'attività precedente (la politica seguita dal regime di fronte alla penuria di generi di consumo, la condizione della gente comune e le sue reazioni, lo sviluppo del mercato nero e le sue conseguenze, il ruolo della donna), sviluppate una ricerca autonoma, servendovi dei siti Internet e dei libri che vi verranno indicati. Sulla base delle informazioni così ricavate, redigete un breve testo ed elaborate una presentazione in Power Point, che illustrerete ai vostri compagni delle altre classi terze in occasione delle attività previste per le celebrazioni del 25 Aprile.

La metodologia prescelta è quella del Webquest (= ricerca sul Web) una strategia didattica formalizzata da Bernie Dodge e Tom March dell'Università di San Diego in California nel 1995, e che si configura come un tentativo di integrare le nuove tecnologie digitali nell'insegnamento; il suo obiettivo è stimolare gli studenti ad acquisire abilità superiori (analizzare, sintetizzare, valutare), completando un compito autentico attraverso la ricerca sul Web e la creazione di contenuti.

Il Webquest consiste dunque in una ricerca da realizzarsi prevalentemente o totalmente su siti Internet, che a seconda del livello degli studenti, possono essere indicati dall'insegnante, o individuati direttamente dagli studenti stessi. Privilegia normalmente il lavoro di gruppo, combinando così l'applicazione di competenze disciplinari specifiche, competenze relazionali e competenze digitali.

Secondo la formalizzazione di Dodge e March, questa pratica comprende diverse fasi:

a) introduzione;
b) enunciazione del compito;
c) procedura;
d) risorse;
e) valutazione;
f) conclusioni.

L'introduzione è la fase della motivazione, durante la quale l'insegnante deve illustrare agli studenti lo scenario in cui si muoveranno, cercando di renderlo interessante e coinvolgente. Nel nostro caso, la possibilità di partecipare in modo attivo alle attività promosse dalla scuola in occasione del 25 aprile, con l'opportunità (perché no?) di mostrare ai compagni di altre classi le abilità e le conoscenze acquisite.

Il compito: si tratta della descrizione di ciò che ci si attende dagli studenti. Come abbiamo detto, è la redazione di un breve testo e la creazione di una presentazione in Power Point su ciascuno dei sottotemi individuati all'interno dell'argomento «Il problema dell'alimentazione in Italia durante la Seconda guerra mondiale: la politica seguita dal regime di fronte alla penuria di generi di consumo, la condizione della gente comune e le sue reazioni, lo sviluppo del mercato nero e le sue conseguenze, il ruolo della donna».

La procedura: è forse il momento più importante, perché si tratta di illustrare le modalità del lavoro e le sue fasi. Si possono mantenere i gruppi già formati (poco importa se, operando in piccoli gruppi di tre-quattro componenti i lavori risulteranno probabilmente duplicati, potrebbe anzi essere interessante confrontare diversi lavori sullo stesso tema), assegnare ruoli, e fornire suggerimenti per un lavoro più efficace in gruppo, fornire strategie per organizzare il tempo e proporre una timeline con le scadenze. In questa fase si possono anche fornire indicazioni su come attuare la ricerca.

Veniamo finalmente alle risorse: trattandosi di una classe terza della scuola secondaria di primo grado, riteniamo di dover ancora indicare agli studenti le risorse di cui servirsi per la loro ricerca: nel nostro caso, potrebbero bastare i siti e i libri inerenti allo studio di caso proposto, citati alla fine del presente capitolo. Ma questa fase potrebbe anche essere l'occasione, se non lo si è fatto in precedenza, per introdurre gli studenti all'uso di alcune applicazioni del pacchetto Office (in particolare Word e PowerPoint, la cui padronanza è necessaria per realizzare il compito assegnato) e soprattutto per fornire loro gli strumenti per una ricerca efficace e sicura nei siti Internet, applicando i metodi della critica delle fonti al mondo di Internet. Bisogna insegnare agli studenti a lavorare ponendosi domande precise (Che cosa ricerco esattamente? Per farne che cosa?) e a inserire nei motori di ricerca le parole chiave giuste per ottenere le informazioni richieste (per esempio, evitare i termini troppo generici); d'altra parte, bisogna fornire agli studenti i criteri fondamentali per valutare l'affidabilità dei siti cui si rivolgono. Al loro livello, potrebbero bastare alcuni semplici accorgimenti: un sito si può considerare affidabile quando promana da un ente noto e ufficialmente riconosciuto, o quando gli autori si firmano, dichiarano le finalità che si propongono, citano le fonti dei loro articoli; inoltre se l'informazione è ben strutturata, è esposta in modo obiettivo, è aggiornata (diffidare dei siti che tentano di barattare per fatti quelle che sono soltanto opinioni, e che osteggiano apertamente particolari gruppi razziali, religiosi o di genere!). A questo proposito, l'insegnante può utilmente spiegare in base a quali criteri ha scelto i siti proposti per il compito, e ne ha eventualmente scartati altri. Ci rendiamo conto che tali riflessioni supplementari comportano un allungamento dei tempi, ma ci sembra un lavoro prezioso, sia perché porta a una reale alfabetizzazione mediale e digitale (che è, lo ricordiamo per inciso, uno degli obiettivi della scuola secondaria di primo grado) sia soprattutto per rendere meno ingenui e manipolabili i nostri giovani in un mondo in cui Internet ha ormai conquistato il potere di condizionare l'opinione pubblica.

Dopo l'indicazione delle risorse (e gli eventuali approfondimenti qui suggeriti) si avvia il lavoro vero e proprio, durante il quale il docente svolge una funzione di guida e consigliere, fornendo agli studenti anche alcuni strumenti per l'autovalutazione (per esempio, questionari guida per la valutazione sia delle modalità seguite nel corso del lavoro sia del prodotto finale).

Al termine, avranno luogo la valutazione e le conclusioni, con un bilancio complessivo dell'esperienza.

La valutazione, già anticipata almeno in parte dall'autovalutazione, si caratterizza per considerare non solo il prodotto finale, ma anche le competenze messe in atto nel corso dell'attività; si valuterà quindi non solo la qualità dell'artefatto (correttezza, completezza e articolazione delle informazioni, proprietà di linguaggio), ma anche l'uso appropriato ed efficace delle applicazioni e delle risorse digitali, nonché il comportamento tenuto durante il lavoro (grado di partecipazione al lavoro di gruppo, autonomia e senso di responsabilità dimostrate ecc.).

Il momento del giudizio emotivamente più importante sarà però quando gli studenti mostreranno quanto appreso e realizzato ai loro compagni/e di scuola e a persone comunque esterne rispetto all'ambito ristretto, ma anche protettivo, della loro classe.

Il compito di realtà qui proposto come ampliamento dello studio di caso richiede evidentemente un incremento importante del numero di ore a disposizione (possiamo immaginarne come minimo una decina, senza i «tutorial» sulle applicazioni e sulle risorse digitali); ha però il pregio di permettere agli studenti di uscire dall'ambito delle competenze strettamente disciplinari e di coinvolgerli in un lavoro più ampio, che comporta l'acquisizione e l'impiego di competenze più generali e trasversali, e che contemporaneamente risulta più motivante, portando alla realizzazione di un prodotto concreto, tale da permettere agli studenti di poter toccare con mano il frutto del loro studio.

21.4 Ricapitolando

Lo studio di caso è un'attività abbastanza semplice da organizzare, che permette:

- di approfondire in modo interessante e coinvolgente argomenti del corso disciplinare, sia grazie a un approccio più vivo e concreto, dal basso, sia grazie

al ricorso a pratiche di didattica partecipativa, ivi compreso il lavoro di gruppo (*cooperative learning*);
- di iniziare gli studenti al lavoro con i documenti, sviluppando quindi non solo conoscenze, ma anche competenze fondamentali per lo sviluppo di un sapere consapevole, valido anche nell'ambito dell'educazione civica;
- di sviluppare abilità trasversali (capacità di prendere appunti, e di redigere testi argomentativi);
- di sviluppare eventualmente anche competenze digitali (ricerche sul Web, realizzazione di proiezioni o testi multimediali).
- di essere ampliato e ricompreso in attività di carattere più ampio e complesso, come i compiti di realtà, attuati attraverso diverse metodologie (qui si è dato l'esempio del Webquest).

L'insegnante potrà quindi utilmente integrare questa attività nella sua programmazione, sapendo che concorre in modo efficace al raggiungimento degli obiettivi di apprendimento previsti sia nelle Indicazioni azionali della scuola secondaria di primo grado (che fanno riferimento in modo specifico all'uso delle fonti, alla capacità di organizzare le informazioni, alla capacità di redigere testi, anche digitali), sia nelle Indicazioni nazionali e nelle Linee guida per la scuola secondaria di secondo grado (in cui si fa riferimento, per quanto riguarda i licei, all'acquisizione di metodologie e strumenti specifici per la lettura dei processi storici e per l'analisi della società contemporanea, e per quanto riguarda, invece, gli istituti tecnici e professionali, all'uso consapevole degli strumenti culturali e metodologici acquisiti per porsi in modo critico e responsabile di fronte alla realtà).

Bibliografia e sitografia

Sitografia per lo studio di caso

- Antonetti D., 2007, *Le strategie didattiche – Lo studio di caso*, in http://www.edurete.org/pd/sele_art.asp?ida=839.
- Brusa A., 2014a, *Gli studi di caso. Insegnare storia in modo partecipato è facile*, in Novecento.org, n. 3, settembre 2014, DOI: 10.12977/nov39.
- Brusa A., 2014b, *Studi di caso e testi adeguati*, in *Didattica Storia Intercultura. Formazione e sperimentazione per docenti, Seminario ISRAL – INSMLI*, in https://www.youtube.com/watch?v=oVH7TJEY4Z.

- CIDI Pordenone, 2021, *Percorsi di storia. Proposte per l'insegnamento/apprendimento della Storia (emerse dalle attività condotte negli aa.ss. 2014/15, 2015/16, 206/17, 2017/18, 2018/19)*, in particolare: *Proposta n. 2 , Analisi di caso: Luigi XVI*, a cura di M. Rossetti, in http://www.cidipn.it/index.php/documentazione-percorsi-didattici/percorsi-storia-m/48-proposta-n-2-analisi-di-caso.
- Darier G., Darier J.-M., 2005, *L'étude de cas en histoire: une démarche pertinente?* in http://hist-geo.ac-rouen.fr/pdg/1h/edc/edc.htm.
- El Meknassi E., 2015, *Didactique de l'étude de cas en histoire*, in https://dumas.ccsd.cnrs.fr/dumas-01222541/document.
- Francavilla N., *Tre studi di caso sulla povertà in età fascista*, in Novecento.org, n. 4, giugno 2015. DOI: 10.12977/nov63.
- Golliard O., 2008, *L'étude de cas en histoire*, in https://histoire.ac-versailles.fr/spip.php?article518.
- Grazioli C., 2014, *Studio di caso: il mondo della curtis*, in http://www.historialudens.it/didattica-della-storia/160-studio-di-caso-il-mondo-della-curtis.html.

Bibliografia utilizzata per lo studio di caso proposto

- Della Casa B., 2017, *La città in guerra: il potere e la vita quotidiana (1943-1945)*, in *La Resistenza, il fascismo, la memoria. Bologna 1943-1945*, a cura di Alberto De Bernardi e Alberto Preti, Bononia University Press, Bologna.
- Luzzatto Fegiz P., 1948, *Alimentazione e prezzi in tempo di guerra*, Università degli Studi di Trieste. Istituto di statistica, Trieste.
- Mafai M., 2008, *Pane nero. Donne e vita quotidiana nella Seconda guerra mondiale*, Ediesse, Roma.

Sitografia sintetica sullo studio di caso proposto

- http://anpi.it/media/uploads/patria/2007/11/12-17_COLOMBARA.pdf: il sito, curato dall'Anpi, pubblica una ricerca di Filippo Colombara, *Quella fame terribile tra Fascismo e guerra*, incentrata soprattutto su testi di canzoni dell'epoca, ma comprendente anche alcune testimonianze.
- http://anpi-lissone.over-blog.com/article-29775513.html: URL dell'Anpi di Lissone; interessante in particolare la sezione Corso di storia del Novecento.
- http://ceraunavoltagenova.blogspot.it/: immagini e cartoline tratte dalla collezione di Giovanni Assereto.
- http://corrieredelveneto.corriere.it/fotogallery/2017/6/paolini_villani/paolini-villani-2401717318855.shtml#7: URL dell'edizione digitale del Corriere del Veneto (edizione locale del Corriere della Sera; l'articolo qui preso in considerazione riguarda una mostra dedicata all'azienda Paolini-Villani, produttrice a suo tempo dell'Ovocrema.
- http://guerrainfame.it/: GuerrainFame è un progetto dedicato ai temi dell'alimentazione in Italia nel periodo dal 1915 al 1945. A cura degli Istituti Storici dell'Emilia-Romagna in Rete coordinati dall'Istituto per la Storia e le Memorie del 900 Parri E-R.

- http://www.memorieincammino.it/default.aspx: un progetto dell'Istituto Alcide Cervi. Raccolta di testimonianze, unitamente a riproduzione di documenti.
- http://www.milanostoriadiunarinascita.it/2017/01/29/orti-di-guerra/: sito che contiene diversi articoli corredati di foto sulla storia di Milano fra la guerra e l'immediato dopoguerra.
- http://nicovalerio.blogspot.it/2014/08/fascismo-tavola-tra-il-duce-salutista-e.html: in particolare l'articolo *La cucina del Ventennio. Tra il Duce « salutista » e i consigli di Petronilla.*
- http://www.storiologia.it/mussolini/razionamenti.html: testimonianze e riproduzioni di documenti.
- http://www.treccani.it/enciclopedia/approvvigionamenti-e-consumi-alimentari_%28Enciclopedia-Italiana%29/: URL dell'Enciclopedia Treccani in Rete: inquadramento generale della tematica.
- https://www.youtube.com/watch?v=jmYRA6mpbBw: Parte del documentario *La guerra e le donne*, tratto dalla serie *Correva l'anno. La Seconda guerra mondiale.*

Sitografia per il compito di realtà

- Save the Children, 2019, *Attività didattica per la scuola: cos'è il compito di realtà*, in https://www.savethechildren.it/blog-notizie/attivita-didattica-per-la-scuola-cosa-e-il-compito-di-realta.
- Gentili G., 2019, *Che cos'è un compito di realtà? Come progettarlo e come valutare le prestazioni degli alunni*, in https://www.erickson.it/it/mondo-erickson/articoli/che-cos-e-un-compito-di-realta/.
- MIUR, 2015, *Circolare n. 3 del 13 febbraio 2015*, in http://www.istruzione.it/comunicati/focus170215.html.
- *Nuove metodologie didattiche: il compito di realtà*, Lavorare a scuola, 26 maggio 2017, in https://www.lavorareascuola.it/compito-di-realta/.
- Perpiglia G., 2019, *I compiti di realtà*, in https://www.culthera.it/2019/08/07/ i-compiti-di-realta/.

Bibliografia per il Webquest

- Bearzi F., Colazzo S., 2017, *New WebQuest. Apprendimento cooperativo, comunità creative di ricerca e complex learning nella scuola di oggi*, FrancoAngeli, Milano.

Sitografia per il Webquest

- Biblioteca digitale, Sistema bibliotecario di Ateneo, Università degli Studi di Padova, 2011, Miniguida per valutare l'affidabilità dei siti Web, in https://bibliotecadigitale.cab.unipd.it/chi_sei/suggerimenti/miniguida_affidabilit_siti_web.pdf.
- Bearzi F., Calazzo S. (a cura di): *New Webquest*, in https://www.newwebquest.it/ (si tratta del portale dedicato interamente a questa pratica didattica).

- Cocilovo C., 2013, *Workshop: nella scuola secondaria di I grado*, in Novecento.org, n. 1, dicembre 2013, DOI: 10.12977/nov12.
- Dodge B., 1995 (aggiornato in 1997), *Some thoughts about Webquests*, in https://webquest.org/sdsu/about_webquests.html.
- Dodge B., 2002, *WebQuest Taskonomy: a Taxonomy of Tasks*, in http://webquest.org/sdsu/taskonomy.html.
- Guastavigna M., 2004, *Webquest: una buona prospettiva*, in http://www.noiosito.it/wqins.html.
- INDIRE, 2014, *Il Webquest: una strategia didattica*, in http://forum.indire.it/repository_cms/working/export/6057/3.html.
- Marchi C., 2007, *I Webquest: per usare il computer in classe*, in http://www.corradomarchi.it/pubblicazioni/articoli/webquest_s_e_u.htm (ma già pubblicato in La Nuova Secondaria, 10, giugno 2007).
- Ministère de l'Education Nationale, de la Jeunesse et des Sports, 2021, *Rechercher sur internet: méthodologie et outils. Mieux chercher sur Internet, évaluer l'information, exercer son sens critique*, in https://eduscol.education.fr/numerique/dossier/competences/rechercher.
- Salassa A.G., 2021, *WebQuest e New WebQuest: per una didattica della storia in ambiente digitale*, in Novecento.org, n. 16, agosto 2021.
- Triacca S., 2019, *Webquest e Virtual Field Trip*, in https://www.slideshare.net/serena.triacca/webquest-e-virtual-field-trip.
- *Webquest*, 2013, in Educazione & Scuola, in http://www.edscuola.it/archivio/comprensivi/webquest.htm.
- *Webquest*, 2019, in HUB scuola, in https://www.hubscuola.it/didatticaadistanza/buonepratiche/6_web_quest.pdf.
- *Webquest: regole, esempi e link*, s.d., in Bibliolab: lettura, storia, scienze, un biblio-laboratorio per docenti e studenti della scuola di base, in http://www.bibliolab.it/webquest.htm.

22
Fake news: riflessioni e proposte didattiche

di Davide Sparano

22.1 Le *fake news* moderne

Il nostro tempo è segnato da una rivoluzione riguardante la dipendenza dell'uomo dalle Tecnologie dell'Informazione (ICT), che registrano e utilizzano dati. Il legame tra digitale, informazione ed economia è divenuto vitale per la sopravvivenza e lo sviluppo delle società dell'informazione, nelle quali il progresso e il benessere dipendono dall'efficacia e dall'efficienza nella gestione delle informazioni. La capacità che hanno i paesi più sviluppati di generare, registrare, trasmettere e manipolare l'informazione fa sì che si parli per essi di Iperstoria[1].

Le informazioni hanno un valore sempre maggiore a tutti i livelli della nostra vita: l'essere umano è ormai interdipendente dal digitale, dalle tecnologie e dai *social media* sia da un punto di vista spazio-temporale sia della percezione di sé. Prendiamo per esempio la circolazione di contenuti attraverso i social media digitali, che produce un vero e proprio cambiamento culturale sintetizzato dal concetto «If doesn't spread, it's dead» (quel che non si diffonde è morto)[2]. La possi-

---

[1] Floridi L., 2017, *La quarta rivoluzione. Come l'infosfera sta trasformando il mondo*, Raffaello Cortina Editore, Milano. Iperstoria è un concetto coniato dal filosofo Luciano Floridi. La preistoria termina con la capacità dell'uomo di registrare, lasciare tracce del passato, per usi futuri. Da quel momento si è fatto sempre più intenso il legame tra il benessere individuale e sociale e le forme di registrazione e comunicazione umana. Nel corso del tempo questa connessione si è fatta sempre più stringente, si pensi ad esempio all'invenzione della stampa e alla terza profonda trasformazione, cioè l'invenzione del computer: dalla registrazione alla processazione delle informazioni. Oggi, secondo Floridi, siamo nell'*Iperstoria*, che identifica proprio una nuova fase dell'evoluzione umana delle società avanzate, le quali ormai vivono e dipendono dalle strutture di informazioni che le sostengono.

[2] Jenkins H., Ford S., Green J., 2013, *Spreadable media. I media tra condivisione, circolazione, partecipazione*, Apogeo, Santarcangelo di Romagna.

bilità di produrre e condividere contenuti in Rete, il tentativo di manipolare l'opinione pubblica con notizie false in un mondo caratterizzato dalla postverità[3] sono le condizioni del proliferare di ecosistemi della disinformazione, nei quali prendono vita e si diffondono le *fake news* moderne, definibili come veri e propri prodotti «di ingegneria comunicativa e sociale»[4].

L'uso dell'aggettivo moderno non è casuale. Le false notizie sono sempre esistite[5], ma la velocità e viralità di trasmissione e condivisione delle informazioni è dato tipico del nostro tempo. L'urgenza della questione è chiarita, per esempio, da un intervento sempre maggiore delle istituzioni europee a contrasto e prevenzione della disinformazione online a partire dal 2015/2016, anni che rappresentano un vero e proprio *turning point* per lo studio e la rilevanza del tema nel dibattito pubblico mondiale[6]. Le *fake news* sono divenute complesse e difficili da individuare ed è sempre più arduo trovare caratteristiche che possano in qualche modo darci un identikit di cosa siano.

Il problema è che oggi le informazioni e le notizie sono difficili da processare e analizzare: sono tantissime e provenienti da fonti estremamente diversificate e

---

[3] Il lessema Postverità e il suo utilizzo è una questione complessa. Per un approfondimento si possono consultare le definizioni degli Oxford Dictionaries (in https://languages.oup.com/word-of-the-year/2016/) e del dizionario Treccani online (in https://tinyurl.com/572nycnx) (URL consultati il 14/1/2022).
Esistono ancora altre accezioni del termine postverità, tuttavia bisognerebbe uscire dall'assimilazione che spesso viene compiuta tra postverità e *fake news*. La prima, infatti, è riconoscibile come l'insieme di pratiche culturali, retoriche, mediali che portano a una modificazione della realtà, della rappresentazione, del vero e del falso. In questo contesto le *fake news* proliferano e alimentano la postverità e viceversa, proprio come un sistema di vasi comunicanti. Per una disamina si veda Lorusso A.M., 2018, *Postverità. Fra reality, social media e storytelling*, Editori Laterza, Bari-Roma. Un'analisi sull'era della postverità, con lo sguardo dello storico, la troviamo in Harari Y.N. (2019), *21 lezioni per il XXI secolo*, Bompiani, Firenze.

[4] Riva G., 2018, *Fake news. Vivere e sopravvivere in un mondo post verità*, Il Mulino, Bologna, p. 15.

[5] Sul problema delle false notizie si veda Bloch M., 2004, *La guerra e le false notizie*, Donzelli, Roma.

[6] Il 2016 è considerato un anno chiave nello studio della *fake news*. Abbiamo due eventi di rilevanza mondiale le cui campagne elettorali e relativi dibattiti pubblici sono stati caratterizzati da un numero elevato di *fake news*: il voto sulla permanenza del Regno Unito nell'Unione Europea (23 giugno 2016) e le elezioni presidenziali americane (8 novembre 2016). Le istituzioni europee proprio a partire da quegli anni mettono in atto una serie di iniziative a contrasto della disinformazione: si veda https://euvsdisinfo.eu/it/; «*Il quadro congiunto per contrastare minacce ibride*» (2016), in https://eur-lex.europa.eu/legal-content/IT/TXT/PDF/?uri=CELEX:52016JC0018 & from=IT; «*Le piattaforme online e il mercato unico digitale. Opportunità e sfide per l'Europa*» (2017); Report dell'High Level Expert Group (2018), in https://digital-strategy.ec.europa.eu/en/library/final-report-high-level-expert-group-fake-news-and-online-disinformation; (URL consultati il 15/2/2022).

vagliarne l'attendibilità presenta delle complessità importanti. In più, tutti noi abbiamo la possibilità di accedere a molti media diversi praticamente in ogni luogo e in qualsiasi momento. La presenza dei media nella nostra vita quotidiana riempie gran parte del nostro tempo. Concentriamo la nostra attenzione su Internet nel 2021 e vediamo cosa è successo in un minuto nel mondo: scopriamo che sono state caricate 500 ore di contenuti su YouTube, 695.000 storie condivise, 70 milioni di messaggi inviati tramite WhatsApp, Facebook e Messenger, 197 milioni di e-mail inviate, 200.000 tweet[7].

È molto importante, quando si parla di *fake news*, soffermarsi sul contesto in cui oggi si muovono la comunicazione e i media. Sono cinque le società che messe insieme rappresentano il mercato globale delle tecnologie e dei servizi digitali: Google, Apple, Facebook, Amazon, Microsoft (spesso si usa l'acronimo GAFAM). Non sono solo aziende tecnologiche, ma anche mediali. Ci forniscono costantemente mezzi di rappresentazione e comunicazione fondamentali per la nostra vita, costituiscono forme culturali che ci danno significato e piacere: «una piattaforma come Facebook, Twitter o Instagram non è semplicemente un mezzo per offrire contenuto: è anche una forma culturale che dà forma in certi modi a quel contenuto e al rapporto che noi instauriamo con esso»[8]. Nell'ambiente digitale contemporaneo i servizi e le piattaforme digitali si sovrappongono e si collegano con i media tradizionali (giornali, radio, televisione), l'intreccio coinvolge anche la produzione di informazioni, le quali presentano sempre più un DNA ibrido e quindi una capacità mimetica sempre più forte.

Si tratta di un'evidenza che non può essere tralasciata, se intendiamo proporre alla classe un'attività sulle *fake news*. Il punto di partenza è fare luce sul contesto nel quale siamo immersi per costruire una storia del tempo presente. Cercare di capire i media, la nostra relazione con essi, significa comprendere che oggi siamo al tempo stesso produttori e consumatori di contenuti e informazioni, ma soprattutto ci permette di introdurre le *fake news* come una forma di inquinamento dell'ambiente sociale e comunitario[9]. L'obiettivo è proporre una riflessione sulle *fake news* come un tema vivente, parte integrante di un discorso più ampio sulla *media education* quale prerequisito decisivo della cittadinanza contemporanea. In questo senso utilizzare la sola strada del metodo storico come possibilità per riconoscere e decostruire una notizia falsa rischia di essere riduttivo; bisogna, in-

---

[7] V. https://tinyurl.com/2vsyxrjh (URL consultato il 15/2/2022). La ricerca è realizzata annualmente da Lori Lewis e Chadd Callahan. Per un confronto con il 2018 si veda Buckingham D., 2020, *Un manifesto per la media education*, Mondadori, Milano, p. 8.

[8] *Ivi*, pp. 11-12.

[9] Sulle *fake news* come fonte di inquinamento dell'infosfera si veda Floridi L., 2020, *Il verde e il blu. Idee ingenue per migliorare la politica*, Raffaello Cortina Editore, Milano.

vece, sapere cogliere la sfida della transdisciplinarità, perché è il tema stesso che lo richiede.

Non è pensabile lavorare in classe da una sola prospettiva, perché la scomposizione del problema dà accesso a più livelli di conoscenza. Basti pensare quanto peso abbia la psicologia sociale dei media digitali in relazione alle *fake news* e al loro legame con i social media[10]. Non bisogna dimenticare che le *fake news* sono parte di un problema più ampio riguardante da disinformazione[11]. Fatte queste doverose premesse proviamo a dare una definizione moderna di *fake news* come un'informazione falsa e talvolta sensazionalistica diffusa sul web, capace di toccare la dimensione emotiva profonda del lettore. Viviamo in un flusso continuo di informazioni che giungono da diversi canali, invertendo il normale meccanismo di accesso alle notizie: non siamo noi a cercarle, ma sono loro ad arrivare sui nostri dispositivi. Fatte queste premesse proviamo a vedere come poter entrare nel tema da un punto di vista didattico.

22.2 Le *fake news* in classe: quale approccio?

«Una didattica contemporanea è una didattica capace di intercettare linguaggi e forme della contemporaneità [...]»[12]. Le *fake news*, come accennato in precedenza, possono essere trattate in classe come un vero e proprio «tema vivente» cioè un argomento che offre la possibilità di un percorso didattico inverso rispetto alla consuetudine scolastica: da fuori verso la scuola e appunto la classe, dall'attualità allo studente. Non si tratta di ammonire gli studenti sui potenziali effetti negativi del web e dei social o sui comportamenti sbagliati che si potrebbero assumere, o ancora di sviluppare specifiche competenze tecniche, ma di cercare di avviare una comprensione critica del fenomeno della disinformazione e delle *fake news*.

---

[10] L'efficacia e diffusione delle *fake news* rispetto al passato risiede proprio nel cambiamento prodotto dai social media consistente nella fusione tra il mondo digitale e quello fisico. Così *le fake news* sono capaci di influenzare gruppi sociali con una velocità e una partecipazione mai sperimentate. Si diffondono 6 volte più velocemente rispetto alle notizie vere e hanno il 70% in più di possibilità di essere condivise. Sul legame fra social e *fake news* si veda Riva G., *Fake news*, op. cit., pp. 39-46.

[11] Anzi il termine non riesce a cogliere del tutto la problematica della disinformazione. Di frequente è usato per indicare contenuti che hanno all'interno informazioni inventate mescolate a fatti veri che vanno ben oltre il concetto di notizia e che includono follower falsi, video fabbricati o manipolati, pubblicità mirata, *trolling* organizzato, *meme* visivi e molto altro. Insomma, un'intera gamma di comportamenti digitali che riguarda più la circolazione della disinformazione che la produzione di disinformazione, spaziando tra post, commenti, condivisione.

[12] Rivoltella P.C., 2021, *La contemporaneità della didattica*, Editoriale EAS, n. 8.

Evitiamo di cadere nel classico luogo comune dell'«era meglio prima» e di entrare in una contrapposizione generazionale tra quelli che si rifugiano nella tradizione e quelli che vivono nell'innovazione[13].

La legge che introduce l'insegnamento dell'Educazione civica[14] prevede tra le competenze da acquisire quella di saper valutare l'attendibilità delle informazioni online, cosa più facile a dirsi che a farsi. Possiamo provare a immaginare, però, un percorso che limiti le difficoltà e ci porti a ragionare senza tralasciare gli aspetti più importanti e farci sopraffare dall'estesa complessità dell'argomento. Tre i punti di partenza fondamentali:

1. non esporre l'argomento *fake news* come una dicotomia tra rischio e opportunità, perché entrambe le posizioni condividono una prospettiva deterministica e non danno la possibilità di inquadrare il fenomeno contestualizzandolo all'interno del rapporto tra il singolo individuo (in questo caso lo studente) e i media. Gli adolescenti sono assidui frequentatori dei media, della Rete e delle tecnologie digitali ed è in questa relazione e contesto ampio che vanno inserite le *fake news*[15]. La Rete non è solo uno strumento, ma una forma di comunicazione e cultura, nonché luogo di forti interessi economici e politici. Non è più sufficiente analizzare le false notizie solo nell'ottica laboratoriale, ma occorre interpretarle e criticarle in un'ottica di educazione ai media come sistemi complessi all'interno dei quali il fenomeno si sviluppa[16].
2. Nell'ideare e progettare un'attività, non vi sono certezze assolute, ma la consapevolezza che lo sforzo di tentare contaminazioni disciplinari, ricerche ap-

---

[13] A questo proposito si veda Serres M., 2018, *Contro i bei tempi andati*, Bollati Boringhieri, Torino.

[14] Legge 20 agosto 2019, n. 92. *Introduzione dell'insegnamento scolastico dell'educazione civica* (GU n.195 del 21-8-2019) all'articolo 5 lettera a) che introduce, nel primo e secondo ciclo di istruzione, l'insegnamento trasversale dell'educazione civica nelle scuole di ogni ordine e grado avviato nell'a.s. 2020/21. La parte a cui si fa riferimento è consultabile nel link https://tinyurl.com/4f9bd43v (URL consultato il 20/3/2022).

[15] «Se oggi proviamo a chiedere a un docente della scuola italiana cosa gli viene in mente quando sente l'espressione *media education* stiamo pur certi che nella sua risposta ricorreranno termini come cyberbullismo, *fake news*, discorsi d'odio, adescamento online, dipendenza ecc. Insomma, una pletora di interventi educativi frammentari e occasionali di stampo più o meno protezionistico, che guardano a questi fenomeni come a fatti sociali, originati da comportamenti devianti di singoli individui, piuttosto che considerarli nell'ottica mediaeducativa [...]». La citazione è tratta da Cappello G., *La media education a scuola. Un approccio olistico per la costruzione della cittadinanza digitale*, in Buckingham D., 2020, *Un manifesto per la media education*, op. cit., p. XV.

[16] È un approccio complesso che richiederebbe una formazione specifica degli insegnanti. Il problema non sorprende se si pensa che nonostante gli investimenti sulle tecnologie digitali (ad esempio Piano Nazionale Scuola digitale del 2015 legge 170 consultabile al link https://tinyurl.com/bdf9576h), è un approccio che non è mai stato veramente definito. Ha prevalso trattare di temi come *fake news*, cyberbullismo, *hate speech* nei termini miopi dell'ottica rischi-opportunità.

parentemente lontane dalla storia, ha una valenza nel momento in cui unisce prospettive differenti. L'idea di un'attività didattica sulle *fake news* nasce proprio da questa esigenza.

3. La capacità di partecipare alla vita online contribuisce a formare l'identità di ciascuno di noi e a maggior ragione degli studenti, i quali passano moltissimo tempo davanti a uno smartphone o computer. Questa partecipazione è considerata ormai una vera e propria cittadinanza (ormai è anche superfluo specificarla come cittadinanza digitale), comporta diritti e doveri, competenze e conoscenze necessarie per rapportarsi agli altri. Quando parliamo di studenti, molto spesso alla naturalezza dell'approccio con la Rete non segue una competenza sulla ricezione e selezione delle informazioni da parte degli studenti. Quali sono le fonti che generano informazione? Come è possibile giudicare l'autorevolezza di questo o quel canale non ufficiale? Quali tecniche sono utilizzate in Rete, consciamente o meno, per affermare la superiorità delle proprie idee a danno di quelle degli altri?

22.3 Una proposta didattica: l'attività *Non cadere nella rete*[17]

L'attività di educazione alla cittadinanza digitale mostra come l'era della postverità sia caratterizzata dalla pervasività di false informazioni e teorie del complotto: argomentazioni che si basano su credenze capaci di diffondersi con grande rapidità non solo grazie ai social media, ma anche a causa del forte appello all'emotività. S'intende fornire agli studenti e alle studentesse gli strumenti teorico-pratici utili a comprendere e riconoscere che cosa è una *fake news* e come na-

[17] L'attività *Non cadere nella rete. Riconoscere e decostruire le fake news* è ideata e progettata all'interno dell'Area didattica dell'Istituto Storico Parri Bologna Metropolitana e fa parte del Piano dell'Offerta Formativa di quest'ultimo dal titolo *Novecento e oltre* a partire dall'anno scolastico 2019/20 (in http://www.istitutoparri.eu/didattica). È rivolta alle classi terze della scuola secondaria di primo grado e tutto il ciclo della secondaria di secondo grado di Bologna e provincia. Ha raggiunto in questi tre anni circa mille studenti. I passaggi dell'attività che descriverò in seguito riguardano quella per le classi della secondaria di secondo grado. La versione per la secondaria di primo si diversifica in alcuni punti, ma mantiene sostanzialmente lo stesso impianto. È importante ricordare che, per la natura stessa dei temi trattati, l'attività viene rimodellata ogni anno. Il titolo *Non cadere nella rete* è volutamente provocatorio e viene utilizzato per creare un aggancio con la classe in apertura dell'attività, in modo da sollecitare un dialogo sulla questione rischi/opportunità ampiamente descritta nelle pagine precedenti. La domanda sostanziale è: cosa provano gli studenti quando viene loro riportato il problema delle *fake news* in Rete? Per lo svolgimento dell'attività è necessaria la presenza di una LIM sulla quale vengono proiettate le slide mediante programma PowerPoint. Oltre all'uso delle immagini sono presenti materiali interattivi e video che vengono visionati insieme alla classe.

scono e si diffondono alcune teorie del complotto. L'attività laboratoriale di *debunking* (cioè la destrutturazione di una notizia, il suo smontaggio) è accompagnata da una riflessione sulla psicologia di comunicazione utile ad inquadrare questi fenomeni. L'attività si snoda attraverso diversi momenti chiave: in principio un'introduzione al contesto a cui si arriva dopo un breve storia di Internet e web e del concetto di Rete. Il contesto è l'ambiente digitale contemporaneo (spesso dato per scontato da una generazione nata nell'epoca del web semantico) contraddistinto da una particolare forma di cittadinanza caratterizzata da una dimensione *onlife*: neologismo coniato da Luciano Floridi che identifica la «dimensione vitale, relazionale, sociale, comunicativa, lavorativa, economica vista come frutto tra la realtà materiale e analogica e la realtà virtuale e interattiva»[18]. Una realtà in cui gli studenti sono pienamente inseriti, ma quasi sempre inconsapevoli. Si apre quindi una riflessione, insieme alla classe, sulla definizione della società della postverità e le *fake news*, nella quale il piano teorico e il piano pratico dialogano attraverso numerosi esempi commentati insieme coi ragazzi. È un'attività che vuole in parte discostarsi dalla consueta narrazione sulle *fake news*: quella che vorrebbe preponderante l'attività di *debunking* per evidenziarne i segni del falso. È un'operazione centrale, ma sempre accompagnata da un discorso sulla psicologia della comunicazione e le dinamiche di gruppo, due aspetti imprescindibili se si vuole affrontare correttamente il problema delle *fake news*. Il passaggio appena descritto viene riportato nell'attività di nuovo mediante il rapporto con gli studenti, per esempio, agganciandoli sulle questioni relative alle *fake news* circolanti in ambiente particolare, vicino a loro (come la classe o la scuola) e ragionando su processi, similitudini, differenze che si ritrovano poi in ambito generale. In conclusione, gli studenti sono chiamati a riflettere su un proprio personale decalogo anti *fake news*.

22.3.1 *Parte prima: da Internet all'ambiente digitale contemporaneo*

La prima parte dell'attività è pensata per far entrare gli studenti all'interno del tema attraverso una breve ricostruzione storica[19] e la definizione di alcuni concetti funzionali ad accompagnarli alla scoperta di Internet, del Web e delle loro successive evoluzioni. Si inizia con una domanda rivolta alla classe: Internet e Web sono la stessa cosa? Il dibattito che ne segue porta a ragionare sulle differenze e

[18] Floridi L., 2015, *The Onlife Manifesto: Being Human in a Hyperconnected Era*, https://doi.org/10.1007/978-3-319-04093-6, Springer Cham.

[19] Una puntuale ricostruzione storica delle origini, delle invenzioni tecnologiche e dei risvolti sociali di cui parliamo la troviamo in Detti T., Lauricella G., 2013, *Le origini di Internet*, Bruno Mondadori, Milano.

sull'importanza del dare una definizione precisa dei termini per iniziare a prendere consapevolezza di una dimensione, quella del digitale, nella quale siamo tutti immersi, ma della quale abbiamo scarsa consapevolezza. Vengono mostrate immagini e mappe interattive per spiegare le origini di Internet e i motivi dello sviluppo di una delle invenzioni più importanti del Novecento. Questa prima parte è correlata da alcune biografie di figure chiave per la nascita e sviluppo di Internet e poi del Web.

22.3.2 *Parte seconda: spazio, tempo identità in Rete*

Dopo aver analizzato insieme alla classe la potentissima svolta portata dall'invenzione e diffusione del World Wide Web, viene mostrata una Timeline (che, giocando con le parole, chiameremo Time(on)line) nella quale sono evidenziati i più importanti eventi che hanno segnato la storia di Internet e del Web dal 1969 al 2012, anno in cui Facebook acquisisce Instagram. A quale evento corrisponde l'anno di nascita dei componenti della classe sulla timeline? Il gioco serve ad innescare una riflessione su quanto è cambiato il web nel corso degli anni e sull'avvento dei *social media* come terzo *turning point*, dopo l'invenzione di Internet e del Web. Successivamente, attraverso alcune slide contenti i dati sul digitale e i social media nel mondo, si apre una riflessione su quanto siano parte integrante nelle nostre vite. Viviamo infatti in una società sempre più globalizzata e interconnessa. Il nostro spazio e il nostro tempo sono nell'infosfera[20], intesa, come insieme dei mezzi di comunicazione e delle informazioni prodotte. È lo spazio informativo dell'era digitale che implica tutti gli ambiti della vita, ponendo sfide sconosciute. Abbiamo la consapevolezza di questa dimensione che ormai ci appartiene? Insieme agli studenti si ragiona su quanto le informazioni e le tecnologie sono necessarie nella nostra vita quotidiana e per le società contemporanee.

Quanto le informazioni sono diventate fondamentali per dare forma alle nostre identità personali? I *social media*, per esempio, impattano in modo significativo sulle nostre identità personali nel flusso continuo di informazioni che diamo e riceviamo. Non è un problema di secondo ordine se messo in relazione alle *fake news*. Perché un numero così elevato di persone che riporta, registra, fornisce e riceve informazioni su di sé e sul mondo genera una smisurata quantità di piccole narrazioni su qualsiasi tema delle quali siamo sia produttori sia consumatori: *prosumer*. Non solo, la consapevolezza di questa realtà, nella quale si è azzerata la

---

[20] Sul concetto di infosfera si veda Floridi L., 2014, *La quarta rivoluzione*, op. cit.

differenza tra essere online ed essere offline – Floridi parla, non a caso, di *onlife*[21] – è praticamente quasi ignorata dagli studenti e non solo. Ebbene la sua comprensione risulta cruciale, perché fornisce una delle coordinate per orientarsi nella relazione tra uomo e tecnologia.

22.3.3 *L'ecosistema della (dis)informazione tra vecchi e nuovi media*

Dopo una breve introduzione del concetto di cittadinanza digitale, si stimolano gli studenti con la visione di immagini[22] che permettono di aprire un dibattito su cosa è cambiato nell'informazione con l'avvento del digitale e dei *social media*. In particolare, l'accento è posto sulle differenze del rapporto tra l'utente, i media tradizionali e i nuovi. Le conseguenze prodotte dall'integrazione tra media tradizionali e media digitali servono a guidare lo studente nei meccanismi di funzionamento della società dell'informazione e di una delle sue qualità: la disintermediazione. L'esempio riportato in classe è quello sul funzionamento di un contenuto digitale oggi. La possibilità di accedere senza mediazioni a qualsiasi tipo di contenuto è la particolarità che ha trasformato il nostro tempo nell'era dell'informazione. Tuttavia, accanto agli aspetti positivi di circolazione massiva dei contenuti vi sono problematiche enormi e il termine *fake news* non svela che una parte di tutto questo. La disinformazione ha molte declinazioni e comprenderne alcune con la classe è un passaggio importante. Quali sono, per esempio, le differenze tra disinformazione e misinformazione?[23]

---

[21] Ogni volta che nell'attività viene presentata una parola chiave questa è mostrata attraverso « slide glossario » dove viene data una definizione precisa delle parole chiave.

[22] Immagini che si pongono in rapporto immediato con un contenuto mentale. È il « gesto visuale » di cui parlava Gilbert Simondon, come linguaggio visivo ideografico in grado di generare coordinamento orizzontale tra l'insegnante e la classe. Simondon lo contrappone al « gesto vocale », tipico dell'insegnamento, strumento di autorità che genera struttura verticale. Il concetto di gesto visuale è ripreso anche da Pier Cesare Rivoltella che, riportandolo alla contemporaneità, lo definisce « gesto digitale » come capacità dell'insegnante di fare proprie le logiche orizzontali e collaborative della nostra cultura. Si veda Simondon G., 2014, *Sulla tecnica*, Orthotes, Napoli-Salerno e Rivoltella P.C., *La contemporaneità della didattica*, op. cit.

[23] Il punto è fondamentale per comprendere che esiste un livello di creazione delle *fake news* e un livello di condivisione. La maggior parte delle persone che condivide una *fake news* in Rete non ha consapevolezza della falsità dell'informazione (misinformazione). Lo fa per motivi sociopsicologici. Per ciò che riguarda il concetto di *misinfomration* si veda Wardle C., 2020, *Journalism and the New Information Ecosystem: Responsibilities and Challenges*, in K. Mcleod, M. Zombas (2020), *Fake news: understanding media and misinformation in the digital age*, The MIT press, Cambridge, pp. 71-85.

22.3.4 *Postverità e « fake news »*

Prima di provare a dare una definizione e guardare alle caratteristiche delle false notizie diffuse in Rete, si propone alla classe una riflessione sulla società della postverità. Per farlo viene mostrata una famosa vignetta diventata virale sul web, attraverso la quale si ragiona insieme sulla differenza tra pensare e credere[24] (Fig. 22.1).

Figura 22.1

Il discorso sulla postverità ci permette di parlare dell'ecosistema dove le *fake news* hanno più possibilità di proliferare. Nell'era della postverità le fake news hanno vita più facile. Per sottolineare questo punto viene fatto alla classe l'esempio di alcune *fake news* circolate in Gran Bretagna nel 2016 durante la campagna per il referendum della Brexit. Alcuni di quegli spot elettorali accompagnati dalle immagini (Figg. 22.2) sono commentati insieme agli studenti per capire che caratteristiche hanno e se alcune di queste si ripetono, cioè se è possibile definire uno schema ripetibile quando parliamo di fake news.

Figura 22.2 *Boris Johnson e Theresa May durante la campagna elettorale per la Brexit, 2016 (Credit: Alamy Stock Photo / PA Images / Stefan Rousseau).*

[24] Si tratta di una vignetta di Martin Shovel dal titolo « Truth vs Post-Truth » visualizzabile al seguente link: https://tinyurl.com/26rbuxc3 (URL consultato il 30/3/2022).

È arrivato il momento di provare a dare una definizione[25] di *fake news*. Anche in questo caso è importante costruirla insieme alla classe, cercando di addensare le considerazioni e le riflessioni degli studenti. Come si diffondono e perché? In questa parte si dà spazio ai meccanismi di psicologia sociale e psicologia dei nuovi media per ragionare su quanto questi aspetti influiscano sulla diffusione delle *fake news*[26]. Le false notizie non sono un fenomeno nuovo. La storia ci viene in aiuto. Viene mostrata alla classe una serie di false notizie attraverso StoryMap JS (è un servizio web gratuito che permette di realizzare delle storie attraverso mappe interattive[27]). Nella parte più laboratoriale vengono presentati agli studenti tre esempi di *fake news* circolate in Rete. La prima è una notizia apparsa su numerosi quotidiani online all'indomani degli attentati di Parigi del 13 novembre 2015[28] e che riguardava la pubblicazione, da parte di canali di comunicazione vicini allo Stato Islamico, della foto di un presunto attentatore suicida, responsabile degli attacchi nella capitale francese (Fig. 22.3). La noti-

Figura 22.3

[25] La definizione che emerge dal dialogo con la classe viene confrontata con quella proposta nei contenuti dell'attività. Le *fake news* moderne sono veicolate soprattutto attraverso il Web, i media o le tecnologie digitali di comunicazione, e sono caratterizzate da un'apparente plausibilità; quest'ultima alimentata da un sistema distorto di aspettative dell'opinione pubblica e da un'amplificazione dei pregiudizi che ne sono alla base, ciò ne agevola la condivisione e la diffusione pur in assenza di una verifica delle fonti.

[26] Ci riferiamo in particolare all'importanza delle dinamiche di gruppo per l'essere umano. Al rapporto stretto tra *fake news* e social media: *egosurfing*, *echo chamber*, silos sociali, pregiudizio di conferma. Per ragionare su quanto e come l'opinione del gruppo sia influente per il singolo, viene mostrato un video nel quale è riprodotto il famoso esperimento dello psicologo sociale Solomon Asch.

[27] Questa parte dell'attività si chiama *La storia falsa*. Sono trattati alcuni famosi falsi storici per es. La Donazione di Costantino, La morte di Napoleone, L'uomo di Piltdown.

[28] Attentati Parigi, «ecco uno dei terroristi». L'Isis pubblica la fotografia di un presunto kamikaze senza nome, 15 novembre 2015, l'articolo pubblicato sul sito del giornale «Il Fatto Quotidiano» è consultabile al seguente link: https://tinyurl.com/42ybhuwd (URL consultato il 20/6/2022). Dopo la smentita, i giornali hanno dovuto modificare i loro pezzi per chiarire l'errore, anche se il titolo con il lancio della (falsa) notizia, come si può leggere, è rimasto lo stesso. Il ragazzo della foto è il giornalista canadese Veerender Jubbal che aveva pubblicato qualche giorno prima un semplice selfie sul proprio profilo Twitter. La foto è stata modificata per far passare Jubbal come terrorista. Per una ricostruzione della vicenda si legga: Starton R., Chi c'è dietro la finta foto del terrorista di Parigi, www.vice.com, 17/11/2015, consultabile al seguente link https://tinyurl.com/2uwcff48 (URL consultato il 20/6/2022).

zia, pubblicata da numerose testate online in Italia e nel mondo, è diventata in poche ore virale. La foto viene analizzata insieme alla classe per capire quali sono gli elementi in grado di far comprendere che si tratta, in questo caso, di una foto modificata e caricata in Rete e quali sono i motivi che spingono anche testate importanti e ritenute credibili a non verificare le fonti e vagliare attentamente le immagini.

Il secondo esempio (Fig. 22.4) è una famosa *fake news* di un falso senatore[29] circolante sul Web dal 2012. Si tratta di un post che ha fatto il giro del social network e che riporta una notizia pubblicata e diffusa come scherzo. Insieme agli studenti si cercheranno indicazioni per comprendere che si tratta di una notizia falsa e di comprendere i motivi della sua diffusione virale; forse anche per via dell'appello all'emotività del lettore, una delle tipicità delle false notizie in Rete.

COME MAI IL TELEGIORNALE NON DICE QUESTE COSE...? COME MAI IL TELEGIORNALE PARLA DELLA BELEN...?
COME MAI GLI ITALIANI NON SANNO QUESTE COSE...?

Ieri il Senato della repubblica ha approvato con 257 voti a favore e 165 astenuti il disegno di legge del Senatore Cirenga che prevede la nascita del fondo per i "Parlamentari in crisi" creato in vista dell'imminente fine legislatura. Questo fondo prevede lo stanziamento di 134 miliardi di euro da destinarsi a tutti i deputati che non troveranno lavoro nell'anno successivo alla fine del mandato. E questo quando in Italia i malati di SLA sono costretti a pagarsi da soli le cure. Rifletti e fai girare

Figura 22.4

Il terzo esempio (Fig. 22.5) è sempre di natura satirica. Si tratta di un post pubblicato il 20 agosto 2017 dal giornalista Luca Bottura come esperimento sociale, per verificare la reazione dei lettori. Bottura aveva scom-

Figura 22.5

[29] La *fake news* è circolata soprattutto su Facebook. Vi si legge che il Senato avrebbe approvato, con «257 voti a favore e 165 astenuti» il disegno di legge del senatore Cirenga. La norma prevederebbe la nascita di un fondo da 134 miliardi di euro per i «parlamentari in crisi», ossia per i deputati che non troveranno lavoro nell'anno successivo alla fine del mandato «e questo quando in Italia i malati di SLA sono costretti a pagarsi da soli le cure. Rifletti e fai girare». Il post Facebook contenente l'informazione falsa ha avuto un impressionante numero di condivisioni 357.642.

messo che i lettori l'avrebbero preso sul serio. Un post costruito con un tema all'epoca di scottante attualità come l'accoglienza agli immigrati. Nella didascalia dell'immagine si legge in stampatello maiuscolo: «RISORSE BOLDRINIANE A FORTE DEI MARMI FANNO SHOPPING DA PRADA COI 35 EURO. CONDIVIDI SE SEI INDIGNATO!!!». Anche in questo caso viene analizzata l'immagine insieme alla classe, per vedere come i personaggi raffigurati sono in realtà un attore famoso di Hollywood, Samuel L. Jackson, e un ex giocatore dell'NBA, Magic Johnson. Si riscontrano anche qui alcune tipicità del linguaggio delle *fake news*, come l'uso dei punti esclamativi, il maiuscolo e l'invito ad indignarsi.

Al termine di questa ultima parte dell'attività si costruisce insieme alla classe un potenziale semplice decalogo anti *fake news*.

1. Non ci fidiamo dei titoli urlati
2. Controlliamo l'indirizzo del sito
3. Facciamo ricerche su chi ha scritto la notizia
4. Facciamo attenzione ai contenuti digitali
5. Controlliamo le date
6. Verifichiamo le testimonianze
7. Controlliamo se altre fonti hanno riportato la stessa notizia
8. Analizziamo l'immagine e il testo
9. Comparazione delle fonti
10. Se non siamo sicuri non condividiamo.

22.4 Conclusioni

Le *fake news* sono un tema aperto e come tale andrebbe trattato anche in classe. Gli stimoli ininterrotti che noi tutti riceviamo attraverso una quantità smisurata di informazioni richiedono un'attenzione e preparazione particolare, che dovrebbe entrare nel percorso formativo di studenti e insegnanti in modo sistematico[30]. Spesso non è chiara la differenza tra informazione e conoscenza. Ho cercato di presentare alcune riflessioni di carattere teorico e proposte didattiche sul tema, per affrontare in classe l'argomento *fake news*. In generale è un tema che si presta molto bene per provare a superare due tipicità della trasmissione del sapere in ambito scolastico: la verticalità e l'esclusività. La natura «vivente» del tema, le

[30] Si veda in questo senso il caso della Finlandia (in https://tinyurl.com/mptapjwv, URL consultato il 12/5/2022).

possibili interazioni transdisciplinari aiutano a tendere verso un modello che veda gli studenti partecipi della costruzione di saperi insieme all'insegnante. Provare a riconoscere l'attendibilità delle fonti è un punto di partenza importante ma non sufficiente, lo stesso dicasi per la confutazione delle notizie false (*debunking*). È stato ampiamente dimostrato che l'utilizzo può essere addirittura controproducente quando il destinatario è una persona che frequenta pagine o gruppi social promotori di *fake news* o complotti[31]. La responsabilità, infatti, non può solo essere imputata alle informazioni che ci vengono proposte, ma anche al tipo di informazioni che ciascuno di noi cerca. Si tratta del pregiudizio di conferma che è sempre all'opera, perché quasi sempre siamo alla ricerca di conferme a ciò che sappiamo. Un *bias* cognitivo, una distorsione che la persona attua nella valutazione di fatti o avvenimenti e che porta a creare una nostra visione soggettiva non del tutto corrispondente alla realtà. Per affrontare il problema a scuola, si tratta da un lato di cercare di rompere la bolle comunicative e di disinformazione, nelle quali spesso ci troviamo e che costruiscono attorno a noi un mondo di informazioni su misura, fortemente inquinato dalle *fake news*. Dall'altro di prendere consapevolezza dei meccanismi psicologici umani che non possono essere sottovalutati quando parliamo di false notizie. È un primo passo per invitare gli studenti al pensiero critico che non deve essere soltanto inteso come ragionamento o riflessione, ma come un processo riflessivo, motivato e di ricerca alternativa, volto alla costruzione di conoscenza. Un'attitudine che lo studente dovrebbe sviluppare dapprima nei confronti delle proprie opinioni personali e successivamente traslare alla valutazione delle informazioni proposte dai media. Solo così potremo avviarci verso un percorso per una comunicazione consapevole in Rete.

Bibliografia

- Bloch M., 2004, *La guerra e le false notizie. Ricordi (1914-1915) e riflessioni (1921)*, Donzelli, Roma.
- Brotherton R., 2017, *Menti sospettose. Perché siamo tutti complottisti*, Bollati Boringhieri, Torino.

[31] Per esempio, a riguardo si veda uno studio pubblicato nel 2017 da Zollo F., Bessi A., Del Vicario M., Scala A., Caldarelli G., *et al.*, 2017, *Debunking in a world of tribes*. PLOS ONE 12(7): e0181821. https://doi.org/10.1371/journal.pone.0181821. Sul complottismo e su quanto i tratti della mentalità complottista siano molto più comuni di quello che immaginiamo si veda Brotherton R., 2017, *Menti sospettose. Perché siamo tutti complottisti*, Bollati Boringhieri, Torino.

- Buckingham D., 2020, *Un manifesto per la media education*, Mondadori, Milano.
- Cappello G., 2020, *La media education a scuola. Un approccio olistico per la costruzione della cittadinanza digitale*, in D. Buckingham, *Un manifesto pe la media education*, Mondadori Università, Milano, pp. XV.
- Detti T., Lauricella G., 2013, *Le origini di Internet*, Bruno Mondadori, Milano.
- Floridi L., 2017, *La quarta rivoluzione. Come l'infosfera sta trasformando il mondo*, Raffaello Cortina Editore, Milano.
- Floridi L., 2020, *Il verde e il blu. Idee ingenue per migliorare la politica*, Raffaello Cortina Editore, Milano.
- Harari Y.N.,2019, *21 lezioni per il XXI secolo*, Bompiani, Milano.
- Jenkins H., Ford S., Green J., 2013, *Spreadable media. I media tra condivisione, circolazione, partecipazione*, Apogeo, Santarcangelo di Romagna.
- Lorusso A.M, 2018, *Postverità. Fra reality, social media e storytelling*, Laterza, Bari-Roma.
- Mcleod K., Zombas M., 2020, *Fake news: understanding media and misinformation in the digital age*, The MIT press, Cambridge.
- Riva G., 2018, *Fake news. Vivere e sopravvivere in un mondo post verità*, Il Mulino, Bologna.
- Rivoltella P.C., 2021, *La contemporaneità della didattica*, Editoriale EAS, n. 8.
- Serres M., 2018, *Contro i bei tempi andati*, Bollati Boringhieri, Torino.
- Simondon G., 2014, *Sulla tecnica*, Orthotes, Napoli-Salerno.
- Wardle C., 2020, *Journalism and the New Information Ecosystem: Responsibilities and Challenges*, in K. Mcleod, M. Zombas, *Fake news: understanding media and misinformation in the digital age*, The MIT press, Cambridge, pp. 71-85.

Sitografia

- Casadio A., *Attentati Parigi, « ecco uno dei terroristi ». L'Isis pubblica la fotografia di un presunto kamikaze senza nome*, 15 /11/2015, in www.ilfattoquotidiano.it, https: //www.ilfattoquotidiano.it/2015/11/14/attentati-parigi-ecco-uno-dei-terroristi-lisis-invia -foto-di-un-presunto-kamikaze/2220691/.
- Commissione Europea – Comunicazione congiunta al Parlamento europeo e al Consiglio, 2016, *Il quadro congiunto per contrastare minacce ibride,* Bruxelles, in https: //eur-lex.europa.eu/legal-content/IT/TXT/PDF/?uri=CELEX:52016JC0018&from =IT.
- Commissione Europea – Report /Study, 2018, *Final report of the High Level Expert Group on Fake News and Online Disinformation*, in https://digital-strategy.ec.europa.eu/en/library/final-report-high-level-expert-group-fake-news-and-online-disinformation.
- EU vs Disinfo, in https://euvsdisinfo.eu/it/.
- Floridi L., 2015, *The Onlife Manifesto: Being Human in a Hyperconnected Era*, in https: //doi.org/10.1007/978-3-319-04093-6, Springer Cham.
- Gazzetta Ufficiale della Repubblica Italiana, n. 195 del 21-8-2019, in www.gazzettaufficiale.it, Introduzione dell'insegnamento scolastico dell'educazione civica, https://www.gazzettaufficiale.it/eli/id/2019/08/21/19G00105/sg#:~:text=note%3A%20Entra-

ta%20in%20vigore%20del%20provvedimento%3A%2005%2F09%2F2019&text=1%20Principi%201.,dei%20diritti%20e%20dei%20doveri.
- *In Finlandia insegnano a difendersi dalla disinformazione sin dalla scuola primaria*, https://www.valigiablu.it/finlandia-scuola-primaria-disinformazione/.
- Istituto Storico Parri Bologna Metropolitana, in http://www.istitutoparri.eu/didattica.
- Lewis L., 2021, *Infographic: What Happens In An Internet Minute 2021*, in https://www.allaccess.com/merge/archive/32972/infographic-what-happens-in-an-internet-minute.
- Oxford Languages, 2016, *Word of the Year*, Oxford University Press, in https://languages.oup.com/word-of-the-year/2016.
- Piano Nazionale Scuola Digitale, 2015, in https://www.istruzione.it/scuola_digitale/index.shtml.
- *Post-verità – neologismi*, in https://www.treccani.it/vocabolario/post-verita_res-65be68bc-89ea-11e8-a7cb-00271042e8d9_%28Neologismi%29/.
- Shovel M., *Truth vs Post-Truth*, in Martin Shovel su Twitter: «My cartoon - Truth vs Post -Truth https://t.co/NRHLi5c6aq» / Twitter.
- Starton R., *Chi c'è dietro la finta foto del terrorista di Parigi*, in www.vice.com, 17/11/2015, https://www.vice.com/it/article/pp7nyn/veerender-jubbal-photoshop-responsabili-387.
- Zollo F., Bessi A., Del Vicario M., Scala A., Caldarelli G., *et al.*, 2017, *Debunking in a world of tribes*, PLOS ONE 12(7):e0181821, in https://doi.org/10.1371/journal.pone.0181821.

Fonti delle immagini

- Immagine 1: https://twitter.com/martinshovel/status/953676354029056004.
- Immagine 2: https://www.valigiablu.it/disinformazione-manipolazione-microtargeting/.
- Immagine 3: https://www.theguardian.com/politics/2018/jul/28/dcms-committee-report-finds-truth-fake-news-facebook-brexit.
- Immagine 4: https://www.ilfattoquotidiano.it/2015/11/14/attentati-parigi-ecco-uno-dei-terroristi-lisis-invia-foto-di-un-presunto-kamikaze/2220691/.
- Immagine 5: https://pagellapolitica.it/bufale/notizia-falsa-il-fondo-parlamentari-in-crisi-del-senatore-cirenga.
- Immagine 6: https://twitter.com/bravimabasta/status/898615497293541376.

23
La *Flipped classroom*: dall'intuizione alla pratica didattica

di Valeria Pancucci e David Del Carlo

23.1 *La Flipped classroom*; che cos'è?

La *Flipped classroom*, o classe capovolta, è una strategia metodologica che si può far rientrare nella più ampia categoria delle metodologie attive. Nasce propriamente in ambito statunitense nel 2007 con Jonathan Bergman e Aaron Sams, docenti di chimica di un liceo del Colorado; i due hanno l'intuizione di registrare le loro lezioni e caricarle su un canale YouTube, con l'immediato vantaggio di fornire i contenuti agli alunni assenti. Il canale social ben presto si rivela di grande utilità, non soltanto per chi non può frequentare le lezioni in presenza, ma anche per quanti desiderano attingere nuovamente alle spiegazioni come rinforzo. Di poco precedente, nel 2006, si colloca l'avvio dell'ormai famosissima Kahn Academy, organizzazione non a scopo di lucro che fornisce contenuti e video per l'apprendimento a distanza attraverso tecnologie *e-learning*; anche questa nasce in modo casuale dall'idea dell'ingegnere statunitense di origini bengalesi Salman Kahn di offrire video-ripetizioni di matematica, prima per la cugina e successivamente per i tanti che richiedevano lo stesso aiuto.

Dunque tutto inizia con due intuizioni fortuite, ma geniali, che sfruttano le tecnologie digitali e le mettono a supporto dell'apprendimento.

Questo spunto, quanto mai ricco e fecondo di conseguenze in ambito didattico, approda in Italia nel 2014, grazie al testo di Maurizio Maglioni e Fabio Biscaro *La classe capovolta. Innovare la didattica con la Flipped classroom*, un agile manuale dal carattere eminentemente operativo, che fornisce idee e strumenti che aprono la strada a un vero e proprio capovolgimento nella scuola italiana. Inizia così, grazie all'associazione Flipnet, fondata proprio dai due autori insieme con pochi altri docenti pionieri innovatori, una rivoluzione dal basso, che oggi annovera una comunità di docenti dei diversi ordini e gradi di istruzione riuniti in un gruppo Facebook di quasi 110.000 membri, numerose pubblicazioni, corsi online e in presenza, convegni ed eventi formativi.

La *Flipped classroom*, o *Flipped lesson*, ha trovato poi solide basi pedagogiche e didattiche grazie ai contributi teorici di Graziano Cecchinato dell'Università di Padova, ma anche forti affinità e integrazioni con la metodologia EAS che si deve a Pier Cesare Rivoltella, docente dell'Università Cattolica di Milano e fondatore del Cremit[1].

Insomma, un varco è stato aperto, una crepa nell'idea dell'inviolabilità della lezione *ex cathedra*, la lezione frontale del docente come unica fonte di sapere per gli studenti.

A oggi il termine *Flipped classroom* è ampiamente noto in ambito scolastico, proprio per la grande risonanza avuta sui social, considerati nuovi strumenti di condivisione e di arricchimento anche in chiave di autoformazione. Eppure, spesso si riscontra un grande fraintendimento, una sorta di misconoscenza di ciò che è realmente la *Flipped*: molti, infatti, ritengono che la metodologia si esaurisca e si concentri esclusivamente nella sostituzione della lezione del docente con un video.

In realtà, a differenza di ciò che comunemente si pensa, il vero fulcro dell'approccio *Flipped* non risiede nei video (si veda qui l'UdA *Una giornata nell'antica Roma*, che non li prevede), bensì nelle attività di tipo laboratoriale che vengono svolte in classe: compiti autentici e di realtà che sfidano gli studenti ad applicare in maniera inedita e divergente le conoscenze acquisite. Per tali attività è sicuramente preferibile la modalità cooperativa, ma non sono da escludere a priori compiti individuali: come sempre, quando si tratta di lavorare con i ragazzi, è necessaria la massima flessibilità.

Abbiamo aperto questo breve contributo annoverando la *Flipped* tra le metodologie didattiche di stampo costruttivista, proprio perché il vero capovolgimento non risiede nell'uso del video in chiave didattica, ma nello spazio concesso agli studenti per sperimentare e costruire il proprio apprendimento. La *Flipped*, infatti, prevede che la lezione venga anticipata, spostata fisicamente dall'aula a casa, dove ogni studente può visionare e studiare, seguendo i propri ritmi, i materiali (video, ma anche audio, presentazioni, testi, mappe o altro) predisposti dal-

---

[1] Il Cremit è il Centro di Ricerca sull'Educazione ai Media, all'Innovazione e alla Tecnologia dell'Università Cattolica di Milano. L'acronimo EAS sta per Episodi di Apprendimento Situato; si tratta di una metodologia introdotta dal professor Rivoltella, che prevede e si articola in tre fasi fondamentali: la fase preparatoria, in cui l'insegnante prepara e fornisce uno stimolo concettuale all'alunno attraverso un video, una mappa, un materiale di vario tipo; la fase operatoria, in cui la classe svolge un compito e produce un artefatto; infine la fase ristrutturativa, cioè il *debriefing*, in cui insegnante e studenti riflettono sul percorso fatto, stimolando la metacognizione.

l'insegnante, che può in tal modo – tra l'altro – attuare una vera e propria personalizzazione dei contenuti da fornire, sulla base delle reali specificità dei suoi alunni. In classe, poi, liberata la lezione dalla spiegazione, che può essere comunque recuperata brevemente tramite attività iniziali quali *brainstorming* o giochi/attività di vario tipo, per verificare e chiarire l'acquisizione di quanto è stato anticipato a casa, si avviano e si sviluppano i compiti che permettono agli alunni di approfondire e sperimentare in classe nuovi e più ricchi contenuti, avvalendosi in tal modo del supporto dell'insegnante, presente proprio quando c'è più bisogno.

Sicuramente, è proprio nelle fasi di progettazione, realizzazione, monitoraggio e valutazione di quanto gli studenti creano in classe che si esprime al massimo livello la nuova professionalità docente: l'insegnante del XXI secolo, ormai lontano dalla figura novecentesca di dispensatore unico del sapere, guadagna nuova autorevolezza dalla capacità di ricoprire, di volta in volta, il ruolo di *designer* didattico, guida, mentore e regista delle diverse attività. Potremmo dire che proprio tali ruoli diversificati contribuiscono a salvaguardare il nostro lavoro di docenti dalla routine, stimolando ed esaltando al massimo grado la nostra creatività.

Un altro aspetto da considerare è il fatto che l'insegnante non si trova più fisicamente dietro la cattedra, ma affianca costantemente gli alunni suddivisi nei gruppi di lavoro, monitorandone il lavoro ed eventualmente sedendosi accanto agli studenti con difficoltà, per realizzarne una reale inclusione. La vicinanza fisica del docente cambia sostanzialmente la percezione che ne hanno i ragazzi: l'insegnante è infatti percepito come un adulto esperto, in grado di dare consiglio e supporto, ma anche capace di lasciare ampi margini di autonomia nella realizzazione di un progetto condiviso.

Ecco dunque che la *Flipped classroom* può considerarsi una metodologia fortemente inclusiva in ogni fase o momento, da quando vengono forniti i materiali, che nella logica dell'*Universal Design for Learning* (UDL) possono comprendere sollecitazioni adeguate per tutte le necessità delle nostre classi, oggi sempre più eterogenee e composite, fino alla realizzazione in classe di compiti autentici o di realtà, che richiedono, secondo una logica cooperativa, il contributo di ciascuno in base alle proprie potenzialità[2].

Una metodologia che punta dunque non alla mera trasmissione di contenuti, alla ripetizione di conoscenze destinate ben presto a essere dimenticate e spesso

[2] L'*Universal Design for Learning* (UDL) è un approccio didattico volto a offrire a tutti gli studenti pari opportunità di successo, promuovendo l'utilizzo di una varietà di metodi di insegnamento, con l'obiettivo di rimuovere qualsiasi ostacolo all'apprendimento, facendo in modo che gli studenti imparino secondo le modalità a loro più congeniali. Per fare ciò, dovrebbero essere fornite a ogni studente molteplici forme di coinvolgimento, diversi mezzi di rappresentazione e varie modalità di espressione.

disancorate completamente dall'esperienza degli studenti, bensì alla costruzione di competenze, nell'ottica di un apprendimento significativo che permane nel tempo perché si radica nell'esperienza di ogni singolo allievo.

Se innovativi sono le modalità di approccio alla conoscenza e gli strumenti utilizzati per la realizzazione di attività collaborative e laboratoriali, anche la valutazione viene affrontata, nell'approccio *Flipped*, in maniera sicuramente distante dalla tradizione.

L'elemento della valutazione riveste, in effetti, un'importanza decisiva nella *Flipped classroom*, come in generale in tutte le forme di didattica attiva: prima di dare inizio alle attività in classe, il docente opera una rapida valutazione individuale delle conoscenze, verificando se il materiale preparatorio sia stato accuratamente studiato e compreso; mentre i gruppi lavorano in modalità cooperativa, monitora come si relazionano gli studenti e qual è l'effettivo apporto dei singoli; nella fase di restituzione, in cui i diversi gruppi illustrano ai compagni il lavoro svolto, l'insegnante valuta sia il prodotto finale (solo in questo caso, il voto è lo stesso per tutti i componenti del team di lavoro), sia le competenze sviluppate, a livello di capacità di coinvolgimento, padronanza dei contenuti, rispetto dei tempi, lessico ecc.

Insomma, al termine di un'unità di apprendimento condotta in forma cooperativa l'insegnante ha a disposizione diversi voti per ciascun alunno e, ciò che è più importante, è riuscito ad allargare lo spettro della sua valutazione ben oltre l'aspetto contenutistico.

Esempi di *rubrics* di valutazione sono presenti nelle unità di apprendimento proposte, in cui si trovano anche *check-list* per l'auto-valutazione degli studenti: si tratta di brevi questionari a risposta chiusa (sì/no) che costituiscono una guida per il corretto svolgimento del compito, con domande molto puntuali e specifiche (si vedano gli esempi riportati), ma al tempo stesso – ed è l'aspetto sicuramente più rilevante – un semplice ed efficace strumento per riflettere sul proprio lavoro e su quello dei compagni; insomma, uno stimolo alla meta-cognizione dalla forte valenza educativa.

23.2 Spunti operativi: dalla teoria alla pratica

Cosa significa dunque per un docente progettare un percorso in modalità *Flipped*? Se decidiamo di cimentarci e sperimentare questa metodologia nelle nostre classi, è sicuramente consigliabile prima studiare e approfondire attraverso testi, ma anche e soprattutto attraverso percorsi formativi, che ci potranno fornire le basi teoriche e operative relativamente alle modalità di ricerca o produzione di video e altri tipi di materiali anticipatori, di strutturazione di compiti autentici per le nostre classi, tenendo conto delle dinamiche interne e delle specificità del nostro gruppo, e di costruzione di strumenti di valutazione completi, ma facilmente utilizzabili dall'insegnante durante il percorso. È indispensabile che ciascuno di questi momenti sia ben strutturato per la buona riuscita di un percorso in modalità *Flipped.*

Flipped e digitale

Certamente la metodologia *Flipped* prevede una forte integrazione con il digitale, eppure questo non significa che in assenza, o quasi, di strumentazione non possiamo attuare e sperimentare percorsi capovolti. Se molte delle nostre scuole, infatti, ancora non possiedono Lim, aule d'informatica o carrelli mobili con dispositivi – e soprattutto una buona rete di connettività – è comunque molto probabile che gli alunni e le alunne delle nostre classi possiedano almeno uno smartphone che utilizzano in modo continuativo, senza tuttavia aver mai pensato che questo possa essere un valido strumento scolastico al pari di libri e quaderni. Per l'insegnante è pertanto possibile far leva proprio sull'uso massiccio dei dispositivi mobili personali dei ragazzi per assegnare un video, far ascoltare un podcast, far visionare una presentazione o un qualsiasi altro tipo di materiale multimediale. Secondo la logica del BYOD (*Bring Your Own Device*)[3] è anche possibile chiedere agli studenti di utilizzare lo smartphone in classe per realizzare semplici compiti di realtà. Tuttavia, come dicevamo, mentre la visione del materiale anticipatorio, di qualunque tipo esso sia, richiede uno strumento digitale, anche un semplice smartphone, che generalmente a casa ciascuno studente possiede, o che comunque può utilizzare, anche se non è suo personale (pensiamo, ad esempio, agli alunni della secondaria di primo grado, o addirittura della primaria, che potrebbero usare i dispositivi dei familiari, opportunamente informati della metodologia attuata), in classe non è indispensabile che l'attività preveda l'uso di strumenti digitali, in quanto è possibile progettare la realizzazione di artefatti cartacei, analogici, orali.

---

[3] La sigla BYOD è l'acronimo dell'espressione inglese *Bring Your Own Device*, che nei miei corsi di formazione amo tradurre, scherzosamente, «pòrtatelo da casa»: è una definizione elegante, molto trendy (il MIUR ultimamente ama infarcire i suoi documenti ufficiali di anglicismi, il più delle volte inutili), dietro la quale si cela l'atavica mancanza di attrezzature che caratterizza la scuola italiana. Concretamente, significa che, anche se non avete la fortuna di lavorare in un'aula 3.0, dotata di notebook o tablet per gli alunni, potete comunque impostare e realizzare attività in *Flipped* e *cooperative learning*: sarà sufficiente, prima di formare i gruppi, verificare quanti studenti hanno la possibilità di portare il proprio notebook a scuola per lavorare con i compagni. A quel punto, basterà fare in modo che in ogni gruppo ci sia un ragazzo con un notebook a disposizione (non serve che ce ne sia uno per studente). Eventuali problemi di compatibilità fra programmi e sistemi operativi possono essere superati facendo utilizzare app e web tools multipiattaforma, per esempio Google Presentazioni.

È altresì vero che l'esperienza della pandemia ha fornito alla scuola una brusca accelerazione in direzione dell'uso degli strumenti digitali, mostrando chiaramente quanto sia importante che sia gli studenti sia i docenti sappiano utilizzare gli strumenti digitali in ambito didattico e che le scuole si dotino di strumentazioni adeguate, di connettività, di piattaforme didattiche.

Come esemplificazione di quanto detto finora forniamo alcuni esempi concreti e pratici di percorsi strutturati in chiave *Flipped*, da poter replicare o da utilizzare come spunti e modelli per future progettazioni nelle vostre classi.

23.2.1 *Secondaria di primo grado*

Alla scuola secondaria di primo grado la *Flipped classroom* va calibrata adeguatamente sulle classi: alunni e alunne hanno tempi di attenzione abbastanza brevi, pertanto i video da fornire devono avere una durata massima di una decina di minuti (10/12 minuti sono già sufficienti) ed essere abbastanza aderenti ai contenuti che poi ritroveranno nel manuale in adozione. Si lavorerà molto sulla competenza dell'*Imparare ad imparare* per favorire l'acquisizione di un metodo di studio e si punterà su attività anche abbastanza semplici in grado di gettare le basi della disciplina storica; in tal senso, andranno benissimo, ad esempio, semplici linee del tempo per lavorare su assi temporali anche simultanei e sui nessi logici causa/effetto; oppure, per lavorare sul lessico della disciplina e su parole e concetti chiave, ottimi sono gli esercizi di costruzione di glossari o *flashcard*, così come la costruzione di carte d'identità di personaggi storici, anche attualizzandoli attraverso la realizzazione di ipotetici profili social. Si tratta di semplici spunti operativi da poter realizzare in classe anche nella breve durata di una singola ora di lezione.

Argomento

Maometto e l'Islam.

Classe

Prima, scuola secondaria primo grado.

Lezioni in itinere

Il compito previsto si colloca a conclusione di un breve percorso di tre lezioni svolte sulla civiltà della penisola araba prima e dopo l'avvento di Maometto. Siamo in una classe prima che ha da poco avviato l'approccio all'uso dei video didattici in chiave *Flipped* e dunque le attività vengono ancora proposte in modo molto semplice, per favorire l'acquisizione di metodo e routine allo studio dei materiali di vario tipo. Alunni e alunne visionano a casa, nel corso delle lezioni, alcuni video molto brevi, reperiti dall'insegnante online e afferenti a diverse case editrici; al termine della visione il compito previsto è quello di realizzare una mappa delle parole chiave individuate. In classe, poi, dopo un breve *brainstorming* in cui si ricostruisce la lezione proprio partendo dalle parole chiave annotate a casa, a coppie gli alunni devono ricercare sul testo tutte le parole chiave emerse (anche quelle trovate dai compagni o aggiunte dall'insegnante) e trascriverle con una corretta spiegazione.

Video utilizzati

L'Islam e l'impero arabo (Lattes) https://youtu.be/iVsRNl7DZdA

Maometto (Hub Scuola) https://youtu.be/eG0ZKI9EZB0

La civiltà araba (HubScuola) https://youtu.be/YTHnVCQvfCg

Compito autentico

Passa gli appunti – costruzione di un quaderno digitale per gli appunti e approfondimenti di storia.

Il compito proposto prevede la realizzazione di un quaderno digitale da poter utilizzare come materiale di ripasso e di condivisione liberamente accessibile anche per i compagni e le compagne assenti; l'attività prevista, infatti, è stata realizzata in un periodo di numerose assenze a causa di una nuova ondata di contagi pandemici, ed è stata svolta in parte in modalità di DDI, cioè Didattica Digitale Integrata, pertanto alcuni alunni hanno partecipato collegati da casa.

Modalità di realizzazione

Gli alunni e le alunne lavorano in coppie; le coppie, predisposte preventivamente dall'insegnante, mettono insieme alunni più fragili e alunni più esperti secondo la logica del *peer to peer* per favorire la collaborazione e l'aiuto reciproco.

Competenze chiave attivate

- Competenza alfabetico funzionale;
- competenza personale, sociale e capacità di imparare a imparare;
- competenza digitale;
- competenza in materia di consapevolezza ed espressione culturali.

Materiali, risorse e strumenti da utilizzare

L'attività prevede l'uso degli strumenti digitali, pc, notebook o tablet, ed è pensata per essere svolta in laboratorio informatico, dove alunni/e occupano una postazione pc a coppia.

Ogni coppia ha a disposizione il manuale di storia e il quaderno degli appunti.

L'insegnante fornisce altri manuali di storia, diversi da quelli in adozione, per possibili approfondimenti.

L'insegnante predispone sulla Classroom d'istituto un format dell'attività da svolgere con indicazioni chiare.

Format fornito dall'insegnante

https://docs.google.com/presentation/d/1CGmjTITiDGTExxQT2zyh_yX_vLM-VFu-rTEPNq6pHhgo/edit?usp=sharing

Ogni coppia di lavoro, sulla base di quanto studiato nel corso delle lezioni precedenti e servendosi in modo autonomo del libro di testo, ed eventualmente degli altri materiali forniti dall'insegnante, deve realizzare dei brevi testi pertinenti alle richieste del format.

Tempo a disposizione

2 ore

Check List

La check list è lo strumento che l'insegnante fornisce preventivamente agli studenti come strumento di autovalutazione e di supporto nella realizzazione dell'attività: attraverso semplici item, ai quali si risponde in forma affermativa o negativa, gli studenti sono guidati nelle diverse fasi di realizzazione del compito; vengono inoltre evidenziati gli aspetti imprescindibili che saranno osservati e valutati dall'insegnante.

Avete scritto i tre paragrafi richiesti dal compito?	/1
Avete individuato le informazioni pertinenti, rielaborandole senza limitarvi a copiarle?	/1
Avete utilizzato il lessico della disciplina in modo pertinente?	/1
Avete rispettato il numero di caratteri richiesto?	/1
Avete inserito le didascalie alle immagini inserite nel format?	/1
Avete rispettato i tempi previsti?	/1
Avete collaborato rispettando le idee di entrambi?	/1
Avete scritto in forma corretta frasi di senso compiuto usando la lingua italiana in modo corretto?	/1
Avete riletto il lavoro per evitare errori ortografici?	/1
Avete curato l'aspetto formale, facendo attenzione alle indicazioni fornite (uso della punteggiatura, maiuscole, spazi)?	/1
Totale	

Argomento

Ascesa del nazismo.

Classe

Terza, scuola secondaria di primo grado.

Lezioni in itinere

In questo caso si tratta di una lezione che introduce una delle grandi dittature del Novecento, il nazismo, di cui la classe ha già avuto modo di conoscere e indagare diversi aspetti. L'argomento segue una ampia ed estesa trattazione di ciò che è stato e ha rappresentato il fascismo in Italia in quanto dittatura totalizzante e pervasiva di ogni aspetto della vita civile, politica e militare.

L'argomento viene trattato volutamente in modo snello da un punto di vista degli eventi storici più drammaticamente tragici dell'ascesa al potere di Hitler e del suo partito, attraverso una linea del tempo ricostruita dall'insegnante che contiene materiali di vario tipo, dai video alle foto storiche alle pagine di giornale.

Gli alunni sono invitati a studiare a casa il materiale fornito dall'insegnante, tramite la piattaforma didattica *Classroom*; in fondo all'elaborato digitale si trova già inserito un breve questionario da completare a casa con domande relative non soltanto al materiale contenuto nella presentazione digitale, ma anche presente nel manuale in uso (in particolare alcune immagini contenute negli apparati iconografici, oggetto di precedenti lezioni).

Il compito da svolgere in classe consiste poi nel confronto attivo e nella contrattazione dei significati di fondo che portano a far emergere le somiglianze tra le due dittature, completando un semplice schema predisposto dall'insegnante, tramite la creazione di un *lapbook* originale. Il lapbook è una cartelletta che contiene in sintesi informazioni contenute in bustine, minibook e template di vario tipo, si tratta dunque di un'aggregazione dinamica di contenuti, quasi una mappa tridimensionale in cui poter dare spazio a creatività, approfondimenti, sintesi e connessioni di vario tipo.

Materiale utilizzato

https://www.sutori.com/en/story/il-nazismo--auaECVLYaRhsH2HDa9PTiDie

Compito autentico

Totalitarismi a confronto.

Dopo aver visionato il materiale fornito dall'insegnante e aver completato a casa il breve questionario predisposto su *Panquiz*, gli studenti in piccoli gruppi devono prima completare la tabella dei confronti predisposta dall'insegnante tramite lo strumento digitale *Jamboard*, presente nella piattaforma didattica d'Istituto

Google Workspace; successivamente, servendosi proprio di questa breve attività, devono progettare e realizzare un lapbook originale, che evidenzi le caratteristiche di fondo, le somiglianze e le differenze di due dei principali totalitarismi del Novecento.

Modalità di realizzazione

Gli alunni e le alunne lavorano in gruppi di quattro membri, predisposti preventivamente dall'insegnante secondo i criteri dell'eterogeneità dei livelli di competenza, per favorire la collaborazione e l'aiuto reciproco.

Nella prima fase delle attività, cioè nella compilazione della scheda di confronto digitale, è importante che emergano le opinioni di ciascuno, facendo attenzione che ogni membro del gruppo sia responsabile della compilazione di una delle quattro pagine.

Per la realizzazione del lapbook, invece, ogni gruppo al suo interno può decidere liberamente come suddividersi le parti da approfondire, facendo in modo che si lavori a coppie: due membri si occuperanno degli approfondimenti sul Fascismo e gli altri due dovranno occuparsi del Nazismo.

Competenze chiave attivate

- Competenza alfabetico funzionale;
- competenza personale, sociale e capacità di imparare ad imparare;
- competenza imprenditoriale;
- competenza digitale;
- competenza in materia di consapevolezza ed espressione culturali.

Materiali, risorse e strumenti da utilizzare

L'attività viene realizzata in classe utilizzando lo smartphone personale degli studenti, in modalità BYOD per quanto riguarda il completamento della scheda predisposta dall'insegnante su *Jamboard*.

Format fornito dall'insegnante

https://jamboard.google.com/d/1-l5_-UfywDlFIJeODN-ih32cBVaNMjJm_vS9a2T_yyw/viewer?pli=1

La realizzazione del lapbook, invece, richiede l'uso di cartoncini e fogli bianchi e/o colorati, pennarelli e matite.

Ogni gruppo può attingere alle informazioni inserite nella presentazione digitale dell'insegnante e direttamente al libro di testo in adozione.

Tempo a disposizione

2 ore.

Check List:

Avete completato la tabella dei confronti tra le due dittature in ogni sua parte?	/1
Avete realizzato il lapbook secondo le indicazioni fornite dall'insegnante?	/1
Avete utilizzato il lessico della disciplina in modo pertinente?	/1
Avete evidenziato le somiglianze e le differenze tra le due forme di dittature?	/1
Avete inserito immagini corredandole con opportune didascalie?	/1
Avete rispettato i tempi previsti?	/1
Vi siete divisi i compiti per ottimizzare i tempi di realizzazione del compito, facendo in modo che tutti facessero qualcosa?	
Avete collaborato attivamente rispettando le idee di tutti?	/1
Avete scritto nel lapbook brevi testi rielaborando le informazioni senza ricopiarle?	/1
Avete controllato il lavoro per evitare errori ortografici o sintattici?	/1
Totale	

23.2.2 *Secondaria di secondo grado*

TG KAROLVS[4]

I compiti autentici di cui si propone la realizzazione agli studenti sono dei servizi di approfondimento su Carlo Magno e l'età carolingia, da montare poi in un vero e proprio telegiornale.

Classe

Seconda, scuola secondaria di secondo grado.

Prerequisiti

- Conoscenza delle caratteristiche principali del regno dei Franchi (origini, dinastia merovingia, ascesa dei Pipinidi, legge salica, cavalleria franca, rapporti con la Chiesa);
- capacità di analisi critica di testi di approfondimento storiografico;
- capacità di sintesi attraverso riassunti, schemi, mappe concettuali.

Competenze chiave di cittadinanza

Competenza alfabetica funzionale; competenza personale, sociale e capacità di

[4] L'unità di apprendimento è stata svolta nell'a.s. 2019/2020 in una classe seconda di liceo linguistico. Il risultato finale può essere visionato al link https://drive.google.com/file/d/1ZbvfaBqfYI69zYd68aAkQBsaOyqgJtPM/view?usp=sharing

imparare ad imparare; competenza imprenditoriale; competenza digitale; competenza in materia di consapevolezza ed espressione culturali.

Competenze DIGCOMP 2.2

Area 1 – Alfabetizzazione su informazioni e dati: 1.1, 1.2, 1.3

Area 2 – Comunicazione e collaborazione: 2.1, 2.2, 2.4

Area 3 – Creazione di contenuti digitali: 3.1, 3.3

Area 5 – Risolvere problemi: 5.2, 5.3

Assi culturali / obiettivi di riferimento

Asse dei linguaggi: Padroneggiare gli strumenti espressivi ed argomentativi indispensabili per gestire l'interazione comunicativa verbale in vari contesti; produrre testi di vario tipo in relazione ai differenti scopi comunicativi; utilizzare gli strumenti fondamentali per una fruizione consapevole del patrimonio artistico e letterario; utilizzare e produrre testi multimediali.

Asse storico-sociale: comprendere il cambiamento e la diversità dei tempi storici in una dimensione diacronica attraverso il confronto fra epoche e in una dimensione sincronica attraverso il confronto fra aree geografiche e culturali.

Argomenti

1. Gli *scriptoria* monastici;
2. la scuola palatina;
3. influenze arabe nella lingua italiana;
4. il fuoco greco;
5. l'arte del mosaico;
6. la lingua longobarda;
7. il castello e il sistema feudale;
8. le donne nel Medioevo.

Scansione delle attività e tempi

L'attività in classe sarà suddivisa in cinque fasi:

1. nella prima fase, gli studenti sono impegnati nello studio dei materiali (innanzitutto, gli approfondimenti presenti nel libro di testo, oltre a quanto il docente potrà fornire: dispense, link a siti web, e-book, articoli tratti da riviste divulgative come «Focus storia», «Storica», «Civiltà»); a tale scopo, potranno elaborare schemi, sintesi o mappe concettuali;
2. nella seconda fase elaborano uno storyboard per il loro servizio, preparano una presentazione di sfondo, scelgono le musiche;

3. nella terza fase effettuano le riprese tramite smartphone, videocamere o fotocamere;
4. nella quarta fase effettuano il montaggio del video, utilizzando il programma di editing sopra menzionato, e creano il telegiornale montando insieme i vari servizi;
5. l'ultima è la fase della proiezione del telegiornale in classe; è il momento della riflessione collettiva su quanto realizzato, sulle difficoltà incontrate, sui punti di forza e di debolezza riscontrati.

L'attività, piuttosto complessa, richiederà non meno di tre settimane (in totale, quindi, 9 ore); è consigliabile non allungare eccessivamente i tempi, per non far calare l'attenzione e il coinvolgimento degli studenti.

Se possibile, la proiezione del telegiornale potrebbe avvenire alla presenza di un'altra classe; sarebbe molto motivante per i ragazzi essere valutati, oltre che dal docente, anche dai compagni, magari con cartellini riportanti il voto assegnato a ciascun video, secondo il modello dei talent-show che gli studenti ben conoscono: un pizzico di competizione al termine di un'attività svolta all'insegna della collaborazione.

Strumenti

- Telo verde per *green screen*: si tratta di un'attrezzatura estremamente economica (sui 50 euro si trovano online kit completi di teli e supporti), di cui ogni scuola dovrebbe essere dotata, viste le numerose possibilità di utilizzo per tutte le discipline;
- smartphone/videocamera/fotocamera.

Gli *strumenti digitali* utilizzati per questo compito autentico sono:

- per realizzare le presentazioni di sfondo ai video il classico Microsoft PowerPoint o, per sistemi iOS Apple, il corrispondente Keynote; una valida alternativa, del tutto gratuita, è Google Presentazioni, che fa parte della suite Google Workspace: è sufficiente avere un account gmail per poter creare, anche in modalità collaborativa, presentazioni efficaci e accattivanti;
- per il montaggio (editing) dei video si può usare il software VSDC, scaricabile gratuitamente al link https://www.videosoftdev.com/free-video-editor/download: ottimo per il chroma key, permette agli studenti di tagliare e spostare scene, inserire titoli e didascalie, aggiungere una narrazione audio o un sottofondo musicale, arricchire il video di effetti speciali.

Materiali

- Libro di testo in adozione;
- saggi critici forniti in formato cartaceo o digitale dal docente;
- siti web validati, indicati dal docente e liberamente ricercati dagli studenti.

Gli studenti studiano a casa gli elementi fondamentali della storia di Carlo Magno e della nascita dell'Impero carolingio, partendo dal libro di testo e confrontando e arricchendo le informazioni con video presenti in Rete, quali:

- Carlo Magno e l'Impero carolingio
  https://www.youtube.com/watch?v=aNnMSGGakHg

- Carlo Magno e il Sacro Romano Impero
  https://www.youtube.com/watch?v=EeR0_m5QWpc
  https://www.youtube.com/watch?v=qRIjgklTIBo

Modalità organizzativa e artefatti da realizzare

- *Flipped classroom*;
- *cooperative learning*;
- BYOD;

In classe gli alunni, divisi a coppie o in gruppi di tre, devono realizzare dei servizi giornalistici sugli argomenti assegnati dall'insegnante.

È importante fornire ai ragazzi istruzioni molto chiare, anche tramite una check-list come quella riportata di seguito.

La durata del servizio è compresa fra i 2 e 4 minuti?	SÌ	NO
Le fonti utilizzate sono state citate?	SÌ	NO
Sono presenti nei titoli i nomi degli autori?	SÌ	NO
Sono state utilizzate immagini libere da copyright?	SÌ	NO
Sono state inserite musiche libere da copyright?	SÌ	NO
L'audio è chiaro e le frasi ben scandite in ogni punto del video?	SÌ	NO
Tutti i titoli e le didascalie sono ben leggibili?	SÌ	NO
Il tono di voce della spiegazione è vivace e coinvolgente?	SÌ	NO
Nei testi sono stati eliminati errori ortografici o sintattici?	SÌ	NO
Sono state inserite almeno due notizie curiose?	SÌ	NO

L'uso della check-list fornisce agli studenti, attraverso domande-guida, una traccia chiara del percorso di lavoro da intraprendere; è inoltre molto utile per attivare una forma di autovalutazione e metacognizione.

Valutazione

Il docente valuterà:

- le conoscenze acquisite tramite i video facendo domande puntuali a ogni alunno;
- le competenze nel lavoro di gruppo durante l'attività in *cooperative learning* in classe tramite la rubrica di valutazione riportata di seguito.

RUBRICA VALUTATIVA

COMPETENZE NEL LAVORO DI GRUPPO

ALUNNO/A ______________________________ Punteggio totale: ____

INDICATORI	2,5	2	1,5	1
Interazione con i compagni	Ascolta, condivide e supporta gli sforzi degli altri. Cerca di far sì che le persone lavorino bene insieme.	Di solito ascolta, condivide e supporta gli sforzi degli altri. Non provoca screzi nel gruppo.	Spesso ascolta, condivide e supporta gli sforzi degli altri, ma a volte non interagisce costruttivamente con il gruppo.	Raramente ascolta, condivide e supporta gli sforzi degli altri, e spesso non interagisce costruttivamente con il gruppo.
Contributi al gruppo	Fornisce utili idee nella partecipazione al lavoro di gruppo. Un leader determinato che contribuisce fattivamente.	Di solito fornisce utili idee nella partecipazione al lavoro di gruppo. Un membro del gruppo che si impegna a fondo.	Qualche volta fornisce utili idee nella partecipazione al lavoro di gruppo. Un membro del gruppo che fa quel che deve.	Raramente fornisce utili idee nella partecipazione al lavoro di gruppo. A volte rifiuta di partecipare.
Gestione del tempo	Sfrutta adeguatamente il tempo per assicurarsi che le scadenze siano rispettate.	Di solito sfrutta adeguatamente il tempo, ma può aver ritardato in una consegna.	Tende a rimandare la consegna del suo lavoro, che comunque viene fornito entro la scadenza.	Raramente consegna entro la scadenza il suo lavoro e il gruppo ha accumulato ritardo a causa della sua inadeguata gestione del tempo.

INDICATORI	2,5	2	1,5	1
Concentrazione sul compito	Resta concentrato sul compito e su ciò che deve essere fatto. Rivela grande autonomia.	Resta concentrato sul compito e su ciò che deve essere fatto per la maggior parte del tempo. Gli altri membri del gruppo possono contare su di lui.	Si concentra sul compito e su ciò che deve essere fatto per una parte del tempo. Gli altri membri del gruppo devono a volte richiamarlo, spronarlo e invitarlo a rimanere concentrato.	Raramente si concentra sul compito e su ciò che deve essere fatto. Lascia fare il lavoro agli altri.

- i video prodotti attraverso la rubrica di valutazione riportata di seguito.

RUBRICA VALUTATIVA

VIDEO DIDATTICO

Gruppo ______________________________ Punteggio totale: ____

INDICATORI	2	1,5	1	0,75
Efficacia	Il video è interessante e chiaro, già riutilizzabile come oggetto didattico.	Il video è interessante ma talvolta poco chiaro; per riutilizzarlo necessita di qualche modifica.	Il video non è molto interessante e talvolta poco chiaro. Sarebbero necessarie notevoli modifiche per il suo utilizzo didattico.	Il video non è interessante e risulta noioso e confuso. Improponibile come oggetto di studio.
Contenuti e accuratezza formale	Eccellente conoscenza dell'argomento; nessun errore formale.	Buona conoscenza dell'argomento; si segnalano una o due sviste e/o imprecisioni. Uno o due refusi.	Sufficiente conoscenza dell'argomento, ma alcune sviste e/o imprecisioni. Pochi refusi / un errore ortografico.	Conoscenza superficiale dell'argomento; sono presenti errori anche gravi, sia nei contenuti sia a livello ortografico.
Elementi tecnici (titoli, didascalie, audio, narrazione)	Tutti i titoli e le didascalie sono accurati, leggibili e catturano l'attenzione dello spettatore. La narrazione integra quanto appare su schermo.	La maggior parte dei titoli e delle didascalie sono accurati, leggibili e catturano l'attenzione dello spettatore. La narrazione riassume quanto compare su schermo.	Titoli e didascalie in genere accurati, talvolta poco leggibili. L'audio in alcuni punti non è adeguato; la narrazione per lo più consiste nella lettura dei testi che compaiono.	Titoli e didascalie poco accurati, spesso illeggibili. L'audio impedisce una soddisfacente fruizione del video. La narrazione è semplice lettura dei testi che compaiono.

INDICATORI	2	1,5	1	0,75
Originalità	Il video mostra una considerevole originalità e inventiva. Contenuti e idee sono presentati in una forma creativa e accattivante.	Il video mostra alcuni spunti originali. Contenuti e idee sono presentati in una forma interessante.	Il video mostra pochi spunti originali. Contenuti e idee sono presentati in forma piuttosto anonima.	Il video è il rifacimento di un modello e non presenta spunti originali.
Fonti e autori	Correttamente citati fonti e autori.	Fonti e autori citati, ma con qualche imprecisione e/o omissione.	Solo le fonti o solo gli autori.	Non citati.

UNA GIORNATA NELL'ANTICA ROMA[5]

I compiti autentici di cui si propone la realizzazione agli studenti sono delle immagini interattive in 3D, con approfondimenti sulla cultura materiale romana.

Classe

Seconda, scuola secondaria di secondo grado.

Prerequisiti

- Conoscenza degli eventi principali della storia romana di epoca tardo-repubblicana e della prima età imperiale (dinastia giulio-claudia e flavia);
- capacità di analisi critica di testi di approfondimento storiografico;
- capacità di sintesi attraverso riassunti, schemi, mappe concettuali.

Competenze chiave di cittadinanza

Competenza alfabetica funzionale; competenza personale, sociale e capacità di imparare ad imparare; competenza imprenditoriale; competenza digitale; competenza in materia di consapevolezza ed espressione culturali.

[5] Questa unità di apprendimento è stata svolta nell'a.s. 2020/2021 in una classe seconda di liceo scientifico. Il risultato finale può essere visionato al link https://wakelet.com/wake/WIXK28UCc-bE9zQuzryudP

Competenze DIGCOMP 2.2

Area 1 – Alfabetizzazione su informazioni e dati: 1.1, 1.2, 1.3;

Area 2 – Comunicazione e collaborazione: 2.1, 2.2, 2.4;

Area 3 – Creazione di contenuti digitali: 3.1, 3.3;

Area 5 – Risolvere problemi: 5.2, 5.3.

Assi culturali/obiettivi di riferimento

Asse dei linguaggi: padroneggiare gli strumenti espressivi e argomentativi indispensabili per gestire l'interazione comunicativa verbale in vari contesti; produrre testi di vario tipo in relazione ai differenti scopi comunicativi; utilizzare gli strumenti fondamentali per una fruizione consapevole del patrimonio artistico e letterario; utilizzare e produrre testi multimediali.

Asse storico-sociale: comprendere il cambiamento e la diversità dei tempi storici in una dimensione diacronica attraverso il confronto fra epoche e in una dimensione sincronica attraverso il confronto fra aree geografiche e culturali.

Argomenti

1. Le abitazioni:
2. mangiar fuori;
3. negozi e botteghe;
4. gli spettacoli nell'anfiteatro;
5. l'eros;
6. le terme;
7. i giochi del circo;
8. la scuola;
9. il teatro;
10. la moda.

Scansione delle attività e tempi

L'attività in classe sarà suddivisa in cinque fasi:

1. nella prima fase gli studenti sono impegnati nello studio dei materiali: innanzitutto, gli approfondimenti presenti nel libro di testo, oltre a quanto il docente potrà fornire: dispense, link a siti web, e-book, articoli tratti da riviste divulgative come «Focus storia», «Storica», «Civiltà», ciascun gruppo si concentra in particolare su uno dei capitoli di «Una giornata nell'antica Roma» di Alberto Angela;

2. nella seconda fase gli studenti ricercano sul web immagini e musiche, scrivono i testi di sintesi e registrano gli audio;
3. nella terza fase gli studenti assemblano tutti i materiali su ThingLink, collegando le diverse immagini in un tour;
4. nella quarta fase gli studenti presentano al docente e ai compagni il proprio lavoro (fase di restituzione o *debriefing*).

L'attività richiederà non meno di due settimane (in totale, quindi, 6 ore); naturalmente, è sempre bene essere piuttosto elastici riguardo alla durata, viste le difficoltà che possono sorgere in corso d'opera (la più frequente: la scarsa connessione).

Strumenti

Lo *strumento digitale* utilizzato per questo compito autentico è *ThingLink*: si tratta di una webapp che consente di caricare qualunque tipo di immagine dal web o dal proprio hard-disk. In entrambi i casi, è importante scegliere un'immagine di sfondo con un'alta definizione. Una volta effettuato l'upload, all'immagine sarà possibile aggiungere dei tag, che avranno l'aspetto di piccole icone. Ogni tag può rimandare a sei diversi tipi di contenuti:

- un testo, da scrivere direttamente o facendo un copia e incolla;
- un'immagine;
- un'immagine con didascalia o testo a fianco;
- un video;
- un file audio (da caricare o registrare direttamente);
- un contenuto dal web (un sito, una geolocalizzazione, un video da YouTube, un file di Drive...).

Se è necessario che la fruizione segua un percorso prestabilito, basterà scegliere lettere o numeri in successione, oppure inserire preventivamente delle frecce nell'immagine di sfondo; per accedere ai contenuti multimediali è sufficiente cliccare sopra ciascun tag. Immagini di sfondo a 360° sono reperibili sia nella libreria interna della webapp, sia in Internet: i miei studenti in genere le selezionano da quello sterminato archivio che è Google Maps, scaricandole con il software gratuito Street View Download 360 (https://svd360.istreetview.com/). È bene sottolineare che la versione gratuita di ThingLink consente di lavorare sia su immagini 2D sia 3D, ma solo la versione a pagamento permette il lavoro collaborativo in sincrono e la condivisione dell'artefatto realizzato tramite link o QRcode code. Come suggerisco sempre durante i miei corsi, è opportuno che l'abbonamento a webapp come questa rientri fra i materiali da richiedere al proprio istituto, al pari dei dizionari e delle carte geografiche: sono i nuovi strumenti per gli insegnanti del XXI secolo, e come tali dovrebbero essere forniti dalle scuole.

Materiali

Libro di testo in adozione

Saggi critici forniti in formato cartaceo o digitale dal docente

Siti web validati, indicati dal docente e liberamente ricercati dagli studenti

Libro *Una giornata nell'antica Roma* di Alberto Angela, Mondadori, Milano 2007

Modalità organizzativa e artefatti da realizzare

- *Flipped classroom*;
- *Cooperative learning*;
- BYOD.

In classe gli alunni, divisi a coppie, devono realizzare delle immagini interattive sugli argomenti assegnati dall'insegnante.

Una check-list che può supportare gli studenti durante il lavoro potrebbe essere questa:

L'immagine di sfondo è di dimensioni adeguate?	SÌ	NO
È presente un tag con l'indicazione delle fonti utilizzate?	SÌ	NO
È presente almeno un tag audio?	SÌ	NO
L'audio è chiaro e le frasi ben scandite in ogni punto?	SÌ	NO
Il tono di voce della registrazione è vivace e coinvolgente?	SÌ	NO
È presente almeno un tag video?	SÌ	NO
Sono presenti tutti i tag immagine con didascalia richiesti?	SÌ	NO
Nei testi dei vari tag sono stati eliminati errori ortografici o sintattici?	SÌ	NO
Sono presenti i tag di passaggio da un'immagine all'altra?	SÌ	NO
Sono state inserite come sottofondo musiche libere da copyright?	SÌ	NO

Valutazione

Il docente valuterà:

- le competenze nel lavoro di gruppo durante l'attività in *cooperative learning* in classe (vedi UdA «TG KAROLVS»);
- le immagini interattive prodotte con la rubrica di valutazione riportata di seguito.

RUBRICA VALUTATIVA

THINGLINK

Gruppo ________________________________ Punteggio totale: ____

INDICATORI	1,75	1,25	0,75	0,25
Grafica ed efficacia	L'immagine di sfondo e quelle dei tag sono ben definite e adeguate.	L'immagine di sfondo è ben definita, una o due di quelle dei tag sgranate e/o poco adeguate.	L'immagine di sfondo è piccola ma definita, due o tre di quelle dei tag sgranate e/o poco adeguate.	L'immagine di sfondo e quelle dei tag sono sgranate e/o inadeguate.
Contenuti e rielaborazione	Contenuti ben approfonditi, rielaborati con parole proprie.	Buona conoscenza dell'argomento con una o due imprecisioni. Buon livello di rielaborazione.	Sufficiente conoscenza dell'argomento, ma alcune sviste e/o imprecisioni. Non tutti i testi sono stati rielaborati.	Conoscenza superficiale dell'argomento. I testi sono stati in gran parte copiati e incollati.
Accuratezza formale (ortografia, sintassi, punteggiatura)	Nessun errore formale.	Uno o due errori formali.	Tre o più errori formali.	Diversi errori formali.
Pertinenza e numero dei tag	Tag più numerosi del minimo richiesto e tutti pertinenti.	Quelli richiesti, tutti pertinenti.	Tre o due meno di quelli richiesti, non tutti pertinenti.	Tre o più in meno di quelli richiesti, uno o più del tutto non pertinenti.
Fonti	Tutte le fonti citate correttamente.	Quasi tutte le fonti citate in modo corretto.	Poche fonti citate e/o in modo scorretto.	Assenti.

23.3 Conclusioni

Da quanto sopra esposto e dagli esempi di attività proposti, appare evidente che la *Flipped classroom*, più che una vera e propria metodologia, si configura piuttosto come la sintesi di diversi approcci didattici: per questo ogni docente che intenda sperimentarla nelle proprie classi, oltre a fare riferimento ai testi suggeriti in bibliografia, oltre a frequentare corsi di formazione online e in presenza, può sicuramente farvi confluire il proprio personale bagaglio di esperienze professionali. Non è sicuramente facile, almeno all'inizio, superare il modello tradizionale di insegnamento/apprendimento con il quale noi stessi ci siamo formati: il suggerimento che ci sentiamo di dare è di iniziare in maniera graduale, magari con una unità di apprendimento «capovolta» per quadrimestre. L'entusiasmo e il coinvolgimento degli studenti nelle attività proposte saranno ottimi incentivi per proseguire sulla strada dell'innovazione.

Bibliografia

- Bergman J., Sams A., 2016, *Flip your classroom, La didattica capovolta*, Giunti Scuola, Milano.
- Cecchinato G., Papa R., 2016, *Flipped classroom. Un nuovo modo di insegnare e apprendere*, UTET, Torino.
- Maglioni M., Biscaro F., 2014, *La classe capovolta. Innovare la didattica con la Flipped classroom*, Erickson, Trento.
- Maglioni M., Pancucci V., 2019, *Il compito autentico nella classe capovolta: guida alla costruzione di attività creative e sfidanti per la scuola primaria e secondaria*, Erickson, Trento.
- Paladino G., Spalatro C., 2019, *Didattica capovolta: Italiano, Storia e Geografia, percorsi con la Flipped classroom per la scuola secondaria di primo grado*, Erickson, Trento.
- Rivoltella P.C., 2013, *Fare didattica con gli EAS. Episodi di Apprendimento Situato*, La Scuola, Brescia.
- Rivoltella P.C., 2016, *Che cos'è un EAS. L'idea, il metodo, la didattica*, La Scuola, Brescia.
- Rossi S., *Condurre la classe capovolta. Strumenti cooperativi per il Flipped learning*, Pearson, Milano 2017.

24
Didattica controversiale: il *Debate*

di Paolo Battifora

Con il termine *Debate* (da qui in avanti D) si indica una metodologia didattica finalizzata all'affinamento delle capacità critiche e dialogiche dello studente. Affermatosi in ambito anglosassone e diffuso in molti Paesi europei, da alcuni anni il D sta prendendo campo anche in Italia: al 2013 risale la nascita della Rete Nazionale We Debate, di cui fanno parte oltre 140 scuole che hanno adottato tale pratica didattica nelle proprie attività curriculari ed extra-curriculari, e al 2017 il progetto Debate Italia, avviato dal Ministero dell'Istruzione, fattosi promotore delle prime Olimpiadi Nazionali di Debate, svoltesi nel 2019. In quello stesso anno è stata varata l'Associazione Società Nazionale Debate Italia, che si ripromette di diffondere la pratica del D non solo in ambito scolastico e di collaborare proficuamente con altre realtà sociali, culturali e istituzioni.

Detto sinteticamente, il D è un confronto su uno specifico tema, regolato da precise regole, che vede due gruppi di studenti impegnati a sostenere due tesi contrapposte.

Entrando nello specifico, come si svolge un D e cosa si propone veramente di ottenere?

24.1 Cosa non è il *Debate*

Adottando il procedimento inverso, ancor prima di definire quali siano i principi, finalità e modalità attuative di questa pratica didattica, enunciamo con grande chiarezza cosa non è, non vuole e non deve essere il D.

Famosa, nell'*Encomio di Elena*, è l'esaltazione che Gorgia di Leontini, filosofo del V secolo a.C., fa del «logos», definito «grande dominatore, che con il più piccolo e invisibile corpo compie le opere più divine». In linea con la sua impostazione teorica, il sofista dell'antica Grecia magnificava il potere della parola, il cui fine non era l'espressione della verità bensì la persuasione dell'interlocutore: l'arte retorica avrebbe consentito a chiunque, in una disputa con altri individui, di far trionfare la propria argomentazione, a prescindere dalla sua fondatezza, veridicità, legittimità. Venuto meno ogni riferimento valoriale e ogni distinzione tra vero e falso, bene e male, giusto e iniquo, bello e brutto, la parola veniva a risolversi in mero espediente retorico, acuminato e ambivalente strumento atto a stupire e persuadere l'uditorio per ottenere la palma della vittoria.

Se il D fosse inteso e utilizzato in tal senso risulterebbe semplicemente deleterio, in quanto tale prospettiva finirebbe per snaturarne e svilirne funzione e utilità. Il D non deve in alcun modo mirare a incentivare abilità retoriche fini a se stesse negli studenti: in una realtà sempre più connotata da esternazioni scomposte, strepiti mediatici, contumelie e giudizi sprezzanti riversati sui social, insofferenza per le opinioni altrui, apodittiche affermazioni, compiacimenti narcisistici, indisponibilità all'ascolto, un'attività che tendesse a incrementare una vis polemica «a prescindere» sarebbe veramente esiziale e controproducente. Un D mal condotto e impostato potrebbe ingenerare la convinzione che anche l'istituzione scolastica abbia finito per adeguarsi a certe logiche dilaganti e che agli studenti venga impartita l'implicita lezione che a valere, in fin dei conti, sia soltanto la capacità di confezionare bene il proprio discorso per risultare convincenti e mettere al tappeto le opinioni altrui: una palestra, insomma, per accrescere e perfezionare le proprie doti di scaltrezza, astuzia, furbizia, seduzione. Come se a contare fosse più il fumo che l'arrosto.

24.2 Cosa si ripromette il *Debate*

Sgombrato il campo dai rischi e dagli equivoci in cui si può incappare qualora venga frainteso la funzione del D, passiamo a enucleare gli obiettivi che tale pratica didattica, se correttamente impostata, si ripromette di raggiungere.

Dal punto di vista didattico il D è un metodo innovativo e coinvolgente che, sfruttando anche taluni aspetti ludici, è in grado di favorire nello studente l'apprendimento, l'acquisizione di nuove competenze, la maturazione personale, la partecipazione attiva a un lavoro collettivo, la capacità dialogica e di ascolto.

A livello cognitivo il D contribuisce a migliorare la capacità critica dello studente – chiamato, come vedremo, ad analizzare testi e documenti –, il metodo di studio, l'esposizione orale, l'attitudine argomentativa. Per quanto concerne la dimensione relazionale il D stimola le capacità di partecipazione e coinvolgimento nel lavoro collettivo, ascolto e rispetto reciproco, confronto e interlocuzione, rispetto delle regole condivise, controllo dell'impulsività e potenziamento della sfera riflessiva, gestione pacifica e ordinata dei conflitti: attitudini quanto mai significative, è importante sottolinearlo, per la crescita personale e la maturazione civile dei futuri cittadini. È altresì evidente come un dibattito su temi di rilevante portata storiografica e sociale, funzionali in quanto tali alla realizzazione di un D, possa stimolare la curiosità e l'interesse degli studenti e fornire loro elementi per una più adeguata contestualizzazione e spunti per ulteriori approfondimenti.

In un'epoca in cui i dibattiti e le discussioni, lungi dall'arricchire vicendevolmente i soggetti coinvolti e favorire il dischiudersi di nuovi orizzonti mentali, sembrano esaurirsi in sterili contrapposizioni, secondo rigide logiche dicotomiche – spesso esemplificate dal laconico binomio *like/dislike* – impermeabili al sereno confronto e alla disponibilità a un riesame critico delle proprie posizioni, il D ha l'indubbio merito di rendere consapevoli gli studenti dell'intrinseca complessità degli eventi e problemi della storia e società umana, non certo riducibili a sommari giudizi, schemi, classificazioni. Prendere parte a un D, a prescindere dal ruolo – apologetico o critico della tesi proposta – in esso esercitato, significa infatti fare esperienza della complessità dei fatti del mondo e irrobustire una *forma mentis* in grado di diffidare delle facili e univoche risposte. Sostenere o criticare una tesi, qualunque essa sia, necessita di attenta analisi, acuta riflessione, consapevolezza critica, non certo di generici slogan, opinioni sprezzanti, rigidi aut-aut. Il D aborre le frasi fatte e le perentorie asserzioni: la rigorosa argomentazione è da esso privilegiata.

24.3 Quali temi per il *Debate*?

Perché sottoporre a «processo» un evento, una fase, un tema storico? Svariate sono le tipologie di D, pur riconducibili a un unico, sostanziale modello. Tralasciando le forme finalizzate alla partecipazione a competizioni ufficiali nazionali e internazionali regolate da appositi protocolli (come il *British Parliamentary Style* per citarne uno) e alla costituzione di vere e proprie Nazionali tramite specifiche procedure di selezione, concentriamoci sul D come attività di didattica controversiale attuabile da qualsiasi insegnante con la propria classe nel corso dell'anno scolastico.

Quali temi scegliere? Il novero, ovviamente, è vastissimo e la scelta non può che essere demandata al singolo insegnante, che in base al tipo di scuola, materia insegnata, programmazione attuata, composizione, livello culturale e specifiche esigenze delle proprie classi potrà optare per il dibattito ritenuto più congruo e proficuo. In questa sede ci concentreremo su temi di carattere storico-sociale, offrendo alcuni spunti per la realizzazione di un D che possa pienamente integrarsi con l'insegnamento curriculare.

Quali eventi storici proporre? Fondamentale è l'individuazione di una questione storiografica che, senza risultare troppo ardua o richiedere apparati concettuali non alla portata degli studenti, si presti allo scopo, ovvero che presenti due tesi contrapposte entrambe plausibili e dotate di fondamento. Un evidente squilibrio in tal senso, con una delle due tesi palesemente improbabile e infondata, svuoterebbe di senso l'intera attività didattica, stante il divario esistente tra le due posizioni: l'inconsistenza della tesi più fragile inficerebbe l'intero D, che non risulterebbe veramente tale – «ti piace vincere facile» era il tormentone di un'ironica pubblicità televisiva – per la prevedibilità dell'esito finale. Entrambe le due tesi dovranno quindi configurarsi come solide, sostenibili, potenzialmente condivisibili e oggetto di una disputa non scontata in partenza.

Parimenti bisogna evitare il rischio, a causa di una scelta maldestra e non oculata del tema su cui discettare, di legittimare implicitamente una tesi storiografica totalmente priva di fondamento: entrambe le tesi proposte devono godere di plausibilità scientifica. In caso contrario lo studente potrebbe essere indotto a pensare che in storia tutte le opinioni si equivalgano e siano ugualmente sostenibili, che una tesi valga l'altra, che irrilevanti in questa disciplina risultino la metodologia e il rigore scientifico, per arrivare infine a concludere che alla fine sia solo l'esposizione retoricamente più accattivante a fare la differenza: insomma il trionfo di Gorgia. Per fare un solo esempio – aberrante, parossistico, estremo – si pensi a un D imperniato sulla questione dell'esistenza o meno delle camere a gas nei lager nazisti. Proprio per evitare possibili fraintendimenti e un'eterogenesi dei fini – dalle migliori intenzioni didattiche possono scaturire effetti imprevisti se non addirittura esiziali – è quanto mai opportuno individuare con grande cura il tema di ogni attività di didattica controversiale.

Grazie al D gli studenti sono invitati, attraverso un'attenta analisi dei documenti loro forniti, a soppesare criticamente i vari aspetti del problema e la legittimità storiografica di tesi contrastanti: impegnati attivamente nella controversia, i partecipanti all'attività didattica hanno l'opportunità di cogliere la complessità e le diverse sfaccettature della questione presa in esame, non riducibile a banali schematizzazioni. Inteso in questo senso, il D si pone come occasione per far esperienza della «cassetta degli attrezzi» dello storico e accostarsi all'uso critico delle fonti e al dibattito storiografico. Il D sollecita lo studente a produrre argomentazioni circostanziate e corrette, stimola proficui confronti con i risultati della ricerca storica, allena la mente ad adottare punti di vista diversi dai propri, favorisce la messa in discussione degli stereotipi, contribuisce ad acuire l'attitudine alla risoluzione dei problemi. Il tutto – e di certo non guasta – tramite una pratica stimolante e coinvolgente.

24.4 Come si attua un *Debate*? Un esempio concreto

Per illustrare la modalità attuativa, a titolo esemplificativo mi baserò su un D sul Sessantotto, da me realizzato e presentato in corsi di formazione per docenti tenutisi a Genova e Savona nel 2018 e 2019, e oggetto di una pubblicazione, dal titolo *È successo un '68. Laboratorio di didattica controversiale*, in «Novecento.org» (n. 10, agosto 2018), rivista online dell'Istituto Nazionale Ferruccio Parri dedicata alla didattica della storia. Sulla stessa rivista (n. 11, febbraio 2019) può anche essere consultato *Scontro di civiltà? Laboratorio di didattica controversiale, articolo* realizzato da chi scrive insieme a Enrico Pagano, che presenta un D sul supposto «scontro di civiltà» che, a detta di taluni studiosi e opinionisti, starebbe connotando la storia mondiale del nostro tempo.

a) *Per cominciare: due tesi a confronto*

Dopo aver fatto una stringata introduzione finalizzata a contestualizzare storicamente l'evento individuato per il D, l'insegnante legge due brevi brani (una decina di righe al massimo) che illustrino efficacemente le due tesi contrapposte sulle quali dovranno esercitarsi gli studenti. È importante che questi due passi risultino il più possibile immediati, diretti, perentori: gli studenti devono aver ben chiaro, senza tanti giri di parole e sofisticati ragionamenti, in cosa consistano le due tesi alternative. Per il D sul Sessantotto ho proposto uno scanzonato passo – «se avete i capelli lunghi, andate a lavorare in jeans o senza cravatta, se portate la minigonna o i pantaloni al posto della gonna [...] dovete ringraziare il '68!» – a difesa del processo di crescita civile e modernizzazione dei costumi avviato dalla contestazione giovanile cui veniva opposto un giudizio estremamente critico – «il '68 fallì come rivoluzione politica ed economica, perché gli assetti di potere e il sistema capitalistico restarono saldamente in sella. Ma si accanì sul costume, sul sesso e sul linguaggio, sulla famiglia e sul rapporto tra le generazioni, sulla scuola e sull'università. E lì produsse i suoi più gravi danni, alcuni irreparabili» – sui guasti sociali e culturali di lunga durata ad essa imputabili.

b) *Il dossier*

Lette le due tesi contrapposte, l'insegnante passerà a distribuire alla classe un piccolo dossier, composto da una decina/quindicina di brevi documenti preceduti da sintetiche note esplicative sugli autori, la cui conoscenza non risulta importante, o addirittura imprescindibile, per la buona riuscita dell'attività didattica: l'analisi degli studenti dovrà infatti incentrarsi sui documenti proposti e non sulle biografie e personalità dei loro estensori. Resta pur sempre la possibilità per il docente, qualora lo ritenga opportuno, di fornire qualche dato aggiuntivo o ulteriori delucidazioni storiche: l'importante è che non si perda di vista l'obiettivo del D e che ogni «surplus» informativo non corra il rischio di distogliere l'attenzione dello studente dallo scopo precipuo del D che, ricordiamolo nuovamente, consiste nel saper realizzare un'argomentazione «ad hoc» per la difesa/critica della tesi assegnata.

Il numero dei documenti può variare in base a vari fattori (tempo a disposizione per la loro disamina, consistenza, tipologia, livello culturale della classe, attività svolta in ambito curriculare o extracurriculare ecc.), ma è sempre consigliabile non eccedere, per evitare un sovraccarico di fonti non adeguatamente analizzabili nel tempo dato. Lo stesso dicasi per la loro scelta, demandata in ultima analisi al docente, alla luce delle specifiche esigenze della propria classe: la silloge sul Sessantotto, consultabile nel citato articolo pubblicato su «Novecento.org», è indicativa e si presta a possibili modifiche e integrazioni. Ogni docente, pur prendendo spunto da attività didattiche già realizzate e dal materiale già disponibile a stampa e online, potrà operare in autonomia le proprie scelte, costituendo il dossier documentario più opportuno per il proprio D.

c) *Esemplificazione del dossier*

Il dossier realizzato da chi scrive per il D sul Sessantotto parte da una serie di documenti, attestanti la realtà socio-culturale dell'Italia degli anni Sessanta, inerenti, per citarne alcuni, il caso «La zanzara», giornale studentesco del liceo Parini di Milano, i cui redattori furono processati nel 1966 per una inchiesta sulle opinioni di alcune studentesse sulla loro educazione sessuale e ruolo nella società, l'esperienza didattica di don Milani, il movimento beat e i testi di alcune significative canzoni del «nuovo sentire», tra cui *Dio è morto*, pezzo scritto da Francesco Guccini e inciso nel 1967 dai Nomadi, oggetto di una sistematica censura da parte della Rai.

Un successivo blocco è dedicato al mondo universitario, ambito dal quale partì una protesta che, dalla contestazione dei saperi tradizionali, dell'autorità cattedratica e dei tradizionali metodi di insegnamento, si sarebbe via via allargata, sino a investire i più diversi settori della società. La nuova concezione della libertà, le critiche alla gerarchia, la nascita dei gruppi femministi sono oggetto di altri documenti che, ampliando l'orizzonte nazionale, invitano anche a prendere in considerazione i movimenti libertari di oltrecortina, scarsamente considerati o giudicati negativamente in quegli anni dai coetanei contestatori delle opulenti nazioni occidentali a sistema capitalistico, di cui è un tragico simbolo il sacrificio di Jan Palach, studente cecoslovacco che il 16 gennaio 1969 decise di darsi fuoco nel centro della capitale per protestare contro l'intervento sovietico atto a stroncare la «primavera di Praga».

I possibili «guasti» del Sessantotto sono evidenziati in alcuni passi di autori che ne sottolineano il sostanziale fallimento nel non essere stato in grado di mutare gli assetti di potere, la perniciosità per aver scalfito, compromesso o addirittura demolito basilari principi e valori del vivere associato, l'ingenuo e illusorio rivoluzionarismo che, nell'esaltare il libertarismo più sfrenato, avrebbe in realtà spianato la strada al successivo trionfo dell'era neoliberista e dell'individualismo consumistico, secondo la più classica eterogenesi dei fini.

Non poteva poi mancare una sezione incentrata sul tema della violenza e le riflessioni in merito alla sua liceità, teorizzazione, rifiuto, fascinazione, pratica e relazione con un movimento rivelatosi quanto mai articolato, creativo, contraddittorio e non riducibile, quindi, entro schemi rigidi, uniformi, prefissati. Un particolare riferimento è stato posto alla «battaglia di Valle Giulia», scontro tra manifestanti e polizia avvenuto il 1° marzo 1968 presso la sede della facoltà di Architettura di Roma, che se ispirò Paolo Pietrangeli a comporre una canzone «militante» pro-studenti (*Valle Giulia)* suscitò invece la dura presa di posizione di Pier Paolo Pasolini, noto intellettuale di sinistra, schieratosi a sorpresa non con i giovani contestatori, definiti «figli di papà» dalle «prerogative piccolo-borghesi», ma dalla parte dei poliziotti, «figli di poveri».

d) *Divisione della classe in due gruppi*

Data una rapida scorsa ai documenti del dossier insieme agli studenti, l'insegnante divide la classe in due gruppi, assegnando a ciascuno di essi il compito apologetico o critico da svolgere: al gruppo A spetterà quindi la «difesa» del Sessantotto, mentre il gruppo B dovrà metterne in luce gli aspetti negativi e condannabili. Per la funzione da attribuire a ciascuno dei due gruppi ci si potrà affidare alla sorte oppure potrà essere il docente a operare la scelta. È importante spiegare agli studenti che il loro compito apologetico/critico dovrà essere perseguito *a prescindere* dalle proprie personali convinzioni in merito al problema trattato: sarà l'appartenenza al gruppo, e non le eventuali preferenze e idiosincrasie individuali, a determinare ruolo e funzioni nel D.

e) *Analisi del dossier*

Consegnato il dossier, i due gruppi avranno un tempo assegnato per esaminare i documenti – identici, è bene precisare, per entrambe le squadre – e prepararsi all'argomentazione da sostenere. È fortemente consigliabile suddividere ulteriormente ogni gruppo in vari sotto-gruppi di tre-quattro studenti sia per meglio distribuire il carico di lavoro, con ogni «cellula» concentrata su alcuni – e non tutti – i documenti, sia per favorire il lavoro di team e la fattiva partecipazione degli studenti più fragili, coadiuvati in tal modo dai loro compagni.

Gli studenti verranno invitati a evidenziare nei testi esaminati passaggi salienti, elementi chiave, valutazioni pregnanti, espressioni particolarmente significative che possano utilmente essere utilizzate a sostegno e legittimazione della tesi loro assegnata: l'efficacia della perorazione finale non potrà infatti prescindere dal puntuale riferimento alla documentazione vagliata. Dimostrare la bontà della propria tesi significherà quindi evidenziare con rigore e precisione i riscontri testuali a sostegno dell'argomentazione logica prodotta e a detrimento della posizione opposta. Un modus operandi agli antipodi della dilagante logica del *like/dislike*.

Il tempo a disposizione per l'analisi del dossier può variare a seconda dell'impostazione generale del D: potrà andare dai 45/60 minuti, qualora il D si svolga nell'arco di una sola mattina/pomeriggio, sino a più giorni o settimane, nel caso in cui l'attività sia più articolata e si disponga di un monte-ore maggiore. La consistenza del dossier dovrà tener conto, ovviamente, delle differenti condizioni attuative: per un D di «lungo periodo», realizzato nell'ambito di un progetto didattico di ampio respiro, ci si potrà maggiormente «sbizzarrire» nell'individuazione e nel numero dei documenti selezionati.

Esaminati i documenti, ogni «cellula» dovrà relazionare le altre sugli esiti dell'esame compiuto. In questo modo, grazie all'apporto fornito da ogni «cellula» e alla messa in comune delle analisi effettuate e relative osservazioni, alla fine del lavoro collettivo ogni gruppo dovrà essere in grado di individuare e adeguatamente valorizzare i punti ritenuti essenziali e funzionali alla perorazione della tesi assegnata. Redatta una scaletta di massima, finalizzata ad una lineare ed efficace esposizione dell'argomentazione da svolgere, e designato un portavoce, il gruppo sarà pronto a sostenere la propria orazione.

f) *Orazioni contrapposte*

Il giorno convenuto o la stessa mattina/pomeriggio, in caso di un D dalla tempistica più contenuta (che in ogni caso non potrà mai essere inferiore alle due ore consecutive), si terranno le orazioni ad opera dei portavoce delle due squadre, i quali avranno a disposizione una decina di minuti (non di più) per convincere l'uditorio, documenti alla mano, della bontà della propria tesi. Le orazioni dovranno risultare chiare, coerenti, ben impostate e, cosa più importante di tutte, suffragate dai puntuali riscontri documentali.

Sarà compito del docente monitorare attentamente l'intervento dei due portavoce, al fine di concedere eguale tempo a entrambi per l'esposizione.

g) *Obiezioni reciproche*

Dopo aver attentamente ascoltato le due relazioni e annotato i punti rilevanti, ogni gruppo avrà l'opportunità di fare specifiche obiezioni alle argomentazioni sostenute dal gruppo avversario. Anche in questo caso il docente dovrà «dirigere il traffico», garantendo l'ordinato svolgimento della discussione – nessun commento o interruzione da parte avversaria – e assicurando uguali tempi d'intervento ai due gruppi – ogni docente deciderà quanto concederne – che potranno così replicare, anche in più tornate, alle contestazioni ricevute. La discussione dovrà sempre vertere sulla fondatezza e plausibilità logica degli argomenti portati a sostegno della propria tesi, che potranno essere confutati avvalendosi del materiale documentario esaminato (che, lo ricordiamo, è lo stesso per entrambi i gruppi) o di ulteriori elementi del bagaglio culturale degli studenti. Di uno stesso documento si potrà criticare l'interpretazione datone dal gruppo avversario.

h) *Il verdetto della giuria (anche se...)*

Nelle competizioni ufficiali il D prevede la presenza di una giuria, il cui verdetto, alla fine della disputa, sancirà la vittoria di uno dei due gruppi contendenti sulla base di una serie di molteplici fattori (plausibilità argomentativa, rigore logico, acutezza interpretativa, capacità sintetica, fluidità espositiva ecc.). La giuria sarà composta dall'insegnante responsabile del D – presumibilmente un docente di storia –, che potrà essere affiancato da altri colleghi disponibili a prendere parte al laboratorio didattico o coinvolti, caso ancor più auspicabile, in un comune progetto multidisciplinare. Chi scrive non ritiene però necessario, ai fini della piena riuscita del laboratorio didattico, far concludere il D in tal modo. Se è vero, da un lato, che la dimensione agonistica rende più eccitante l'attività proposta, essa d'altro canto può ridurre il valore intrinseco del D, inducendo gli studenti a pensare che l'aspetto più importante consista nell'esito finale della competizione, per cui a contare alla fine sarebbe solo ed esclusivamente la vittoria sulla squadra avversaria.

L'opzione della gara con verdetto finale viene lasciata, pertanto, alla libera scelta del docente, il quale può propendere invece per una diversa soluzione che, senza necessariamente sfociare nella proclamazione di un vincitore e di uno sconfitto, punti piuttosto all'individuazione dei punti forti e dei punti deboli delle argomentazioni svolte dai due gruppi.

i) *Il momento decisivo*

A prescindere dalla modalità privilegiata, riteniamo che il momento decisivo del D consista nell'invito rivolto agli studenti di entrambe le squadre a confrontarsi alla fine del percorso, sotto la guida dell'insegnante, con le valutazioni di un autorevole studioso (o al massimo due) che rappresenti un significativo punto di riferimento e le cui opere costituiscano l'esito dei più accreditati e aggiornati studi in proposito.

Il docente proporrà quindi agli studenti un breve passo di uno specialista (al massimo due) della materia. Anche in questo caso sarà il docente a valutare quale sia l'autore e l'opera che possano soddisfare al meglio i requisiti e le esigenze richieste. Scopo di questa lettura condivisa e adeguatamente commentata sarà di cogliere differenze e analogie tra il ragionamento e le riflessioni condotte da uno specialista e le argomentazioni elaborate nel corso del dibattito dagli studenti a sostegno della tesi loro assegnata.

A titolo puramente esemplificativo indico i brevi estratti da me individuati, in quanto ritenuti particolarmente pregnanti come spunti di riflessione, per il D sul Sessantotto: si tratta di due passi degli storici Paolo Pombeni e Agostino Giovagnoli, in cui l'accento è posto, rispettivamente, sui limiti e le carenze teorico-politiche della «pars costruens» del movimento di contestazione e sulla sua valenza esistenziale, così carica di significato per i soggetti coinvolti, delineatasi soprattutto come esaltante esperienza collettiva nel segno della festa, incontro, condivisione, speranza in un futuro diverso e a misura d'uomo.

l) *Senza vincitori e vinti*

Da questo confronto – impari, per ovvie ragioni – tra specialisti della materia e discenti nel corso della loro formazione culturale non usciranno di certo studenti vincitori e studenti sconfitti, ma solo individui più maturi, divenuti maggiormente consapevoli della complessità e problematicità degli eventi storici, mai riducibili a banali e unilaterali schematizzazioni, e più avvezzi agli strumenti critici tramite i quali approcciare e interpretare la realtà.

Un punto di partenza il D, non certo di arrivo, per allenare le giovani menti a quell'uso critico della ragione di cui si avverte quanto mai l'urgenza in una società in cui sempre più imperversano le *fake news*, le sindromi complottiste e spregiudicati usi ideologici della storia.

Bibliografia

- Bartanen M. *et al.*, 2021, *Debate. L'analisi della mozione. Capire i problemi per sviluppare gli argomenti*, Pearson, Milano.
- Brusa A., 2020, *Il laboratorio nel curricolo di storia. Modelli e problemi*, in S. Adorno, L. Ambrosi, M. Angelini (a cura di), *Pensare storicamente. Didattica, laboratori, manuali*, FrancoAngeli, Milano, pp. 49-72.
- Cattani A., 2001, *Botta e risposta. L'arte della replica*, Il Mulino, Bologna.

- Cattani A. (a cura di), 2018, *Palestra di botta e risposta. Per una formazione al dibattito*, Libreria Universitaria Editrice, Padova.
- Cattani A., 2019a, *Avere ragione. Piccolo manuale di retorica dialogica*, Audino Editore, Roma.
- Cattani A., 2019b, *Come dirlo? Parole giuste, parole belle*, Libreriauniversitaria.it, Padova.
- Cattani A., Varisco N., 2019, *Dibattito argomentato e regolamentato. Teoria e pratica di una Palestra di Botta e Risposta*, Quaderni della ricerca n. 47, Loescher.
- De Conti M., 2015, *Dibattito regolamentato. Manuale per docenti e studenti, principianti e oratori*, Guida, Napoli.
- De Conti M., Giangrande M., 2017, *Debate. Pratica, teoria e pedagogia*, Pearson, Milano.
- De Conti M., Zompetti J. P., 2020, *L'etica del debate*, Pearson, Milano.
- Giangrande M., 2020, *Le regole del Debate. Guida ai protocolli per coach e debater*, Pearson, Milano.
- Sanchez C., 2018, *Il debate nelle scuole*, Pearson, Milano.

Sitografia

Portali

- *Debate Italia*, in https://www.debateitalia.it/.
- *Historical Association. The voice for history*, in www.history.org.uk.
- *Indire. Avanguardie educative*, in https://innovazione.indire.it/avanguardieeducative/debate.
- *International Debate Education Association*, in www.idebate.org.
- *Proversi. Opinioni a confronto*, in https://www.proversi.it.
- *Società Nazionale Debate Italia*, in https://www.sn-di.it/.

Articoli

- Bacchetti E., Olivieri N., 2019, *Il massacro di Aigues-Mortes. Un caso di xenofobia o guerra tra poveri?*, Novecento.org, n. 11, in http://www.novecento.org/didattica-in- classe /il-massacro-di-aigues-mortes-un-caso-di-xenofobia-o-guerra-tra-poveri-3487/.
- Battifora P., 2018, *È successo un '68. Laboratorio di didattica controversiale*, Novecento.org, n. 10, in http://www.novecento.org/didattica-in-classe/e-successo-un-68-laboratorio-di-didattica- controversiale-3093/.
- Battifora P., Pagano E., 2019, *Scontro di civiltà? Laboratorio di didattica controversiale*, Novecento.org, n. 11, in https://www.novecento.org/didattica-in-classe/scontro- di-civilta-laboratorio-di-didattica-controversiale-3480/.
- Boschetti L., 2021, *Debate o storia controversiale? La grande esperienza anglosassone*, Historia ludens, in http://www.historialudens.it/didattica-della-storia/425-lezione-10c-debate-o-storia-controversiale-la-grande-esperienza-anglosassone.html.
- Cecalupo M., 2021, *Debate o storia controversiale? Esperienze italiane*, Historia

ludens, in http://www.historialudens.it/didattica-della-storia/423-lezione-10b-debate-o-storia -controversiale- esperienze-italiane.html.

- *The great debate 2020. Teacher's guide*, Historical Association. The voice for history, in www.history.org.uk.
- Wansink B. *et al.*, 2020, *Come fare lezione sugli aspetti ancora vivi e sensibili della storia passata? La rete delle prospettive, Novecento.org, n. 14*, in https://www.novecento.org/pensare-la-didattica/come-fare-lezione-su-gli-aspetti-ancora-vivi-e-sensibili -della-storia-passata-la-rete-delle- prospettive-6419/.

25
I Percorsi per le Competenze Trasversali e l'Orientamento: temi, metodi, proposte

di Filippo M. Ferrara

25.1 Il tema. I PCTO e gli Istituti storici

25.1.1 *Scuola e lavoro: breve storia di un incontro possibile*

Con la denominazione Alternanza Scuola-Lavoro (ASL) e ora con l'acronimo PCTO – ovvero Percorsi per le Competenze Trasversali e l'Orientamento – il mondo del lavoro ha trovato spazio nelle aule scolastiche. Ciò che per molto tempo è stato ritenuto un connubio antitetico, in particolar modo per i licei, è diventato parte integrante della programmazione curricolare del triennio della scuola secondaria di secondo grado. L'idea affonda le sue origini già negli anni Settanta, ma ha sempre e solo riguardato gli istituti tecnici e professionali[1]. Per una prima apertura ai licei bisogna attendere il 2005, quando, con il decreto legislativo n. 77, vengono delineate le linee generali dei percorsi di alternanza. L'obiettivo dell'allora dicastero Moratti (2001-2006) era di sperimentare, come «opzione formativa», delle modalità di apprendimento in grado di permettere «a tutti gli studenti che hanno compiuto il quindicesimo anno di età» di acquisire «competenze spendibili nel mercato del lavoro» e di favorire l'orientamento «per valorizzarne le vocazioni personali»[2].

Il momento di svolta si ha con la legge 107/2015, che introduce, a partire dall'A.S. 2015/16, non senza aspre polemiche, l'obbligatorietà di un monte ore da

---

[1] Ad esempio, agli inizi degli anni Novanta, con il Progetto '92 e la relativa introduzione della cosiddetta «terza area» per gli istituti professionali, vengono avviati percorsi formativi di continuità tra l'insegnamento in aula e l'apprendimento in realtà operative. Per una descrizione più dettagliata si rimanda a Batini F., De Carlo M.E., 2016, *Alternanza scuola-lavoro: storia, progettazione, orientamento, competenze*, Loescher, Torino.

[2] https://www.gazzettaufficiale.it/eli/id/2005/05/05/005G0101/sg.

destinare ai percorsi di ASL. Il comma 33 della legge prevede che «al fine di incrementare le opportunità di lavoro e la capacità di orientamento degli studenti», i percorsi di ASL siano «attuati, negli istituti tecnici e professionali, per una durata complessiva, nel secondo biennio e nell'ultimo anno del percorso di studi, di almeno 400 ore e, nei licei, per una durata complessiva di almeno 200 ore nel triennio»[3]. L'impatto dell'ASL è stato forte e ha originato numerose polemiche, motivate da ragioni sia pratico-organizzative, con l'assegnazione di un monte ore sostanzioso da destinare ai percorsi in una programmazione già densa, sia ideologiche, con una certa diffidenza sulla loro reale natura formativa. Presentata dall'allora governo Renzi come la più significativa innovazione introdotta dalla riforma *La Buona Scuola*, l'ASL ha avuto vita breve ed è stata abolita dopo un solo triennio per essere sostituita, a partire dall'A.S. 2018/19, dai PCTO.

Se, da un lato, le modifiche apportate hanno contribuito a far superare la barriera ideologica che spesso identificava l'ASL come pratica di sfruttamento o «educazione al precariato»[4], dall'altro alcune drammatiche vicende recenti hanno riacceso polemiche che sembravano sopite. I tragici casi di Lorenzo Parelli e Giuseppe Lenoci, morti a distanza di poco meno di un mese in due differenti percorsi di stage[5], hanno di recente infiammato nuovamente il dibattito nazionale. Non tanto sul tema sempre caldo della sicurezza nei luoghi di lavoro, quanto sulla necessità di ripensare la pratica stessa dei percorsi di ex alternanza, laddove non abolirla del tutto[6]. In un simile contesto, potrebbe perciò risultare provocatoria anche la sola idea di proporre un metodo e una possibile operatività di PCTO, quale è la natura di questo contributo. Senza entrare nel merito del dibattito, il punto focale sta nell'individuare tutte le potenzialità formative di percorsi cui va dedicato, obbligatoriamente, un monte ore significativo. Se, da parte di chi scrive, risulta ferma la convinzione del valore formativo di simili percorsi, altrettanto salda resta la necessità di considerare inderogabile la sicurezza sui luoghi di lavoro. Una condizione ancor più necessaria per ragazze e ragazzi che, attraverso

---

[3] https://www.gazzettaufficiale.it/eli/id/2015/07/15/15G00122/sg.

[4] Raimo C., *La buona scuola prepara lavoratori sfruttati e precari*, Internazionale, 23 febbraio 2016, in https://www.internazionale.it/opinione/christian-raimo/2016/02/23/buona-scuola-lavoro.

[5] Morto durante stage: Procura, omicidio a carico del datore di lavoro, Ansa, 22 gennaio 2022 https://www.ansa.it/friuliveneziagiulia/notizie/2022/01/22/morto-durante-stage-procura-omicidio-a-carico-datore_6d3e5b3a-d1b6-4060-ae98-718f93f4e3d0.html.
Muore a 16 anni in un incidente stradale durante uno stage. La procura indaga per omicidio stradale, Ansa, 15 febbraio 2022 https://www.ansa.it/marche/notizie/2022/02/14/muore-a-16-anni-durante-stage-in-incidente-stradale_f0f29c61-a683-46ea-8b9d-6225255935ce.html.

[6] *Aboliamo ogni forma di alternanza scuola-lavoro*, appello preparato da Salvatore Cannavò e Christian Raimo, 22 gennaio 2022, in https://www.minimaetmoralia.it/wp/altro/aboliamo-ogni-forma-di-alternanza-scuola-lavoro/.

quei percorsi formativi, dovranno sviluppare competenze e orientarsi per il loro futuro mondo lavorativo.

25.1.2 *I PCTO: la legge e le linee guida*

L'articolo 57 comma 18 della Legge di Bilancio 2019 (L. n. 145/2018)[7], che istituisce e norma i PCTO, non si limita semplicemente a una ridenominazione dei percorsi di alternanza, ma si estende a una modifica concettuale e strutturale dell'interazione tra scuola e mondo lavorativo. In prima battuta a emergere è una significativa rimodulazione della durata dei percorsi: il monte ore previsto per il triennio è non inferiore alle 210 ore per gli istituti professionali, 150 per gli istituti tecnici, 90 per i licei. Ma, dalla nuova denominazione stessa dei percorsi di ex alternanza, emerge la grande rilevanza assegnata, come sottolineato dalle linee guida fornite dal Ministero dell'Istruzione[8], alle «finalità orientative dei percorsi» e all'obiettivo di far acquisire agli studenti «in via prioritaria le competenze trasversali utili alla loro futura occupabilità». L'innovazione principale introdotta riguarda, quindi, il nucleo stesso dei percorsi: da un'impostazione mirata a integrare l'apprendimento in aula con l'esperienza lavorativa, quale era la *mission* dell'ASL, ad un nuovo approccio incentrato sulle competenze trasversali indirizzate all'orientamento nel mondo del lavoro, ponendosi come obiettivo l'integrazione di tre dimensioni: curricolare, esperienziale, orientativa[9].

Di grande importanza è la scelta della **struttura ospitante**. L'individuazione di una determinata tipologia di ente cui affidare un così corposo monte ore formativo, operazione tutt'altro che banale, già di per sé esplicita l'indirizzo intrapreso dall'istituzione scolastica: gli obiettivi fissati per i PCTO devono essere coerenti con l'indirizzo di studi. La seconda condizione necessaria è la condivisione progettuale delle due figure indispensabili per la realizzazione del PCTO: il *tutor esterno* (interno alla struttura ospitante, figura in possesso di determinate competenze professionali e che presta la sua opera nel progetto) e il *tutor interno* (docente designato dall'istituzione scolastica tra coloro che, avendone fatto richiesta, possiedono titoli documentabili e certificabili). Insieme, i due soggetti gestiscono le relazioni fra scuola ed ente, monitorano l'attività, informano gli organi scolastici preposti sullo svolgimento dei percorsi. L'interazione tra *tutor in-*

---

[7] Legge di bilancio 2019, in http://documenti.camera.it/leg18/dossier/pdf/ID0006S1.pdf.

[8] DM n. 774/2019, in https://www.miur.gov.it/documents/20182/1306025/DM+774+del+4+settembre +2019.pdf/10b2cd6a-6f41-2504-0475-69fc9abd730b?version=1.0&t=1570548387944. Linee guida con allegati, in https://www.miur.gov.it/documents/20182/1306025/Linee+guida+PCTO +con+allegati.pdf/3e6b5514-c5e4-71de-8103-30250f17134a?version=1.0&t=1570548388496.

[9] *Ibidem*.

terno ed *esterno* è fondamentale per la definizione delle condizioni, al tempo stesso didattiche e organizzative, finalizzate all'apprendimento di competenze specifiche e di orientamento per gli studenti, oltre che per una verifica dell'attività. La **valutazione**, infine, resta un elemento chiave dell'attività nel suo complesso: lo studente deve dimostrare di sapere interagire in un ambiente lavorativo e mostrare una propensione all'apprendimento di specifiche competenze professionali. A tal fine il *tutor esterno* fornisce all'istituzione scolastica gli elementi concordati per un giudizio sulle attività dello studente e sull'efficacia del processo formativo, mentre il *tutor interno* e il Dirigente scolastico dovranno fornire una scheda di valutazione sulle strutture con le quali sono state stipulate le convenzioni, evidenziando l'effettivo potenziale formativo, ma anche rimarcando le criticità emerse durante il percorso[10].

25.1.3 *La storia come luogo di lavoro*

A questo punto ci si potrebbe domandare se, e come, un istituto storico può accogliere studenti in PCTO. La risposta affermativa, seppur ovvia, sottende una valutazione ideale tutt'altro che scontata: con la storia si lavora. Paradossalmente le maggiori resistenze si riscontrano proprio tra gli studenti che considerano, nella maggior parte, le discipline umanistiche, e ancor di più la storia, un qualcosa di impresso nei libri, una materia di studio, spesso mnemonico, da riportare in maniera pedissequa all'interrogazione. I ragazzi intuiscono vagamente il tipo di lavoro che svolge un istituto storico che opera sul territorio e lo riconducono, né più né meno, allo studio o alla ricerca, in stretta continuità alle dimensioni scolastica e universitaria. Per loro non solo è difficile credere che esistano persone retribuite per svolgere delle ricerche o per pubblicarne gli esiti, ma faticano a stabilire i tratti di un'operatività che, tutt'al più, riconoscono simile alle mansioni da svolgere nei pomeriggi dedicati allo studio del manuale. La sfida sta, quindi, nel ribaltare questo diffuso preconcetto che rischia di proiettarsi nell'attività di PCTO quasi senza scarto.

---

[10] La griglia di valutazione si pone come obiettivi il raggiungimento delle seguenti competenze: capacità di progettazione; capacità di acquisizione e interpretazione delle informazioni (anche digitale); capacità d'individuazione di eventuali collegamenti e relazioni; capacità comunicative; partecipazione alle attività e collaborazione col resto del gruppo; atteggiamento autonomo e responsabile.

25.2 Fare PCTO in un Istituto storico. Una proposta di metodo

25.2.1 *I Premessa*

Obiettivo di questo paragrafo è consegnare una guida utile *a tutor interni* che desiderino costruire PCTO a tema storico e/o che si rivolgano a strutture come istituti storici, con professionisti del settore in qualità di *tutor esterni*. Una guida che, nel caso specifico, riporta l'esperienza di progettazione e attuazione di alcune delle attività svolte presso l'Istituto Storico Parri di Bologna[11], ma di simili se ne potrebbero riportare, realizzate nell'intera rete dell'Istituto Nazionale Ferruccio Parri. Il *focus* riguarderà «come» progettare, realizzare e valutare tali percorsi, fornendo una proposta di metodo, cui seguirà nel successivo paragrafo la descrizione di un PCTO svolto nel corso dell'anno scolastico 2021/22. Si procederà in questa direzione, senza alcuna presunzione di fornire «la» ricetta giusta. Ricetta che, nei fatti, non esiste.

25.2.2 *La cornice: il compito di realtà*

I *compiti significativi*, *compiti autentici* o *compiti di realtà* rientrano nella metodologia degli *Episodi di Apprendimento Situato* (EAS)[12], specifici della didattica per competenze. Già piuttosto diffusi a scuola, sono tanto più adattabili ai PCTO, poiché la richiesta agli studenti di calarsi in un'esperienza situata è perfettamente coerente alla volontà di ribaltare la loro routine scolastica, portandoli a lavorare fuori dall'aula. Si può dire, anzi, che ciò che a scuola corre il rischio di appiattirsi in una simulazione, assume in questi casi i contorni di una più radicata situazione sfidante. Nonostante questi presupposti, una delle prime difficoltà da affrontare riguarda la già citata perplessità diffusa tra gli studenti, propensi a interpretare le tematizzazioni storico-culturali in stretta connessione con quella che è la loro esperienza scolastica. Il **compito di realtà** va nella direzione opposta: nasce da una progettualità intenzionale, risponde a un bisogno concreto (nel caso specifico a un'azione culturale da realizzare per/con un istituto storico), ed è operativo per-

[11] A partire dall'anno scolastico 2015-16, come Area didattica ci siamo cimentati in progetti che permettessero di uscire dall'aula per entrare in un luogo come la sede dell'Istituto dove la storia smette di essere semplice materia di studio per farsi competenza professionale. Ospitiamo le classi – fuori da ogni schema aziendalistico – con l'obiettivo di stimolare, attraverso le metodologie dell'apprendimento situato e del compito di realtà, la capacità di studenti e studentesse di uscire dagli schemi della tradizionale prassi scolastica e, al tempo stesso, di attivare la loro consapevolezza sulle competenze trasversali. Fanno attualmente parte dell'Area didattica, coordinata da Agnese Portincasa, oltre a chi scrive, Sara Pezzutti, Davide Sparano e Andrea Zoccheddu.

[12] Rivoltella P.C., 2013, *Fare didattica con gli EAS. Episodi di Apprendimento Situati*, La Scuola, Brescia; Rivoltella P.C., 2016, *Che cos'è un EAS. L'idea, il metodo, la didattica*, La Scuola, Brescia.

ché coinvolge direttamente gli studenti per il raggiungimento di un determinato risultato specifico[13]. Se tutto questo è vero, il requisito iniziale di un buon PCTO in un istituto storico è la messa in crisi dei preconcetti. Per prima cosa, attraverso la progettazione di una precisa **pratica di accoglienza**: attraverso un **colloquio** individuale e attraverso la visita agli spazi dell'istituto e la descrizione delle figure professionali in servizio. Questa doppia azione consente, da una parte, di far uscire gli studenti dalla *comfort zone* scolastica e, dall'altra, di inquadrare le operatività entro un luogo che produce cultura.

Con le medesime finalità si dovranno introdurre i primi passi dell'attività, in stretta continuità con un compito di realtà «in grande stile»: la produzione e la consegna, nei tempi stabiliti, di un **prodotto finale/artefatto** (come potrebbe essere l'allestimento di una mostra o la pianificazione di una strategia social), che sarà condiviso nell'azione conclusiva (**evento finale**). Come insegna anche l'esperienza laboratoriale della didattica del prodotto, progettare un artefatto culturale significa gestire lo spazio d'interrelazione fra saperi e discipline[14], ciò che qui avviene entro uno specifico spazio di coerenza, in un tempo confortevole. Ed è proprio la dimensione temporale a risultare determinante: a scuola un laboratorio di storia, ad esempio, si spezzetta seguendo la scansione oraria della materia, mentre un PCTO può essere organizzato in modo più specifico, modulando il monte ore a seconda del percorso progettato.

25.2.3 *Dal colloquio all'evento finale: le fasi operative*

Sul piano operativo la metodologia proposta si articola in **tre fasi** di lavoro: la prima conoscitiva, di definizione dell'obiettivo finale, la seconda operativa, l'ultima di condivisione/presentazione del prodotto culturale[15].

La **prima fase** mira a definire lo staff di lavoro e l'obiettivo finale da raggiungere, ed è un momento particolarmente significativo: la sfida è far uscire la classe

[13] Gentili G., *Che cos'è un compito di realtà?*, Erickson, 21 agosto 2019, in https://www.erickson.it/it/mondo-erickson/articoli/che-cos-e-un-compito-di-realta/.

[14] Le tecniche della **didattica del prodotto** sono centrali nella progettazione delle ASL qui illustrate. Per questi argomenti si veda: Bonelli C., 2012, *Il laboratorio come didattica del prodotto*, in *Insegnare storia. Guida alla didattica del laboratorio storico*, UTET, Torino, pp. 297-321.

[15] Nella proposizione delle fasi operative si può tenere come sfondo esemplificativo un PCTO svolto nel pentamestre dell'anno scolastico 2021/22, che ha visto lavorare la classe 1H del Liceo classico Minghetti di Bologna, con la professoressa Marianna Guglielmo come *tutor interno*, su uno dei temi caldi del nostro presente: i muri costruiti per separare stati o comunità. Il progetto è consistito nella progettazione e realizzazione di un portale che avesse l'obiettivo di raccogliere una prima, e parziale, mappatura dei muri esistenti al mondo, e in una mostra, con opere che prendono ispirazione dalle installazioni artistiche presenti a ridosso delle barriere.

dall'aula non solo fisicamente, ma concettualmente. A determinare l'entrata in situazione è un **colloquio** iniziale. Convocato in uno spazio dedicato dal tutor interno/responsabile dell'attività lavorativa, lo studente si presenta: gli si chiede di parlare delle proprie attitudini, aspirazioni e capacità. Il colloquio, da questo punto di vista, ha una doppia funzione. Se, da un lato, apre all'immedesimazione lavorativa, dall'altro permette al *tutor* di agire concretamente come il responsabile di uno *staff* cui affidare ruoli, compiti e responsabilità. Abilità grafiche o artistiche, di scrittura, di ripresa video e/o montaggio, ad esempio, saranno di volta in volta utilizzate come risorse per la produzione dell'artefatto o dell'obiettivo specifico da raggiungere. A determinare l'uscita dalla classe, poi, è la condivisione del progetto: gli studenti non devono percepire di essere meri esecutori di un lavoro già definito «dall'alto», ma devono far proprio l'obiettivo finale e modellarlo. Ciò consente di uscire dalla dinamica tipicamente scolastica di assegnazione di un compito prestabilito-restituzione-valutazione e li trasporta in una dimensione di gruppo di lavoro, all'interno della quale viene prefissato un obiettivo, si collabora alla definizione e al raggiungimento, divenendo soggetto attivo di una proposta culturale. Se il PCTO vuole fornire competenze, deve prevalere sempre il metodo rispetto al contenuto: ciò significa limitare al minimo il teorico per uscire dalla dinamica lezione-fruizione-restituzione. Ciò, è ovvio, non significa azzerare le conoscenze. Occupandoci di storia del Novecento e lavorando con classi del triennio, peraltro assai raramente con il quinto anno, prevediamo sempre nella prima fase del PCTO un momento frontale di contesto, cui dedichiamo non più di 2 ore su un complessivo che va dalle 20 alle 40[16].

Proposto il tema e definito il prodotto finale, si passa alla **seconda fase**, esclusivamente **operativa**, cui si dedica la maggior parte del monte ore stabilito[17]. Quanto emerso dai colloqui serve a definire i **gruppi di lavoro** e a identificare eventuali figure professionali, cui è affidato il compito di lavorare in maniera trasversale. Molto utile a tal fine è la convocazione di riunioni di staff, anche brevi, calendarizzate all'inizio di ogni giornata di lavoro. La riunione permette ai singoli gruppi di condividere lo stato del proprio lavoro e le eventuali criticità. Azione utile alla sperimentazione del lavoro in *team* e alla pratica collaborativa, permette di mettere a sistema uno dei caratteri più specifici del *compito di realtà*: l'azione

[16] Per quanto riguarda l'esempio riportato è stata proposta una breve lezione di un'ora e mezza che, muovendo dalla data spartiacque del 9 novembre 1989, ha mostrato, attraverso una geo-localizzazione realizzata con strumenti digitali, di analizzare come la presenza di barriere sia aumentata negli ultimi 30 anni, indagando rapidamente le principali motivazioni che oggi attivano tali processi di separazione.

[17] In un PCTO di 40 ore, ad esempio, 10 vengono dedicate alla prima fase, un'intera mattinata (5 ore) all'evento finale, le restanti 25 alla fase operativa.

entro un lavoro/problema che deve essere presentato e percepito come costantemente aperto a più soluzioni[18].

Risulta particolarmente efficace estendere il lavoro di co-progettazione anche, se non soprattutto, al prodotto finale. Ed è proprio in questa **ultima fase**, quella dell'**evento finale**, che si raggiunge il massimo scarto dalla «dimensione aula», quando si chiarifica definitivamente il passaggio da un *output* scolastico all'esito del compito di realtà: non si tratta della restituzione di un elaborato, ma della «vivificazione» di un prodotto culturale che gli studenti stessi, insieme allo staff dell'istituto, hanno ideato, progettato, realizzato e, non da ultimo, condiviso con un pubblico[19].

25.3 Una proposta. «La capsula del tempo: alleniamo la memoria»

25.3.1 *La memoria del tempo presente: il Covid-19*

Se quanto riportato fino ad ora può essere inteso come una indicazione metodologica, può risultare utile chiudere questo contributo con una proposta operativa che richiami un PCTO realizzato nell'A.S. 2021/22. Nell'individuazione di un percorso da presentare non si è potuto non tener conto di come, e quanto, la pandemia abbia influito sull'ordinarietà della programmazione e della pratica scolastica degli ultimi due anni. Non ritenendo virtuoso proporre PCTO svolti a distanza[20], se ne individua uno che possa tenere insieme il metodo proposto nel paragrafo precedente e il contesto storico all'interno del quale si è sviluppato: «***La capsula del tempo. Alleniamo la memoria***». Il progetto nasce dal bando «Viaggi della memoria - 2021 (VIII edizione)» finanziato dall'Assemblea legislativa della Regione Emilia Romagna. In piena pandemia il bando regionale si poneva particolarmente sfidante, in quanto richiedeva di mutare un viaggio fisico, come appunto i viaggi

[18] La classe, composta da 28 studenti, è divisa in 4 gruppi, ciascuno dei quali con il compito di selezionare 3 muri da approfondire. Prendendo a modello una scheda proposta, gli studenti approcciano a un tipo di scrittura peculiare: i testi da produrre non servono a una valutazione sulle conoscenze, ma devono essere caricati su un portale, per cui devono essere brevi e con immagini. All'interno dei singoli gruppi gli studenti lavorano secondo la modalità del *cooperative learning*, proponendo le abilità emerse in fase di colloquio: chi conosce le lingue lavora alla ricerca delle fonti originali, chi è capace di destreggiarsi con il digitale co-progetta la struttura e la linea grafica del portale, chi ha competenze artistiche più definite si dedica principalmente alla mostra.

[19] L'evento finale è consistito in una mostra con l'esposizione di 29 poster realizzati dagli studenti. L'evento, aperto a un pubblico generico per l'intera mattinata di sabato 21 maggio 2022, ha visto i ragazzi fare da guide ai visitatori sia per le singole opere che per il portale mostrato attraverso computer/totem posizionati lungo la sala della mostra.

[20] Come quelli che abbiamo realizzato nel corso dell'A.S. 2020/21.

della memoria, in qualcosa che potesse conciliarsi con le restrizioni imposte dalla pandemia. Abbiamo deciso di lavorare sulla memoria del tempo presente, e siamo partiti da una domanda di fondo: *come* si può impostare un viaggio della memoria virtuale con degli adolescenti che hanno visto stravolta la loro quotidianità e che, di fatto, stanno vivendo un evento storico come una pandemia? Abbiamo, quindi, deciso di progettare e realizzare con 25 studenti e studentesse un **viaggio *nella* memoria** che avesse l'obiettivo di inquadrare l'evento traumatico Covid-19 nella logica della sua emersione e percezione, nonché della conseguente sedimentazione del ricordo. Il percorso, della durata di 40 ore, è consistito in un serie di azioni mirate alla raccolta di memorie degli studenti/testimoni: materiali prodotti nel corso del viaggio virtuale sono stati raccolti per costituire il nucleo originario della ***Capsula del Tempo***, un fondo archivistico conservato presso l'Archivio dell'Istituto Storico Parri e dedicato alle memorie della pandemia.

25.3.2 *Testimoni e luoghi di memoria*

Un viaggio *nella* memoria del tempo presente si definisce individuando i testimoni e i luoghi con e attorno ai quali costruire il percorso/viaggio virtuale. Partendo dagli studenti coinvolti abbiamo voluto impostare il percorso in forte discontinuità con il loro vissuto scolastico, stravolgendone la prospettiva: da contenitori/recettori di *memorie altre* (caratterizzanti il Novecento) a **testimoni/protagonisti diretti** e, di conseguenza, portatori/creatori di una memoria che sia al tempo stesso personale, collettiva e, non da ultimo, generazionale. Come fascia d'età abbiamo deciso di coinvolgere gli **studenti delle classi terze**[21], per una serie di fattori. Si tratta, anzitutto, degli studenti più svantaggiati nei processi di rottura della *routine* scolastica: stavano frequentando il primo anno allo scoppio della pandemia e, di fatto, hanno approcciato quasi l'intero delicato biennio di passaggio dalla secondaria di primo alla secondaria di secondo grado col maggiore distacco dalla scuola, intesa come quotidianità e luogo di socializzazione.

---

[21] Il campione ipotizzato prevedeva la selezione di cinque studenti per cinque Istituti superiori (tecnici, professionali e licei) dell'area metropolitana bolognese, che hanno seguito l'*allenamento memoriale* e si sono fatti moltiplicatori/disseminatori (*peer education*) delle azioni di progetto presso i propri Istituti. Le norme anti-Covid hanno reso impossibile il coinvolgimento di studenti di scuole (o classi) diverse, poiché in contrasto con il sistema delle bolle: non è stato possibile «mischiare» ragazzi e ragazze di scuole diverse. Per sopperire a questa problematica è stata coinvolta una classe terza del Liceo Minghetti che ha comunque operato in attività mirate al coinvolgimento di studenti di scuole diverse, con attività *peer*, per coinvolgere loro coetanei nella raccolta del materiale da inserire nella capsula. Attraverso l'organizzazione di iniziative a tema sono stati coadiuvati dallo staff dell'Istituto Storico Parri per organizzare azioni di sensibilizzazione e raccolta di materiali memoriali presso i propri compagni.

Il progetto, inoltre, è volutamente orientato a portare i suoi effetti entro un arco temporale di medio periodo, che terminerà definitivamente con un evento simbolico nel 2023, quando gli studenti staranno frequentando il quinto anno e riapriranno la capsula.

La valorizzazione di specifici spazi, intesi quali veri e proprio luoghi di memoria, è l'altro tassello che ha permesso di generare un punto di vista differente dell'operazione memoriale, stimolando dinamiche di dialogo, di confronto e di contaminazione fra pari in spazi carichi di significato valoriale. Primo fra tutti la **scuola d'appartenenza**: luogo vuoto per eccellenza durante il lockdown, nel percorso si è tramutato in luogo di sedimentazione di esperienze interpersonali con la ri-messa al centro della fisicità nella vita quotidiana dei ragazzi. Altro luogo fisico divenuto simbolo della chiusura è il **teatro**: nel nostro caso gli spazi dell'ITC Teatro di San Lazzaro (BO), usualmente popolati tutti i giorni per tutto il giorno da persone di ogni età ma chiusi, salvo sporadiche aperture, dal 23 febbraio 2020 all'11 ottobre 2021, sono stati messi a disposizione per essere riscoperti e rivissuti. Fare entrare gli studenti in un teatro nel corso dell'autunno 2021 è servito a favorire e mobilitare l'emersione di memorie del vuoto pandemico. Altro luogo significativo sono le **Serre dei Giardini Margherita**: spazio identitario per la comunità locale bolognese, ha rappresentato il luogo di prima socializzazione, punto di partenza dell'itinerario virtuale in cui ha iniziato a emergere la memoria del passato recente. Infine l'**Istituto Storico Parri**, luogo di conservazione della memoria e della storia locale novecentesca: è lo spazio per la conclusione simbolica del progetto, dell'evento finale con il deposito della *Capsula del tempo*.

25.3.3 *Le fasi operative: dal fare memoria all'archivio*

Il percorso si è articolato in quattro fasi distinte, corrispondenti ai quattro luoghi di memoria valorizzati, cui si aggiungono un momento preliminare/conoscitivo e uno simbolico/conclusivo (la riapertura della capsula, che avverrà nell'autunno 2023).

Fase preliminare. L'archivio in classe

Per quanto concerne la sequenzialità metodologica, potrebbe risultare spiazzante che la prima azione non consista nel citato colloquio. Non si tratta, però, di una mancanza: il colloquio, inteso come azione temporalmente definita e propedeutica all'immedesimazione lavorativa, ha lasciato spazio ad un'azione conoscitiva diluita nelle varie fasi operative e dislocata negli spazi che hanno ospitato il progetto. In questo primo incontro, svolto nel mese di settembre 2021 appena iniziata la scuola, è stata ribaltata la prospettiva: non più lo staff di lavoro che accoglie gli studenti in PCTO cercando, attraverso il colloquio, di individuarne propensioni e abilità, ma l'Istituto storico che viene accolto nel loro spazio, presentandosi. Ad una breve lezione introduttiva sulla differenza tra storia e memoria è seguita una descrizione delle operatività presenti in Istituto e, soprattutto, dell'archivio e della sua funzione.

Prima fase. Serre dei Giardini Margherita

La **prima giornata** si è svolta presso **Le Serre dei Giardini Margherita di Bologna** nella mattinata del 19 ottobre ed è stata condotta dallo staff di **Kilowatt**, ente partner del progetto[22]. L'*output* finale di questo primo incontro è stato il consolidamento di legami conoscitivi interpersonali, condizione necessaria per la condivisione e l'approfondimento delle tematiche del progetto. A tal fine sono state condotte, attraverso la pratica della *community building* azioni precise:

- Attività in ingresso: è stato chiesto a ciascun studente di scorrere le proprie chat WhatsApp del periodo compreso tra l'11 marzo e il 4 maggio 2020 e di fare lo **screenshoot** dello scambio che ritenevano maggiormente significativo;
- Momento di condivisione: gli studenti sono stati divisi in coppie e invitati a fare delle **passeggiate discorsive** muovendosi negli spazi delle Serre e stimolati da specifiche domande dei facilitatori[23].

Seconda fase. Il Teatro dell'Argine

Il 4 novembre 2021 la classe è stata accolta negli spazi dell'altro partner del progetto: il Teatro dell'Argine[24], a San Lazzaro di Savena (BO). In questa **seconda giornata** si sono succedute due azioni:

- «**Dalla finestra della mia camera**»: ciascun studente, salito sul palco, è chiamato ad una simulazione attoriale. Ri-gettato nella dimensione spazio-temporale del lockdown, è stimolato a descrivere quello che è stato il *suo* luogo dal marzo al maggio 2020, la sua stanza, e ciò che dalla finestra poteva vedere, ogni giorno;

[22] Per una descrizione dell'associazione si rimanda al sito https://kilowatt.bo.it/.

[23] 1) Che **sensazioni** ti dà tornare a quel momento? 2) **Ambiente domestico**: come è cambiato il vostro rapporto con la casa? Ci sono cose che facevate in quel periodo che non avete fatto prima? Quali di queste cose fate ancora? 3) **Relazione con la scuola**: come sono cambiati i ritmi della vostra giornata? Dedicavate più o meno tempo alla scuola? 4) **Relazione con la socialità**: come è cambiato il rapporto con le persone che frequentavate prima del lockdown? Cosa vi è mancato di più? 5) Raccontateci la **prima cosa che avete fatto** appena finito il lockdown.

[24] Per una descrizione delle attività del Teatro dell'Argine si rimanda a https://www.teatrodellargine.org/site/index.php#.YrRu-nZBxPZ.

- « **Video-Selfie** »: lo sguardo degli studenti si sposta verso una dimensione esperienziale e più privata: individualmente sono stati chiamati a produrre un breve *video-selfie* che richiamasse ricordi, emozioni e sensazioni del lockdown.

La giornata si è conclusa con una consegna, specificamente destinata alla messa in scena dell'evento finale: la stesura di una « **lettera dal futuro** ».

Terza fase. La raccolta del materiale

Nei **mesi di ottobre e novembre** è avvenuta la raccolta dei dati. Grazie all'organizzazione di giornate a tema e con l'ausilio del personale dell'area didattica dell'Istituto Storico Parri, sono state raccolte differenti tipologie di documentazione:

- **Dati qualitativi**, caldi e capaci di generare un sentimento di appartenenza alla comunità scolastica e locale.
- Dall'altra, piccoli **oggetti-testimonianza di memorie individuali** (fotografie e immagini con didascalia, pagine di diari e narrazioni audio) raccolti in più giornate organizzate a scuola.

La raccolta degli oggetti-testimonianza si è svolta con una precisa cerimonia: ciascun studente è stato convocato in uno spazio apposito per consegnarci l'oggetto chiuso dentro una scatola/contenitore. Alla consegna sono state poste due domande precise, con l'impegno di trascrivere le risposte e inserirle in una busta sigillata da custodire nella capsula e da riaprire nel 2023[25].

Quarta fase. L'archiviazione, o incapsulamento

Il **22 Dicembre 2021** è stato organizzato un vero e proprio evento ritualizzato (flash mob teatrale) durante il quale i materiali raccolti e destinati a essere archiviati nella *Capsula del Tempo* sono passati di mano in mano attraverso una catena umana (formata dalle persone coinvolte a vario titolo nel progetto: studenti, attori, personale dell'Istituto, ricercatori, insegnanti) che dall'esterno dell'**Istituto Storico Parri** si è snodato fino agli spazi prescelti per il deposito[26].

---

[25] Riassunte, le domande sono state le seguenti: 1) Ti chiediamo, senza svelarci l'oggetto, con quale criterio lo hai scelto. Perché è per te rappresentativo? 2) Essere testimoni di storia e memorie, significa spesso farsi portatori di uno sguardo proprio, da raccontare ad altri che non conoscono la storia che hai vissuto. Per spostarci in questo spazio proviamo a fare un esperimento. Immagina che tu sia uno dei pochi sopravvissuti al Covid. Come racconteresti quello che è successo ipotizzando di spiegarlo a chi non l'ha vissuto?

[26] Qui il video realizzato dopo l'evento: https://www.youtube.com/watch?v=s0_KFoLvX74.

I materiali sono stati opportunamente suddivisi in due sezioni:

- le **memorie raccolte** nelle giornate di formazione svolte alle Serre e al Teatro dell'Argine (**dati qualitativi**), sono confluite in una prima sezione, già consultabile, del fondo archivistico;
- le **memorie private/individuali** separatamente raccolte nell'intero periodo settembre-dicembre (**oggetti-testimonianza di memorie individuali**) sono confluite in una seconda sezione, destinata ad essere scoperta e riletta a distanza di due anni dal deposito.

Saranno gli stessi ragazzi coinvolti nel progetto che, nel **dicembre 2023**, torneranno all'**Istituto Storico Parri** per accedere e aprire la seconda sezione del fondo: viaggiatori della stessa memoria che hanno contribuito a costruire e che nell'occasione sarà restituita alla comunità attraverso un'azione di condivisione collettiva.

25.4 Conclusioni

Il contributo presentato è stato scritto con l'auspicio di stimolare riflessioni, critiche o spunti per nuove variabili operative. La sfida metodologica proposta consente di ribaltare la prospettiva dell'approccio alla storia: di entrare in un luogo nel quale la storia è materia di lavoro, e non di studio, e lì acquisire competenze spendibili per il futuro mondo lavorativo durante un numero consistente di ore. Si tratta di capire, in altri termini, di *come* un PCTO accolto in un Istituto storico consenta di mettere in atto alcune azioni che non sempre la routine delle lezioni a scuola consente. Anzi, a ben vedere, è proprio la rottura del rapporto quotidiano con l'aula a permettere l'apertura a un'operatività fatta di sequenze complesse. La **metafora della bottega**, già richiamata, è utilissima a descrivere un'esperienza di tal genere, in un luogo di lavoro entro cui si accolgono giovani studenti in formazione. A risultare determinante non è mai *cosa* proporre agli studenti in PCTO, ma *come* farlo: in breve uscire dalla logica contenutistica e impostare il percorso su di un piano metodologico che con loro va progettato, condiviso e restituito.

Bibliografia

- Batini F., De Carlo M.E., 2016, *Alternanza scuola-lavoro: storia, progettazione, orientamento, competenze*, Loescher, Torino.

- Bonelli C., 2012, *Il laboratorio come didattica del prodotto*, in P. Bernardi, F. Monducci (a cura di), *Insegnare storia. Guida alla didattica del laboratorio storico*, UTET Università, Torino.
- Delmonaco A., 2018, *Il laboratorio di storia*, in F. Monducci (a cura di), *Insegnare storia. Il laboratorio storico e altre pratiche attive*, III edizione, UTET Università, Torino.
- Ferrara F.M., Portincasa A., 2018, *L'alternanza scuola-lavoro e il laboratorio storico: temi, problemi, proposte* in F. Monducci (a cura di), *Insegnare storia. Il laboratorio storico e altre pratiche attive*, UTET Università, Torino.
- Kamkhagi V., 2020, *Dall'Alternanza scuola-lavoro ai PCTO: una guida operativa*, UTET Università, Torino.
- Massagli E., 2016, *Alternanza formativa e apprendistato in Italia e in Europa*, Studium, Roma.
- Rivoltella P.C., 2013, *Fare didattica con gli EAS. Episodi di Apprendimento Situati*, La Scuola, Brescia.
- Rivoltella P.C., 2016, *Che cos'è un EAS. L'idea, il metodo, la didattica*, La Scuola, Brescia.

Sitografia

- Cannavò S., Raimo C., *Aboliamo ogni forma di alternanza scuola-lavoro*, 22 gennaio 2022, in https://www.minimaetmoralia.it/wp/altro/aboliamo-ogni-forma-di-alternanza- scuola-lavoro/.
- DECRETO LEGISLATIVO 15 aprile 2005, n. 77, in https://www.gazzettaufficiale.it/eli/id/2005/05/05/005G0101/sg. LEGGE 13 luglio 2015, n. 107, in https://www.gazzettaufficiale.it/eli/id/2015/07/15/15G00122/sg.
- DM 774/2019, in https://www.miur.gov.it/documents/20182/1306025/DM+774+del+4+settembre+2019.pdf/10b2cd6a-6f41-2504-0475-69fc9abd730b?version=1.0&t=1570548387944.
- Gentili G., *Che cos'è un compito di realtà?*, Erickson, 21 agosto 2019, in https://www.erickson.it/it/mondo-erickson/articoli/che-cos-e-un-compito-di-realta/.
- Legge di bilancio 2019, in http://documenti.camera.it/leg18/dossier/pdf/ID0006S1.pdf.
- Linee guida con allegati, in https://www.miur.gov.it/documents/20182/1306025/Linee+guida+PCTO+con+allegati.pdf/3e6b5514-c5e4-71de-8103-30250f17134a?-version =1.0&t=1570548388496.
- Morto durante stage: Procura, omicidio a carico del datore di lavoro, Ansa, 22 gennaio 2022, in https://www.ansa.it/friuliveneziagiulia/notizie/2022/01/22/morto-durante-stage-procura-omicidio-a-carico-datore_6d3e5b3a-d1b6-4060-ae98-718f93f4e 3d0.html.
- Muore a 16 anni in un incidente stradale durante uno stage. La procura indaga per omicidio stradale, Ansa, 15 febbraio 2022, in https://www.ansa.it/marche/notizie/2022/02/14/muore-a-16-anni-durante-stage-in-incidente-stradale_f0f29c61-a683-46ea-8b9d-6225255935ce.html.
- Raimo C., *La buona scuola prepara lavoratori sfruttati e precari*, Internazionale, 23 febbraio 2016, https://www.internazionale.it/opinione/christian-raimo/2016/02/23/buona-scuola-lavoro.

26
Fare storia con il CLIL

di Paolo Ceccoli

26.1 Perché il CLIL?

Le norme attuative della cosiddetta Riforma Gelmini[1] stabiliscono che negli ultimi anni della scuola superiore è obbligatorio l'insegnamento di una Disciplina Non Linguistica (DNL) in lingua straniera.

- Nei licei linguistici bisogna insegnare una DNL in lingua straniera dal primo anno del secondo biennio e una seconda DNL in un'altra lingua straniera dal secondo anno del secondo biennio.
- Negli altri licei e negli istituti tecnici bisogna insegnare una DNL nel quinto anno.

Alla prescrizione segue la precisazione secondo cui tale novità si applica «nei limiti degli organici a legislazione vigente». Il docente di materia che insegna una DNL in lingua straniera va dunque formato e reclutato tra le fila del personale già in ruolo e di quello di nuova assunzione, ma senza, almeno per ora, prevedere una figura specifica, una «cattedra» CLIL. È comunque invalsa la prassi che, nel caso dei neo assunti e dei trasferiti della scuola secondaria di secondo grado, la specializzazione CLIL (Corso di Perfezionamento universitario) o almeno l'attestazione di una qualche formazione o esperienza nell'insegnamento della propria materia in lingua straniera[2] è spesso richiesta al momento di scegliere la sede di servizio. Il Ministero ha fatto molto per rispondere a questa esi-

[1] D.P.R. 89/2010 (art. 6 comma 2 e art.10 comma 5) e D.P.R. 88/2010 (art. 8 comma 2, lettera b).

[2] Molte università forniscono il titolo di specializzazione per l'insegnamento in metodologia CLIL, a titolo di esempio si può vedere l'offerta dell'Università Cattolica di Milano in collabora-

genza di formazione, ma molto è ancora da fare, come ad esempio chiarire che l'insegnamento previsto dalla normativa non consiste semplicemente nell'uso di un'altra lingua per svolgere una didattica tradizionale, ma nella proposta di parti del curricolo in forma innovativa, non frontale ma laboratoriale[3].

La norma non indica alcuna metodologia specifica per l'attuazione dell'ambizioso obiettivo didattico, ma nel 2012 un decreto direttoriale che stabiliva le qualifiche formali di un docente CLIL[4], seguita nel 2014 da una nota ministeriale[5], facevano capire che l'insegnamento di una DNL in lingua straniera avrebbe dovuto avvenire secondo la metodologia CLIL (Content Language Integrated Learning). Già nel 2011 era stato lanciato il progetto E-CLIL, che coinvolse centinaia di scuole di ogni ordine e grado su tutto il territorio nazionale[6] e la metodologia CLIL si sta diffondendo persino nella scuola primaria e nella secondaria di primo grado (progetto lombardo CLIL Excellence)[7].

È perciò necessario fornire anche al docente di storia gli elementi base per la comprensione di una prassi didattica divenuta in pochi anni la più diffusa per l'insegnamento/apprendimento di nuovi contenuti con/e per mezzo di una seconda lingua che, in alcuni casi, come per gli studenti di recente immigrazione, può essere anche la terza.

26.2 Caratteristiche della metodologia CLIL

Il primo aspetto da evidenziare nella decisione di promuovere l'insegnamento di contenuti non linguistici in lingua straniera è che la metodologia CLIL non consiste semplicemente nell'insegnamento in lingua straniera, quanto piuttosto nello scioglimento dell'insegnamento in lingua straniera in un insegnamento «con e attraverso una lingua straniera» (European Commission 2006, p. 8). Insegnare secondo la metodologia CLIL significa, cioè, promuovere la convergenza didatti-

---

zione con l'Università di Torino: in http://selda.unicatt.it/milano-clil-corsi-metodologico-didattici#content.

[3] Per una panoramica della situazione attuale secondo il Ministero si può assistere alla registrazione di un recente (lungo) convegno tenuto al Ministero, in https://www.youtube.com/watch?v=SB-sl6 dl9_5s&t=3013s https://www.youtube.com/watch?v=tlln5xFtoB8.
in https://www.youtube.com/watch?v=F-gcIMViG7c.

[4] Decreto Direttoriale numero 6 del 16 aprile 2012.

[5] Nota del 25 Luglio 2014: «Avvio in ordinamento dell'insegnamento di discipline non linguistiche (DNL) in lingua straniera secondo la metodologia CLIL nel terzo, quarto, quinto anno dei Licei Linguistici e nel quinto anno dei Licei e degli Istituti tecnici».

[6] Le linee guida sono reperibili on line: in http://hubmiur.pubblica.istruzione.it/alfresco/d/d/workspace/SpacesStore/90ce1993- e3ba-4fc8-916b-171292f31ea9/linee_guida_progetto_eclil.pdf.

[7] V. in http://www.clilexcellence.education.

ca del contenuto e della forma, della lingua e della materia; non s'insegna perciò una materia in una lingua straniera, ma neanche una lingua attraverso gli argomenti della materia: il CLIL cerca di fare entrambe le cose contemporaneamente. La metodologia CLIL, insomma, cerca di utilizzare una lingua straniera come lingua veicolare nell'insegnamento di una materia non linguistica, ma, allo stesso tempo, cerca di potenziare le capacità linguistiche in quella lingua, e, come vedremo, anche, di riflesso, nella lingua madre, almeno per quanto riguarda la cosiddetta CALP (Cognitive Academic Language Proficiency) (Ball, Kelly, Clegg, 2015, p. 13), cioè la capacità di utilizzare correttamente il linguaggio accademico nelle prestazioni cognitive. Tutte le esperienze scientifiche e le pratiche didattiche di successo indicano che obiettivi così ambiziosi possano essere raggiunti solo dopo sette/otto anni di studio della lingua accademica madre o principale. È per questo motivo che la metodologia CLIL è stata adottata in Italia, come in gran parte d'Europa, soprattutto nella scuola secondaria. D'altra parte, come abbiamo notato, la sua introduzione nella scuola primaria e nella secondaria di primo grado si basa sull'assunto che per raggiungere le competenze CALP sia necessario possedere qualche solida nozione dei cosiddetti BICS (Basic Interpersonal Communicative Skills), cioè le abilità linguistiche fortemente contestualizzate, come ad esempio il linguaggio che i bambini usano nel cortile della scuola. La padronanza e la sorveglianza dei BICS nella seconda lingua a scuola è dunque un prerequisito necessario al conseguimento dei CALP. Naturalmente, come accade sempre nella didattica, i passaggi non sono rigidi, le progressioni non totalmente prevedibili e gli ostacoli non tutti prefigurabili. Anche nella scuola primaria, almeno negli ultimi anni, sembra possibile introdurre qualche attività CLIL, insieme con l'apprendimento di base della seconda lingua.

Il ricorso all'acronimo CLIL, così come gli altri fin qui utilizzati, si spiega col fatto che nella realtà italiana, tale approccio didattico è prevalentemente anche se non esclusivamente orientato all'uso dell'inglese, ormai lingua veicolare mondiale (Crystal 2003). La metodologia può naturalmente essere usata anche con altre lingue e in altri paesi viene definita con acronimi diversi: in Francia EMILE (Enseignement d'une Matière Intégrée dans une Langue Etrangère), in Germania FAUA (Fremdsprache als Arbeits und Unterrichtssprache) e in Spagna AICLE (Aprendizaje Integrado de Contenidos y Lenguas Estranjeras); in Italia abbiamo adottato l'acronimo inglese.

26.3 Presupposti teorici

Insegnare e apprendere in una seconda o terza lingua non è una novità. In un certo senso, almeno per le classi dirigenti, è sempre avvenuto. Le famiglie più in vista dell'antica Roma mandavano i loro figli a studiare in Grecia il greco, per secoli l'istruzione universitaria europea è avvenuta dappertutto in latino, la nobiltà e la borghesia colta di Guerra e Pace era capace di esprimersi e pensare in francese, le classi dirigenti delle ex colonie europee in Africa o Asia formano ancor oggi la loro gioventù migliore nelle lingue delle ex potenze coloniali (Coyle, Hood, Marsh 2010, cap. 1.2). Quello che differenzia il CLIL, che fa di questa metodologia un approccio completamente nuovo, proposto come risposta alla globalizzazione, è l'ambizione di sviluppare un'educazione bilingue o plurilingue per tutti, anche grazie alla possibilità di progettare interventi didattici mirati, fondati sulla conoscenza sempre più ampia che abbiamo delle funzioni cognitive del cervello (OECD, 2007), e allo sviluppo d'importanti teorie sull'acquisizione delle competenze linguistiche in una lingua addizionale (SLAT – Second Language Acquisition Theories) (Krashen 1988).

La didattica CLIL, guidata e orientata dai contenuti e dagli argomenti, si propone, in altri termini, di rendere disponibile al maggior numero di studenti possibile quei processi di acquisizione della lingua, da non confondere con il semplice apprendimento, che possono avvenire solo attraverso l'uso in situazioni reali, per così dire «naturali». L'apprendimento grammaticale di una lingua è certo necessario, ma non può produrre acquisizione senza che lo studente, opportunamente guidato dall'insegnante, utilizzi in situazioni concrete la lingua appresa, acquisendola non in quanto tale, ma in quanto veicolo per la conoscenza e la capacità di utilizzare nuove informazioni ottenibili solo attraverso quella seconda lingua. Non si tratta certo di ripetere *sic et simpliciter* l'acquisizione «naturale» della lingua, che sembra possa avvenire solo in età molto precoce, ma di favorirne un'acquisizione quanto più possibile profonda e duratura per mezzo di un uso vicino al «naturale» e non artificialmente costruito.

Questo approccio educativo e didattico nasce intorno alla metà degli anni Novanta del secolo scorso. «Il termine Content and Language Integrated Learning (CLIL) viene adottato nel 1994 nel contesto europeo per descrivere e approfondire le buone pratiche di insegnamento conseguite in diversi tipi di ambiente scolastico, in cui insegnamento e apprendimento avvengono in una lingua addizionale» (Coyle, Hood, Marsh 2010, pos. 119)[8]. La ricerca europea del 2006 che abbiamo già citato (European Commission 2006) attesta che, nel giro di una ventina d'anni, il CLIL è cresciuto esponenzialmente, dando spesso buoni se non ottimi risultati. Quello che sembra emergere dalle valutazioni degli studenti che hanno usufruito di programmi CLIL è il potenziamento degli HOTS (Higher Order Thinking Skills) rispetto ai LOTS (Lower Order Thinking Skills), insomma il

[8] Se non ulteriormente specificato tutte le traduzioni sono a cura di chi scrive.

consolidamento degli obiettivi più complessi indicati dalla tassonomia di Bloom rivista da Anderson e Kratwhol (Coyle, Hood, Marsh 2010, pos. 520). La ricerca educativa ha accertato che gli studenti CLIL non siano migliori dei non CLIL riguardo le capacità meno complesse, anzi, in qualche caso ottengano risultati inferiori nella memorizzazione e nella ripetizione (Gallardo del Puerto, Martínez Adrián, 2013), ma li distaccherebbero di gran lunga nelle competenze più difficili e nel trattamento più raffinato delle informazioni (Ball, Kelly, Clegg, 2015, 55).

La lezione CLIL consiste dunque nell'insegnamento di determinati concetti attraverso delle procedure che implicano l'uso di un determinato linguaggio (Ball, Kelly, Clegg 2015, p. 52). Oppure, detto in altri termini, si tratta di un insegnamento in cui in un linguaggio di apprendimento addizionale (language of learning) si procede all'insegnamento/apprendimento di una sintassi e una semantica adatta all'argomento o all'oggetto didattico prescelto (language for learning) e infine si produce un risultato formativo che testimoni l'avvenuto apprendimento (language through learning) (Coyle, Hood, Marsh 2010, pos. 584).

La natura laboratoriale della metodologia CLIL e lo specifico linguistico, infine, rendono necessarie altre due condizioni preliminari:

i. per fare CLIL i docenti devono collaborare: ci dovrebbe essere un team, per lo meno un accordo o un progetto fra il docente DNL e il docente di lingua straniera, possibilmente supportati dalla dirigenza e dal collegio dei docenti;
ii. per un buon CLIL i docenti DNL dovrebbero avere una certificazione linguistica di livello C1, o almeno B2 con impegno a conseguire il C1, e una preparazione metodologica universitaria, il già citato corso di perfezionamento, o qualche altro corso di formazione e aggiornamento specifico. Questo perché il CLIL non consiste nel far lezione come se si fosse nello stesso ambiente linguistico della prima lingua, ma necessita di procedure specifiche.

Per quanto riguarda il livello linguistico degli studenti, tutto dipende dall'ordine di scuola e dall'attività richiesta, ma sembra consigliabile che gli studenti degli ultimi anni della scuola superiore possiedano un livello linguistico pari o superiore al B2 delle certificazioni europee[9].

[9] Questo requisito sembra particolarmente indicato per il CLIL in storia.

26.4 Il CLIL e l'insegnamento della storia

Tra le materie CLIL preferite dagli insegnanti italiani c'è la storia[10]. Non è qui il caso di indagare il perché, ma certo non è una scelta ovvia[11] e, soprattutto, non coincide con altre esperienze nazionali in cui le materie scientifiche sono largamente preferite. Uno dei motivi potrebbe essere il fatto che con la metodologia CLIL gli studenti possono entrare operativamente nella cultura della lingua addizionale, imparando in questo modo a vivere in un mondo in cui sarà sempre più richiesto saper pensare e ragionare contemporaneamente secondo diverse prospettive e abiti di pensiero. O forse l'insegnante di storia è alla ricerca di nuove metodologie perché, come crediamo, la presentazione tradizionale della materia appare sempre meno efficace nella pratica quotidiana delle classi.

In ogni caso la metodologia CLIL si sviluppa secondo una procedura che utilizza un certo linguaggio (vocabolario e strutture) volto alla comprensione di determinati concetti, che nel caso della storia, descrivono i fatti, i processi e le interpretazioni che si è deciso di studiare. L'insegnante di storia dovrebbe avere già tra i suoi strumenti la dimensione procedurale. Una didattica della storia CLIL non può che essere una didattica laboratoriale[12], nel caso specifico una didattica molto vicina a quello che Pier Cesare Rivoltella chiama EAS, Episodio di Apprendimento Situato (Rivoltella 2016; Bricchetto 2016). Del laboratorio la didattica CLIL deve avere le due caratteristiche principali:

- lo studente lavora in autonomia,
- l'insegnante è un introduttore e un facilitatore,
- l'oggetto di studio deve essere interessante per la classe, negoziato con gli studenti, possibilmente trasversale rispetto alla scelta di uno dei punti elencati tra gli argomenti dei libri di testo.

Una volta stabilito l'approccio laboratoriale, le lezioni o il modulo CLIL di storia devono prevedere materiali che permettano agli studenti di acquisire progressivamente, per mezzo di opportuni aiuti (in inglese scaffolding), il linguaggio necessario a utilizzare i concetti (embedding) richiesti per produrre il risultato (outcome) richiesto.

---

[10] Si vedano i dati citati nel primo dei video di cui alla nota 3.

[11] La già citata inchiesta europea mostra un panorama piuttosto vario di materie e di approcci.

[12] Per quanto riguarda la definizione di cosa sia il laboratorio di storia si veda all'interno di questo volume, capitolo 2.

26.5 Pianificare un'attività CLIL

Dopo aver delineato i presupposti teorici del CLIL, si presentano qui i passaggi necessari per la realizzazione di un modulo CLIL con particolare attenzione alla storia. Per ragioni di spazio e di opportunità, si considererà lo scenario della scuola media superiore, dove l'insegnamento di una DNL in lingua straniera è obbligatorio.

Per pianificare il CLIL occorre innanzitutto condividere e contestualizzare all'interno dell'istituzione scolastica le finalità generali e gli scopi dell'iniziativa. In altre parole il successo del CLIL dipenderà da quanto una scuola sarà capace di impegnarsi sistematicamente nella sua realizzazione e nel suo adattamento alla situazione particolare nella quale opera.

Nel dettaglio la progettazione di un modulo CLIL richiede una riflessione attenta su:

1. la scelta dei contenuti. All'interno della programmazione dei collegi docenti, dei dipartimenti e dei consigli di classe ci si dovrebbe accordare su argomenti e obiettivi didattici realizzabili con attività laboratoriali e che, possibilmente, coinvolgano più discipline, in questo caso almeno l'insegnante di storia e quello di lingua straniera, in possesso delle competenze linguistiche necessarie. I contenuti più adatti sono dunque pluridisciplinari (ad esempio l'impatto dell'esperienza Prima guerra mondiale su alcuni poeti inglesi – storia e letteratura inglese) o interdisciplinari (ad esempio la nascita delle culture e delle controculture giovanili nel Sessantotto – storia/filosofia/letteratura inglese/letteratura italiana) (si veda ad esempio il modulo didattico di Boschi, 2017);
2. la relazione fra gli obiettivi cognitivi e la scelta dei contenuti. Quali tipo di operazioni cognitive si vogliono attivare con i contenuti selezionati? Meglio lavorare sui LOTS o sugli HOTS? In altre parole s'intende lavorare sulla rimemorazione, la comprensione e sull'applicazione delle conoscenze (LOTS) o sulla rielaborazione, il problem solving, il ragionamento ipotetico (HOTS)? Per storia si tratterebbe di scegliere fra attività di riconoscimento, integrazione dei dati, risposta a domande di tipo fattuale, preparazione di presentazioni (LOTS), rispetto, per esempio, alla stesura di un saggio, l'analisi di una fonte o la comparazione tra diverse prospettive storiografiche (HOTS);
3. il linguaggio richiesto e il suo uso. Una buona programmazione CLIL deve prevedere anche una riflessione sul linguaggio, un'attività che gli insegnanti di DNL non sono abituati a svolgere. Non si tratta di sostituirsi al collega di lingue, ma di collaborare nella riflessione sul livello linguistico necessario per affrontare i contenuti proposti (language of learning), le strutture linguistiche

necessarie agli studenti e agli insegnanti per agire concretamente nella classe (language for learning), nonché il vocabolario richiesto per raggiungere gli obiettivi cognitivi e conoscitivi prefissati (language through learning). Nel caso della scuola media superiore, in modo particolare per quanto riguarda l'anno terminale, è possibile che l'insegnante si possa concentrare sul linguaggio specifico della sua materia DNL (language through learning), poiché gli altri aspetti del linguaggio dovrebbero già far parte del bagaglio linguistico degli studenti;

4. lo sviluppo di una consapevolezza interculturale. Il lavoro didattico CLIL deve portare anche qualche beneficio in termini d'implicazioni culturali e interculturali. I contenuti e il linguaggio adottato devono permettere agli studenti di comparare la propria usuale esperienza didattica con altre prospettive. Vale la pena di fare il CLIL, al di là degli obblighi di legge, solo se gli studenti potenziano le loro conoscenze attraverso metodologie attive in un ambiente linguistico nuovo (Coyle 2010, App. A).

26.6 La scelta dei materiali e lo sviluppo della lezione

26.6.1 *La lezione*

La storia è una materia che si sviluppa essenzialmente attraverso il trattamento e la manipolazione di testi di vario genere e natura: il manuale, le fonti documentali, l'analisi di oggetti, opere d'arte e materiali multimediali. Un testo qualsiasi diventa utilizzabile nel CLIL solo se viene trattato e presentato secondo una sequenza didattica che prevede i cosiddetti «scaffolding» e l'«embedding». Il primo, lo scaffolding, è «una strategia d'insegnamento usata per portare progressivamente gli studenti verso una più sicura comprensione e una maggiore indipendenza nell'apprendimento. Gli insegnanti forniscono livelli successivi di aiuto temporaneo fino al momento in cui gli studenti saranno capaci di raggiungere gli obiettivi autonomamente. Le strategie di supporto saranno gradualmente rimosse quando non saranno più necessarie» (Ball, Kelly, Clegg 2015, p. 306).

Il secondo, l'embedding, consiste in

> «una tecnica che incorpora nei materiali parole chiave e strutture grammaticali connesse ai contenuti. Queste parti del linguaggio sono poste strategicamente nei materiali in modo tale che gli studenti le incontrino e le usino di frequente» (Ball, Kelly, Clegg 2015, p. 302).

In sostanza si tratta di disporre i testi in una sequenza in cui gli studenti, opportunamente guidati, si abituino a ragionare e utilizzare il nuovo linguaggio. Per farlo bisogna utilizzare tecniche come quelle degli esercizi di completamento, categorizzazione, matching, la redazione o il completamento di mappe concettuali ecc. (vedi ad esempio i moduli didattici proposti in Ceccoli 2017). Il lavoro di classe va, almeno parzialmente, negoziato con gli allievi. Se l'obiettivo finale, di cui parleremo, è una qualche forma di verifica sommativa in cui gli studenti parlino o scrivano nella lingua veicolare, non si può pensare che fin dal primo istante della lezione o del modulo CLIL tutto avvenga in lingua straniera. L'approccio può e deve essere graduale, permettendo nella fase iniziale l'uso dell'italiano per chiarire il senso del lavoro e per costruire i primi gradini dell'impalcatura (scaffolding) necessaria a lavorare nella lingua straniera (embedding).

Un'altra caratteristica fondamentale della metodologia CLIL è la necessità di far lavorare gli studenti in modo cooperativo. In questo caso il *cooperative learning*, sia in termini di lavoro di gruppo sia di lavoro per coppie, serve a compensare le differenze tra le competenze linguistiche degli studenti. La necessità di svolgere un compito comune, soprattutto in un'altra lingua, diffonde il sapere, nel senso del saper fare (know how), molto più velocemente di qualunque spiegazione frontale, perché nel lavoro tra pari l'aspetto comunicativo della lingua si sviluppa naturalmente e non viene praticato in contesti forzati o artificiali.

26.6.2 *I materiali*

Sviluppare materiali per una didattica CLIL come quella che si è delineata è molto dispendioso in termini di tempo ed energie. La diffusione di tali materiali è agli inizi e per questo i testi che molte case editrici, in Italia e in Europa, hanno etichettato con la sigla CLIL, sono molto lontani da quell'ideale gradualità linguistica e concettuale che nel CLIL è indispensabile. La prassi didattica italiana, centrata per lo più sull'accumulo di conoscenze in una successione di civiltà ed epoche data sostanzialmente per scontata, non favorisce certo la rielaborazione dei fatti e dei processi storici in un senso compatibile con la didattica CLIL. Qualche tentativo di produrre buoni materiali, compatibili con le indicazioni nazionali e con le buone pratiche internazionali, è stato fatto però anche in Italia. La casa editrice Loescher, oltre a dare voce al Centro di ricerca sulla didattica delle lingue (CRDL) dell'Università Cà Foscari di Venezia, ospita un portale online per l'insegnamento integrato di lingua e disciplina, in cui compaiono articoli che riguardano anche l'insegnamento CLIL della storia (http://clil.loescher.it). La stessa casa editrice ha iniziato a pubblicare qualche testo adatto alla programmazione integrata (http://clil.loescher.it/percorsi.n3971), così come ha fatto la casa editrice D'Anna (Baldocchi, Paggiaro 2013). È inoltre possibile utilizzare con profitto anche materiali cosiddetti nativi, cioè scritti e predisposti per studenti di madrelingua inglese, ad esempio, o materiali CLIL costruiti per altri sistemi scolastici, naturalmente adattandoli al nostro contesto. Per quanto riguarda il secondo caso, è molto interessante l'esperienza dei Paesi Baschi, un sistema scolastico di fatto trilingue (Basco, Spagnolo e Inglese). I loro testi CLIL, sebbene forse più adatti a moduli CLIL preparatori per i primi anni della scuola media superiore, sono tra i più accurati e interessanti fra quelli disponibili, anche perché sono il frutto di un lavoro collettivo del sistema scolastico basco, non solo degli autori che hanno materialmente scritto i volumi (Beobide, Errazkin, Iturburu, Ball 2016).

Materiali molto utili possono essere reperiti in repertori online anche altri repertori come Youtube, Khan Academy, Ted Ed, i siti di musei come il British Museum o lo Smithsonian, ma ci sembra il caso di segnalare in particolare:

- Worldhistoryforusall (http://worldhistoryforusall.ss.ucla.edu), un sito americano della UCLA che presenta l'intera storia umana in modo sintetico e con molte lezioni di approfondimento accessibili anche ai nostri studenti dell'ultimo anno;
- Historiana (www.historiana.eu), un portale dell'associazione Euroclio (European Association of History Educators), che propone moduli di storia nazionale e transnazionale in prospettiva europea;
- Europeana (http://www.europeana.eu/portal/it), un immenso repertorio di immagini e documenti storici di tutta Europa, migliorabile nell'organizzazione, che può fornire infiniti spunti e tracce per la didattica CLIL della storia.

26.6.3 *Misurazione e valutazione*

Come misurare e valutare la didattica CLIL dipende innanzitutto da quali attività vengono esaminate. Nella fase formativa le verifiche, data la natura specifica sia dello scaffolding che dell'embedding, dovrebbero essere il più possibile autocorrettive. Per fare solo degli esempi: esercizi di completamento e/o di matching con uno o più distrattori, in cui, una volta scoperto l'errore non resta allo studente che trovare la soluzione giusta con qualche suggerimento del docente, se è il caso; cloze test in cui nella correzione collettiva in classe si analizzino gli errori e si trovino le soluzioni cercando di capire la motivazione dello sbaglio.

La valutazione sommativa invece è un po' più complessa perché, in questo caso, entrano in gioco delle competenze che il professore di DNL solitamente non ha. Il ruolo dell'insegnante di lingua è a questo punto decisivo. Sperando che il docente di lingua straniera sia stato già coinvolto nella progettazione del modulo/lezione, spetta a lui aiutare il docente DNL nella valutazione della padronanza linguistica degli studenti, naturalmente in relazione alle loro potenzialità di partenza. Se si tratta di valutare una prova scritta, una correzione/restituzione collegiale non presenta particolari difficoltà, ma, quando si decide di effettuare una verifica sommativa orale, colloqui o discussioni guidate, il docente di lingua dovrebbe essere presente insieme al docente DNL, il che comporta, com'è ovvio, qualche problema organizzativo e formale in più.

In ogni caso la valutazione generale di un'attività CLIL non si esaurisce in se stessa, ma nella scommessa che studiando, poniamo, storia in inglese, gli studenti, attraverso questi moduli in lingua, migliorino tanto la padronanza della seconda lingua quanto l'interesse, la capacità di approfondire e di utilizzare lo studio della storia per comprendere meglio il mondo in cui vivono.

26.7 Due esempi di programmazione CLIL

Alla pagina seguente si presentano due tra gli innumerevoli esempi possibili di programmazione CLIL. Il primo, steso secondo uno stile più flessibile, riguarda attività in cui l'insegnante guida il percorso attraverso la scelta dei testi e delle interpretazioni. Si tratta di un laboratorio storico CLIL di tipo, per così dire, deduttivo. Gli studenti sono chiamati a verificare alcune ipotesi circa l'interpretazione del testo poetico come fonte storica. Il secondo, invece, steso con uno stile più rigido, come un lesson plan vero e proprio, propone invece attività più induttive, in cui gli studenti sono guidati alla ricerca e alla scoperta, all'analisi dei dati e alla loro rielaborazione sintetica.

26.7.1 *I poeti inglesi come fonti per lo studio per la Prima guerra mondiale*

I poeti di guerra inglesi come fonti per lo studio della Prima guerra mondiale (tempi dicembre gennaio) – materie coinvolte: Inglese, Storia, Scienze naturali.			
Tempi	**Azioni insegnanti**	**Azioni in classe**	**Compiti studenti**
Tre ore PROGRAMMAZIONE 1 insegnante di storia, 1 insegnante di inglese, 1 di programmazione comune.	Insegnanti di storia e inglese scelgono i testi più adatti a essere considerati come fonti (quelli che contengono riferimenti al contesto nel testo o fra le righe/ quelli che esprimono valutazioni polemiche o controverse ecc.). Per esempio la famosa *Dulce et decorum est* di Owen e una qualunque delle migliaia di poesie di trincea come quelle scritte da Woodbine Willie (il rev. G.A. Studdert Kennedy).		
1 ora in classe di ripresa della Prima guerra mondiale che si prevede di avere già svolto in italiano (il contesto).	Presentazione slides in inglese tratte da M. Howard, *The First World War: a very short introduction*, OUP, 2007. Prima mezz'ora.	Controllo comprensione attraverso esercizio Kahoot o Ed Puzzle (*cloze* o *multiple choice*). Laboratorio o modalità BYOD (wifi di classe) a seconda delle risorse.	Rivedere le slides a casa.
1 ora in classe di storia. 1 ora di scienze naturali.	Visione di un paio di spezzoni video di 10 minuti, con o senza sottotitoli in Inglese a seconda della difficoltà, sulla battaglia della Somme e/o sulla vita di uno dei poeti. L'insegnante di scienze fa una lezione sull'Yprite o gas mostarda, possibilmente accompagnandola con la distribuzione di un breve testo in inglese sull'argomento.	Gli studenti o in laboratorio o in modalità BYOD, rispondono alle domande preparate su Edpuzzle o Vibby.	Rivedere gli spezzoni a casa e correggere gli eventuali errori di interpretazione. Redazione di una rubrica di lessico specifico, con le forme linguistiche più complesse da discutere con l'insegnante di lingua.

Tempi	Azioni insegnanti	Azioni in classe	Compiti studenti
2 ore di lavoro in classe secondo la quantità e/o la difficoltà dei testi. Meglio nella modalità della compresenza dell'insegnante di inglese laddove possibile.	L'insegnante di lingue rivede la consegna precedente e partecipa come facilitatore all'intera lezione.	Lettura e comprensione guidata del significato letterale dei testi poetici scelti in sede di programmazione (in modalità laboratoriale con il supporto di dizionari monolingue, in *peer learning* o *group work*).	Parafrasi in inglese (*group working finalized at home*). Ampliamento della rubrica e individuazione delle metafore o delle figure da sciogliere per comprendere il significato letterale del testo.
3 ore in classe. Meglio con la compresenza dell'insegnante di inglese, laddove possibile.	PRIMA ORA Nei primi 15 minuti l'insegnante offre alcune coordinate metodologiche per la lettura del testo poetico come fonte storica. Vedi M. Gusso, *Il laboratorio con le fonti letterarie*, e *Il laboratorio con le canzoni*, in: Bernardi, Monducci (a cura di), *Insegnare storia*, UTET, 2012. Nel secondo quarto d'ora l'insegnante illustra alcune applicazioni che possono facilitare o rendere più interessante il lavoro. Nel resto dell'ora lavoro di gruppo. Organizzazione della classe in gruppi, meglio gruppi da 4; a ciascun gruppo viene affidato un testo o una parte di testo. SECONDA ORA Revisione e controllo finale dell'analisi che andrà finalizzata a una presentazione. La presentazione dovrà essere realizzata in forma di mappa concettuale o con le applicazioni presentate la volta precedente. Una TERZA ORA per completare il lavoro.	Guidare, sorvegliare e facilitare i gruppi aiutando l'interpretazione storica del testo e l'individuazione dell'intertesto.	Dopo la prima ora i gruppi si consultano per evidenziare problemi, formulare domande o per impostare il lavoro della seconda parte, che consisterà nella redazione di mappe concettuali o storytelling, anche in modalità cartoon guidata, del contenuto dei testi poetici. Il compito necessita anche di lavoro domestico.

Tempi	Azioni insegnanti	Azioni in classe	Compiti studenti
2 o 3 ore a seconda della classe	Valutazione formativa. L'insegnante di storia e quello di lingue secondo le loro competenze valutano i lavori degli studenti.	Gli studenti espongono i loro lavori in inglese.	Rivedere tutti i materiali.
1 ora	Verifica sommativa.	Quesiti a risposta breve tipo terza prova tipologia B, valutata attraverso una griglia di valutazione integrata tra abilità linguistiche e competenze storiografiche.	Dopo la prima ora i gruppi si consultano per evidenziare problemi, formulare domande o per impostare il lavoro della seconda parte, che consisterà nella redazione di mappe concettuali o storytelling, anche in modalità cartoon guidata, del contenuto dei testi poetici. Il compito necessita anche di lavoro domestico.
1 o 2 ore per classe a seconda del numero di alunni.	CORREZIONE E MISURAZIONE		
1 ora Meglio con la compresenza dell'insegnante di inglese laddove possibile.		Restituzione e correzione con gli studenti, finalizzazione della valutazione.	
Totale 13 ore di lavoro in classe. 5 ore di lavoro a casa per i docenti. Da 4 a 6 ore di lavoro a casa per i ragazzi.			

26.7.2 *I contradditori processi di decolonizzazione*

Insegnante (Teacher) di Inglese e Storia		Periodo: Secondo quadrimestre
Materia e argomento (Subject and topic)	Storia, Inglese, educazione alla cittadinanza	
Obiettivi di apprendimento (Learning Outcomes)	Concetti (Concepts)	I contraddittori processi di decolonizzazione.
	Linguaggio (Language)	Il vocabolario della storiografia degli studi coloniali e post-coloniali. Congiunzioni subordinative, periodo ipotetico, frasi consecutive, concessive e causali.
	Procedure (procedures)	*Group working and peer learning*. Analisi del testo: ricomposizione di sequenze di testi complessi, redazione di mappe concettuali, rubrica del lessico, esercizi di riconoscimento delle definizioni (*matching*), esercizi di completamento, redazione di un essay.
Finalità personali (Personal aim)	Conoscenza in dettaglio di un processo di colonizzazione e decolonizzazione. Ampliamento del vocabolario e delle capacità argomentative in L2. Ampliamento competenze europee: comunicazione nelle lingue straniere, imparare a imparare, competenze sociali e civiche, consapevolezza ed espressione culturale.	
Gruppo classe (Group profile)	Classe terminale di liceo.	
Prerequisiti (Prerequisites)	Conoscenza del tema della decolonizzazione dal corso di storia in italiano.	
Tempi (Time)	12 ore comprese due ore di redazione del saggio in inglese. Tre ore di programmazione, tre ore di correzione delle verifiche per insegnante,un'ora di restituzione.	
Interazioni (Interactions)	Compresenza insegnante di storia e di inglese, lavori di gruppo, formazione di coppie di lavoro.	
Difficoltà (challenges)	Difficoltà di comprensione del testo, difficoltà di concettualizzazione dei problemi coloniali e post-coloniali, possibili difficoltà nel lavoro di gruppo.	
Materiali, metodi e strumenti (Materials methods and instruments)	Carta e penna, applicazioni per mapping (tipo Cmap), video trattamenti tipo Edpuzzle, consultazione archivi on line, introduzione alla webquery.	
Procedure (Procedure)	Insegnante = I Studente = S	

Insegnante (Teacher) di Inglese e Storia			**Periodo: Secondo quadrimestre**
Lezione	Finalità	Procedura attività con gli studenti I>S S=S S=I	Tempi
0	Programmazione (planning)	I - Scelta dei materiali preparazione delle verifiche formative (fonte *Worldhistoryforusall* – adattamenti, tagli e manipolazione dei testi a cura degli insegnanti).	3 ore
1	Warm up resuming prerequisite	I>S Riassunto delle conoscenze sulla decolonizzazione – presentazione del docente – studenti prendono appunti in inglese. Visione di un video sottotitolato o lettura di un testo storiografico sulla decolonizzazione in generale: S=S gli studenti scrivono in coppia la rubrica dei termini poco noti o specifici e chiedono chiarimenti sulle strutture linguistiche che non comprendono S=I.	20 min 20 min 20 min
2	Nation and nationalism	S>I presentazione sintetica della lezione 1 da parte di un gruppo di studenti (briefing) S=S lavoro di gruppo basato sulla *Unità 9.3 lezione 1 di World Historyforusall.* Controllo lavoro (*debriefing*)	20 min 30 min 10 min
2.1	Discussione guidata	S=I S=S Analisi e discussione in plenaria dei lavori di gruppo della lezione precedente. I gruppi presentano i lavori messi a punto a casa (Discussion group works finalized at home). Ciascun gruppo viene valutato dagli altri secondo una griglia di valutazione proposta dagli insegnanti.	35 min 15 min
3	Colonizzazione e decolonizzazione	Lesson 2 da *Worldhistoryforusall 9 landscape 3.* Briefing insegnante. Webquest e lavori di gruppo insegnante facilitarore. *Debriefing.*	10 min 40 min 10 min
3.1	Come 2.1	Idem	Idem
4	I nuovi Stati e la Guerra fredda	Stessa struttura e fonti della lezione 2 e 3.	Stessi tempi della lezione due e tre.
4.1	Come 2.1	Idem	Idem

Insegnante (Teacher) di Inglese e Storia			Periodo: Secondo quadrimestre
5	Studio di caso di un nuovo Stato indipendente africano o asiatico (dipende dalla classe e dagli interessi).	Struttura attività e lezione come 2 e 3 fonte sempre lezione di *World history for us all*.	
5.1	Come 2.1	Idem	Stessi tempi.
6	La struttura del saggio (insegnante di Inglese preferibilmente). Ripasso del lessico, della rubrica di termini e delle difficoltà linguistiche incontrate.	S>I il controllo e la costruzione del linguaggio viene fatto durante il lavoro di controllo dei lavori di gruppo, si tratta di un'attività di scrittura.	30 min 30 min
7	Verifica sommativa.	Saggio breve (scrittura documentata – con la possibilità di consultare i materiali prodotti) originale rispetto ai lavori precedenti.	120 min
8	Correzione	Insegnante di Storia e di Inglese.	3 min
9	Restituzione	Correzione e commento in classe.	1 min

Bibliografia

- Balboni P.E., Coonan C.M. (a cura di), 2014, *Fare CLIL. Strumenti per l'insegnamento integrato di lingua e disciplina nella scuola secondaria*, I Quaderni della Ricerca, 14, a cura del Centro di Ricerca sulla Didattica delle Lingue dell'Università Ca' Foscari di Venezia, Loescher, Torino.
- Baldocchi U., Paggiaro L. (a cura di), 2013, *CLIL history units, 1: Europe Lost and Found (1914-1919); 2: The Shaping of Europe: Division and Unionthroughout the Cold War (1945-1989); 3: 1968: the year that rocked the world; 4: Europe, a continent of migrants*, Appendice online a: Z. Ciuffoletti, U. Baldocchi, S. Bucciarelli, S. Sodi, *Comprendere la storia - scoprire le differenze, interpretare i cambiamenti*, D'Anna, Firenze.
- Ball P., Kelly K., Clegg J., 2015, *Putting CLIL into practice*, Oxford University Press, Oxford.
- Beobide H., Errazkin M., Iturburu A., Ball P., 2016, *DBH 4 Social Sciences Unit 2 Playing with History*, IKASELKAR, Donostia.
- Bricchetto E., 2016, *Fare storia con gli EAS. A lezione di Mediterraneo*, La scuola Editrice, Brescia.
- Coyle D., Hood P., Marsh D., 2010, *Clil Content and language Integrated Learning*, edizione Kindle, Cambridge University Press, Cambridge.

- Rivoltella P.C., 2012, *Insegnare al Cervello che apprende*, Raffaello Cortina Editore, Milano.
- Rivoltella P.C., 2016, *Che cos'è un EAS L'idea, il metodo, la didattica*, La Scuola, Brescia.

Bibliografia per le attività proposte:

- Howard M. (2007), *The First World War: a very short introduction*, OUP.
- Kennedy D. (2016), *Decolonization: A Very Short Introduction*, OUP.
- Gusso M. (2012a), *Il laboratorio con le fonti letterarie*, in P. Bernardi, F. Monducci (a cura di), *Insegnare storia*, UTET, pp. 157-172.
- Gusso M. (2012b), *Il laboratorio con le canzoni*, ibidem, 173-204.
- Young R.J.C. (2003), *Postcolonialism: A Very Short Introduction*, OUP.

Sitografia

Sitografia per le attività proposte:

- Boschi D., 2017, *La Grande guerra poteva essere evitata?*, Historia Ludens, http://www.historialudens.it/didattica-della-storia/287-la-grande-guerra-poteva-essere-evitata.html.
  http://worldhistoryforusall.ss.ucla.edu/units/nine/landscape/Era09_landscape3.php.

Per le tecniche di ricerca in Internet:

- http://webquest.org/index-create.php.

Un'introduzione generale alla metodologia CLIL a cura del Corso di Perfezionamento dell'Università di Torino è reperibile qui:

- http://share.dschola.it/majoranatorino/clil/Verbali%20commisioni%20CLIL/Informazioni%20generali%20e%20normativa/principi %20di%20base%20del%20CLIL.pdf.

Un portale dedicato integralmente al CLIL:

- http://clil.loescher.it.

Inoltre:

- Ceccoli P., 2017, *Il CLIL come modello per l'insegnamento laboratoriale in italiano*, Novecento.org, n. 8, luglio 2017, in http://www.novecento.org/didattica-in-classe/il-clil -come- modello-per-linsegnamento-laboratoriale-in-italiano-2282/.
- Crystal D. 2003, *English as a global language*, Cambridge, Cambridge University Press, in http://culturaldiplomacy.org/academy/pdf/research/books/nation_branding/English_As_A_ Global_Language_-_David_Crystal.pdf.
- European Commission, Directorate-General for Education and Culture, 2006, *Con-*

tent and Language Integrated Learning (CLIL) at School in Europe, in http://www.indire.it/lucabas/lkmw_file/eurydice/CLIL_EN.pdf.

- Gallardo del Puerto F., Martínez Adrián M., 2013, *¿Es más efectivo el aprendizaje de la lengua extranjera en un contexto AICLE? Resultados de la investigación en España*, in «Revista Padres y maestros», Nùm. 349, 2013, pp. 25-28, in http://revistas.upcomillas.es/index.php/padresymaestros/article/view/25-28.
- Krashen S.D., 1988, *Second language acquisition and second language learning*, Jersey, Prentice-HallInternational, in: http://www.sdkrashen.com/content/books/sl_acquisition_and_learning.pdf.
- OECD – Organisation for Economic Co-operation and Development (2007), *Understanding the Brain: the Birth of a Learning Science*, in http://www.oecd- ilibrary.org/education/understanding-the-brain-the-birth-of-a-learning-science_9789264029132-en.

Alcuni repertori di materiali in lingua e di possibili esercizi non pensati per il CLIL ma utilizzabili:

Generali

- Youtube https://www.youtube.com.
- TED Ed https://ed.ted.com.
- Kahn Academy https://www.khanacademy.org.

Specifici di storia

- http://worldhistoryforusall.ss.ucla.edu.
- http://www.europeana.eu/portal/it.
- http://euroclio.eu.
- https://www.beta.historiana.eu/#/.
- http://www.schoolshistoryproject.co.uk.
- https://sheg.stanford.edu (soprattutto le lezioni di «Reading like an historian»).
- http://www.bbc.co.uk/history.
- http://www.britishmuseum.org.
- https://www.si.edu/explore/history.

Strumenti multimediali per la redazione di test, lezioni, cartoni o manipolazioni di video, alcuni gratuiti e altri a pagamento:

- https://kahoot.com per la preparazione di testi o quiz.
- https://edpuzzle.com per la manipolazione di video (anche da Youtube): si possono interrompere i video con domande di comprensione ecc.
- https://www.powtoon.com per scrivere e pubblicare fumetti.
- http://hubmiur.pubblica.istruzione.it/alfresco/d/d/workspace/SpacesStore/90ce1993-e3ba-4fc8-916b-171292f31ea9/linee_guida_progetto_eclil.pdf.
- http://www.clilexcellence.education.

27
Fare storia con l'EsaBac

di Francesco Monducci

27.1 Che cos'è l'EsaBac

EsaBac è la crasi di Esame di Stato (Esa) e di Baccalauréat (Bac): si tratta, infatti, di un percorso di studi triennale, frutto di un accordo tra le autorità scolastiche di Italia e Francia, siglato nel 2009, sul modello di altri accordi già esistenti tra Francia e Germania (AbiBac) e Francia e Spagna (BachiBac). Tale percorso conduce al conseguimento del doppio diploma nazionale, mediante il superamento di prove specifiche, integrate a quelle usualmente previste per la conclusione del ciclo di studi della scuola secondaria di secondo grado.

Accessibile in Italia dall'a.s. 2010-2011 per gli allievi dei licei classici, scientifici e linguistici, dal 2016/2017 l'EsaBac si è allargato anche agli istituti tecnici del settore economico, con un curricolo specifico (EsaBac Techno). Nel corso degli anni ha incontrato un successo crescente, con un forte incremento degli istituti scolastici aderenti. Solo per la parte italiana (che qui ci interessa), al termine dell'a.s. 2018/2019 hanno partecipato agli esami finali 269 istituti scolastici (dai 29 del 2011), per l'EsaBac generale e 28 per l'EsaBac Techno. All'origine di tale successo è probabilmente anche il forte appoggio che il progetto stesso ha ricevuto dalle autorità di Italia e Francia, con l'organizzazione regolare di un programma di formazione degli insegnanti, ai quali è richiesta una competenza della lingua francese corrispondente al livello C1 del QCER (Quadro comune europeo di riferimento per la conoscenza delle lingue). È stato poi aperto il sito IFprofs (https://it.ifprofs.org/), per mettere a disposizione degli insegnanti risorse didattiche e per consentire loro di condividere esperienze e buone pratiche.

Il progetto EsaBac punta non soltanto a far acquisire la conoscenza approfondita di una lingua (nella fattispecie il francese), ma ha obiettivi più ambiziosi di formazione culturale e civica. Da qui la scelta di due discipline che consentano di aprire prospettive comparatistiche e di aprirsi in modo profondo e articolato alla conoscenza dell'altro. Si tratta di Lingua e letteratura (4 ore settimanali), con una programmazione da concordare in parallelo con l'insegnante di Lingua e letteratura italiana, e di storia (2 ore settimanali).

Nei paragrafi che seguono esamineremo problemi e opportunità offerte dall'insegnamento di storia DNL (Disciplina Non Linguistica) nell'ambito EsaBac.

27.2 Problemi e opportunità dell'insegnamento della storia DNL nell'ambito EsaBac

27.2.1 *Il programma e le sue «lacune»*

L'insegnamento della storia ha alcuni punti in comune con la pratica CLIL (Content and Language Integrated Learning), in primo luogo l'aspetto metodologico: non si tratta, infatti, di integrare semplicemente nuovi contenuti nella programmazione e nel lavoro tradizionale, ma di adottare anche metodologie diverse: nel nostro caso, l'uso costante delle fonti, sia di tipo verbale sia di tipo iconografico, come strumento per illustrare, approfondire, problematizzare le varie tematiche affrontate, secondo la pratica comunemente utilizzata nelle scuole transalpine. Gli studenti sono così posti di fronte non solo a nuovi contenuti, ma anche a nuovi approcci e metodi di lavoro, il che può portare inizialmente a effetti di disorientamento, ma alla lunga costituisce un'importante opportunità di crescita intellettuale e culturale.

Gli aspetti specifici sono, però, più numerosi: essendo infatti il progetto EsaBac frutto di un accordo internazionale, si ha la presenza di un curricolo, cioè di obiettivi e di una serie di contenuti ben definiti, articolati su tre anni di studio. Tali contenuti, però, tanto quelli per i licei quanto quelli per gli istituti tecnici, sono stati costruiti più sulla base dei programmi francesi che sulle indicazioni nazionali italiane, e già a una prima lettura si intuisce un approccio diverso alla disciplina: in Italia, infatti, abbiamo un curricolo di storia generale organizzato attorno a un fondamentale asse cronologico; i programmi francesi ci conducono, invece, in un percorso suddiviso per temi, approfonditi attraverso studi di caso. I programmi in vigore fino all'anno scolastico 2021/22 privilegiavano fenomeni e processi iscritti nella lunga durata, a scapito talvolta anche della consequenzialità cronologica, e presentavano diversi problemi per i docenti italiani, soprattutto in relazione ai contenuti: nell'ambito di una struttura fortemente tematizzata e che tendeva a privilegiare alcuni momenti ritenuti fondamentali nell'evoluzione della civiltà occidentale, si saltava infatti a piè pari dal Cinquecento (Rinascimento, scoperta del Nuovo Mondo, Riforma) all'età delle rivoluzioni, da cui partiva una narrazione più continua, che giungeva, al termine del terzo anno, ai giorni nostri. Recentemente sono stati pubblicati nuovi programmi che entreranno in vigore progressivamente a partire dall'anno scolastico 2022/23. Questi nuovi programmi, rispetto ai precedenti, recuperano un forte asse cronologico, privilegiando un approccio di storia politica, che non esclude, per altro, tematiche socioeconomiche e storie particolari, come la storia di genere. L'aspetto più importante, ai nostri occhi, è che propongono parallelismi e confronti fra la storia di Francia e la storia d'Italia per ogni tema affrontato. In questo modo sono colmate molte delle lacune presenti nei programmi precedenti. Rimane, tuttavia, aperta una questione di fondo: la difficoltà, per i docenti italiani, di reperire documenti in lingua francese riguardanti la storia italiana, ciò che rende cosa non facile costruire attività basate sullo studio di tali risorse. Neppure i libri di testo aiutano: quelli francesi seguono fedelmente i programmi «normali» della scuola francese, e solo in alcuni casi affrontano momenti e aspetti della storia italiana; quanto all'Italia, finora sono stati pubblicati solo due manuali specifici per l'EsaBac (e nessuno per l'EsaBac Techno), che dovranno per altro essere profondamente rivisti, in base ai nuovi programmi.

Che cosa può fare allora il docente? Per prima cosa, è importante che si ricordi che il manuale non è che uno fra i possibili strumenti di lavoro, e che si avvalga del sostegno della comunità dei colleghi. Un aiuto non indifferente può giungere infatti dal già ricordato sito IFprofs, nonché da diversi siti in lingua francese, sia istituzionali, sia gestiti da singoli insegnanti o da associazioni di insegnanti, che forniscono in grande numero esemplificazioni di corsi, di dossier documentari, di verifiche (di tali siti forniremo un elenco non esaustivo al termine del capitolo). In casi estremi, il nostro consiglio è di utilizzare anche fonti in lingua italiana: la cosa ci sembra in pieno accordo con le finalità di bilinguismo proprie del progetto EsaBac, e l'importante è che il lavoro di analisi e commento sia condotto anche in lingua francese.

27.2.2 *La metodologia d'insegnamento*

Come già accennato, l'aspetto peculiare della didattica dell'EsaBac è il costante lavoro con le fonti (o con i documenti, come preferiscono dire i colleghi francesi), metodologia essenziale per acquisire una conoscenza critica degli argomenti studiati, finalità che implica anche importanti valenze civiche.

Il lavoro con le fonti non esclude la presenza del manuale, che mantiene, anzi, il suo ruolo specifico, per fornire inquadramenti generali e raccordi fra le varie tematiche affrontate. Se si ha l'opportunità di utilizzare anche un manuale francese, questo può diventare la principale fonte di documenti, nonché fornire utili indicazioni di metodo. Sarebbe ideale che gli studenti, sin dal primo biennio e prima di iniziare il percorso EsaBac, siano già abituati ad affrontare ogni sorta di documenti (in particolare, documenti scritti, iconografici, grafici, tabelle, carte tematiche), riconoscendone la tipologia, l'autore, il destinatario, il luogo e il tempo, e sappiano selezionare e gerarchizzare informazioni. In caso contrario questo *training* formativo dovrà caratterizzare fin da subito il lavoro dell'insegnante di storia EsaBac, che dovrà sempre finalizzare le attività proposte agli allievi non solo all'acquisizione di conoscenze, ma anche all'acquisizione e all'applicazione di abilità man mano più complesse, come il saper confrontare due o più documenti, saper valutare l'affidabilità di una fonte, saper ricavare informazioni implicite e individuare problematiche.

L'insegnante può utilizzare i metodi e gli strumenti che ritiene più opportuni: dalle lezioni dialogate al lavoro di gruppo, dal manuale alle TIC; queste ultime possono rivelarsi particolarmente preziose per illustrare in particolare metodologie di analisi delle fonti iconografiche (riconoscimento di primo piano, secondo piano e sfondo, individuazione di linee di forza, messa in evidenza della struttura dell'immagine ecc.). Le TIC, inoltre, permettono un agevole accesso anche a fonti audiovisive, che possono rivelarsi molto utili, utilizzate sia come fonti in quanto tali, sia anche con funzione di stimolo, all'inizio di un modulo.

È sicuramente fondamentale abituare gli allievi a prendere appunti, tanto dalle lezioni dell'insegnante quanto dal manuale e dai documenti, e a redigere schede, in vista anche dell'acquisizione di adeguate competenze linguistiche. Tali abitudini sono per altro fondamentali anche per lo sviluppo di capacità logiche e riflessive, capacità che entrano, accanto alle conoscenze e alla proprietà linguistica, nella valutazione delle prove di esame.

27.2.3 *Aspetti linguistici*

Nell'ambito dell'EsaBac la lingua francese è veicolare, cioè serve da supporto alla disciplina insegnata. Occorre quindi un adeguato livello di base (normalmente si prescrive il livello B1 del QCER come livello d'ingresso, avendo come obiettivo al termine dei tre anni il conseguimento del livello B2). Ed è fondamentale che gli studenti acquisiscano gradualmente non solo il vocabolario specifico di tale disciplina (nel nostro caso la storia), ma che arrivino a padroneggiare le convenzioni che regolano la redazione di testi specifici, in particolare quelli che costituiscono le prove scritte d'esame: la composizione e lo studio di un insieme di documenti.

Per quanto riguarda il lessico, il docente dovrà curare l'acquisizione di un vocabolario bilingue per le principali nozioni; a tal fine saranno utili, tra gli altri, esercizi di abbinamento o di completamento. Le difficoltà che si possono trovare nella traduzione, l'impossibilità di trovare, talvolta, termini o espressioni equivalenti, costituiscono altrettante occasioni per riflettere su tali nozioni e approfondire la loro conoscenza; in questo modo la DNL diventa occasione di arricchimento e rafforzamento sia delle competenze linguistiche sia di quelle disciplinari; al tempo stesso, attraverso il procedimento contrastivo, si rafforza anche la competenza nella lingua madre e, non ultimo, si favorisce lo sviluppo di una prospettiva interculturale e di una visione complessa della realtà.

Venendo ai testi scritti, la composizione è solo superficialmente simile al nostro tema di storia: in realtà se ne distanzia per l'enunciato breve e soprattutto per la struttura standardizzata: introduzione (presentazione dell'argomento, enunciazione della problematica, annuncio della scaletta); sviluppo (tradizionalmente articolato in due/tre parti; conclusione (bilancio complessivo del lavoro e risposte alla problematica enunciata nell'introduzione; talvolta può contenere un'apertura verso ulteriori sviluppi degli eventi o fenomeni trattati). L'acquisizione della metodologia per redigere questo tipo di testo ha un'indubbia valenza trasversale (non è ancora molto sviluppata, soprattutto nella scuola secondaria di secondo grado, la didattica dello scritto, e ancora meno una didattica specifica dello scritto di storia), e concorre in modo importante allo sviluppo di abilità logico-linguistiche, in particolare la capacità di sintesi. Anche da questo punto di vista, perciò, l'insegnamento dell'EsaBac ha valenze che vanno al di là sia degli aspetti linguistici sia di quelli disciplinari.

Quanto allo studio di un insieme di documenti, questa prova ha qualche punto di contatto col nostro saggio breve: la differenza è costituita dalla presenza di documenti di varia tipologia (normalmente il «corpus» si compone di cinque documenti, di cui due documenti scritti, due iconografici e una carta o una tabella o un diagramma, benché non vi siano prescrizioni formali in proposito); agli studenti si richiede, inoltre, di rispondere a due/tre domande di analisi dei documenti, prima di procedere alla redazione del testo, che presenta, sia pur in forma semplificata, in particolare per quanto riguarda introduzione e conclusione, la stessa struttura della composizione. Questo tipo di esercizio è quello più tipico, anche perché possiede una corrispondenza precisa col lavoro sulle fonti che caratterizza l'attività in classe: gli studenti devono dimostrare di saper riconoscere la natura dei documenti proposti, la loro funzione, la loro affidabilità, e di saper individuare tutte le informazioni utili alla redazione del testo richiesto, ricavandole non solo dai singoli documenti, ma anche dal loro confronto.

La familiarità con tali testi non può che conseguirsi gradualmente, attraverso esercizi regolari e progressivi, come, per esempio, esercizi di completamento (per acquisire l'uso dei connettivi o del lessico specifico), di scrittura preliminare (redazione di introduzioni, conclusioni, elaborazione della scaletta più adatta per trattare un certo argomento), la redazione di testi brevi, con l'obbligo di rispettare una certa struttura, l'analisi e il commento di un documento, poi di due ecc.

Accanto allo scritto, l'orale mantiene in ogni caso la sua importanza (anzi, l'ha accresciuta, visto che la prova d'esame per l'EsaBac Techno prevede, al posto dello scritto di storia, l'analisi e il commento orale di uno o due documenti), sia nella forma dialogata (interazione insegnante/studente e studente/studente, quest'ultima in caso di discussioni in classe o di lavori di gruppo) sia in quella, tipicamente francese, del monologo (esposizione ordinata di un argomento), a cui pure gli studenti devono essere progressivamente addestrati. A questo proposito, la possibilità di usufruire di strumenti digitali può risultare molto stimolante, ad esempio per preparare esposizioni collegate a presentazioni in PDF.

27.2.4 *Opportunità di programmazione interdisciplinare*

Il progetto EsaBac è caratterizzato da una « naturale » predisposizione all'interdisciplinarità, sia per quanto riguarda le due materie coinvolte direttamente (Letteratura francese e storia), sia per quanto riguarda le altre materie del curricolo. Tale vocazione è tra l'altro favorita dall'impostazione storicistica propria della maggior parte delle discipline umanistiche (Storia dell'Arte, Storia della Filosofia, Storia della Letteratura nazionale e straniera), ma è possibile e auspicabile anche per le discipline scientifiche e tecniche (nell'esempio che segue, proponiamo in tal senso uno studio di caso in Geografia turistica). L'approccio interdisciplinare offre un duplice vantaggio: permette da un lato di evitare inutili doppioni, dall'altro consente di valorizzare il punto di vista e la metodologia specifici di ciascuna disciplina attorno a un determinato tema. Rimanendo in un ambito molto semplice e limitato, è per esempio già molto importante, da un punto di vista formativo, comprendere come la stessa fonte sia suscettibile di approcci multipli: una cosa è esaminarla e interrogarla come documento storico, un'altra considerarla e studiarla come opera d'arte o testo letterario. Più in generale, l'approccio multiforme può poi costituire un ulteriore elemento di motivazione per gli allievi, e avere un ruolo decisivo nell'acquisizione di abilità complesse.

Bisogna ricordare, infine, come la progettazione di percorsi inter e pluridisciplinari corrisponda a una pratica ormai diffusa nella scuola italiana, in coerenza con l'introduzione della didattica per competenze, e corrisponda allo spirito del colloquio dell'Esame di Stato, che, almeno in teoria, non dovrebbe essere costituito dalla somma di una serie di prove orali, ma dovrebbe essere appunto un colloquio fra il candidato e i commissari, che tocca le varie discipline a partire da un determinato argomento.

27.3 Esempio di un «dossier documentaire» di approfondimento: La religiosité et les croyances populaires au Moyen Age, dans l'Occident chrétien

Forniamo ora un esempio di approfondimento attraverso un dossier di documenti/fonte. La scelta è caduta su un argomento, la religiosità e le credenze popolari, che fa riferimento al tema Società e culture dell'Europa medievale (XI-XIV secolo), e in particolare al modulo sulla Cristianità medievale. Tale tema è inserito nelle indicazioni per l'EsaBac Techno.

L'argomento ci è parso interessante, benché sia toccato solo molto brevemente nei manuali francesi (per questo motivo abbiamo preferito aggiungere anche un breve testo di presentazione): esso permette infatti di acquisire alcune nozioni importanti per la conoscenza della società e della cultura dell'Occidente medievale, e di sviluppare riflessioni sui rapporti fra cultura alta e cultura bassa, sulle problematiche dell'acculturazione, dell'inclusione e dell'esclusione; sono possibili inoltre diversi collegamenti interdisciplinari.

La scelta dei documenti è in coerenza col testo, all'interno del quale abbiamo collocato i riferimenti; si tratta soprattutto di documenti iconografici, di non difficile reperimento sul Web: si è cercato soprattutto che fossero tali da favorire domande e riflessioni da parte degli studenti, nonché semplici abilità di schedatura e di reperimento delle informazioni (anche se, come vedremo, con due documenti si incominciano a porre questioni un po' più complesse, come il reperimento di informazioni indirette o l'affidabilità).

Poiché infine si tratta di una tematica posta all'inizio del primo anno, abbiamo immaginato che l'attività in classe consista soprattutto in una lezione dialogata, che può risolversi anche in due-tre ore. Ovviamente, tale durata può variare nel caso di ulteriori approfondimenti o di raccordi interdisciplinari.

In apertura si può proiettare un filmato, per esempio quello relativo alla Crèche vivante de Sainte-Anne d'Auray (in https://www.youtube.com/watch?-v=Sy D9wNdHLiY), per introdurre il tema della religiosità popolare e delle sue manifestazioni.

Come verifica, si possono sottoporre agli allievi, anche come lavoro a casa, le domande indicate nella problematica, e chiedere loro brevi risposte scritte, in cui utilizzare in modo appropriato nozioni e termini appresi.

La religiosité et les croyances populaires au Moyen Age, dans l'Occident chrétien

Problématiques

- Existe-t-il au Moyen Age une différence entre la religiosité et les croyances des élites et celles des classes populaires?
- Quels sont les traits saillants de la religiosité populaire?
- Quelle est l'attitude de l'Eglise face à la survie de croyances et pratiques païennes?
- Qui sont les sorcières?
- Quelle est l'origine du culte des reliques?
- Quel est le lien entre le culte des reliques et les pèlerinages?

Vocabulaire à apprendre:

paroisse	parrocchia
religiosité/religion	religiosità/religione
syncrétisme	sincretismo
sorcière /sorcellerie	strega/stregoneria
hérétique/hérésie	eretico/eresia
inquisition	inquisizione
reliques	reliquie
pèlerinage	pellegrinaggio

Texte pour les élèves

Au Moyen Age les populations européennes sont très croyantes. La foi chrétienne marque les moments forts de la vie de chaque individu (naissance, mariage, mort); les fêtes religieuses rythment l'année et accompagnent la succession des saisons et des travaux agricoles (doc. 1); elles établissent le temps du travail, pendant la semaine, et celui du repos, le dimanche, le jour du Seigneur. Chaque communauté se regroupe autour de sa paroisse, dont l'église n'est pas seulement un lieu de culte, mais aussi un lieu de réunion et de socialisation, où les gens se rencontrent, discutent, prennent des décisions et, parfois, commercent.

On peut remarquer, pourtant, d'importantes différences entre les croyances et la religiosité des élites cultivées et celles des classes populaires, analphabètes pour la plupart et dont la formation religieuse est très sommaire. Le monde du peuple est un monde où naturel et surnaturel se confondent. Un trait saillant de la religiosité populaire, spécialement celle des paysans, est le **syncrétisme**: beaucoup de croyances et de rituels païens avaient survécu, parfois tout juste revêtus d'une apparence chrétienne; certains saints, et notamment ceux qui protégeaient des maladies ou qui veillaient à la fertilité des femmes ou des champs n'avaient que remplacé les anciens dieux (docs. 2 a, b et c).

Mais il existait également des croyances et des rituels que l'Eglise n'acceptait pas. C'est le cas des pratiques attribuées aux «**sorcières**». On croyait qu'elles connaissaient les secrets de la fertilité, et ce sont elles qui soignaient les gens et les animaux au sein des communautés où elles vivaient, par des pratiques où la médecine naturelle se mêlait aux rituels magiques. Dans un premier temps l'Eglise se limita à condamner ces pratiques en tant que superstitieuses, mais, à partir du XIIIe siècle, les sorcières, accusées de commerce avec le diable, furent persécutées au même titre que les hérétiques (doc. 3).

Un autre aspect saillant de la religiosité populaire est le culte **des reliques**, c'est-à-dire des restes mortels de saints, ou des objets leur ayant appartenu. Le fait de s'approcher de ces reliques, d'arriver à les toucher permet au fidèle d'entrer en contact avec leur sainteté, de se purifier, de guérir son âme et, parfois, son corps. Le culte des reliques est à l'origine d'une autre importante manifestation de religiosité: le **pèlerinage**, voyage de purification et de rapprochement de Dieu. Il existe de grands pèlerinages, à Jérusalem, à Rome, à Saint-Jacques-de-Compostelle, mais aussi des pèlerinages locaux, d'un village au sanctuaire le plus proche abritant des reliques, pour solliciter une grâce à l'occasion soit d'une fête soit d'une épidémie ou encore d'une sécheresse (docs. 4a, b et c).

Documents:

Doc. 1 – Maître appartenant à l'école de Benedetto Antelami, Détail du Cycle des mois – Porche central de la cathédrale de Crémone, première décennie du XIIIe siècle.

Novembre est représenté en train de tuer un cochon; il est précédé du Sagittaire portant un arc et une tunique courte de chasseur; Décembre, à gauche, ramasse du bois accompagné du Capricorne. (in http://www.rubricadiarte.it/ciclo-dei-mesi/).

Document 1 *(Credit: Adobe Stock / gabriffaldi)*

Doc. 2a – Giotto, Déposition de croix – Fresque, cm 200×185 – Padoue, Chapelle des Scrovegni, XIVe siècle.

A remarquer l'attitude des anges, qui reprennent l'ancien usage de la lamentation rituelle, encore très répandu dans tout l'Occident chrétien (in http://www.sindone.org/santa_sindone/vita_di_fede/00024365_Giotto___Il_compianto_sul_Cristo_morto.html).

Document 2a *(Credit: iStockphoto / ZU_09)*

Doc. 2b: Lamentation rituelle pendant l'exposition du défunt (Nécropole d'Andriuolo, VIe siècle av. J.-C.; Musée de Paestum, Salerne, in http://www.academia.edu/5020720/Tradizione_Ellenica-_Onori_ai_Defunti).

Document 2b *(Credit: Alamy Foto Stock / Stefano Ravera)*

Doc. 2c Image tirée de l'*Atlante Figurato del Pianto*, appendice du livre de De Martino E., *Morte e pianto rituale nel mondo antico*, 1958. Photos de Franco Pinna (in https://www.blogfolk.com/2012/10/il-suono-dellultimo-saluto.html).

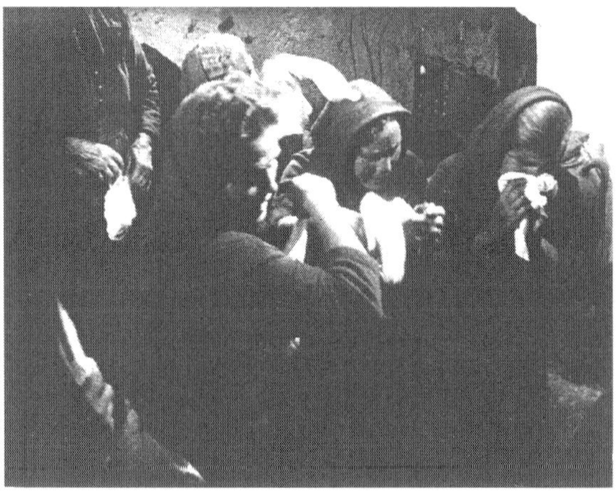

Document 2c *(Fonte: Stendalì / Cecilia Magnini / Mirko Grasso / Kurumuny)*

Doc. 3: Un inquisiteur raconte des pratiques populaires

Dans un bourg fortifié distant d'une lieue de cet endroit, elles [deux femmes accusées de complicité avec une sorcière] allaient chercher une vieille femme qui leur enseignait la manière rituelle d'agir, de faire des offrandes aux démons, de les invoquer, et qui les conduisait en ce lieu.

Quand elles y parvenaient, elles offraient du sel et d'autres choses; elles pendaient aux buissons alentour les langes de l'enfant; elles plantaient un clou dans les arbres qui avaient poussé en ce lieu; elles passaient l'enfant nu entre le tronc des deux arbres; la mère qui était d'un côté tenait l'enfant et le jetait neuf fois à la vieille femme qui était de l'autre côté. En invoquant les démons, elles adjuraient les faunes [les esprits] qui étaient dans la forêt de Rimite de prendre cet enfant malade et affaibli, qui, disaient-elles, étaient à eux, de leur rendre gras et gros, sain et sauf.

Cela fait, ces mêmes infanticides reprenaient leur enfant et le posaient nu au pied de l'arbre sur la paille d'un berceau, et avec le feu qu'elles avaient apporté là, elles allumaient de part et d'autre de la tête deux chandelles mesurant un pouce et elles le fixaient dans le tronc au-dessus. Puis elles se retiraient jusqu'à ce que les chandelles fussent consommées [...].

Lorsque les mères retournaient à leur enfant et le retrouvaient vivant, elles le portaient dans les eaux rapides d'une rivière proche [...] où elles le plongeaient neuf fois: s'il en était sorti et qu'il ne mourait pas sur le champ ou juste après, c'est qu'il avait les viscères bien résistants.

Etienne de Bourbon, dominicain et inquisiteur dans les Dombes, *Traité des diverses manières à prêcher*, milieu du XIIe siècle, traduit par J.-C. Schmitt, Flammarion, 2004, cité en Billard H. (sous la direction de), 2011, *Histoire 2nde*, *Les Européens dans l'Histoire du monde*, Magnard.

Doc. 4a: Eglise abbatiale de Saint Antoine, Sant-Antoine-l'Abbaye, Isère (in https://it.wikipedia.org/wiki/Saint-Antoine-l%27Abbaye).

Doc. 4b: Vitrail de l'église abbatiale de Saint Antoine, avec l'image de Saint Antoine (XIXe siècle).

Située sur l'un des chemins menant à Saint-Jacques-de-Compostelle, l'abbaye de Saint Antoine faisait elle-même l'objet de pèlerinages et accueillait les malades venant toucher les reliques attribuées à Saint Antoine afin que celles-ci les guérissent du mal des ardents (dit aussi feu sacré ou feu de Saint Antoine; ergotisme dans le vocabulaire médical). La vénération pour Saint Antoine en tant que guérisseur est à l'origine de l'Ordre hospitalier des Antonins, consacré aux soins des malades.

Document 4a, 4b *(Credit image 4b: Licenza Creative Commons 4.0 / Jacques MOSSOT)*

Dans sa représentation, le Saint est accompagné d'un cochon portant une clochette, car l'ordre des Antonins avait le droit de laisser ses porcs errer dans les rues pour des questions sanitaires (ils se nourrissaient des ordures).

Doc. 4c: Une escroquerie exploitant le culte des reliques au début du XIe siècle.

A cette époque, il y avait un homme sorti du peuple [...] En cachette il ouvrait les sépultures pour en retirer les os des restes des morts récemment inhumés, puis, après les avoir placés dans diverses sortes de reliquaires, il les vendait à des très nombreuses personnes comme reliques de saints, martyrs ou confesseurs. Après avoir perpétré d'innombrables fraudes dans les Gaules, il alla se réfugier dans les Alpes [...] Comme son habitude, il recueillit dans la plus vile des sépultures les ossements d'un inconnu, les posa dans une chasse posée sur un brancard et prétendit avoir trouvé par une révélation angélique les restes d'un saint martyr du nom de Just. On y apporta des infirmes, on apporta des présents, on y organisa des veilles pour attendre les miracles imminents que, comme nous l'avons dit, les esprits malins peuvent parfois réaliser, pour mettre les hommes à l'épreuve quand ils ont péché. Il en fut ainsi, clairement et sans aucun doute, en cette occasion. Il semble bien que des guérisons de maux portant sur diverses parties du corps furent opérées en cet endroit et que de ex-voto[5] en tous genres y furent suspendus.

Raoul Glaber, *Histoires*, IV, traduites et présentées par Mathieu Arnoux, Turnhout, Brepols, 1996, cité en Billard H. (sous la direction de), 2011, *Histoire 2nde, Les Européens dans l'Histoire du monde*, Magnard.

Presentazione dei documenti e indicazioni di attività

Doc. 1: l'immagine rappresenta un dettaglio del Ciclo dei mesi, collocato sopra l'arco del protiro della cattedrale di Cremona, opera di un maestro antelamico del XIII secolo. L'abbiamo scelta per illustrare il passo del testo in cui si dice che le feste religiose scandiscono il ritmo delle attività annuali, seguendo il succedersi delle stagioni; essa, in effetti, mostra come il lavoro dell'uomo sia integrato nei cicli della natura e nell'armonia del Creato.

Tale documento, come il successivo doc. 3, costituisce inoltre un'esemplificazione di come la Chiesa trasmetteva il suo messaggio agli illetterati attraverso il linguaggio delle arti visive (la cosiddetta « Biblia pauperum »).

Possibili domande da porre agli allievi:

- De quelle manière le travail de l'homme se situe-t-il au sein de cette vision religieuse de la réalité?
- Comment cette représentation était-elle perçue à l'époque où elle fut réalisée?
- S'agit-il d'une représentation typique ou exceptionnelle?
- Comment l'Eglise se servait-elle de l'art pour ses buts de catéchèse?

Possibili collegamenti interdisciplinari: in Storia dell'Arte, approfondimenti sulla nozione di Biblia pauperum, e sui principali temi dell'iconografia cristiana medievale.

Doc. 2a, b e c: il primo documento è il Compianto sul Cristo morto, che fa parte del ciclo di affreschi giotteschi che coprono le pareti della Cappella degli Scrovegni, a Padova. Si tratta di un documento molto interessante che permette di mostrare come si può utilizzare un'opera d'arte come fonte d'informazioni storiche, in questo caso anche involontarie: infatti, quello che ci interessa è il dettaglio degli angeli piangenti, che nei loro gesti ripropongono l'antico « pianto rituale »; tale pratica è molto antica, attestata da diverse fonti, come il dipinto parietale del doc. 2b; si può anche ipotizzare che Giotto abbia visto qualche bassorilievo romano o qualche vaso greco con questo tipo di raffigurazione, ma è molto più probabile che il pittore abbia rappresentato il pianto rituale avendolo visto dal vero:

esso era ancora molto diffuso nell'Occidente medievale, ed è sopravvissuto in zone isolate e marginali fino ai giorni nostri, come attestano le ricerche condotte dall'antropologo Ernesto De Martino negli anni Cinquanta in Basilicata (doc. 2c). Questi documenti permettono di introdurre la nozione di sincretismo: l'integrazione di riti e credenze di origine diversa (nel nostro caso, la religione antica e il cristianesimo).

Possibili domande da porre agli allievi:

- Quel est le lien entre pratiques anciennes et rituels chrétiens?
- Quels facteurs favorisent la survivance de certaines pratiques anciennes dans un contexte chrétien?
- Connaissez-vous d'autres cas semblables d'intégrations entre éléments chrétiens et préchrétiens?

Possibili collegamenti interdisciplinari: nella storia dell'arte, il Compianto sul Cristo morto è un tema tipico, che ha dato vita a molte opere, anche in ambito scultoreo (Compianto sul Cristo morto di Niccolò dell'Arca, nella Chiesa di Santa Maria della Vita a Bologna); nella letteratura francese, il lamento funebre è collegato a un preciso genere poetico, la «complainte», sviluppato talvolta anche in modo comico-satirico; nella letteratura italiana bisogna ricordare il Pianto della Madonna di Jacopone da Todi, che riprende nel testo alcune formule tipiche del pianto rituale; più in generale, il testo è ricollegabile al genere della lauda drammatica.

Doc. 3: si tratta del testo scritto da un inquisitore, che descrive alcune pratiche magiche della Francia centrale (la regione delle Dombes che si trova fra Lione e la Borgogna). È un documento interessante, a più di un titolo, anche perché permette di affrontare il problema dell'affidabilità delle fonti. Si tratta di una testimonianza di parte: i riti delle streghe sono descritti da chi è stato incaricato di perseguirle, e ciò rende affidabile il documento stesso fino a un certo punto; d'altra parte, il fenomeno della stregoneria è descritto quasi sempre da documenti di tribunali incaricati di giudicare presunti maghi e streghe. Si tratta quindi di un testo che apre a molti interrogativi, in particolare sul problema aperto dal fatto che la storia degli esclusi e dei marginali è stata quasi sempre raccontata da chi aveva con loro un rapporto conflittuale.

Domande da porre agli allievi:

- De quelle manière les rituels des «sorcières» témoignent-ils de la survivance de croyances populaires?

- Pourquoi l'Eglise a-t-elle accepté certaines pratiques anciennes, et en a-t-elle refusé d'autres?
- Qui écrit? Quelle relation y a-t-il entre l'auteur et les femmes dont il parle? Quels passages du document permettent de nous faire comprendre qu'il s'agit d'un témoignage partisan?

Possibili collegamenti interdisciplinari: in realtà, in questo caso, più che collegamenti interdisciplinari, si possono suggerire approfondimenti nell'ambito della storia di genere, o ancora nell'ambito dell'educazione alla cittadinanza, sulle problematiche legate alle pratiche di inclusione/esclusione. In base a quali fattori si crea la marginalizzazione e l'esclusione di determinate categorie di persone? Che cosa definisce tali categorie, e finisce col fissare la sottile linea di confine tra chi è ritenuto accettabile, e chi non lo è?

Doc. 4a, b e 4c: il culto delle reliquie e i pellegrinaggi appartengono non solo al cristianesimo, ma anche ad altre religioni: si tratta quindi di una manifestazione trasversale della religiosità, che ogni religione storica (e ogni epoca) declina in modo specifico. Abbiamo scelto un documento che fa riferimento a Sant'Antonio del Deserto, soprattutto per le possibilità di approfondimento e di sviluppo interdisciplinare che esso offre. Per quanto riguarda gli approfondimenti, possiamo suggerire le malattie e le possibilità di cura nel Medioevo (anche in collaborazione con Scienze); un paragone tra le patologie più diffuse nel Medioevo (soprattutto fra i ceti popolari) e quelle presenti oggi nel Terzo Mondo (in collaborazione con Geografia); il significato sia del culto delle reliquie sia del pellegrinaggio (eventualmente in collaborazione con l'insegnante di religione); il documento 4c suggerisce inoltre alcuni approfondimenti in ambito letterario, sia francese sia italiano, in particolare la novellistica, che spesso sfrutta riferimenti alla cultura popolare in chiave comico-satirica: ad esempio, l'episodio narrato dal cronista medievale fa immediatamente pensare alla famosa novella boccaccesca di Frate Cipolla (Decameron, VI, 10).

Possibili domande da porre agli allievi:

- Pourquoi les saints guérisseurs jouissaient-ils d'une vénération particulière au Moyen Age?
- Quelles étaient les maladies les plus répandues?
- Quelle était la valeur d'une relique? De quelle manière la présence des reliques d'un saint dans un lieu favorisait-elle l'affluence des pèlerins?
- Le document 4c dénonce les abus auxquels le culte des reliques pouvait amener: quelle est l'origine des reliques en question? Quels intérêts étaient liés au trafic des reliques?

- Ce document nous permet pourtant de voir le culte des reliques en action, bien qu'il s'agisse d'un abus: quelle est l'attitude des fidèles? Qu'est-ce qu'ils offrent comme remerciement, s'ils ont obtenu la guérison de leurs maladies?

Possibile sviluppo interdisciplinare: abbiamo già indicato alcune collaborazioni interdisciplinari a carattere puntuale; questo argomento, però, ci sembra suscettibile di uno sviluppo interdisciplinare più interessante nell'ambito di un istituto tecnico turistico: a partire da uno studio di caso della realtà attuale del villaggio di Saint-Antoine-l'Abbaye, si può introdurre il tema della valorizzazione turistica del patrimonio e delle diverse forme che può assumere: turismo religioso, storico-artistico, gastronomico ecc.

Bibliografia

- Agostini A. *et al.*, 2013, *L'EsaBac en poche*, Volume Unico, Zanichelli Editore, Bologna.
- Cohen Hemsi C., Perquin H., Vico M., 2017, *Objectif EsaBac. Parcours de littérature et histoire*, Pearson, Torino.
- Doveri S., Jeannine R., 2018, *Parcours d'histoire. Per le Scuole superiori. Con ebook. Con espansione online*, 3 voll., EuroPass, Padova.
- Langin E., 2013: *Entre les dates. Corso di storia per l'EsaBac*, 3 voll., Loescher Editore, Torino.
- Langin E., Tagliacozzo S., 2019, *Histoire Plus. Manuel d'histoire pour les sections EsaBac*, 3 voll., Loescher Editore, Torino.

Sitografia sull'insegnamento della storia EsaBac

- Amzallag M., 2021, *Enseignement de l'Histoire en Section EsaBac*, in https://ifprofs.org/it/ressource-methodologique/Enseignement-de-l-histoire-en-section-EsaBac/615c2613d75a4.
- Badiali M., 2019, *Griglie per esame EsaBac francese scritto/storia orale in ventesimi*, in https://ifprofs.org/it/ressource-methodologique/griglie-esame-esabac-francese-scritto-storia-orale-ventesimi/14678,
- Fayet A., 2011, Présentation *de l'Histoire en EsaBac*, Séminaire Esabac, Milano, 4-5 novembre 2010, in https://padletuploads.blob.core.windows.net.
- Héraudet C., 2014, *Expérimentation Esabac: Percours croisés franco-italien/ Sperimentazione Esabac: Percorsi incrociati franco-italiani*, in https://www.slideserve.com/abel/exp-rimentation-esabac-parcours-crois-s-franco-italien-en-histoire.
- Institut Français d'Italie, 2019, *ESABAC, il doppio diploma italo-francese. Un solo*

esame, due diplomi, in https://www.institutfrancais.it/italia/esabac-il-doppio-diploma-italo-francese
- Institut Français d'Italie, 2017, *Fiches méthodologiques pour l'épreuve d'histoire*, in https://ifprofs.org/it/ressource-methodologique/fiches-methodologique-epreuve-histoire/4012.
- Institut Français d'Italie, 2017, *La didactique française de l'Histoire*, in https://ifprofs.org/it/ressource-brute/esabac-didactique-francaise-histoire/3992.
- Martelli M., 2016, *Grille d'évaluation histoire EsaBac Techno*, in https://ifprofs.org/it/ressource-methodologique/grille-evaluation-histoire-esabac-techno/2670.
- Martelli M., 2017, *Présentation EsaBac Techno*, Séminaire de Rome 13-14/10/2016, in https://ifprofs.org/it/ressource-pedagogique/presentation-esabac-techno-seminaire-rome-13-14-10-2016/2671.
- Maschio G., 2020, *L'interdisciplinarité Histoire/Littérature EsaBac. « L'écrivain et le pouvoir. Les Trente glorieuses ». Coté Histoire*, in https://ifprofs.org/it/ressource-methodologique/interdisciplinarite-histoire-litterature-esabac-ecrivain-pouvoir-trente-0/17383.
- Miur, 2016, *Esabac*, in https://www.miur.gov.it/esabac.
- Miur, 2019, *Progetto « EsaBac »: Esame di Stato nelle sezioni sperimentali « Esabac » e « EsaBac Techno », 2018/2019*, in https://www.istruzioneer.gov.it/wp-content/uploads/2019/06/Esabac_esami-di-stato-sessione-2019.pdf.
- Miur, 2022, DM 209 del 22 agosto 2022, Programma di storia per le sezioni dei licei con progetto EsaBac, in https://www.edscuola.eu/wordpress/?p=157105.
- Miur et Institut Français d'Italie/Ambassade de France en Italie, 2015, *Guide pratique du professeur Esabac. Un parcours intégré franco-italien*, in https://istitutocapirola.edu.it/wp-content/uploads/2015/09/Guide-pratique-du-professeur-EsaBac.pdf.
- Plon C., 2016, Les *compétences devéloppées en section EsaBac*, in https://ifprofs.org/it/ressource-methodologique/competences-developpees-section-esabac/2970.
- Rocchi V. e Schlemminger G., 2015, *Un esame, due diplomi: programma binazionale italo-francese*, in https://journals.openedition.org/esp/538.
- Visconti A., 2020, *Entrainer les élèves à distance en vue de l'épreuve d'histoire EsaBac 2020*, in https://ifprofs.org/it/ressource-pedagogique/entrainer-eleves-distance-vue-epreuve-histoire-esabac-2020/19342.
- Visconti A., 2020, *Exemples de grilles d'évaluation pour l'oral d'histoire EsaBac*, in https://ifprofs.org/it/ressource-pedagogique/exemples-grilles-evaluation-oral-histoire-esabac/19396.

Bibliografia utilizzata per l'esempio proposto

- De Martino E., 1958, *Morte e pianto rituale nel mondo antico: dal lamento pagano al pianto di Maria*, Einaudi, Torino; 1975, n. ed. Bollati Boringhieri, Torino.
- Billard H. (sous la direction de), 2011, *Histoire 2nde, Les Européens dans l'Histoire du mo*nde, Magnard, Paris.
- Lambin M. (sous la direction de), 2010, *Histoire 2nde*, Hachette Education, Vanves.
- Walter P., 2017, *Croyances populaires au Moyen Age*, Editions Jean-Paul Gisserot, Quintin.

Sitografia utilizzata per l'esempio proposto

- http://www.academia.edu/5020720/Tradizione_Ellenica-_Onori_ai_Defunti.
- https://www.blogfolk.com/2012/10/il-suono-dellultimo-saluto.html.
- http://www.rubricadiarte.it/ciclo-dei-mesi/.
- http://www.sindone.org/santa_sindone/vita_di_fede/00024365_Giotto___Il_compianto_sul_Cristo_morto.html.
- https://www.youtube.com/watch?v=SyD9wNdHLiY.
- https://it.wikipedia.org/wiki/Saint-Antoine-l%27Abbaye.

Appendice

Principali siti utili per l'insegnamento di storia in lingua francese

Nome	URL	Descrizione
If Prof. Le réseau social de l'enseignement en français	https://it.ifprofs.org/	Sito istituzionale dedicato espressamente all'EsaBac. Vi si trovano documenti ufficiali – ad esempio, i programmi – materiale didattico «grezzo», esempi di moduli e verifiche, articoli di metodologia.
Emilangues, Le site d'accompagnement pour les sections européennes et de langues orientales	http://www.emilangues.education.fr/	Sito istituzionale francese dedicato all'insegnamento delle lingue straniere come DNL, in particolare del francese, che presenta numerose e interessanti risorse pedagogiche.
Eduscol, Informer et accompagner les professionnels de l'éducation	http://eduscol.education.fr/histoire-geographie/	Portale pedagogico del Ministère de l'Education Nationale, ricco di risorse; grazie a una mappa interattiva, dal sito di Eduscol si può accedere ai siti delle diverse «académies» francesi, che presentano anch'esse delle rubriche con risorse pedagogiche.
Le fil du bilingue, le site des sections bilingues françaises dans le monde:	http://lefildubilingue.org/	È il sito delle sezioni bilingui francofone nel mondo, con numerosi materiali per l'insegnamento del francese DNL.
Histographie, Site d'enseignants-formateurs, cours, mp3, activités, évaluations, exercices en ligne, tout en accès libre en histoire, géo. &EMC, collège &lycée, Bac, Brevet	https://histographie.net/	Sito gestito da insegnanti, molto ricco di materiali di tutti i tipi, esempi di moduli e di verifiche.
Galaxie Clionautes, Le réseau coopératif des professeurs d'histoire-géographie	https://www.clionautes.org/spip.php	Altro sito gestito da insegnanti, molto ricco di materiali di tutti i tipi, esempi di moduli e di verifiche.
Le Café pédagogique. Toute l'actualité pédagogique sur Internet	http://www.cafepedagogique.net/	Ancora un sito gestito da insegnanti, di carattere generale, ma con interessanti contributi relativi all'insegnamento della storia.

En Français	http://enfrancais.loescher.it/esabac/histoire	Sito della Casa editrice Loescher, con risorse specifiche per l'insegnamento della storia in ambito EsaBac.
L'Histoire par l'image	https://www.histoire-image.org/	Esplora la storia di Francia attraverso le collezioni dei musei e i documenti d'archivio.
Europeana	http://www.europeana.eu/portal/fr	Sito gestito da Euroclio, molto ricco in risorse, anche se molti documenti sono in inglese.
Jalons pour l'histoire du temps présent	http://fresques.ina.fr/jalons/parcours/Parcours-carrefour	Sito gestito dall'INA, l'equivalente francese dell'Istituto Luce, presenta molti percorsi didattici per l'insegnamento della storia del XX secolo, con documenti video.
Centre national du cinéma et de l'image animée	http://www.cnc.fr/web/fr/dossiers-pedagogiques	Sito gestito dall'ente omonimo, presenta dossier pedagogici ben realizzati di molti film, anche d'argomento storico.

Biografie dei contributori

Francesco Monducci
Già docente di scuola secondaria di secondo grado, ha esercitato a lungo la sua attività d'insegnamento all'estero, operando dal 1992 al 2006 presso la Sezione Italiana della Cité Scolaire Internationale di Lione (Francia). A partire dal 2007 ha iniziato la sua collaborazione con il LANDIS, di cui è stato anche direttore, e ha svolto attività di consulente e formatore per il MIM nell'ambito del progetto EsaBac. Fra le pubblicazioni: *Scopri la cittadinanza nella sua dimensione storica*, (2008) scritto insieme con M.L. Marescalchi; *C'è manuale e manuale. Analisi dei libri di storia della scuola secondaria*, (2010) scritta con M.P. Morando, D. Pizzotti, G. Ricci. M. Sarti, C. Venturoli e P. Zagatti. Ha curato, insieme con P. Bernardi, la seconda edizione di *Insegnare storia. Guida alla didattica del laboratorio storico*, (2006) opera di cui poi ha curato da solo anche la terza edizione (2018). È stato inoltre coordinatore del gruppo di ricerca che ha realizzato la mostra storico-didattica *Banchi e trincee. Studenti e studentesse bolognesi di fronte alla Grande Guerra* (Bologna, 01/12/2015 - 28/01/2016).

Agnese Portincasa
Ha conseguito laurea in Storia e dottorato di ricerca in Storia d'Europa presso l'Università degli Studi di Bologna. Abilitata all'insegnamento, è di ruolo nella scuola secondaria di primo grado. Docente in distacco ministeriale presso l'Istituto Storico Parri di Bologna dal 2012, nel 2018 è diventata Coordinatrice dell'Area Didattica e nel 2023 direttrice dell'Istituto. Ha conseguito l'attestato di archivistica contemporanea presso l'Archivio Centrale dello Stato di Roma, con un percorso di perfezionamento nella didattica con le fonti d'archivio (2013). Responsabile dello staff di teacher trainer nel progetto Erasmus+ «E-Story» dedicato alla didattica digitale (2018), è stata direttrice della rivista «Novecento.org. Didattica della storia in rete» dal 2019 al 2021. Esperta di formazione docenti, ha pubblicato numerosi saggi dedicati ai temi della didattica. Attualmente fa parte della commissione didattica dell'Istituto Nazionale Ferruccio Parri.

Paolo Battifora

Docente di storia e filosofia nei licei, è il responsabile dell'attività didattico-formativa dell'Istituto ligure per la storia della Resistenza e dell'età contemporanea «Raimondo Ricci» di Genova. Si è occupato di Shoah, deportazione, Resistenza, fascismo, storia dell'Italia repubblicana, educazione alla cittadinanza. Tra le sue ultime pubblicazioni, come autore, curatore, saggista, *Dizionario della Resistenza in Liguria* (Genova, 2021), *Operai, fabbrica, Resistenza. Conflitto e potere nel triangolo industriale* (1943-1945) (Roma, 2017), *Genova 1943-1945. Occupazione tedesca, fascismo repubblicano, Resistenza* (Soveria Mannelli, 2015), *Patria, cittadinanza, Europa. Un percorso nella storia italiana del Novecento* (Genova, 2013). Suoi articoli e contributi sono stati pubblicati in opere collettanee e nelle riviste «Storia e memoria», «Storia e problemi contemporanei», «Novecento.org». È membro del comitato scientifico del festival «La Storia in piazza». Giornalista pubblicista, scrive sulle pagine culturali del Secolo XIX.

Maria Giovanna Bertani

Iscritta a Lettere classiche per amore della letteratura greca, viene presto folgorata dalla passione per l'archeologia e la storia (dell'arte) antica. Dopo la laurea, per oltre dieci anni – come specializzanda, poi dottoranda, poi professionista – si copre felicemente di terra negli scavi archeologici e di polvere in biblioteche, depositi e musei. Tra uno scavo e una ricerca sostiene il concorso per l'insegnamento e, da un giorno all'altro, entra in ruolo. Cioè in classe. Da allora si copre felicemente di sguardi attenti e di strati e strati di compiti. A volte, per nostalgia della polvere (e della ricerca), continua a frugare negli archivi. Così, attraverso progetti di didattica attiva, ha esplorato diversi archivi di Bologna, a partire da quello del Liceo Laura Bassi, dove insegna, a quello del Museo civico del Risorgimento, a quello dell'ex ospedale psichiatrico «Francesco Roncati», e a diversi altri. E insieme agli studenti e a colleghi ha ritrovato storie e persone del Laura Bassi nei primi decenni dell'Unità d'Italia, durante la Grande guerra, le persecuzioni razziali e la lotta di Liberazione...; e da ultimo ha ricostruito frammenti di vita di diversi «matti di guerra» e poi di piccoli pazienti rinchiusi al Roncati tra la fine del XIX e i primi decenni del XX secolo.

Lucia Boschetti

È titolare di filosofia e storia nei licei e insegna a Bitonto (Ba). Si è diplomata nella Classe di Lettere e Filosofia della Scuola Normale Superiore, conseguendo parallelamente la laurea presso l'Università di Pisa. Dal 2019 svolge all'Università di Bari un dottorato in Studi umanistici nel curriculum di Storia dal Medioevo all'Età contemporanea e dedica la sua ricerca alla didattica della storia. Ha partecipato a conferenze e corsi di formazione per insegnanti e pubblicato articoli e saggi di ricerca storica e didattica.

Paolo Ceccoli

Insegna storia e filosofia al Liceo A. Volta di Como. Laureato in Filosofia alla Statale di Milano e Master of Art in History Education all'University of London, è docente CLIL da prima che fosse obbligatorio e insegna anche History (0470) nei corsi di preparazione agli esami IGCSE (International General Certificate Secondary Education). Attivo nella diffusione della teoria e della pratica innovativa della didattica della storia, scrive su riviste specializzate e partecipa alle attività di Euroclio, European Association of History Education, di cui è stato anche presidente. È iscritto all'associazione «Clio '92», segue e promuove da anni le attività della rete degli Istituti guidata dall'Istituto Parri nazionale.

Eugenia Corbino

Dottore di ricerca in Storia Contemporanea presso l'Università degli Studi di Firenze, ha conseguito la laurea in Scienze Politiche nel medesimo Ateneo e il Master in Public History presso l'Università di Modena e Reggio Emilia. È bibliotecaria presso la Biblioteca di Scienze Sociali dell'Università di Firenze. Ha collaborato a lungo con l'Istituto Storico Toscano della Resistenza e dell'Età contemporanea di Firenze nelle attività di ricerca e di didattica della Storia.

David Del Carlo

Insegna latino e materie letterarie presso il liceo «Lorenzini» di Pescia, istituto in cui ha promosso la realizzazione di due aule 3.0. Sperimenta nelle sue classi nuove metodologie, fra cui il flipped learning. Ha conseguito le qualifiche di Advanced Flipped Teacher, ThingLink Certified Educator, Book Creator Ambassador, CoSpaces Ambassador e affianca all'attività di docente quella di formatore, con seminari, corsi e workshop su flipped classroom, cooperative learning, didattica laboratoriale, app e web tools per la didattica. Negli ultimi anni si è dedicato all'integrazione nella didattica di augmented e virtual reality. Ama coniugare la grande eredità classica con le nuove tecnologie digitali, facendo sperimentare agli studenti, come in un laboratorio, le app più innovative, per la realizzazione di mostre in realtà aumentata o tour in realtà virtuale, insieme all'approfondimento delle conoscenze storiche, letterarie e linguistiche, in un ideale connubio fra tablet e dizionario di latino, visore VR e libro di testo.

Aurora Delmonaco

Nata a Napoli nel 1940. Docente, preside nei licei, ricercatrice, membro del direttivo del LANDIS dal 1983, presidente dal 1997 al 2012; membro della Commissione MPI per la progettazione del Liceo delle Scienze sociali, della Commissione De Mauro per il riordino dei cicli. Ha cooperato per l'aggiornamento degli insegnanti con enti nazionali, provveditorati, associazioni di varie regioni; ha messo in opera diverse aule laboratorio, ha sperimentato in itinere le loro pratiche con classi di diverso ordine e grado. Ha scritto saggi e testi di narrativa; fra altri volumi collettanei ha curato *Nuove parole, nuovi metodi. Soggettività femminile, ricerca e didattica della storia* (Società Italiana delle Storiche e MPI 1999); *Fare storia, crescere cittadini. Cittadinanza, Costituzione, insegnamento della Storia: percorsi e prospettive* (2010). Tra i saggi, *Verso una cittadinanza europea? Il contesto italiano*, in R.M. Avila, B. Borghi, I. Mattozzi (a cura di), Atti del convegno internazionale *L'educazione alla cittadinanza europea e la formazione degli insegnanti. Un progetto educativo per la « Strategia di Lisbona »* (2009).

Enrica Dondero
Docente di storia e italiano nella scuola secondaria di secondo grado, dopo aver prestato servizio nella scuola primaria, nella scuola secondaria di primo grado e alla Facoltà di Scienze della Formazione Primaria di Genova come Supervisore al Tirocinio. Attualmente è membro del Consiglio Direttivo e della Segreteria dell'Associazione « Clio '92 », nonché della redazione de *Il bollettino di Clio* e dell'Associazione *Paesaggi educativi*. È autrice di saggi sulla didattica della storia e ha partecipato a numerosi convegni, portando il suo contributo di esperienza e di riflessione su temi relativi all'insegnamento della storia, all'educazione al patrimonio culturale e all'educazione alla cittadinanza. Ha collaborato con la Sezione Didattica di Palazzo Ducale di Genova nell'ambito della rassegna *La storia in piazza*.

Filippo Mattia Ferrara
Ha conseguito la laurea magistrale in Scienze storiche (2015) e Master di secondo Livello in Comunicazione storica (2017) presso l'Università degli studi di Bologna. Dopo uno stage di 500 ore (2016) presso l'Istituto Storico Parri, ne è divenuto prima collaboratore (2017) e poi dipendente (2022) come addetto alla didattica e alla formazione. Si dedica a laboratori di storia del secondo Novecento, percorsi di educazione civica e PCTO con una metodologia sempre attenta all'alfabetizzazione digitale e all'uso di strumenti multimediali. Le sue attività didattiche si concentrano sui temi della Guerra fredda, sul Sessantotto, sugli anni Ottanta, sulla storia ambientale, sulla mafia e sul fenomeno migratorio. Con Agnese Portincasa tiene il corso di Didattica digitale della storia presso il Master di secondo Livello in Comunicazione Storica dell'Università degli studi di Bologna. È coautore, con Agnese Portincasa, dei saggi *L'alternanza scuola-lavoro e il laboratorio storico: temi, problemi*, proposte in Monducci F. (a cura di), 2018, *In-*

segnare storia. Il laboratorio storico e altre pratiche attive, UTET Università, Torino; *La didattica digitale: storia di una challenge*, 2021, in Dondi M., Salustri S. (a cura di), *Comunicazione storica. Tecnologie, linguaggi e culture*, Biblioteca Clueb, Bologna.

Emanuela Garimberti
È laureata in Lettere e diplomata in Archivistica, Paleografia e Diplomatica. Presso l'Università di Bologna ha conseguito il Dottorato di Ricerca in Storia medievale ed è stata borsista della Scuola Superiore di Studi Umanistici. Ha svolto attività didattica, in presenza e in modalità e-learning, e condotto seminari presso lo stesso Ateneo; si è inoltre occupata di edizioni di fonti medievali. I suoi interessi di studio vertono sulla storia culturale e delle idee nell'alto e pieno Medioevo e sulla storia agraria e del paesaggio. Abilitata all'insegnamento, è docente di ruolo nella scuola secondaria; è stata teacher trainer nel progetto Erasmus+ «E-Story. Media and History» (KA201), ha tenuto corsi di aggiornamento per insegnanti e si è occupata di editoria scolastica.

Scipione Guarracino
Ha contribuito all'innovazione nella didattica della storia con *Storia e insegnamento della storia*, (con Dario Ragazzini, 1980), seconda edizione in due volumi, *La formazione storica* e *L'insegnamento storico* (1991), e con altri libri e articoli negli anni Ottanta e Novanta. Ha poi insegnato metodologia della ricerca storica presso la facoltà di Scienze politiche di Firenze. Fra i suoi ultimi lavori figurano *Mediterraneo. Immagini, storie e teorie da Omero a Braudel* (2007), *L'Italia disunita. Idee e giudizi da Dante a Gramsci* (2013), *Allarme demografico* (2016), *Con gli occhi del cinema* (2020), *Senza storia. Ricominciamo da uno* (2021).

Maurizio Gusso
Presidente di IRIS (Insegnamento e Ricerca Interdisciplinare di Storia); membro del Direttivo di «Clio '92», della Segreteria di Rete Milanosifastoria e del Tavolo Tecnico-Scientifico della didattica della storia dell'Ufficio Scolastico Regionale per la Lombardia. Formatore dei docenti delle scuole di ogni ordine e grado al crocevia fra storia, geografia, scienze sociali, letteratura, musica, cinema, educazione interculturale, alla cittadinanza, al patrimonio, alle pari opportunità, alla pace e allo sviluppo sostenibile. Rappresentante AIPH (Associazione Italiana di Public History) nella Commissione didattica del Coordinamento della Giunta centrale per gli studi storici e delle Società degli storici; socio SIDidaSt (Società Italiana di Didattica della Storia). Già professore a contratto di Didattica della storia e discipline affini presso le Università degli Studi di Milano e Milano-Bi-

cocca e l'Università Cattolica di Milano; docente di ruolo di storia nelle scuole secondarie superiori.

Roberta Madoi

Impegnata, quale archivista, in iniziative di valorizzazione culturale del territorio e dei beni culturali (in particolare: archivistici, storico-artistici, architettonici, paesaggistici), collabora con enti e istituzioni, svolgendo ricerche finalizzate alla conoscenza e alla divulgazione storica, rivolte a destinatari diversi, dagli specialisti a un pubblico più ampio, fino al mondo della scuola e all'Università, con progetti didattici specifici. Coordina inoltre progetti di formazione e didattica degli archivi storici. In anni recenti si è occupata in particolare del recupero del patrimonio documentario delle scuole milanesi, organizzando anche laboratori didattici e incontri divulgativi aperti alla cittadinanza. Socia ICOM Italia (International Council of Museums) dal 2010, membro del Direttivo di IRIS (Insegnamento e Ricerca Interdisciplinare di Storia) dal 2013, del Comitato tecnico-scientifico de L'Officina dello storico dal 2006 al 2020 e, tra il 2016 e il 2021, del Tavolo tecnico-scientifico della Didattica della storia dell'Ufficio Scolastico Regionale - Lombardia.

Maria Laura Marescalchi

Insegnante di storia e filosofia presso il Liceo Scientifico « A. Tassoni » di Modena, ha conseguito la specializzazione per l'insegnamento CLIL, che applica alla storia. Ha recentemente partecipato a progetti europei dell'associazione internazionale Euroclio e del Consiglio d'Europa. È stata direttrice del LANDIS – Laboratorio Nazionale per la Didattica della Storia, dal 2007 al 2011, e collabora fin dalla sua istituzione con la Fondazione Villa Emma – Ragazzi ebrei salvati di Nonantola (MO), per la quale ha curato, insieme a A.M. Ori, una guida per la scuola e per i visitatori (*Nonantola e i salvati di Villa Emma luglio 1942-ottobre 1943*, Quid ed., 2007) e altri materiali didattici. Ha partecipato a viaggi di studio, convegni e seminari sulla declinazione didattico-educativa e l'allestimento museale dei luoghi della memoria in Italia, Germania, Francia, Cile e Argentina e ha tenuto lezioni a corsi di formazione per chi opera nei luoghi di memoria.

Chiara Massari

Docente di materie letterarie negli istituti di istruzione secondaria di secondo grado, è attualmente in distacco presso l'Istituto veneziano per la Storia della Resistenza e della Società contemporanea, dove progetta, realizza e coordina attività didattiche per studenti e formative per docenti. Ha collaborato con l'Istituto storico Italo Germanico di Trento, l'Istituto Bergamasco per la storia della Resistenza e dell'età contemporanea e l'Istituto Parri di Bologna, con progetti di ricerca storica e contributi in ambito digitale. Con l'Università degli studi di Padova ha realizzato un progetto di ricerca di didattica della storia, documentato in C. Massari, W. Panciera, E. Valseriati (a cura di), *Didattica col Catasto. Laboratorio di Storia per il triennio delle superiori*, Padova University Press, Padova. Formatrice in corsi di aggiornamento per docenti, conduce seminari di didattica della storia presso l'Università degli studi di Padova.

Ivo Mattozzi
Storico dell'età moderna, ha voluto diventare studioso della metodologia storica e della didattica della storia quando si è accorto della differenza tra la qualità delle conoscenze prodotte dagli storici e la cattiva qualità delle conoscenze insegnate a scuola. Ha svolto i suoi insegnamenti presso l'Università di Bologna e come docente a contratto anche nella Libera Università di Bolzano. Ha svolto studi su un'ampia gamma di problemi dell'insegnamento della storia e ultimamente ha concentrato la sua attenzione sul rinnovamento della storia generale scolastica e sulla trasposizione delle conoscenze storiografiche in conoscenze da insegnare. Insegna Linguaggi della storia nel Master di Comunicazione storica dell'Università di Bologna fin dalla prima edizione. Presidente di «Clio '92» condivide con tanti docenti italiani e stranieri l'elaborazione di proposte e di progetti per il rinnovamento della storia generale, per la valorizzazione didattica della storia locale, per la formazione di abilità metodologiche dei discenti lungo tutte le fasi curricolari. Analisi dei difetti della storia insegnata e proposte innovative sono presenti in pubblicazioni di cui dà conto il sito di «Clio '92»: clio92.org.

Marina Medi
Nata a Milano nel 1947, ha insegnato italiano e storia nelle scuole superiori e nell'educazione degli adulti. Dal 1993 è formatrice degli insegnanti per la progettazione curricolare, l'insegnamento della storia e la didattica multimendiale. Membro del direttivo dell'associazione di didattica della storia IRIS (Insegnamento e Ricerca Interdisciplinare di Storia) e socia di «Clio '92», ha partecipato al lavoro pluriennale del Cres-Mani Tese e continua a collaborare con diverse ONG per progetti nelle scuole sui temi dell'Educazione alla mondialità. Ha lavorato per il Ministero dell'Educazione nicaraguense (1986-1990) e ora con quello della Repubblica Araba Democratica Saharaui (RSDA) nei campi profughi in Algeria. Alcune sue pubblicazioni sono nel sito www.storieinrete.it.

Elena Musci
È docente a contratto di Didattica della Storia presso l'Università degli Studi della Basilicata e consulente sui temi della Didattica della Storia e del Patrimonio per enti di ricerca didattica, scuole di ogni ordine e grado e per società che opera-

no nel settore dei Beni culturali. Ha conseguito un dottorato di ricerca sulla comunicazione e didattica del paesaggio storico e ha svolto un assegno di ricerca sugli stereotipi della storia medievale insegnata. Ha insegnato Didattica della Storia presso la SISS dell'Università della Basilicata e il TFA di quella di Bari e ha tenuto corsi di aggiornamento sulle Indicazioni nazionali e sulla riforma Moratti. Collabora con la casa editrice Laterza per la realizzazione di apparati didattici cartacei e digitali e ha pubblicato saggi, laboratori e approfondimenti didattici per numerose riviste di settore e con diverse case editrici (EdiSES, Laterza settore scuola, Edizioni La Maridiana, Palumbo Editore, Adda Editore, UTET Università, Giunti Scuola).

Antonella Olivieri
Già insegnante di lettere nella scuola secondaria di primo grado è stata poi dirigente scolastica di una scuola secondaria con un progetto di inclusione degli studenti con DSA (*Dislessici alla pari*) e di una scuola primaria con una sperimentazione in sport e musica. Attualmente opera come formatrice su temi di didattica inclusiva per metodo di studio, italiano e storia. È socia di «Clio '92» e membro del Direttivo di IRIS (Insegnamento e Ricerca Interdisciplinare di Storia). È membro della segreteria del progetto *Milanosifastoria*. Tiene lezioni su temi storici per l'UTE di Bollate, Garbagnate e Novate Milanese. Su temi di storia e DSA è autrice di pubblicazioni per diverse case editrici. È coautrice di *Fare l'Italia, Fare gli italiani*, testo digitale sul Risorgimento italiano attualmente consultabile sul sito di IRIS https://www.storieinrete.it. Autrice anche del romanzo storico *Due patrie*, 2020, MnM print edizioni.

Valeria Pancucci
Animatrice Digitale dell'Istituto Comprensivo di Ghedi, dove insegna Lettere presso la scuola secondaria di primo grado. Si occupa di didattica attiva e strumenti digitali con incarichi di formatrice presso enti di formazione pubblici e privati. Per la Flipnet, associazione che promuove didattiche attive innovative creative inclusive e capovolte, gestisce corsi e webinar. Per la Erickson ha pubblicato nel 2019, insieme a Maurizio Maglioni, il manuale *Il compito autentico nella classe capovolta*. Collabora attivamente con alcune delle principali case editrici, tra le quali Pearson e Rizzoli, per le quali realizza apparati didattici, compiti di realtà, percorsi di didattica capovolta presenti in numerosi manuali di italiano, storia e geografia. Collabora con la Fondazione Agnelli come consulente didattico per piattaforme e progetti editoriali. Molto attiva sui social, gestisce un canale Youtube chiamato «Didattica&Strumenti», per la condivisione di strumenti digitali, spunti e idee.

Igor Pizzirusso

Digital historian, lavora all'Istituto nazionale Ferruccio Parri (ex INSMLI) dal 2006, dove si occupa di comunicazione in ambito storico, public history e didattica. Ha progettato e realizzato diverse piattaforme digitali. Webmaster e redattore della rivista «Novecento.org» dal 2011, dal 2019 ne è anche caporedattore. Tra i suoi progetti di ricerca ci sono quelli legati al database *Ultime lettere di condannati a morte e di deportati della Resistenza italiana* e all'*Atlante delle stragi naziste e fasciste in Italia*. Dal 2019 ha allargato il suo spettro di indagine a Wikipedia come strumento di storia pubblica e al gioco come metodo efficace di coinvolgimento del pubblico, progettando e realizzando l'urban game *Milano45*. Coordina il gruppo «Storia e gioco» dell'Associazione italiana di public history (AIPH) dal 2020. Nello stesso anno è entrato a far parte del Consiglio direttivo della stessa AIPH e dell'Associazione PopHistory.

Maria Teresa Rabitti

Insegna nel Laboratorio di didattica della storia III anno, nella Facoltà di Scienze della Formazione Primaria presso la Libera Università di Bolzano. È socia fondatrice e membro della segreteria di «Clio '92». Tra le sue pubblicazioni, moduli di storia per le scuole superiori, articoli per riviste didattiche, materiali per la realizzazione di CD-rom, saggi sulla didattica museale, la didattica dei quadri di civiltà e dei processi di trasformazione. Ha pubblicato per la casa editrice Polaris di Faenza e per IRRE E.R., per il MIUR, l'Università di Bologna, la casa editrice Giunti, FrancoAngeli, Cenacchi editrice. Ha pubblicato saggi in vari volumi editi dalla Mnamon di Milano. Assieme a G. Brioni ha pubblicato *Come descrivere le civiltà antiche. Antologia di testi storici per costruire quadri di civiltà e nuclei fondanti*, 2019, Mnamon, Milano.

Aldo Gianluigi Salassa

Nato a Torino il 14 febbraio 1954, è stato dal 1° settembre 1985 al 31 agosto 2018 docente in R.O. di materie letterarie presso gli istituti superiori. Ha fatto parte in passato di commissioni del Provveditorato di Torino destinate a promuovere iniziative di aggiornamento dei docenti sulla storia del Novecento. Dal 2015 coordina progetti di alternanza scuola-lavoro (ora PCTO) nel campo dell'educazione ai beni culturali e dell'informazione, in collaborazione con l'USR Piemonte e altri enti, anche aziendali. Ha pubblicato saggi e articoli di storia (della Chiesa e della religiosità popolare, del Risorgimento, della scuola) e di didattica della storia, in particolare sul fare storia in ambiente digitale e sulle canzoni come fonti per lo studio della società contemporanea. È coautore di diversi manuali di storia per le scuole secondarie di primo e secondo grado, nei quali ha curato le parti di storia medievale e moderna. Dal 1° settembre 2018 al 31 agosto 2021 è stato distaccato all'Istoreto con prevalenti compiti di formatore e ricercatore didattico. Relatore in iniziative della Rete Nazionale degli istituti della Resistenza e della società contemporanea, è da novembre 2021 direttore della rivista «Novecento.org», di cui era già redattore.

Davide Sparano
Lavora come addetto alla didattica e alla formazione presso l'Istituto Storico Parri Bologna Metropolitana. Ha conseguito la laurea in Scienze storiche presso l'Università di Bologna (2018) e il Master di secondo livello in Public History presso l'Università di Modena e Reggio Emilia (2019). Si occupa di laboratori di storia del Novecento, percorsi di educazione alla cittadinanza attiva e alla cittadinanza digitale. Le sue aree di ricerca e di studi si concentrano prevalentemente sulla Public History, in particolare per quanto riguarda il rapporto tra storia e nuovi media.

Claudia Villani
Insegna Storia culturale e Didattica della storia all'Università di Bari, dove coordina anche il «Seminario permanente di Public History e Digital Humanities». Tra il 2004 e il 2008 ha insegnato Storia e Filosofia nei licei. Attualmente si occupa di coscienza storica, narrazioni, immaginari e miti nella cultura storica e popolare in età contemporanea; di storia culturale globale dell'europeismo, del comunismo e dell'internazionalismo; di didattica della storia e di educazione della memoria. Negli ultimi tre anni ha organizzato e coordinato: il corso di insegnamento «L'Europa nel mondo contemporaneo e i dilemmi del presente. Insegnare l'UE e la cittadinanza europea» nell'ambito della Cattedra Jean Monnet HICOM 2018-21 dell'Università di Bari. Ha organizzato conferenze e seminari su: Digital Humanities e insegnamento della storia; Public History e formazione storica nell'era globale della memoria; mondi rurali e mitologie contemporanee. Dal 2020 è membro della Commissione didattica della SISSCO. Tra le sue pubblicazioni più recenti: *Briganti pret-a-porter: media, narrazioni e identità nel XXI secolo*, MERIDIANA, vol. 99, 2021; *# 100PCI: un percorso di ricerca sulle pratiche visive e memoriali*, ECO, (3), 26-41, 2021; C. Villani, A. Carrino, *L'insegnamento storico fra didattica e storia popolare. Il Grande Brigantaggio a scuola*, in N. Labanca, C. Spagnolo (a cura di), *Guerra ai briganti, guerra dei briganti storiografie e narrazioni*, Unicopli, Trezzano sul Naviglio (MI), 2021; *Public History e didattica della storia nell'età delle History Wars*, in «Pensare storicamente. Didattica, laboratori, manuali. TEMI DI STORIA», 185-205, FrancoAngeli, Milano, 2020.